諮商與心理治療

Theories of Psychotherapy and Counseling: Concepts and Cases, 5e

Richard S. Sharf　著

馬長齡　審閱

馬長齡・羅幼瓊・葉怡寧・林延叡　譯

Australia・Brazil・Canada・Mexico・Singapore・United Kingdom・United States

諮商與心理治療 / Richard S. Sharf著；馬長齡等譯. --
　　二版. -- 臺北市：新加坡商聖智學習, 2013.05
　　面；　公分
　　譯自：Theories of Psychotherapy and Counseling:
Concepts and Cases, 5th ed.
　　ISBN 978-986-6121-99-9 (平裝)

　　1. 諮商　2. 心理治療　3. 個案研究

178.8　　　　　　　　　　　　　　102002367

諮商與心理治療

© 2013 Cengage Learning Asia Pte Ltd.

Original: Theories of Psychotherapy and Counsel: Concepts and Case, 5e
　　　　By Richard S. Sharf
　　　　ISBN: 9780840034625
　　　　© 2012 Cengage Learning
　　　　All rights reserved.

　　6 7 8 9 2 0 2 4

出 版 商　新加坡商聖智學習亞洲私人有限公司台灣分公司
　　　　　104415 臺北市中山區中山北路二段 129 號 3 樓之 1
　　　　　https://www.cengageasia.com
　　　　　電話：(02) 2581-6588　　傳眞：(02) 2581-9118
原　　著　Richard S. Sharf
審　　閱　馬長齡
譯　　者　馬長齡‧羅幼瓊‧葉怡寧‧林延叡
執行編輯　吳曉芳
印務管理　吳東霖
總 經 銷　心理出版社股份有限公司
　　　　　231026 新北市新店區光明街 288 號 7 樓
　　　　　電話：(02) 2915-0566　　傳眞：(02) 2915-2928
　　　　　郵撥：19293172 心理出版社股份有限公司
　　　　　網址：https://www.psy.com.tw
　　　　　E-mail: psychoco@ms15.hinet.net
編　　號　22139
定　　價　新臺幣 650 元
出版日期　西元 2024 年 2 月　二版六刷

ISBN 978-986-6121-99-9

(24SRM0)

審閱者序

Richard S. Sharf 博士的 *Theories of Psychotherapy and Counseling: Concepts and Cases* 第四版於 2008 年發行，筆者有幸與葉怡寧醫師及羅幼瓊、林延叡兩位博士共同擔任第四版中文版翻譯工作。2012 年的第五版也很榮幸地受出版社邀請，與葉怡寧、羅幼瓊及林延叡三位再度合作新版的翻譯工作。本書在美國出版後廣受好評，並受到美加、香港、新、馬多間大專院校諮商研究所採用為教科書。

Sharf 博士於 1961 年從美國 Brown 大學心理系畢業後，在父親經營的玩具與運動用品批發事業工作。由於希望從事諮商實務工作及大學教職，Sharf 進入 Temple 大學心理學研究所唸書；他在 1966 年碩士畢業後繼續攻讀博士學位，於 1968 年獲得 Iowa 大學諮商心理學博士學位。

本書除了對重要的心理治療與諮商理論學派提供了詳盡精要的解釋外，更從理論創始人與理論的發展史做了重要說明，對讀者及學習者來說極為珍貴。當然本書針對不同心理疾患從各學派觀點闡述治療理念與說明案例應用，更是譯者想要介紹給中文讀者的重要原因。作者利用治療師與個案的對話，加以說明在每種理論之使用，相信對初學者及臨床實務工作者都能有很大助益。作者用心於說明每種諮商理論在短期治療的應用，對於現今實務運用的趨勢也有說明。且對各種理論之相關研究、性別及多元文化議題以及在團體諮商與治療之應用加以論述。

筆者原本以為再版翻譯只是簡單的修改，沒想到 Richard S. Sharf 博士專注而認真的修改及更新了每章之內容，使得翻譯期限與工作量成為我們翻譯的再度挑戰。由於本書內容極為豐富，囿於中文版篇幅之限制，前版與本版之中文版已刪除原書之序論及結構學派家族治療和各理論之比較與批判。

本書的學派名稱、專有名詞與人名，儘量不使用翻譯名稱。對於需要翻譯之專有名詞更儘量加註英文原文，以利讀者閱讀之了解，及讓讀者未來審閱原文及

相關國內外學術期刊專書之方便，更可減少翻譯之謬誤與其他譯著之不一致。此外，中文版再版翻譯過程仍請上一版譯者進行再版翻譯。

　　本書的出版除了感謝出版社、經銷商外，更要感謝再度合作之譯者幼瓊、怡寧與延叡。由衷地感謝合作的譯者，讓本書第五版之中文版順利如期完稿。當然，限於分工及夥伴們翻譯時間與能力之挑戰，本書恐仍有許多疏漏，祈望讀者們能夠不吝指正，作為未來再版之修正。

馬長齡

於高雄澄清湖畔

目　錄

第 12 章 家族治療 505

第 13 章 其他心理治療 557

＊本書之參考書目及建議閱讀的部分，可上心理出版社網站（http://www.psy.com.tw）下載閱讀。

第1章

精神分析

譯者：馬長齡、葉怡寧

Sigmund Freud 對現代精神分析、心理治療與諮商的貢獻，厥功甚偉。精神分析在 1930 至 1950 年代，乃是影響心理治療的最重要理論。本書所提及的每一位重要理論創始人，最初也都接受過 Freud 式的精神分析治療訓練。有些理論創始人對他的概念，完全持反對的態度。但大多數的理論創始人，都或多或少依據他們對 Freud 的人類發展與人格結構理論的理解，各自發展出自己的一套理論。每一種新創理論，也都會與 Freud 的精神分析理論做一比較。

Freud 的觀點在過去一百多年來，追隨者眾多。他們在臨床上使用精神分析的理論治療病人，同時擴展精神分析理論，使其更為完備。精神分析的理論從開展之初，便有云云之爭議與不同見解。當 Freud 在 1939 年辭世後，精神分析理論出現了劇烈變化。Freud 的貢獻，在於建構了精神分析的主要思想。例如，他強調潛意識歷程（unconscious processes）對於人類動機的重要性，以及他的人格結構理論概念 [如本我（id）、自我（ego）與超我（superego）]。精神分析學派的作者都認同童年早期的發展，對於成年後心理功能的重要性，但對於哪一個兒童發展時期最為重要，則持不同觀點。

欲了解現代精神分析的概念，讀者必須特別注意下列五種理論發展的方向：(1) Freud 的驅力理論（drive theory）；(2) 自我心理學（ego psychology）；(3) 客體關係（object relations）；(4) 自體心理學（self psychology）；(5) 關係精神分析（relational psychoanalysis）。Freud 以生命前五年的性心理階段 [口腔（oral）、肛門（anal）與性蕾（phallic）期] 之發展，強調先天驅力對成人之人格發展影響的重要性。自我心理學家關注人類適應環境的需求，例如，Erik Erikson 所發展出的生命發展階段理論涵蓋整個人生過程。客體關係理論家特別重視嬰兒與其他人的關係發展，如同 Freud，他們使用客體（object）一詞代表可滿足兒童生命中之需要，並可發展依附關係的對象。自體心理學家持有不同觀點，他們強調自我關注（self-preoccupation）在發展中的改變。關係精神分析則不僅專注在病人的人際關係，同時也著重病人與治療師間的相互影響。多數的精神分析治療師了解這些不同的發展理念，但他們的臨床應用多因人而異。本章將逐一說明上述各種精神分析觀點，並闡明這些觀點對精神分析及精神分析取向心理治療所造成的影響。

精神分析發展史

　　清楚 Freud 個人生平對其理論之影響，有助於了解精神分析與 Freud 的理念。Freud 於 1856 年 5 月 6 日出生於奧匈帝國的 Moravia，一個名為 Freiburg 的小鎮（譯者註：現為捷克 Pribor）。Sigmund Freud 的父親是 Jacob Freud，母親名為 Amalia，兩人育有七名子女，Sigmund 是家中長子。Jacob Freud 與前妻另育有兩子。當 Freud 出生時，父親已經 42 歲了。Freud 4 歲時，身為羊毛商的父親為了尋求商機，舉家搬遷到維也納。在他們極為狹窄的維也納小公寓中，Freud 享有特權。他擁有自己的臥室，可以在自己的房間讀書。年輕的 Amalia 對 Freud 有極高的期許，鼓勵他認真唸書以求取好的學業表現。Freud 精通許多語言，除了希臘文、拉丁文及希伯萊文等古典語文外，也熟稔英文、法文、義大利文與西班牙文。他 8 歲就開始閱讀莎士比亞的作品，小學時每年學業成績都名列前茅。Freud 於 1866 年進入維也納 Sperl 中等學校唸書（譯者註：等同台灣國中加高中，在德國，預備升學而不進入職業教育的學生，在國小唸完三年後進入中學 gymnasium，唸完九年課程後報考大學），1873 年以最優異成績畢業（Ellenberger, 1970）。

　　1873 年冬季，Freud 進入維也納大學醫學院就讀，歷時八年而畢業。當時醫學院五年就可以畢業，Freud 延畢是因他花了六年的時間追隨非常有名的生理學家 Ernst Brucke 研讀，且又花了一年（1879-1880）在奧地利的陸軍服役之故。在向 Brucke 學習的這段時間，Freud 結識了長他 14 歲的學長 Josef Breuer。經 Breuer 的介紹，Freud 開始了解歇斯底里症（hysterical illness）的複雜機轉。但因為生理研究工作缺乏前景與經濟支援，Freud 離開了 Breuer 的生理研究所，轉為擔任診所住院醫師。到了 1883 年，Freud 在極具規模的維也納綜合醫院（Viennese General Hospital）開始研究神經學與精神醫學。在診治神經科病人時，Freud 開始研究古柯鹼（cocaine），且在了解藥物的成癮性之前曾以身試藥。1885 年，Freud 有機會到巴黎四個月，追隨著名法國神經學家與催眠師 Jean Charcot 學習。Charcot 當時正在研究心理困擾所造成歇斯底里的病人，如失明、失聰、手臂或腿部癱瘓等生理轉化反應。在巴黎學習的這段期間，Freud 見習了 Charcot 用催眠暗示解除歇斯底里症狀的方法。雖然 Freud 後來也質疑催眠作

SIGMUND FREUD

為治療策略的價值，但在巴黎的學習經驗讓他思考「潛意識」的重要性，感覺與行為也會因而受影響，進而產生精神病理的症狀。

　　回到維也納後，Freud 於 1886 年與 Martha Bernays 結婚。兩人 53 年的婚姻生活中，育有六名子女。最小的女兒 Anna 後來成為著名的兒童精神分析師，對精神分析學術上的發展貢獻甚鉅。Freud 婚後即進入一家兒童醫院工作，並開始慢慢發展其私人開業的治療工作。在此同時，他持續廣泛地涉獵其他領域作者的相關書籍。

　　Freud 日後的思想受物理學、化學、生物學、哲學、心理學與其他領域的知識，一定程度的影響。他對潛意識過程的興趣不僅僅由追隨 Charcot 學習而來，也深受 Nietzsche（1937）與 Spinoza（1952）（譯者註：Benedict Spinoza，1632-1677，荷蘭哲學家）等哲學家的影響。當時心理學方興未艾，Freud 閱讀了 Wilhelm Wundt（譯者註：1832-1920，德國心理學家、哲學家）與 Gustav Fechner 的著作。Ludwig Borne 曾說：「想要成為作家的人，應當將三天內發生在自己身上的所有事情寫下來，先不管是否有一致性或關聯性」（Jones, 1953）。Freud 受此一說法影響，後來發展出自由聯想（free association）的精神分析技術。其他科學家諸如達爾文的演化論與 Ernst Brucke 在生物及生理的研究，也對 Freud 科學的研究產生了不一的影響。綜觀 Freud 的著作，可以窺見他從物理、化學與生物學的科學模式中，建構了他的理論（Jones, 1953）。Freud 對科學與神經學的認識，以及對 Pierre Janet 和 Hippolyte Bernheim 的精神治療工作之精熟，也都影響了他日後精神分析理論的發展（Young-Bruehl, 2008）。

　　即便 Freud 在發展精神分析的過程中，受到諸多作者與精神分析師的影響，但他的精神分析理論主要還是自己一手創建的。在執業初期，Freud 採用催眠與 Breuer 的宣洩法（cathartic method）去協助精神官能症的病患。但是他發現，病人抗拒接受暗示、催眠和問題。他使用「專注」（concentration）的技術，讓病患閉上雙眼躺在躺椅上，同時專注在回憶與症狀有關的記憶上，不必刻意思考內容是否合宜。當 Freud 感受到病人抗拒時，便將手按到病人的額頭上，然後詢問病人相關的記憶與回想。後來，Freud 逐漸減少這種主動的介入，並鼓勵病人說

出任何進入他腦海的念頭──自由聯想（free association）。Freud 在與前輩 Josef Breuer 討論的過程中，逐漸發展出自由聯想的技術。Breuer 的病人 Anna O. 在被 Breuer 催眠時，討論其情緒相關事件，讓她從歇斯底里的病症中康復。Freud 也在他的病人身上施以此技術，並與 Breuer 於 1895 年合著出版《歇斯底里的研究》（*Studies on Hysteria*）一書。他們假設歇斯底里的症狀，肇因於無法表達情緒的痛苦記憶。治療的工作是要回憶起被遺忘的事件，以及事件所引發之尚未表達的情緒。Freud 認為（但 Breuer 不這麼認為）與性有關的創傷性事件，造成了歇斯底里，而且多發生在病人的童年時期。

因為上述的信念，Freud 也開始針對自己的童年與夢境，進行自我分析。Freud 探索自己的潛意識時，覺察到生物因素，特別是某些性驅力，跟他情緒的壓抑有重要的關聯。這樣的體認，讓 Freud 更清楚的覺察到人格中意識與潛意識的衝突。Freud 將對自己與病人的夢境所做的觀察，寫成了《夢的解析》（*The Interpretation of Dreams*）（Freud, 1900）一書。

《夢的解析》在當時雖然沒有受到許多醫師及他人的關注，卻也引起了部分人士對 Freud 理念之興趣。1902 年，Freud 在家中舉辦了週三心理學會（Wednesday Psychological Society），規模逐漸成長，並在 1908 年發展為維也納精神分析學會（Vienna Psychoanalytic Society）。期間，Freud 撰寫了《日常生活的精神分析》（*The Psychopathology of Everyday Life*, 1901）、《性學三論》（*Three Essays on Sexuality,* 1905b）和《詼諧與潛意識的關聯》（*Jokes and Their Relation to the Unconscious,* 1905a）等著作。Freud 對性學的論述與當時的社會風氣格格不入，引起輿論撻伐。其他醫師與通俗作家視 Freud 為淫穢的離經叛道之徒。1909 年，Freud 受 G. Stanley Hall 之邀，赴美國麻塞諸塞州威契特（Worcester）的克拉克（Clark）大學演講。Freud 此行所發表的論點受到美國精神分析學界認同，並促成 Freud 撰寫描述其人格理論且廣受好評的《精神分析引論》（*Introductory Lectures on Psycho-Analysis*, 1917）及《自我與本我》（*The Ego and the Id*, 1923）二書。

Freud 也著書討論新生兒與父母關係的重要性。在《性學三論》（1905b）與《論自戀》（*On Narcissism: An Introduction*, 1914）中，Freud 重新定義原慾（libido）為人格的動機驅力，其中也包含性的能量。他在書中提到，自體性

滿足（autoeroticism）發生在嬰兒的第一個客體關係（母親）之前（Ellenberger, 1970）。他將原慾（性）的能量依其目標性，區分為導向自體（self）及導向客體的再現（representation of objects）。當個人的能量從他人處退縮而轉向自己時，就形成了自戀（narcissism）（譯註：此處「自戀」的用法非我們一般常用的自戀，而是指原慾（性）能量極度灌注在自身，致使對外界失去興趣）。一些極度自戀狀況，可能會產生嚴重的心理疾患。Freud 的著作中有關嬰兒早期關係及自戀理論的論述，是客體關係理論和自體心理學理論家（self psychology）的立論根基。1920 年，Freud 更新了他的驅力理論，之前的驅力理論強調性慾（sexuality）的重要性及它對人類行為的影響；之後他觀察到在自虐（self-mutilation）或受虐狂（masochism）中，自我攻擊驅力的重要性。

Freud 對於精神分析發展的重要性不僅來自他的著作，他與其他受其理論吸引而來的精神分析師之間互動也備受矚目。其中有些人與 Freud 爭辯，對他的理論持反對意見，甚至最後與他決裂。Freud 的早期入室弟子和精神分析理論重要作者包括 Karl Abraham、Max Eitingon、Sandor Ferenczi、Ernest Jones 與 Hans Sachs 等，仍是 Frued 相當忠誠的追隨者。另外如 Alfred Adler（第 3 章）、Carl Jung（第 2 章）及 Otto Rank 則另闢蹊徑，創立自己的心理治療理論，正式與 Freud 分道揚鑣。晚期的精神分析理論作者較著眼於社會及文化對人格的影響，而較少強調生物本能，故常被稱為新 Freud 學派（neo-Freudians）。Karen Horney（1937）反對 Freud 的女性性慾理論，她的理論著重在文化和人際關係，而非童年的創傷。Erich Fromm（1955）的理論則與 Freud 大相逕庭，他強調社會中的團體與文化改變之重要性。在新 Freud 學派中最受矚目的是 Harry Stack Sullivan（1953），他強調兒童時期人際因素及同儕關係的重要性，為精神分析理論開創了一個新領域。這些作者為精神分析的理論更增血肉，尤有甚者，他們的理念自樹一格，超越本章所述之精神分析理論。

Freud 一生致力研究，與咽喉癌纏鬥十六年後於 1939 年辭世。因為納粹入侵奧地利，高齡 82 歲的 Freud 逃離維也納後，即使罹癌期間接受過 33 次的口腔手術，仍舊展現旺盛生命力，勤奮工作。Freud 甚至重新改寫闡述心智結構及功能理論的《自我與本我》（*The Ego and the Id*, 1923）的著作，將重點放在自我、本我與超我的關係上。Freud 的作品豐富，集結成 24 巨冊標準版的《經典佛洛

伊德全集》（*Standard Edition of the Complete Works of Freud*）。許多作者著書細述 Freud 的生平，其中以 Ernest Jones（1953, 1955, 1957）所著最為完整。還有很多作者如 Ellenberger（1970）、Gay（1988）、Demorest（2005）和 Young-Bruehl（2008）的著作，皆為此章的寫成提供資料。讀者若有興趣，可進一步參考學習。另如 Roazen（2001）的著作，也提到許多作者對於精神分析的貢獻。

許多精神分析理論的追隨者，也如 Freud 般，不斷增修與發展精神分析理論。他最小的女兒 Anna Freud 克紹箕裘，專注於 Freud 理論中用來處理外在現實世界的自我（ego）之發展。Anna 的學生 Erik Erikson 也檢視了個體與外在世界的相互關係，進而提出涵蓋整個生命歷程的發展階段理論。他們著名的理論被稱為**自我心理學**（ego psychology）。

精神分析的另一個重要發展學派是客體關係（object relations）理論。客體關係理論家關注的是童年早期的發展，特別是母親與孩子的關係。嬰兒觀察始於 Donald Winnicott。Otto Kernberg 的貢獻則是發展對於嚴重人格違常，如邊緣性人格違常的治療。Heinz Kohut 是自體心理學（self psychology）的創始者，他對自戀在於童年的發展以及客體關係理論頗有貢獻，關係精神分析（relational psychoanalysis）較不拘泥於童年關係發展的影響，而著眼在個案其他的關係上，包括病人與治療者的關係。以下將介紹 Freud 的人格理論，將在眾多對精神分析理論有所貢獻的理論家中選擇最重要的幾位，並於本章闡明他們的理論內容。

 # Freud 的驅力理論

Freud 學派的精神分析理論概念，提供了一個基本參考架構，可以了解 Freud 心理治療工作，並認識其他精神分析學派治療師們。Freud 特別強調的先天驅力（特別是性驅力），不論在當時還是現在，或許都是他最具爭議性之論點。精神分析的概念與性發展階段論（sexual stages）中都認為，這些驅力藉由潛意識歷程表現。Freud 將兒童期的發展分為口腔（oral）期、肛門（anal）期、性蕾（phallic）期與潛伏（latency）期。依照每個人的發展經驗，影響成年後在精神病理或正常的發展。Freud 用本我（id）、自我（ego）與超我（superego）三個概念描述人格架構，為心理能量論提出了更為寬廣的闡釋。由本我、自我與超

我間的衝突所引發之神經質（neurotic）、道德（moral）或客體（objective）的焦慮，會經由說溜嘴（verbal slips）與夢境（dreams）等潛意識的方式表現出來。個體為了避免受強而有力的生物性驅力（本我）過度操控，遂發展出自我防衛機轉（ego defense mechanisms）。上述概念對讀者理解精神分析治療的技術應用上不容或缺，以下將逐一介紹。驅力與本能

驅力與本能

在精神分析治療的術語中，驅力（drive）等同於本能（instincts），但較常使用驅力。Freud 最初將其區分為包括呼吸、吃、喝與排泄等之自我保存的驅力（self-preservative drives），以及性慾之種族保存的驅力（species-preservative drives）兩類。由性驅力產生的心理能量，稱為原慾（libido）。在 Freud 早期的治療工作中，他相信廣義的人類行為動機，來自於產生愉悅的性。而後他加以修正，認為原慾與整個生命歷程的本能有關，以及包含追求享樂與避免痛苦的人生目標。

當 Freud 六十多歲時，則致力於闡述攻擊驅力之一的死亡本能（death instinct）（Mishne, 1993）；死亡本能包括傷害自己或別人的潛意識慾望。衝突常發生在生命本能（eros）與死亡本能（thanatos）之間，配偶彼此間的愛與恨則為原慾典型的衝突。當恨的本能從毀滅性的憤怒中升起時，攻擊驅力（thanatos）就增強了。這兩種本能經常同時運作。以飲食為例，吃是要維持生命，但也同時包括咀嚼與撕咬的攻擊本能。士兵透過戰鬥來表現攻擊驅力，而運動則提供了一個更能為人所接受的身體攻擊之表現方式。原慾與攻擊驅力常常在個人不自覺或不經意的狀況下表露無遺。

意識的層次

Freud 將意識分為意識（conscious）、前意識（preconscious）與潛意識（unconscious）三個層次。意識（conscious）即指一個人在任何時刻，都能覺察到的知覺與經驗。例如，感覺溫暖或寒冷、知覺到這本書，或是你手上拿的鉛筆。意識的知覺，占據個人精神生活非常小的部分。前意識（preconscious）指的是只要稍加回想就可以輕鬆記起的事件和經驗記憶。例如，上次考過的測驗、與朋友通電話或是昨天吃過的甜點。前意識構成意識和更大記憶區塊潛意識之間

的橋樑。潛意識（unconscious）是威脅意識的記憶與情緒之大型資料庫，意識故意將這些記憶與情緒排除而儲存在潛意識中。例如，對父母的敵意或性有關的感覺，以及童年創傷或受虐經驗。潛意識也包括個人不自覺的需要（needs）和動機（motivations）。雖然潛意識的動機無法自動覺察，但它們仍然可能在個人的思考或行為中呈現。

　　精神分析治療的主要任務（task），是將潛意識的素材帶入意識的知覺中。這個過程可以透過將夢中影像所代表的各種潛意識的需求（needs）、期望（wishes）或衝突（conflicts），以夢的解析（dream interpretation）來完成（Freud, 1900）。口誤（slips of the tongue）與失憶（forgetting），也是潛意識表達的例子。當丈夫用前任女友的名字稱呼妻子時，脫口而出的名字可能代表著一些期盼或衝突。Freud 相信幽默（humor）與開玩笑（jokes），是期望與衝突所偽裝的一種表達方式（Freud, 1905a）。除此之外，當病人重複著破壞性的行為模式時，可能也是潛意識需求與衝突的一種呈現。對 Freud 來說，潛意識不是個抽象的假設概念，而是可驗證的事實。Freud 在 1917 年對一群醫師與科學家演說時，列舉了許多從他的病人的夢境與行為所蒐集到之潛意識素材的例子。以下所敘述的，是從一位病人的夢境中所表達出來之象徵死亡潛意識素材的簡短例子。

　　作夢者正穿越一個非常高陡的鐵橋，在夢中他知道同行兩人之名，但醒過來時卻不復記憶。突然間，這兩個人消失了。他隱約看見一個穿著工作服、頭戴工作帽，似鬼魂般的男人。作夢者問這個人：你是送電報的人嗎……「不」！是馬車夫嗎？……「不」！他接著說，在夢境中，他有著很強烈的恐懼感。他醒來後順著夢境開始幻想，鐵橋突然斷了，他跌落到一個無底的深淵裡（Freud, 1907, p. 196）。

　　探討潛意識素材對 Freud 是非常重要的部分，也是所有精神分析師的治療重心。以下介紹的心理治療技術，主要的設計是將潛意識的素材帶入意識知覺。

人格結構

　　Freud 認為人格結構中有三個基本系統：本我（id）、自我（ego）與超我（superego）。簡而言之，本我代表未經思考檢核的生物本能。超我是社會意識的表達。自我則是理性的思考，經由自我調節本我與超我，並面對現實。這三個系

統並非各自獨立，而是整體同時運作。

本我（id） 剛出生的新生兒全都是以本我呈現。遺傳與生理的力量，如飢餓、口渴與排泄，驅使著新生兒的一切行為。此階段沒有自覺的意識，只有潛意識的行為。本我運作過程，依循享樂原則（pleasure principle）。不論是嬰兒或成人，當本我開始運作時，個人便開始去找尋樂趣，並避免或降低痛苦的發生。當嬰兒飢餓時，依據享樂原則去找尋母親的乳頭。

　　新生兒依據享樂原則，投入所有能量去滿足其需求。新生兒的精力專注（cathect）於能滿足需求的客體（objects）上，並將全副精力專注集中在如毯子或乳頭這樣的單一物件（object cathexis）上，以降低需求。原初思考歷程（primary process）是一種形成對某種事物想樣的方式，以降低受挫敗驅力（thwarted drive）。新生兒幻想滿足其飢餓之母親乳頭影像，是原初思考歷程之典型例子。成人的原初思考歷程，會是在夢境或是其他潛意識材料中出現的期望幻想。自我主要的任務就是區分期望／想像與現實。

自我（ego） 自我必須去協調嬰兒外在真實世界與內在的本能或驅力。藉由等待或延遲享樂原則，自我遵從現實原則（reality principle）。例如，幼兒學習用要求的方式獲得食物，而不是想要而得不到時立即以哭喊的方式表達。這種面對現實的思考模式，相對於幻想式的原初思考歷程稱之為次級歷程（secondary process）。這個過程的主要功能就是讓自我能在現實世界中去驗證、計劃與作邏輯性思考，並發展出滿足需求的計畫。自我控制或限制本我，稱之為反專注（anticathexis）。當不如己意時，自我利用這個方式讓我們不至於哭鬧不休或表現出很生氣的樣子。

超我（superego） 相較於本我與自我是個人的展現，超我則代表著父母的價值觀，更廣泛來說是一種社會的標準。當兒童順從父母的價值觀時，理想自我（ego ideal）就形成了，它代表著父母允許的行為。良心（conscience）則代表著自覺行為，是父母不同意的。個人遂因而發展出所謂的道德標準或價值觀，依此來判斷個人行為的對錯。舉例來說，超我可能包含強而有力的價值觀，如憎恨，可能會深刻地影響個人的政治和社會生活（Wurmser, 2009）。超我是非理性的、追求完美、固執於理想、抑制本我與自我，控制生理的驅力（本我）與理想的現

實實踐（自我）。

　　當本我、自我與超我間產生衝突時，焦慮（anxiety）便應運而生。自我與超我的目的，是利用驅使本能驅力（專注，cathexes）與限制本能驅力（反專注，anticathexes）來調節本能之能量。本我只有驅使之驅力，當本我控制太多時，個人可能會太衝動、自我耽溺（self-indulgent）或產生行為失序。當超我太強勢時，個人會設下不切實際之超高道德標準，或對自己設定太理想化的標準，因此便產生無能或挫敗感。本我、自我與超我間的衝突造成焦慮，當自我感覺到焦慮時，代表著危險即將發生的徵兆。此時，個人應開始採取某些行動來化解危機。

　　為了將焦慮概念化，Freud（1926）將焦慮分作現實、神經質與道德的焦慮三種型態。當一個不友善的人追逐我們時，這種來自於外界的恐懼，合理的讓我們產生焦慮，這種焦慮是現實焦慮的例子。相反的，神經質與道德的焦慮，來自於個人的內在。當個人覺察到無法控制自己的感覺或直覺（本我）而做了某些事情，將導致被父母或權威人士責罰時，神經質的焦慮就會產生。當人們害怕違背父母或悖離社會標準（超我）時，道德的焦慮就出現了。此時，各種防衛機轉（defense mechanisms）能有效幫助自我因應焦慮的纏身。

防衛機轉

　　為了因應焦慮，自我必須發展出面對各種情境的方式。在潛意識層次的運作中，自我防衛機轉否認或扭曲現實。適度使用自我防衛機轉是為了降低壓力。然而，若個人經常性使用防衛機轉，將會成為一種逃避現實的病態模式。以下將詳細介紹一些常見的自我防衛機轉。

壓抑（repression）　壓抑是一種很重要的防衛機轉，它常是焦慮的來源，也是其他防衛機轉的根基。壓抑是經由排除痛苦經驗或不能接受的衝動，來消除意識知覺中令人痛苦的思考、記憶和感覺。例如，發生在 5 歲前的性侵害等創傷事件，常常經由壓抑而成為潛意識。Freud（1894）在治療歇斯底里症的病人時，他相信這些病人將所壓抑的性創傷或其他經驗，藉由如手掌麻痺的一種轉化反應（conversion reactions）方式表現出來。

否認（denial）　否認與壓抑雷同，也是一種將自己所想、所感受或所見扭曲或不自知的方式。例如，當一個人聽到所愛的人因車禍死亡，她可能會否認真有其事

或是懷疑那人是否真的死了，人們扭曲自己的身體影像（body images），則是另一種否認的表現方式。例如，厭食症（anorexia）患者即使體重過輕，仍然覺得自己很胖。

反向作用（reaction formation）　反向作用是一種為了避免自己無法接受的衝動之方式，即反其道而行，表現出另一種極端的行為。如此藉由表現出相反的行為來干擾內在的慾望，個人就不用去面對所引發的焦慮。例如，一個憎恨丈夫的女人，可能表現出過度的愛意與忠誠，這樣就不用去面對因為憎恨丈夫所導致的婚姻危機。

投射（projection）　將個人無法接受的感覺或念頭轉嫁到他人身上，即為投射。由於受強烈的性慾、毀滅性的驅力或道德所驅使，個人可能會投射他們的感覺到其他人身上，而不去接受並面對所產生之焦慮。例如，一個婚姻不美滿的男人可能會相信自己的朋友也是如此，以此來分攤他的悲慘人生。如此，他就不用去面對自己婚姻所引發的不舒服感覺。

替代（displacement）　當個人感受到焦慮時，會用能讓他覺得安全的發洩對象來替代令他覺得危險的目標或他人。假如一個孩子被比他高大的孩子欺負時，可能感覺回擊並不安全而心生焦慮，轉而欺負比他弱小的孩子。

昇華（sublimation）　如同替代，昇華也是一種將驅力（常常是性或攻擊的）轉化為社會可接受的行為之修正方式。常見的昇華是參與競技體育活動或熱情的觀眾奔跑、扭打或加油嘶喊，這在一些運動活動上是合宜的，但在其他場合中就不是那麼恰當了。

合理化（rationalization）　人們常找一些藉口來說明表現不佳、失敗或失落，藉此減輕他們的焦慮與失望，這就是合理化。一個考試表現不好的人，可能會推說不是他不夠聰明，而是沒有足夠的時間準備或考試不公等。有時很難確定是確實符合於邏輯的理由，還是合理化的行為。

退化（regression）　倒退到先前發展的階段，稱之為退化。人們在面對壓力時，可能會表現出過去適當但以現在年齡來說不夠成熟的行為。常見的退化是一個剛入學的孩子會出現黏著父母、吸吮拇指或哭鬧等行為，嘗試回到更安全的時光。假如某個大學生隔天將要考試卻不認真唸書，也許是幻想著高中時代的美好時

光，退回到一個令他更舒服、更安全的光景裡。

認同（identification） 藉由擷取其他人的特質，以降低自己的焦慮和負面感覺。例如，經由認同得勝的隊伍，即使自身與贏得比賽沒有關聯，個人也會同感勝利的喜悅。認同老師、音樂家或運動員可以幫助個人相信自己擁有本身所沒有的特質。藉由認同，這樣個人能感覺自我的滿足與價值感，而不覺得自卑。

理性（理智）作用（intellectualization） 不直接面對情緒問題，而藉由間接的抽象思考去處理，即稱理性（理智）作用。例如，一個配偶要求離婚的人去鑽研人生目的之議題而不去處理受傷與痛苦的感覺。

　　上述種種的自我防衛機轉，是處理幼年潛意識經驗的方法。這些防衛機轉何時、如何出現，端看以下將討論的性心理階段所發生的事件才能定奪。

性心理發展階段

　　Freud 相信人格發展、自我防衛機轉，以及本我、自我及超我的形成，都是由 5 歲前的性心理發展造成的。口腔（oral）、肛門（anal）與性蕾（phallic）等性心理階段都發生在 5 到 6 歲前，接著進入較平靜的六年潛伏期（latency）。然後到了青春期，開始進入性器（gential）期。Freud 的理論植基於生物驅力與享樂原則，認定特定身體部位的愉悅與發展階段有關（Freud, 1923）。Freud 認為嬰兒在身體一些部位接受到的性滿足，逐漸轉移到性器區。以下將敘說兒童性本能發展的口腔、肛門與性蕾期。

口腔期（oral stage） 口腔期從出生到 18 個月大，專注於和嘴唇、口腔及喉嚨有關的吃與吸上面。在口腔期，滿足過程與母親有關，因此在與母親的關係非常重要。嘴巴的功能不只是將東西放進口中然後吃掉，也用來含、咬、吐與閉合。攝食與含住東西的功能，與後來對知識或其他事物的追求之個性特質發展有關，稱之為**口腔攝入**（oral incorporation）。咬與吐的功能可能與口腔攻擊特質如譏諷（sarcasm）、憤世嫉俗（cynicism）及爭辯（argumentativeness）等有關。

　　假如一個孩子，在口腔期過度依賴母親，可能在發展上會固著（fixate）於口腔期，到了成人期在生活上也會過度依賴。兒童若是被疏忽或有不規則餵食的焦慮經驗，不只在兒童期產生不安全感，也會延續到成年以後。

肛門期（anal stage）　從 18 個月大到 3 歲間，肛門區域成為主要歡愉來源。探索身體，如碰觸與玩弄糞便是很重要的過程。如果成人對兒童的這些行為反應充滿厭惡，將會導致兒童自我概念低下。兒童在此期間發展排便控制，父母訓練兒童如廁的衝突，會造成兒童過度的愛整潔與秩序（肛門持有，anal retentive），或是沒有秩序與破壞的行為（肛門驅除，anal expulsive）。兒童不只完成身體的控制，也試圖去控制其他的部分。

性蕾期（phallic stage）　從 3 歲延續到 5 至 6 歲，性滿足的來源從肛門轉移到性器官。這個年紀的兒童，會撫弄陰莖或陰蒂而產生愉悅感。閹割焦慮（castration anxiety）來自男孩擔心自己的陰莖被切掉或移除。特別是在維多利亞時代（Victorian era），視自慰（masturbation）為不當的行為，父母企圖阻止男孩的自慰行為，讓男孩擔憂會失去陰莖。假如看到一個裸體的女孩，他會認為此女生已經失去了她的陰莖。陰莖妒羨（penis envy）指的是女孩疑惑為何自己沒有陰莖，認為可能做了什麼壞事而造成她們失去陰莖。Freud 相信後來的人格問題，可能來自閹割焦慮或陰莖妒羨。父母的性慾望可能產生男孩的戀母情結，或是女孩的戀父情結（Electra complex，戀父情結出自 Freud 後期文獻）。戀母情結（Oedipus complex）出自於古希臘劇作家 Sophocles 的劇作，劇情描述一名年輕人娶了親生母親並殺了父親，而成為一國君王。戀母情結指的是，男孩對母親性的愛戀與憎恨父親。在這個創傷事件中，孩子最後學到對同性別父母的認同與對異性父母的無性慾的愛，最終發展出對異性的情慾偏好。經由此歷程，子女對異性父母之性的感覺昇華了。兒童在此階段的發展若遇困難，可能造成後來性別認同問題，進而影響到與同性或異性的關係。

潛伏期（latency）　解除戀母情結的衝突後，兒童進入潛伏期。大約從 6 歲延續到 12 歲（或青春期）。潛伏期不是性心理的發展階段，因為在性能量（如同口腔與肛門的衝動）此時期被帶領到其他地方。經歷原慾被壓抑，兒童將精力放在學校、朋友、運動與嗜好上。雖然性本能潛伏，前面階段被抑制的記憶未曾受損，且將影響個人往後的發展。

性器期（genital stage）　性器期開始於 12 歲左右的青春期初始之時，並且延續一生。Freud 較關切兒童期的發展，而非成人之後。在性器期能量的焦點轉向異性，而不再是自愉（self-pleasure）／（自慰 masturbation）。不同於性器期專注在

其他的外在性客體上，前三期（口腔、肛門、性蕾）專注在自我的關愛上。

　　Freud 性心理發展的理論，受到其他精神分析理論學者的批判。雖然所有的精神分析理論學者都能接受潛意識的重要，並廣用其自我、本我與超我的概念，但他們並不同意 Freud 強調於對驅力與性心理階段。其他理論家專注在自我而非本我的運作，並強調嬰兒與母親（infant-mother）互動的重要性，此部分將在下面章節中論述之。

 # 自我心理學

　　Freud 說：「自我與本我如影隨行。」（Where there is id, ego shall be.）Freud 的追隨者，找到了性心理驅力（本我）與社會和非本能動機（自我）相容共存的一些詮釋方式。這些增益精神分析理論的自我心理學家中，以 Anna Freud（譯註：Freud 的小女兒）及 Erik Erikson 最負有盛名。Anna Freud 將精神分析應用在兒童的治療工作，更進一步延申其自我防衛機轉之概念。Erik Erikson 則把自我心理學（ego psychology）加入 Freud 的發展理論中，將成人期納入而擴展生命週期的概念，並把社會與非性心理的動機帶進階段論。

Anna Freud

　　Anna Freud（1895-1982）研究教養院（nursery-school）的兒童，並在倫敦市郊的 Hampstead 診所提供精神分析治療工作。Anna Freud 的著作中反映出她的研究包括正常兒童與有嚴重困擾的兒童（Young-Bruehl, 2008）。她不僅以兒童的性與攻擊驅力評估兒童發展，也以如依賴到自主等其他成熟度進行評估工作。她將各種行為的逐漸發展過程，稱為發展線（developmental lines）。例如，她描述個人從一個不會注意到其他兒童的自我中心之人，轉變成對周遭真實人群（如他的同學等）為中心的人（A. Freud, 1965）。這些發展線顯示出對自我（ego）的重視增加了。

　　Anna Freud 相信在精神分析治療中，自我與本我應是同等重要的（Blanck & Blanck, 1986）。她在《自我與防衛

ANNA FREUD

機轉》（*The Ego and the Mechanisms of Defense*, 1936）一書中，描述了當時已受到分析證實且大部分業已在本章說明的十種防衛機轉。其中，她自己加入了「對攻擊者的認同（identification with the aggressor）」與「利他主義（altruism）」二項；前者意指個人主動認同過去踐躪他（她）的人的角色，後者則是指個人去幫助他人以避免感覺到自己的無助。Anna Freud 也提到「對現實的防衛（defense against reality situations）」，亦即動機不只是來自內在驅力，也可能來自外界（Greenberg & Mitchell, 1983）。藉由工作經驗中對兒童發展的了解，Anna Freud 建構出一組不只針對違常及適應不良下的防衛機轉功能，也包括了正常適應外界的防衛發展。

Erik Erikson

Courtesy of Jon Erikson

ERIK ERIKSON

Erik Erikson（1902-1994）是 Anna Freud 的學生，他對「自我心理學」有諸多貢獻，其中最重要的或許是他提出了包括兒童與成人發展的社會心理生命階段（psychosocial life stages）。

Erikson 以 Freud 的性心理發展階段為起始點，將個人與外界連接的部分帶入個人的生長與發展。Erikson 提出八個階段，著墨在人生必須去超越的重要關卡上。假如這些關卡或發展任務無法操控，將導致接下來的發展關卡更加困難。不同於 Freud 的是，一個階段沒有所謂的完成，而是持續一生。例如，第一個階段——信任 vs. 不信任——開始於嬰兒期，假如沒有成功完成，在生命週期的任何時刻都將可能會影響到與他人的關係。

以下將簡述 Erikson 的社會心理八階段。為了與 Freud 的性心理階段做比較，Freud 的階段名稱以括號註記，並列於 Erikson 的階段後面。

嬰兒（infancy）：**信任**（trust）vs. **不信任**（mistrust）（口腔期）　嬰兒必須發展出對母親所提供之食物與撫愛的信任，當母親無暇時，嬰兒才不致於感到焦慮。這些基本需求若沒有得到滿足，日後將產生人際關係的不信任。

兒童前期（early childhood）：**自主**（autonomy）vs. **羞愧**（shame）與**懷疑**（doubt）（肛門期）　能自信的控制排便與排尿（控制）及父母的不批判，在此

階段非常重要（Erikson, 1950, 1968）。假如父母讓孩子過度依賴或對其嚴苛，自主的發展將受挫。

學齡前期（preschool age）：**進取**（initiative）vs. **罪惡感**（guilt）（**性蕾期**） 此階段之兒童必須克服與異性父母對抗的感覺及對同性父母的憤怒。他們的能量轉為勝任感與進取。他們不再耽溺於幻想，而學習參與社交及創造性的遊戲活動。兒童想參加這些活動時若受到限制，將對自己主動生活產生罪惡感。

學齡期（school age）：**勤奮**（industry）vs. **自卑**（inferiority）（**潛伏期**） 在此階段，孩子必須學習校園生活必備的技巧及性別的角色認同（sex-role identity）。兒童若沒有發展出這些基本認知技巧，將產生不足與自卑感。

青少年期（adolescence）：**認同**（identity）vs. **角色混淆**（role confusion）（**性器期**） Erikson 認為此階段是關鍵時期，青少年發展出表裡一致的信心。在這個時期，青少年能夠發展出教育及生涯目標，以面對生命意義相關之議題。假如沒有完成，角色混淆的產生可能會造成教育或生涯目標設定上的困難。

成年前期（young adulthood）：**親密**（intimacy）vs. **孤獨**（isolation）（**性器期**） 此階段將建立社交和工作關係、及與另一半的親密關係。假如沒有完成，將會產生孤獨或疏離感。

中年期（middle age）：**生產**（generativity）vs. **停滯**（stagnation）（**性器期**） 個人必須超越與其他人的親密關係，進而承擔起協助他人發展的責任。假如個人沒有達到生產與成就的感覺，他們可能會變成冷漠而無情。

老年期（later life）：**統整**（integrity）vs. **絕望**（despair）（**性器期**） 當個人年過60，深感無力掌握其人生且後悔無法完成人生想完成的事情時，悔恨的感覺便會油然而生。成功的老化，讓個人能貢獻其畢生累積的知識給其他人。Erikson 年過九旬的妻子 Joan Erikson（與 Erik Erikson 婚後共同生活 64 年，且積極參與其工作）延續 Erikson 的理論，加入了人生的第九期（Erikson, 1997）。她稱此階段為「**厭惡**（disgust）：**智慧**（wisdom）」，即 80 到 90 歲的長者能從一種物質與理性的視野，超脫到心理與靈性的寧靜。

　　雖然這些階段貫穿人生，Erikson 的主要貢獻還是在青少年與兒童的精神分析治療工作（Schultz & Schultz, 2009）。他發展了一些遊戲治療的創新技術，且

許多諮商師與心理治療師也認為，Erikson 的認同危機概念對青少年工作有所助益。Erikson 的理論如同其他自我心理學家所提供的概念，在長期治療上較著重潛意識過程及生命中的發展階段。而對於使用短期治療模式的諮商師與心理治療師，可將自我防衛機轉及與他人的互動等概念運用於個案身上。

 ## 客體關係心理學

客體關係（object relations）指的是在兒童期，兒童與重要他人或鍾愛對象（尤其是與母親）間的關係。這種關係不是從外人的觀點，而是兒童內在意識或潛意識的一種看法。客體關係主要想探究，兒童早期的關係如何影響其長大後的人格發展。客體關係心理學家不只要驗證母親與孩子的互動，也試圖驗證嬰兒與兒童的心理或個人內在的形塑過程。他們致力探究人們如何與母親分離而能成為獨立的個人，此過程稱之為個體化（individuation）。此種著重於內化關係的理念，顯然與 Freud 所強調的心理階段之內在驅力不同。許多精神分析理論作者發展出解釋客體關係的理論架構，並與 Freud 的驅力理論做連結，以描述客體關係發展的階段。當中最有影響力的精神分析理論作者包括 Balint（1952, 1968）、Bion（1963）、Blanck 和 Blanck（1986）、Fairbairn（1954）、Guntrip（1968）、Jacobson（1964）、Kernberg（1975, 1976）、Klein（1957, 1975）、Mahler（1968, 1979a, 1979b）與 Winnicott（1965, 1971）。本書在此不對他們貢獻之異同處多做著墨，但讀者可以拜讀 St. Clair（2004）與 Greenberg 和 Mitchell（1983）的大作。

為了讓各位讀者對客體關係心理學有一些概念，以下將介紹 Donald Winnicott 與 Otto Kernberg 的貢獻。Winnicott 說明了兒童的發展，與母親及其他人等的關係問題，同時也提供了解決的方法。晚近的 Kernberg 則提供了檢視影響正常行為與心理困擾的客體關係發展之看法，尤其是邊緣性人格疾患（borderline disorders）。他們的貢獻在於提供早期母親—幼兒關係發展的討論，對後期人格發展影響的廣泛性觀點。

Donald Winnicott

Donald Winnicott（1896-1971）是英國的小兒科醫師，他對客體關係並沒有

提出系統的理論。「但他的理念可能是繼 Freud 後，對精神分析師與心理治療師臨床工作的常見重要議題，提供了解客體關係概念最有影響力的一位」（Bacal & Newman, 1990, p.185）。當一些家庭因為心理問題，家人帶著孩子向 Winnicott 諮商，他大多直接觀察嬰兒與母親的關係（Tuber, 2008; Winnicott, 1965, 1975）。Winnicott 提出了過渡客體、夠好的母親、真我、假我等論述，對治療師在兒童與成人治療工作上，了解幼年與母親之依附關係的重要性及對成年後的影響，有很大的幫助。

嬰兒逐漸從一個自己所創造出及自覺能控制的世界裡，知覺到其他人的存在。Winnicott（Greenberg & Mitchell, 1983; Tuber, 2008）相信過渡客體（transitional object）如填充玩偶或嬰兒毛毯等，是一種轉移的方式。這種過渡客體並非全然如嬰兒幻想式的控制外在世界，亦非如真實母親般完全不能掌握。因此，對兔子玩偶的依附可以幫助嬰兒逐漸的從全然地以自我為中心的主觀世界，轉移至知覺到自己只是外在世界的眾人之一（Greenberg & Mitchell, 1983, p. 195）。在成人生活中，過渡客體或現象可以用不停的玩出新點子或是突發奇想的創造力來展現（Greenberg & Mitchell, 1983）。

父母提供的教養環境，對於讓孩子從依賴到獨立的健康發展非常重要。Winnicott（1965）用夠好（good-enough）一詞形容，能恰當的在嬰兒早期完全滿足嬰兒的需求，且能適時協助其逐漸獨立的母親。因為嬰兒必須學習容忍挫折，所以要有一個夠好的母親（good-enough mother），而非完美的母親。若是母親太自我中心或是冷漠對待嬰兒，完全不理會其行為；夠好的母親不會產生，孩子也無法形成真我。真我（true self）提供自發與真實感，以清楚區辨孩子與母親的界線。相反的，假我（false self）發生在早期客體關係中沒有夠好的母親時（St. Clair, 2004）。當嬰兒以假我反應時，不能恰當的與母親分離，他們會理所當然的順從母親之期待。他們會接受媽媽的自我，而非發展自己的自我。Winnicott 相信他在精神分析過程中發現的成年病人問題，許多導因於母親未提供適當照顧而形成的假我（Bacal & Newman, 1990）。

Winnicott 對治療的看法，與其客體關係的觀點是一致。他認為治療的目標是協助病人在治療過程中，以一種健康的方式感受自己是關注焦點來處理假我，由此去修復其早期親子關係的缺失。Winnicott 對退回到早期依賴期的病人，以

有控制的退化（controlled regression）歷程來治療。要能達此目的，治療師必須能體察到個案的狀況，並成為其所愛或所恨的對象。治療師要能不慍不火的處理病人非理性與強烈的情感，並鼓勵其發展出真我（Winnicott, 1958）。

Otto Kernberg

Otto Kernberg 在 1928 年出生於奧地利，是一位精神分析的訓練師與督導，同時也是一位教師與著作等身的作者。他也是當代極有影響力的理論學家，曾試圖整合客體關係理論與驅力理論。Kernberg 致力於治療邊緣性人格疾患的患者與利用客體關係理論（勝於 Freud 的驅力理論）探究病人的問題。Kernberg 受到 Margaret Mahler 與 Edith Jacobson 的影響，提出了五階段的客體關係模式，惟其相當複雜，在此不加以詳述。這裡要說明的是，Kernberg 對分裂（splitting）的解釋。這個概念（由 Melanie Klein 開始探討）與 Kernberg 對邊緣性人格疾患的看法有關。

分裂（splitting）是讓不相容的兩種感覺，彼此分離的過程。這與防衛相似，是一個自然發展的過程。它是潛意識的企圖，去處理個人不想要、或受到其他人威脅的部分。例如，孩子認為臨時保母全然不好，因為她不會給他糖吃。臨時保母被認定是壞的，而非一個完整的人。在精神分析或精神分析心理治療中，分裂被視為常見的防衛反應，特別是在邊緣性人格疾患治療上。Kernberg（1975）舉了一個病人如何用分裂的例子。

Kernberg（1975）在描述邊緣性人格疾患的原因時表示，多數該疾患病人在他們生命的早期，都經歷了重大挫折並表現出攻擊行為。假如一個孩子幼年時挫折頻仍，可能充滿怒氣並藉由對母親（或父親）表達憤怒以保護自己。母親不被視為慈愛或夠好的媽媽，而是充滿威脅與敵意的媽媽。受到早期發展的影響，這種成人可能對融合自己或他人之愛與恨的感覺有困難。如此，將使他們傾向「裂解」（split），認定其他人（包括治療師）是全然的好或是全然的壞。

只藉上述兩位客體關係理論家的主要看法，來解說客體關係心理學的複雜性與深度有其困難。由於 Winnicott 對嬰兒與母親互動的見解深深影響客體關係心理學，他的理念對了解分析與心理治療的應用極為重要（Tuber, 2008）。Kernberg 的看法，更是對早年經驗造成後來兒童期、青少年期或成人期之困擾的連結有助

益。這些理論家重視與母親（或他人）的早年關係，與 Kohut 的自體心理學之發展觀點頗為接近。

 # Kohut 的自體心理學

　　精神分析的另一個主要發展，是 Heinz Kohut（1913-1981）所提出的自體心理學（self psychology）。他的著作《自體分析》（*The Analysis of the Self*, 1971）、《自體重建》（*The Restoration of the Self*, 1977）與《分析的療效》（*How Does Analysis Cure?* 1984），引發評論家與追隨者極大的迴響（St. Clair, 2004）。Lessem（2005）的著作，對其理論的論述說明甚詳。Strozier（2001）撰寫了 Kohut 的傳記，描述了他的生平與理論。自體心理學強調「自戀」（narcissism）不是一種病態的狀態，而是人類發展的一部分。Freud 將自戀視為太愛自己或過度專注在自身，而無法愛別人或與別人建立關係。Kohut 則將自戀視為發展過程的誘發物，從對自己的愛，進而到對別人的愛。Kohut 理論的主要概念，是自體（self）、客體（object）與自體客體（selfobject）。過度專注在自己身上（自大的自體，the grandiose self）與有權勢的父母（理想化的自體客體，the idealized selfobject），主要發生在 4 歲前的兒童發展。早期發展階段的問題，將影響個人與他人建立關係，以及對自己的看法。

　　各派別的精神分析理論，對自體及相關概念有不同的定義。Kohut 對自體的體認來自他對病人之同理性了解（容後詳述），Winnicott 對個人的描述則是依據系統性觀察幼童而來（St. Clair, 2004）。基本上，自體是個人開始發展的核心或中心，引發與提供人格的中心目的，並影響技巧與目標模式（Wolf, 1988, p. 182）。Kohut 在其理論逐步發展後，越來越常使用自體的概念，而越來越少引用自我、本我與超我的概念。由此可知，相較於其他自體與客體關係的精神分析家，他已遠離 Freud 的理念。在嬰兒期，初始的我（rudimentary self）是由客體（object，一種理想父母的想像）與主體（subject，自認「我很棒！」之自大的自體（grandiose self））所組成。自體客體（selfobject）不是整個的人（一整個愛的客體），而是潛意識思考、想像或其他表徵的模式或主體。例如，一個習於母親讚美的幼兒，在面對其他孩子們時，會認定只要他想要的時候，理所當然

的可以玩其他孩子的玩具。此例中，母親的讚賞就是這個孩子的「自體客體」（Hedges, 1983; St. Clair, 2004）。這個孩子在事件的心理表徵中，無法區隔自己與母親。

Kohut 雖然對性能量與攻擊驅力相當了解，但還是著重於自戀對兒童發展的影響。他與 Mahler 一樣，認為嬰兒早期的發展階段以為自己是全能的，無法區別自己與母親為不同個體（St. Clair, 2004）。當孩子需求受挫時（例如，他肚子餓了卻沒有辦法被餵奶），發展出了自己很重要的影像——自大的自體（grandiose self）。當孩子滿足了哺乳的需求，他對自體客體的完美歸因，產生了理想的父母影像。

經由一連串小小的、同理的（empathic）失敗，例如，兒童無法從父母那得到他想要的，對自我的知覺就產生了。自大的自體（grandiose self）（我該得到我想要的）與理想的父母影像（我的父母非常棒）之間存在了一種緊張狀態，這兩者間的緊張狀態就形成了**雙極的我**（bipolar self）（self ＝自體）。換句話說，孩子在父母期待他如何做（理想的自體客體）與做自己想做的（自大的自體）之間做選擇（Kohut, 1977）。當幼兒沒有得到他們想要的，他們可能會以一種自戀式的暴怒方式發脾氣。

談到這裡，自戀是一種發展上的誘發物，爆發是正常的。這些爆發是由鏡像的自體客體（mirroring selfobject）移除所造成。當母親對孩子表現出與孩子在一起很快樂時，**鏡像**（mirroring）就產生了。由此方式，自大的自體得到支持，而孩子看到母親了解他（反映孩子的影像給孩子），然後將此鏡像父母納入自大的自體中。因此，在某種意義上，父母被視為孩子的一個部分，執行鏡像的功能（Patton & Meara, 1992）。

當兒童停滯在某一個階段、或自大的自體、理想的自體客體無法正常發展，往後的生活將產生問題。例如，孩子的母親不負責任（鏡像），孩子幼年沒有得到愛，往後的生活可能產生憂鬱或不斷從其他人身上找尋愛。有些人可能從未與父母（理想自體客體）有足夠的關係，可能因此去追求理想與完美的配偶或朋友，但因為無人能符合他們的標準而總是失敗（St. Clair, 2004）。

Kohut 將心理的困擾視為自體客體的病症，或是自體的病症。Kohut 假定在

發展適當的自體客體（甚至之後形成一個強壯的自體）中發生問題，是造成疾病的原因。例如，當自戀影像或是理想客體不穩定時，精神病（psychosis）這種病症便會發生。個人可能因此產生幻想（delusions）去保護自己，以對抗失去的理想客體（適當的父母；St. Clair, 2004）。對邊緣性人格疾患來說，自我的傷害可能很嚴重，但防衛仍足以讓個體功能運作（Wolf, 1988）。以自戀人格疾患（narcissistic personality disorders）的例子來看，自大的自體與理想自體客體沒能充分的融合到人格中，也可能導致自尊（self-esteem）喪失（Kohut, 1971）。

Kohut 的治療模式中，特別專注在自戀與邊緣性疾患。大體來說，他的模式是去了解與同理個人不足或受損的自我，而此自我問題來自於無法經驗自大的自體與理想的自體個體之成功發展。Kohut 從精神分析工作上發現，病人經由與他的關係中表達了他們自戀的缺陷。至於 Kohut 如何經驗這種關係（移情，transference），容後再解釋。

關係精神分析

另一種觀點的精神分析，肇始於 Greenberg 和 Mitchell（1983）及 Mitchell 的《精神分析之關係概念》（*Relational Concepts in Psychoanalysis*, 1988）。Mitchell 和他的同事看到驅力理論提供人格理論的觀點，不同於早期關係理論，如客體關係與自體心理學。受到社會結構論者的影響，關係治療師檢驗自己對病人反應的貢獻。他們不認為能達成所謂的保持中立的治療，反而以精神分析與精神分析取向心理治療之工具自居；對病人的陳述加以回應，而不只是觀察。

Greenberg（2001）說明的四項治療前提，解釋了關係精神分析與許多其他精神分析立論的不同處。第一是關係精神分析體認到每一個分析師或治療師，會因為自己的人格特質而對病人造成不同程度的影響。第二是每一組分析師—病人的配對，都是獨特的。第三是治療中會發生什麼無法預測，且會受分析師與病人的互動影響。第四是分析師為主觀而非客觀的參與者，分離的客體性是不存在的。這四項前提與前面討論的驅力、自我、客體關係與自體心理學相較之下，以一種較不權威的態度去說明精神分析。分析師提供專業以發展出有用的分析理念，且以他們自己訓練過的自我反映能力去協助病人改變（Mitchell, 1998）。

　　Mitchell（2000）描述了四種人群間的互動模式，這些模式刻劃出關係精神分析檢視治療關係之方式。第一種模式指的是彼此間的所做所為；例如，手足間互動。第二種模式處理情感上意識或潛意識的溝通；例如，以懷抱嬰兒表現愛。第三種模式是關係的知覺；例如，作為女兒或母親所扮演的角色，這些知覺可能是意識或潛意識的。第四種模式是互為主體性（intersubjectivity）；互為主體性在精神分析的應用是，分析師與病人互相影響。因此，這樣的概念是雙人心理學；與傳統一人心理學中，分析師影響病人而病人不會影響分析師的看法正好相左。

　　Mitchell（1999）描述了他與病人康妮每週見面一次的治療。讓 Mitchell 很驚訝的是，康妮因為 Mitchell 與她打招呼時未稱其名而生氣。Mitchell 不相信這是康妮的問題症狀（單人的觀點），他從治療師與病人的觀點以及互動（雙人的觀點）去檢驗現實情境。

　　經由幾個月的分析治療後，有次康妮非常困擾的開始與我面談，讓我感到很詫異。她想要知道，治療怎麼產生效用。康妮在等待室裡面，接續在一個可能亦為匿名的病人之後。因為我沒有以熱絡的方式迎接她，甚至沒有叫她的名字，讓她感到很可怕。起初，我對這樣的指控感到有點受傷，尤其是因為我覺得她刻意與我保持距離。正當我還在掙扎著該如何面對她時，我開始想著在面談開始與結束時，自己是否潛意識地壓低對她的情緒反應去報復她。我確實表現得正經八百，照慣例以「你好！」與病人打招呼，而沒有稱呼他們的名字，表示知道他們來了，並迎接他們進入我的辦公室。

　　我們探討康妮對這樣互動的感受，但她還是很生氣。我解釋在任何情況下，都習慣不稱呼名字與別人打招呼。但康妮覺得這是視她若無物，讓她無法忍受。除非我能偶爾稱呼她的名字否則她無法繼續面談。我們都同意，我如此機械化打招呼的方式沒有特別用意，但是我會試著找出一種真誠表現自己的方式，而我也確實這樣做了。之後我發現，我確實樂於叫她的名字，她也對我的溫暖回應有別於以往。我理解到自己那種「讓我們開始工作吧」的態度，確實造成了些壓力，我甚至開始改變迎接病人與向病人道別的方式。

　　對我來說，康妮與我共同處理了我們之間的距離與親密、存在與失落，這與她早年的創傷與失落或許有關，然而現在真實的發生在我們之間。在我們開始新的迎接與道別方式幾個月後，康妮說她覺得每週一次有太多要談的，然後開始一週來兩次（Mitchell, 1999, pp. 102-103）。

　　與其他精神分析派別不同的是，Mitchell 非常重視主體性（subjectivity）與易感性（vulnerability）。典型的「關係心理治療」強調治療師的主體性與自覺。

　　精神分析師與心理治療師兩者極大的不同之處，在於他們以五種方向（驅力、自我、客體關係、自體心理學、關係）去了解他們的病人。精神分析師最初只用 Freud 的驅力理論來了解病人，仍依此模式行事的通常稱為**古典或傳統的精神分析師**（classical or traditional psychoanalysts）。雖然有些精神分析師與心理治療師依舊只使用上述其中的一種，但有越來越多的分析師，使用統合的精神分析理論。Pine（1990）的模式，聚焦在四種不同的方式來了解個案。它們包括驅力的發展論、自我、客體關係與自體心理學，但不是聚焦於關係之關係精神分析。雖然沒有精確使用上述四種精神分析理論，Pine（1990）說明在一次面談治療中，他能將他的模式轉換成應用上述四種任何理論去了解病人。精神分析師與心理治療師如何了解他們病人的早期發展，對他們應用治療技術影響深遠。

 # 精神分析取向治療的應用

　　精神分析師從驅力、自我、客體關係、自體心理學或關係心理學等不同觀點出發，但他們治療病人時卻使用類似模式。他們的治療目標，強調了解潛意識動機的價值。在他們使用的測驗與傾聽病人的夢境或其他資料中，專注於了解潛意識的素材。他們對待病人採取中立或同理的立場，端看他們進行精神分析或精神分析取向心理治療而定。然而，兩種治療都處理病人的抗拒以了解潛意識素材。在本章後段，會在治療模式的部分再深入探討這些議題。

　　移情或夢境的詮釋等技術可從五種不同觀點來看，反移情的反應（治療師對病人的感覺）也是如是。將這些觀點應用到夢的解析、移情反應、與反移情的議題，可以澄清這些看法並顯示出可以了解治療素材的一些方法。

治療目標

　　為帶領個人之人格與性格結構的改變，設計了精神分析與心理動力心理治療（psychodynamic psychotherapy）。治療過程中，病人嘗試解決內在潛意識衝突的同時，發展出更合己意的問題處理方式。自我了解是經由重建、詮釋與分析童年

經驗之解析來達成。頓悟的產生，能促成感覺與行為的改變。然而，只有頓悟卻沒有改變，並不是一個完滿的目標（Abend, 2001）。經由夢的解析或其他方法揭開潛意識的素材，個人更能處理自己所面臨的、或是其他相關之重複但無建設性的問題。

強調經由探索潛意識的素材以找出解決問題的方法，是精神分析各種派別經常使用的模式。Freud 以增加「性驅力」與「攻擊驅力」的覺察（本我運作過程），協助個人在與他人互動（自我運作過程）上有更好的控制能力。自我心理分析師（ego psychoanalysts）則強調，需要了解自我防衛機轉以及以正向方式適應外在世界。對客體關係治療師來說，經由探索童年引起的分化與個體化的議題，能改善自我及他人的關係。同樣類似地，自體心理學家關心自我專注（self-absorption）、理想化的父母對前來治療早期經驗的病人的影響力，它們可能造成長大後與別人關係有嚴重問題。關係分析師的治療目標，可能也與客體關係分析師及自體心理學家類似。本書在此特意簡化說明這些學派間的差異。在臨床工作上，精神分析師在對病人進行治療工作時，可能有不只一種的上述目標。

許多精神分析師與心理動力治療師，有些共同的一般性目標（Gabbard, 2004, 2005）。病人應該更能去處理內在的潛意識衝突。藉由心理動力或精神分析治療，病人應該更了解自己且感覺更踏實。經由了解自己對他人的反應，病人更能增進和家庭、朋友及同事的關係。治療完成後，病人應該更能區辨自己眼中所謂的現實（內在現實）與真實發生的事件（外在現實）。這些都可應用在所有精神分析的派別系統中。

評估

由於潛意識素材揭露緩慢，評估病人家庭史、夢境與其他內容，仍需於整個分析或治療過程中持續進行。有些精神分析師會在最初的幾次面談，使用較結構化的方式蒐集家庭史與社交關係；而其他精神分析師可能以試驗分析的方法，在最初的幾週中評估治療的適切模式。如同前段說明，精神分析師經由對人格發展的了解，他們從傾聽中尋找潛意識動機、童年關係事件、防衛或其他素材，以協助他們評估病人的問題。

有些治療師可能會在評估過程中，使用投射或其他測驗。最常用到的測驗或

許是羅夏克（Rorschach）投射測驗（Nygren, 2004），藉由提供模糊的素材（墨漬）給病人，以投射他們的感覺與動機。Blacky Test 是一項專門為評量 Freud 驅力理論概念所設計的測驗工具。測驗為十二幅連續漫畫，當中描述一隻叫 Blacky 的公狗，與其媽媽、爸爸及兄弟姐妹。測量的向度如口慾（oral eroticism）、肛門驅除（anal expulsiveness）、戀母情結強度（Oedipal intensity）（Blum, 1949）。為評估治療過程中治療關係的發展程度，還發展了短式（short form）與完整（long form）的工作聯盟量表（Working Alliance Inventory）（Goldberg, Rollins, & McNary, 2004; Busseri & Tyler, 2003）。 雖然工作聯盟量表主要用在研究上，但對於臨床工作者在評估病人問題上也應該是有所助益的。

精神分析（psychoanalysis）、心理治療（psychotherapy）與精神分析式諮商（psychoanalytic counseling）

　　精神分析、精神分析式心理治療與精神分析式諮商，在使用的技術與次數上各有不同。通常進行精神分析時，病人躺在一張躺椅上，分析師則坐在他旁邊的椅子。被分析者（病人）一週與分析師會晤四次最為常見，雖然有時也會一週兩次、三次或五次。精神分析式心理治療則以面對面的方式，一週進行一到三次的晤談。精神分析式諮商則通常一週一次。一般來說，自由聯想（病人說出任何閃過的念頭）在心理治療與諮商中，沒有精神分析用得那麼多。精神分析的過程中，治療師常需用到很多時間來探討潛意識與幼年的發展關係，這樣的模式可能對極度困擾的病人助益不大。大致來說，精神分析師不如面對面談話的心理治療師般說那麼多話，只是偶爾提出澄清與解釋。大多數的精神分析師也做心理治療。要能探討潛意識過程及忍受與治療師較少的互動，是接受精神分析很重要的考量。除此之外，精神分析的收費也很可觀，每週四次的精神分析，一年可能花費超過兩萬美金。

　　精神分析式心理治療與精神分析式諮商兩者間差異，較精神分析小。Patton 和 Meara（1992）強調，精神分析式諮商之個案與諮商師的關係，是探討問題的工作同盟。如心理治療師一樣，諮商師可能使用建議、支持、同理、詢問、抗拒的面質，還有澄清、詮釋等洞察力導向的介入（Patton & Meara, 1992）。上述的技巧也使用在許多種類的諮商與治療中。自由聯想、夢的解析、移情及反移情的議題是精神分析式治療的基石，接著將延續討論此部分。

自由聯想（free association）

　　藉由要求病人應用自由聯想於他們正在知覺的任何事物，治療師便可由此去檢驗潛意識的素材。自由聯想的內容可以是身體的知覺、感覺、幻想、想法、記憶、最近發生的事件，以及治療師本人。之所以讓病人躺在躺椅，是因為較坐在椅子上更能產生自由流動的關聯物。使用自由聯想，假定潛意識資素材會影響行為，以及可以藉由自由聯想帶入有意義的知覺。分析師傾聽潛意識的意義、以及停頓與連結，因為這表示潛意識素材可能會引發焦慮。分析師可經由對病人的認識，去詮釋口誤與刪除的資料。假如病人難以經驗自由聯想，分析師會適時的詮釋（可能的話）其行為（如果適當的話），並會與病人分享其詮釋。

中立與同理（neutrality and empathy）

　　相較於關係精神分析，中立與同理在傳統的精神分析中是相容的。治療師希望病人自由聯想的資料，儘可能不要受分析師的觀點影響，因為對病人來說是不相干的。例如，與病人討論分析師的假期、或治療室裡醒目的放置家人照片，都可能干擾治療師對病人潛意識動機、感覺與行為的了解。當治療師對病人自我表露時，他們要小心思考揭露對病人所產生的影響。這並非指治療師是冷漠而不關懷的，而是治療師對病人之經驗與感覺的同理藉由了解病人的感覺與鼓勵自由聯想，而不是直接反應病人的感覺（憤怒、受傷、幸福……等等），分析師容許一種移情關係（對分析師的感覺）發展。在觀察分析中的病人時，或許沒有其他分析理論家比 Kohut 更強調同理之重要性了。Hedges（1992）舉例說明 Kohut 在 1981 年去世前不久，在一場研討會上發表同理一個病人嬰兒期的撫慰（nurturing）需求。

　　她第一次來的時候躺在沙發上，突然終止之前的分析，說她覺得好像正躺在一副棺材裡，棺材的蓋子很快就正要被蓋上……她非常的沮喪，而有時我想我可能會失去她，她可能最後會找到一個方式解脫及自殺……有次在她狀況最糟糕下進行分析時（之後）……或許一年半前，她的情況是那麼糟糕，我突然有種感覺──「妳知道，當妳說話的時候，假如我讓妳握著我的手一會兒，對妳或許會有些幫助。」一個可疑的動作，我現在不推薦使用，但是當時的我對治療感到絕望。我非常的擔心。於是我在椅子上稍微移動了

一下，對她伸出兩根手指頭。

　　現在，我要告訴你那個美好的故事。因為精神分析師總是維持著是一個分析師的樣子。我對她伸出兩根手指頭。她伸手握住我，而我立即做出一個創始性的解釋。那是一個還沒有長牙的孩子咬住一個沒有奶的乳頭。就是那樣的感覺。我沒有說任何話……，但是我像是自己的分析師般的對此反應。此時無聲勝有聲。我不能說它掀起洶湧波濤，但在一個危險的時刻，打破了僵局，沒有浪費時間。之後，我們又持續了很多年，而得到很合理的實質成功（Hedges, 1992, pp. 209-210）。

　　這是一個戲劇性且不尋常的同理之例子。然而不管怎樣，這個例子顯示出Kohut 以一種客體關係與自體心理學的內涵，對他的個案之了解與反應。

抗拒（resistance）

　　在分析或治療期間，病人可能會潛意識地藉由約定時間的遲到、忘記預約的時間、或失去治療興趣等方式，來抗拒分析的過程。有時，病人可能在治療的那個小時裡，對記憶或自由聯想有困難。還有些時候，抗拒表現在治療以外的時刻，如酗酒或婚外情等將問題行動化。移情抗拒（transference resistance）是一種常見的抗拒，意指經營與治療師的關係，以致期望或害怕和分析師的關係會發生（Horner, 1991, 2005）。以下是一個移情抗拒及治療師能開放地理解病人感受的例子。

> 病　人：我知道你上次對我很生氣，我從你的聲音中聽得出來。因為我沒有把你想要知道的我夢中的感覺告訴你。
>
> 治療師：（很確定這是錯誤的知覺）我不知道我的聲音像怎樣，但是重要的是，你如何去解釋你知覺到的。
>
> 病　人：我知道我很認真的想要討你歡心。
>
> 治療師：我懷疑你是否因為這樣的心態，一直針對我而調整自己。
>
> 病　人：當然。在這間房間中，我不知道該如何做。我尋找著相關訊息（Horner, 1991, p. 97）。

　　傾聽抗拒是很重要的，而決定何時詮釋抗拒，則端賴當時情境而定。

詮釋（interpretation）

　　向病人詮釋自由聯想、夢境、口誤、症狀或移情所得來的資料，對病人才有意義。依據資料的本質，分析師可以詮釋性壓抑的資料、個體潛意識的防衛，以對抗被壓抑的創傷記憶、困擾情境或童年不滿意的教養困擾。分析師不只需要注意詮釋的內容，更需要注意將此傳遞給病人的過程（Arlow, 1987）。分析師必須考量到，病人是否準備好接受此詮釋並將此納入自己的觀點中。假如詮釋過度深入，病人可能無法接受並進而將它帶入意識知覺中。詮釋的另一個面向，是病人呈現給治療者的心理疾患。與較不複雜的心理疾患相比，治療邊緣性人格違常的病人時，詮釋可能有多重功能（Caligor, Diamond, Yeomans, & Kernberg, 2009）。欲理解病人的潛意識資料，分析師通常需要先行理解自己的潛意識歷程，以此方式去評估病人的潛意識資料（Mitchell, 2000）。大致來說，資料越接近前意識（preconscious），病人越容易接受。

夢的解析（interpretation of dreams）

　　在精神分析治療中，夢具有重要意義，可以了解潛意識的資料與提供無法解決議題的洞察力。對 Freud 來說，「夢是通往心智潛意識活動的康莊大道」（Freud, 1900）。經由夢的解析過程，期望、需求與恐懼便能顯露無遺。Freud 相信，一些動機或記憶為自我（ego）無法接受，通常透過夢境而以象徵的形式顯現出來。對 Freud 來說，夢境是壓抑的本我衝動（id impulses）與自我防衛（ego defenses）間的妥協方案。夢境的內容包括明顯的內容（作夢者覺察的夢境意象）與潛在的內容（夢境中的象徵與潛意識動機）。在解析夢境過程中，分析師或治療師鼓勵病人自由連結夢境的各種景象，並回想夢境片段所引發的感覺。當病人探討夢境時，治療師處理他們的聯想，並協助他們覺察壓抑部分之意義，進而對他們的問題有了新的洞察（insights）。雖然 Freud 著重在壓抑之性驅力與攻擊驅力，其他的分析師也用各種方法進行夢的解析，強調自我、自體關係、個體或關係理論。

夢 The Dream

　　為了要說明驅力、客體關係與自體心理學等不同派別對夢境的解釋，Mitchell（1988, pp.36-38）使用一個夢境的片段，說明上述三種觀點如何去

解析夢境。作夢者搭乘地鐵，不知身在何處，她感覺在生理與心理上都過度負荷。作夢者提了幾個袋子與公事包。她的注意力渙散，丟下袋子與公事包去別的地方一探究竟。當她回座時發現公事包已經不見蹤影，她很氣自己竟然遺失了公事包，接著她感到巨大的恐懼。

Freud 驅力模式之詮釋

　　驅力模式著重在檢驗不同驅力如何被表徵，夢中不同的物體具有不同意義。這個夢裡的地下通道象徵肛門驅力、地鐵明顯的就是性器象徵、公事包是閹割，也是陰道的表徵；夢中其他相關部分較不重要。人們在夢中的自己並不重要，重要的是他們與驅力和防衛的關係。在夢中，他們可能是被渴望和懲罰的客體。夢中的衝突是遺失的公事包、自我責難和暗示被懲罰的恐懼。擁有渴望（驅力）然後在夢中形成一個重要的主題，是驅力模式夢的解析之重點。

客體關係之詮釋

　　在關係模式的看法中，夢境被認為代表夢者如何經驗自身及與別人關係中的自己。她與別人的關係是經由一種強迫性的獻身，這有助於她感受到與他人情感上的親近。部分的她渴望衝動地追求自己的興趣，但這可能要冒著與他人分離的危險。恐懼則來自於若是關注在自己的興趣而非他人的需要，她將不知道自己是誰或者如何與他人建立連結。在她的分析治療中，這可能是一個主要重點。在治療中，經由了解她與他人（包括分析師）的關係，讓她可能開始以不同觀點看待自己。

自體心理學之詮釋

　　聚焦在病人對於自體的感受，在於經驗到自己是怎麼樣的一個人，包含她的恐懼和感覺。問題浮現於她是否覺得過度專注於所擔心的部分，也許她擔心太過衝動、抑或她害怕變得軟弱。公事包代表自體的存在，也反映了其家族對她的觀點。她可能有一個扭曲的信念，認為自己必須負責以獲得家族的肯定。因此，失去公事包象徵了她失去感受自我及是怎麼樣的一個人之可能性。

　　根據分析師或治療師的觀點、病人問題及病症之特性，分析師或治療師可能使用上述任何解釋方法去解讀夢境之潛意識資料。除此之外，自我心理學可能用不同的方法去了解夢境，本章沒有談到的其他精神分析派別如 Sullivan 或 Horney 學派的精神分析師，可能會從不同角度來解析夢境。Mitchell（1988）對夢的解

析不只看夢境，更重視重複夢境中的變異，特別是歷經幾年分析而對病人有相當
的理解後。

移情的詮釋與分析

　　病人與分析師的關係，在精神分析治療中是一個極重要的議題。事實上，
Arlow（1987）相信最有效的詮釋是處理移情的分析。在精神分析的訓練中，學
習建構詮釋與評估它們的正確性十分重要（Gibbons, Crits-Christoph, & Apostol,
2004）。病人藉由如同面對自己父母般回應治療師，修通（work through）早年關
係（特別是與父母的關係）。假如在他們 3 到 4 歲時，對母親有一股憤怒的情緒
衝突，這股憤怒可能會轉移到治療師身上。分析師的治療任務就是藉病人在移情
中的表現，協助病人修通其幼年對父母的經驗。

　　四種心理派別（驅力、自我、客體關係與自體心理學）都以早年潛意識
的素材去解釋移情。他們方式的不同處，完全表現在他們獨特的傾聽上。Pine
（1990）舉了一個假設的例子，說明一位女病人挑逗男性分析師的四種不同解
釋。在此例子中，女病人「幼年時對父親有性的挑逗關係，她也感受到非常強
的性興奮，當母親接近時，她會覺得失去父親且感受到強烈的被拒絕之苦」（p.
5）。分析師會因為理論取向不同，而有不一樣的假設性反應，本書整理了 Pine
（1990, p. 6）的四種反應與解釋的摘要，敘述如下：

1. 「所以現在妳的母親去度假，似乎也讓妳覺得在此表現輕佻感覺是安全
的。就像妳說的，妳的身邊整天都圍繞著人。我猜我正想著，終於在此時
刻，我不會像妳父親一樣隨妳母親而去。」（驅力理論：詮釋她想與父親在
一起的性驅力。）

2. 「我不訝異妳會忽然發現，當妳的母親挑剔妳時，妳會重述那個突發事
件。我認為妳對現在這樣無拘束的挑逗我而苛責自己，妳將母親帶到這個
房間裡與我們在一起，這樣我們之間就不會發生任何事情了。」（自我心理
學：聚焦在挑逗所引發的焦慮與罪惡感，專注在病人的防衛機轉上。）

3. 「妳的期望似乎是，如果繼續挑逗我而感到興奮，若我沒有被妳引誘而興
奮，最後妳就能忍受自己的興奮，而不害怕會被慾望縈繞。」（客體關係：
解釋與處理有關高度強烈的早年親子客體關係經驗。）

4. 「當妳強烈的空虛感升起時，挑逗讓妳感到充實與存在，對妳彌足珍貴。

> 當妳父親轉而專注在妳母親身上時，他不知道妳希望的是被他治癒而不只是對他有性吸引力。」（自體心理學：強調自大的自體，因父親將注意力從病人轉向母親而來的主觀痛苦經驗。）

雖然這些理論取向間的差異看似不甚明顯，只是傾聽的看法與解讀的方式不同罷了，但這四種心理學都使用詮釋技術。Kernberg（邊緣性人格疾患）與 Kohut（自戀人格疾患）都將移情融入理論中，本章將在後面分別舉例敘述他們的治療工作。

反移情

不同的精神分析取向治療師，從不同觀點看治療師對病人的反應（反移情，countertransference）。Moeller（1977）提出三種反移情的立論。第一種是傳統的反移情，解釋治療師對病人的非理性或神經質的反應。第二種為更廣泛的慣用專有名詞，意指治療師對病人所有意識與潛意識的感覺（Gabbard, 2004）。Eagle（2000）提醒，在治療的整個小時中，治療師不該假定自己所有的想法與感覺都反映病人的內在世界。第三個觀點視反移情與病人移情為一體的兩面，換言之就是病人的感覺會影響治療師的感覺，反之亦然。在第三種反移情的看法上，治療師可能會想：「我現在感受到的是否也是病人母親可能感覺的？」因此，治療師試圖了解（或是同理）病人、病人的感覺與兩人之間彼此的互動。對反移情的相關議題，各學派間有許多不同看法。

關係精神分析學派的反應

關係精神分析學派的治療師與分析師對反移情有更進一步的解釋，他們會去尋找影響治療工作的爭論議題。例如，Mitchell（1999）寫到與康妮討論康妮對 Mitchell 沒有稱呼她的名字很在意。當治療師這麼做的時候，他們正使用一個雙人（two-person）或互為主體性（intersubjective）的觀點。

雖然精神分析、精神分析式心理治療與精神分析式諮商在治療長度及是否讓病人躺在躺椅上，與他們強調探索及解釋潛意識素材等等皆大異其趣，但他們確實有許多共通之處。他們都會檢驗 5 歲前的關係與動機，對兒童、青少年和成人現在功能運作的影響。大體來說，他們的目標是要協助病人增加對目前行為與

爭議的洞察，並藉由了解潛意識素材對現在功能的影響，來改變他們的行為、感覺與認知。雖然投射與客觀的測驗可能用來評估所關切的部分，但通常分析師或治療師的理論派別對了解病人童年的發展，提供了一種評估分析資料的方式。這類資料大多來自對每日發生的事件、感覺、夢境或病人生活上其他事件的自由聯想。隨著關係的發展，分析師或治療師觀察移情（來自早期與父母的關係）及反移情（治療師對病人的反應）。對病人—治療師關係的觀察，還有從夢境得來的資料及其他資料，經由詮釋或與病人討論的方式，將增進病人對自身問題的洞見。

心理疾患

　　要讓精神分析、精神分析式心理治療或精神分析式諮商，找到一致認同的方法去治療病人來說，是困難重重。因為治療的長度、對潛意識素材的強調程度、還有精神分析中各派理論作者不盡相同的看法，故要針對每種病症指明一個特定的治療法十分不易。本節試著進一步以案例說明驅力理論（Freud）、自我心理學（Erikson）、客體關係（Kernberg）、自體心理學（Kohut）與關係精神分析（Mitchell）等五種不同概念的治療與派別。接下來將以各理論家曾經對某一疾病的治療所發表的詳細案例，介紹該理論的治療方式，而不是針對每種疾病說明各派的治療概論。Freud 對一位年輕女性治療的案例，說明他認為該女子的歇斯底里症與性有關。許多精神分析師如 Anna Freud 與 Erik Erikson 將精神分析原理應用在兒童治療上。稍後將說明 Erik Erikson 如何將自我心理學的理念，用在一個 3 歲作惡夢與焦慮的女孩之治療上。Otto Kernberg 以客體關係理念治療邊緣性人格疾患頗負盛名，以下列舉一個偏執的男性邊緣性人格患者說明該理論。自體心理學應用在許多病症的治療上，但該理論主要著重在說明自戀的發展。Kohut 對一個自戀症患者的治療，讓我們更深入的了解他對治療關係中移情的看法。若 Freud 與 Erikson 的簡短介入，可稱作精神分析式諮商，Kernberg 及 Kohut 的長期且深入的治療則符合精神分析式心理治療的定義。以下也用一個憂鬱症的案例來說明 Mitchell 是如何進行治療。

歇斯底里的治療：凱瑟琳娜

Freud 早期的治療工作主要對象為歇斯底里症狀的病人，在《歇斯底里的研究》（*Studies on Hysteria*）一書中，記錄了五名病人的個案史（Breuer & Freud, 1895）。凱瑟琳娜是個非常特殊的個案，治療過程非常短，基本上就只有一次的面談，場景發生在 Freud 到阿爾卑斯山度假時。不論如何，此案例描述了 Freud 治療歇斯底里症病人的一些模式。由於大量的寫作與致力於精神分析的發展工作，Freud 對病人的溫暖與關切經常付之闕如。此案例的價值很明顯在於描述幼年性創傷事件後的潛意識處理過程與壓抑之防衛機轉。雖然晚年的 Freud 相信歇斯底里病人提出的許多「事實」乃出自於想像，但他治療凱瑟琳娜的經驗則不像上述那樣。事實上，Freud 在 1895 年之前的著作中就提到：

> 我們發現對每個性創傷所造成的歇斯底里病人治療分析時，創傷對性發展期前的兒童沒有影響，但是當女孩或已婚婦女開始經驗性生活時記憶就會重現。（p. 133）。

在 1893 年夏天，Freud 去攀登阿爾卑斯山的東側。當他坐在一個峰頂時，18 歲的凱瑟琳娜趨前問他是否是醫師？她在訪客留言簿上看到他的名字。令 Freud 驚訝的是，凱瑟琳娜喘著氣（不是因為爬上高山的緣故）述說時，喉嚨有種要窒息的感覺且腦袋好像被重擊的症狀。Freud 記錄了對話過程。

> 「妳知道妳的症狀從哪裡來的嗎？」「不。」
> 「妳從什麼時候開始有這個症狀的？」
> 「兩年前，當我還與阿姨住在另外一座山上時（她在那裡經營一個登山小旅館，我們一年半前搬到這裡來的），症狀就一直不斷發作。」
> 　　我在試圖進行分析嗎？我沒想在這樣高的海拔下開始進行催眠工作，但或許我可以簡短的談談。我試著猜猜看。我過去的經驗發現，女孩子的焦慮來自克服處女純潔的心理（virginal mind），及要克服初次面對性生活時的恐慌。
> 　　所以我就說：「如果妳不知道，我將告訴妳，我認為妳的症狀怎麼來的。在兩年前那個時候，妳一定看到或聽到讓妳覺得很尷尬的事情，而妳情願妳沒看到。」

「天啊！就是這樣！」

她回答：「那時我撞見我的叔叔和我的表姊法蘭絲卡」（pp. 126-127）

　　Freud 在那段治療生涯中還使用催眠做治療，不過為期不久。Freud 所說的叔叔其實是凱瑟琳娜的父親。因為 Freud 想保護凱瑟琳娜的隱私，他在其個案研究的書中（1895）便將父親的身分改為叔叔，直到該書出版 30 年後才說出真相。凱瑟琳娜與 Freud 對談時透露，在她 14 歲時，父親喝醉時曾對她毛手毛腳，她藉機將他推開。Freud 理解到當她看到父親與法蘭絲卡性交時，「她當時沒有因為看到這兩個人而感到厭惡，但是該畫面的記憶干擾了她。將所有的事情考量進去，這可能只是那晚她感覺到她叔叔的身體試圖親近她的記憶。」（p. 131）這 Freud 從中總結出，凱瑟琳娜為什麼潛意識地將心理壓力轉換成生理的症狀。

　　當她對我說明真相後，我對她說：「我現在知道妳看著房間時的想法了。妳想：『他現在正做著他那晚及其他時刻想對我做的事情。』這讓妳感到厭惡，因為妳記得當晚醒過來時的感覺及感受到他身體的碰觸。」

　　「事情可能是這樣。」她回答：「我的確厭惡，我就在想著那件事。」

　　「再告訴我一件事情，妳現在已經成年且解人事……」

　　「是的。」

　　「再告訴我一件事情，那晚妳感覺到他身體的哪個部分？」

　　她沒有給我確切的答案，而是很尷尬的微笑著。她似乎已經找到答案了，像是一個人滿足的承認基本任務已經達成而沒有什麼好說的了。我可以想像她學習到如何去解釋身體的碰觸感。她臉部的表情似乎告訴我，我的推測是對的。」（pp. 131-132）

　　雖然這個案例發生的時間與我們現在相去甚遠，但像這樣歇斯底里的轉化還是時有所聞。Freud 的其他案例與此個案相較則複雜許多，但也都是在說明不想要的性之相關記憶或創傷的壓抑。Freud 的工作就是將它們帶入意識的知覺裡。

童年焦慮：瑪麗

　　雖然對成人焦慮症患者的精神分析與 Erikson 治療 3 歲的瑪麗非常不同，但治療的理念則是類似的。瑪麗剛滿 3 歲，是一個「聰明、漂亮且非常文靜的小女

生」（Erikson, 1950, p. 197）。她半夜會驚醒，會用暴力型的焦慮攻擊玩伴。經由家庭醫師建議，媽媽決定帶瑪麗去見 Erikson。媽媽告訴瑪麗：「我們要去看一位先生，討論妳的夢魘」。雖然在此要討論這個案例的完整經過，可能會太過冗長（pp. 195-207），但藉由 Erikson 對瑪麗個案的敘述，其溫和的敏感度是不言自明的。

當她第一次去見 Erikson 時雙手抱著母親，然後慢慢的轉頭看著 Erikson。過了幾分鐘，媽媽離開診間，瑪麗則拿著一個玩偶去碰觸房間裡的其他玩具。最後她用玩偶的頭將一個玩具火車推到地上，「但是就像轉速過度的引擎般，她突然臉色發白的停下來」（p. 199）。然後她往後仰靠著沙發，將玩偶抱在腰上後又將玩偶丟掉，她這樣重複了幾次：撿起玩偶、抱在腰際、再任其墜落，終於她哭喊著要找媽媽。Erikson 描述他的回應如下。

> 奇怪的是，我也覺得那孩子已與我有了很成功的溝通。在開始治療兒童時，不見得需要說話。我覺得那段遊戲已經開始了我們的對話（p. 199）。

Erikson 繼續分析這次治療。

> 在這次遊戲的一小時裡，掉落的玩偶開始時是四肢的延伸，然後成為攻擊的工具（去推），接著在極度焦慮下，下腹部失去某物。瑪麗是否認為陰莖是攻擊武器，而她是否戲劇化的呈現出自己沒有陰莖的事實？根據母親的說法，很可能讀托兒所是瑪麗第一次有機會看到男孩如廁（p. 200）。

Erikson 在此使用 Freud 提出的「陰莖妒羨」，去說明這個小女孩相信她的陰莖被拿掉，而想要擁有一具陰莖。然而，Erikson 不只是使用性心理的觀點去看瑪麗的發展，同時也看其社會心理的發展。Erikson 在那個小時中觀察到她從母親那裡發展出自主，她在遊戲室裡主動玩玩具，還攻擊性地用玩偶將架子上的玩具都推掉。

在第二次的治療中，瑪麗第一次玩積木，幫她的玩具乳牛做了一個搖籃。然後她將媽媽拉到遊戲室外，留下 Erikson。接著，Erikson 在瑪麗的指示下玩遊戲，他將玩具乳牛經由一個缺口推出去，讓乳牛開始說話。瑪麗因此很開心，而 Erikson 在她期望下繼續與她玩。在來這裡之前，父親覺得瑪麗很煩，所以躲

她遠遠的。Erikson 視這個事件是一齣「父親移情」劇（p. 204），戲中瑪麗指揮 Erikson 如何玩，這是在她家中不可能出現的場景。

Erikson 建議瑪麗的父母，需要有其他的孩子（尤其是男生）到家中來玩。她獲准再次經驗已消失的夢魘。在一次追蹤治療中，瑪麗顯得很放鬆，且對 Erikson 度假時所搭乘的火車的顏色很感興趣。Erikson 後來發現，瑪麗特別喜愛能與父親一起散步到火車調度場去看火車引擎。Erikson 評論火車頭的引擎不只是性器的象徵，也是讓她與父親有了社交互動而使得焦慮消失。

邊緣性人格疾患：R 先生

奠基於治療邊緣性人格疾患（borderline disorders），Kernberg 的著作對客體關係論影響深遠，以下將著重在這些困難的心理困擾之治療。簡單的說，Kernberg 認為邊緣性疾患導因於兒童在 4 歲前的嚴重挫折與攻擊性經驗（Kernberg, 1975）。當年幼的孩子從雙親或其中之一那受到嚴重而持續的挫折時，他們會藉由投射反擊父母的感覺來保護自己，同時也扭曲對父母的看法（St. Clair, 2004）。當這種情形發生時，父母被視為潛在的威脅與危險而不是愛，因此後來的愛與性關係被視為危險而非撫愛。這將導致邊緣性疾患病人難以發展出對自己或他人的愛與憤怒之整合，也因此「分裂」（split）他們的反應，視自己或他人為全好或全壞的。Kernberg（1975）的治療主要圍繞在處理病人對治療師的負向移情，將治療結構化，以避免病人將對治療師的負向移情之感覺行動化。他並進一步試著面質降低了病人對外在事件正確解讀能力的病理性防衛機轉。

想要了解 Kernberg 對人格疾患的治療模式，要先熟悉兩個對我們有所幫助而有關負向移情的專有名詞。移情性精神病（transference psychosis）是指將病人在兒童期對父母的早年憤怒與毀滅性關係，予以行動化。Kernberg 觀察到，這種移情表現在治療初期且常是負向與困惑的。投射性認同（projective identification）是一種早期形成的投射，病人對自己的人格持負面看法，並將這些負面看法投射或置於他人身上，然後認同此為他人的一部分且潛意識試圖要控制那個人。在治療中，治療師常會經驗到投射性認同，即病人擁有的感覺就是治療師的感覺。Kernberg（1975, p.80）將投射性認同應用在治療中，他說：「病人的生活似乎依賴於持續操控治療師。」

在下面的案例中，Kernberg 很明顯的將負向移情與投射性認同應用在一個充滿敵意與多疑的病人身上。

R 先生從商，年近 50，前來諮詢是因為與同樣社經背景的女人發生性行為時，會出現選擇性的無能。但他與妓女或社經背景地位較低的女人發生性關係時則沒有問題。他擔心自己是同性戀，且在工作關係上出現問題。R 先生飲酒過量，這和他與女人做愛能力的焦慮有關。他有一個經常會打孩子而極度暴力的父親，還有一個慮病、長期抱怨與逆來順受的母親。病人認為母親無法有效的保護孩子以避免被父親虐待。病人是家中五個孩子中的老二，從過去的經驗裡認為，自己是最常被父親毆打和被哥哥嘲弄與排斥的對象。他的診斷評估顯示，有嚴重的偏執人格（paranoid personality）、邊緣性人格與強烈和壓抑的同性戀衝動。治療採用精神分析式心理治療，每週進行三次。

在治療某階段中，R 先生有幾次以很含糊的方式表示，認為我似乎在開始與他面談前，不太友善的跟他打招呼，讓他感覺到我要與他面談是惱怒的。相對於這些模糊的抱怨，有天他很憤怒且憎恨的告訴我，當我看到他從對街走過來時，我不屑的往人行道上吐口水。

我問他是否真的認為我一看到他就吐口水，他很憤恨的對我說，他知道這是真的，我不該假裝沒有這回事。當我問他為何我要以那樣的方式對待他，他很生氣的回答說，他對我的動機沒有興趣了解，只是認為我的行為完全不公平也太殘酷。

我無能引導他去看到我先前努力地去解釋，引發他感覺到我不高興、不贊同，甚至去厭惡他，其實是他對施暴父親的一種移情。他只是很生氣的回應說，我現在恣意的虐待他，就像是他爸爸對他那樣，而他辦公室的每一個同事也都這樣虐待他。此刻，當我的聲調與姿勢表現出比我所陳述的還要訝異，並表明說他會認為我看到他時吐口水。這時他變得異常憤怒的告訴我說，他氣得忍不住想揍我，事實上我也很擔心他真的有攻擊性。我告訴他說，他的想法完全錯了，我沒有看到他，也不記得有任何姿勢動作會被他認為是往馬路上吐口水。我接著說，對於我說的部分，他可能必須決定我是騙他還是說實話。但是我要堅持地說，我說的全是實話。（Kernberg, 1992, pp. 235-236）

Kernberg 接著討論病人的行為，與病人對詮釋的反應。

他不敢去了解他自己的攻擊傾向，所以將攻擊歸咎到我身上——他試圖去控制我的行為並引發對我的攻擊反應——那是他所害怕的。而在那時，他把對自己攻擊傾向的恐懼，表現在試圖去控制我。現在可以被意識到，這反映的是典型的投射性認同。但是與其解釋這個機轉，我強調我們兩個對現實知覺上的矛盾。因此，我以在面談中清楚呈現的狂怒向他說明（沒有明說是發生在他還是在我身上）精神病的核心（psychotic nucleus）之存在。

R 先生出現戲劇性的反應。他突然眼淚奪眶而出，要我原諒他，然後陳述他覺得對我有股很強的愛意，而他害怕表現出對同性的愛。我告訴他在表達這種感覺時，他了解到他認為的事實並不是真的，而他很感激我還站在他這邊，並沒有與他對抗。在這樣的理解下，他看到我代表著他渴望已久卻與他真實父親相反的一種理想、溫暖與付出的父親形象。R 先生體會到這些感覺，且較以前更自在地說出他對權威男士的良好關係之渴求（pp. 236-237）。

這段摘要顯示出 Kernberg 對移情中強烈憤怒的看法，他認為來自童年早期的負面親子經驗，可轉移到治療師身上。Kernberg 也描述了與童年的早期客體關係有關的移情性精神病與投射性認同兩種概念。

自戀性人格違常：J 先生

對 Kohut 來說，自戀性人格違常或障礙（narcissistic personality disorders or disturbances）導因於幼年缺乏家長足夠的注意（自大的自體，grandiose self），或沒有得到雙親充分的尊重。自戀性人格違常是親子關係不良或不足，導致無法產生對自我正向的感覺所致。當一個孩子知覺到（通常是潛意識）父母不在身旁、對孩子沒有興趣或做得不好時，長大後可能會視自己為關係的中心（Kohut, 1971, 1977）。

與父親或母親關係的不足，可能會以鏡像或理想化兩種移情方式呈現在治療中。鏡像移情的病人，視自己為完美的，也要求他人完美，特別是治療師。因此，鏡像移情是一種幼年自大的自體之一種演出。鏡像（mirroring）意指治療師藉由贊同和保證個案很棒，滿足個案之自大的需求。在理想化的移情中，完美的不是病人而是治療師。病人會將他們失落的完美父親或母親的形象，投射到治療師身上。

Kohut 在治療中會同理病人的早年困難，全心專注在自體或以父母為中心。當病人對治療師專注與讚賞需求，轉變成增進與病人生活上重要他人的關係時，治療便發生了作用。微妙的說，治療師是做為一種連結，讓病人能從自我專注，到將注意力轉移到治療師。更有甚者，可轉移到其他人身上。Kohut（1971, 1977, 1984）用一套嚴謹的辭彙，去描述他對自戀與其他病症的概念與治療模式。

J 先生的案例說明了 Kohut（1971）治療自戀型人格疾患的模式。J 先生是位 30 歲出頭很有創作力的作家，他因為關注於自己的寫作能力且自覺很不快樂，前來接受精神分析式心理治療已經好幾年。他的自大表現，顯示於他在夢境中成為能飛天的超人（p. 169）。經過治療改善後，J 先生不再夢到在天上飛，而是用走的了。然而在這些夢中，他知道自己的腳從來沒有踏到地面上，但是其他人都可以。因此從夢中顯示他的自大已經減少，但是仍然存在。

在精神分析中，看似不起眼的意外事件也可以提供重要線索。在一次治療中，J 先生告訴 Kohut，他在洗臉前很小心的清洗剃鬍膏的刷子、刮鬍刀與洗臉台。藉由該資料中提供他的高傲行為，Kohut 可以探討病人的童年史，聚焦在病人的自大與缺乏母親的關注上。

> 漸漸的，為了對抗強烈的抗拒（來自於深沉的自卑、過度刺激的恐懼、創傷性失望的害怕），自戀性移情開始變成他需求的中心，他對自己的身體─心靈─自體之肯定，都來自於治療師的贊許和接納。我們也漸漸開始了解，病人所理解的移情中動力位置的樞紐，治療師，就如同他自我中心的母親，只愛她能完全擁有與掌控的東西（她的珠寶、家具、瓷器與銀器）。治療師對病人像是他對物質擁有的偏好，重視病人只視他為提升自我權力的工具。假如他要求自己主動展示他的身體與心靈的話，或他堅持自己擁有的獨立自戀之報酬，病人認為我（治療師）將不會接受他。這只有在他獲得對自己人格的這些面向之頓悟增加後，病人才開始去經驗他最深層的渴望。他的原始未經修飾的自大、喜好表現的身體、自我之被接納與久藏在他外顯之自戀要求下分裂的靈魂中之自我，在這個修通的過程被引發後，他終於可以開玩笑的說：「重點是我的臉，而不是刮鬍刀。」（pp. 182-183）

Kohut 以幾種方式協助 J 先生。藉由了解 J 先生的鏡像或被讚賞的需求，Kohut 體認到母親關愛的重要性，而這是 J 先生向來所缺乏的。當 Kohut 與 J 先

生討論他的洞見時，J 先生開始很真誠地將 Kohut 視為一個完整的個人，而不是一個符合他需求的其他人。

憂鬱症：山姆

　　對 Mitchell 及其他關係學派分析師來說，家庭背景的了解及潛意識因素的關注，可以由許多種方式加以探討。治療師—病人關係的發展是當中一個重要的方法。相較於上述四個案例，以下案例對這種關係的探討更顯著。Teyber（2006）描述治療師在病人的治療上如何應用關係的陳述，提供了一些使用關係學派的概念。然而 Teyber 並沒有提供 Mitchell 與他的同事們，在下列範例上精神分析概念的解釋。

　　山姆是一個成年男性，有一個長期固定關係的女性友人。Mitchell（1988）說明山姆有憂鬱（depression）及暴食的症狀，有個一出生就嚴重腦傷的妹妹。雖然山姆的父親在妹妹出生時還精神旺盛，但是他與山姆的母親因為妹妹的病情、家庭的問題、經商失敗後就變得很憂鬱。山姆的雙親變得不愛動且非常的邊邊，山姆成為他們與外在真實世界接觸的窗口。Mitchell（1988）描述他對山姆的治療工作如下。

　　分析式探究透露出山姆深深的感覺到自我受損（self-as-damaged）及他的憂鬱，成為能讓他與家人維持著依附關係的機制。漸漸的清楚浮現，憂鬱成為山姆和他的家庭教條與一種生活方式。他們視這個世界是個痛苦的地方，讓人飽受苦難。樂在生活的人是很膚淺亦缺乏智慧與道德，這些人是輕佻無趣的。他被那些嚴重受難的人所吸引，對他們極為同理與協助，但這樣做又讓他覺得被牽絆。他覺得與人最親近的經驗可能是同聲哭泣，而歡欣與喜悅是隱私的，與他無關、甚至是可恥的。

　　山姆與他的分析師討論，這樣的接觸方式影響他與分析師的關係。他們探討各種與分析師正遭受的苦難之相關幻想。山姆熱切的參與救助，他們在無盡的悲慘中一起感傷。山姆在每次的面談中以更隱諱的方式，搭配他非常敏感、溫暖、同情的呈現出一種憂愁，但舒適的環境讓分析師發現自己也很樂在其中。山姆給予這種招數的能力，很是異常地讓人感到撫慰但又有些憂慮。分析師看到這樣舒適的環境，恰巧與山姆的想法一致，以某種方式來說，他是對分析師有很大的幫助。後者是個全能的治療者，這個人需要被照顧。這引發分析師想要去驗證，由分離與躁狂反轉等等拉扯的抗拒，轉換成

山姆殷勤服務的強烈反移情吸引力的相同力量。在一次特別的治療中，很清楚的呈現出山姆自覺長久存在的憂鬱之機轉與努力掙扎著要去發現一個不同形式的接觸之反移情。

有天山姆進入治療室時，因為一些職涯與社交上的成功，使他振奮而感覺很好。但那天，分析師感到很沮喪，雖然知道自己的情緒來源與山姆無關，山姆一如往昔有備而來地對所關切的主題尋求協助，對治療師是個真誠的撫慰。在面談剛開始時，當山姆談到許多方面的痛苦經驗及認定自己嚴重缺陷的無助感時，他的情緒急轉直下。分析師打斷他，對情緒的轉換感到疑惑。他們遂回到原來引起焦慮的點上，重新建構所發生的情形，去追溯他的憂鬱反應。他如同老鷹般精準的捕捉到分析師的憂鬱。他很驚訝的發現，自己洋洋自得且因為另一個人正在受苦而興奮時，一股立即的憂鬱被召喚而出。當別人受到傷害他卻感到充滿活力，這似乎是很野蠻的罪行，有可能遭到仇恨的報復且完全損害關係。

他們開始了解，山姆對所有他關心的人之親近模式，是降低自己的情緒到最低的方法。若只是讓自己去享受生活，而沒有持續的調降他的情緒與檢核他人的憂鬱狀況，他會認定自己是一個被反叛的壞蛋，而結果會讓他遭致完全的孤立。分析師在那次面談中，問他是否曾覺得分析師可能不會憎惡他的好心情，也可能因為山姆的熱誠與活力而感到很高興（當天事實上就是那樣）。不可思議的是他完全沒有想到，這會引發相當的迴響。經由這次事件與類似的經驗交換，他們的關係逐漸改變，他們將原來的模式與探索出新的可能性融合在一起。山姆開始感覺有能力面對自己的經驗，而不用在意其他人的情緒狀態（Mitchell, 1988, pp. 302-304）。

這五個從驅力、自我、客體關係、自體心理學與關係學派所描述的案例，讓我們對複雜的精神分析及精神分析式治療有些初步的了解。雖然呈現的病症不同，但所有案例都一致強調潛意識因素及幼年發展對現在功能的影響。大部分的案例也聚焦在病人與治療師之間的移情關係。治療方式不僅因為病人年齡、性別而不同，同時也受到疾病的種類、治療師對早年發展解釋的觀點，以及不同精神分析治療派別的影響，而呈現等同不一的差異。

 ## 短期精神分析治療

精神分析可能會要求每週四到五次的面談，時間上則持續三到八年，有的甚

至更長。而精神分析式心理治療則要求每週至少一次面談，持續進行數年。許多精神健康專業工作者覺得，需要提供較短期的治療。此種方式如果成功的話，將可以在實質上幫助病人降低費用，更可提供心理困擾更快速的解決方法。經由更短的預約等待時間，可提供病人更多且更好的心理健康服務。

短期精神分析治療受到歡迎，可由一些派別得知（Bloom, 1997; Messer & Warren, 1995）。精神分析式心理治療行諸於短期模式的推動力量，來自英國的 Malan（1976）。在短期模式的使用上，Malan 必須去處理的議題包括如何挑選病人、如何選擇治療目標及治療應該延續多久等等相關之面向。一般來說，目前大部分的短期精神分析式心理治療是為神經質與有動機改變的病人所設計，但卻不適合針對像 Kernberg 與 Kohut 所說的那些嚴重的人格疾患病人。

這些的治療長度，通常為十二到四十次面談。但有些嚴格時間限制的治療模式，限定時間則在十二到十六次。想要在這麼短的時間進行治療，必須先討論確切的治療目標。雖然短期治療師使用與長期治療師類似的診斷與概念模式，但他們的治療技術卻不盡相同。精神分析師與精神分析式治療師使用自由聯想，而短期治療師很少用此技術，他們較傾向使用詢問、重述、面質與快速去處理移情的議題。為了進一步說明短期治療的模式，以下將討論 Lester Luborsky 之了解移情關係為基礎的核心衝突關係主題法（Core Conflictual Relationship Theme Method）。

從 1975 年起，Lester Luborsky 與他的同事們就撰寫了超過七十篇描述與驗證核心衝突關係主題法的論文。這是一個了解移情的特別方法，可以用在短期心理治療（Luborsky & Crits-Christoph, 1998）、邊緣性人格疾患處遇（Drapeau & Perry, 2009）與慢性疲勞症（Vandenbergen, Vanheule, Rosseel, Desmet, & Verhaeghe, 2009）等困難議題。研究核心衝突關係主題法的治療工作同盟為何決裂有助於提供對短期精神分析心理治療的了解（Sommerfeld, Orbach, Zim, & Mikulincer, 2008）。

Luborsky（1984）與 Book（1998）很詳細的說明了這個理論在短期治療的應用。這種方法有三個階段，都是為了讓治療師理解核心衝突關係主題。為了決定病人的核心衝突關係主題，治療師必須傾聽病人討論的內容或關係情節的描述。治療師常常寫下三項關係情節的重要因素，包括願望（wish）、別人對他的

反應及自體的反應（Luborsky, 1984）。病人的願望是指在關係情節中表達出的渴望，其取決於傾聽病人對他人的真實反應（預期反應），治療師同時也要聆聽個人對於關係情境下的反應（自體的反應）。有時討論的關係是白日夢，或者也可能是真實的情境。治療師用五到七種的關係情節，與病人討論「核心衝突關係主題」。如此進行時，治療師可能會對病人說：「對我來說，你似乎想要有一種關係，那種……」（Book, 1998, p. 22）。

Book（1998）以布朗太太的例子來說明核心衝突關係主題法的三個階段。在此著重在第一階段，摘要說明此案例如下。

第一階段的目標（通常在前四次面談）是協助病人理解「核心衝突關係主題」在其關係中扮演何種角色。病人開始感到好奇，為何她會期待他人以某種特定的方式回應她，或他人為何以某種特定的方式回應她。例如，布朗太太常常不願意表現出自己的成就，堅信別人可能會發現她做的很愚蠢或不重要。為此，她試圖與別人保持距離，也常忽視且失望於與別人的關係。以下摘錄自第二次面談治療，其中顯示出治療師聚焦在核心衝突關係主題。在此對話中，布朗太太討論與她同事貝絲的關係。

病　　人：因此我與貝絲討論該誰上台做專題報告。我說她該做。

治療師：為何？

病　　人：她更有經驗。

治療師：這又如何？

病　　人：她會做得更好。

治療師：如果她真的去報告？

病　　人：是啊。其他人會接受她報告的方式。

治療師：而如果妳報告呢？

病　　人：你的意思是什麼？

治療師：假如妳來報告，其他人會如何反應（探討來自其他人的反應）？

病　　人：我不認為我能做得那麼好。

治療師：從他們看來嗎？

病　　人：是啊。我想他們會認為……報告很愚蠢。

治療師：妳了解妳正在說的嗎？

病　人：什麼？（很困惑的）

治療師：這不正是我們在討論的嗎？這不就是妳所擔心的例子？如果妳努力表現出最好的（她的願望），其他人可能會認為妳或妳的想法很愚蠢，且沒有價值（別人對她的反應）。

病　人：哎呀！所以我閉嘴（自我的反應）？噢，我的天啊！又是這樣了！我根本沒有發覺！

治療師：是的。有趣的是，妳卻沒有發覺自己受這樣的方式所支配，且在此過程中沒有改變自己（Book, 1998, pp. 66-67）。

　　在治療的第一階段，治療師著重在辨識病人日常生活中的核心衝突關係主題。因此，病人變得對她自己生活上之關係主題的覺察更有意識，而這些是她以前沒有知覺到的，現在則更能控制之前沒有意識到的行為。

　　在第二階段（治療的主要階段），通常面談到第五至十二次，病人處理「別人對他的反應」。在此階段，根源自童年的移情關係驅使而來自於別人的反應被修通。在此同時，治療師向病人詮釋他對於「別人對他的反應」之期望，受其過去學習來的態度、感覺與行為所影響。病人理解過去的潛意識態度，影響了現在的關係。在布朗太太的例子中，治療師協助她了解，她現在的關係是如何受到她與父親的早年關係之影響。她想得到父親的讚賞，可是父親卻很少讚賞或表揚她。當她了解到這些時，她更願意與同事及家人分享她的成就。

　　第三階段聚焦在結案，通常是第十三到十六次的面談。在此階段，治療師與個案討論大家都會面對的主題，如害怕被遺棄、分離與失落。治療師也可與病人討論病人擔憂治療中所得到的洞見，在治療結束後會無法維持。這個階段也可以讓治療師有一個機會，再一次去處理「核心衝突關係主題」。回到布朗太太的例子，治療師觀察到她第十一與十二次遲到而且話較少的情況。對此討論後，病人與治療師發現，布朗太太表現得似乎認為治療師有更感興趣的病人出現而對她失去興趣。這給治療師回到可能與她父親拒絕她，以及類似之早期經驗的「核心衝突關係主題」之機會有關。以此方式，治療師處理移情的議題，因此布朗太太可以更自由的與他人分享其成就，並且拉近與他人的關係。

　　在此簡短的案例中可以看出，「核心衝突關係主題法」是一種時間限定且非常明確的模式。治療師傾全力於個案討論的關係，傾聽其「願望」、「別人對他的反應」及「自體的反應」。對病人的觀察與詮釋，使得病人了解先前的潛意識感覺、態度與行為後，而做了種種的改變。這個方法最重要的是了解移情議題，這反映早期關係的態度和行為以及其對爾後關係的影響，特別是那些對治療師的移情。

 ## 目前治療趨勢

　　精神分析可說是所有主要心理治療理論的濫觴，時至今日依舊持續蓬勃的發展中。因為經濟與社會的諸多原因，精神分析的執業也在不斷的改變中。接下來將詳細介紹目前備受關注的兩種精神分析議題：治療指導手冊及雙人 vs. 一人模式。

　　目前可以合理的推估，精神分析題材書籍的數量，比本書提及之其他理論的總合還多。每一所稍具規模的大學圖書館中，典藏的精神分析書籍超過千本。許多書籍至今仍持續發行販售，也有些出版商專門出版精神分析專書。在這些著作中，大部分不是研究論文，而是討論精神分析概念在治療上的應用。這些出版品主要針對過去的精神分析理論家進行討論與批判。其中一個爭議在於一位理論家即使修正或偏離 Freud 的理論，而仍然被認可為屬於精神分析工作的範圍。例如，有些作者會說，Kohut 的自體心理學已經超越精神分析的範疇。由於大部分的精神分析治療師及其著作強調理念而非研究，是故產生許多分歧的看法。這些不只呈現在書籍中，也呈現在許多精神分析的期刊，如 *Contemporary Psychoanalysis*、*Journal of Applied Psychoanalytic Studies*、*Journal of the American Psychoanalytic Association*、*Journal of Psychoanalytic Inquiry*、*International Journal of Psychoanalysis*、*Psychoanalytic Dialogues*、*Psychoanalytic Quarterly*、*Neuro-Psychoanalysis*、*Psychoanalytic Study of the Child*、*Psychoanalytic Review* 及 *Psychoanalytic Psychology* 等。

　　《治療指導手冊導論》提供了令精神分析更受歡迎，且讓那些不熟悉此理論的人更易理解的方式。治療指導手冊導論讓那些對精神分析不甚熟稔的專業人員更易入門與接納，也讓精神分析師更精確的知道治療的方式及方向。本書稍早詳細說明了 Luborsky（1984）與 Book（1998）的十六次短期心理動力治療模式。

Luborsky 和 Crits-Christoph（1998）藉由解說面談策略與案例敘述，向學生與治療師清楚說明核心衝突關係法。當心理健康專業工作者更易取得治療指導手冊後，接觸與操作一個既複雜而神祕的模式則容易許多。新進心理健康專業工作者的精神分析訓練，因這些載明如核心衝突關係主題法的治療手冊而更加簡單。因為這些治療指導手冊，明確指出治療師進行某種特定治療法時必須遵守的步驟。是故提供了研究者一個更確實控制治療師變數的方法，讓研究更易進行。精神動力治療指導手冊也列出各治療法（例如，行為與認知治療）更淺顯易懂的概念，使得不同治療法可以互相比較。

　　一個非常不同的發展方向，在於關注關係模式（前面已經說明了）或對照一人（one-person）心理學之雙人（two-person）心理學。雙人心理學著重在病人與治療師之間的相互影響。相對的，一人心理學則強調病人的心理。雙人心理學植基於後現代與關係學派的作者，如 Mitchell（1997, 1999, 2000）。在《關係理論和心理治療之實務》中，Wachtel（2008）描述了目前關係模式的應用。雙人模式是非常結構性的，此模式的分析師注重其對病人反應的貢獻。這個派別在精神分析取向心理治療，如《精神動力對治療改變的探討》（*The Psychodynamic Approach to Therapeutic Change*）一書（Leiper & Maltby, 2004）中有統整的說明。這個模式對許多接受精神分析卻又對其少有了解的病人（Quinodoz, 2001），以及來自不同社經和文化背景的病人相當有助益。但 Chessick（2007）在《精神分析的未來》一書中警告，太過聚焦於病人－治療師關係，可能會導致治療師不夠重視精神分析原則。

 精神分析與其他理論的併用

　　許多來自各種不同理論取向的心理健康專業工作者，都使用精神分析的概念去了解他們的病人。**心理動力**（psychodynamic）一詞，就是用來描述上述這些臨床工作者。「心理動力」之概念指的是感覺、潛意識的動機或潛意識之驅力影響人們的行為，而防衛機轉則用來降低緊張（Leiper & Maltby, 2004）。精神分析（psychoanalytic）一詞，也包括相信發展有顯著的階段及自我、本我與超我等重要的心理功能或結構（Robbins, 1989）。上述這兩個專有名詞病不容易區分，

有時也會互換使用。Gelso 和 Fretz（1992）用分析式治療或諮商（analytically informed therapy or counseling）指稱那些使用本章中說明的許多概念，但又不倚賴使用古典精神分析式治療方法如自由聯想與詮釋之臨床工作者。有些臨床工作者使用行為、認知或個人中心學派的技術，但也同時藉由精神分析的模式去了解他們的病人。他們的模式與短期分析式心理治療不同的是，他們所使用的技術範圍更為廣泛。

就如同非精神分析的臨床工作者借用精神分析之概念模式，精神分析的臨床工作者也從其他理論借用其技術介入。在他們的著作中，精神分析師試圖把更多的焦點集中在人格理論如兒童發展、意識與潛意識過程的交互運作以及心理結構如本我、自我與超我等，而非特定的技術上。在精神分析式治療或諮商的臨床使用上，治療師可能使用存在的理念或完形治療的技術去拓展他們對病人心理功能一致性的了解。綜合使用認知治療與精神分析之治療師，有持續增加的趨勢（Luyten, Corveleyn, & Blatt, 2005）。Owen（2009）發展了一種結合認知治療與精神分析之檢視與抗拒負面情緒相關之不良適應生活型態的心理治療「刻意模式」（intentionality model）。同樣地，個人中心學派認為治療師的了解與強調病人經驗，也可能被使用。一般來說，越趨近於使用躺椅的傳統精神分析學派的精神分析師，就越不會去使用其他理論學派的技術。

 相關研究

因為精神分析與精神分析式治療耗時甚鉅，而精神分析的概念又如此複雜，且植基於難以定義的概念去處理潛意識與幼年發展，遂造成實驗設計難以驗證其有效性。更有甚者，Freud 認為不需要對精神分析概念進行相關研究，因為他從自己與同事對各種病人治療的臨床工作上所做的諸多觀察深具信心（Schultz & Schultz, 2009）。另一個反對將精神分析概念進行研究的原因是，當病人－治療師的關係被抽離而成為實驗室研究的對象時，因為人工的實驗情境改變了要被測量的行為，進而造成無法測量到真實治療時的同等現象。以清晰的理論概念去求得這種客觀性是很困難的。假如精神分析的理論學家無法在特定的概念上取得一致性的意見，對研究者來說，要恰當的定義出概念是非常困難的。儘管有這些困難

存在，許多研究者還是嘗試著評量精神分析治療與精神分析所構成的概念之有效性。以下有兩個長期案例，在一個儘量自然的情境中持續進行調查，以評估精神分析與精神分析式治療之有效性。研究特別設計去看心理動力治療對藥物濫用與廣泛性焦慮症病人的效果。除此之外，本節也將與研究有關之 Freud 的驅力理論與客體關係理論之相關研究做了一番簡短的回顧。

《精神分析有效嗎？》（*Does Psychoanalysis Work?*）（Galatzer-Levy, Bachrach, Skolnikoff, & Waldron, 2000）一書檢視了七個研究調查（其中共有 1,700 位接受了精神分析的病人）後，回答了「精神分析有效嗎？」這個問題。大多數的病人受到自體心理學訓練背景的研究生或正在接受訓練之分析師。作者總結說：「病人適合精神分析，也從治療獲得實質效益。」（p. 129）。他們也警告研究發現病人在治療中的改善，不一定能證實整個治療有效。這些結論也受到其他研究的支持（Luborsky et al., 2003）。一份有關 17 個短期心理動力治療研究的後設分析研究顯示，與控制治療組相比，治療對多種的精神疾病都有顯著的改善（Leichsenring, Rabung, & Leibing, 2004）。近來，一個針對精神分析取向心理治療的有效性回顧性研究，聚焦於近十年符合精密準則的研究，顯示精神分析取向心理治療對於恐慌症、邊緣性人格以及藥物依賴可能是有效的（Gibbons, Crits-Christoph, & Hearon, 2008）。幾個研究也顯示短期動力取向治療對於憂鬱症的治療可以被視為「研究支持心理治療」（research-supported psychological treatment, RSPT）（Hilsenroth et al., 2003; Leichsenring & Leibing, 2007）。

Wallerstein（1986, 1989, 1996, 2001, 2005, 2009）的一項為期三十年且以此發表了超過七十篇論文之研究，追蹤了 42 位完成治療的病人，其中半數進行精神分析，另一半接受精神分析式心理治療。這項由位在美國堪薩斯州 Topeka 的 Menninger Clinic 所主導的研究之目的是詢問在心理治療中發生了什麼改變，以及造成改變的病人與治療師之因素為何。這樣研究不尋常的是，樣本來自全美國及海外在 Menninger 基金會接受治療的病人。研究蒐集了每一個病人（大部分有嚴重心理問題）的個案史、病人診斷評估、治療師行為與互動。追蹤評估在治療後的第三年進行，有可能的話第八年會再做一次評估。研究者想要去比較，表達性技術／詮釋（設計來產生洞察與分析抗拒與移情）與支持性技術（設計來增強防衛與壓抑內在衝突）這兩個部分。令人驚訝的是，研究者發現這兩種模式

間的區別變得不明顯。一個對正向改變的主要解釋是「移情療癒」（transference cure），意指有意願改變以取悅治療師。如 Wallerstein（1989）陳述，病人（在本質上）說：「我為了你（治療師）而同意也願意改變，為了要贏得與維持你的支持、你的尊重與你的愛。」（p. 200）。大致來說，研究者發現改變是由於支持性技術造成，不需要病人解決他們內在衝突或增加對他們問題的洞察。精神分析與精神分析式治療造成的改變在兩種比例上都類似，支持性模式尤其有效。

在另一個連續的精神分析式心理治療的相關研究上，Luborsky、Crits-Christoph 及其同事研究治療前預測治療成功的變數，並在病人治療停止後進行七年追蹤。在這個研究（Luborsky, Crits-Christoph, Mintz, & Auberach, 1988）中，由 42 位治療師對總數 111 位病人進行治療。當區分較好與較差的治療約談時間時，Luborsky 等（1988）發現較差的治療約談時間，治療師傾向不主動、沒耐性或充滿敵意。而面談效果較好的治療約談時間，治療師對病人更感興趣、精力旺盛且更投入病人的治療工作。他們在說明治癒因子時，強調病人感覺被治療師了解的重要性，這能增加病人自我理解的程度，並降低其內在衝突。他們也註明心理治療的正向改變，同時會增進身體的健康。達到治療成功的另一項重要因子，在於治療師有沒有能力去協助病人了解和使用治療的收穫。

一個研究比較 90 位被診斷為邊緣性人格的病人，分別接受為期一年的移情焦點取向治療、動力支持性治療與辯證行為治療（Clarkin, Levy, Lenzenweger, &Kernberg, 2007）三組病人在憂鬱、焦慮、社會功能都得到正向改善。但只有移情焦點取向治療組的病人在易怒性、言語和直接攻擊獲得顯著降低。移情焦點取向治療和動力支持性治療也造成衝動性的改善。這項研究支持了以精神分析為基礎的心理治療的正面效益。

幾位研究者致力於治療古柯鹼依賴。Crits-Christoph（2008）使用藥物濫用國家機構古柯鹼治療研究（National Institue on Drug Abuse Collaborative Cocaine Treatment Study）的資料，發現精神動力取向心理治療比起個別藥物諮商效果不彰（兩組都有接受團體藥物諮商）。然而，兩種治療方式都有顯著減少古柯鹼的使用。在十二個月的追蹤評估中，支持－表達性心理治療對改善家庭／社會問題較個別藥物諮商有效。另一個研究 106 個古柯鹼依賴者，發現藥物諮詢技術聚焦於如何減少古柯鹼的使用，比聚焦於幫病人了解他們為何使用古柯鹼有效

（Barber et al., 2008）。無論如何，一個穩固的工作同盟合併支持－表達性心理治療與獲得中度到高度成效相關。

Barber 等（2001）研究古柯鹼濫用的病人發現，接受精神分析式支持一表達治療的病人，以及與治療師有較強工作同盟的病人，持續接受治療的時間較沒有工作同盟者長。有趣的是，認知治療的病人與治療師有更強的聯盟，但卻比同盟弱的持續接受治療的時間更短。這些研究發現相當複雜，並且難以由心理治療研究得到清楚的結論。

其他三個研究檢驗心理動力治療，乃針對廣泛性焦慮症治療的有效性做檢測。Crits-Christoph 等（2004）發現，那些廣泛性焦慮症患者明顯降低了他們的焦慮症狀與易於煩惱的念頭。Crits-Christoph、Connolly、Azarian、Crits-Christoph 和 Shappel（1996）發現，29 位病人經過十六週短期支持一表達心理動力治療後，顯示出不同程度的改善。經過一年後，追蹤比較認知治療與分析治療的差異處，Durham 等（1999）總結認為，認知治療在幾項變數上較佳。廣泛性焦慮症的病人接受認知治療者較接受分析治療者症狀的改善較多，且明顯的降低了藥物的使用，並對治療持較正面的看法。

如同評量治療的改變是一件很困難的事，要評量與驗證 Freud 所建構的發展理論及其對防衛機轉的主張也十分不易。Schultz 和 Schultz（2009）檢視如否認、投射、壓抑等防衛機轉的研究，他們摘要性的從中整理出試圖驗證生命最初五年對以後人格特質的重要性。對 4 到 6 歲的男孩之研究，沒有支持 Freud 的戀母情結之概念。而另一個研究也探究口腔、肛門與性器型人格類型的存在，結果對這些型態存在的支持非常有限，尤其是性器型。諸如此類，由 Freud 所創建的上述理論與概念，已經有超過 2500 個已完成的研究探討（Fisher & Greenberg, 1996）。

與客體關係理論有關（熟知的依附理論）探討嬰兒－母親間的連結之研究數量驚人。驗證由 Ainsworth（1982）與 Bowlby（1969, 1973, 1980）創建的理論，在非洲烏干達與美國的研究中，Ainsworth 與其他人（例如，Main & Solomon, 1986）觀察發現了安全（secure）、矛盾（ambivalent）、逃避（avoidant）與混亂（disorganized）依附等四種母親—嬰兒的依附關係型態。「安全依附」發生在當母親離開後抗議，但回來後安撫就可以破涕為笑。假如他們的母親試圖離開房間，此時「矛盾焦慮的嬰兒」便會產生不安全感而試圖黏著母親，當他們分開後嬰兒

會變得不安。「逃避的嬰兒」表現得獨立，當母親回到房間時可能會迴避與母親接觸。當母親回到房間時，「混亂的嬰兒」表現出不安定的或很不尋常的行為舉止。Ainsworth 與其他學者認為，這些與母親的依附型態和兒童後期及青少年期的行為息息相關，其中也可能包括獨自玩耍、情緒解離及與與他人關係的問題。

晚近的精神分析研究者也指出了依附理論與精神分析的關聯。Target（2005）說明，依附理論如何提供了對了解病人早期與爾後的情緒關係及創傷經驗的絕佳方法。將治療者視為安全的基礎並依此發展其他依附型態對於精神分析治療中的治療者大有幫助（Eagle & Wolitzky, 2009）。在治療中，依附理論有助於解釋病人情緒知覺被了解的重要性，此了解是構成安全依附經驗的一部分（Eagle, 2003）。Rendon（2008）示範了神經生物學的新發展可提供依附概念更多研究領域。在《依附理論和臨床成人工作研究》一書中，對精神分析取向治療使用依附研究有更完整的解說（Obegi & Berant, 2009）。

精神分析理論的研究者須面對的挑戰，包括許多複雜的議題以及需耗費長時間（數年甚至更多）才能完成一個研究（Eagle, 2007; Wallerstein, 2009）。Wallerstein、Luborsky、Ainsworth 和 Bowlby 呈現的研究，大部分是每個研究者超過三十年的努力結果。雖然 Ainswortn 和 Bowlby 的研究不直接與精神分析的概念相關，但是它確能提供對了解精神分析實務論點與概念之證據。

性別議題

Freud 對女性心理發展的觀點及其對一般女性的主觀看法屢遭非議，遠超過其他心理治療的理論。早在 1923 年，Horney（1967）即批判 Freud 顯示出女性較男性差之陰莖妒羨概念。在戀母階段，她們自覺較男孩差乃是因為沒有陰莖。在檢視 Freud 對女性的性之著作裡，Chasseguet-Smirgel（1976）指出 Freud 的女性缺乏陰莖、缺乏完整的戀母發展、因為缺乏閹割焦慮而沒有足夠的超我，以及閹割焦慮在男性可造成社會價值的內化等觀點，有一連串的缺失。一些作者（如 Chodorow, 1978; Sayers, 1986）更批評，Freud 認為女性在許多方面都比男性低下之觀點。

Chodorow（1996a, 1996b, 1999, 2004）認為精神分析師試圖概括女性，卻沒有注意到她們的個別性。她強調，重要的是要更開放的面對各種存在於個案—治

療師關係間的幻想、移情與反移情關係。重點是不要一般化或是以絕對的概念去思考。此與 Enns（2004）對 Freud 學派精神分析與客體關係心理學的批判，遙相呼應。

　　客體關係理論家受批評的是，因為他們強調兒童—母親而不是兒童—父母的關係。Chodorow（1978, 2004）主張母親與女兒、母親與兒子間的早期關係，帶給兒子和女兒的關係經驗不同。她比較母親—父親—兒子和母親—父親—女兒的三角關係。在前者，兒子必須肯定自己和壓抑感受。在後者，女兒看待自己是母親的替代品，而沒有發展出一個完全自我的覺知。下面描述她認為的父母 - 兒童關係應該如何改變。

　　　兒童可以從男女兩性間得到依賴，且從兩種性別之關係，都可以發展出個別化的自體知覺。以此方式，男性氣概就不會被連結到拒絕依賴女性和貶抑女人。女性人格特質較不會被個別化過程完全占據，而兒童就不會發展出對母性全能的恐懼，或對女性獨特的自我犧牲特質的期待（Chodorow, 1978, p. 218）。

　　性別議題不僅成為精神分析人格理論的議題，也在精神分析治療的實務上被提及。在檢視為何女性或男性病人可能尋求同性或異性的治療師上，Deutsch（1992）與 Person（1986）提出一些看法。他們認為女性病人可能會擔心，男性治療師有性別歧視且不能了解她們。她們可能想要有模範的女性角色，而之前她們或許曾經對女性吐露過祕密。有些女性可能寧願找男性治療師，是因為她們與父親的互動、社會認為男性較有權勢及對母親的負面態度。同樣的情形，男性病人寧願找男性或女性治療師，是依據他們過去與母親或父親的互動而定。一些男性病人也可能對女性有社會性的期待，認為女性治療師較男性治療師會照顧人；有些病人也可能怕對異性治療師懷有性的遐想。

　　因為性別議題已受到討論，並且有大量的相關論述，而且精神分析理論本就強調注意反移情的感覺，許多精神分析臨床工作者，已經對性別議題調整到可以去面對病人。然而，一些作者仍持續關注性別偏見，他們相信這些本就存在於精神分析的理論中。

多元文化議題

　　精神分析起源於 1890 年代的維也納。超過百年後的今天，對於在世界各地不同角落裡的人群而言，它的適宜度如何呢？顯而易見的，對 Freud 之精神分析的看法能否通過時空之考驗，就有不同意見的表述。在某種意義上，自我心理學、客體關係與自體心理學的發展，適度反映了不同的文化因素。例如，Freud 特別關切精神官能症的治療，尤其是歇斯底里症。後來的理論家如 Kernberg 與 Kohut，論述他們常碰到的更嚴重病症——邊緣性人格與自戀人格。Freud 的戀母情結概念，可能在社會與文化因素考量下的解釋不夠有力。在父親只有很短的時間能扮演父職角色的文化裡，男孩對母親的愛與對父親的憤怒，相較於父親在孩子童年時扮演主要角色之文化，兩者概念不同。處理早年與母親的關係之客體關係，可能較不受文化因素的影響。例如，在出生後第一個月，通常嬰兒由母親照顧。然而很短時間後，嬰兒的主要關係人可能是母親或祖母、阿姨、姊姊、父親、托兒所老師或養父母。一般來說，精神分析理論家視文化與社會因素，不如個人內在心理功能之理論來得那麼重要（Chodorow, 1999）。

　　對文化之關切，值得稱頌的是自我心理學家 Erik Erikson 的早期創見。Erikson 在其大量的著作（1950, 1968, 1969, 1982）中都顯示出，他對許多文化中社會與文化因素如何影響個人的一生深感興趣。他對研究美國原住民（南達科塔州的 Sioux 族與太平洋海岸的 Yurok 族）撫養孩子的獨特興趣，給了他更寬廣的視野去看待不同文化下孩童之發展。其他的精神分析理論家很少像 Erikson 這樣，致力於跨文化之關注。雖然孩子因為讀書、上大學、工作與遷移而離開父母的方式，有文化上的差異。客體關係理論家、關係理論家與自體心理學家，專注在發展議題之相似性而非文化上的差異。了解種族和文化與精神分析理論在驅力、自我心理學、客體關係和關係心理學的交互作用，持續成為精神分析研究領域的一部分（Mattei, 2008）。

　　接觸多元族群是精神分析治療最近的風潮，Jackson 和 Greene（2000）顯示精神分析技術如移情可以有許多方式應用在非裔的美國女性身上。Greene（2004）相信心理動力模式，已經變得更敏感於（因此也更適合於）應用在非裔的美國女同性戀者上。Thompson（1996）和 Williams（1996）則討論，膚色何

以成為心理動力治療需要去面對的很重要的議題。他們指出非裔美國人與墨西哥裔美國人的個案，對於自我的知覺與膚色不夠淡或深（特別是他們與其他家人相比較時）的議題有關。他們亦探討膚色如何影響個案與治療師的移情關係。當治療師也是來自少數民族時，對處理移情關係與理解來自主要文化之病人的抗拒時，依然會造成影響。Chamoun（2005）討論精神分析在阿拉伯－伊斯蘭文化的適切性時看到，阿拉伯－伊斯蘭文化對精神分析接受的困難是來自於宗教與其他文化價值的衝突。在《新月與躺椅：伊斯蘭文化與精神分析的抵觸》（*The Crescent and the Couch: Cross-currents Between Islam and Psychoanalysis*）（Akhtar, 2008）中，十八個章節描述各種不同議題，例如，性價值、家庭結構、宗教認同的形成，這些可以應用於接受精神分析的伊斯蘭教信仰的個人身上。

　　另一個探索的領域是，雙語在精神分析的影響。Javier（1996）與 Perez Foster（1996）討論幾歲開始學習到的語言，會影響早期記憶的回溯。同樣，治療師只會說英文而病人的母語不是英文時，一連串的移情或抗拒會產生。上述兩位作者說明防衛機轉的形成，會與語言習得以及語言組織經驗的方式有關。在一個個案研究，治療師與病人來自相同的文化背景（西班牙裔且講西班牙文），討論的文化議題包括治療師和病人使用英文或是西班牙文治療的差異（Rodriguez, Cabaniss, Arbuckle, & Oquendo, 2008）。

 ## 團體治療

　　精神分析臨床工作者在以團體治療協助他們的病人時，著重由幼年經驗造成行為的潛意識決定論。雖然團體精神分析可以回溯到 Freud 的學生 Sandor Ferenczi 的治療工作（Rutan, 2003），但團體治療的大部分概念性模式來自驅力－自我心理學派（Rutan & Stone, & Shay, 2007; Wolf, 1975; Wolf & Kutash, 1986）探討受壓抑的性驅力與攻擊驅力如何在團體行為中影響個人心理歷程。除此之外，團體領導者觀察自我防衛的使用，與戀母衝突如何影響團體成員與領導者的互動。當客體關係理論更有影響力後，一些團體領導者聚焦在團體互動中影響個人心理歷程的分離與個體化的議題。這些領導者會藉由檢視團體參與者對團體壓力與影響如何反應，去注意團體參與者如何面對領導者及其他參與者間的依賴議

題。使用 Kohut 的自體心理學觀點的團體領導者，可能會聚焦在病人同理其他團體成員的能力，及統合自我關注與對他人關注的方式上。

　　Wolf 和 Kutash（1986）提供了帶領精神分析團體的一個簡要概念，指出團體領導者會面對的抗拒型態。一些團體成員可能會愛上或在一開始時依附治療師，然後再轉向一個團體成員，接著可能又對另一個如法炮製。其他人可能採取父母角色面對團體，試圖去支配團體。還有一些人可能只是觀察而非參與團體，也有些人可能分析團體中的其他成員但卻逃避檢視自己。所有這些例子，將病人轉向悖離對自己的心理歷程之覺察，與其所掙扎解決的問題。

　　團體技術如同個別精神分析式治療，使用自由聯想和依據觀察夢境、阻抗、移情、工作同盟之詮釋等技術（Corey, 2008; Rutan & Stone & Shay, 2007）。除此之外，團體領導者會鼓勵成員去分享他的洞見以及對其他團體成員做詮釋。在團體中，成員可能被要求對他們的幻想、感覺或對於來自其他人的資料作自由聯想（Wolf, 1963），或對他們自己或別人的夢境作自由聯想。當團體領導者詮釋這些資料時，他們會對潛意識行為的隱藏意義提出種種之假設（Corey, 2009）。當成員以一種類似的方式分享自己對其他人行為的洞察時，團體成員可以從這些詮釋中學習。假如洞察的時間不恰當或有不正確的洞察時，直接面對的人可能會排斥它。提供夢境資料、自由聯想與詮釋，通常對團體是很重要的環節。當成員討論與解釋其他人的夢境時，他們也可能從中學習到對於自己的重要觀點。如同在個別治療中，工作同盟是很重要的。在一個小型的動力取向團體治療的研究中，Lindgren、Barber 和 Sandahl（2008）指出對於在治療中「團體視同整體」工作同盟跟治療結果有正相關。雖然領導者必須處理團體成員之間、和每一個成員以及領導者之間，以及領導者與被視為一整體的團體之間多重面向的移情反應，但團體治療較個別治療更可以提供使個人更了解他們潛意識歷程如何影響自己與其他人的機會。

 摘要

　　精神分析自 1800 年代晚期開始發展，時至今日理論仍持續在心理治療的領域有很大的影響。現今許多開業的精神分析師與精神分析式治療師，不只使

用 Freud 的概念，也加入了而後依據 Freud 意識與潛意識理論所架構發展出的理念。還有許多治療師也融入他的自我、本我與超我的人格結構概念。然而相對較少人使用他的口腔、肛門、性蕾、潛伏與性器期等性心理階段概念。包括 Anna Freud 和 Erik Erikson 等自我心理學家皆強調適應社會因素的需要，以及協助這些貫穿一生各階段會碰到的問題。豐富精神分析理論內容的是客體關係理論家們。他們特別關注在 3 歲前的兒童發展、嬰兒與周遭人群間所產生之關聯的方式，以及早年關係的破裂所造成之後的心理疾患。自體心理學觀點著重在自戀發展的本質、嬰兒的自我專注與早年嬰兒—父母關係的問題，如何引發以後的自大與自我專注。關係精神分析師會考量所有這些理論家的議題，與關注存在於病人—治療師間的關係。這些理論的發展讓精神分析的臨床工作者可以用上述任一或更多種的方法，去了解兒童的發展。

雖然有許多概念模式，但最被使用的技術是由 Freud 發展的如何將潛意識資料帶入意識中。自由聯想的技術與夢境的討論，提供潛意識資料可對病人詮釋，進而增加對心理疾患的洞察。病人與治療師的關係（對移情與反移情的關切），提供了治療工作的重要素材。Kernberg（邊緣性人格疾患）、Kohut（自戀症）與 Mitchell（關係精神分析），討論了特定型態的病人以不同的方式去經驗他們與治療師的關係。由於精神分析治療的論述眾多，是故對於種種的治療議題與不同病症的診治過程，就衍生了許多相左的理念與爭議。

精神分析與精神分析式治療曠日費時，所以許多異於傳統的個別治療之創新方法便因此應運而生。例如，團體治療可以統整驅力（佛洛伊德式的）、自我、客體關係、自體心理學與關係精神分析之理念。短期個別心理治療也運用了類似的理論架構。無論如何，使用的技術越來越直接與面質，自由聯想已不常出現在治療之中。各種審視人類發展與潛意識歷程的方法結合了心理治療的新視野，是創造力的彰顯，也是精神分析持續發展的標竿。

Jung 分析與治療

譯者：馬長齡、林延叡

中年以後的 Jung 受人類精神層面所吸引，是故發展了此一領域之相關學說。在他的著作中，充滿對病人意識與潛意識的好奇，同時他也對其病人的煩惱與悲痛關懷備至。他的治療模式是強調經由各種途徑，利用夢與幻想的素材協助病人覺知他們的潛意識，進而將潛意識轉變為意識知覺之過程。這套主要的模式是為協助個人了解其獨特存在的心理運作所設計。這種對潛意識的著墨再三，可從 Jung 的人格理論與對治療的詮釋中窺見。

醉心於動力與潛意識對人類行為的影響，Jung 相信潛意識中包含的不只是 Freud 所認為之壓抑的性與攻擊衝動。對 Jung 來說，潛意識不只是個人的，也有集體的。個人內在心理的力量與想像，來自一個共同分享的演化史，遂定義出了所謂的集體潛意識。Jung 對宇宙圖形（universal patterns）的象徵意旨特別感興趣，此象徵稱為原型（archetypes），是所有人類一致擁有的。Jung 研究人類性格時，發展出一種象徵論，能辨識心靈（psyche）的態度與功能，此心靈操縱著所有意識層面的運作。

俯瞰 Jung 的學說，形塑出其理論基礎的結構，可以這麼說：乃是來自於他從自己身上與他的病人們的潛意識歷程之觀察所致。

Jung 分析與治療發展史

CARL JUNG

Carl Jung 的長輩所從事的神學與醫學工作，對 Jung 日後在分析式心理學與心理治療的發展有舉足輕重的影響力（Bain, 2004; Ellenberger, 1970; Hannah, 1976; Jung, 1961; Shamdasani, 2003）。Jung 的祖父是瑞士 Basel 知名的醫師，外祖父是瑞士 Basel 改革教會（Basel Swiss Reformed Church）一位高階的著名神學家。他的八個叔伯均是牧師，父親也是牧師，因此 Jung 在童年時期接觸葬禮與其他的宗教活動可謂家常便飯。即便他的家庭不是很富有，但是他們家在 Basel 地區卻是家喻戶曉。晚年的 Jung 也不禁質疑起自己的神學信仰。

1875 年，Jung 誕生於瑞士 Kesswil 的一個小農莊，他的童年經常是不快

樂與孤獨的。Jung 幼年沉浸在瑞士渾然天成的好山好水中，自然環境的一草一木，對他的生命而言重若磐石。Jung 對於他童年的夢境以及白日夢等諸多經驗從未與他人分享。Jung（1961）憶及在閣樓歲月，他時常經由一種神祕的契約與迷你的畫卷來營造出典禮與儀式的氛圍並藉此尋求身心的庇護。

1895 年，Jung 自中學畢業，取得獎學金進入 Basel 大學研讀醫學。在醫學院就讀期間，Jung 對於哲學的鑽研不曾中斷；除此之外他對閱讀也做了極廣泛的涉獵。他曾經驗到一些超心理學（靈學）的現象，例如，一張桌子與一把刀子沒有任何明顯原因無原無故就斷掉，遂讓他產生對靈性探究的興趣。在他 1902 年的博士論文：《所謂神祕現象的心理學與病理學》（*On Psychology and Pathology of So-Called Occult Phenomenon*）中，文內的其中一部分是處理 15 歲表弟的靈性經驗，與超心理學以及靈學的相關閱讀。綜觀 Jung 的一生，他對超心理學的興致以及他的治療工作從未間斷，且反映在他的論述中。

Jung 一生閱讀的廣泛度涵蓋各個階層與領域，如哲學、神學、人類學、科學與神話。他 6 歲時開始學習拉丁語，接著學希臘文。哲理上，他受到 Immanuel Kant 對先驗（a priori，人類全體一致的知覺）的看法之影響。這個概念產生的想法是個人從未察覺到真實究竟是什麼，但是其知覺上的規則影響他們相信所看到的，也就是一個集體潛意識的先兆。他亦受到 Carl Gustav Carus 認為潛意識有三個層次的理念，包括人類全體一致的潛意識所影響。有些類似 Carus 說法的是，潛意識運作功能的三個層次，其中之一是由 Eduard von Hartmann 解釋過的，人類全體一致的潛意識。von Hartmann 與 Carus 兩個人提出人類全體一致的潛意識，使 Jung 發展出集體潛意識（collective unconscious）。在 18 世紀，Gottfried Leibniz 曾撰文說明潛意識的不合理性，他的理念也催生了 Jung 的潛意識概念。而後，Arthur Schopenhauer 說明人們經由各種行為方式去壓抑性，而由性產生不合理的精力。所有上述的哲學理念都左右了 Jung 的人格理論之學說。

Jung 對知識追求的興趣很廣泛，早期文化人類學家的論點也對他的理論架構多所影響。文化人類學家 Johann Bachofen 對人類社會進化以及跨文化的角色象徵很感興趣。探求跨文化一致性的 Adolf Bastian 相信，經由驗證各種文化中的儀式、象徵與神話，可以了解個人心理的一致性。在試圖探索世界神話與民俗傳說的相似性時，George Creuzer 了解到故事中象徵主義（symbolism）的重要性，

且認為故事中潛藏的思想為類似的，而非原始或未開化的。這三個學者對許多文化中的象徵性意義，對 Jung 的原型有直接的影響。

在臨床實務的層級上，Jung 受到 Eugen Bleuler 與 Pierre Janet 等兩位精神分析師之訓練，影響其在精神醫學的治療工作。Jung 在蘇黎世的 Burgholzli 精神專科醫院，接受 Bleuler 所督導的精神專科訓練。在訓練期間，Jung 與 Franz Riklin 使用有科學根據的方法學，進一步發展以及研究文字關聯測驗（word association test）。在此測驗中，受測者對被告知特定字詞，並以他們腦中立即出現的第一個字詞做回應。研究發現，有些人對某些字詞的反應較平均值快或慢，Jung 認為這些字詞對這個人來說是有特殊意義的。這項發現導致了情結（complex）概念的產生。Jung 相信一個情結（一組由情緒支配的字詞或念頭）代表著影響一個人生活的潛意識記憶。1902 年，Jung 他向醫院請假，到巴黎向 Janet 學催眠。Jung 的訓練大部分放在精神分裂的病人身上，而他對「精神疾病內在所發生的變化」充滿極度的好奇（Jung, 1961, p. 114）。

1903 年他跟心理分析師 Emma Rauschenbach 共結連理，她與 Jung 攜手共同發展他的理念，她也出版《男人中的女人以及女人中的男人》（*Animus and Anima*）一書（Jung, E., 1957）。雖然 Jung 在自傳《記憶、夢境與回顧》（*Memories, Dreams, Reflections*, 1961）中，對家人著墨不多，但他從不諱言家人（Jung 育有四個女兒一個兒子）對於提供他研究自己內在世界的平衡之重要性。有六年的時間，Jung 的寫作與研究驟減，他致力於分析自己的夢境與所看到的景象，探索自己的潛意識；可想而知，這對他來說特別重要。他說：

> 　　對我來說，在真實的世界裡有一個正常的生活，去平衡奇怪的內在世界是最重要的。我的家庭與我的專業維持了一個我能回轉的基礎，讓我確信自己是真實存在的普通人。潛意識的內容可能已驅使我遠離我的理智。但是我的家人與我所知的：我從瑞士的大學獲得醫學士學位使我必須協助我的病人、我有太太與五個孩子、我住在 Kusnacht 的湖濱路（Seestrasse）228 號——這些是驅使我聽命從事且一再證明我如同 Nietzche 是真實存在的事實，我不是一頁在心靈的風中旋轉的空白紙張（Jung, 1961, p. 189）。

讓 Jung 經驗到六年（1913-1919）磨難的原因之一，是他與 Sigmund Freud

之間的嚴峻關係。Freud 與 Jung 都在他們的著作中提到了彼此的理念（Aziz, 2007）。在 1907 年 3 月，他們兩人促膝長談近十三小時。在那六年，他們通訊頻繁，而他們的書信也都被保留了下來（McGuire, 1974）。在還未真正與 Freud 會面前，Jung 率先挺身為精神分析辯解且對 Freud 異常著迷，並將他的著作《早發性癡呆的心理學》（*Psychology of Dementia Praecox*）（Jung, 1960d）寄給 Freud，Freud 對此書印象也極其深刻。

　　Jung 參與精神分析的事實證明，他是第一屆國際精神分析協會的理事長。然而，Jung 對 Freud 的精神分析自始就有所保留，如同他後來寫的：「性在 Freud 之前是不被允許的，現在所有的事情都與性有關」（Jung, 1954a, p. 84）。進一步來說，Jung 對神祕理論與超心理學（靈學）感興趣，但 Freud 的理念卻不支持這些。事實上，Jung 因為對靈性（spirituality）的興趣，漸漸的受許多精神分析師排斥（Charet, 2000）。

　　1909 年他們一起受邀到美國麻塞諸塞州 Worcester 的 Clark 大學演講。在旅途中，他們分析彼此的夢。那時，Jung 發現自己以 Freud 能接受的方式詮釋本身的夢境，而不是用自己覺得誠實與正確的方式，因此也體認到他與 Freud 在理論上有極大的分歧。Freud 向來視 Jung 為其「加冕的王子」與接班人。1910 年，他給 Jung 的信上寫到：

　　「收信平安，我親愛的兒子 Alexander，我將留給你比我自己曾做的（所有精神醫學與文明世界的贊同）更多的需要被克服的，這對我來說是個救贖！那必定點亮你的心靈」。（McGuire, 1974, p. 300）

　　此所指的 Alexander 引用自「亞歷山大大帝」（Alexander the Great），Freud 自比為 Philip，Alexander 的父親。

　　1911 年，Jung 出版《移情的象徵》（*Symbols of Transformation*），其中 Jung 闡明戀父情結：不是對異性父母的性吸引力以及對同性父母的仇視與攻擊的感覺，而是靈性或心理需求和心理連結的一種表徵。Jung 感受到這樣的言論勢必會破壞他與 Freud 的友誼，而他們的關係在此時可能已經降至冰點。1913 年 1 月，Freud 寫信給 Jung 說：「我提議完全終止我們的個人關係」（McGuire, 1974,

p. 539）。接著，Jung 辭去《精神分析年報》（*Psychoanalytic Yearbook*）編輯與國際精神分析協會理事長的職務。

雖然 Jung 仍然推崇 Freud 的許多理念，但是他們倆自此便未再謀面（Roazen, 2005）。Jung 對這樣的決裂很難過，他說：「當我與 Freud 分道揚鑣時，我知道我將進入不可知之處。畢竟除了 Freud 外，我一無所知；此刻我已經走入黑暗之中」（Jung, 1961, p. 199）。從此 Jung 開啟了一條歷時六年的潛意識探尋之旅。

歷經了這六年的動盪期後，Jung 不管在他的寫作、教學與對心理治療和對病人的熱誠上都有極大的產能。為了增進潛意識的相關知識，Jung 覺得去接觸原始社會的人對他而言會更有價值。1924 年，他去了美國新墨西哥州的 Pueblo，一年之後他待在非洲 Tanganyika 的部落，Jung 也到過亞洲旅行。在這些旅程中，他的日記載滿了與一般人以及薩滿教巫師（shaman）們的訪談紀錄。Jung 能更進一步的去探討其他文化，則來自他與 Richard Wilhelm 的友誼，Wilhelm 是一位中文著作與民俗領域的專家。Jung 研究煉金術、星象學、占卜、心靈感應、透視力、算命與飛碟，目的在於想進一步學習心智的運作，特別是集體潛意識這一環。在進一步學習各種的神話、象徵與民俗的過程，Jung 對中世紀煉金術的相關書籍之蒐藏在質與量上都蔚為大觀；他對煉金術的興趣起源於，在中世紀煉金術書籍中俯拾皆是的符號象徵。Jung 的所有這些興趣，代表著與潛意識運作有關的集體想像。Jung 以繪畫和堆砌石頭來象徵性的表達自己。他在 Zurich 湖畔蓋了一間塔樓，作為他象徵意義的隱居處。雖然後來他又在該處翻修加蓋了三次，他沒有使用現代化的設施，保持著他所希望與潛意識相濡以沫的住所。

Jung 致力於研究，著述直到 1961 年 6 月 6 日辭世為止。Jung 生前獲頒的獎勵與殊榮多不勝數，他亦獲頒哈佛與牛津兩所大學的榮譽學位。Jung 也接受過許多電視、雜誌與名人的專訪。他的創作力令人刮目相看，美國 Princeton 大學為他出版過的著作合集就有二十巨冊之多。

與 Jung 理論有關之 Jung 學派治療與概念，在普羅大眾受歡迎的程度一直在持續成長中（Schultz & Schultz, 2009）。對 Carl Jung 理念的興趣，其中以 Jung 學派各種協會的受歡迎程度為代表，也在美國以及世界各地持續發展（Kirsch, 2000）。另一方面，在一般社群以及專業組織也都舉行各種研討會與教育性的論壇。

　　Jung 學派的訓練機構遍布美國以及世界各地。國際分析心理學協會中有超過兩千名合格的 Jung 學派分析師。在美國也有幾個訓練機構，接受訓練之要求不盡相同。此訓練通常會要求個人除了具備專業訓練尚須外加三年的訓練；此外個人還至少要有三百小時的被分析經驗，課程主題包括如宗教史、人類學、神學、神話故事與情結的各種理論。除此之外，受訓者必須在督導下對病人進行分析。在這些課程訓練與治療中，都同樣強調夢境的處理。

　　Jung 學派分析師的國際會議自 1958 年起每三年舉行一次。有關 Jung 學派心理學與心理治療的期刊有 *The Journal of Analytical Psychology*、*The Journal of Jungian Theory and Practice* 與 *Jung Journal: Culture and Psyche*。

 # 人格理論

　　Jung 人格概念的精髓是整體（unity）或全體（wholeness）的概念。這個整體對 Jung 來說以心靈（psyche）來代表，心靈包括意識與潛意識的想法、感覺與行為。終其一生，個體追求自身統整的發展。Jung 視自體（self）為人格的中心且是完整人格的全部。另一個人格的看法包括個人的態度，以及他們心理運作的方式。Jung 也描述了兒童、青少年、中年與老年心靈的發展。本節的資料來自 Jung（1961），Harris（1996）、Mattoon（1981）、Schultz 和 Schultz（2009）、Whitmont（1991）與 Jung 的全集。

意識階層

　　在解釋個體的人格時，Jung 將意識分為三個層次。靈魂（soul）、心智（mind）與靈性（spirit）的概念（包括認知、情緒與行為），其存在於意識的所有階層。這些意識的階層是人格的一種表現，包括意識（聚焦在自我）、個人潛意識（包括可以被回憶或帶到意識階層的想法與記憶）、和集體潛意識（來自人類全體一致的主題與素材）。對潛意識及原型（archetypes，代表一致的方式存在或接受的想像或想法，稍後將進一步說明）的研究，是 Jung 諸多著作中以及 Jung 學派分析師的焦點所在。因此在本節與本章接下來的部分，對集體潛意識的探討會比意識的探究來得多。

意識層面　意識層面是個人唯一能直接獲悉的層次。從出生開始，持續終身成長。當個人也開始成長時，他們變得與其他人不同了。Jung 稱這個過程為個體化（individuation）（1959b, p. 275），目標如同它的意義是儘可能完全的了解自己。這個部分可以藉由將潛意識的內容帶入「與意識相關聯」而達成（Jung, 1961, p. 187）。當個人增加了他們的意識時，他們也更加發展個體化。在意識過程的中心則是自我（ego）。

　　自我指的是整合意識心智的方法。自我挑選那些將成為意識的知覺、想法、記憶與感覺。自我的組織結構提供認同感與逐日的連結，因此個體不會是一團隨機散漫的意識與潛意識的知覺、想法與感覺。藉由篩選大量潛意識資料（記憶、想法與感覺），自我試圖達到合諧與一致性，同時又具有個體化的表現。

個人潛意識　未經自我承認的經驗、想法、感覺與知覺儲存在個人潛意識中。存放在個人潛意識的資料，可能是很瑣細的經驗或是與現在的運作並無相關。然而，個人衝突、沒有解決的道德事件與受情緒支配的想法等等是個人潛意識中很重要的部分，這部分可能受壓抑或很難去接近。這些個人潛意識的部分，常以夢境的方式呈現，在夢境的產生當中可能扮演積極的角色。有時候，想法、記憶與感覺彼此息息相關，或代表了一個主題。這個相關的素材（當他對個人產生情緒的衝擊時）稱為情結（complex）。

　　情結與情緒相關聯，它與其他相關想法的不同之處在於其他的對個體的情緒衝擊非常小。Jung 與 Bleuler 的字詞關聯研究引導他發展出情結的概念。雖然 Adler（自卑情結）與 Freud（戀父情結）以他們自己的理論各自發展出情結的概念，Jung 卻將情結統合成自己的想法。

　　本書中對於區辨 Jung 對情結與其他理論家的不同見解，在於他對原型核心的強調。因此，每一個情結的成分不只來自個人潛意識，也有集體潛意識蘊藏其中。具有原型根源的常見情結有母親情結、父親情結、拯救者情結與犧牲者情結。這些情結可以由一個字詞的相關測驗檢測出來。當個人對某個與主題相關的一組字詞中，對於某些字詞有了情緒性的反應時，這種非典型的反應方式會是一個跡象，這其中可能顯示出的就是一個情結。因為個人對情結無從意識到，治療師的目標就是讓情結成為意識的。不是所有的情結都是負面的，有些可能是正面的。例如，一個汲汲營營尋求政界職務或權勢的人被稱為有拿破崙情結

（Napoleonic complex）。這種情結可以領導個人去完成他自己或他的社區之正向社會目標。

如果尋求權勢的過程不滿意，正向的情結就可能成為負向的情結，或引發**超越性功能**（transcendent function）——意指對相對物的面質，一個意識的想法與一個潛意識的影響。超越性功能連結這兩個相反的態度或狀況，在過程中成為第三勢力，此路徑通常經由所顯現的象徵表現出來。在某種意義上，個人可能超越或凌駕於衝突之上，而以截然不同的觀點來看。這是 Jung 理論中的一個核心概念，Miller（2004）在其著作《超越性功能：Jung 模式中經由與潛意識對話的心理成長》（*The Transcendent Function: Jung's Model of Psychological Growth through Dialogues with the Unconscious*）中對此作了詳細的說明。在臨床工作上，超越性功能可提供處理移情之治療性成長以及其他議題的機會（Ulanov, 1997）。在分析師的治療工作上，他們面對許多潛意識的情結，這些是治療過程中責無旁貸要去處理的部分。雖然也注意到情結的重要性，但 Jung 學派分析師特別對情結以及其他個人運作的部分之集體潛意識所扮演的角色深感興趣。

集體潛意識　區隔 Jung 心理治療的理論中與其他理論最顯著的分野概念就是集體潛意識。與個人潛意識相反，不包含與特定個人相關聯之概念或想法。集體潛意識由想像與概念形成，與意識不相關聯（Harris, 1996; Whitmont, 1991）。**集體**（collective）一詞概指：所有的人類以及對他們有影響力的素材。**集體潛意識**（collective unconscious）意指「形成人類心智的神話特色的代表，這些代表物在沒有喪失它們基本的型態下各有不同」（Jung, 1970a, p. 228）。

所有的人類因為有相似的生理構造（腦、手臂與腿）與分享類似的環境（母親、太陽、月亮和水），人們有能力以一致性的方式去看世界，甚至就所處環境的異同觀點去思考、感覺和反應。Jung 鉅細靡遺的陳述，他不相信特定的技藝或意識的影像是與生俱來的。他反而認為某些特定的想法與理念之傾向是遺傳來的——原型。原型是接收與建構經驗的各種方法（Jung, 1960b, p. 137）。是故對 Jung 原型概念的了解，是進入 Jung 心理學國度的敲門磚，以下將對此加以說明。

原型

原型雖然沒有具體而微的內容，但它們有形式，它們代表著各種可能的知覺

型態（Jung, 1959a, 1959c; Hollis, 2000）。基本上，它們將一個人的反應放入所謂的模式中。原型是潛意識進入意識的通路，它們可能引發行動。Jung 對原型很感興趣，這些原型有情緒的內容與力量且已持續了數千年之久。例如，死亡的原型帶著強烈的情緒且是一種普世的經驗。Jung 指出許多種原型，包括出生、死亡、權勢、英雄、兒童、有智慧的男性長者、大地之母、惡魔、上帝、蛇與統一等等。這些原型以原型的影像表現 它的內容會在象徵主義（symbolism）的章節中說明。

　　Jung 認為人格組成中最重要的原型是人格面具、男人中的女人和女人中的男人、陰影與自體（Shamdasani, 2003）。其中，人格面具是與人格在日常生活中的運作最有關聯的原型；自體原型是人格在適當運作下最關鍵的原型。

　　人格面具（persona）在拉丁文的意思是「面具」，是人們在公開場合所呈現出來自己的方式。個人在平常即扮演多種角色——父母、工作者、朋友。人們如何扮演這些角色則視他們期望別人看到怎樣的他，與他們相信別人希望他們如何表現而定。

　　人們的人格面具的變化視情境而定——表現對兒童很友善以及對電話行銷者很防衛。人格面具對於個人在特殊情境下學習去控制感覺、想法與行為多所助益。然而，如果高估人格面具，個人將落入表面化的泥淖離自我越遠，難以表達真實的情緒。

　　男人中的女人（anima）和女人中的男人（animus）代表相對性別的特質，如感覺、態度與價值。對男性來說，anima 代表男性心靈的女性特質，如感覺與情緒。animus 是女性心靈的男性特質，所代表的特質如邏輯與理性。男性與女性身上擁有著部分的異性特質，這已有生物學的基礎。兩性都能製造男性與女性荷爾蒙，個人的人格特質當中都有異性的心理特質存在。

　　在 anima 與 animus 的概念中，有一項推測認為女性是的傳統在情緒與養育，而男性傳統則在邏輯與權勢。當然，不需要如此狹隘的看待 anima 與 animus。

　　Harding（1970）說明 animus 的運作會因不同類型的女性而異。Emma Jung（1957）說明當女性的 animus 發展，她們可能經驗的四個主要原型。其他作者也尋求 anima 與 animus 概念的進一步發展，而且修改了 Jung 的想法（Hillman,

1985）。Jung 相信男人必須表現出 anima，而女人表現出 animus，以平衡他們的人格。假如人們並不依此運作，他們可能冒著不成熟的危險，或是在日後出現極其刻板化的女性或男性特質。另外將 anima 與 animus 放在心理治療中去探討，可以引導人們看到，不只是個人之人格特質中潛意識部分的表現，也有個人的性慾以及對治療師移情關係之性議題的呈現（Schaverien, 1996）。

　　陰影（shadow）在原型中潛藏的是一種至危的事物與至極的力量，它代表著我們人格中與意識中最截然不同的部分。陰影中包括不為人所接受的性、獸性、與攻擊衝動（Shamdasani, 2003）。陰影中原始自然的衝動，有些類似 Freud 的本我。Jung 相信人們企圖投射自己的陰影（負面與獸性的感覺）到別人身上，遂造成男性之間存在著敵意，這或許可以部分的解釋男性間的爭鬥與戰爭的頻率。雖然他們不全然由生理操控，Jung 相信女性也會有投射陰影的衝動到其他女性身上。人格面具的原型是經由社會的期待來表現自己，依此來作為陰影的緩衝或檢核之用。更廣義的說，陰影可以經由兩性的許多客體來投射並展現其力道。

　　雖然陰影在上述討論中被視為負向原型，但它也有正向的部分。陰影若適當的表現，會是創造、活力與激勵的來源。然而，假如陰影受壓抑，個人會覺得受限制、無法與自我內在做接觸並連帶的產生恐懼。對有這些現象的人來說，治療的目標便是協助他們將陰影帶入意識中。

　　自體（self）是提供人格組織與統整的能量。自體是人格（意識與潛意識）的中心，將意識與潛意識連結的一種過程。自體和認同形成（identity formation）的概念相似（Roesler, 2008）。對於兒童與不夠個體化的人們而言，自體是潛意識的中心，但他們可能未覺察自己的情結與所顯現的原型。相對來說，自我（ego）是意識的中心，而意識的功能受到較多限制，是自我的一部分（Ekstrom & PDM Task Force, 2007）。當人們變得成熟與個體化後，自我與自體之間便能產生更強的連結關係。

　　對 Jung 來說，自體的理解與發展是人類生活的目標。當人們能夠完全發展他們的人格功能時，他們遂能與自體的原型接觸，且能將更多的潛意識資料帶入意識中。因為要接觸意識及潛意識的思考，才能了解自體，是故 Jung 學派強調夢的解析，是理解潛意識過程的方法之一。而且，Jung 認為靈性與宗教經驗可引領人們進一步對潛意識的理解，然後再將它帶入意識的覺察之中。為了發展個

人的人格，治療師協助病人將潛意識的想法與感覺帶入意識中。

象徵　原型是形式的圖像而非內容。「象徵」則是內容，是原型的外顯表現。原型只有經由夢境、幻想、幻象、神話、童話故事、藝術等等象徵表現出來。象徵則以各種的不同方式表現，代表著人類儲存的智慧，可以應用於未來。Jung 致力於了解各種在不同文化中原型的象徵性圖像。

　　Jung 對人類學、考古學、文學、藝術、神話與世界各種宗教的廣博知識，提供他對原型的象徵性圖像絕佳知識的來源。例如，Jung 對煉金術的興趣（Jung, 1954e, 1957），協助其發現代表他的病人原型的象徵。就像煉金術士（尋找哲學家之石或從一堆金屬中煉金的方法），經由豐富的象徵性素材表現自己。

　　Jung 也精通神話與童話故事，這些提供他更多的素材去了解象徵。與非洲、亞洲以及美國原住民文化裡的多種人種談過靈性與夢境，也幫助他增加對象徵主義的知識。Jung 有很強烈的好奇心，他探尋為何這麼多人相信他們曾看過飛碟。Jung 參考夢境、神話與歷史，總結認為飛碟代表全體，從另外一個星球（潛意識）來到地球並帶有奇怪的生物（原型）（Hall & Nordby, 1973, p. 115）。

　　Jung 使用增幅（amplification）一詞作出結論，來表徵他對歷史的了解以及一如飛碟之象徵意義。藉由從夢中特別的影像盡其在我的去學習，Jung 也應用增幅於他對病人夢境的工作中。為了擴大夢境或其他潛意識素材的意義，Jung 學派的分析師必須對眾多不同的文化中，許多象徵的歷史與意義多方了解。在他對神話、煉金術、人類學、靈性以及其他領域的涉獵，Jung 發現重要的原型會以特定的象徵作為代表。例如，人格面具的一個共通影像是戲劇或宗教儀式中使用的面具。聖母瑪利亞、蒙娜麗莎與其他知名的女性，代表男性中的 anima。同樣的，耶穌基督或亞瑟王象徵女性中的 animus。邪惡角色如魔鬼、希特勒與開膛手傑克可以說是陰影的代表。代表自體的曼陀羅（mandala）是一個很重要的獨特象徵。mandala 是一個環狀的結構，通常有四個部分。它象徵性的代表達到完滿（wholeness）的努力或需求。對 Jung 來說，它是人格中心的象徵。四種成分代表火、水、土與空氣，四方吹來的風，或聖父、聖子、聖靈（三位一體）與聖母。上述這些只是 Jung 與其他學者描述的

Mandala（曼陀羅）

一些原型代表物的例子。

人格態度與功能

　　藉由對自己與病人的觀察，Jung 能夠辨識被稱為人格類型的各種面向的人格。這些面向均蘊含潛意識與意識的部分。Jung 發展的第一個面向是外向與內向的態度。後來，他發展出功能（functions），這些功能（想法與感覺）與做出價值判斷息息相關，並用來感受自己與外在的世界（知覺與直覺）。Jung 將態度與功能整合成心理類型，建構出 Myers-Briggs Type Indicator 人格測驗與類似的心理測驗。然而，他很謹慎的談到這些，為近似值與傾向而不是教條式的分類。對人們來說，經常是單一功能的較其他的發展的多。四種功能中，最後發展的很可能是（以夢境與幻想表現的）潛意識，這部分與分析式治療有關（Jung, 1971）。

態度　以 Jung 對人格的看法來說，內向（introversion）與外向（extraversion）是兩種態度或傾向。簡而言之，外向型的人對外在的世界或其他的人和其他的事物都很關切，而內向型的人對自己的想法與理念較在意。內向與外向是兩極端或相對的傾向。人們可以同時具備內向與外向型，他們也會以這兩種態度去面對人生。當人們成長時，其中一種態度會變得更強勢或高度發展。較不強勢的態度傾向成為潛意識，而以較微妙的或習焉不察的方式影響個人。例如，內向型性格的人會發現，他們被外向型的人吸引，因為外向型代表著他們自己潛意識的部分。對外向型性格的人有一個相對的例子：通常很活躍且外向的人對周遭世界產生興趣時，會變得比較安靜與細心，因為潛意識的內向態度在此刻會變得比較活躍。雖然 Jung 發現內向型與外向型對人格解釋是很有用的面向，但他也發現以此去詮釋個人的差異太過簡化而且也不夠完備（Jung, 1971）。

功能　在苦思人格的態度面向可以新增那些內容的十年後，Jung 將四個功能命名為：想法、感覺、知覺與直覺。他以下列方式說明了理性功能（想法與感覺）的運作方式：

　　接著我簡要的談談，將我在最近演講中提到的相對於心理功能的名稱，且以它們作為同一種態度型的人之間差異的判斷標準。例如，我選擇的想法是由於它易懂，因為我經常陷於習慣性的較其他人想得多的事實，相對的在做重要決定時就會想的很多。他們也以他們的想法去了解外在世界且適應

它，不管他們發生了什麼事情，都會主觀的去思考與反映，或至少去順從某些想法上的禁忌原則。其他人明顯的獨鍾情緒因素而忽視想法，這指的是感覺。他們一律遵從感覺的方針，且視為特殊情況讓它們去反映。他們形成鮮明的對比，當兩個生意合夥人或配偶，一個是思考型而另一個是感覺型時衝擊最大。此處要提醒的是，一個人只有在要認定自己的態度型態時，才會去思考他是內向或外向型的人，在感覺上也是如此（Jung, 1971, pp. 537-538）。

因此，思考（thinking）與感覺（feeling）都需要做判斷。當人們經常使用思考時，他們使用理智的功能連結思想來了解外在世界。當他們使用感覺的功能時，他們對主觀經驗會以正向或負向的感覺或價值去做決定。

知覺（sensation）與直覺（intuition）可被視為非理性功能，因為它們跟刺激的接收或反應有關。這兩個功能與評估和做決定無關。知覺與直覺如同想法與感覺一樣，也是兩極化的對應關係。知覺包括視、聽、觸、嗅、嚐、以及對自己身體內在感受的知覺反應。通常是生理性的意識知覺，且顯示出對細節的注意。相反的，直覺指的是一種對事情的預感或猜測，很難說清楚，但通常看的是比較大的局面。直覺向來都是籠統不清的且是潛意識的，例如，「我對 Joan 的印象不好，我不知道為什麼，但我就是有這種感覺」。

態度與功能的結合　兩種態度與四種功能間，兩兩相互的組合後形成八種心理型態（Schultz & Schultz, 2009）（見右頁表格）。Jung 擔心人們可能會把所有的人都歸類於這八種心理型態中，他原來只是要用來做資料分類。對 Jung 來說，每一個人都有獨特的態度與功能組成他（她）的人格。這裡只著重在最重要的特徵，簡短說明這八種心理型態，在左邊欄位為四種功能與內向態度的結合，而右邊欄位則是四種功能與外向態度的結合（Myers, McCaulley, Quenk, & Hammer, 1998）。

雖然有評估心理型態的方式有許多種，但是還是有可能會將人們過度評估或分類於這八種型態。這些型態最好的使用方法是把它視為一種了解 Jung 如何整合人格態度與功能，用此去解釋個人性格特徵之方法。

功能力量　因為這四個是兩組互相對應（思考 - 感覺與知覺 - 直覺）的功能，所以每個人都會經驗到這四種功能。然而，並非每一個人都是平均發展的。優良功能（superior function）是指發展得最好的功能，是有權威與意識的。輔助功能

內向 - 思考：這些人喜歡有自己的想法，且不太在意別人是否接受這些想法。他們會傾向以抽象的思考與其他人互動或計畫。

內向 - 感覺：強烈的感覺可能會保留在心裡，偶爾以強烈的表達方式爆發。創造性的藝術家可能透過藝術創作表達他們的感覺。

內向 - 知覺：這些人可能聚焦在他們自己知覺的世界中，特別是關注自己心理的知覺。他們可能偏向藝術性或創造性的表現，而非口語的溝通。

內向 - 直覺：這類型的人可能難以與自己的內在以及直覺溝通，因為他們可能很難去了解自己的想法與形象。

外向 - 思考：這些人雖然在意外在世界，但可能會試圖把自己對外在世界的看法強加諸在別人身上。在科學與應用數學領域的人可能會用他們的思考功能協助解決真實的問題。

外向 - 感覺：與其他人的互動可能常是情緒化的，但是其他時刻也很平易近人與友善。

外向 - 知覺：參與刺激的活動與體驗知覺，例如登山是典型的這類型。他們經常喜歡蒐集數據與資料，且傾向實際與現實主義。

外向 - 直覺：這些人樂在新奇的事物，且會將新點子與概念告訴別人。他們可能很難維持興趣在同一個計畫上。

（auxiliary function）則是發展其次的功能，當優良功能無法運作時，輔助功能會取而代之。低下功能（inferior function）則是發展得最不理想的功能。不像優良的功能是意識的，低下的功能是壓抑而潛意識的，通常會出現在夢境與幻想中。大體而言，當一個理性的功能（想法或感覺）是優良的，那麼不理性的功能（知覺 - 直覺）就會是輔助的，反之亦然。功能力量或支配的概念可能是無法捉摸的。Jung 學派分析師發現，它有助於探索呈現在病人夢裡或創作中的低下功能。

人格發展

因為 Jung 對潛意識與人格向度的了解與重視的程度，更甚於人格發展的部分，所以 Jung（1954d）的人格階段理論不如 Freud 與 Erikson 的那樣精細與完整。他將人生分為四個基本階段：兒童、青少年與成人前期、中年、以及老年。他最有興趣也最常在著作中提及的是中年期這個階段。

兒童期　Jung（1954b）相信兒童的心理能力主要是本能的——吃、睡等等。父母的角色是引導兒童的能量，所以他們不會變得混亂或沒有教養。Jung 覺得兒童期最嚴重的問題，均肇因於在家裡發生的問題。假如父母雙方或之一能解決這些問題，兒童不服管教的行為與其他問題就會減輕。Fordham（1996）以 Melanie Klein 的客體關係理論為基礎，去談 Jung 學派的兒童發展。一般來說，兒童期是孩子與父母分離或是開始發展個人認同感的關鍵時刻（Schultz & Schultz, 2009）。

青少年期　青少年面對人生中許多抉擇時可能會產生一些問題，如學校的選擇與生涯的規劃。更進一步的，他們可能經驗到從性本能而來的問題，包括與異性相處的不安全感。當他們成長與發育後，可能期望自己還是個孩子，這樣就不需要做很多抉擇。青少年面臨這些衝突與抉擇時處理各有不同，完全依據其內向或外向的傾向而定。要因應這些問題，青少年必須發展出一個有效的人格面具，以他們主要的功能而不是父母強加給他們的期望去面對外在的世界。當他們進入成人前期時，人們會發現他們已經能對自己的人格與發展出對自己人格面具的理解。

中年期　Jung 對中年的興趣，或許可以從他經驗到自己的中年危機之事實來解釋。在那段時間，他謹慎的重新檢驗他自己的內在自我以及經由他的夢境與創作去探索他的潛意識生活。再加上 Jung 的許多病人都是中年人，事業有成但卻也面臨對生命意義的質疑。當個人的生涯、家庭與社區都有了穩定的發展時，他們可能會覺察或是正經驗到生活了無意義的感覺或是生活上的失落感（Jung, 1954f）。事實上，許多人常常在中年時（一個典型的年紀，他們尋求別種的心理治療訓練）而不是在二十幾歲時，期望成為 Jung 學派的分析師。例如，Jung 定義兒子對母親的依附（puer aeternus）為男性由青少年發展成熟，以及承擔自我責任的困難，與他的母親有潛意識的依附。女兒對父親的依附（puella aeterna）是與父親的依附，用在成年女性有承擔責任的問題。然而這些人可能具創造力且充滿活力（Sharp, 1998）。

老年期　Jung 相信老人花費越來越多時間在潛意識上。然而，Jung 覺得年長的人應該潛心致力於體會他們的生活經驗並從中獲得意義（Jung, 1960e）。對 Jung 來說，老年是反芻與發展智慧的時期。老年人常有死亡與致命性的念頭，這是在 Jung 的著作與夢境中常出現的議題（Yates, 1999）。例如，Goelitz（2007）說明夢境分析對於絕症病患的助益。一些 Jung 的病人正當退休的年紀（Mattoon,

1981)，反映其心理發展無關年紀都還能持續發展的想法。

在 Jung 學派分析中，意識階層與人格面向的知識與體認，以及心理能量（psychic energy）的改變是很有意義的。特別著重的是，藉由夢境、幻想及其他部分產生的原型素材，以類似的方式處理潛意識。以下將論述 Jung 學派人格理論的元素，以及 Jung 學派分析與心理治療的概論。

Jung 學派分析與治療

Jung 學派治療大部分是著重在將潛意識的素材帶入意識中。為了達到此目的，評估會經由諸如使用投射技術、評估類型的客觀工具、與夢境和幻想資料的評估進行。治療的關係較有彈性，分析師使用有關自己心靈（psyches）的素材去引導病人，並將個人與集體潛意識帶入意識中。分析過程大量使用夢境、主動想像、與其他探討的方法。另一個調查的領域是移情與反移情，意指檢驗影響治療的關係。本段僅簡短討論 Jung 學派分析與心理治療之重要概念。

治療目標

從 Jung 學派的觀點來看，生活的目標是個體化（individuation）（Hall, 1986）。如同前述，個體化意指：對心理上現實感的意識理解，對個人來說是很獨特的。當個人開始知覺自己的力量與限制且持續學習了解自己時，他們將意識與潛意識的自己統合在一起。Mattoon（1986）在她對分析目標的簡要說明中，描述 Jung 學派分析的目標是將意識與潛意識統整，以達到充實感並導向個體化。

Jung 學派治療的目標，會依據病人的發展階段是兒童、青少年、中年或老年而定（Harris, 1996）。對兒童來說，目標可能是協助他們處理干擾其自體原型問題。在青少年與成人前期，常聚焦於個人自體，而非其人格面具。中年的目標會從務實謀生以及對家庭負責，轉移到生活上較少物質層面而更多精神面上的探究。對年過七十的人來說，看待生活是一個完整的過程與走向寧靜才是治療的目標。人們當然可能還有其他的目標，但是這些是與生命階段有關的目標。

分析、治療與諮商

　　雖然作者們對 Jung 學派分析、心理治療、與諮商定義有不同意見，但 Jung 學派分析師（Jungian analyst）專指受過國際分析心理學協會認證機構正式訓練的治療師。相較於 Jung 學派心理治療，Henderson（1982）認為 Jung 學派精神分析比心理治療更密集，一週數次，延續相當長的時間。對 Henderson 來說，心理治療期限較短，可以讓治療師進行危機處理與滿足心理洞察的立即需求。Mattoon（1981）則與其相左，認為心理治療與分析之間不論是方法或內容都沒有明顯差異。然而，她知道 Jung 學派分析師相信，分析相較於治療更能處理較多潛意識的素材（特別是夢境）。

　　對諮商的看法，Mattoon 認為諮商師在處理潛意識的素材上，通常比心理治療師或分析師少。造成這樣分歧意見的原因，或許是 Jung 學派分析師本身有著不同的學經歷背景（心理學、社會工作、牧師或其他與助人專業無關的行業）所致。在這當中，有許多人在三、四十歲時才成為分析師，並以此來作為他們的「第二生涯」（Hall, 1986）。一般來說，諮商師與心理治療師若擁有越多 Jung 學派強調的分析與特別訓練，他們在工作中則越傾向於自在的使用潛意識素材。

評估

　　Jung 學派分析師使用的評估方法差異很大時有所聞，從客觀與主觀的人格測驗，到使用他們自己的夢來評估都有。雖然 Jung 建立了一些人格變數的標準化評量，但他也同時使用了很多種類的方法去了解他的病人。由於評量分類系統的建立（診斷與統計手冊 [DSM] II, III, and IV-TR），一些限定的嘗試與 Jung 學派類型學做診斷性分類有關，也出現許多對於 DSM-IV 診斷系統的批評（Ekstrom & PDM Task Force, 2007）。發展投射測驗時，熟悉 Jung 心理學的測驗開發者影響了測驗設計。或許評估 Jung 理念投注最大心力的應是試圖評量心理型態的客觀量表（objective inventories）。所有上述這些努力的成果，都可以追溯至 Jung 對評量的創造性的方法。知悉 Jung 的主觀與人道治療方式，才能全面理解其對四種了解病人的方法（文字關聯、症狀分析、個案史與潛意識的分析）之描述。

臨床診斷是很重要的，因為它們可以提供醫師一個確定的方向；但是這對病人沒有幫助。故事才是最重要的事情。它可以獨立顯示出人們的背景與正遭受的苦難，醫師只有在那時候可以開始進行治療（Jung, 1961, p. 124）。

在上述這段話的警惕下，Jung 描述四種了解病人的方法。第一，自由聯想：這個字詞是他與 Riklin 一起發展的（Jung, 1973），提供一個方法去定位可能會干擾情結且允許潛意識的探索。第二，催眠是用於帶回痛苦的記憶。Jung 覺得稱為症狀分析（symptom analysis）的催眠，只適合創傷後壓力症候群的患者。第三，個案史是用於追溯心理疾患的發展歷史。Jung 發現這種方法對病人而言經常是有用，並且於帶來態度上的改變（Jung, 1954a, p. 95）。雖然這種方法可以確定帶來由潛意識進入意識想法。第四種方法潛意識的分析對 Jung 來說是最顯著的。只有在意識內容消耗殆盡時，很多種探索的模式就可信手拈來，通常包括留意病人幻想與夢境中的相關原型素材。接下來的案例，Jung 以自己的夢境為例，說明病人（他的潛意識），再進一步分析病人。使用及詮釋自身夢境是一些心理分析師及 Jung 學派治療師所使用的方法（Spangler, Hill, Mettus, Guo, & Heymsfield, 2009）。

我以前的病人（一位非常聰明的女性），她有著各式各樣的理由可以引發我的懷疑。第一次分析進行的非常順利，但是過了一陣子，我開始覺得我沒有捕捉到她夢境的正確詮釋，而且我也注意到我們之間對話的深度並未增加。因此我決定與她討論這個現象，因為無可逃避的，這中間出了些狀況。在我與她談話的前一晚，我做了一個如下所述的夢境。

在傍晚的餘暉下，我正從一個山谷的高處往下走。在我的右邊是陡峭的山壁。山頂上有一座城堡，在最高的塔上有一個女人正坐在欄杆上。為了要能清楚的看到她，我必須用力的仰著頭。我醒來時，後頸肌肉痙攣。即使是個夢境，我也可以認出那個女人就是我的病人。

詮釋對我來說是立即而清楚的。假如我在夢裡必須那樣去仰視她，事實上我可能曾經看輕她。畢竟夢境是意識的補償。我把自己的夢與詮釋告訴她。這樣做的結果是，情況產生了立即的改變，治療再次的開始往前進展（Jung, 1961, p. 133）。

雖然 Jung 用了一個高度個人的模式去了解個案，他的人格理論對兩種重要的投射技術產生影響：羅夏克測驗（Rorschach Test）以及「主題知覺測驗」（Thematic Apperception Test, TAT）。如同 Ellenberger（1970）所說，Hermann Rorschach 對 Jung 的型態學很感興趣，特別是與他發展的「羅夏克墨漬測驗」（Rorschach Psychodiagnostic Inkblot Test）有關的內向與外向功能。羅夏克測驗有幾種計分方式，其中較有名的是由 Jung 學派分析師 Bruno Klopfer 所發展的。其他 Jung 學派分析師也對羅夏克測驗的發展有所貢獻，特別是 McCully（1971）。TAT 的創始者 Henry Murray 與 Jung 一起在蘇黎世唸書時，也參與了第一所 Jung 學派訓練機構的創設。Jung 學派分析師對羅夏克測驗，以及主題知覺測驗的使用也有很大的差異，有些偏好其中之一、或是不愛測驗、或者採用心理型態的客觀測驗。

已經發展出的客觀測量型態測驗有三種：GrayWheelwright Jungian Type Survey（GW; Wheelwright, Wheelwright, & Buehler, 1964）、Myers-Briggs Type Indicator（MBTI; Myers, BcCaulley, Quenk, & Hammer, 1998） 與 Singer-Loomis Inventory of Personality（SLIP; Singer & Loomis, 1984）。所有這些測驗工具，以數種綜合功能與態度的方式記分。例如，GW 測驗已被一些 Jung 學派分析師使用超過五十年，而過去二十年內發展出了 SLIP 測驗。目前最廣為人知的是 MBTI 測驗，許多諮商師與助人專業工作者，將之用於協助個人了解自己如何做決定、接收資訊、以及與他們內在或外在世界的關聯（Sharf, 2010）。MBTI 測驗常常單獨使用，沒有與廣泛的 Jung 學派理論概念連結使用。GW 測驗與 MBTI 測驗都是兩極化概念的假設，而 SLIP 測驗則否（Arnau, Rosen, & Thomson, 2000）。例如，想法與感覺在兩極化量表上是相對的，而 SLIP 測驗是將每一種功能與每一種態度配對，發展出了八種分項測驗。這些測驗工具提供的資料，本章稍後會說明。雖然這些測驗工具是 Jung 型態學的客觀評估，但是 Jung 的型態學卻與 DSM-IV 的分類沒有直接的關聯。

治療關係

對 Jung 來說，最重要的是接納病人以及他的心理困擾和潛意識歷程。事實上，Jung 經常受因罹患慢性精神病所苦而住院的病人所吸引。他的工作夥伴（包括 Sigmund Freud）因為興趣不同，所以有時難以理解。Jung 對分析師這個

角色的看法是，以個人的經驗去協助病人探索他自己的潛意識。過去做為接受分析治療對象的經驗，讓分析師對病人經歷了探索人類內在心靈之艱辛過程更加尊敬。由下列引文可知治療關係的重要性：

> 無論如何，治療師必須了解的不只是病人，同樣重要的是他必須了解自己。基於此，sine qua non 稱為「訓練性分析」，指的是分析師的分析經驗。病人的治療由醫師開始。只有當醫師知道如何自我因應，及其自身問題後，他也才能教導病人照樣去做。在訓練性分析中，醫師必須學習去了解自己的心靈並嚴肅以對。假如他無法做到，病人也無法從中學習（Jung, 1961, p. 132）。

Jung 的治療導向最精要之處是他的「人道關懷」。這可以從他「受傷的醫治者」（wounded healer）此一概念中看出（Samuels, 2000; Sharp, 1998）。分析師因（被病人的痛苦（生氣與傷痛的力量代表陰影）而激（感）動。分析師能知覺自己潛意識的改變，代表著他的陰影（如胃抽緊）可以對病人各種問題提供洞察。這樣的反應可以引導 Jung 學派治療師（就像他們對 Jung 以及 Jung 對自己所做的）多種介入的選擇。

> 自然的，一個醫師必須熟悉所謂的「治療方法」。但他必須警覺不要掉入任何一成不變的例行模式中。一般來說，一個人必須對理論假設抱持反對的警覺。今天它們可能有效，到了明天就可能會是其他的假設成立。在我的分析中不會墨守成規。我故意保持非常沒有系統性。我認為在處理人們問題時，只有個人自己知道該如何做。我們對每一個病人需要不同的語言。在一個分析中，我可能聽到 Adler 學派的對話，也可能聽到 Freud 學派的對話（Jung, 1961, p. 131）。

Jung 在對精神病患治療工作上採取了個別化病人導向的模式，並與其他人提出過程分析之階段，對分析工作提供較清晰的理解。

治療階段

為了進一步說明分析式治療，Jung 將其分為四個階段（G. Adler, 1967, p. 339; Jung, 1954c）。這些階段代表著對治療的不同看法，階段間不一定是連

續性的，也不一定會出現在所有治療中。第一個階段是淨化（catharsis），包括理智與情感上對祕密的告白。第二個是借用於 Freud 的解釋（elucidation）或詮釋（interpretation），主要是移情關係的詮釋。第三個階段使用了 Alfred Adler 的一些洞察，Adler 著重個人的社交需求與他們對卓越或權力的追求。此處指的是社會教育的需求或是病人與社會相關的議題。第四個階段，「移情」（transformation）或「個體化」（individuation），不再滿足社會的需求而聚焦在個人對自己獨特個性與人格之了解。

夢境與分析

對 Jung 來說，夢的解析是分析的關鍵核心。「夢境不僅僅是記憶的再現，也是經驗的摘要，它們是偽裝的潛意識創造力的具體化」（Jung, 1954a, p. 100）。夢境也是心靈狀態的象徵性代表（Hall, 1986, p. 93）。雖然夢境對 Jung 而言意義重大，但也不是所有的夢都可等同視之。他將夢區分為從「小」到「大」的夢。小夢較大夢常出現，來自個人潛意識且是日常生活的反映。「換句話說，重要的夢常終生難忘，更常被證明是心靈經驗的寶庫中最珍貴的珠寶」（Jung, 1960c, p. 290）。大夢中的影像是未知的象徵或潛意識的資料。在討論夢的解析前，要檢視重現夢境素材的實際考量及夢的結構。

夢境素材　夢境素材的來源向來是行蹤飄忽的。它們可能包括過往之經驗記憶、受到壓抑的過往重要事件、不重要的日常或過往事件，以及令人深感不安之祕密的記憶。有時，夢境來自物理性的刺激，如冰冷的房間或想要上廁所。夢境的來源不是很重要，重要的是影像對於作夢者的意義（Mattoon, 1981）。

記住夢境與其中的影像絕非易事。即使病人在午夜時還記得夢境，大部分的分析師仍會建議病人準備一本記事本，以儘快地記錄下他們的夢。錄音機也可以用來代替記事本。雖然夢境常常在睡醒後就很快忘記，但有時他們醒來一下後也會記起來了。儘量記住夢裡所發生的資訊，包括很瑣碎的細節也應該記錄下來，這些細節經常有重要的象徵性，也可能讓一個在其他方面的小夢成為一個重要的夢（Harris, 1996）。當夢境完全被記起時，它們常常會遵循一種特別的結構。

夢的結構　雖然提出的夢境敘說內容差異很大，但大部分都有四個基本元素（Jung, 1961, pp. 194-195）。夢境敘說以描述夢境的場景、夢裡的主要人物、作

夢者與情境的關係，以及有時會以「我與妹妹在一個穀倉中，一個農夫帶來一大堆乾草。那時天剛黑，而我們很疲倦。」開始。夢境的第二部分是情節的發展，顯現出夢境裏的緊張與衝突的發展：「那個農夫對我們很生氣，要求我們幫忙儘快將乾草送進穀倉中。」第三個部分是決定性的事件，夢中發生改變：「那個農夫變得面目猙獰。他下了牽引機，走向我們。」夢境的最後部分是結論或解決方法：「妹妹和我分別從兩個已經打開的穀倉門衝出去。我拚命的跑，但是那個農夫拿著一個草叉緊跟著我。我喘著氣醒過來。」

　　藉由了解夢境的整個結構，分析師能確認沒有忽略掉任何細節以及錯失任何情節。當然，作夢者有些時候只能記得部分或片段的夢境。相較於完整的夢境，片斷的夢境往往需要更小心的去解析。

夢的解析　Jung 夢的解析之目標，是找出夢中的象徵性意義與病人意識情境的關聯（Jung, 1960c）。他如何解析夢境，端賴夢的本質而定。有時影像反映個人的關聯，而其他時候是原型的關聯。而且，他會持續尋找夢中影像或夢的型態，並關注夢中影像之主觀或客觀意義。

　　夢中呈現的個人關聯是與作夢者清醒時的生活相關。對於這種夢，可能需要解析與個人日常生活有關的部分，還有其家庭、過去、朋友及文化背景。雖然與個人相關的夢發生多過那些原型的關聯，但這兩種的重要性都很大。

　　相較於夢的素材有許多個人聯想，夢境顯示的原型聯想內含的資料是反映集體潛意識而非個人潛意識。因為原型有型態卻沒有內容，分析師必須使用他們對神話、民間傳說與宗教的象徵意義的知識。藉由此種知識，分析師透過擴充的過程，可以擴大對病人素材的意義之解讀。

　　夢的解析之另一個的重要特色，是決定夢中的影像是要被主觀或客觀的看待。在客觀的解析時，夢中的物件與人物都代表他們自己。以主觀解析時，每一個物件或人都代表部分的作夢者。例如，一個女人夢到在餐廳中與一個陌生人談話，能視夢中的男人為她的 animus（Jung, 1960a）。一般來說，Jung 覺得當夢中的人對作夢者來說很重要時，客觀的解析通常很合適。當個人對作夢者不是那麼重要時，主觀的解析會是恰當的。假如夢的成分有主題時，進行客觀解析將會很有幫助。例如，一位女性夢到在公園裡，後面有小孩與嬰兒哭鬧為背景，可以連

結到小孩與嬰兒是出生的主題。Jung 學派分析師可能選擇去放大與主題連結的象徵，並將之與病人生活連結。

Beebe（2005）寫到三種面對夢魘或其他惱人夢境的方法。他相信治療師會視夢的型態之不同，而以不同的方式處理。有些夢魘常常如電影般戲劇化，象徵著作夢者生活的另一階段。第二種處理與另一個人的陰影原型之互動有關。第三種與第二種幾乎相反。它是作夢者經驗到對另一個人的害怕與擔心。治療師應該依照適合他們的型態，以不同的方式去處理夢境。

如果可能的話，Jung 學派分析師發現處理一組或連續性的夢會有幫助。當夢境很難被了解時，將它們與先前或之後的夢相連結會有幫助。在重複夢境或重複主題裡的細節變動，都有重要意義蘊藏其中（Mattoon, 1981）。在這些案例裡，原型的聯想會非常有幫助。當分析師解析夢時，他們會試著去評估夢境對作夢者的功能。

夢的補償功能　Jung 相信大部分的夢是補償性的，而部分的過程是要調整個人的人格（Whitmont, 1991）。問題是夢境為作夢者做了些什麼。藉由將夢中的潛意識素材帶入意識中，作夢者或許可以決定夢的目的。夢境可能藉由確認、對抗、誇大或與意識經驗相連結之其他方式，以補償意識。然而，並非所有夢境都有補償功能。有些夢可能參與未來事件或活動，其他夢代表潛意識的創傷事件。

總之，Jung 學派對夢境的處理是很困難的。有為數可觀的著作討論夢的象徵、原型的代表物、與夢的解析之方法。雖然夢對 Jung 學派分析的解析過程非常重要，但有時分析師面對的是少夢的病人。分析師必須能夠施展不同治療方法。

主動想像

Jung 學派分析師常尋找各種方式，以期能讓潛意識的內容在意識裡顯現出來。主動想像（active imagination）是一種協助上述過程的方法。主要目的是讓情結（complexes）與其情緒的內容，從潛意識浮現到意識中（Mattoon, 1981, p. 238）。雖然主動想像可以透過口語或非口語方式完成，但它卻常常是經由在夢或幻想的暗示中的人；或非人類形體（nonhuman figure）之想像式對話完成。這種模式與被動幻想經驗或想像不同，它會隨著時間而更深入，且涵蓋病人的一些問題。主動想像最常伴隨代表原型的象徵，如個人的 anima、animus、或「智

慧的長者」等原型。使用這種模式的前提是，病人必須有許多分析治療的經驗。即便如此，這種方法對病人來說還是很難學習的。Watkins（2000）與 Hannah（1981）對這種方法有更完整的說明。主動想像的治療過程描述，將有助於說明這種方法的戲劇性與常見的情緒性樣貌。

> 　　一個三十多歲的病人有一個重複出現的幻想，就是他覺得被一個完全看不出面貌而陰暗的形體所威脅。他完全弄不清楚到底是什麼東西。我要求他專心去想那個形體而不要壓抑。他照做了，最後他可以透過想像去揭開層層的面紗，直到發現一個女性形體。他必須集中所有能量，去揭開蓋在她臉上的最後一塊面紗，然後他非常驚訝的發現那張臉竟然是他的母親。那只是需要勇氣去揭開面紗，而發現的最終震撼是證實幻想的真實面以及和心靈實體的接觸（G. Adler, 1967, p. 366）。

　　Gerhard Adler 提到其他處理重複出現之幻想的方法，可以是與此形體對話或詢問它的名字。因此，主動幻想是一種意識中心的自我與集體潛意識連結的方法。在討論反移情（countertransference）時，Schaverien（2007）描述治療師如何透過自己利用主動幻想，以進一步了解反移情相關議題。如此一來 Jung 學派分析師允許自身的想像力從潛意識進入意識提供視覺、聽覺的意象，讓潛意識和意識進行內在對話。當情況適合時，分析師和病人討論此一經驗，以便病人將其他內容由潛意識帶至意識面。

其他技術

　　Jung 學派分析師會用各種創造性的技術，協助潛意識歷程進入意識狀態，如舞蹈與律動治療、詩歌與藝術創作等。病人可以用藝術性的表達，不須刻意經由意識思考他們正在創作的部分，就能提供素材的象徵性價值。使用完型技術去與空椅上想像的人物對話，可以是另一種進入潛意識素材的方式。另外一種是對兒童與成人用「沙盤」的方法，以一個沙箱與小型的人偶與物件模型，讓人們賦予其意義。Castellana 和 Donfrancesco（2005）指出，人們選擇放入沙盤中的人偶與物件，代表了其人格樣貌，這些樣貌通常來自病人的潛意識。Jung 學派分析使用的模式，則仰賴他們的訓練與病人之需求。

　　至此，本書討論的治療方法包括透過夢境素材了解潛意識、主動想像與其他

種種方法，而未包括分析師與分析對象關係的驗證。在精神分析裡，Jung 學派分析的重要看法是在移情與反移情。在 Jung 學派分析中，這些關係與 Jung 學派的人格理論有特別具體的關聯。

移情與反移情

移情與反移情的來源是投射（projection）。在此過程中，一個人的性格特質被反應得好像自己屬於另一個人或物體。當病人投射自己或重要他人的觀點到分析師身上時，就稱為移情。當分析師投射其潛意識的感覺或性格到病人身上時，則稱為反移情。

移情與反移情都有可能是負向的，例如，當病人或分析師對治療的過程感到受挫時，挫折的來源是個人所經驗的特質，如與父母的爭吵。同樣的，移情與反移情也可以是正向的，例如，與母親的溫暖關係投射到另一個人身上。Jung 學派在分析移情與反移情時有一個獨特的觀點是強調投射不只是個人經驗，也是從集體潛意識來的原型素材（Perry, 2008）。

Jung 對移情與反移情的看法，從他累積超過五十年的著作中可以看出有很大的改變。在他還深受 Freud 影響的階段，他大致同意 Freud 的看法，認為處理移情是分析療效的重要部分。但是當 Jung 致力於他對原型以及其象徵的研究時，他開始覺得個人移情在分析中並不重要且可以被避免。後來，他開始相信移情有原型的各種向度，轉而致力於（Jung, 1954e）說明可以投射到治療師身上的原型資料。下面的例子是一位女性分析師面對一個遭受母親諸多的批評與輕視，而導致嚴重焦慮的女人所進行的分析（Ulanov, 1982），此案例描述移情與反移情在 Jung 學派分析中的角色，同時也證明了一些重要的議題。Ulanov 描述當分析過程持續進行後，她的病人漸漸了解自己缺乏自信甚且還有滿腔的憤怒受到壓抑。在接下來的段落，第一個句子扼要說明移情關係，其他部分說明 Ulanov 覺察到自己的原型素材以及其在反移情中所扮演的角色。

在移情中，她正以她習於討好母親的方式取悅我。我們談論了整個關於母親的議題，我可以感覺到：在其原型中不同部分的母親角色，在不同時空下在我身上復活。有時我會發現，我想要表現出這女人從來沒有過的好母親的樣子。其他時候，她突然很快的狂亂焦躁，讓我心中升起粗暴的反應，

遂以很快的方式終止她所有的慌亂想法。另一些時候，就像那天病人站在門邊，甚至在她向我問好前就對我說「我很抱歉」，這讓我很想笑而且想從整個母親排列中跳脫（Ulanov, 1982, p. 71）。

現在，Ulanov 指出病人自治療師的分離移情上更了解其母親的批評。

病人的移情，將她拉回到過去與母親的真實關係上。因為病人感受到我與她真實的母親不同，她可以冒險去面對她對母親壓抑的憤怒反應。除此之外，她看到母親的批評如何持續存在於她對自己的輕視態度中（Ulanov, 1982, pp. 71-72）。

Ulanov 在此討論了在病人移情中原型素材的角色。

與母親原型相關的議題，在她所有的個人掙扎過程中間出現。對圍繞她真正母親的聯想與記憶，以及混合著對我這樣的母親形象的移情感覺，呈現出影像情感、行為模式與幻想，與原型母親相關聯的連結。病人達到快樂依賴的感覺，而她卻無法從真實但負向的母親那經驗到，但這會是對母親想像的一種真實的反應。她的母親很焦慮的壓抑自己，而造成她無法成為自己的孩子之安全避難所；這一點讓她很感傷。因此她超越自己的傷害，去了解母親受到傷害的情形，且對她母親感到真誠的憐憫。

病人可能還會疑惑：這將帶領她到何處，在看到母親的問題是自己命運的重要線索後，她設定了獨特的任務去解決。她現在帶著所有的傷痛，可以接受這些關係，做為她自己生活方式中不可或缺的一部分（Ulanov, 1982, p. 72）。

病人的移情讓分析師覺察她自己的問題與對反移情的關心。

在反移情的部分，我發現病人的資料觸動了我自己的問題，亦即與我母親的經驗，一些已經結束了，才能輕易的避免把觀念強行加入，其他的需要更加處理與關注，它們才不會加以干擾。圍繞著好與壞的「母親」的生活爭論，也常駐我心，讓我去想、再去感覺、去處理（Ulanov, 1982, p. 72）。

這個例子顯示了治療師與病人彼此之間移情與反移情的關係。原型影像（母親）的使用，進一步被統整成關於移情與反移情現象的評論。

從潛意識或夢的素材找尋線索，是 Jung 學派精神分析師處理移情與反移情議題時常見的做法。進而，在整個治療過程中，原型素材的解析在使用上極其頻繁。Jung 學派治療師可能較精神分析師要關注非移情的相關內容，以及移情詮釋中素材內容的真實性（Astor, 2001）。

 ## 心理疾患

基於種種原因，欲說明 Jung 學派在各種診斷性心理治療的議題上的分法十分不易。許多 Jung 學派心理治療與分析都要施行數年的時間，而且是在處理潛意識上原型的代表物，而非行為相關的診斷分類。一些 Jung 學派分析師，甚至綜合了客體關係理論或 Kohut 的自體心理學與 Jung 學派的方法到潛意識，讓 Jung 學派難以與其他模式有一明確的區隔。對神學、民俗文化、與由 Jung 學派分析師認定之範圍深廣的原型若沒有一定知識和了解，將很難了解 Jung 學派分析。類似這種細節的描述，已超過本書預計談論的範圍。

因此，呈現於此的四種診斷性分類，並沒有顯示所有 Jung 學派分析師將如何處理這些病症，但是它描述了多種概念與治療之模式。在憂鬱症的例子中，一位年輕女子哀慟其兄長的死亡以及逝去的感情，例子中包括說明如何使用夢境素材以及與他人的關係。焦慮性精神官能症的例子，是用來說明 Jung 如何概念化病人的問題與進行治療。以下藉著檢驗潛意識原型素材，說明對邊緣性人格以及精神分裂症的概念化之解釋與治療。

憂鬱症：年輕女性

在 Jung 學派治療中，憂鬱症是根據病患帶入療程的夢境內涵及其他素材，以獨特的方式處理。在此例中，一位年輕女性因兄長在十年前逝世及一段感情的結束而感到哀慟。Linda Carter（Cambray & Carter, 2004）描述對於個案與「其他人」（兄長及前男友）之關係的看法。Carter 把這些「其他人」看作如同守護天使般有益，或如同惡靈般具有侵入性。此看法顯示了 Jung 學派分析的靈性本質。Carter 的解釋說明其與病患的治療關係本質，以及她如何幫助個案面對重要關係的逝去。

　　透過分析對象隱晦的表達方式，我們得以認識其生命中重要他人的感受。這些「他人」，在分析中可能如同守護天使般有益，或如惡靈般具侵害性。例如，對於我們影響深遠的老師，我們對她的記憶可能會透過自己的舉止、手勢，及聲調中顯現出來。另一方面，患有精神疾病母親的化身，可能會導致分析對象自交感系統產生的焦慮、或副交感系統造成的麻木解離（hypoaroused dissociation），經驗到無法解釋的高度恐慌，而在療程中自我封閉或者靜默。透過分析療程及夢境中的隱晦溝通，我們（分析師）對於這些再現的「他人」變得熟悉，並且前意識地對其反應。

　　「他人」存在的例子顯現在一位病人身上，她在兄長生日的當天前來接受分析。其兄長十年前以 24 歲的年紀去逝，我們花了很多時間談論其夢境中呈現的兄長及目前的感情生活。在前一次晤談中，她說夢到一位她付出感情但是沒有獲得回應的對象，從樹上墜落而死。她和兄長的關係的中心角色，以及他的死去造成的喪失感，強烈影響了關係、情緒及她在生涯職業方面的抉擇。現在這個對象變成其嚮往的中心，而我們在這個對象和其兄長的個性上找到許多相似處。不過，如其兄長一般，她沒辦法獲得這個對象。接下來，我們討論到樹木象徵她的世界之軸，而此對象在她心理位居軸心位置。

　　如同我的分析對象對其兄長、特質，及其獨特癖好的喜愛緬懷，我（Carter）也透過她對於他的理解，開始喜歡上他的存在。我知道的不只是事實，我真的能「感受」到這個男人在世時是什麼樣子。我理解到此人的魅力，並且發現自己受其吸引。他的個性迷人，即使我的病人發現他有自戀及操控他人的傾向，她也很難拒絕其要求。與她交往的對象往往很迷人但是在情感上無法獲得，這個模式繼續在她身上複製。

　　為求真正發展親密的關係，病人必須正視且哀慟兄長、及當下生活重心的男人的不可獲得。在她允許哀傷的情緒出現之後，這個過程開始發生。我和病人一同感受到她對於兄長的興奮之情，轉變為巨大的失落感。此失落感最初是來自於身為近親的不可獲得，而之後則是來自他的意外死亡。我提到，透過她的敘述，兄長的形象栩栩如生，並且提到失去此形象必定是令人無法負荷的。這番話讓她淚流不止，連我的情緒也受其牽連。無須言語，她的聲音、表情、對於兄長的幽默而引發的笑聲，以及他的死去帶來的淚水，完全地將其兄長展現在晤談室、我倆之間，讓我能真正了解並且察覺這位複雜的年輕男子。我倆經驗到強烈的同在感（togetherness），此一感受是遇見時刻（a moment of meeting）的典型特徵。我們得以整合對於彼此及其兄長的隱晦認識、明確的事實資訊，及夢境符號的直接剖析。作為她的核心情結，

在心中放下兄長，最終讓她開放心胸接受自己具有創造力的其他部分，以及其他種類的人際關係選擇。這麼一來，此夢境意象預測了一個迫切需要但卻痛苦的改變（Cambray & Carter, 2004; pp. 136–137）。

焦慮性精神官能症：女孩

　　Jung 學派分析師的潛意識，在理解與治療病人時所扮演的角色各有不同。下面這個例子說明 Jung 在治療一位女性焦慮症患者時，他的潛意識在其中扮演了不可或缺的角色。Jung 在聽到第二天將要與一位年輕又有吸引力的女性會面時，他作了一個夢。夢中，一個 Jung 不認識的年輕女孩來求診。他在夢中對這個女孩感到困惑，同時也不了解她問題背後的原因是什麼。他突然了解到，她對父親有一個不尋常的情結。Jung 對這個案例的描述，顯示出他對治療師與病人心靈上之心理健康的貢獻。

　　這個女孩受焦慮性精神官能症困擾多年。我先詢問個案史，但是並沒有發現特別之處。她是一個適應良好，非常開明，非常西歐化的非傳統猶太人。起初，我不能了解到底她有什麼問題。後來我突然想起我所做的夢，然後我想：「天啊，這不就是我夢中的女孩嗎？」然而從那時起，我無法偵測到她有父親情結，我以往常面對這類個案，使在問診時詢問她有關她的祖父的事。此時，她眼睛閉了一下，我立即了解到問題就在這裡。因此，我請她描述她的祖父，了解到她的祖父曾是一個猶太教派的猶太教教士（rabbi）。「是虔敬派（Chassidim）的嗎？」我問她。「是的」她回答。我繼續我的問題。「如果他是個猶太教教士，他該不會是教派領袖 zaddik 吧？」（譯者按：zaddik 為十八世紀，起源於波蘭猶太人之猶太教，虔敬派中認為其是人類和神之間媒介的宗教領袖）「是的」她回答，「大家說他是一個聖徒，而且有天眼可以看到另外一個空間。但這都是胡說的。根本就沒有這種事！」

　　藉此我可以從病人的歷史做結論，而且了解到她的精神官能症病史。我向她解釋：「我現在要告訴妳一些妳或許還不能接受的事情。妳的祖父是zaddik。妳的父親背離猶太信仰。他背叛神聖的宗教轉信上帝。妳的精神官能症是因為對上帝懷有恐懼，怕祂進入到妳的內在。」這些說法對她有如晴天霹靂。

　　隔天晚上我又作了一個夢。我在家裡舉行了一個茶會，這個女孩也在場。她走向我然後問我說：「你有沒有雨傘？外面雨下得很大。」我真的找到

一把雨傘，還笨拙的將它打開拿給她。但是我怎麼做的呢？我視她如女神，跪著將傘遞給她。

　　我把這個夢告訴她，一週之後她的精神官能症消失了。這個夢給我的啟示是：她不是個膚淺的小女孩，在她的表面下深藏的是一個聖者。她沒有神學的概念，因此她本能的、最重要形體沒有管道可以表達。所有她意識上的行動，被引向調情、華服與性，因為她除此之外別無所知。她只有在理智上知道自己過著無意義的生活。而事實上，她是上帝的孩子，她的宿命是要去完成上帝神聖的使命。我點醒了她關於神學與宗教的觀念，因為她隸屬於對靈性活動需求孔亟的那群人。因此她找到了生活的意義，所以精神官能症也隨之冰消瓦解（Jung, 1961, pp. 138-140）。

　　Jung 憑藉著他對潛意識的覺察，幫助焦慮症的病人找到問題的根源。夢到病人或夢到見病人前所發生的事件，或夢見事件還沒有發生前，諸如這些事件對 Jung 而言屢見不鮮。這些事件引發他對超心理學（parapsychology）的興趣。

　　Jung 見到病人之前的第一個夢，可以視為是一個有意義的巧合。Jung 觀察到多數這樣的巧合並沒有因果連結。他用有意義的巧合（synchronicity）一詞來解釋與它們的意義有關聯的事件，而非它們所造成的原因（Hogenson, 2009; Main, 2007）。

邊緣性人格疾患：Ed

　　Schwartz-Salant（1989, 1991）在論述處理邊緣性人格的著作中，強調原型象徵意義的重要性。他發現煉金術的象徵意義特別有用，尤其是來自「煉金術中融成整體」（coniunctio）的觀念──煉金的最後結果，將完全相反物成功的融合成一體。對 Schwartz-Salant 來說，邊緣性人格病人可能難以溝通，因為他們可能不是經由個人感覺，而是經由原型主題去表達自己。病人經常呈現出與夢境非常具體的關聯，如此使潛意識素材難以進入意識知覺中。

　　例如，Schwartz-Salant（1991）提出 38 歲男子 Ed 的案例。Ed 可以花幾個小時深思某人以某種特別方式對待自己的原因。他以非常嚴苛的道德觀去看待自己與他人的行為。Schwartz-Salant 在協助 Ed 時，處理代表 Ed 內在伴侶的融成整體（coniunctio）的原型──他自己內在兩種觀點彼此融合在一起。治療師也視自己與 Ed 像是移情的伴侶，渴望分離且有時互相誤解。Schwartz-Salant（1991,

p. 171）讓它更戲劇化：「每當我召喚不和諧從我自身的和諧裡出來時，Ed 會變得很兇且想要打我。」當病人與治療師能夠檢驗 Ed 正在衝突的內在伴侶時，Ed 狀況有改善，但他與自己內在的真實慾望並沒有接觸。當 Ed 對原型與移情的主題開始有所知覺時，他的個體化（individuation）增加了。

精神疾病：病人

Jung 早期跟隨 Bleuler 接受訓練時，他有機會對許多精神病患進行治療。他特別對他們內在雜亂無章的冗辭所代表的象徵意義感到興趣。他聽到精神分裂患者的表達像是說出其潛意識的資料。Perry（1987）在他的著作《在精神疾病過程的自體》（*The Self in Psychotic Process*）中，提供了一個精神分裂患者的個案史，病人嚴重發病時最常會去尋找「一個中心」（center）。病人雖然對象徵意義不熟悉，但經過一段時間，發現其描述的是一個四摺的中心，即曼陀羅（mandala）符號。在處理精神病的步驟中，當他們在發展個體化，要處理父母支配有關議題時，Percy 看到死亡與重生的主題。對 Perry 來說，精神病患的冗長贅語，不是從接觸自己的文化而來，而是來自集體潛意識。他將自發的曼陀羅象徵當作證據，不只是對這個病人，也一樣對其他人。對他來說，這個曼陀羅象徵對自體（Self）是所有人心靈中心提供了支持（Perry, 1987）。

 ## 短期治療

Jung 學派分析治療的長度有很大不同，端視病人的需求與分析師使用的模式而定。使用發展模式的分析師，結合 Jung 學派理論與客體關係理論，較傾向每週面談兩到三次。而遵循較古典的 Jung 學派分析之分析師，也許每週面談一次或有時兩次。進行期間也有很大差異，有時不到一年，而經常需許多年分析對象離開分析一段時間後再回來，也稀鬆平常。然而，Jung 學派分析沒有短期或限定時間的模式。Harris（1996）建議如果問題不是牽涉廣泛，Jung 學派的參考架構可以用在短期治療上。

有時，Jung 學派分析師可能極少與病人接觸，但是這種情形發生時，通常有可能是不恰當的治療。Jung 非常的有彈性，有時他會使用些與 Adler 或 Freud 有關的方法，或對他來說看來適合且方便的方法。一般來說，Jung 學派分析師

使用 Jung 學派對潛意識探討以外的方法之彈性也因人而異。而且,有些病人的問題可能顯示出他們不適合 Jung 學派分析。

例如,Jung(1961, p. 135)舉了一個他想終結對一名醫師之分析治療的例子,因為 Jung 從夢境素材的本質,看到病人有可能變成精神分裂。從這樣的案例,Jung 學派分析師了解到潛意識的探索有時帶來的不是個體化,而是心靈的片段(psyche)。

 ## 目前治療趨勢

Jung 的理念在普羅大眾之間變得很受歡迎。原因之一是 Joseph Campbell 的電視訪談影集,描繪出現代生活中神話故事的重要性。這一系列的報導與依據此報導影集出版的書中(Campbell & Moyers, 1988),討論了 Jung 的集體潛意識與原型。Estes 的暢銷書《與狼群同奔的女人們》(*Women Who Run with the Wolves*)(Estes, 1992)描述了「野性女人」(wild woman)的原型。Bly(1990)的《鐵約翰》(*Iron John*)一書則討論了男性原型的重要性。當這些書籍促使 Jung 學派治療更受普羅大眾歡迎的同時,另有兩個議題影響 Jung 學派的治療:「後 Jung」的觀點與「後現代主義」。

在說明「後 Jung」(post-Jungian)理念時,Samuels(1997)將這些分析式作者分為相互重疊的三類:發展的、古典的與原型的。Jung 分析的發展學派由英國開始萌芽,將 Jung 的理念與客體關係理論家,如 Klein 與 Winnicott 相結合(Solomon, 2008)。Fordham(1996)的治療工作,是這種理論強行推入的極佳例子。古典學派則沿用 Jung 在著作中表達的理念;其平衡了強調原型的發展議題,但也試圖忽略移情以及反移情議題(Hart, 2008)。原型學派的代表人物是 Hillman(1989, 1997, 2004),他嘗試更多種類的原型,而不只是人格面具(persona)、anima-animus 與陰影(shadow)(Adams, 2008)。在《原型想像》(*The Archetypal Imagination*)一書中,作者 Hollis(2000)以普世(原型)根源為基礎,說明了想像可以如何展現治療功能。在美國,分析師使用許多原型影像的情形越來越普遍,詳見本章「性別議題」章節。在對一般民眾的教育性研討會中,原型影像與象徵意義是常見的討論主題。

數位作者將後現代思想帶入 Jung 學派理論。Haucke（2000）展現了 Jung 學派心理學為現代社會文化如建築、歇斯底里、與精神疾病等不同領域注入新貌。其他 Jung 學派作者，採取寬廣且包括 Jung 理念之科學的後現代主義立場。Beebe（2004）辯稱病人與 Jung 學派治療師間的對話，是一個測試世界觀與拓展此視野的機會。Beebe 認定治療對話是一個可以藉由經驗再製的世界觀。Wilkinson（2004）採取更生物觀點的看法，視 Jung 學派理論是心智 - 腦部功能 - 自體（mind-brain-self）關係的有效觀點。上述這些科學的寬廣觀點，在 Jung 學派人格理論與心理治療上均占有一席之地。

Jung 理念與其他理論的併用

Jung 學派治療師也常使用其他理論的概念。由於 Jung 早年在專業上與 Freud 非常親近，這兩種理論有許多地方非常雷同。Jung 學派分析師常常發現，使用 Freud 之兒童發展的概念會很有助益。雖然 Jung 對此主題也有論述，但他在其他部分著力較多。許多屬於發展（developmental）或英國學派（British school）的 Jung 學派分析師，他們受到客體關係理論家進一步驗證兒童期發展的治療工作，以及依附理論（attachment theory）（Knox, 2009）所吸引。雖然心理動力理論的治療較傾向 Jung 學派分析，但 Jung 學派也引用完形學派的扮演技術，如可將潛意識素材帶入意識知覺中的空椅法。

那些不屬 Jung 學派，但是使用客體關係理論或其他精神分析理論的分析師可能會發現，Jung 的原型概念很有用，而且還可以提供對潛意識行為的新洞察。雖然 Jung 學派的個人潛意識概念與精神分析的潛意識概念一致，但與集體潛意識概念無關。使用原型的概念，需要對集體潛意識與原型象徵之原型形塑的知識瞭若指掌。Morey（2005）曾警告，試圖將客體關係與 Jung 理論整合有相當程度的困難。較容易融入的是 Jung 對情結之見解，較 Freud 之更寬廣與完整。此外，Jung 強調人生的後半生對協助老年病人之心理動力治療師更有價值。Donahue（2003）用案例去說明，自我發展（ego development）與人際關係論（human relationship theory）可以如何與 Jung 學派治療結合。

對不使用心理動力概念於治療工作的心理健康助人專業者而言，Jung 象徵

論的態度與功能應用，可做為有助於提供了解個體人格之工具。內向與外向的態度，可以提醒治療師注意病人的內在與外在世界。Jung 的「象徵論」也可以提供給個人觀察內在世界（知覺或直覺）、做判斷或決定（想法或感覺）的洞察。這些概念可以經由包括 Myers-Briggs Type Indicator（MBTI）人格測驗、其他心理測驗等幾種工具做評量，但它們無法提供如面談治療中得到的那樣深入之訊息。MBTI 人格測驗以及人格的態度與功能，廣泛應用在許多助人的專業上。這些概念較容易理解，且不需要像對潛意識素材分析時，所必須具備之特別的訓練與督導（通常包括個人分析）。

 ## 相關研究

　　雖然 Jung 用文字關聯測驗去研究他的情結概念，但他也採用神話、民俗故事與病人的夢去確認他大部分概念之假設。透過回顧，當中各種對 Jung 概念與假設之研究，箇中翹楚或許非 Mattoon（1981）莫屬。他說明許多與 Jung 理論結構相關的證據。大部分與 Jung 想法相關的研究都關注其象徵系統——態度與功能。研究的方向很廣泛，但是沒有與其他概念相關的研究。

　　有一個研究的例子是：在 Jung 概念下，正常人和有飲食障礙的女性間夢境之差異的研究。比較 Jung 學派分析與其他形式治療效果差異的研究並不存在。Jung 學派分析可能是最難評估其有效性之治療法，因為治療過程很長，成效與過程評估需要去處理個人與集體潛意識之概念，況且 Jung 學派分析的各種取向在風格以及其他理論的統合上大有不同。本節主要著重在與 Jung 人格理論概念相關的研究上，特別是態度與功能。

　　以下三種量表已發展出來，它們不只評估內向 - 外向，也評量想法、感覺、知覺與直覺。此三種是 Gray-Wheelwright Jungian Type Survey（Wheelwright, Wheelwright, Buehler, 1964）、Myers-Briggs Type Indicator（MBTI; Myers, McCaulley, Quenk, & Hammer, 1998）與 Singer-Loomis Inventory of Personality（SLIP; Singer & Loomis, 1984; Arnau, Rosen, & Thompson, 2000）。以研究工具來看，MBTI 的使用頻率較其他兩種為多。例如，MBTI 的樣本大小在 15,000 到 25,000 人，其中約有 75% 美國女性偏好感覺（相較於想法），而 56% 美國男性偏好想法（相較於感

覺）。美國原住民與非裔美國高中生則呈現出的傾向是外向、知覺與想法（Nuby & Oxford, 1998）。

在一個對象為 200 名澳洲與加拿大成人的研究中，人們認為自己行為的外向導因於對社會的關注（Ashton, Lee, & Paunonen, 2002）。一項研究以 MBTI 人格測驗為工具，去探討分開撫養同卵與異卵雙生（Bouchard, Hur, & Horn, 1998），研究顯示在分開撫養的雙生手足間，內向、外向以及想法 - 感覺特別類似。Cann 和 Donderi（1986）在 MBTI 型態學與 Jung 學派治療的關聯性研究發現，型態與「毫無」（little）回憶以及原型的夢相關，直覺型回憶起較多原型的夢；而內向的回憶起較多每日的夢。在夢的經驗部分，Jacka（1991）發現直覺型的學生相較於知覺型得分較高之學生，他們視夢有更強烈的情緒與困擾。這些研究說明了很大範圍之生理與心理特徵與 MBTI 型態相關聯。

比較一般人口群型態與各種因素的相關研究發現，以病人為對象的研究相當少。

Brink 和 Allan（1992）研究 12 位厭食與暴食症病人的夢時，以一種 91 項分項量表比較 11 位正常女性的夢境。他們發現飲食障礙的女性，在夢境結束前有較多夢境情節的描述，諸如惡運、態度上不是那麼成功與想像被攻擊及監視。

飲食障礙的女性較正常女性在感覺無效率、自我憤恨、沒有能力照顧自己、對體重過度在意、與憤怒等心理特質的分數上明顯的高。研究者建議，分析師治療飲食障礙女性時，可以討論母親 - 女兒之間的創傷，以作為一種協助自體發展的方法。他們警告，在探索「好母親」與「好父親」之原型時，不可一昧地去責備病人的母親。針對六位診斷出患有厭食症的女性的研究中，Austin（2009）認為這些女性若要康復，她們必須處理厭食症的核心議題——攻擊性及自我憎恨的能量。透過進一步察覺這些感受並且發展生活技能，這些女性能夠朝復原前進。

性別議題

不只是對 Jung，對許多 Jung 學派的作者或分析師而言，與性別有關的概念議題是不容輕忽的要項。代表著個人另外一種性別的 anima-animus 原型，是 Jung 學派作者做更進一步調查的基礎。部分由於興趣，也是因為發展歷史背景

上許多早期的分析師都是女性。她們的著作很重要，與晚近面對女性主義以及animus 相關發展議題的作者並駕齊驅。同樣地，男性運動的領導者也利用 Jung 的原型，協助男性以期他們對自己有更多的自覺。許多性別議題的著作，反映的不只是協助男性或女性在個體化的追求之企圖，更是反映男女彼此的緊張關係。

從 Jung 學派分析的歷史去回顧，Henderson（1982）說明許多不同取向的女性分析師，在 Jung 學派分析相關領域著書與演說而貢獻良多。Henderson 相信，Jung 之所以這麼吸引女性分析師，原因之一是「兩性在關係原則上，不用侷限在扮演刻板化的性別角色」（p. 13）。anima 與 animus 的原型對男性與女性皆是重要的議題，在 1920 到 1930 年代之間，Freud 學派理論與其他心理學著作均無討論。這些原型的概念，可以視為對男性與女性分別檢視他們的男性化以及女性化的另一面之觀點的支持。然而，若是很狹隘的來說，anima 與 animus 的概念，也被批評其增強了性別角色的刻板印象。事實上，Jung 對此曾公開表示其對男女性別角色差異的看法：「沒有人能逃避的事實是，女性進入一個很男性的行業，像男人般的研究工作，如果沒有直接受到傷害的話，她不能完全依循其女性特質去做某些事情」（Jung, 1970b, p. 117）。

相較於上述的言論，Jung 非常重視女性分析師。在說明治療師需要和能提供不同觀點的人談話時，Jung 說：「女性天賦上特別勝任此角色」。她們常有絕佳的直覺與銳利的臨床洞察，可以看到男性隱藏的部分，有時也可以看透男人中的女人的糾葛（Jung, 1961, p. 134）。

Jung 自己內在觀點的不一致與歧視議題，造成他對女性同情的知覺很快的融入 Jung 學派治療師們創造性的反應中。

處理男性觀與女性觀之 Jung 學派理論成為一些 Jung 學派分析師的職志。在將女性主義與原型理論整合的部分，Lauter 和 Rupprecht（1985）看到可以將 Jung 的概念應用在女性身上正向的方法。在兩人合著的《女性主義原型理論》（*Feminist Archetypal Theory,* 1985）中，書中呈現從神話、夢境、潛意識與治療中，將女性心靈與概念一起整合的各種專論。他們覺得提升意識層面的女性議題，以及提升潛意識以聚焦於與女性形象、夢境、藝術、文學、宗教與分析相關的議題都十分重要。

Rowland 在《Jung：修正女性主義》（*Jung: A Feminist Revision*, 2002）一書中，將女性主義觀點應用在許多 Jung 的概念上。她的論述有助於發展女性主義對於 Jung 分析的影響（Kirsch, 2007）。在 Singer（2000）的《雌雄同體：內在倒置》（*Androgyny: The Opposites Within*）一書中，透過許多文化中的象徵之討論，顯示個人如何將陽剛與陰柔融合在一起。

根據希臘神話而來的第一個致命女人潘朵拉（Pandora），被 Young-Eisendrath（1997）作為現今北美社會爭論之男性 - 女性議題的象徵。潘朵拉乃由宙斯（Zeus）所創造，以懲罰人類從宙斯與其他天神那裡偷取火種。潘朵拉是一位美麗而虛假的女人，她以性吸引力操弄男人。Young-Eisendrath 用潘朵拉的神話故事，喻意男性只將女性視為性對象。她也使用這個神話勾勒出女性因專注於美貌，進而導致飲食障礙之產生。如何消除潘朵拉之詛咒是《性別與慾望：消除潘朵拉的魔咒》（*Gender and Desire: Uncursing Pandora*）一書的主題，書中從一個創造性的取向去了解性別角色與議題。

Jung 的原型概念亦被用來解釋男性與其議題及發展。Bly（1990）與 Moore 及 Gillette（1991, 1992）討論儀式的需求及男性原型的覺察，如國王、戰士、魔術師與情夫。上述作者曾帶領團體，協助男性透過呈現在他們原型樣貌之神話、故事，與他們自己的權力（power）做近身接觸。如同 Collins（1993）所指出，這些著作強調男性犧牲其女性一面（anima），使得男性特質更全然陽剛之議題。Collins（1993）覺得男性自覺需要珍惜與統合父親、兒子與女性原型之各種元素。看來 Jung 學派理論中，對性別議題的著作發表會持續進行。

 多元文化議題

Jung 學派分析師在訓練時常被告知：「當你在面對病人時，你也在面對文化」（Samuels, 1991, p. 18）。上述 Samuels 所言，是指事實上分析師對分析對象的文化包括神話與民俗必須有所了解。他也藉由處理個案的過程，詮釋其陳述之意義。分析師以某些方式協助病人去正向的影響其文化。Jung 對所有文化都深感興趣，這可由他對人類學、神話、煉金術、宗教以及民俗的興趣中得知。由於他對全球的各種原型圖像深感興趣，他旅行世界各地，所到之處（美國、埃及、

亞洲與非洲部分國家）都會以口述文化的方式與當地人討論他們的夢境與民俗。然而，他對各種文化之心理學的推論觀點，卻被批判有種族歧視的傾向。

　　Jung 對宗教與靈性的興趣廣泛而多元。他學習各種語言，以便去閱讀與其集體潛意識概念相關聯的宗教象徵。Jung 將旅遊閱歷及與各文化人士的交談所得到，統整到與他的原型記憶概念相關之神學、民俗與宗教的知識中。Jung 所做過的人類學調查仍然持續著，分析師與研究者大規模的進行夢境與民俗之跨文化研究。例如，Petchkovsky（2000）研究如何造成澳洲中部原住民對動物及無生命物質之主觀性看法。Petchkovsky、San Roque 與 Beskow（2003）指出，一些原住民發現 Jung 對世界的觀點與他們自己的很類似。Petchkovsky、Cord-Udy 和 Grant（2007）在調查澳洲中部的高自殺率之後，他們使用 Jung 學派理論，把自殺率歸因於主流的歐裔澳洲社群未善盡養育者的角色，特別是在心理健康服務方面。Maiello（2008）在和傳統非洲療癒師合作的過程中，習得非洲文化中祭祖的重要性，並連結到 Jung 學派觀點。Michan（2003）追溯墨西哥人的人格與文化中，對墨西哥原住民阿茲特克人古老神話主題間未解決的衝突。Krippner 和 Thompson（1996）指出美國十六個不同部落的原住民，對夢中世界與真實世界間，並沒有如同西方社會般的明顯區隔。在這類研究中，不論是意識或潛意識的文化經驗，都與 Jung 的原型素材以及治療有關聯。

　　雖然 Jung 的求知慾非常強烈，但他對文化的觀點卻也可能是很狹隘的。在 1930 到 1940 年代間，Jung 常以種族或國族來引述心理學（Martin, 1991）。他將心理的特徵歸類如新教徒、猶太人、瑞士人、原始非洲人（primitive Africans）與許多其他族群。在納粹興起時，他遭到一些反猶太人所攻擊，部分原因是其猶太人心理學之評論。Maidenbaum 和 Martin（1991）在其論文專書中，充分探討反猶太的暴行之議題。Drob（2005）探討 Jung 在猶太神祕主義派 Kabbala 書中對夢的理論之看法。Joseph（2007）描述 Jung 如何理解 Kabbala 的內容，及該理解如何和宗教層面的理解有所差異。因為 Jung 被批評為有種族主義，此類控訴使得 Jung 學派分析師謹慎並具體指出 Jung 想法的複雜性，而避免對國族或種族特徵做推論。

　　Jung 學派分析師對其他文化知識的使用，可見於 Sullwold（1971），文中描述了對一個 6 歲男孩的治療工作。這是個常破壞東西與攻擊其他孩子的男孩，事實上這個男孩，才將欲轉介他的同事的玻璃隔間砸個粉碎。在她的治療工作中，

Sullwood 用一個沙盤，並蒐集了很多種的小型人偶，與其他動物的模型、建築物的模型，還有各種的物件。個案是個被純猶太父母領養的墨西哥與美國原住民混血的男孩。雖然他對印地安傳統一無所知，但他有個很傳統的美國原住民姓名「鷹眼」，這是他在參與一個男孩組織 Indian Guides 時給自己取的名字。在他剛開始玩沙盤時，他在沙盤上擺放了牛仔與美國原住民的人偶，作為他對美國原住民的認同。Sullwold 利用她對 Hopi 與 Zuni 族原住民儀式及宗教的知識，去了解了這個男孩。Sullwold 在沙盤遊戲中觀察到，原型影像如大地之母（Great Mother）自他在沙盤裡擺放的動物中呈現出來。評估這男孩的未來時，Sullwold 的陳述如下：

> 　　這孩子接下來的健康端賴他維持自我的能力，與如何創造性的使用他的能量去發展出一些道路而定，這樣他內在的無窮靈性與心靈的力量，才不會盤據了他，而將他拋回囚禁野獸的黑暗牢籠中（Sullwold, 1971, p. 252）。

　　因此，Sullwold 強調造成這個男孩問題的靈性力量與集體潛意識之重要。創造性的表達是一個能量的正向出口，這是意識思考過程無法碰觸到的部分。

團體治療

　　只有極少數的 Jung 學派分析師在進行團體治療。這些人認為團體治療可以搭配，但不能取代個別治療。因為 Jung 將重點放在個人身上，且由於個人對團體的順從壓力，Jung 對團體心理治療抱持保留態度（Sharp, 1998）。然而，一些 Jung 學派分析師也看到了團體治療的正向價值。一些有領導者或沒有領導者的夢境團體（dream groups）已經開展，有些還利用網路（on-line）進行團體（Harris, 1996）。當一個團體成員將夢境帶入團體中，團體可以聚焦談論此夢境；有類似夢境的成員，可以與呈現出來的夢境相連接。同樣的夢境也可以心理劇的方式在團體中演出。

　　有些 Jung 學派分析師在團體治療中使用主動想像的技術，讓參與者都將注意力集中在那名團體成員的想像之旅中。除此之外，Jung 學派分析師也可能會用完形學派的覺察或其他團體技術。因為對個體化的強調，團體治療持續成為個

別分析的附屬而非替代治療。

 # 摘要

Jung 與 Freud 強調的潛意識在治療中對夢境的使用與解析，以及人格發展的取向雖然相似但卻沒有重疊。或許，Jung 最原創性的貢獻是集體潛意識、原型模式以及由此而衍生之影像。原型影像是全體一致的，它們會在許多不同的文化中如宗教、神話與童話故事中被發現。

Jung 特別強調人格面具（persona：個人的社會角色）、anima-animus（男性或女性人格中潛意識的異性部分）、陰影（shadow：被意識的自我所排斥，或忽略的人格中潛意識的部分）與自體（self：人格的控制中心）。許多其他的原型也都存在，如有智慧的男性長者（the Wise Old Man）、大地之母（the Great Mother）、獅子等等。

人格類型（內向 - 外向、思考 - 感覺、知覺 - 直覺）的貢獻廣為人知，然而他們在分析上的使用程度則因分析師而定。雖然 Jung 橫跨整個生命歷程去描述發展議題，但他對中年的相關議題與在其病人生活中的靈性角色特別感興趣。他常處理個人生命中任何時刻的情結（與原型影像相關，而由情緒操控的想法），但特別著眼在中年。潛藏在所有 Jung 的人格理論的架構中心之中的，則是他對潛意識過程的關注。

分析的焦點是處理潛意識過程，以提供對它們更多意識的覺察。雖然這主要靠著使用夢境素材的完成，但也會使用主動想像與幻想等方式。藉由了解夢境中原型主題以及其他素材，分析師協助分析對象，使其對先前的潛意識素材更加覺察。在處理分析師與分析對象之間的議題（移情與反移情）時，分析師常使用從病人夢境而來的資料。當治療有了進展時，分析對象自然能發展出更強且更統整的自體。

要想成為一位 Jung 學派的分析師，必須在 Jung 學派機構接受訓練，項目包括心理與心理治療過程之知識，人類學、神話、民俗以及其他領域的知識，以及能協助分析師用在原型象徵意識的學問等其他領域之知識。這樣的訓練要求，可

以儲備分析師具體的能力用以協助他們的病人，並對他們獨特的心理實相有所了解。因為對個體化的強調，個別治療較團體治療受到青睞。然而，一些團體治療模式也被使用得更頻繁。對潛意識過程的概念與 Jung 學派心理治療之關注，一直持續在成長與茁壯中。

第 3 章

Adler 學派治療

譯者：馬長齡、林延叡

　　儘管 Adler 在某種程度上被視為新 Freud 學派，但是他的觀點卻與 Freud 的學說大相逕庭。他們兩位相似之處，主要在於二人都相信個體的人格形成於 6 歲以前的幼年期。除此之外，他們的觀點在許多方面都不盡相同。Adler 強調個人的社會本能——可以藉由人們對其社區與社會的貢獻程度，來評估其心理之健康狀況。Adler 相信生活模式（lifestyle，個人謀取生活的方式）與他們的長期目標，可以經由驗證其家庭星座、早期回憶（幼年事件的記憶）與夢境以茲確定。個人試圖在世上達到自給自足或占有一席之地，但是為了達成此目標，人們可能發展出錯誤的信念，因而導致其產生錯誤的優越感或自卑感。Adler 學派協助病人發展出對他們信念的洞察，並更進一步協助其達成目標。協助個人改變其認知、行為與感覺的創造性策略，進而達成治療的目標是 Adler 學派心理治療與諮商的特色。

　　除此之外，教育是 Adler 學派的取向之一，不僅在心理治療與諮商，在兒童教養、學校問題及婚姻與家庭議題上，均是 Adler 學派當中舉足輕重的一環。Adler 學派創設了診所與中心，去協助個人處理他們在社區與社會生活的問題。這個教育取向不是新的模式，Adler 曾在維也納成立了兒童輔導中心，進行諸多的治療工作。

Adler 學派治療發展史

　　Alfred Adler 生於 1870 年 2 月 7 日，他是家中的次子，在六個子女中排行老三，父母是中產階級猶太 - 匈牙利人。他出生於奧地利鄰近維也納的一個小村落 Rudolfsheim。Adler 不像 Freud 成長在大部分都是猶太人的地區，Adler 的鄰居有各種種族。他較認同自己是維也納人而非其猶太文化。他不太在乎自己著作中的反猶太主義，而他在成年後轉變為新教徒（Bottome, 1939; Ellenberger, 1970; Oberst & Stewart, 2003）。

　　Adler 在幼年時期經歷過一些嚴重的疾病與創傷事件。他因為缺乏維生素 D 而產生佝僂症（rickets），對於他的自我影像（self-image）可能造成了深遠的影響。他也曾苦於影響其呼吸的聲門痙攣，如果他大哭就有窒息的危險。他 5 歲時因罹患嚴重肺炎而險些喪命。除了這些疾病外，他 3 歲時經歷了同床而眠的弟

弟猝死在身旁的事件。他曾在自家門外發生兩次交通意外事故，亦差點讓他命喪黃泉。雖然這些資訊的正確性值得商榷，但據此可一窺他早年沉浸於自卑的感覺（大部分是生理上的自卑）與他對人生的看法，諸如此類可能影響 Adler 對社會興趣之重要概念的發展。

Adler 在早年學校生活中表現平平，曾經重修數學課程。儘管 Adler 的老師建議他不要繼續升學而去學作生意，Adler 的父親卻獨排眾議鼓勵他繼續求學。後來，Adler 除了數學表現優異外，各科的平均成績也都令人刮目相看。除了他的學業成績大有進步外，他維持著對音樂的喜愛且年幼時就能記住許多輕歌劇的曲目。Adler 完成中學學業後，於 1888 年進入維也納醫學院（the Faculty of Medicine in Vienna）就讀，並於 1895 年畢業，期間服兵役一年。在學期間他繼續修習他喜愛的音樂，並參與社會主義發展之政治性會議。1897 年，Adler 與一位俄羅斯學生 Raissa Epstein 結為連理。她對社會主義之興趣強烈到願為之獻身。1898 年，Adler 成為私人執業眼科醫生，之後又成為家醫科醫師。執業幾年後，他成為一名精神科醫師，相信自己需要學習病人之心理與社會的狀況，以及病人的生理過程。Adler 在晚年對全人的興趣，成為其著作與精神醫療的象徵指標。

1902 年，Freud 邀請 Adler 加入由其發起的精神分析聚會。Adler 是最初參加的四個成員之一，他持續以會員身分加入維也納精神分析學會（Vienna Psychoanalytic Society）直至 1911 年。從 1905 年開始，他為醫學與教育期刊撰寫精神分析導向的文章，1907 年出版的《器官自卑與它的心理補償之研究》（*Studies of Organ Inferiority and Its Psychical Compensation*）對當時的精神分析貢獻卓著（Adler, 1917）。Adler 的見解與精神分析理論越來越分歧，他強調知覺的主觀性與社會因素的重要性而非生物驅力。Adler 在 1911 年以主席的身分離開23 位成員的維也納精神分析學會時，有 9 人亦追隨其離開。雖然當中某些成員試圖與 Freud 重修舊好，卻事與願違。Adler 因此組織了自由精神分析研究或調查學會（the Society for Free Psychoanalytic Research or Investigation），一年後則更名為個別心理學會（the Society for Individual Psychology）。1914 年，Adler 與Carl Fürtmuller 開辦了《個別心理學刊》（*Zeitschrift für Individual-Psychologie*）。

時值第一次世界大戰開戰，遂造成 Adler 的工作進行趨緩。戰爭期間，Adler受徵召到一所軍醫院當軍醫。當奧地利 - 匈牙利戰敗，飢荒、流行病與其他慘劇肆

慮維也納。這些事件似乎更確認了 Adler 的社會學家觀點。然而奧地利的戰敗,使學校與教師訓練機構受到仔細檢視,讓 Adler 有機會去實踐他對教育的看法。

　　1926 年,Adler 非常積極的在歐洲與美國出版論文與演說。1927 年 10 月,他參加了美國俄亥俄州 Springfield 的 Wittenberg 大學主辦的 Wittenberg 學術研討會。自此,他在美國停留更多的時間並四處演講。1935 年,Adler 預見納粹的暴動,與妻子移民到紐約市。Adler 於 1932 年被任命為長島醫學院醫學心理學的主席,並維持與此機構的關係。他繼續在美國私人診所執業,並巡迴世界各國發表演說。Adler 在 1937 年的一次歐洲巡迴演說時,因心臟病發猝死於蘇格蘭的 Aberdeen。他的兩個兒子 Kurt 與 Alexandra 克紹箕裘,擔任開業之心理治療師。Adler 留下的人格理論與心理治療,帶給心理學與精神醫學深遠且銘刻的影響。

Adler 學派心理學與治療的影響

　　在探討 Adler 的人格理論與心理治療前,探究對 Adler 的一些影響會更有助益。Ellenberger(1970, p. 608)論述 Adler 受到 Kant 的影響,期望找到一些方法,能幫助人們獲得對自己與別人的實際知識,並且在生活中應用理性(Stone, 2008)。Adler 與 Nietzsche 都使用意志的力量這個概念。對 Adler 來說,這個概念意指獲得能力的企圖;但 Nietzsche 指的是凌駕他人的力量,與 Adler 所強調的眾生平等大異其趣。如前所述,Adler 受到社會主義影響,更精確的說是受到 Karl Marx 思想的影響。Adler 珍視且贊同社會平等的理念,但是強力反對 Bolsheviks 所提出之「藉由暴力壯大社會主義」之觀點(Ansbacher & Ansbacher, 1956)。雖然 Adler 的治療工作受到其他哲學著作的薰陶,但他同時也深受當代的其他人所影響。

　　特別是 Hans Vaihinger 的著作《「彷彿」的哲學》(The Philosophy of " As If ", 1965),對 Adler 的理論架構有深切的影響。他的「虛構主義」(fictionalism)概念,深深影響 Adler「虛擬目標」(fictional goal)的概念(Ansbacher & Ansbacher, 1956)。「虛擬故事」(fictions)是 Kant 很多年前提出的概念,指的是現實不存在的想法,但對協助我們更有效的面對現實卻助益匪淺(Stone, 2008)。Ansbacher 和 Ansbacher(1956)舉例說明「所有的男性都是生而平等」是一個「虛擬故事」。雖然這樣的陳述可以提供每日生活的指引,但它卻不是事實。它是與別人

互動很有用的虛擬故事,雖然它可能不是「客觀」的真實。「『彷彿』的哲學」意指對待它們的態度與價值彷彿它們就是真的」(Watts, 1999)。

Adler 早年與 Freud 的往來,讓他有機會仔細架構與發展自己的理論。他從 1902 年加入 Freud 的學會到 1911 年退出,他的看法與 Freud 的理念也漸行漸遠。他們之間有許多意見相左之處:潛意識扮演的角色、社會議題的重要性、驅力理論與生物學之間角色的關係,這些只是稍舉的一些例子,其他不一一列舉。Adler 與 Freud 之間意見的歧異,從來沒有得到排解而趨於一致的時候(Ansbacher & Huber, 2004)。雖然 Adler 常表明他的理論與 Freud 的學說有許多不同,但他對 Freud 強調的夢與潛意識之因素卻讚譽有加。他也推崇 Freud 非常強調的這個觀點:幼年對後來生活上發展出的精神官能症與其他衝突的重要性。然而 Freud 不喜歡 Adler 的理念,遂造成 Adler 學派思想在歐美發展的阻礙。

當 Adler 從維也納抵達紐約時,或許是推崇 Adler 學派理論的學者中最著名的 Rudolf Dreikurs,當時不見容於其他以 Freud 學派導向的心理學家與精神科醫師(Griffith & Graham, 2004; Mosak & Maniacci, 2008; Oberst & Stewart, 2003)。Dreikurs 及同事藉由 Adler 學派理論創造出許多應用的新方法。例如:Dreikurs 提出由多名治療師參與,系統性的分析早年回憶之多元治療(multiple therapy)的概念(Dreikurs, 1950);還有其他心理治療上創造性的模式。許多 Adler 學派治療師也以新奇的方式進行團體心理治療;系統性的教導小學與中學生;並提出許多處理犯罪、藥物及酒精濫用、與貧窮之方案。由於其堅持,Adler 戮力於促進社會進步之需求得以廣為傳遞開來。

Adler 的人格理論

Adler 對人格的看法很寬廣且開放,不僅視個人為整體、統整的有機體,且強調個人與所處社會互動的重要性。Adler 視人為一個創造性與目標導向的個體,所以要為自己的命運負責,看法中強調個人是一個完整的有機體延續(Griffith & Graham, 2004; Sweeney, 2009)。Adler 發表的著作中(Ansbacher & Ansbacher, 1970; Mosak & Maniacci, 2008),仔細檢驗人們為了努力爭取完美或優越,而與個人的社會本能和整體社會間之衝突及互補。這種強調個人與社會間之

關係，悖離了 Freud 強調的生理需求為人格理論的基礎。藉由檢視 Adler 個人心理學的基本概念，將會更容易理解如生活模式、社會興趣、自卑與出生序等具體 Adler 學派的概念。

生活模式

生活模式決定一個人如何適應生活的阻礙，及創造出解決問題與達成目標的方法。Adler 相信生活模式建立於幼年（Ansbacher & Ansbacher, 1956, p. 186），藉此讓兒童以自己的方式努力追求完美或超越。例如，兒童受鄰居的孩子嘲弄欺負，可能發展出以口語方式操弄其他孩子的風格。這種行為也許是彌補童年經歷的自卑感。Adler 認為生活模式是根基於克服一連串的自卑感。這些大部分建立於 4 到 5 歲時，所以超過這個年齡後，生活模式將會很難改變。對 Adler 來說，終其一生生活模式的表現是早年生活模式的同化作用。以前一個例子來說，孩子發展出他的生活模式，藉以操縱其他孩子以獲得他想要的。到青春期時，這個孩子可能在遲到或工作上表現不良、或者與朋友約會遲到的理由上，創造出絕佳的藉口；到了成年，這個人可能找到方法去說服其他人購買產品，或對他自己工作表現不佳找藉口。這些成年人的行為不是在某些特定時間對其他成人的反應而形塑出的，是由早年生活模式所產生的。

Adler 學派闡明生活模式可經由觀察個人如何進行下列五種相互連結的任務來了解：自我發展（self-development）、心靈發展（spiritual development）、職業（occupation）、社交（society）與愛（love）（Mosak & Maniacci, 1999; Sweeney, 2009）。Adler 表示：「從事有意義工作的人生活在發展中人類社會中，並且協助社會成長」（Ansbacher & Ansbacher, 1956, p. 132）。職業選擇可視為一種表現生活模式的方式（Sharf, 2010）。例如，個人在小時候受霸凌，可能藉由作保險銷售人員表現其生活模式，勸說與說服其他人的同時，提供一種在災難時協助他人的服務。人們與朋友或認識的人互動及面對愛情，也因生活模式不同而有其表現方式。職業、社交、愛、自我發展與心靈發展並非清楚切割的，而是相互間有所重疊的。

Adler 學派從不同人群與團體去檢驗生活模式後發現多種主題。例如，Mwita（2004）說明早期記憶如何影響美國民權鬥士 Martin Luther King 的人格，

與在公民權利運動上尋求種族與社會正義的領導風格。三個受到討論的記憶經驗都與種族歧視有關。例如，他記得小時候父親帶他去鞋店買鞋，店員要求他與父親坐在為「有色人種」安排的座椅上時，父親非常生氣而拒絕買鞋。檢驗 30 位曾經就讀於德國大學且經歷猶太大屠殺（Jewish Holocaust）之倖存者的生活模式時，White、Newbauer、Sutherland 和 Cox（2005）發現多數人的敘說中，都很強調教育與藝術。敘說也顯示出強調設定目標與對未來的關切。Lewis 和 Watts（2004）研究暴飲者（binge drinking）時發現，大學生飲酒過度者的生活模式主題包括好社交與需要被認可，並抗拒遵守規定與管理。生活模式主題間有很大的歧異，沒有統一的清單讓治療師可以從中選定，必須藉由傾聽個案以決定。

社會興趣

　　Adler 在晚期治療工作上密集討論社會興趣（Ansbacher & Ansbacher, 1970），相關討論出現在他職業、社交與愛的書籍中。社會興趣包含三個階段：態度、能力與次級動力特質（secondary dynamic characteristics）（Ansbacher, 1977）。個人先天有能力及態度與人合作及過著社會生活。當態度發展完成後，個人發展出以各種方式表現社會性合作的能力。當這些能力完全發展後，次級動力特質以各種活動方式表現其態度與興趣，進而成為表現社會興趣的多種方式。雖然 Adler 視社會興趣為先天的，但他也相信父母 - 兒童關係在發展社會關係上很有幫助。

　　第一個引發社會興趣與被教導的關係是母親 - 兒童之間的連結。Adler 視母親的任務為發展孩子的合作感及友誼。藉由仔細照顧孩子，母親傳遞一種照顧孩子的模式；進而她照顧先生和孩子的手足、以及其他朋友、親戚；成為一種社會興趣的模式。假如母親只專注在朋友與親戚身上而不顧自己的孩子，或是只放在先生身上而不管朋友與親戚，日後孩子的社會興趣發展將會受到阻礙。假如社會興趣確實受到了阻撓，兒童可能會發展出想要支配別人、利用別人牟取自己的利益、或避免與他人互動的應對態度。母親 - 孩子的關係在社會興趣的發展上是最早也最重要的關係；是故同理可證，父親 - 孩子的關係也很重要。父親應該有其偏好的態度去面對家庭、自己的職業與社會情境。Watts（2003）描述 Adler 學派理論中家人間連結及與父母依附的重要性。根據 Adler 的看法，一個家長的情緒、或社會疏離、或威權，會導致孩子缺乏社會興趣。父母間的關係是孩子很重

要的角色模範。假如婚姻不美滿，父母彼此唱反調，有可能造成孩子失去社會興趣發展的機會。夫妻間的寬恕是社會興趣的一種表現，將致使夫妻關係的增進（McBrien, 2004）。親子關係會藉由影響戀愛關係與成長後生活的所有適應，對孩子的生活模式造成影響。

社會興趣的概念對 Adler 何其重要，他以它作為評量心理健康的方法。假如一個人的社會興趣很低落，這人將會是自我中心的，並傾向貶低其他人及缺乏建設性的目標。社會興趣終其一生都很重要。個人年老時，即使不再工作或養家，挫折與提升社會興趣有助其發展有意義的生活（Penick, 2004）。Adler 較他同時代的其他人格理論家或心理治療師，更關注犯罪與反社會人口群的社會興趣發展，他也期望經由社會興趣的發展對他們提供相關的協助（Ansbacher, 1977; Ansbacher & Ansbacher, 1956, pp. 411-417）。

自卑與超越

當 Adler 還是維也納精神分析學會的一員時，曾試圖去解釋為何一個人會產生某種疾病而其他人不會。他的看法是一個人身體裡的某些器官、或身體的某部分，較其他人強壯或衰弱的緣故（Oberst & Stewart, 2003）。較衰弱的將造成個人容易罹病。這些器官或身體的部位若在出生時就較差，將造成個人藉由參與活動作為補償去克服此自卑。一個經典的例子是 Demosthenes，這個人在年輕的時候有口吃，他藉由將小圓石子放在口中練習演說，而在日後成為偉大的演說家。一個更常見的例子是童年時的生病，之後個人以發展其智能作為補償。Adler 認為人們藉由心理的調適，去克服其生理上的不周全。Adler 早期就發展出此一概念，但此部分到了晚期幾乎不復可尋。取而代之的是，Adler 關注人們如何覺知其社交自卑，而非他們對生理自卑之覺察。

嬰兒有可能在出生時就感受到自卑。對 Adler 而言，自卑感是生命中取得成就的動力。除非發展成情結，自卑並非人性弱點。父母與兄姐都比這個孩子在身形上大很多，較有力量且較為獨立。終其一生，個人掙扎於達到生命的歸屬，致力趨於完美與完成任務。當一個孩子超越自卑走向優越或完美時，有三個可能危及其自信與社會興趣發展的因素（Ansbacher, 1977）：生理障礙、嬌寵、與忽視。生理障礙包括如前所述的器官之缺損與童年罹病所致。嬌寵

的孩子可能期待不勞而獲，且可能沒有發展出驅動自己獨立自主與克服自卑的推動力。Capron（2004）研究四種嬌寵 [過度溺愛（overindulgent）、過度跋扈（overdomineering）、過度寬容（overpermissive）、與過度保護（overprotective）] 的類型，增進我們對此更深入的了解。受到忽視或自覺不被接納的孩子，試圖逃避或遠離人群以克服其自卑感。Adler 相信嬌寵或溺愛的孩子，長大後將遭受超越自卑或發展社會興趣的失敗。

> 精神官能症患者會出現極度挫折、持續猶豫不決、過度敏感、沒有耐心、過度的情緒反應與退縮現象、生理或心理的困擾顯現出脆弱的徵兆及需要支持，這些通常都是病人沒有捨棄他幼年獲得的嬌寵生活模式的證據。（Ansbacher & Ansbacher, 1956, p. 242）

雖然在個人與主要生活的目標上，期望克服自卑與達到優越或操控是很正常的，但一些自卑情結與優越情結卻不正常。雖然在 Adler 學派心理學的發展上，自卑情結（inferiority complex）有幾種意義，但 Adler 在他最後期的著作中陳述自卑情結是：「一個人對自己或他人展示出，他不具有在社交上強到足以解決問題的有用方式」（Ansbacher & Ansbacher, 1956, p. 258）。這種全然的發覺自己的能力和特質比其他人差的感覺，會以幾種方式呈現：個人覺得沒有別人聰明、沒有別人有吸引力、沒有別人那麼有運動細胞、或是其他許多方面都無法與人相提並論。Adler 發現前來就診的精神官能症的病人常常呈現出自卑或優越的情結。對 Adler 來說，優越是一種膨脹自我重要性的方式，以克服自己的自卑感。人們可能試圖呈現出自己很有能力以維持其優越的錯誤感覺，而實際上他們卻覺得自己沒有別人那麼有能力。一個傲慢的人在其陳述中表現出自卑情結：「其他人習於輕視我，我必須展現出我是個人物」（Ansbacher & Ansbacher, 1956, p. 260）。

> 在每個人表現出自己優於其他人的背後，我們可以懷疑是否有一種自卑情結的召喚，以盡其所能的遮掩事實。似乎就像一個人覺得自己太矮小，就踮著腳走路，讓自己看起來高一些。有時候，我們可以從兩個孩子比較身高看到這種特別行為，那個怕自己較矮小的人會伸長脖子且全身緊繃，他會試著讓自己比實際高大些。假如我們問這個孩子：「你會認為自己個子太小了嗎？」我們不該期待他看清事實。（Ansbacher & Ansbacher, 1956, p. 260）

　　優越情結可能在兒童中很明顯，但是不論成人或兒童，都很難認清自己的優越情結。一個正常人努力追求卓越，但並未發展出優越情結以遮掩自卑感。人們以自誇、自我中心、傲慢或嘲諷表現其優越情結。這種人傾向以嘲弄或貶抑其他人來突顯自己的重要性。

　　不論是否有優越情結，追求優越或能力（competence）是人們本能與基本的動機。然而追求優越或能力時，人們會用正向或負向的方式進行。試圖以負向方式達到優越時，可能包括用不道德的方式經商或從政，以追求財富或名聲。以正向方式尋求優越的目標，可能意指透過商業、社交行為、教育或類似方法協助他人。正向追求優越隱含著強烈的社會興趣。它也需要相當的能量或活動以達到這些目標。不可諱言，這是一種以健康的方式來追求完美（Schultz & Schultz, 2009）。

出生序

　　家庭在許多方面是社會的微型縮影。對 Adler 來說，出生序（birth order）對一個孩子與社會的關聯、以及生活模式的發展有很大的影響（Mosak & Maniacci, 2008）。在家庭中所知覺的角色，對 Adler 來說較實際的出生序更重要。Adler 學派對出生序的探究非常嚴謹，只去看其在家中的位置關係。例如，一個家庭育有三個孩子，老大比老二大 1 歲，而老二較老么大 12 歲，Adler 學派治療師可能視此家庭星座（family constellation）更像是一個家庭有一個較小的與較年長的手足（前兩個孩子），而老么是只有一個孩子的家庭中的獨子。更重要的是 Adler 的主觀模式，此模式強調家庭關係的內涵。

 ## Adler 學派治療與諮商理論

　　Adler 學派在從事治療與諮商上有很大的差異（Carlson, Watts, & Maniacci, 2006; Sweeney, 2009; Watts, 2003），在個別治療上也使用了許多概念與技術。本章先討論諮商目標與心理治療目標的差異，一些 Adler 學派治療師對此看法也壁壘分明。以下引用 Dreikurs（1967）心理治療的四個步驟，來解釋 Adler 學派的心理治療與諮商。第一個步驟是關係，整個治療過程中必須維持一種合作的關係。第二，評估與分析個案的問題，包括討論早年回憶的分析、家庭星座與夢境。第三，對個案評論的探討，是 Adler 學派很重要的看法，特別是與治療目標

相關的議題。第四個步驟，再定向（reorientation），即從個案 - 治療師共同合作中所得到的洞察與詮釋，協助人們發現其先前無效的信念與行為的替代方案。Adler 學派使用各式的再定向技術，也從這些技術中呈現了一個大型取樣。這些步驟經常重疊，且可能不一定遵循在此說明的順序，但藉此可了解 Adler 學派心理治療與諮商的過程。

治療與諮商目標

　　心理治療與諮商的概念差異，直接影響了 Adler 學派的治療目標。Dreikurs（1967）相信，生活模式若需要改變時，有必要進行心理治療；生活模式若只需要做些內部調整時，進行諮商會比較合適。Dreikurs 也覺得明顯的改變應該發生在心理治療剛開始與結束時，由早期的回憶顯示出的生活模式改變上（Mosak, 1958）。相反的，Dinkmeyer 和 Sperry（2000）視諮商為協助人們改變其自我挫敗的行為與更有效的解決問題。Sweeney（2009）相信問題和人際關係若有著立即的關聯，諮商是合適的解決方式，而且具教育、預防性，而非心理性的特質。一般來說，問題若只是在生活的任務上，而不需要深入探討個案的一生，進行諮商就足夠了（Manaster & Corsini, 1982）。在實務工作上，諮商與心理治療的差異不大。通常，Adler 學派治療師同時做諮商與心理治療，他們會依照個案所呈現的問題來決定，而非他們對此特定議題的觀點。因為諮商與心理治療有所重疊而沒有清楚區別，是故下面的討論同時可用在諮商與心理治療上。

治療關係

　　為了要實現良好的治療關係，Adler 學派試圖建立一個尊重且相互信任的關係（Dreikurs, 1967）。為了發展此關係，病人與治療師的目標必須是相似的。假如目標不同，治療師在治療中可能經驗到病人抗拒的延展。在許多案例中，治療師教導病人適當的治療目標。例如，假如病人不覺得他能進步，治療師必須努力鼓勵病人進步是可能的，症狀、感覺與態度是可以改變的。對 Dreikurs（1967）來說，期待治療成功在治療關係上特別重要。鼓勵的過程更是重要的環節，在整個治療過程中持續鼓舞，對運用解決焦點模式很有助益（Watts, 2000, 2003）。當病人受鼓勵去發展目標時，重要的是目標要具體且明確。在關係發展的過程中，治療師必須計劃目標，更要傾聽與觀察病人表現出的自己及目標。

因為每個人都是獨特的，因此大部分的行動都可視為有意義的（Manaster & Corsini, 1982）。病人如何進入辦公室、如何坐定、如何提出問題與移動他的眼睛，都可能是重要的資料。當治療師記下這些資料後，他就能決定接下來的策略。常常病人藉由玩遊戲或呈現讓治療進展困難的情境，而可能破壞治療（Manaster & Corsini, 1982）。因為病人有關心或人際的困難而來接受治療，這些問題也可能發生在治療關係上。治療師不需要面質病人來破壞治療，但可以忽略或以教導的方式，引發病人關注此問題。在治療接下來的部分，治療師可以協助病人發展對自我挫敗行為的洞察。

破壞或抗拒治療等行徑不應該導致治療師不以同理來面對病人。同理不只是關注在感覺上，也包括想法。當病人漸漸提出資料時，Adler 學派治療師開始了解到病人的生活模式。同理的反應常表現在對生活模式的認識。對 Adler 學派治療師來說，想法導致感覺出現（Dinkmeyer & Sperry, 2000）。如「我一定要幫助別人」、「我需要是最優秀的」、「沒人了解我」、及「我很努力，但一事無成」等陳述是想法的例子，常反映出對自己或別人氣餒的生活模式。在回應個案表達這些想法的陳述時，Adler 學派的回應不只是在感覺，也在想法本身。

評估與分析

關係建立時，評估就開始了。Adler 學派常傾向在第一次面談時，就開始做許多觀察。這些觀察可能用來和以後的評估相比較。有些 Adler 學派治療師會使用非正式性的評估，而有些會用投射技術、生活模式問卷或標準化訪談的方式。許多更正式或詳細蒐集生活模式資料的方法由 Dreikurs 所初創。有些 Adler 學派治療師發展出一些調查表與問卷（如 Clark, 2002; Kern, 1997）。這些步驟大都包含家庭動力與早期回憶的資訊。其他資訊包括自夢境蒐集的資料，可以從較不正式的評估中取得。除此之外，Adler 學派治療師常期望能評估病人可能經驗的問題，以及病人的可用資源，那些在病人生活上運作得還不錯的部分。這些部分可視為優勢，能加以運用，產生成功的治療結果。

家庭動力與星座　在評估個人生活模式時，探究其早年家庭關係（與手足、父母及朋友或老師間的關係）是非常重要的（Oberst & Stewart, 2003; Sweeney, 2009）。家庭代表著微型社會，因此社會興趣由此產生、受挫或被阻撓。雖然 Adler 學派治療師以強調出生序著名，但他們更重視手足與病人之間的互動、家

庭中親子互動的動力關係與經過時日後家庭的變遷。在協助病人達到目標的過程中，以病人知覺他們的童年發展，去建立治療性詮釋與介入的基礎。

除了出生序外，治療師也會詢問病人一些其他類型的問題（Manaster & Corsini, 1982）。治療師要求病人對於其手足，將所記得的描述下來。治療師可從個案的觀點得知，個案對其他家人的看法，及其在家庭中發展的生活模式。假如男性個案說哥哥比他聰明又有運動細胞，Adler 學派治療師將據此去找尋個案自己認為的強項，與他如何面對可能出現的自卑感。

手足互動的資訊在此也要蒐集，手足的年齡與年齡差距都要特別註明。例如，在一個育有四個孩子的家庭中，可以觀察到許多互動。最年長的可能保護最年幼的，年紀較長的兩個也可能結盟欺負兩個小的，或三個年紀大的聯手對付最小的。當孩子入學讀書或是離開家後，這些互動則會隨之改變。Adler 學派治療師（Dinkmeyer & Sperry, 2000）觀察到，當個案以孩童狀態與成人角色描述自己時，他們用同樣方式來描述。在蒐集這類資料時，Adler 學派治療師可能會一個問題接著一個發問，或者他們可能從資料蒐取中驗證他們的假設。有些治療師整個過程要花一個小時，其他人則要花三到四小時。

以一些性格特徵比較手足來進行排序，常會得到有用的資料。例如，Shulman 和 Mosak（1988）、Sweeney（2009）建議以最勤奮工作、脾氣最差、最愛指使人、最有運動能力、最漂亮、最常被處罰、最自私與最不自私等性格來比較手足。Adler 學派治療師也會詢問特別事件，如嚴重的疾病或受傷、在學校或社區的品行問題、或是特別的表現或成就。在大家庭中，治療師必須決定要專注於觀察哪些手足或哪一組手足。例如，在育有九個孩子的家庭中，治療師必須組織資訊，以便整理出生活模式。治療師可能聚焦在相對較少的一些手足，或較親密常在一起的手足。

父母的價值觀、親子互動與親子關係，對 Adler 學派治療師來說是很重要的資訊。治療師會問及與父母相關的每一個問題，如父親與母親是哪一種人、他們各自管教這個孩子或其他手足的方式。還有父母彼此相處及在特別不同時間點上關係的改變，可能都是很有價值的資訊。假如父母離婚、或其中一人死亡、或與祖父母同住，治療師在發展對病人的生活模式的了解時，都需要調整所獲得的資訊。這提供了病人知覺自己，如何與手足互動，和家庭影響其知覺的觀點。

早年回憶　由早年回憶所得到的資訊，對協助確認個人的生活模式很重要。早年回憶是病人能回想起真實事件的記憶。

> 　　事件是否以這樣的方式發生不是很重要，重要的是病人認為它確實發生了。同一家庭成員可能記起同一事件，但他們所記得的，依據他們生活的基本樣貌而常有很大的出入。（Dreikurs, 1967, p. 93）

　　蒐集早期回憶的資訊對 Adler 學派治療師來說很重要，他們會問一些問題以使資訊儘可能詳盡。根據 Adler（1958）的說法，記憶不是偶然發生的。人們記得的是那些生活上忍受的事件。記憶不是我們在童年數以千計的事件中所記得之少數的巧合，而與我們將如何過活相關。它們增強與反映我們基本生活的觀點。早年回憶與報導（reports）有異，報導不是有效的早年記憶。一個報導可能會是：「我的媽媽總是告訴我說當我 3 歲時，常愛與鄰居的長捲毛狗一起玩耍，那隻狗非常友善且能忍受我對它的虐待。」早期記憶是儘量獲得最早以前的記憶：「可否請你回想你在年紀最小時的記憶後告訴我？以你最早具體的記憶開始，你所記得發生在你身上的事情，而不是一些別人告訴你的事情。」當記憶被想起時，病人看來似乎做得還不錯時，可以接著這樣說：「試著回想當你年紀還很小時的另一項特別記憶。」Adler 學派對於使用多少的早期記憶持有不同看法。Adler 可能只在病人身上使用一或兩個早期記憶，而 Dreikurs 則往往從病人身上獲得十個或更多的早期記憶。Adler 學派治療師通常不只在治療初期，而是在整個治療過程中進行早期記憶的調查。

　　雖然 Adler 相信近期的記憶可能有用，但他表示較早的記憶如那些發生在 4 到 5 歲時的記憶會最有用，因為它們發生在生活模式甫建立之近期。檢視 Adler 對其病人最早期記憶之分析，可以更加了解其意義。病人是一個 32 歲的男人，當他開始工作時焦慮症就會發作。焦慮症讓他難以持續工作，過往求學生涯一碰到考試也會發病，他因感到疲憊而常留在家裡沒有去學校上課。

　　Adler（Ansbacher & Ansbacher, 1956, p. 355）形容他是「被寡母溺愛的長子」。這個男人最早年的回憶如下：「在我約 4 歲時，我坐在窗邊望著一些工人正在對街建一棟房子，我媽則在打毛線長襪。」Adler 的分析如下：「這個嬌寵的孩子的記憶裡，包括一個非常操煩的母親之場景。但揭露了一個更重要的事實：

他注視著正在工作的人們。他在生活上是一個觀望者。他就是這樣的一個人。」Adler 總結說：「如果他想要好好去做，他應該去找一個極需要觀察能力的工作。這個病人做買賣藝術品的工作很成功」（Ansbacher & Ansbacher, 1956, p. 356）。

在分析記憶時，考量什麼是這幾項記憶中較醒目的主題，將會很有幫助。記憶中的個人情境也很重要。個人是否參與他們所描述的事件中，或他們像剛才提到的人那樣袖手旁觀？也要注意記憶中所表達的情緒與一致性，這將會有所助益。

夢境   評估生活模式時，Adler 學派可能對幼年時期的夢與近期重複出現的夢境回應。在整個治療的療程中，治療師鼓勵個案敘述夢境。Adler 認為夢境有其目的性，它們常常是個人生活模式的顯現。它們也可能有用於推斷個人喜愛或害怕未來。在 Adler 學派治療中，夢境裡的象徵沒有固定的意義。在了解夢境之前，要先了解作夢的人（Mosak & Maniacci, 2008）。

Dreikurs 所強調之夢境的暫時性本質，與 Mosak 和 Maniacci（2008）等其他 Adler 學派治療師的看法一致。夢境可用來評估目前的改變與進步。在評估生活模式時，夢甚至可用來連結家庭星座與早期回憶。

基本錯誤   基本錯誤從早年回憶裡產生，意指一種自我挫敗的個人生活模式。它們常反映與他人、自我興趣（self-interest）或權力慾望的迴避或退縮。所有這些都與 Adler 社會興趣的概念相左（Dinkmeyer & Sperry, 2000, p. 95）。

雖然基本錯誤因人而異，Mosak 和 Maniacci（2008, p. 82）表列了一個有用的錯誤分類表：

1. 過度推論（overgeneralization）：包括如「所有」、「絕沒有」、「每一個」、及「任何事情」等字眼。過度推論的例子有「每個人都應該喜歡我」、「我從來沒有做對過任何一件事情」、或「每個人都拚命傷害我」。

2. 錯誤或不可能的安全目標（false or impossible goals of security）：個人視社會反對他 / 她，而常感到焦慮。例子有「人們想要占我便宜」與「我絕不會成功」。

3. 生活或生活需求的錯誤知覺（misperceptions of life and life's demands）：例子有「生活太苦了」與「我從來沒有機會喘口氣」。

4. 貶抑或否定個人的價值（minimization or denial of one's worth）：這些包括

表達自己沒有價值如「我很笨」或「從來沒有人喜歡我」。

5. 錯誤價值觀（faulty values）：這主要與行為有關。例子是「你必須欺騙才能得到你想要的」或「先占別人的便宜，免得讓別人占到你的便宜」。

雖然其有助於辨識基本錯誤，但要改正錯誤卻很難，因為人們有很多保護步驟干擾他們矯正錯誤。Manaster 和 Corsini（1982）列舉一些顯示了病人不正確的生活觀之基本錯誤的例子：

一個婚姻失敗四次的男人

1. 他不信任女人。
2. 他覺得生活很孤獨。
3. 對自己的成功不確定，但是又不願意承認；他是一個微笑的悲觀主義者。

一個酗酒的護士

1. 她覺得自己不是人類。
2. 她排斥人群，但認為是別人排斥她。
3. 她對事物的信任，遠超過對人的信任。（Manaster & Corsini, 1982, p. 102）

根據 Manaster 和 Corsini（1982）的看法，人們對自己內在的這些基本觀點渾然不知。雖然人們可能會因為一種基本錯誤來接受治療，但他們可能有幾項相互關聯的基本錯誤。在治療中，治療師企圖清楚的呈現出基本錯誤以讓病人了解，這樣病人在未來情境中要犯一項基本錯誤時，可能會更有覺察力。

有用的資源　因為家庭星座、早期回憶、夢境、與基本錯誤，常引領去發現個人有什麼錯誤，此即有助於檢視什麼是對的（Watts & Pietrzak, 2000）。因為去分析一個人的生活模式要花好幾個小時，是故不去談挫折而去討論有用的資源，對病人而言會有所幫助。在一些案例中，有用的資源顯而易見；在其他案例中，病人並未察覺其有用的資源。有用的資源包括一些性格特質：誠實、學業或職業技巧、關係技巧、或重視家庭。例如，會寫出他人的社會不公義的敏感作家，自己可能有社交關係的困難。應用呈現在其著作中、對其他人敏感的有用資源，可能對病人會有所幫助。

洞察與詮釋

在分析與評估個人之家庭動力、早年回憶、夢境、與基本錯誤的過程中，病人藉由治療師解讀資料，進而發展出對自己行為之洞察。詮釋的時機需依據病人的目標之進步狀況而定。Dreikurs（1967, p. 60）強調詮釋要看目標與目的，治療師不解讀心理狀況。對 Dreikurs 來說，告訴病人他們沒有安全感或感到自卑對他們沒有助益，因為這些陳述無法幫助病人改變他們的目標與企圖。Adler 學派治療師協助病人，發展對干擾他們達成這些目標之錯誤目標與行為的洞察。當病人在他們的行為中發展洞察時，就有助於採用這些洞察。治療師常嘗試性對病人表達詮釋，因為無人知曉病人的內在世界或其自有的邏輯（private logic）。故建議常以試探形式的問題或陳述來表達，如「似乎對我來說」與「我認為是否」。當詮釋以此方式呈現時，病人對治療師較不會防衛與爭辯，治療師的詮釋也較不會造成洞察的障礙。

整個治療過程中都會使用詮釋。檢視 Adler 所呈現的一個受頭痛之苦的年輕女子之簡短案例，可能有助於闡明詮釋的意思。這個案例說明 Adler 對家庭動力與社會興趣的關注。

一個曾經非常美麗又受母親寵愛的女孩，被酗酒的父親利用而成為女演員。她有過許多段戀情，而最後她成為一個老男人的情婦。如此擺明唯利是圖的態勢，顯示出強烈的懦弱與沒有安全感。然而，這種關係帶給她麻煩：母親責罵她、而那個男人雖然愛她卻沒有辦法離婚。在這段期間，她的妹妹訂婚了。在這樣的競爭下，她開始出現頭痛與心悸；且很容易被激怒，而經常對這個男人發脾氣（Ansbacher & Ansbacher, 1956, p. 310）。

Adler 接著說明，頭痛是由憤怒的感覺而生。他說壓力已經持續了好一陣子，它們會以各種生理反應方式爆發。他指出，兒童與像這個病人那樣的人們，他們非社會化的本能會表現在他們爆發的脾氣中。他以這種方式詮釋這個女孩的行為：

這個女孩的狀況是由急於結婚的神經質方式所造成，而這個方法完全無效。這個已婚的男人非常擔心她持續的頭痛，因而為這個病人來見我，並表示將會趕快離婚而娶她。事實上，剛發生的疾病很容易治療——即使沒有

我，這個女孩自身的力量也足夠讓她為自己的頭痛尋求協助。

　　我向她解釋她的頭痛，與她和妹妹競爭的態度間的關聯：她不願被妹妹超越的童年目標。她覺得在正常途徑下，她無法達到她優越的目標，因為她是那種只關心自己的人，且害怕自己不能成功而顫抖。她承認她只關心自己，而不喜歡她想要嫁的那個男人。（Ansbacher & Ansbacher, 1956, pp. 310-311）

　　Adler 對病人行為的詮釋，示範了 Adler 詮釋的一致性，及其所強調的家庭星座和社會興趣（或缺乏興趣）。稍後將討論如何善用詮釋。

再定向

　　病人在再定向的階段，藉由改變想法與行為以達成目標（Dreikurs, 1967）。來自於早年回憶、家庭動力與夢境的洞察，可用來協助病人達成治療性目標。當病人與治療師探索病人的生活模式時，這些目標可能會有所改變。過程中，病人可能要冒險，去改變一些在他們生活早期中不會去做的行動。Adler 學派治療師曾經想像，要發展一些引發新行為模式的行動導向技術（Carlson, Watts, & Maniacci, 2006; Dinkmeyer & Sperry, 2000）。

立即性　表達你在這個特定時刻正感受的經驗，稱為立即性（immediacy）。病人以口語或非口語溝通與治療目標有關的事情。治療就此回應可能會有所助益。因為這件事對病人突如其來或無預警的冒出來，能試探性的與其溝通此部分會有幫助。下面是一個立即性的例子：

> **瓊　安：**（注視著放在膝上的雙手，很輕柔的對治療師說）我想要告訴哈利聽我說、注意聽我要告訴他的話，但是他從來不聽。
>
> **治療師：**雖然妳說想要哈利聽妳說，妳低頭輕聲的說著，似乎告訴我，妳相信他不會聽妳說。是嗎？

　　在此案例中，治療師對照口語及非口語行為，顯示出瓊安可能阻礙了自己與哈利關係的改善。藉由在治療性陳述後面加上一個問句，治療師可以讓瓊安對觀察作反應。

鼓勵　鼓勵使用於整個 Adler 學派治療過程中，其有助於建立關係與評估個案生活模式（Carlson, Watts, & Maniacci, 2006）。Kelly 和 Lee（2007）強調鼓勵的重

要性，認為來自治療師的鼓勵是 Adler 學派諮商的主要成分。在再定向階段，帶領病人行動與改變很有用。治療師藉由聚焦在信念與自我知覺上，可以協助病人克服自卑感與低自我概念。在再定向階段，個人冒險與嘗試新事物的意願受到支持。例如：

> **病　人：** 我的工作讓我很挫折。我想知道我可以如何做得更好，但是我的老闆給我的指示，讓我感覺自己很笨拙。
>
> **治療師：** 你似乎設定了可以更有生產力與效率的策略。我很想聽聽你的規劃。

　　在這個例子中，病人對工作退縮；治療師鼓勵他去找尋自己的有用的資源，且詢問他應對的想法。

　　對 Adler 來說，鼓勵比告訴病人：「認真點！我相信你能做到」還要適當。Adler 的創造力與對人的關懷，藉由以下鼓勵一個年輕精神分裂女性患者之戲劇性案例中，可一覽無遺。

　　我被要求去會診為一個早發性失智（dementia praecox；譯者註：現稱為精神分裂 schizophrenia）女孩做任何可以做的治療。她已經罹病八年，過去兩年被安置在一個收容所（asylum）。她像狗一樣的亂吠、吐口水、撕破自己的衣服、還試圖吃自己的手帕。我們可以看出她已經悖離人類行為良久。我們了解到她想要扮演成狗。她覺得媽媽待她如狗；或許她正在說著：「我看到越多人，我就越需要像隻狗一樣」。當我第一次開始連續八天與她對談時，她沒有回應我任何一個字。我繼續對她說話，她開始以一種困惑而難以理解的方式說話。我對她來說是一個朋友，我鼓勵著她……。當我再次與這個女孩說話時，她打了我。我開始思考自己該怎麼做。唯一能讓她驚訝的答案是容忍而不抵抗。你可以想像這樣一個女孩──她力氣之大根本不像個女孩。我讓她打我，且友善的注視著她。這不是她期待的，這除掉她每一次的挑戰。她仍然不知道該如何處理她再被激起的膽量。她打破我的窗戶，玻璃割破了她的手。我沒有責罵她，而是去包紮她的手。一般的處理方式是將她約束在一個房間裡，但這是一個錯誤的方法。假如我們想要取得這個女孩的信任，我們必須以截然不同的方式去做……。我仍然時常見這個女孩，她保持健康狀態已有十年。她可以自立更生，並與她的同伴重修舊好，且沒有人相信她曾經精神失常。（Ansbacher & Ansbacher, 1956, pp. 316-317）

上述的例子中顯示，鼓勵可激發出治療師身上的勇氣與創造力。

表現出彷彿　這個技術幫助個案採取他可能害怕的行動，因為病人通常相信這個行動會失敗。病人被要求「表現出彷彿」這個行動會行得通（Mosak & Maniacci, 2008）。假如病人不想要嘗試新行為，Mosak 和 Dreikurs（1973, p. 60）建議他們以穿上一套新衣服的方式去嘗試一個新的角色。一套吸引人的衣服不會讓一個人變成另一個全然不同的人，但或許會帶來自信的感覺。在與兒童進行治療時，「表現出彷彿」的技術可以透過納入遊戲、玩具或藝術材料，來鼓勵兒童表現出彷彿他們在假想的情境中（Watts & Garza, 2008）。

> **病　人**：我覺得要和教授談話很困難。因為上次考試給的成績有錯，我需要和我的數學教授談話，但是我不敢去說。
>
> **治療師**：要你去面對教授，你覺得很困難。不過下週我期望你能去和你的數學教授約談。「表現出彷彿」你對發現的錯誤很有自信，且能夠以平常心解釋給他聽。

在這個情況下，治療師直接告知病人如何去行動。假如病人不成功，治療師會探討是什麼干擾了「表現出彷彿」的經驗。

抓住自己　當病人試圖改變並完成其目標時，他們可能需要抓住自己去做他們想要改變的行為。因為這個行為已經在他們的生命中重複出現很多次了，他們可能需要加把勁去抓住自己。雖然在一開始，他們要在完成想要改變的行為後抓住自己可能不成功，但在經過練習後，他們在開始行動前就能抓住自己。當他們開始這樣做時，只要學會有效的改變，就能輕而易舉的達成他們的目標。這樣做後，他們就會有一種「哎呀」（Aha）的反應：「喔！我看到它了，它變得很清楚！」（Sweeney, 2009）

> **西維亞**：當艾力克斯開始生氣時，我只記得我離開房間並進入臥室關上房門。
>
> **治療師**：妳感覺到開始害怕，而妳想要離開。
>
> **西維亞**：似乎每次他發脾氣，我就會將自己鎖在我的房間裡。
>
> **治療師**：妳可能想要這麼做。當妳知覺到艾力克斯開始要發脾氣時，妳可以抓住自己，然後妳可以這樣說：「艾力克斯，我感覺你快要生氣了，我開始害怕了。或許我們可以講開來，我不會進入臥室裡」。

之後，當西維亞經驗到一股要離開房間的衝動時，她「抓住自己」，對她要離開房間的這件事有了洞察。她阻止自己離開並與艾力克斯談論此事，如此使用對她自己想法的覺察，因而改變了她的行為。

創造意象　治療師有時候可向病人建議某個意象，以協助其達成目標。Adler 相信在內心浮現做某件事的畫面，比在心中提醒自己更有效。例如，如果病人希望果斷地要求室友不要在房裡吸菸，他可以幻想自己平心靜氣地提出要求，而室友爽快答應的情境（Mosak & Maniacci, 2008）。

拓展此概念，意象可以是不止一個，而是一系列的畫面。Kaufman（2007）認為引導視覺意象（guided visual imagery）可以用來減輕慢性壓力。視覺意象可授予病人，幫助其應對浮現的各式問題。以病人欲其室友停止在室內吸菸為例，病人可幻想自己要求室友不要在屋內吸菸的成功對話。一開始，治療師示範對室友說的話。然後，治療師請病人想像房間的擺設、室友的長相，接著仿效治療師應對室友的方式。

吐口水在個案的湯中　這句話來自兒童在寄宿學校，藉由在別人食物中吐口水以拿走別人食物的方法。作為一項技術，諮商師評估個案行為的目的，接著加以評論，使行為不是那麼引人注意。例如，假如一個富裕的母親描述她為自己的孩子犧牲多少時間與金錢，治療師可以指出她沒有自己的時間和表達自己的需求何其不幸。治療師並沒有說這個母親不能繼續她的行為，但是讓此行為對那個女人而言似乎不是那麼有吸引力。

閃開瀝青娃娃　雖然瀝青娃娃（tar baby）後來有種族意識與其他的意思，但Adler 以此隱喻為治療師很小心的討論對病人有重大意義、及造成病人問題之牽扯不清（瀝青）的議題。一些自我挫敗的行為很難改變，但又對病人特別的重要。雖然問題型態來自錯誤的假設，且可能無法符合目標，但病人可能仍固著在舊有的知覺中。甚至，病人可能試圖讓治療師表現得就像其他人那樣，以維持病人的自我知覺。例如，一個自覺無用的病人可能會以惹人嫌的方式激怒治療師，以此來確認其無用的自覺。治療師必須避免落入此圈套中，來迴避碰到瀝青娃娃。取而代之的是，治療師應該鼓勵病人可以引領其心理更健康的行為；而不是批評病人無效的知覺或行為。

病　人：當新的工作夥伴來到我們店裡時，我試著幫助他們，但是他們不太理我。我發覺到你忽視我，當我談到我的問題時，你沒有真的聽我說。

治療師：妳可能喜歡我忽視妳，但是我沒有。我想要聽更多發生在妳工作上的事情。

諮商師想要避免讓病人認為他忽視她。他說他沒有，然後繼續討論病人的目標。

按鈕技術　Mosak（1985）發展出這個技術，要求病人閉上眼睛且回憶一個經驗過的愉快事件。接著，病人受指示去注意伴隨著愉快想像的感覺，進一步再重建出一個不愉快的想像——可能是受傷、生氣或失敗——然後再創造出一個愉快的景象。Adler 學派治療師表示，病人能經由這樣經歷，決定他們想像的事物，創造出他們要的感覺。這種技術突顯出病人有改變自己感覺的能力。

矛盾意向　這個策略曾經有各種名稱，Adler 稱之為「指示症狀」（prescribing the symptom），Dreikurs 則稱之為「反向建議」（anti-suggestion）。這項技術鼓勵病人更進一步發展症狀。例如，治療師可能會告知老是吸吮拇指的孩子多吸一些；告知強迫性不停洗手的人多洗幾次手。治療師藉由指示症狀，使病人覺知真實情境。病人接著必須接受行為的後果。Adler 學派治療師相信，藉由接受病人的不適當行為，該行為對個案的吸引力會逐漸減少。治療師使用這個步驟時，應該對所指示的症狀有信心，病人將會對其行為有不同的領悟而選擇改變它。

任務設定與承諾　一些病人與治療師計劃對問題採取特別行動。當治療師與病人作了選擇，接著決定用最好的方法執行選擇。這項任務最好簡短且成功率高。治療師鼓舞病人，會讓事情更容易進行。假如病人沒有成功，病人與治療師再評估計畫需要改變之處，以利計畫更有效的進行。

例如，一個背部受傷康復中的病人決定去找工作。假如她計劃去看求職分類廣告後應徵，接著找到工作；治療師可能期望與病人討論她如何搜尋分類廣告，且假如分類廣告不夠產生工作指引時，該如何做、與如何找尋資源。治療師可能會聚焦在尋找工作機會的行為任務上，而不是如何從應徵中脫穎而出。藉此，治療師確保依循工作指引去做較容易成功，至於獲得實際工作，則可能要花上數月時間。

家庭作業　Adler 學派治療師發現，指派家庭作業能屢屢協助病人完成任務。家

庭作業通常是在兩次治療面談間隔很容易完成的事情。治療師指派家庭作業時要很小心，才不會落於指揮病人的生活之嫌。在前一個例子中，治療師可能建議病人在週二前打電話給其醫院的社工師，準備工作指引；或在下次面談前，打三通電話給可能僱用她的僱主。一些家庭作業可能是以每週執行為原則。孩子可能被告知要整理床鋪一個星期；試著這樣做，然後觀察結果如何。接著，孩子可以和治療師討論後續要如何進行。

生活任務與治療　如同前面提及，Adler 學派指出五種主要生活任務：愛、職業、社交、自我發展與心靈發展。Manaster 和 Corsini（1982）建議去檢驗個案在這些領域的滿意度。例如，他們要求個案就與家人（丈夫、妻子或孩子）間的幸福感、工作滿意度、與朋友和社區（社交）的滿意度進行評分。這樣可以找出病人難以辨識的一些議題，以利於在治療中去處理。這個方法在整個治療過程中都可以使用，以評量病人改變與進步的指標。

面談終止與摘要　Adler 學派相信，設定清楚的時間限制會有所幫助。對兒童來說，一次面談約 30 分鐘左右，而成人約 45 到 50 分鐘。治療師在面談終止前不會帶入新的話題，而是與病人一起將面談作摘要，以提供病人對此次面談的一個清晰圖像。此時可以討論家庭作業，治療師會鼓勵個案將面談中討論的素材，應用於未來一週生活中的同樣情境。

　　這些行動導向的模式，常與 Adler 學派技術併用。雖然其他理論的治療師可能會使用這些技術，但在概念上經常還是有所不同。Adler 學派治療師會借用與其理念一致、且有效的其他治療技術（Carlson, Watts, & Maniacci, 2006; Watts, 2003）。如同許多其他治療師，當他們覺得回應是有效時，也可能向病人澄清、面質、給予情緒支持、詢問問題、或使病人安心。他們常常發現幽默會是一種產生目標導向，促使改變更愉快的有效方法（Mosak, 1987）。一般來說，Adler 學派治療師協助個案達成其治療目標的技術，被描述為行動導向的模式。

 # 心理疾患

　　Adler 學派對心理治療與諮商採取實用主義的模式，詳見本節所述的四個例子。本節首先用家庭星座、早年回憶與主動介入，去描述一個經診斷為憂鬱症之

年輕女子的複雜案例。其次列舉一個青少年的簡短例子，說明 Adler 學派治療模式在廣泛性焦慮上的應用。接著概述 Adler 學派治療對邊緣性人格與飲食障礙的應用。

憂鬱症：雪莉

　　Adler 學派認為，罹患憂鬱症的人試圖「克服自卑感與獲取優越感」（Sperry & Carlson, 1993, p. 141），他們雖然努力的嘗試要更有效率，但卻失敗了。這樣做時，他們失去社會興趣而成為只關注自己的人。Dinkmeyer 和 Sperry（2000）闡明，憂鬱的人常因事與願違而生氣。憂鬱的人不常用憤怒（angry）描述自己。他們不希望去了解憤怒，因為他們接著可能要去收拾爛攤子、或面質讓他們憤怒的人。憂鬱的人也會因家人與所愛的人對他們熱情而關愛的回應，而產生對別人的優越感。這種情形讓憂鬱的人成為重心，體驗到別人的關注，而表現出沒有什麼社會興趣。 Adler 學派治療師常協助憂鬱的病人，就他們童年就產生的扭曲與悲觀的知覺發展出洞察。他們甚至藉由改變病人的想法與行為，以降低其對自我的關注，而發展出社會興趣。當他們進入到治療的再定向階段，憂鬱的病人學會抓住他們自己（catch themselves）後，他們接著決定是否要做一些與以往都不同的事情。治療師鼓勵（encourages）病人產生新的想法、行為與知覺。這樣做時，治療師可以向病人展示其他人有多關心病人，以及病人的負向知覺乃來自童年經驗的錯誤知覺。Mosak 和 Maniacci（2008）使用按鈕技術（push-button technique），讓憂鬱症的病人了解，憂鬱意指一個人必須選擇要憂鬱。憂鬱的病人藉由此方法，學會改變他們的感覺。這些例子描述出一些 Adler 學派的模式，可以協助憂鬱病人去了解及改變其憂鬱的感覺與想法。

　　為了要更詳細的說明 Adler 學派對憂鬱症的治療模式，以下摘錄 Peven 和 Shulman（1986, pp. 101-123）的完整個案研究——雪莉。這份概要特別著重在，Adler 學派在早期回憶與家庭動力上之心理治療。雪莉是一個 33 歲的單身女子，產生了精神官能性憂鬱（neurotic depression）的症狀。她之前曾接受過心理治療，之後她又被 Peven 治療了兩年半。她主訴青春期前與父親有亂倫關係，因此讓她感覺自己是「有缺陷的」。其他症狀包括自卑感、睡眠障礙、腹瀉與體重減輕。她的父母離異且都再婚。雪莉還有一個和父親尚有往來的已婚哥哥。

　　治療師在第一次面談時，用了很多 Adler 學派的治療技術。例如，她被問到 Adler 所指的「問題」（The Question）──如果症狀都沒有了，雪莉將會為自己做些什麼？雪莉的回答是：「改變生涯、研讀自己有興趣的、多花些時間與朋友相處、結婚，與『讓我自己成為一個愛繪畫、閱讀與運動的人』」（p. 102）。治療師傾聽雪莉很在意與父親的亂倫遭遇，以及對父親的強烈憤怒感。因為她對父親非常生氣，治療師建議她以逐步的方式，從父親那裡拿錢，作為向父親報復的方法。如同 Peven 所說：「在初次會談時，我有時會找機會說些或做些新奇的建議，讓新病人印象深刻。我會希望他們在第一次面談回去後，可以思考一些事情」（p. 103）。

　　經過四個月的治療，雪莉的憂鬱症惡化，她被轉介進行藥物治療。她討論了自殺、也說她會無法自制的嚎啕大哭、很關心自己的症狀；卻還沒有心理準備去討論造成她憂鬱症原因的相關議題。

　　此時，Peven 進行了一項正式的生活模式分析。她分析雪莉的生活模式，並且與另一個治療師 Shulman，將此分析做成一份正式報告給雪莉。此報告的摘要如下：

　　她是家中老么，上有一個哥哥。父親如沙皇般專制，與家人沒有其他互動。家裡成員對父親運用權勢，都有不同的應對方式：母親扮演著一個自卑的女性角色，以避免刺激父親，她以醜化女性的技巧來建立自己的疆土。哥哥（沙皇二世）模仿父親，兩人常有衝突，但是哥哥受到溺愛他的母親所支持。她模仿母親表現出順從的外表，內在卻充滿怨恨。她藉由引誘或勾引，得到超越別人的權勢，貶抑了女性的價值。

　　雪莉發現自己處於卑微的地位，因為她的性別、她是老二，與家庭動力沒有自動的讓家人處於一個很好的場所。每個人必須為占有一席之地而鬥爭或欺騙。雪莉是家中年紀最小且最弱的，她發現若是順從父親，就可以成為他的最愛，因此而得到一些替代的權勢。

　　這是一個缺乏信任感的家庭，所有家庭成員之間的關係都是競爭的。（p. 105）

　　治療初期除了分析家庭動力外，也獲悉雪莉的早期回憶。

4 歲：我站在嬰兒床裡。哥哥的床靠著另一道牆。我想要在房間另一邊的洋娃娃，但拿不到。我哭叫著。我覺得很挫折。我一個人孤單的在房間裡。

2 歲：我在客廳的地板上爬。電視開著，人們都坐在那裡。我四處爬，停下來，觀望四周。其他的人都在看電視。我有股孤寂的感覺。

5 歲：在屋子裡。父母自城裡返家。他們帶回來一隻狗。我（覺得）真的覺得很快樂。我很高興且興奮他們能回來。

6 歲：一年級。我打了隔壁的一個男孩。他惹我生氣，所以我抓住他的手臂，把他拉起來轉了幾圈，然後把他甩出去。他的頭撞到一根竿子。有人過去幫忙他。我站在那裡像個犯人一樣，感覺非常糟。我對自己說：「妳怎麼這個樣子？」（p. 106）

根據 Peven 和 Shulman 的看法，這些回憶描述雪莉與他人疏離的感覺，伴隨著她期望達成目標的挫折。她在所處社交網絡之外，她的行動都無濟於事。6 歲時的意外事件，她感覺到傷害別人很糟糕。她提出唯一的美好回憶，是由別人的行為所帶來的（父母帶回一隻狗）。治療師對雪莉的早期回憶分析如下：

我太渺小、太不起眼而無法達成我的目標，沒有人施以援手。雖然大家圍繞著我，我還是覺得孤單。在我與別人的關係間，至少我自己，想要成為一個行為正當且體貼的人，這樣我才能對自己有些正向的感覺。我沒有從別人那裡，得到很多正向的感覺。（p. 106）

Shulman 和 Peven 從蒐集與分析家庭動力及早期回憶的過程中，認定雪莉的基本錯誤如下：

1. 她被訓練成對自己產生負向的感覺。
2. 她解釋她的目標無法達成，而她對此也無能為力。
3. 她覺得唯一能做的事情是在天堂中受苦與憤怒（p. 107）。

雪莉在接受其生活模式的分析時，同意治療師呈現出的（也會增加）所有事情。然而，她同時也不想面對治療性的觀察。

在治療頭一年的大部分時間，雪莉抱怨自己與其他人。漸漸的，她開始檢視自己。經過兩年的治療，她寫信給父親，也開始與他會面。此時，雪莉決定自己

可以選擇行動且可以不那麼憂鬱。

經過一年的治療，治療師要求雪莉做些更早期回憶。這不同於她先前的回憶。雖然它們仍然顯現雪莉歸咎於自己，但這些事件顯示出的並不能駁斥早期回憶造成的影響。在治療後期，雪莉產生了洞察，詳見下述簡短對話。

病　人：我與三個人坐在一起，我們一起去度假，在我四周的其他人讓我感覺很沒有安全感。你知道那有多可怕啊。

治療師：假如妳一直想要成為關注的觀點，這樣會讓妳很神經質。

病　人：是的。

治療師：喔，好吧，但妳不是一直想要成為關注的焦點嗎？妳的微笑代表著什麼？〔顯然地，雪莉有一個認同的反射作用，她沒有意識到臉上不由自主的露齒微笑。Adler 學派認為，當一項解釋正確時，出現的認同反射是一個突然的、不太能覺察的（Dreikurs, 1967）。〕

病　人：我不知道。

治療師：Dreikurs 常以這樣方式解釋：它是一種基本錯誤，若妳把這句話加上「只有假如」，它就會成為「只有假如我是關注的焦點，我才會覺得很好」。若我告訴妳，我喜歡成為關注的中心也很好。那又如何？但是我只有假如是關注中心才會快樂。這就是個神經質的滑稽場面。（p. 116）

治療後期，雪莉更能接受治療師的解釋、澄清與支持。

整個治療過程中，雪莉有過幾段男女關係，其中的一些關係相當麻煩。接近治療終結前，她開始一段持久的關係。她的憂鬱解除了，她與父親的關係增進了。雪莉雖然沒有原諒他，但也不再提及被他虐待的感覺。

在此僅提供這個困難且複雜案例的重要部分。然而，這些已說明了早期回憶與家庭星座的應用，可以增加治療的洞察。除此之外，也說明了 Adler 學派引發行動的一些治療技術。

廣泛性焦慮症：羅勃特

Adler 學派視廣泛性焦慮、緊張、冒冷汗、心悸與類似的身體症狀，實是顯示一個人無法因應的症狀。這些人通常經驗到生活中的失敗。如果有的話，面對

困難的決定會舉棋不定。生理的壓力症狀，因避免被擊敗或避免作糟糕決定的需求而升高。從內在來看，病人會感覺自卑、不能作決定或對其他事物興趣缺缺。外在來看，個人可能會讓他人知道他的焦慮，也可能藉由別人對他焦慮症狀的關切進而支配他人（Dinkmeyer & Sperry, 2000）。

在治療過程中，鼓勵病人變得很重要。治療師尋求方法去協助個人，發展社會興趣及增加自尊。對治療師來說，焦慮症狀是潛在的瀝青娃娃，治療師必須避免給予同情或委屈遷就。治療師應協助病人發展有效的因應策略，並教育病人對周遭的活動產生興趣。

體驗焦慮且懼學的青少年簡短案例，可以說明 Adler 學派治療（Thoma, 1959, pp. 423-434）。在治療翹家且留下遺書的羅勃特時，Thoma 描述幾項 Adler 學派的策略。羅勃特提出包括胃痛等幾項生理症狀。他試圖逃學、是個壞學生且自認愚蠢，所以在教室裡很少說話。

他覺得與父親很有距離，且雙親都體弱多病。情緒的知覺有無望的挫折感與想放棄的疲憊感。在羅勃特的治療中，學校的心理師（school psychologist，譯註：美國專設為學生進行心理衡鑑與診斷之專業人員）每週固定與他會談，而由羅勃特的社區學校的教師、諮商師、校護與精神科醫師顧問，共組之專業團隊一起研商介入計畫。教師努力協助他參與學校活動，鼓勵他認真學習。團隊成員協助他去維護自己的權益。心理師鼓勵羅勃特去反對她，而表達自己的意見。由男性老師增強與鼓勵他的認同。羅勃特的社會興趣因整個團隊的鼓勵而增加，這可由其參與體育活動的增加、與老師及同儕的關係變好，及到校上課率提高可得知。

飲食障礙：朱蒂

Adler 學派試圖構思出飲食障礙的情境——兒童受到父母過度保護、過度嬌寵、或過度控制。通常是雙親之一（有時雙親皆然）對孩子有不切實際的希望與期待、要求完美，而父母一方或手足沒有加以質疑。小女孩發展出順從的態度，試圖去模仿父母以得到讚賞：「如果我聽從你的話，你應該讚賞我所做的。」當女孩年紀漸長後，她努力追求完美，卻不相信自己能夠達到完美。假如家庭也強調飲食與外表，飲食障礙就很有可能發生。一個患有飲食障礙的女性，沒有積極的反叛，而出現否認身體知覺及功能、飢餓與感覺。她也將發展成沒有能力像別人

一樣去看清自己（Carlson, 1996, pp. 529-532）。

接下來的簡短案例，說明 Adler 學派治療暴食症的模式（Carlson, 1996）。17 歲的朱蒂是家中三姐妹的老二，父母對每一個女兒都有很高的期望。朱蒂的姊姊品學兼優並努力追求完美。朱蒂則成為游泳選手，試圖取悅父親；但是這沒有讓她在母親心目中占有重要的分量。她嘗試以游泳及學業表現去討好父母，但是到了青春期，她發現沒有辦法達到她想要的完美。她開始暴吃（binge）、暴吐（purge），體重也跟著直線上升。她的早年回憶摘要如下：

> 「生命是一場戰爭且充滿危險」、「除非你保持完美，否則每個人都找你麻煩」、與「人們不會以應該的方式對待我」。（p. 531）

她的基本錯誤包括：不相信她可以與別人發展出良好關係、防衛別人，而此部分造成她與別人的爭執；且覺得自己是一個被奪去王位而偽裝起來的公主。朱蒂的治療以其醫療狀況的評估開始。治療師接著檢驗朱蒂的完美主義與悲觀，如何造成她的問題。治療師鼓勵朱蒂，協助改善她的自我概念、及讓她覺得自己更有能量。

邊緣性人格疾患：珍

雖然精神分析理論視邊緣性人格疾患為一種發展停滯，但 Adler 學派理論（Croake, 1989; Shulman, 1982）以一種功能型態來處理邊緣性人格疾患。從 Adler 學派的觀點來看，邊緣性人格疾患好發於孩提時受忽略者、受虐者，有時是嬌生慣養者。由於不當的兒童教養，這些人在人際互動上是很自我中心的，也沒有顯現出真正的社會興趣。他們可能偶爾會表現出對他人有興趣，但也只有在對他們有利時才如此（Croake, 1989）。這些被認定為邊緣性人格疾患的人，通常會覺得很少或沒有得到別人的支持，因為他們感受到父母給他們的支持方式隨機或不一致。因為這種不一致的支持，遂造成他們以一種不適當或操縱的方式，去繼續尋求別人的關注。他們若無法得到足夠的關注，就會變得憤怒異常。然而，他們也會持續嘗試去討好別人，以得到別人的注意。從 Adler 學派的觀點來看，「邊緣性人格疾患是一個挫折、缺乏自信與悲觀的產物」（Croake, 1989, p. 475）。

在邊緣性人格疾患的治療上，Adler 學派治療師相信改變邊緣性人格的行

為需要多次面談，努力不懈的從不同角度去達成其目標。Adler 學派治療邊緣性人格疾患的特點，在於面質引導其行為之想像——對自己與別人看法的信念（Croake, 1989）。這些引導想像通常包括其他人該如何行為的不合理期待，需要由 Adler 學派治療師持續的討論與教育。Adler 學派治療師在治療工作中，協助邊緣性人格疾患患者，讓他們對其他人的看法更有彈性，且對自己的期待更合理。整個治療過程，Adler 學派提供無條件的接納、給予鼓勵的同時，也檢驗病人不合適的行為。Adler 學派試圖藉由鼓勵邊緣性人格疾患病人與他人合作，以提升他們的社會興趣。Adler 學派治療師對邊緣性人格疾患患者的接納、鼓勵與教育模式，說明於下面的簡短例子。

珍是一個符合 DSM-III-R 診斷為邊緣性人格疾患的 26 歲白人女性。Croake（1989）在每週兩次的面談中，已經與她晤談超過 45 次。面談後期，多次治療是與精神科住院醫師的多元治療。珍報告的早年記憶，顯示出一段受性侵害的過去。她目前有一段短暫、不滿意的男女關係。她在一個學院選修一些課程，且在找尋工作。治療師與她討論到 4 到 6 歲期間的一次早期回憶，當時母親正在作飯，而她正告訴母親，繼父要她將褲子拉下來（Croake, 1989, pp. 478-479）。治療師接著與她進行對話。

Croake 協助著珍，同時從她的行為與她的功能風格中學習，甚至也協助她處理她的憤怒。治療師協助她脫離其過度簡化、二分法的思考。他不僅鼓勵珍感覺的表達，他也協助她去了解其想法下的感覺。治療師與珍最後交換意見時，對此有所描述。從一個非常複雜的案例所摘出的簡短對話，提供了 Adler 學派對邊緣性人格疾患治療模式的梗概。

短期治療

Adler 相信，自己可以在 8 到 10 週內，對病人提供協助（Ansbacher & Ansbacher, 1970）。Adler 與病人幾乎兩週面談一次，總面談次數常少於 20 次。因此以大部分短期治療的定義來看，可將之認定為短期治療。但是對許多 Adler 學派來說，這仍算是典型的治療（Shlien, Mosak, & Dreikurs, 1962）。Kern、Yeakle 和 Sperry（1989）調查 50 位 Adler 學派治療師，發現他們對個案的治

療，86% 不超過一年，而 53% 少於六個月。面談次數之間的差異很大，常視問題的嚴重性而定。

Adler 學派聚焦在限定治療時間，而非限定治療目標。如同 Manaster 所述：「只要時間許可，Adler 學派治療師會試圖完整的來完成治療，且時間儘可能的縮到最短。」（1989, p. 245）。Kurt Adler（1989）說明其每週面談兩次的兩個案例。Manaster 不相信診斷分類與治療長度有關；他認為診斷分類是「選擇症狀後的推論」，而非會影響治療長度的個案症狀（1989, p. 247）。由於 Adler 學派聚焦在問題的行動與目標導向，因此有助於限定治療時間（Ansbacher, 1989）。

Nicoll（1999）與 Bitter 和 Nicoll（2000）說明，一種依據 Adler 學派人格理論與治療觀點的短期治療方法。這個短期治療包括對個案行為的三個層次之了解，以作為一種評估模式。短期治療的步驟有四個重疊階段。

三個層次的了解包括：(1) 我感覺如何？(2) 目的是什麼？(3) 為何？層次(1)：評估包括辨識個案的行為及對行為之感覺。層次 (2)：是去決定目的或症狀的功能。層次 (3)：是要決定「為何」，或個案用決定生活意義之基本原理或邏輯。

治療師接著將這三個層次的了解，應用在治療改變的四個階段：(1) 對現在問題的行為描述；(2) 互動評估的隱藏規則；(3) 個案互動規則的再定向；(4) 新行為儀式的規定。治療師在蒐集行為描述時，鼓勵個案使用行為的動詞（即加上正在進行式的動詞），而非擁有的動詞如：我是、我有、我因而遭受痛苦。當個案敘說問題時，治療師傾聽當中所發生的互動隱藏規則，並將他對症狀的了解呈現給個案看。當治療師了解症狀的三個層次之後，再定向、或改變步驟才可能會發生。治療師接著讓個案看到，他的互動規則可以如何改變——例如，視一個人為有能力而非無能。治療師再定向個案的互動規則後，會要求個案遵照新的儀式化行為。當個案開始視自己為有能力時，治療師可能會要求他在每天工作結束後，寫下三個關於工作成功表現的部分。

 ## 目前治療趨勢

Adler 對社會與教育議題的廣泛關注，向來都超越了個別心理治療服務。Adler 學派積極地在歐美地區的公立學校，發展出服務方案與教育系統（Mosak

and Maniacci, 2008）。他們認為 Adler 心理學，對於教師及服務於學校的心理師有所助益（Carlson, Dinkmeyer, & Johnson, 2008; Lemberger & Milliren, 2008）。由於這樣的部分原因，他們在兒童與家庭方面的工作，知名度遠遠超過對成人的服務。Adler 學派相信藉由對教育系統整體的服務，遠比只提供個人心理治療有更深遠的影響力。

Dreikurs 及其學生與同事，主要負責 Adler 學派心理治療與教育理念在美國的發展事務。訓練機構遍及美加地區，如紐約、芝加哥、聖路易、達頓、Wayne堡、克里夫蘭、明尼拿玻里斯、柏克萊、舊金山、蒙特婁與溫哥華，提供兒童輔導、諮商與心理治療、及家庭諮商的研習認證。這些地區性 Adler 學派治療學會的訓練機構，遍布於美國的一些大城市並積極開始發展。北美 Adler 學派心理治療協會（North American Society of Adlerian Psychology, NASAP）發行前身名為《個別心理學》（*Individual Psychology*）之《個別心理學季刊》（*Journal of Individual Psychology*），與新聞簡報 *NASAP Newsletter*。在博士層級的訓練上，Adler School of Professional Psychology 提供臨床心理學的博士學位。北美 Adler 心理學協會（The North American Society of Adlerian Psychology）的會員超過1,200 名。雖然會員數不多，但這些會員在臨床工作上使用 Adler 學派治療的比例卻很高。甚至，Adler 學派理論對許多認知、存在、完形、現實及家族治療師都有很大的影響。

Adler 學派的治療師對自己的進展有所批評，他們感認為 Adler 學派心理學無法屹立不搖，是故亟需朝向新的方向邁進。Mosak（1991）期盼 Adler 學派將一些科學化的心理學併入到他們的治療工作中，包括學習理論、知覺發展理論、生涯決定相關資訊及其他的生活任務。因為 Adler 學派參與社會議題，Mosak（1991）期望 Adler 學派對社區有更多的涉入：貧窮、流浪漢、歧視與女性議題等。Watts（2000）則說明，Adler 學派治療如何連結現今社會即時發生的議題，如多元文化及心靈等。Adler 學派關切社會議題的實例之一，是 2005 年美國颶風受災戶的協助工作。為了讓 Alder 學派心理學成長而非走入歷史，的確需要新血加入與協助。

Adler 學派治療與其他理論的併用

就像心理治療的理論家廣泛引用 Adler 學派的原則，諮商師與心理治療師也使用 Alfred Adler 所發展出的概念與技術。Watts（2003）指出，許多不同的治療模式可以與 Adler 學派治療併用。許多治療師發現，行動導向與目標導向的 Adler 學派心理治療，可以提供他們治療工作上的指引，尤其是在短期治療上。其他治療師也發現 Adler 學派關係的合作本質、強調鼓勵個案是治療介入很有幫助的指導原則。

從發展的觀點來看，Adler 學派聚焦在家庭星座與出生序，提供了一個寬廣的架構，去看病人及其與環境的互動關係（不只是與父母，還有手足及其他人等）。許多治療師與諮商師使用有獨特重要貢獻的早期回憶，來探索病人的早期發展。除此之外，Adler 澄清治療之目的，提供治療師與諮商師一個工作目的準繩。Adler 強調協助個人達成其目標的重要性（Griffith & Graham, 2004; Sweeney, 2009）。Adler 著重在確認個人自生活模式而來的基本錯誤，協助治療師聚焦於治療的目標，而不會落入其他旁支的議題上。

整個治療過程——關係的發展、生活模式的分析、詮釋、洞察、與再定向—— Adler 學派尋求各種方式，鼓勵個案去達成其目標。與行為學派治療師對目標的增強有些類似，鼓勵能協助病人看到其問題的解決方法。由 Adler 學派提出之概念——鼓勵，可以適用在許多派別的治療與諮商上（Carlson, Watts, & Maniacci, 2006; Watts & Pietrzak, 2000）。

Adler 學派主動尋求其他理論，以統整成為自己的治療模式。Adler 學派也將主動的治療如敘事（Hester, 2004）、與其他結構學派治療（Jones & Lyddon, 2003），納入治療中應用。完形治療和 Adler 學派治療則能增益彼此（Savard, 2009）。同樣的，短期認知與行為治療，也很適用於 Adler 學派（Freeman & Urschel, 2003）。依附理論與社會興趣、完成生活任務之能力的概念也很類似，諸如此類都提供了 Adler 學派理論有用的觀點（Weber, 2003）。開放應用其他理論的概念，是 Adler 學派顯著的特質。

相關研究

　　與其他理論的心理治療相較，Adler 學派概念與心理治療結果的研究相對少很多。Adler 學派心理治療的研究數量之所以不多，理由之一是：Adler 學派偏重在單一個案，而非治療改變的研究上（Mosak & Maniacci, 2008）。由於 Adler 學派強調個人的主觀本質，一些學者認為，比較治療團體之間差異的研究，對 Adler 學派的概念與治療提供相對少的了解。出生序與社會興趣是 Adler 學派人格理論最被詳細研究的部分，也對其一般性發現有過簡短的討論。

　　Croake 和 Burness（1976）比較參與及未參與 Adler 學派研究團體之父母的態度，觀察到四或六次家庭諮商面談後沒有明顯差異。然而，Lauver 和 Schramski（1983）在回顧其他研究 Adler 學派父母研究團體時發現，參與研究組的父母在評量對兒童教養與兒童的態度有正向改變，他們變得較不權威、對孩子的態度也更為寬容。Spence（2009）發現，依據 Adler 學派原理發展而成的有效親子教養系統訓練 - 青少年版（Systematic Training for Effective Parenting-Teen, STEP-Teen），能幫助父母習得面對青少年子女的教養技巧。

　　在 Adler 學派心理學領域中，最受到矚目的是出生序。研究特別聚焦在老大、老么與獨子上。在 Derlega、Winstead 和 Jones（2005）、及 Shultz 和 Schultz（2009）中，可以發現對此文獻的完整回顧。

　　Adler 相信比其他手足，長子的學業與成就較高。Maddi（1996）指出一些研究顯示，在大學生中，長子的表現較其手足要好。Belmont 和 Marolla（1973）在一個幾乎有 40 萬名荷蘭年輕人參與的大型研究中發現，出生序與非語文智能性向能力有正向關係。在一項 134 位 9 到 13 歲兒童的研究發現，長子或獨子的因應（coping）資源（家庭支持、同儕接受度與社會支持）最高；而中間孩子的因應資源最低（Pilkington, White, & Matheny, 1997）。Ashby、LoCicero 和 Kenny（2003）檢驗完美主義發現，中間孩子出現不追求完美或不適當追求完美的比例，高於適當追求完美主義者。Fizel（2008）的研究也支持，中間孩子較可能具備不適當追求完美的傾向，而長子、女和適當追求完美主義的傾向有關聯。Roberts 和 Blanton（2001）在一項 20 個獨子參與的質性研究中，發現獨子的正向看法，包括沒有其他手足競爭、樂於獨處、不用與其他手足競爭父母的經濟與

情緒資源、及與父母發展親密關係。負面的看法則有與同儕太多接觸，及擔心父母死亡。一般來說，有一些研究發現支持（但不是獲得一致同意）獨子或長子成為特別負責任的人。

　　Adler 寫到么子較會被其他家庭成員溺愛或嬌寵。他相信這種嬌寵會造成么子更依賴他人，且在處理生活困難議題中造成問題。Barry 和 Blane（1977）回顧過去相關研究發現，酒癮患者中，么子占有很高的比例。Longstreth（1970）報告說，較後面出生的孩子比長子更畏懼危險性的活動。長子顯示出在情愛關係上有最高數目的非理性行為，而么子最低（Sullivan & Schwebel, 1996）。總之，出生序與人格特質的關係非常複雜（Schultz & Schultz, 2009）。

　　Crandall（1981）在《社會興趣的理論與評量》（*Theory and Measurement of Social Interest*）中，量化 Adler 的社會興趣概念後發現，社會興趣與利他主義、對未來樂觀、及合作與同理有正向的關係。Dinter（2000）則發現，社會興趣與自我效能感相關。Johnson（1997）研究社會興趣在受訓的 Adler 學派治療師身上所扮演之角色，發現社會興趣與 Adler 學派理論相關。在回顧社會興趣的相關研究中，Watkins 和 Guarnaccia（1999）提出高社會興趣與許多正向人格特質息息相關。

　　Adler 學派的研究調查，特別缺乏對心理治療改變的研究。著重在早年回憶、家庭星座或生活模式發展的個案研究，可能會有所幫助。Adler 學派行動導向技術的有效性驗證資料，也有所助益。

 ## 性別議題

　　Adler 在發展理論的早期，亦關切男性及女性在社會的角色。他視二十世紀初維也納的男性及女性相關角色的方式如下：

> 　　由於男性的支配與利益分配，影響女性在勞動及生產過程的地位。男性要求女性如何生活，並在其角色地位上強化此部分；他們主要以一個男性的觀點來決定女性的生活型態。
> 　　狀況持續延燒到今日，男性繼續爭取超越女性；而女性也仍然不滿男性的特權。（Ansbacher & Ansbacher, 1978, p. 5）

　　因此，男性的角色比女性優越。男性與女性都想要優越，或以 Adler 的說法是更想要男性化。精神官能症的男性在尋求完美的方法上更著重在「男性化」（masculinity），而非他們個人的發展上（Ansbacher & Ansbacher, 1956）。他使用**男性化聲明**（masculine protest）一詞，指稱優越的慾望、追求完美、努力超越自卑而走向優越（Sweeney, 2009）。Adler 則認為每個人都應該盡其所能的尋求卓越。當時的性別角色期待對此是一個阻礙，Adler 支持女權運動，相信女性應該有墮胎權（Ansbacher & Ansbacher, 1978）。Adler 發表很多有關性別議題的文章，Ansbacher 和 Ansbacher（1978）加以編輯整理，發表了《兩性間的合作》（*Cooperation Between the Sexes*），書中特別談到女性自卑的迷思。Bottome（1939）認為，Adler 對女性的態度，可能部分源於他對強調平等的馬克斯及社會主義之興趣。Adler 的太太，Raissa，對這些相同的哲理與政治觀很有興趣，對女權也有強烈的意見。這種兩性平等的觀念，也由 Dreikurs 及其同事延續（Sweeney, 2009）。Adler 學派人士往往視 Adler 為早期女性主義學者，或指出男性優越迷思之首位具有影響力的心理學家（Bitter, Robertson, Healey, & Jones Cole, 2009）。這不代表所有 Adler 學派的著作，都能視為支持女性主義的論述。例如，Oswald（2008）回顧三則談論親子教養的著作，對於其中未論及同性伴侶家庭提出批評。

多元文化議題

　　對 Adler 學派來說，情緒健康意指個人需發展一種超越直屬家庭（immediate family），而進入個人更大的文化社群之社會興趣。如同 Newlon 和 Arciniega（1983）評論，許多少數族群團體（美國原住民、墨西哥裔美國人與非裔美國人）的社會團體認同與個人認同一致。研究者在對南非忠誠順服（Ubuntu）的女性之治療工作上，發現依據社會興趣與歸屬感的治療性介入特別有效（Brack, Hill, Edwards, Grootboom, & Lassiter, 2003）。Hill、Brack、Qalinge 和 Dean（2008）研究在南非一所 AIDS 治療中心工作的傳統療癒師（sangoma），發現傳統療法和 Adler 治療之間的相似處。在對亞裔美國人的治療工作上，注重其社會興趣與家庭環境同等重要，一如治療師需考量個案的社會與文化內涵（Carlson & Carlson, 2000）。在另一研究中，社會興趣的概念延伸應用至中國（Foley,

Matheny, & Curlette, 2008）。概以言之，測量社會興趣之 BASIS-A 測驗的五個分量表顯示，中國受試者看待生活品質的方式和美國受試者類似。Newlon 和 Arciniega（1983）討論了諮商師與治療師對多元文化族群，應該注意的一些社會議題。

1. 語言（language）：在家庭中，家庭成員使用母語及英文的流暢程度不同。注意個人所使用的語言、及語言對其所扮演的角色，在治療與諮商上會有所助益。

2. 文化認同（cultural identity）：一個人如何標記及看待自己會很重要。例如，一個亞裔美國人認同自己是美國人、亞洲人或日本人？

3. 家庭動力（family dynamics）：治療師與諮商師需要用更寬廣的眼光，看待少數族群的出生序議題。例如，在許多墨西哥裔美國人的家庭，叔伯、祖父母、堂兄妹或朋友，常扮演著養育孩子中很重要的角色。同樣的，在墨西哥裔美國人與美國原住民文化裡，相較其他的文化，長子被賦予照顧手足更大的責任。

4. 地理位置（geographical location）：個人居住與發展的鄰里或區域，在同一族群中也有所不同。例如，非裔美國人在美國南方成長，所接觸的文化與那些在西岸的自然有所不同。Newlon 和 Arciniega 表示：「少數族群家庭住在同一族群的區域看自己的文化，與住在和其他族群混居的社區很不一樣」（1983, p. 9）。

對社會脈絡的強調，提供 Adler 學派對不同文化族群了解的意義。Sweeney（2009）比較 Adler 學派治療及本書提及的其他學派，指出 Adler 學派治療對於文化議題更為敏銳之處。

 團體諮商與治療

Adler 學派在團體諮商與心理治療有各種模式，藉由教育性與創造性的方法，將 Adler 學派原理應用在不同團體上。Sweeney（2009）說明 Adler 學派團體治療的各種形式。典型的 Adler 學派團體，是生活模式團體。團體在其中可發展出一個微型的生活模式，包括家庭關係、手足間的比較與早期回憶。領導者及

或許有部分成員會摘要個人的錯誤知覺、可用的資源及目標。團體中可以討論每個成員的生活模式，以及個人信念與目標，成員彼此協助發展出改變的策略。在這樣的團體中，參與者可以做筆記，摘要記錄每個參與成員的生活模式。

Dinkmeyer 和 Sperry（2000）描述一個專門設計的「目的分析工作坊」（teleoanalytic workshop），藉由引發人們的社會興趣，以協助他們發展更有效的關係。這個工作坊結合了各種主題的演說，如社會興趣、生活任務與挑戰、鼓勵和勇氣。針對每一主題進行練習，協助個人增進溝通技巧。這些練習從團體中兩人一組開始溝通、到四人、然後八人，接著到整個大團體。每個練習包含「在團體中呈現出個人的能力、優先順序、自尊、家庭情境、家庭星座與個人可用之資源」（p. 231）。

Adler 學派治療師使用並修改 Moreno 的心理劇技巧。心理劇是一種採用演出的方式，協助個人解決他們的問題（Blatner, 2000, 2003）。一個導演或受過訓練的心理劇治療師，協助病人演出其問題情境或關係。其他人——病人（當事人）偶爾會實際參與——在心理劇中扮演角色。在這個過程中，病人在舞臺上四處移動，表演出病人生活上困難議題之情節。當他們演出時，看到問題就在他們的眼前表演出來，病人因此產生洞察、與面對議題的新策略。Shulman（1971）發展出 Midas 的技巧，在此技巧下，一個團體成員或領導者創造出一種個人理想中想要擁有的關係。在「行動治療」（action therapy）中（O'Connell, 1975），成員演出人們在團體中彼此支持並相互鼓勵，依此以建立自尊。這種社會互動的模式，刺激團體成員的社會興趣。

 ## 摘要

Adler 學派的心理治療與諮商，假設個人是大社會系統下的一部分，他們被視為是主觀與人本主義的。在某個意義上，Adler 學派的觀點是發展，個人的生活模式、對外在世界及自己的看法，在 6 歲前形成。人們會將他們認為是真實的觀點與信念表現出來。Adler 學派強調個人認知的本能，聚焦在人們與其所處社會互動下所具有之信念。

Adler 學派透過家庭星座、早年回憶與夢境的評估去了解病人。治療師常常透過施行問卷與訪談的方式，為病人進行生活模式分析，協助並鼓勵病人達成愛、工作、社交參與、自我發展與心靈發展的重要生活目標。

Adler 學派的治療過程（部分）被視為教育性的。治療師鼓勵與支持病人，去改正錯誤知覺與基本錯誤。藉由這樣的做法，病人學習與他們合作，並以各種方式貢獻社會一己之長。Adler 學派並發展出許多包括矛盾意向、按鈕技術與表現出彷彿等創新的行動技術。

Adler 學派重視教育，可以由他們參與兒童輔導中心、婚姻諮商與團體諮商中看出。Adler 學派比起其他大多數的心理治療系統，更著重在預防性目標，以協助人們在社會架構中能有建設性的運作。因為 Adler 學派是系統性的，他們使用與 Adler 理念一致的其他理論學派之治療與教育策略。同樣的，Adler 的理念受到其他多數理論家所青睞；遂在發展自己的理論看法時使用、借用或加以吸收轉化。Adler 學派對於社會邁向進步的愷切關注，永遠勝於建構自己的 Adler 學派思想。

存在主義治療

譯者：林延叡

存在主義治療起源於對人類及其存在的哲學之探討，它處理所謂的重要之人生課題。存在主義治療沒有特定的治療技巧和方法，比較像是一種對於生活議題的態度方式之呈現。議題包括了生存與死亡、自由、對自己和他人的責任、找尋生命的意義，以及如何面對無意義感。相較於其他學派，存在主義治療檢驗個人對於自我的覺察，以及如何跳脫眼前問題及生活瑣事，而處理人類存在議題的能力。因為個人無法離群索居，如何與他人發展真誠而親密的關係，是一個貫穿存在主義治療的重要核心。

首波存在主義治療者為接受精神分析訓練，但不滿於 Freud 所強調之生物驅力及潛意識歷程的歐洲精神科醫師。他們反而對於眼前的病人，以及發生在這些病人身上的問題更有興趣。他們將這些病人視為本來面貌，而非某個理論的延伸。受到十九世紀西歐哲學家的影響，存在主義治療者傾聽病人如何處理一些由寂寞、絕望、棘手的責任感、及對於死亡的懼怕而產生的焦慮。雖然我們也會提到一些特定的治療策略，但上述議題將是本章重點。

存在主義思想發展史

存在主義治療是從歐洲哲學家的早期論述中發展出來。最早的或許是 Kierkegaard 對於生命中的焦慮與不確定性的探討。Nietzsche 則闡述了主體性及權力意志（the will to power），使得存在主義的思維在十九世紀的歐洲廣為流傳。Heidegger 和 Jaspers 精細的存在主義哲學系統，使其發展更臻完善。法國哲學家 Sartre 則提出了一個較為悲觀的存在主義。此外，一些神學家將他們特定的觀點和存在主義哲學相結合。還有一些作家如 Dostoyevski、Camus 和 Kafka，則透過劇本、小說及其他形式的作品探討相關議題。

熟稔這些作家、神學家、哲學家的觀點，將有助於了解存在主義治療的思想基礎。一本近期出版的關於存在主義治療及哲學觀點的辭典，可供讀者大略了解重要的存在主義理論（van Deurzen & Kenward, 2005）。

存在主義哲學家

丹麥哲學家 Søren Kierkegaard 之所以被譽為存在主義之父（Lowrie, 1962），部分原因是由於他駁斥了 Hegel 所強調的人類理性。Kierkegaard 出生於 1813 年，享年 42 歲。他的著作包括了 *The Concept of Dread* 和 *Either/Or*，書中處理人類存在的衝突及問題。Kierkegaard 認為人們渴望如同天神般不朽，但是卻必須去面對存在只是暫時的事實。當情況允許，人們忘卻了存在的暫時性，而去鑽研瑣碎的生活事務。從青春期開始，人們漸漸覺察自己並非不朽，而必須面對因此引發的內心煎熬、憂慮及懼怕；Kierkegaard 對這些議題及其背後的哲學意涵很感興趣。他認為個體如果沒有經歷這些過程，只會活過而無法直接面臨選擇及自由的議題（Gron, 2004）。處理此一不舒服的狀態是成為人的挑戰，也是 Kierkegaard 的中心思想。

德國哲學家 Friedrich Nietzsche（1844-1900）則強調人類主體性的重要。他相信著眼於個人理性是有誤的，並認為人類本質中的非理性層面扮演著重要角色。他特別強調憤恨、罪惡感及敵意，這些人們欲壓抑之情緒的互動關係（May, 1958a）。Nietzsche 擔憂歐洲人會透過自我憎恨及攻擊性，而非創作的方式，表達那些受壓抑的本能。在他發展出的「超人」（superman）一詞中，Nietzsche 宣稱那些能夠允許自我發展出「權力意志」（will to power）的人具有創造力、活力及領導能力。而 Nietzsche 所謂的「權力意志」，代表個體能充分理解個人潛力及勇敢活出自身的存在。雖然 Kierkegaard 的觀點建立在神學，Nietzsche 的立論則建構在「生命趨力」（life force）之上，但兩者皆強調了個人的主體性及人類的非理性本質，這對其他的存在主義哲學家以及治療者產生了直接的影響。

由 Edmund Husserl（1859-1938）發展的現象學，也和存在主義治療的演變息息相關。對 Husserl 而言，現象學乃研究客體如何被人有意識地體驗。現象學的研究方法包括了直覺洞察或是全神貫注在一個現象或客體上、分析現象的各個層面、以及避免受到先前觀點的影響，以便使他人了解已被洞察和分析的現象（Schultz & Schultz, 2009）。心理治療及稍後會介紹的存在方法之心理學實驗中，均使用了此一方法。和現象學這個概念有關的是意向性（intentionality），意指將客體帶入心裡以便主動觀察環境的過程。現象學觀點對於許多完形主義（gestalt）及存在主義作家具有相當的影響力。

　　或許對於存在主義治療最具直接影響的哲學家是 Martin Heidegger（1889-1976），他繼 Husserl 之後，成為 Freiburg 大學的哲學系系主任。他撰寫的 *Being and Time*（1962）一書，在存在主義治療中具有特別的重要性。該書強調了對於存在的覺察，Dasein 一詞可譯作「存在 - 世上」（being-in-the-world）。Dasein 意指藉由檢驗自身、他人以及世界，而企圖維持高度的意識及獨特性。Heidegger 區辨 Dasein 和 Das Man 的不同，後者代表了傳統式思考或者只是被動地經歷那些動作。人們一旦覺察自身的存在不是自我選擇的結果，而是被迫接受之後，他們可能會因為面對一個無法理解且具威脅性的世界而感到絕望。如果他們的對應方式是接受傳統式思考及行為，他們就是「不本真」（inauthentic）。個人都是從不本真的狀態出發，但當他們逐漸接受死亡及虛無的不可避免性，而覺察他們的內心狀態及情緒之後，他們便向「本真」（authentic）的存在邁進。存在世上這個行為，不僅代表了個人有意識而主動地覺察自身生命，也代表了積極關懷這個世上其他人的需求及生活。

　　Karl Jaspers（1883-1969）原本是位執業的精神科醫師，日後他卻成為了一位哲學教授。他希望發展出一套哲學理論，以涵括和人類存在有關的所有議題。Jaspers 受到 Kierkegaard 關於人類境況之寫作、及 David Hume 關於如何理解知識之論述的影響，認為人性必須持續面臨的共同處境包括了死亡、折磨、掙扎、及罪惡感。Jaspers 相信我們必須藉由自我存在（being-oneself），來「超越」（transcend）這些處境。在自我存在的狀態之下，我們仰賴自我覺察及透過選擇及決定來肯定自我。這個狀態和客觀存在（being-there）一詞相對，客觀存在代表個人透過觀察及試驗去了解這個世界。自我存在的狀態則透過自我覺察及和他人溝通達成，溝通的方式包括討論、教育、政治等方式。

　　Jean-Paul Sartre（1905-1980）因為他的小說、劇本及其他寫作而聞名，他處理關於人類存在意義的議題。Sartre 認為沒有一個固有的理由解釋為什麼這個世界和人性應該存在，個體必須自己找一個理由。他認為人性即是自由，而個人必須在自我及環境的侷限下不斷作出抉擇；Sartre 認為自由乃是被給予的詛咒。Sartre 相信存在主義導向的精神分析，應該探討個體因無法覺察其最初選擇而造成的情緒問題。因為個人難以面對自身的自由和虛無性，治療師應當幫助病人面對類似於「我的生命之所以一團糟，是因為我的父母未婚懷孕生下我」的藉口。Sartre 強調無論一個人過去或現在為何，他（她）都能夠選擇改變。

不只哲學家對於存在主義思維的發展功不可沒，神學家的重要貢獻也不遑多讓，特別是 Martin Buber（1878-1965）對於存在對話的探討、Gabriel Marcel（1889-1973）對於信任感的論述，以及 Paul Tillich（1886-1965）對於勇氣的看法。Buber 融合猶太教哈西德派（Jewish Hasidic）的觀點與存在主義哲學，強調人際關係的不可分割性（betweenness）。如果人被視為一個人類個體，那麼不只有我（I），還有一個你（thou）存在。如果人被視為一個客體，這個關係就變成了我 - 它（I-it）。Marcel 則從天主教的觀點描述人與人之間的關係，且著眼於透過參與而存在的現象，也就是說人們透過愛、希望和信仰了解彼此，而非透過客體本身。基督新教神學家 Paul Tillich 最為人知的論點，乃是其對於勇氣（courage）的強調，其中包括了相信自己有能力引導出一個有意義的人生、及對於存在主義人生觀的了解和信念。這些哲學家強調了人與他人以及人與神之間的關係，這和 Sartre 對於存在意義的悲觀看法不盡相同。

一些著名的小說家及劇作家呈現了關於人類存在的其他負面觀點，其中最有名的包括 Dostoyevski、Camus 和 Kafka。俄國小說家 Fyodor Dostoyevski 在其著作 *Notes from Underground* 中，安排故事主角處理關於意識及覺察自身行為的議題。法國小說家及哲學家 Albert Camus 和 Sartre 相同，強調嘗試理解一個無意義的世界之荒謬性。更早之前，在 Franz Kafka 的作品中也出現過類似的觀點。他表現出絕望及令人挫折的情境，以質疑存在的無意義性。總括來說，這些具有存在主義思維的故事、小說及劇本，擴展了存在主義的哲學思維。

我們大略介紹了發展出存在主義治療的哲學基石，這些只是重要哲學貢獻的一小部分。由以上介紹可略見，存在主義之中有許多分歧的觀點。例如，神學家的樂觀論述，相對於一些存在主義作家的悲觀看法。另外，一些存在主義的跟隨者，對這些哲學家就存在主義產生了什麼影響，看法也大相逕庭。例如，Gelven（1989）認為 Heidegger 對存在主義的貢獻遠勝過其他哲學家，但是 Cannon（1991）卻認為 Sartre 的貢獻更為重要。然而，兩位早期的存在主義心理分析師 Medard Boss 和 Ludwig Binswanger，則相當仰賴 Heidegger 的存在主義哲學。

存在主義治療發起者

Binswanger、Boss 及 Viktor Frankl 使用存在哲學的觀點，是存在主義精神醫學的早期發起者。他們的著作並未闡明一個清楚的心理治療理論（van Deurzen,

2001）。其作品有時反而如詩且充滿寓意。他們關注存在的意義及其影響。接下來，我們將進一步介紹 Binswanger、Boss 及 Frankl 對於存在主義治療的貢獻。

瑞士精神科醫師 Ludwig Binswanger（1881-1966）對於 Freud 提出諸多關於個人驅力及動機的想法感到興趣，但是他更加受到 Heidegger 的存在 - 世上概念的影響。《存在 - 世上》（*Being-in-the-World*, 1975）一書中呈現 Binswanger 的一個主要貢獻，亦即他對於**基本意義結構**（fundamental meaning structure）的看法，這個概念指的是個人無須透過學習，即得以知覺其世界中之意義、及超越特定情境以處理生命議題的能力。這個得以知覺意義的普世能力又稱作**存在的先驗**（existential a priori），提供了個人發展生活方式及生命方向的機會。Binswanger 藉由關注病人對於世界及當下經驗的觀點，透過理解病人與其世界、與其相關的人、及與自己的關係，幫助病人理解自己行為的意義及成為他們本真的自我（Bühler, 2004）。

另一位瑞士精神科醫師 Medard Boss（1903-1990），對於 Freud 也知之甚詳，他甚至在維也納接受過他的精神分析。儘管 Boss 曾接受過好幾位精神分析師的訓練，他也受到 Martin Heidegger 的哲學思想的極大影響。其著作 *Psychoanalysis and Daseinsanalysis*（1963）融合存在主義與精神分析，書中列舉出幾項個人以不同程度整合在其存在 - 世上的普遍主題。Boss 強調，每個人必須共存在同一世界上並且和他人分享這個世界。如此一來，每個人以不同的開放性及明確性 [即存在的空間性（spatiality of existence）] 與他人產生關聯，並且在時間的脈絡下 [即存在的暫時性（temporality of existence）] 進行。個人的心理狀態決定他們如何與世界產生連結。例如，一個難過的人覺察不幸，而一個快樂的人則和關係中令人開心的事物同調。罪惡感是另一項重要的存在主題。罪惡感在我們作決定時產生，我們作決定時必然拒絕了其他的可能性。這些因為無法實現所有可能性而產生的罪惡感，將永遠無法消弭。例如，一個決定成為律師而非牧師的人，可能永遠無法和這個決定完全妥協。最後，因為人的生命有限，個人有責任充分利用生命。這些存在主題大大地影響了 Boss 對病人的看法及其心理治療工作。

Viktor Frankl 於 1905 年在維也納出生，其基本觀點雖然和 Binswanger 以及 Boss 一致，但他呈現並發展出不同的心理治療法。Frankl 和前兩者同樣受

到精神分析研究的影響，但是他在德國納粹集中營的經驗，即持續接觸到諸如罪惡感及生命有限等存在議題，影響了他對於存在主義治療的發展。Frankl 的重要觀念（Gould, 1993）涉及了個人的自由和對自我及他人的責任。意義治療（logotherapy）建立在個人最基本的驅力是去了解他們存在之意義的這個概念上。在 Frankl 廣為人知的 *Man's Search for Meaning*（1963 / 1992）一書中，對於意義治療法有清楚的闡述。在 *Victor Frankl － Recollections: An Autobiography*（1997）一書中，讀者也可在 Frankl 的生活脈絡中看到此一治療法。雖然 Frankl 使用了特定技巧，但他並不特別強調技巧，而是專注在處理那些著眼於價值的理解、生活的意義，以及時間對人的意義之存在性或靈性問題上（Hillmann, 2004）。*International Forum for Logotherapy* 期刊則收錄了有關意義治療之技巧、及 Frankl 對於存在主義治療看法的文章。

存在主義治療之近代貢獻者

幾位當代存在主義治療師將存在主題應用於心理治療的實務工作上。Rollo May 寫作超過四十年，他拓展了存在議題及存在主義治療的論述，其讀者群涵蓋一般民眾及專業人士。Irvin Yalom 和 James Bugental 的著書對於治療師如何將存在主題應用在心理治療實務上特別有助益（Krug, 2008）。Laing（1961）以及 van Deurzen（2001）則發展了一些獨到的概念。本章廣泛引用了這些當代存在主義治療師的著作及論述。

Rollo May（1909-1994）是最著名的存在主義治療當代作家，他受到 Binswanger 和 Boss 的概念影響，但對他個人及專業影響最大者，莫過於 Paul Tillich 所撰寫的 *The Courage to Be*（1952）一書。May 在其文章及著書中處理重要的存在主義議題，如焦慮、處理權力、接受自由及責任，及發展個體認同。其早期著作包括 *The Meaning of Anxiety*（1950, 1977）。他對焦慮感的熟悉不僅來自他的閱讀，也來自他因肺結核而住院兩年的經驗。May 在 *Man's Search for Himself*（1953）中寫到現今社會中人們遭遇的焦慮及孤寂。其編輯的兩本書（*May, 1961; May, Angel & Ellenberger, 1958*），對於整合相關的存在主義心理學及治療模式具有相當的重要性。由書名可見，在他的許多著作中戮力發展重要的存在主題：《愛與

ROLLO MAY

意志》（*Love and Will*, 1969）、《權力與無知》（*Power and Innocence*, 1972）、《勇氣與創造》（*The Courage to Create*, 1975）及《自由與命運》（*Freedom and Destiny*, 1981）。May 的後期著作之一 *The Cry for Myth*（1992），則合併其長期對於古典文學及存在主義的愛好。May 對於心理治療的論述涉及精神分析與存在議題。

　　或許對於存在主義治療最透徹且全面的論述，來自於 Yalom（1980）的著作。Yalom（1931-）表明受到許多存在主義哲學家及治療師的影響，他藉處理死亡、自由、隔離及無意義等主題，呈現了一個對於存在主義心理治療的深度論述。讀者可由其著作 *Love's Executioner*（1989）及 *Momma and the Meaning of Life*（1999）中的個案研究，了解他的治療模式。Yalom 撰寫的教科書頻繁使用臨床案例，加上他撰寫的個案研究，皆可幫助想將重心放在病人存在主題上的治療師。

　　另一位整理出存在主義治療模式的作家是 James Bugental（1915-2008）。他的著作著眼於幫助病人透過尋找本真性，而發展出對於自身存在性的了解（Bugental, 1978,1981; Schulenberg, 2003）。在他的論述中，他採取一個人文關懷的焦點，強調個人有強化他們的覺察及自我實現的能力。他提出的存在主題和 Yalom 的類似，但不全然相同（Krug, 2008），例如改變、無盡可能（contingency）、責任感及放棄（relinquishment）。Bugetal 所著的 *Psychotherapy Isn't What You Think*（1999）一書中詳述了他的治療模式，其強調於諮商過程中的當下（in-the-moment）經驗。

　　除了本章提及的美國存在主義作家，兩位英國存在主義學者也具有影響力。R. D. Laing（Cooper, 2003）基於尊重病患的存在主義哲學，為重度精神病患在英國建立了一個治療社區。van Deurzen（之前名為 van Deurzen-Smith）的著作包括了 *Paradox and Passion in Psychotherapy*（1998）、*Existential Counseling and Psychotherapy in Practice*（2001）及 *Psychotherapy and the Quest for Happiness*（2009）。她的著作在英國促成了一股對於存在主義治療的積極興趣，也就是英國存在主義心理治療學院（British School of Existential Psychotherapy）。

　　雖然這些哲學家及心理治療師對於存在的觀點容或有異，不過其中仍有許多共通性。在此章節中對於存在哲學及治療的討論，則呈現了大多數存在主義治療師共同關注的議題。

存在主義人格理論

　　存在主義心理學處理個人在形成、演變及成為的過程中，所遭遇到動態的、不斷遞嬗的變化過程。要真正地成為人，個人必須覺察自己的存在-世上，自問「我將會是誰？我是誰？我來自何處？」人類必須對自己的計畫和命運負責。存在主義關注在個人如何和客觀世界、和其他人類，以及和他們理解的自我產生連結。存在主義心理學強調時間——過去和未來——對於了解自己和周遭世界的重要性，但特別重視現在。焦慮導因於必須在一個可能常被視為具有敵意、冷漠的世界中作決定。本章出現主要的存在課題來自 Yalom 的理論，這些課題包括了：生與死；自由、責任與選擇；隔離與關愛；意義與無意義。個人是否誠實且本真地處理這些課題，將會影響他們存在的及心理的健康（well-being）。

存在-世上

　　有意識覺察自己以及他人的能力，使人類有別於其他物種。Boss（1963）及 Binswanger（1975）使用的 Dasein 一詞，英譯為存在-世上（being-in-the-world），指的是個人得以思考事件並賦予其意義的能力。這個概念也以為它-存在（being-for-itself）一詞，出現在 Binswanger 及其他學者（May, 1958b）的論述中，意指人們可以對許多事件作出決定或選擇。這些作家使用 "Dasein choosing" 一詞，意指「為自身存在負責並不斷抉擇的人」（the-person-who-is-responsible-for-his-existence choosing）（May, 1958b, p. 41）。May（1958b）使用「我是」（I-am）一詞，描述人類（human being）的完全意義。May 藉著一個接受治療四個月的病例描述這種經驗。這個病人是一個性工作者的私生子，在夢境中描述了「我是」的經驗：

　　我記得那天我走在一個貧民區的高架鐵道下，體驗到這個念頭——「我是一個私生子」（I am an illegitimate child）。在我試圖接受這個事實時，我記得汗水在極度痛苦中不斷冒出。然後我理解了接受「我是一個在擁有特權的白人中的黑奴」、或「我是一個在明眼人群中的盲人」的必然感受。稍後當晚我醒來，一個念頭襲來：我接受我是私生子的事實，但是我已經不是孩子了。所以這句話成了「我現在是私生的」（I am illegitimate），但這和「過去我是私生的」（I was born illegitimate）或是「我是私生子」這兩句話都不太相同。那還剩下什麼？剩下的是「我是」（I am）。一旦我接觸並且接受「我

是」，讓我體驗到（我想這是第一次）「既然我是，我就有這個權利繼續活下去」（since I am, I have the right to be.）。（May, 1958b, p. 43）

對 May 而言，這個具有影響力的「我是」經驗，乃是解決病人問題的重要前提。甚者，這是一個關於自我的經驗，與治療師的關係或與社會的聯繫沒有太大的關係。對 May 來說，這個「我是」經驗和自我（ego）的概念不同。自我是一個主體 - 客體關係裡的主體，不同於「我是」經驗的「我是個存在體，所以最重要的是我能知道自己是正在發生事件的主角」（May, 1958b, p. 46）。因此「存在」是個和自我發展不同的經驗。此經驗是一種關於存有或存在的科學——存在論（ontology）的經驗。

四種存在方式

存在主義學者區辨四種存在 - 世上的方式。人類同時存在 Umwelt、Mitwelt、Eigenwelt 及 Überwelt 這四種存在 - 世上之中。Umwelt 代表了生物世界或環境。Mitwelt 意指「連繫 - 世界」（with-world），且涉及人類關係的範疇。Eigenwelt 是「自己的 - 世界」（own-world），且指稱個人與自己的關係。Überwelt 則代表個人與靈性或宗教價值觀的關係。Binswanger 發展出前三種存在 - 世上的方式，近期 van Deurzen 則增加了最後一種。

Umwelt 是我們普遍對於世界、事物、環境及生物的看法。所有的動物和人類都有一個 Umwelt，其包括了驅力、本能及自然法則與週期，例如：入睡與醒來、活著與死去這些現象。Umwelt 是人類和動物「被拋入的世界」（thrown world）。無法掌控的因子的例子有風暴、洪水、疾病與老化。存在主義學者並不忽視 Umwelt，但是也不視其為唯一的存在方式。

Mitwelt 代表人類才有的相互關係（interrelationships）。動物界存在的交配或是群聚本能產生的關係屬於 Umwelt。對人類來說，與他人關係的意義視個人涉入此關係的程度多寡而定。如 May 所言：「關係的精髓在於交會（encounter）時雙方皆被改變」（1958b, p. 63）。May 指的是人類交會時對於彼此的相互覺察。當個人被物化（當成嘲弄或是性慾的發洩對象）時，這個人被去人化而視為工具（Umwelt），遂成為滿足另一人需求的方式。

van Deurzen-Smith（1997, 1998; Cooper, 2003）增加了 Überwelt 的概念，強調人類對於世界的信念之重要性。這些信念在本質上通常是關於宗教或靈性的。例如，戰爭的產生多由於信念的衝突，一如北愛爾蘭的天主教與基督新教的糾紛。Überwelt 是理想的世界，是個人希望世界變成的樣子。

「個人自己的世界」Eigenwelt 不僅是一個主觀的、內在的經驗；它亦是影響我們如何看待世界的自我覺察。「夕陽真美」這句話省略了「對我而言」、「我相信」或「我覺得」……夕陽真美。May（1958b）指出，一些東方語言，如日文，點名自己為對象（對我而言），西方語言則沒有此現象。的確，自我了解本身是一個難以捉摸的問題，意識或自我覺察也同樣難解。

> 這些現象和我們所有人幾乎時時同在；它們確實比我們的呼吸還更接近我們。但是，也許正是因為它們如此接近，沒有人知道在這些情況裡面發生了什麼事。（May, 1958b, p. 64）

Binswanger 與 May 對於精神分析及行為、認知治療的批評頗多，因為這些治療模式只處理 Umwelt 而非 Eigenwelt。強調這四種存在 - 世上的方式總是彼此相關是重要的。在每一個當下，個人存在於環境、人類關係、靈性價值，以及自我覺察裡。例如，當一個人吃飯時，他因為實際吃東西的行為而存在於生物世界。他也存在人際關係裡，因為如果和別人一起吃飯，他就和別人產生關聯；如果單獨吃飯，他就未和別人產生關聯。此外，他也可能在吃飯前禱告（靈性價值），並且覺察自己吃飯的行為。存在主義分析師能覺察存在 - 世上發生在時空的脈絡之中。存在主義作家對時間特別感到有興趣。

時間及存在

時間這個議題吸引了大部分存在主義作家的注意，許多人相信時間是存在議題的核心，這可從幾點切入。在 Umwelt 中，時間可視為「鐘錶上的時間」，或鐘錶、日曆上所指的刻度（May, 1958b）。在 Mitwelt 中，時間較不具備量化功能。例如，我們無法透過數字來測量某人如何關心另一人（如以他們彼此認識幾年來表示）。在 Überwelt 中，時間中也同樣較不具備量化功能，但差異在於每個人對其宗教或信仰系統不同的關注。在 Eigenwelt 中，時間和「鐘錶上的時間」幾乎

沒有關聯。當個人有洞察或自我覺察的時刻，此經驗是立即的且影響深刻的。

存在主義治療師重視未來、過去及現在。未來是指最近的而非距離遙遠的未來，它不允許個人逃離過去或現在。個人總是處於自我實現的過程中，而且朝向最近的未來時間點邁進。如果只聚焦在過去，這是為了專注在歷史及發展之上，此乃 Umwelt 的範疇。May 用這樣一句話說明過去與未來的關係：「病人能否憶起過去發生的重要事件，取決於他對未來所作的決定」（1958b, p. 70）。

Minkowski（1958）提到一個有趣的案例，案主是位患有精神病的 66 歲男子，他只能思考現在發生的事。因為無法思考未來，使得他產生焦慮與憂鬱。這個案例的一個不尋常之處是 Minkowski 和這個病人同住兩個月，所以他能進行密切的觀察。這名男子充滿被害妄想，並且覺得周遭的所有事情將置他於死地；他也相信所有事情是為他設計的，而且所有他用過的、接觸過的東西都必須要吃掉。例如，他將一個時鐘看成時針、秒針、彈簧、螺絲等部分，而他必須吃掉這些部分。Minkowski 將這個病人專注於現在而無法擷取未來的現象描述如下：

> 從第一天和這個病人相處開始，我便注意到這一點。當我抵達時，他說他晚上一定會死，整晚他便處於恐懼、無法入睡的狀態；同樣，他也讓我沒有辦法入睡。我那時這樣安撫自己，隔天早上他會發現所有的恐懼都是無稽之談。不過，隔天發生了相同的狀況，之後一天還是一樣，我在三四天之後終於放棄了希望，他的態度絲毫未變。到底發生了什麼事？我和他的差別在於我是一個正常人，能快速的從觀察到的事實中推演關於未來的結論。他只不過是讓相同的事實擦肩而過，完全無法好好利用而使自己與這個相同的未來產生關聯。我知道他會繼續這樣、日復一日地發誓他當晚會被折磨致死，然後他會繼續這樣下去，完全不去思考現在或過去發生的事。（Minkowski, 1958, p. 132）

Minkowski 指出這個病人的疾患是其中一種對於未來的迷惘態度，而妄想只是此態度中的一部分。此觀點和一般的心理病理論點不同，通常的觀點會認為病人因為妄想而無法處理未來。強調時間在心理治療中扮演的角色，是存在主義治療的一個重點。Ghaemi（2007）在對於躁症及憂鬱症的描述中，提及躁症代表時間加速、憂鬱症則是時間減速。因此躁症病患對其自身問題缺乏洞察，而憂鬱症病患通常能洞悉自身問題。Minkowski 提到的病人，就是對自身的問題缺乏洞察。

和時間這個概念相關的是心理治療的時機。Ellenberger（1958）描述了一個希臘字 kairos，這個字指的是一個預期疾病會改善或惡化的關鍵時間點。在心理治療中，干預（intervention）的發生時機可能是關鍵的。例如，一個因酗酒而飽受折磨的個案，可能只會在特定時機因為治療師對他（她）的建議或質疑而獲益。Ellenberger（1958）相信，如果治療師適當掌握干預發生的時間點，可能會產生「驚奇的快速療癒」（p. 120）。

焦慮

　　相較於大部分其他的心理治療理論者，May（1977）與其他存在主義學者更廣泛地看待焦慮，而且將焦慮主要分成兩類（May & Yalom, 2005）——正常焦慮與神經質焦慮。正常焦慮中的一個重要部分，也是存在主義心理治療師的關注焦點，即為存在焦慮（Cohn, 1997）。雖然焦慮有其生理機制，它衍生自存在的本質。個人必須面對周遭的世界，處理無法預知的力量（「被拋進的狀態」），然後大致來說發展出他們世界裡的安身立命之道。

　　對於 May 和 Yalom（2005）來說，正常焦慮和神經質焦慮的不同之處有三點。第一，正常焦慮符合個人當下在生活中面對的情境。第二，正常焦慮通常不會壓抑。例如，罹患重病可能使我們學會認命。第三，正常焦慮提供我們機會面對如死亡、責任及選擇等生命難題。

　　存在焦慮向來是多位存在主義作家關注的焦點。Tillich（Weems, Costa, Dehon & Berman, 2004）論及存在焦慮與憂鬱及恐懼的關係。Lucas（2004）視存在焦慮導因於個人無法在過去作選擇而產生的遺憾。這個遺憾可能促使個人因自我背叛而產生存在罪惡感。

　　相對的，神經質焦慮是對特定事件誇大或不適切的反應。例如，某人因為太害怕染病而在用餐前及用餐中洗手好幾次，就可能正在經歷神經質焦慮。這種焦慮是誇張的、具破壞性的，並且對病人不具有好處。甚而言之，病人可能壓抑了或許是焦慮源頭的恐懼。在這個神經質焦慮或強迫性精神官能症的例子中，也有存在主義的成分在其中。我們可以說這個人無法控制他對於疾病可能會導致死亡的焦慮。他衝動的洗手而不去處理生命的不確定。存在主義治療師則幫助病人發覺勇氣，面對神經質焦慮背後的存在議題。

生與死

關於生命，我們能確定的一件事就是它的結束。我們不知道將如何死去或能活多久，但死亡卻是不可避免的。個人可能會發現親密關係能減緩對於死亡的焦慮（Mikulincer, Florian & Hirschberger, 2004）。雖然對死的覺知可能導致個人產生絕望，但它也可以促使個人發展具開創性的生命（May, 1981）。Yalom（1980）關於癌症病人的著作，詳細描繪個人如何面臨即將到來的死亡。Yalom並未將討論侷限在成人上；他也引用了許多研究說明兒童如何透過否認處理死亡，如相信小孩不會死、將死亡人性化（「死神只抓壞小孩」）、將死亡看成暫時的狀態或等同於睡眠。

第二次世界大戰期間囚禁在集中營四年的經驗，給予 Frankl 對於死亡的獨到見解（Frankl, 1997）。每一天，他都面臨著生死交關的選擇。

這些經驗增加了 Frankl 對於生命意義的感激。他不將死視為威脅，反而視其為一種促使個人充分活出生命，及把握每個機會做有意義事情的動力（Gould, 1993）。因此，覺察死亡可以引發創造力及充分活出生命，而非恐懼及絕望。

在此例中，Frankl 在臨界狀態與死亡交鋒，這個危急的經驗迫使個人面對存在的狀態（May & Yalom, 2005）。在所有的臨界狀態中，死亡是最具影響力的。當個人被迫處理即將到來的自己的或是親近家人的死亡時，個人必須活在當下，且變得更能覺察自我及自身所處的情境。這個臨界經驗能提供個人深層的意義。

由於哀傷及哀傷諮商對許多諮商師來說是個非常重要的議題，許多書籍在此方面提供眾多觀點。Yalom（2008）在其 *Staring at the Sun: Overcoming the Terror of Death* 一書中，說明許多人如何面對生命有限、及死亡對他們的意義。*Existential and Spiritual Issues in Death Attitudes*（Tomer, Eliason, & Wong, 2008）共有十八個章節，其內容涵蓋針對死亡態度的研究，以及協助個人面對生死議題的諮商模式。而 *When Death Enters the Therapeutic Space: Existential Perspective in Psychotherapy and Counselling*（Barnett, 2009）一書，則著墨於諸如存在 - 世上、自由、時間、意義、本真，及孤獨等存在議題，對於心理治療的影響。

自由、責任與選擇

活出自己生命的自由向來亦連帶著責任。存在主義學者相信個人並非進入

或離開一個井然有序、有結構的宇宙（May & Yalom, 2005）。相反的，在追尋自由的過程中，個人必須對自己的世界、人生計畫及個人選擇負責。雖然自由（freedom）、責任（responsibility）與選擇（choice）這些詞彙可能一開始看起來無關緊要，但它們其實是環環相扣的。我們有自由選擇為自己生命負責的方式，並且含蓄地選擇對我們而言十分重要的價值。

雖然人類似乎會對自由賦予正向的價值，但 Camus 和 Sartre 對於自由則有一些負面的看法。他們認為個人必須對抗命運的極限，才得以擁有真正的自由。Sartre（1956）則認為人被咒予自由，他們必須對創造自己的世界負責，而這個世界則是建立在虛無且非實在的基礎之上。兩人在寫作中傳達出一種每個人必須靠自己、生命如履薄冰的感受。Sartre 相信是選擇使我們成為真實的自己。

責任（responsibility）代表擁有自己的選擇及真誠地面對自由。Sartre 使用歹念（bad faith）一詞，說明人是平凡、受限的。如果一個人說「我無法好好照顧我的孩子，因為我曾是受虐兒」或「因為我沒有唸明星高中，所以不能上好大學」，便是將自己的問題怪罪於另一人，而不去檢驗自身的侷限；這就是歹念的表現。從一個存在主義的觀點來看，那個因為衝動而不斷洗手的人，也可被視為受到歹念的影響。這種人選擇重複、衝動的行為，而不去處理疾病及死亡的意涵。責任也包括關懷他人，以及不將問題歸咎他人。

在討論自由（freedom）時，May（1969）使用願意（willing）這個概念，指稱責任被轉化為行動的過程。願意有兩個層面：發願（wishing）及決定（deciding）。May（1969）認為心理疾患是個人沒有能力發願，其中帶有空虛及絕望的意涵。存在主義治療師的部分任務就是：活化個人的感受，以便他們可以發現，然後實踐所選。

當人們表達出希望或心願時，她（他）們也必須選擇。這個過程可能導致恐慌或希望他人幫忙作決定的想法。當人們作出選擇（choices）時，她（他）們同樣必須接受這個決定的另種可能。如果美芬決定嫁給建宏而建立一夫一妻的關係，她必須接受停止和其他人約會的決定；如果她決定不嫁給建宏，那她必須處理可能因此導致的寂寞感。受到情境及個人實行益念（good faith）之能力的影響，因為作抉擇而須負的責任可能造成個人極大的焦慮。

隔離與愛

　　作為人類，我們獨自面對自身思緒，及檢視生命的過去、現在、未來的能力，即便是治療師或伴侶，也無法對我們有全面的認識（Cowan, 2009）。Yalom（1980）區辨出三種隔離：人際之間的、個人內在的、存在的。人際之間的隔離（interpersonal isolation）代表與其他人在地理上、心理上及社會上的距離。例如，患有精神分裂症的人因為缺乏發展關係的能力，而和其他人產生隔離。個人內在的隔離（intrapersonal isolation）則發生在個人因為使用防衛機轉或其他方法，以致無法覺察自己的希望，因而與部分的自我脫節。如果個人專注在自己應該做什麼事，可能會無法信任自我判斷能力，且無法覺察自己的能力及內在資源。存在的隔離（existential isolation）較前兩類隔離更為基本，它代表著與世界的隔離，包含深遠的孤單與隔離感。

　　Yalom（1980）藉著病人的夢境說明令人難以置信的、伴隨存在的隔離感而出現的孤獨及恐懼。

> 　　我在房裡，醒著。突然間，我開始注意到所有東西正在改變。窗櫺似乎被拉長然後開始扭曲變形，書架被壓碎，門把消失，然後門上出現一個洞，這個洞變得越來越大。所有東西失去了形狀而且開始融化。所有東西都不見了，然後我開始尖叫。（Yalom, 1980, p. 356）

　　Yalom（1980）用一句話描述這種來自於為自己生命負責而產生的隔離感：「一種身為自己的雙親的孤獨感」。成人必須靠著自己的力量照顧自己，並且給予自己來自雙親般的指引。

　　面對死亡時，個人會產生強大的存在的隔離感。經歷一場重大車禍，可能會是引發存在的隔離和恐懼感的極端經驗。徹底的孤單及無助感，會產生一種使人恐慌的「虛無感」（nothingness）。

　　擁有愛的關係是連接存在的隔離感的一種方法。Buber（1970）強調「我 - 你」（I-thou）關係的重要性。在此種關係中，雙方能充分體會另一方的經驗。Yalom（1980）提醒，此種關係必須不是建立在彼此的需求之上。關懷應該是互相、主動的，而且是一種能徹底體會另一半的方式。Yalom（1980）提到融

合（fusion）的概念，說明個人如果在關係中失去了自我感，融合便會發生。為了躲避存在的隔離，個人可能會仰賴另一個人而獲取自我感。「我 - 分享」（I-sharing）是個正向的概念，能夠創造出親密感（Pinel, Long, Landau, & Pyszczynski, 2004）。「我 - 分享」意指，當雙方在某一刻擁有相同的體驗時，聯繫感或是對彼此的喜愛程度便會增強。這創造了與存在的隔離相反之存在的連結（existential connectedness）感。

意義與無意義

　　人在一生中的不同時間點上，可能會因為生命意義的問題而感到困擾。我為什麼在這裡？生命中有什麼是有意義的？生命中有什麼事讓我感到有目標？我為什麼存在？May 和 Yalom（2005）指出，人類需要擁有對於生命的意義感。意義感使人能夠理解發生在個人或世界上的事件，它也提供方式發展出人們如何生活以及希望怎麼生活的價值觀。

　　Sartre、Camus 及其他學者撰寫關於生命的荒謬性，並且充分處理關於無意義性的問題。其他學者，如 Frankl（Hillmann, 2004）則專注在發展及搜尋個人生命裡的意義之重要性。Frankl 擔心人們不關心蘊含在生命中的、或物質生活之外的靈性價值。

　　Yalom 發現那些重病患者發覺到的生命意義，反而遠大於他們在得知患病之前所擁有的。底下是 Yalom 的一個病人在面對死亡時發現意義的例子。

　　伊娃，一個在五十多歲時死於卵巢癌的病人。她活出特別充滿生命力的人生，其熱心公益之善行總能提供她對於生命的強大使命感。她用相同的態度面對死亡。雖然這樣的說話我覺得有些不妥，不過她的死亡可歸類成好的死亡。幾乎所有在最後兩年和伊娃有所接觸的人，都因為她而獲益良多。最初發現自己的病情、知道癌細胞開始擴散，或是癌症末期的實情時，她先陷入絕望的情緒，但是很快便恢復，繼續從事助人的活動。她在一所罹患重大疾病的兒童醫院當義工。過世前，她仔細地檢視每個慈善機構，以便對於如何分配她的遺產作出最好的決定。許多老朋友在她罹癌之後，便避免與她來往。但是伊娃逐一地找來每個人，告知她能體會這些人疏遠她的原因，而且不會因此怨恨他們，但是如果他們願意一起談論對她的想法，可能會對他們在面臨自己的死亡時有所幫助。（Yalom, 1980, p. 432）

自我超越

　　人類的存在本質，是能夠超越眼前的處境及自我利益，以便追尋那些超越自身的事物（May, 1958b; Yalom, 1980）。Buber（1961）寫到，雖然人類從問自己要什麼、什麼事情對自己有意義這些問題開始，他們不應該就此自滿，而必須忘卻自身並融入世界。Boss（1963）評論個人因為能夠了解自己的生命而且為此負責，而有能力超越眼前的處境。藉著使用想像力和創造力，個人超越自身需求得以覺察他人需求，並且展現合宜舉止。人類可透過想像力超越時空限制。我們可以幻想自己處於西元前 100 年的羅馬，或是西元 3000 年的某個遙遠銀河系。我們也可以超越自己，並且透過其他人的觀點去體會他們可能經歷的苦難或喜樂。如 Kierkegaard（1954）所寫，想像力是個人最重要的能力，能幫助個人超越自己並且反省自身及體會他人生命。

　　有一些例子可說明人們如何超越自己。例如，新聞有時候會報導一些捨己救人的事蹟。Yalom（1980）舉例說明一些人在了解自己患有重病後，不但不專注在自己的病情上，反而超越自我需求，去關心或幫助其他處於困厄中的人。Frankl（1969）相信為了自我實現，我們首先有必要超越自我。對 Frankl 而言，人類可獲得的靈性（noölogical）層面來自於自我超越。這麼一來，人們超越生物及心理層面的自我而發展出的價值，必定會實現生命的意義。唯有當人們超越自我時，才可能成為真實的自我。

汲取本真性

　　通往本真性的旅程是許多存在主義治療師的關注焦點（Craig, 2009）。本真性（authenticity）指的是「核心的真摯及對存在的覺察」（central genuineness and awareness of being）（Bugental, 1981, p. 102）。本真性包含了願意面對人類存在的限制。和本真有關的議題包括道德抉擇、生命意義及做人。

　　Kobasa 和 Maddi（1977）藉著比較本真的與不本真的人們的價值、經驗、社會互動、思想與感受，解釋本真性的概念。本真的人擁有自己的價值和目標；不本真的人可能會依照旁人的價值而設定目標，較沒有意識到對他們而言什麼是重要的。在社會互動中，本真的人是以親密感為導向，不本真的人比較關心膚淺的表象關係。更廣泛來看，本真的人關切其所屬的社會及如學校、慈善團體等社

會機構，不本真的人比較不會關心這些事情。本真的人能自我覺察，且比起不本真的人對於改變較有彈性且開放。本真的人因為自由、責任、死亡、隔離及意義等議題而經驗到存在焦慮（Craig, 2009）。相對的，不本真的人因為錯失機會而感到罪惡，並且因為沒有勇氣作出改革或有風險的決策而心生膽怯。雖然本真的人可能經驗到產生焦慮的存在危機感，不本真的人更有可能產生心理病徵以及不健康的危機處理方式。因此，本真的人能誠實覺察自己，並藉由直接經驗和應對的模式，來應付存在主義問題及危機。

本真性及相關價值的發展

因為個人的存在是存在主義作家的主要焦點，是故他們並未投入太多心力論述本真性及相關價值的發展歷程（Baum & Stewart, 1990）。不過，May（1966）描述了存在覺察的四個發展階段。第一個階段是嬰兒的純真和對經驗的開放性。第二，在 2 至 3 歲時，兒童對於周遭世界的價值有了反應，特別是對於他們的父母。兒童對於父母的行為可能做出接受、索求、違背或利用等反應。第三個階段是意識到自己是個個體。第四個階段則是超越的意識，個人在這個階段能跳脫自身的眼光，而從另外的角度去覺察他們的世界及他們如何與世界產生關聯。父母親不是透過放縱，而是經由鼓勵獨立和實現自我目標，以幫助孩子發展價值及自我依賴。過分依賴父母可能導致融合（fusion），並且難以發展出自我超越。類似的，Frankl（1969）知曉青少年需要獨立並發展出自己的價值觀，縱使這些價值觀可能和他們父母親的有所衝突。如此一來，他們可發展出本真性──一種真正的誠摯及對自己生命的覺察。

存在主義治療直接處理焦慮、生與死、自由與責任、隔離與愛，以及意義與無意義這些議題。正是這些議題，而非特定治療技巧，對於幫助病人發展出本真性是非常重要的。

 # 存在主義心理治療

因為存在主義心理治療處理存在相關的態度及主題，因此會將治療目標鎖定在某些議題上，如怎麼發現生命意義或使命、或是如何充分經驗個人的存在。

雖然有時候會使用衡鑑工具（稍後會提到），但治療師大部分是透過治療關係評量重要的存在任務和主題。在幫助個人的過程中，存在主義治療師處理可能會干擾與個案發展出真實關係的抗拒及移情。存在主義治療師可能會針對重要的存在主題採取不同的策略，例如，處理他人的死或自己並非不朽的事實。同樣的，個案因為有自由決定自己的生命要怎麼過，而必須與隨之而來的選擇與決定搏鬥。努力去適切地愛人及和他人建立親密關係，相對於與孤寂和隔離搏鬥，是存在主義治療師希冀透過與個案建立的關係而去探討的主題。發現生命的意義並且能夠本真地愛人也是相關的議題。在這個段落裡，我們將討論存在主義治療師如何處理這些主要的存在議題。

存在主義心理治療的目標

本真性是心理治療的基本目標。在治療過程中，個案學習到生活如何並非完全的本真，以及他們必須做什麼事以追求生命的最高潛能（Cooper, 2003; Craig, 2009）。如同 Frankl 所說：「個案必須發現存在目標並且追隨之。治療師則必須幫助他們獲得最大的動力」（1965, p. 54）。當個人覺察到生命中有一個追求的目標，他比較能夠因此實現重要的價值。類似地，van Deurzen-Smith（1998）相信心理治療的目標是幫助個人變成本真的，並且發覺他們在什麼情況下欺騙自我。治療應該幫助個案了解其信念和價值、對自己有自信，並且按照自己想法作決定以便引導出生活的新方向。經由心理治療，當個人能重新透過興趣、想像力、希望及快樂來看待生活，而非透過絕望、無聊、憎恨和執迷，一種對於生命的活力感便會油然而生。

對 May 而言，治療的目標是「個人經驗到其存在是真實的（his existence as real）」（1958b, p. 85）。治療的焦點不在於治癒病徵，而是幫助個人充分地經驗其存在。另一種說法是神經質的個人過分關注其生物世界（Umwelt），因而無法關心其自我世界（Eigenwelt）。據此看法，心理治療的目標是幫助個人發展他的自我世界，並且不受到治療師的自我世界的牽制。當病人經驗其自我世界時，治療師必須相隨其左右。May（1958b）在了解病人的過程中不問「你好嗎？」而是問「你現在在哪？」May 欲理解的不只是病人如何感受、如何描述他們的問題，而是病人脫離自己多遠。病人是不是面對他們的焦慮，或者在逃離自己的問題？May（1958b, p. 85）指出，為了減輕焦慮，人們往往容易專注在行為機制而非實

際經驗上。例如，一個具有空曠恐懼症的病人（害怕離開家或是去公共場所），可能會描述他在離開家時所產生的生理上的焦慮，以及他可以離家多遠，而不是去注意因為他的限制所體驗到的整體絕望及焦慮感。雖然治癒空曠恐懼症的症狀，可能是存在主義治療的副產物。但存在主義主要治療的目標，還是使個人經驗自己的存在且變成充分地活著，而非適應或服膺社會的期待。

存在主義心理治療及諮商

　　一般而言，存在主義治療師和諮商師之間沒有太大區別。雖然 May 的著作多是關於存在主義心理治療，但他也撰寫關於存在主義諮商的文章（May, 1989）。存在主義治療師的文章，似乎透露出諮商比治療短期且也較不密集（一週一次，而非兩次或三次）的訊息。甚者，諮商可能會專注在一些特定的議題，如哀慟親友逝世或面對自己的死亡。不過，這可能是武斷的區分方式。無論被稱作治療、諮商或分析，存在主義治療師的實務工作關切存在主題。死亡、自由、責任、隔離及無意義這些議題，比起使用在這些議題上的技巧或治療方法來得重要。這些通常是諮商師或治療師對於自身存在的反思結果，其包括了治療師個人的經歷及專業訓練。

衡鑑

　　存在主義心理治療師並不注重診斷的類別（DSM-IV-TR，美國精神疾病診斷與統計手冊）及特定的困擾行為，他們比較關心存在主題。在最初的問題呈現時，治療師聆聽那些關於責任、生命有限、隔離及無意義的議題。之後，他們可能會經由病人分享的夢境，做出類似的關於存在議題的衡鑑。再者，有些治療師會使用一些特別為了評量存在主題而設計的客觀性測驗。

最初的評量　並不是所有的個案都適合存在主義諮商或治療。那些希望從治療師獲得建議或忠告的人，可能會對存在主義治療的模式感到挫折。如果個案希望獲得一些減輕生理壓力的協助，但不希望關注在導致這些壓力的較廣泛的議題上，存在主義治療並不適合他們。藉著聆聽關於隔離、無意義、責任、生命有限這些主題，治療師判斷哪些議題需要進行治療。再者，治療師評量個案的本真性——亦即個案對自己的問題及該負的責任的自我覺察程度。治療師必須評量個案能否充分地投入治療，並且誠實面對生命議題（van Deurzen-Smith, 1995）。治療師將

藉此幫助個案適時地作出符合良心的決定（van Deurzen, 1999）。

夢境評量　對於存在主義治療師而言，夢境和清醒一樣，是一個存在的或存在-世上的狀態（Cooper, 2003）。雖然人在清醒生活中的事物是相連的、且可和他人分享的，但在夢境中有一些事件並非彼此相連，且對作夢者具有特殊意義，能開啟對此作夢者的存在的了解（Cohn, 1997）。Boss（1977）覺得夢境能協助了解清醒的經驗，清醒經驗也可幫助了解夢。此外，重點是個案在夢境中的經驗，而非治療師的詮釋。

在傾聽這些夢境時，存在主義治療師特別洞察超越個案的意識經驗，並且揭曉其他層面的存在主題。在和布蘭姐的治療過程中，van Deurzen-Smith 專注於決定夢的關鍵意義。在夢中，布蘭姐奔跑越過一片深度及膝的雪地，而背後有一群野狼正在追她。她在這個夢之後又作了另一個夢。

在與布蘭姐的治療過程中，van Deurzen-Smith 常常使用夢境資料，來評量對布蘭姐而言重要的存在主題。

Yalom（1980）描述了一些研究，說明一般人及那些近期經歷過親友逝世的人，夢見死亡的頻率很頻繁。對許多人來說，夢見疾病、夢見被持有武器的人追、或是經歷生死交關的風暴或火災並非少見。對於存在主義治療師，這通常是個討論死亡和生死主題的機會。

客觀性及投射測驗的使用　雖然大多數的評量工作建立在治療師及個案的互動上，某些存在主義治療師的確使用投射及客觀性測驗工具進行衡鑑。一些治療師使用羅夏克墨漬（Rorschach）及主題統覺測驗（Thematic Apperception Test, TAT）以評量存在主題。例如，Murray 的主題統覺測驗（1943）評量對於謙讓、歸屬、支配及玩的需求，這些需求和存在主題有間接的關係。

和存在概念有較直接關係的是測量特定主題的客觀性測驗。生命目的量表（Purpose in Life Test, PIL; Crumbaugh & Henrion, 1988）建立於 Frankl 對於生命的無意義性的概念，共有 20 個項目，調查個人關於生活目標、世界及死亡的看法。經驗量表（Experiencing Scale; Gendlin & Tomlinson, 1967）則測量個人主動地體驗感受及擁有本真的自我覺察的程度，用以評估個案對於治療過程的承諾及投入。Templer 的死亡焦慮量表（Death Anxiety Scale）包括了一些關於癌症、

心臟病、戰爭等項目，反映了文化及個人觀點（Beshai & Naboulsi, 2004）。Silver Lining Questionnaire 測量人們對於疾病抱持的正向態度是否為虛幻，抑或真能促進存在主義層面的成長。Sodergren、Hyland、Crawford 和 Partridge（2004）已驗證此量表之有效性，而其因素結構也獲得研究支持（McBride, Dunwoody, Lowe-Strong, & Kennedy, 2008）。大致來說，這些量表比較能應用於存在主題的實徵研究上，而無法使用於心理治療。

治療關係

存在主義治療的焦點在於，兩個個體在治療過程中一起存在 - 世上。這個本真的交會包括了治療師和個案發生在當下的主觀經驗。Yalom（1980）將治療師對病人的態度稱之為治療之愛，這對於其他的治療議題，包括移情及抗拒，是相當重要的。存在主義治療過程中的治療師 - 病人關係是個主要焦點，會因為不同的治療師而有所變化。例如，Bugental（1987）提出一個治療模式，以發展、深化與個案的關係，及探索個案內在自我為主。之後的段落將更深入描述這些議題。

治療之愛　治療關係是一個我 - 你關係的特別模式（Buber, 1970）。Yalom 稱這種關係為非互惠的「關愛友情」（1980, p. 407）。換句話說，個案可能會對治療師有各種不同的感受，治療師必須努力地發展真誠而關懷的互動，不讓治療師的個人需求限制了個案的成長。就某方面來說，治療師是同時處在兩個不同位置，一方面對自己保持本真，另一方面本真地對個案開放（Buber, 1965; Yalom, 1980）。

藉著真正地關懷個案，治療師幫助增加個案和治療師間的親密感。縱使個案可能變得憤怒、產生攻擊性、不真實、自戀、憂鬱，或在其他方面表現得不討人喜歡，但治療師應保有對個案的本真關愛（Sequin, 1965）。當治療關係逐漸發展起來，個案進入真實開放並和治療師分享的氛圍中。Bugental（1987）舉了個例子說明，當治療師的確是本真時，親密的分享便能發生。在這個例子中，一名個案——貝蒂，探索來自與父親關係的痛苦，而此痛苦隨著她的年紀增長而產生了改變。

個　案：我知道我一直提到父親在我 7 歲生日送的那個吊飾，而且雖然我不知道到底它代表什麼意義，但是我今天又想到了這件事。

治療師：嗯嗯。

個　案：我今天戴著這件吊飾，看到了嗎？（吊飾掛在她頸上，她將它拉近治療師）

治療師：對。看起來很好。

個　案：我知道這只是一個給小孩子的禮物，但是……（啜泣）。

治療師：但是？

個　案：但是它對我而言意義重大。（仍在啜泣）它……似乎……

治療師：嗯嗯

個　案：似乎他……（嗚咽）……那時愛我。他那時候愛我。我知道他曾經愛我（哭泣不止）。

治療師：他那時候愛你。

個　案：對，他那時候愛我（哭泣漸止，聲音變弱，稍回神）。但是那時候我……那時候我……我做了什麼？我做了一些事，所以他不再愛我而且變得一直生氣。我做了什麼？（再次哭泣，抗議的語氣）

治療師：（低聲，專注）你做了什麼讓他不再愛你？

個　案：（停止哭泣，眼神失焦、思索）對……（深深地思索）對。那是什麼？我做了什麼？喔！

治療師：（沉默，等待）

個　案：我想我知道（再次啜泣，表情悲苦）（停頓，很難覺察除了內在思緒及情緒以外的事物）。

治療師：（沉默，呼吸漸慢）

個　案：（安靜地、沉穩地、悲悽地）我知道，我變成了一個女人！

　　當下，貝蒂內心開啟了一扇門。而她變得能夠覺察許多過去已知道，但是很長一段時間不讓自己看清的事。這個內在的覺察如此巨大，以致無法簡化成言語。在那個擴展的內在視野裡，出現的是治療／成長的動力。在此覺察的當下，好一陣子是不需要言語的。治療師和個案在情緒上非常靠近；他們的頭和身體靠近彼此；雖然他們身體沒有碰觸到彼此，但是在內心可能已經接觸到了。此即為真實親密感的展現。（Bugental, 1987, p. 44）

抗拒　從一個存在主義的觀點來看，抗拒此一現象發生在當個案不願負責任、疏離自我、未覺察自我感覺或是不以本真態度對待生活時。抗拒很少是針對治療師

而來，它是一種對於不勝負荷的威脅、不正確的世界觀或自我觀的處理方式。抗拒展現的不只是個案的恐懼，還包括了他們如何勇敢地面對自己及周遭世界。抗拒透過個案在治療過程中的抱怨、無病呻吟、談論不重要的事物、和治療師調情，或是其他不本真的行為而顯現出來。治療師試圖和個案建立真實及親密的關係，當個案在這些議題上掙扎時提供支持（van Deurzen, 2001）。Schneider（2008）認為抗拒限制了可能重要的個人資訊。他以謹慎、試探或間接的方式探討此議題。例如，謹慎的一種詢問法：「不知道我現在這樣的做法是否有點太急了」（p. 77）。

移情　如同 Cohn（1997）指出，太過專注在移情關係，會影響和個案的本真關係。Bugental（1981）發現某些抗拒是「透過移情表現出來」（p. 145）。他認為能夠發現個案什麼時候將注意力，明顯地或隱諱地轉移到治療師身上，是很重要的。例如，如果個案不尋常地持續讚美治療師對他（她）的幫助時，治療師可探討此行為有多少程度是因為個案和父、母親之間的問題而產生。接著，個案和治療師才可能有效地發展出真實及本真的關係。如此一來，治療師專注在治療當下，而非如同精神分析師將精力專注在潛意識內容（Davis, 2007）。

治療過程　在整個治療過程中，存在主義治療師充分地與個案同在，並且進行互動。如果他們開始覺得無聊、期待晤談趕快結束、或是失去焦點，此時治療師無法和個案本真的交流。雖然存在主義治療師皆同意本真治療交流的重要性，但對治療師而言，限制個案發展出本真性的問題各有不同，這個過程如何進行則因人而異。當在處理這些議題時，倘若能幫忙個案充分發展自我的本真感受，治療師可能會揭露自身感受及經驗。在邁向本真性的過程中，治療師探索重要的存在主題，例如：生與死；自由、責任與選擇；隔離與愛；意義與無意義。

生與死

　　Yalom 觀察到「死亡焦慮和個人對於生活的滿意度有著反比關係」（1980, p. 207）。當個人本真地活著時，她（他）對於死亡的焦慮和恐懼便減少。Yalom 提出否認或避免面對死亡的兩種方式：相信自己的特殊性，或是相信最終的拯救者會將自己從死神手中救出。知悉這些議題，能幫助治療師處理關於生命有限的議題。這些議題可能會直接衝擊處在哀慟階段的人、面臨死亡的人及曾經試圖自殺的人。這個段落將會描述存在主義治療師如何處理這些議題。

Yalom（1980）說明了個人試著要證明他們是不脆弱的、不朽的、不死的許多方式。自戀（narcissism）的概念強調了個人的特殊性，以及相信自己不會受到疾病及死亡的侵害。面對死亡可能是漸進的或是突如其來的。

> 珍患有乳癌，癌細胞已擴散至腦部。醫生警告她隨時可能癱瘓。她聽見了醫生的說詞，但是內心深處覺得這個可能性不會降臨在她身上。最終，當殘酷的疲弱及癱瘓降臨時，珍突然了解自己的「特殊性」只是個迷思。她學習到死亡沒有「例外條款」。（Yalom, 1980, p. 120）

另一個對於自己生命有限的防衛是相信會有拯救者。當病人得了重病時，他們必須面對沒有人能拯救自己的事實。通常，他們可能會對沒有辦法展現神奇醫術的醫生感到挫折甚至憤怒，他們也可能無法相信醫生會讓自己失望。「最終拯救者」的其他例子，包括那些為了其他人而活的人：配偶、父母或手足。他們將所有精力投注在一個當親人死亡時無法拯救他們的關係上。

治療師常見的治療任務是處理哀慟的議題。失去的可能是父母、配偶、子女、朋友或寵物。存在主義治療師開放地處理哀慟，以及如矛盾、罪惡感或憤怒的情緒。再者，Yalom（1980）描述個人在處理摯愛的人死去時，如何面對自身的死亡。往往夢境呈現的不只是摯愛的人的逝世，也包括對於自身死亡的懼怕。在處理死亡的過程中，治療師必須覺察自己的信仰系統及自己的恐懼和焦慮。如果治療師選擇否認自己關於死亡的焦慮，他在和個案互動的過程中，很有可能會避免談論死亡。

有自殺傾向的病人，是可能選擇死亡勝過活下來的人。van Deurzen-Smith（1988）舉例說明17歲的蘇珊服用過多的安眠藥，她覺得被誤解、沒有人相信，以及沒有希望。van Deurzen-Smith 看出蘇珊的自殺企圖之中的勇氣，而非從懦弱的角度切入。蘇珊肯定這個舉動，並且覺得那些低估她的企圖的重要性、覺得她可憐、或是教訓她的人冒犯了她。van Deurzen-Smith 的方式幫助蘇珊面對自己的存在。

治療師採用一種關懷的，但是直率的方式，去面對蘇珊的生命與死亡。她幫助蘇珊對於自己活下去及死去的權利負擔完全責任。此例中，治療師和個案對待生命與死亡的態度是重點，特定的技巧則不是那麼重要。

雖然 Yalom（1980）傾向直接處理個人的議題而非使用技巧，但現今卻有許多團體技巧和活動能幫助個人覺察自身的有限生命。例如，引導式幻想（guided fantasies）讓成員幻想自己的死去及葬禮，可能有所幫助。其他的活動包括了和年歲已高或是患有重病的人聊天，或是撰寫自己的訃聞或碑文。無論使用什麼方式，只要這些方法能幫助個人面對關於死亡的恐懼及焦慮，就能幫助他們發展更圓滿的存在 - 世上的經驗。

自由、責任與選擇

在諮商及心理治療中經常出現的主題是個案必須作的選擇及決定。存在主義治療師視個案被拋入這個世界，且擁有機會作具有目標及負責的選擇。存在主義觀點允許個案體驗他們存在世上的自由及其隱含的責任。

自由 存在主義治療師視自由為改變、遠離自身問題，及正視自己的契機（Fabry, 1987）。儘管過去或許發生不幸（如兒時受虐、創傷、財務危機等），但個案有自由改變自己的生命，並發現生命意義（van Deurzen, 2009）。這也是為什麼許多存在主義治療師偏好著重在當下，而非挖掘個案的過去。他們可能會談論過去如何影響現在，但是焦點在於個案有自由作改變。雖然這可能是個雀躍的話題，但是有作改變的自由也可能令人懼怕。例如，Yalom 描述邦妮在她二十年處處受限的婚姻中，丈夫替她作所有的決定。她懼怕孤單。

> 雖然丈夫處處都要限制她，但她一如自己所言，偏好婚姻的囚禁勝於流落街頭的自由。她說，如此，她將什麼都不是，只是個被驅逐的人，一個如同在不幸女子軍團中尋找偶爾落單的男子的女兵。光是在晤談的這一個小時，要求她去想像與丈夫分開，就足以引發出嚴重的焦慮性過度換氣症。（Yalom, 1980, p. 139）

青少年抱怨家庭，並抱怨缺少自由，無法想來就來、想走就走，且沒有辦法抽菸等，這並非不尋常的現象。存在主義治療師幫助青少年發展能力來作自己的決定，而非強調他們感受到的限制，並幫助他們發展自我肯定（van Deurzen, 2001）。

責任 自由帶來了責任（Schneider, 2008）。個案為自己及為他們當前情境負責的

意願程度不一。個案可能常常因為自己遭遇的困難而抱怨父母、上司、配偶或其他人。為了幫助個案變得更負責，治療師會假定個案自己創造了這些壓力。心理治療的進展在於，個案能認清他們在問題中扮演的角色，並且停止抱怨父母、配偶或其他人。治療師在適當的時間點提出關於責任的看法，在心中謹記適當時機或契機（kairos）（Ellenberger, 1958），也就是關鍵的干預時間點。

在與蓓蒂的治療過程中，Yalom（1989）發現自己開始覺得她有點無趣及討厭。蓓蒂是一個過度肥胖、孤單的 30 歲女性，她不斷地將問題歸咎於外界環境。她抱怨工作、枯燥的加州文化、人們對她肥胖的態度，以及因為遺傳性肥胖而無法減重的問題。她會在一個小時裡面抱怨、說故事，以及試著提出客觀因素說明她為什麼覺得沮喪。但是她呈現出的是一個開玩笑般、虛假的歡樂外表。以下關鍵的干預過程說明 Yalom 甚至是在蓓蒂有所抗拒時，持之以恆地挑戰她的偽裝、拒絕為自己的狀況負責。

「我覺得妳所說的開心、或寧願假裝出來的開心是件很有趣的事。我認為妳下了很大的決心，和我談話時一定要表現得開開心心。」

「嗯嗯……有趣的理論。華生醫生。」

「在我們第一次會面之後妳就是這個樣子。妳告訴我的是一個充滿絕望的生活，但是妳描述的方式是一種雀躍的『這樣不是很好玩嗎？』的方式。」

「我就是這樣的人。」

「當妳保持那樣子開心的狀態，我無法看見妳正在受的苦痛。」

「這比起沉溺其中好吧！」

「但是妳是來這裡尋求幫助。為什麼有必要逗我開心？」

蓓蒂臉紅了。她似乎因為我的面質而躊躇，且開始縮回自己的身體裡。她用一條小手巾擦拭額頭，她在耗時間。

「蓓蒂，我今天會很堅持。如果妳停止試著逗我開心，會發生什麼事？」

「我不知道開心有什麼錯。為什麼要把每件事情看得那麼……那麼……我不知道。你總是那麼嚴肅。另外，這是我，這就是我的樣子。我不確定我知道你在說什麼。你說我逗你開心是什麼意思？」

「蓓蒂，這很重要，這是我們談到現在為止最重要的事情。但是妳是對的。首先，妳已經了解我的意思。妳可以接受嗎？如果從現在開始到最後的治療結束，我會在妳逗我開心的時候打斷妳並且指出來？」

蓓蒂同意了，她幾乎無法拒絕我。現在，我手上有了一個強力的調停機

制，允許我能夠在她咯咯笑的時候、裝聲音講話、試圖逗我開心或輕描淡寫而岔題時，即時打斷她（當然要提醒她我們的新協議）。

　　在三或四個療程內，她的「娛樂」行為消失了，而她第一次開始用應該有的嚴肅態度談論她的生活。她反思在過去的日子，她必須要娛樂大眾才能吸引其他人的目光。我給她的意見是，在我的諮商室裡，相反的才是真的：她越是試著娛樂我，我會越覺得和她的距離變遠及失去興趣。

　　我現在比較不覺得無聊。在和蓓蒂談論的一個小時裡，我看時鐘的次數較少了。我也不像以前必須倒數這次療程還有多久結束，反而是考慮是否有足夠的時間開啟一個新話題。（Yalom, 1989, pp. 97-98, 99）

　　對蓓蒂而言，這是治療的轉折點。她開始減重並且消瘦了許多，她和男性的關係也開始有了進展，並且為自己的人生負責。蓓蒂藉著有責任地作選擇，憂鬱症狀開始減輕且更開放及誠實地面對自己及他人。

選擇　May（1969）將選擇的過程分成三個階段：希望、意圖及決定。一些人對於自己幾乎沒有任何希望感到沮喪。針對這種案例，治療師必須幫助他們變得更能覺察其感受。其他的個案可能會藉著衝動的行為而去避免希望。換句話說，他們有行動卻未思考他們要的是什麼。「意圖」代表的是個人將自己投射在一個能夠作決定的時間點。意圖牽涉到改變及決定的能力。當個人有所決定，行動接著出現。這個過程隱含的是對於個人自己的希望、意圖及決定應該要負的責任。當個案發現自己在作重要決定的過程中，如是否應該離開一個讓人不滿意的工作、或是否應該結婚，感到恐慌時，他們可能會強烈地體驗到責任感。

　　存在主義治療師在處理選擇這個議題時，重點是認清個案的，而非治療師本身的決策過程（Cooper, 2003）。以下的例子簡要地說明，Bugental 如何處理個案作決定時的優柔寡斷。

　　席瑪的女兒要和席瑪不喜歡的一個男孩交往。她女兒 17 歲，堅持自己可以處理感情；即便席瑪把她當作小孩子看待。席瑪不想要過度保護她，而且希望能保有女兒對她的愛；但是她的確很擔心這個想和女兒交往的男孩風評不佳。她告訴我（治療師）關於這件事的一些細節，停頓了一會，然後似乎想要改變話題。

治療師：所以妳想做什麼？

病　人：做？我能做什麼？

治療師：這是個好問題，妳能做什麼？

病　人：我什麼都不能做，她將會和他交往，就是這樣。

治療師：所以妳決定讓她和約翰交往？

病　人：我還沒決定。她已經決定了。

治療師：不，妳也決定了。妳已經選擇讓她和約翰交往。

病　人：我不曉得你為什麼可以這樣說。是她堅持的。

治療師：那是她做的事，妳正在做的事是接受她的堅持。

病　人：這樣的話，那我不會讓她去。但是她不會開心而且會讓我的生活難過好一陣子。

治療師：所以妳已經決定禁止她和約翰約會。

病　人：這不是你希望的嗎？你覺得我應該怎麼做？

治療師：我沒有說妳應該做什麼。妳有自己的決定，但是妳似乎堅持是妳的女兒或我在決定。

病　人：那，我不知道該怎麼辦。

治療師：這是一個困難的抉擇。

　　所以席瑪開始面對她的選擇。當席瑪第一次作出關於她應該拒絕或者同意女兒和這個男孩交往的結論時，相同的流程很明顯會再次出現。（Bugental, 1981, pp. 345-346）

　　自由、責任感及選擇的議題彼此緊密相關。經驗到自由可能導致個案懼怕，或是迎接那個降臨在他們身上，因為對自己生命作選擇而產生的責任感。在蓓蒂的例子中可見，個案藉著為自己負責而減少了生命裡的隔離和孤寂。

隔離與愛

　　個人獨自進入這個世界並且孤身地離去。存在主義治療中的一個核心部分是，一個人如何覺察和他人的關係。在治療的關係中，探索孤寂與隔離感是很重要的一部分。當人長大後，脫離原生家庭，接下來面對的是如何發展新的、關愛

的關係。那些尋求治療協助的人，通常無法與他人發展親密關係。最嚴重的心理困擾——妄想及精神分裂症——呈現的是極度的隔離，此隔離中的病人可能無法和其他人進行最基本的溝通。對於存在主義治療師而言，其挑戰在於如何將親密感及治療之愛帶入治療關係中，以影響個案的孤單感。

Yalom（1980）提出的治療之愛，直接牽涉到個案的孤寂。其中的每一個案例在某個程度上皆呈現了治療師和個案的親密互動。這種親密感，顯現在貝蒂的例子中，可以刺激個案勇敢改變他們的生活，以便發展和他人的親密感。Bugental（1981）在撰寫關於治療師的愛時，警告個案可能會因此出現依賴的現象。除了與治療師之外，病人可能無法發展與其他人的親密感。他以凱瑟琳的例子說明。她打了數通電話要求特別的會面，而且好幾次表示是緊急狀況。Bugental 藉著設定治療師與個案的界線，終於勉為其難地穩定了他們的治療關係。治療關係不是雙向的，因為個案接受愛卻不需給予。也就是說，治療關係可能是個案欲尋求關係的不真實呈現。個案尋求的關係需要雙方的愛與付出。治療師告訴個案，雙向付出的關係，隨著誠摯關懷而帶來的愛以及親密感，增添了生命的意義。

意義與無意義

如何幫助個案及一般人發覺生命的意義，向來是 Frankl（1969, 1978, 1992, 1997）關切的焦點。如 Hillmann（2004）所指出，意義是 Frankl 對於心理治療的一個中心思想，而且是擁有心理健康自我的關鍵。如果個人尋找生命的意義，他將不會找到它。

當人活著並且開始關心其他人的時候，意義便出現。當個人過度專注於自我時，他們也會失去對於生命的觀點。對於 Frankl 而言，透過尋找焦慮及困擾的原因而去幫助一個過於自我膨脹的病人，只會使這個人變得更加自我中心。反而，Frankl（1969）認為，解決方案在於將目光放在個案發現有意義的事件及人身上。

Frankl 著眼於價值的重要性及生命中的意義，而發展了一個稱為意義治療（logotherapy）的治療模式（Hillmann, 2004; Schulenberg, Hutzell, Nassif, & Rogina, 2008）。意義治療的四種特定技巧能幫助個人超越自己，並且將問題放入一個具有建設性的觀點：態度調整（attitude modulation）、去除反思

（dereflection）、矛盾意向（paradoxical intention）及蘇格拉底式的對話（Socratic dialogue）。態度調整（attitude modulation）的技巧能將神經質的動機被轉換成健康的動機。例如，治療師會詢問病人的自殺動機，並且將目標轉移到除去阻礙病人能負責地活著的干擾因素。至於去除反思（dereflection）的應用，個案會在遠離自身的狀況下關注自身的問題。例如，經驗到性功能障礙的個案，可能會被要求專注在另一半的性愉悅上而忽略自己的問題。相似的，矛盾意向（paradoxicalintention）要求病人增加自己的病徵，藉由要求他們不要把事情看得那麼嚴重，並且有時候多些幽默，以轉移病人的注意力（下一段會舉例說明矛盾意向）。Guttmann（1996）則認為蘇格拉底式的對話（Socratic dialogue）是意義治療的主要技巧。它可以用來引導個案發現生命的意義、評量眼前情境，及開始覺察自己的長處。這一系列問題，能幫助個案獲得關於其信念或假設的結論，治療師對於個案如何產生誤解進行了解，也能部分協助這個過程。在第 8 章及第 9 章將會更詳盡地探討這些技巧。這些治療技巧幫助病人比較不自我膨脹，以及透過關注其他的人和事，發展生命的意義。

　　一些存在主義治療師反對 Frankl 的治療模式，因為他們覺得此模式強調技巧多過於存在議題（Yalom, 1980）。他們比較傾向幫助個人尋找那些干擾他們發現意義的障礙，而得以更充分了解生命中的意義。隨著治療師和病人更投入在治療關係中，以及治療師本真地創造出關懷氛圍，這些困擾個案的議題在治療中被分享，然後意義性便從此合作關係中衍生出來。

　　這些主題──生與死；自由、責任與選擇；隔離與愛；意義與無意義──彼此具有關聯。它們都和個案的存在或存在 - 世上的議題有緊密關聯。幫助個案投入治療、表現出治療之愛，以及和個案產生關聯，都是治療師進入個案世界的方法。他們告訴個案他們不是孤獨的，而且他們可以在與存在主題掙扎的過程中獲得協助。

 心理疾患

　　至此可能清楚顯示出存在主義治療師理解並且對待心理疾患的態度，著眼於存在主題而非心理診斷的類別。不過，了解存在主義治療師如何將治療模式

應用在不同的心理疾患上是有益的。首例由 Emmy van Deurzen（2009）督導，是位患有存在焦慮的母親（案主）及其兒子。治療焦點放在處理焦慮的存在議題。在和憂鬱的病人合作時，Bugental（1976, 1987）使用「意志消沉狀態」（dispirited condition）探討憂鬱症，並且對於和該種病人合作提出三個治療階段。至於邊緣性人格疾患，Yalom 在和那些覺得與其他人隔離的個案合作時，專注在「積極參與」（engagement）的重要性。矛盾意向則常使用在有強迫症的個人身上。Lukas（1984）幫助一個病人「跨出自己」，並且透過改變其衝動行為模式，使其更加覺察自己的存在。Bugental（1981）則對於一個酗酒的個案，指出對自己生命負責及停止自我責備的重要性。雖然在這些案例中，不同的存在主題和不同的疾患有關，但這些主題並不特定屬於哪種疾患，同一種疾患中可能引發數種不同的存在議題。

焦慮症：納塔莉和兒子

焦慮症通常涵蓋許多存在主義議題。以下納塔莉和兒子——傑森的例子中，納塔莉面臨由傑森和亞當的友誼及亞當的自殺，而引發出的存在議題。存在焦慮在此案例中似乎扮演一個非常重要的角色，隨之伴隨出現的是一些廣泛性焦慮症的徵狀。納塔莉和兒子皆面臨了如何因應亞當之死的抉擇。納塔莉心中盤旋不去的，是自己及兒子如何對亞當及其家人負責。相對於她對亞當及其家人的責任，則是她對自己兒子如何負責。在面對亞當之死的經驗中，納塔莉和傑森皆面對了存在本真性這個重要的議題。

納塔莉是我督導的一位諮商師的案主。她年約四十，有個 17 歲的兒子。納塔莉尋求心理治療的原因是空曠恐懼症（agoraphobia），這個症狀讓她好一陣子都足不出戶，因為她只要一踏出家門就會產生嚴重的恐慌症狀。當她來尋求治療時，她的恐懼症已好轉許多，而且不需人陪同就可以出門，但隨著最近的事件發展，新的焦慮症狀又出現。這次是廣泛性焦慮，而且顯然和發生特定事件有關。

納塔莉的兒子——傑森，涉及了一系列惡質的霸凌案件，亞當為案件的受害者，他們兩個在幼時是好友。在亞當的父母向學校反應之後，學校調查發現傑森曾與一群朋友欺負亞當，故對他們進行處分。然而未見成效，這群狐群狗黨仍持續糾纏亞當，直到某一天亞當被發現陳屍在房間內，遺書提

及他的生活已經不值得繼續活下去。他的死亡因此和霸凌事件有直接的關係。傑森幾乎完全確定涉及在此案件中，而受到警方偵訊。他與朋友皆否認牽涉其中。最後他們也全身而退。過了一陣子，傑森在參加完亞當的葬禮後幾天，崩潰大哭並向母親承認自己和朋友一再奚落亞當，並且威脅他如果再膽敢告訴別人，他們會變本加厲地凌虐他。對傑森而言，亞當的自殺顯然和他們這群惡勢力集團的威脅有直接的關係。雖然傑森在這個集團中只扮演配角，但是他知道集團的另三個人曾在亞當自殺當日，趁他從學校回家時，對他施暴。這三個暴徒現在反過來威脅傑森，如果他向警方透漏任何那天發生的事，傑森會面臨同樣的暴力威脅。警方其實早已明瞭這些事件，但由於亞當之死無庸置疑是一宗自殺案例，警方將這些男學生交由學校進行懲處。不過當傑森被質問時，他仍未吐露實情。內心煎熬的他不知道下一步該怎麼做。

當納塔莉發現兒子涉入導致另一男孩死亡的事件中，她嚇壞了。納塔莉看著亞當長大，而且對他發生的事覺得十分自責。她變得戰戰兢兢。一方面，她無法揭露實情，因為這可能會傷害傑森及其他男孩。另一方面，她無法保持靜默，因為這代表她寬恕犯罪行為。事實上，她無法接受兒子是這種幫派的一份子。納塔莉被焦慮癱瘓，舊有症狀復發，她足不出戶，取消好幾次治療門診。當她終於回診時，她一開始並未告訴治療師是什麼事情導致她情緒如此低落。她只提到傑森的一個朋友死了，所以外出不安全。這個陳述似乎疑點重重，但治療師最初並未質疑。（van Deurzen, 2009, pp.137-138）

納塔莉體驗到強烈的存在焦慮。她覺察活著的危險，同時也覺察與此危險正面交鋒的自我責任。她舊有的逃避危險直到不得不面對的態度，仍然存在，但是這次她再也無法規避。納塔莉如今獲得一個勇敢活著而說出實情的機會，但是她再次試圖迴避挑戰。現在她能抉擇，看是要鼓勵傑森說出實情接受可能的處分，或是繼續保持沉默來掩蓋已發生的事實。她知道不能夠繼續規避，因為這已導致自己和兒子再而三的內心癱瘓。很快地，她了解到和治療師開放地談論此一難題，或許才能導向正確的方向。她告訴治療師，是因為治療師讓她不覺得自己有病或自己的經歷受到忽視，她才能這麼做。

顯然地，納塔莉在解決道德難題這方面缺乏經驗，因為她以往多採取否認或規避的方式。但是現在她能夠看到，規避挑戰讓她走入無法繼續前進的死胡同。勇敢面對此挑戰，才是唯一能夠找回自由的方式。她知道要克服空曠恐懼症，就必須面對恐懼並且嘗試自己最害怕的事。因此，她知道正視生命中的難題同樣會讓她更堅強，而這份韌性將讓她更有可能在逆境中找到曙光。

她同意正視這些議題。最初她以為自己主要是因為擔心傑森。她害怕傑森如果承擔在這個事件應負的責任，他的考試成績將受到嚴重威脅。由於傑

森過去都很明理且表現得讓她驕傲，這件事對她而言像是世界末日。他在課業上的成功表現，彌補了她過去在學校表現上的不足，而這一點對她意義重大。她 17 歲時輟學，她害怕同樣的事會發生在傑森身上。治療師一開始就納塔莉或許是欽羨傑森的潛在成功進行探討，假設納塔莉或許希望破壞傑森在課業上的表現，如此一來他的表現就無法超越她。（p. 138）

下一次的晤談中，納塔莉覺得如果自己允許傑森繼續逃避面對他的行為事實，他將永遠是個被動的旁觀者。換句話說，他變成了自己：害怕勇敢地表達自己的想法及意見。這真是道德兩難：她能否勇敢地表達自己的想法及意見，並且教導兒子做一樣的事？她必須以行動來回答這個問題。無止盡地爭辯讓其他人知道事實真相會造成什麼影響已不重要。在當時，霸凌是亞當自殺的重要原因之一，已是眾所皆知的事實。當然，是否說出真相仍然會造成不同的影響。真相對亞當的家人而言是重要的，而且對傑森及納塔莉而言，他們採取誠實而非怯懦、自我保護的手段也會造成影響。納塔莉最後提出勇氣和傑森說出這些想法之後，她發現傑森也有相同念頭。他想藉著承擔自己行為造成的結果，以及坦承他對於同伴行為的知悉，拾回對自己的尊重。他害怕保持沉默可能會造成的後果，更甚於勇於開口會引發的影響。另一個議題是自己為死去的朋友應負的責任。有趣的是，傑森和母親皆曾假裝傑森不能坦承，是由於擔心此一行為對其他朋友可能造成的影響。她們現在發現，保護朋友已不再是具有說服力的理由，因為最需要受到保護的是死去的亞當。最終，傑森顯然可以坦白而不受到處分或對其他人造成影響。另外，此一行為也很清楚地是合乎道德且能帶來情感療癒效果。當傑森為自己行為負責並且平靜地接受處分時，此一行為增強他的自尊並且獲得許多人的支持。他仍然必須處理和那群舊友的關係。那些人開始排擠他；但他現在發現，這對他而言並非太大損失且還可能是個收穫。納塔莉以他為榮，並且有點猶豫將他願意坦白的一部分歸功到自己身上。她覺察自己和兒子皆藉由誠實坦白找回自尊。傑森的課業反而比預期表現更佳，也讓她十分開心。她和傑森的命運緊密相連。一同通過了誠實的考驗，強化了兩人之間的關係。她們現在能視自己為有辦法做正確事情的人。這足以影響納塔莉的自信，而讓她走出焦慮的關卡，恢復生活步調。（pp. 139-140）

憂鬱症：凱薩琳

在和憂鬱症病人合作時，Bugental（1987）偏好將他們的狀況指為意志消沉（dispirited）。對他而言，意志消沉代表的是計劃和希望的行動受到了阻擋。憂

鬱或意志消沉的人，感覺沒有任何事值得去做或嘗試。他們可能希望停滯、獨處，以及不參與這個世界。

　　在處理意志消沉時，Bugental 提出的治療模式強調三個階段。第一，當病人輕鬆地描述他們的裹足不前，或是對他們的憂鬱症狀開玩笑時，治療師直接處理並且讓病人覺察這個疏離現象。第二，當人們變得較不疏離時，治療的過程著重在留意並且減低，病人因為憂鬱或意志消沉而產生的罪惡感或自我責難。第三，協助個案接受他們自己的意志消沉並且去感受它。當此現象發生時，他們可能感受到存在焦慮、懼怕死亡、無意義或是孤單。治療接著處理責任及選擇的議題。

　　van Deurzen-Smith（1988）雖然沒有採用 Bugental 的模式，但她對其個案——凱薩琳，使用了一個相當類似的策略。凱薩琳被診斷患有產後憂鬱症，她覺得沒有希望且無法照顧她的小孩。丈夫和母親建議凱薩琳離開並且休息一陣子。簡單來說，就是要她不要介入。這也正是凱薩琳不願意做的事，而這使得問題變得更加嚴重。當凱薩琳抗拒她的丈夫和母親時，覺得比她讓步更有生命力。第一，治療師協助凱薩琳承認她的憂鬱症，然後面對擁有一個小孩的現實。治療師並且幫助凱薩琳接受自己的精疲力竭及失望，並且重新發現想要和小孩相處的樂趣及慾望。簡單地說，治療師幫助凱薩琳發現原本喪失的，對於充分體驗身為母親的慾望及動機。雖然此過程沒有徹底跟隨 Bugental 的三個階段，當凱薩琳增加對於自己及小孩的洞察，並從「憂鬱轉移到焦慮時」（p. 55），她對於生命的投入增加了。如同 van Deurzen-Smith 所說：「焦慮代表了她投入生命，並且表現出她對於生命無可避免的危機已有了心理準備」（p. 55）。當凱薩琳接受了她對於孩子的責任感後，她的自信增加了，並且在面對先生及母親時變得非常自我肯定。擁有方向感及意志，幫助她活出本真。

邊緣性人格疾患：安娜

　　Yalom（1980）在和一個被診斷患有邊緣性人格疾患的年輕女子合作時，幫助她連結與其他人相處時經驗到的「隔離的深淵」（p. 396）。安娜在試圖自殺之後被迫住院治療，她表現出非常憤世嫉俗及與世隔離。

　　在她的治療過程中，安娜從參與團體治療獲益良多。她深刻反省自己的虛偽及無法擁有真實情感。她常常覺得自己沒有歸屬感，並且覺得其他人都擁有了她

所無法獲得的親密關係。在團體中，她受鼓勵進入其他團體成員的世界，去開放地體會他們以及她自己的經驗。在一個團體聚會中，安娜能夠參與幾個團員「一同為其中某個人掉眼淚」（p. 396）。Yalom 指出，對安娜來說，擁有這個經驗並能夠檢驗及評論這樣的經驗是重要的。安娜說她覺得自己變得有活力、有參與感，並且並未察覺到以往的隔離感。

面對邊緣性人格疾患的個案是一份長期且複雜的工作。這個例子的重點顯現了邊緣性人格疾患的個案，當與其他人能有意義地互動時，他們可能可以獲得幫助。在這個例子中，Yalom 透過隔離的主題，對一個患有邊緣性人格疾患的個案進行分析及治療。

強迫症：女性病患

Frankl（1969, 1992, 1997）發展出的意義治療，能幫助個案面對他們生命的意義。他發展了矛盾意向（paradoxical intention）協助患有強迫症的個案；簡單來說，這個技巧幫助個案脫離自身以處理他們的問題。矛盾意向強迫個案賦予生命中的事件新的意義（Hillmann, 2004）。因此一個原本懼怕的物體可能不再令人害怕。當個案相信治療師，對自己抱持幽默感，以及有能力將自己與他們面對的問題分離時，他們較有可能對於矛盾意向有正向的反應。不像許多專注在個案生命中存在主題之存在主義治療師所採取的模式，意義治療是短期的且是主動的治療模式（Guttmann, 1996; Schulenberg et al., 2008）。

在下個案例中，這位整天會衝動照鏡子許多次的病人，Lukas（1984）不只做了矛盾式的建議，也參與在這種矛盾式干預中。

我有一位病人對於鏡子有股難抑的衝動，她一天至少照鏡子二十次，以確保她的頭髮是整齊不亂的。她抗拒矛盾意向，直到我提議和她一起玩「弄亂頭髮」的遊戲：我們比賽看誰能用手指徹底弄亂自己的頭髮。在遊戲之後，我們手牽手跑過路口，故意矛盾地讓那些路人看看我們頭髮亂得有多誇張。當一個路人與我們擦身而過卻完全沒留意時，因為顯然我們的頭髮不夠亂，我們會弄得更亂一點。這個遊戲使得直到那時候都還抗拒所有矛盾式干預的病人與我合作。當然，最終沒有任何一個人多看我們一眼。現今社會還有誰管某個人的頭髮是不是梳理整齊的？我的病人理解了這一點，並且能夠透過矛盾地希望「讓我的頭髮豎起來，讓它變亂」，來克服她強迫照鏡子的行

為。在八個星期之後，她照鏡子的衝動行為消失了。（Lukas, 1984, p. 24）

　　在使用矛盾意向時，Lukas 覺得重點是表現出她可以認同個案並且認真看待他們的問題。透過和個案一起參與矛盾意向的活動，她發現雖然這個方式剛開始可能看起來有點可笑，但他們有可能接受這個方式（p. 83）。

酗酒問題：哈利

　　對藥物及酒精濫用者而言，一個常見的存在主題是他們拒為自己的生命負責。Bugental（1981, p. 340）指出，這些個人可能會責怪自己而不是為自己的行為負責。如果治療師允許並且支持這些自責行為，他們可能會引發由於治療師的態度或行為而引起的症候群（iatrogenic complication），而使事情變得更糟。在下述案例，Bugental（1981）挑戰哈利的自責並促使他負責任。明白哈利使用責備來躲避責任，Bugental 堅持對哈利解釋他的行為。

　　當哈利在上個週末又喝酒之後，如往常一般，這個禮拜二早上他覺得非常罪惡及慚愧。「所以我又做了一次！故意喝個爛醉、在房子裡跌跌撞撞，讓莉雅及孩子受驚。喔，我已經是個成年人了。乾脆就讓我跌得一鼻子灰……」

　　我打斷他：「你好像很熱衷於咒罵自己。」

　　「管他的，我一點用都沒有。家裡發生的每一個問題都是我害的。為什麼莉雅還要忍受一個像我一樣的廢物……」

　　「你一點用都沒有，是嗎？」

　　「沒錯。我從來無法讓人信賴。我爸告訴我，我讓媽焦急成疾。如果我有用的話，我會……」

　　「那麼，這就沒有什麼事值得讓你覺得難過了，不是嗎？」

　　「這句話什麼意思？」

　　「你沒有用，而且從來就沒有用過。所以簡單的說，這不是你的責任。是其他人把你搞成這樣一團亂：老天或是你爸媽，所以你不必擔這個責任。」

　　「什麼？我不是在承擔這個責備嗎？你想要什麼？」

　　「當然，你正在接受責備然後躲避責任。」

　　「這是同件事。」

　　「是嗎？我不這麼認為。我聽到你自責好幾次，而且我看到自責只是讓你為喝酒這件事付出一些情緒上的代價。然後下一次當你無法處理事情時，

你又可以再次喝醉然後藉著自責償還，然後再做一次。你從未替自己負責，你只是自責。」

「那，差別在哪裡？」

「差別在，如果你為了在你喝酒之前的感受負起責任，如果你為了開始飲酒這個行為負起責任，如果你在憤怒時為了你對待莉雅及孩子的態度負責，而不是責怪酒精……如果你倚靠自己去覺察任何時刻自己的所作所為，你認為什麼事會發生？」

「我不會這麼做。但是，管他的，我不這麼想。我只是因為壓力很大，然後我想一杯酒可以讓我放鬆，然後在我知道以前……」

「這就是重點，『在你知道以前……』。你並沒有負責，你所做的只是自顧唱著『我真壞啊！不是嗎？』這類的歌，然後你可以再做一次。」

哈利並沒有立即獲得洞察，但是我們讓他發現兩個重點，以便未來可以重複檢視：(1) 他使用責備來躲避責任；(2) 如果他接受責任，他可能會發現自己可以完全覺察正在做的事，並且不用再次落入那個惡性循環。在處理這些覺察時，哈利第一次真誠地努力了解他需要常喝醉的原因。（Bugental, 1981, pp. 339-340）

短期治療

因為存在主義治療代表一種對於生命及個案的態度，是故使用短期存在主義治療這個詞，暗示著存在主義治療比其真實面貌還更複雜。許多存在主義治療師有著精神分析的背景，而精神分析在和存在主義合併時，通常是以深度治療的方式執行。雖然 Bugental 偏好較長期的治療模式，他也提出了短期存在人本主義治療的綱要（Bugental, 2008）。Frankl 的意義治療法是另種短期的治療模式，往往不需幾個月的療程就可完成。此外，處理親友驟逝或突然被免職等危機事件的神職人員或諮商師，常常會對他們的個案使用短期的存在主義治療模式。

Bugental（2008）在其短期治療模式中，提出執行短期存在主義治療的三點原則。第一點，治療重點是個案的自我發現，而非來自治療師的洞察或建議。第二，治療應協助個案發展尋找解決自身問題的能力。第三，短期治療不應該干擾個案未來可能尋求的長期存在主義治療。這些原則引導以下短期存在主義治療的六個階段，而各階段皆有明確定義的治療目標。

階段 1. **衡鑑**（assessment）：治療師應該決定治療目標是否明確。此外，治療師應評鑑個案能否採取存在主義的角度來評估自身問題，而且心理是否足夠堅強以進行這些探索 [不會被情緒（如憤怒及憂鬱）淹沒]。

階段 2. **找出問題**（identify the concern）：和個案約定一個能簡明呈現的特定治療目標。

階段 3. **教導探索過程**（teaching the searching process）：治療師引導個案著眼於當下，並將治療放在與問題相關的心力及情緒上。雖然會指出抗拒所在，但這將不會是治療重點。

階段 4. **指出抗拒所在**（identifying resistance）：抗拒則是用來找出患者正在面對之衝突的線索。

階段 5. **治療工作**（the therapeutic work）：治療師和個案皆應覺察治療受到時間限制。雖然可以討論和治療目標有關的其他議題，但是應維持治療目標。

階段 6. **終止**（termination）：應該遵循訂立的時間限制。最後的一次晤談應該評估治療達成的目標、未完成的部分，以及該如何完成。

　　此短期模式提供了如何在有限療程中維持存在觀點的方式。問題可以聚焦在一或二個存在議題，例如，生與死、自由、責任、選擇、隔離、愛，或在生命中找尋意義。短期治療適合處理諸如悲慟、離婚或失業這些問題，因為這些是當下發生的有限問題。不過，有時候短期存在主義治療可能讓人理解長期存在主義治療是必要的。

　　Frankl（1969, 1992）及其同事（Fabry, 1987; Lukas, 1984）發展了一個不同的短期治療模式。意義治療利用態度調整、去除反思及矛盾意向等技巧，是個主動且具有挑戰性的治療模式。甚者，許多意義治療師使用蘇格拉底式的對話，來幫助個案發現他們生命的意義。雖然意義治療是用於傳統的心理疾患上，特別是強迫式官能症，它特別用於靈性或存在的官能症（noögenic neuroses）上，如當個案有太多休閒時間或是濫用藥物而無法體驗生活的意義時。此治療模式可能只花幾個療程，或者需要好幾個月的治療（Hillmann, 2004）。

　　諮商師、護士、社工人員及神職人員常常進行短期的危機諮商。常見的危機包括死亡、摯愛對象逝世、失去工作、突然染病、離婚，以及其他類似的生命事

件。這些專業助人者藉著合併助人技巧和對於存在主題的知識,不只能夠對個案的痛苦產生同理,也能夠幫助他們透過不同觀點檢視自己的生命。

 目前治療趨勢

歐洲對於存在主義治療的興趣最為濃厚。國際存在 - 世上分析聯會(The International Federation for Daseinsanalyse)及國際存在諮商及心理師聯會(The International Collaborative for Existential Counsellors and Psychotherapists)招收會員已長達數百年。在 1988 年於英國創立的存在分析協會(The Society for Existential Analysis),每年舉辦一次研討會並發行一本期刊。其他類似的組織包括了設於 Lithuania 的存在心理治療東歐協會(Eastern European Association for Existential Psychotherapy),及位於哥倫比亞的南美存在主義協會(South American Existential Association)。存在主義的訓練課程可見於阿爾巴尼亞、奧地利、捷克、丹麥、英國、愛爾蘭、義大利、波蘭、羅馬尼亞、瑞典、美國及一些其他國家(Emmy van Deurzen, personal communication, October 1, 2005; August 28, 2009)。因為大部分的存在主義治療師(及普遍大部分的治療師)在 1930 至 1940 年間受到精神分析的影響,因此許多關於存在主義的寫作反映了那個時代的氛圍。然而近年來,受到其他學派訓練的心理治療師,已能夠將存在主義的態度融合在他們的實務工作裡。這些治療模式包括了個人中心治療、完形治療、Jung 學派治療、女性主義治療,以及一些認知及行為治療。這些融合的現象可能會反映在實務工作上,而非學術寫作中。因為存在主義係透過督導、示範及閱讀,而非系統化的研究傳遞,因此評估其對於當代的影響是極度困難的。

雖然我們無法得知存在主義治療是否成長,但 Frankl 的意義治療卻不是這麼一回事。他的寫作獲得極大迴響,特別是其所著的 *Man's Search for Meaning*(1992),該書銷售量達到上百萬冊。另外,Viktor Frankl 意義治療機構(Viktor Frankl Institute of Logotherapy)出版 *The International Forum for Logotherapy* 期刊。Viktor Frankl 不只著作頗豐,他也在全世界進行巡迴演說。現今有好幾處意義治療中心,其中較為活躍的位於德國及南美洲。因為 Frankl 在寫作裡強調靈性,許多神學及宗教工作者發覺其寫作及治療模式,與他們對於靈魂是自我之核

心的看法如出一轍。

　　因為存在主義治療強調個案主觀經驗及其現象，所以它和後現代思維的某些想法很契合。存在主義治療師藉著強調本真性，幫助個案覺察自己對於現實的看法（如對死亡或責任的觀點），並且學著不去否認這些觀點。存在主義治療師專注在個案的主觀經驗上，而不受那些可能是由自己對於現實的看法發展出來的治療技術所箝制。內觀（mindfulness），一個由佛教文本引伸出的方式，著重在覺察感官、認知及情感的當下反應，是當代心理治療的一個重要議題，而且和存在主義重視個案經驗過程及本真性概念有高度的一致性（Claessens, 2009; Nanda, 2009）。內觀也合乎後現代思維，因為它幫助患者覺察自身的現實。

存在主義治療與其他理論的併用

　　存在主義治療的價值在於，它處理一般心理治療中的假設。因為沒有特定的技術（除了意義治療師所用的一些技術之外），是故存在主義治療師必須有一些其他心理治療的背景。治療師必須專精於使用一個或多個治療模式來處理個案的問題，才能夠投注心力於存在主題上。如同 May 和 Yalom（2005）指出的，大部分的心理治療將焦點放在個案與其生物、環境世界（Umwelt）或人際關係世界（Mitwelt）上，而鮮少關注於個人與自我（Eigenwelt）或與自身靈性（Überwelt）的關係（van Deurzen-Smith, 1997, 1998）。強調自我覺察及和自我的聯繫，使得存在主義治療有別於其他學派。但是近代的一些論述顯示，存在主義治療也許可以和其他的治療學派作有效之整合。Bornstein（2004）認為存在主義治療可以和認知治療結合，幫助那些過分依賴他人的病人。Wolfe（2008）說明如何將存在主題及認知行為方式整合，以治療焦慮症。因為關係精神分析（relational psychoanalysis）和存在主義治療皆強調治療關係，兩者可兼容合併使用（Portnoy, 2008）。存在主義治療師可能也發現使用各種體驗式技巧的完形治療，其表達性的模式提供了整合這兩種治療的方法（Kondas, 2008）。存在 - 整合心理治療（Existential-Integrative Psychotherapy; Schneider, 2008）描述如何在存在主題上應用各種不同理論，去建構一個存在 - 整合模式，以幫助治療師於工作中使用當前存在的理論。如同本章的案例顯示，存在主義治療師在注意這些存在議

題的同時，還應用了許多傾聽、面質技巧，及其他回應的方式。為了能達到這樣的程度，我們可以假設存在主義治療師在整合其治療哲學及態度之前，已經先發展了諮商的相關技巧。

 # 相關研究

因為存在主義治療採用了其他的治療學派及技巧，因此我們很難單純研究其有效性。大多數關於存在主義治療的介紹，會將它併入到個人中心、完形治療及體驗式治療（experiential therapies）；這些全歸在「人本」主義治療的範疇之下（Elliott, 2001, 2002）。本節將會提到一些研究透過團體治療，檢驗個案是否能理解其存在的目標。更常見的研究類型則是研究存在主題，如死亡、焦慮及意義等，和治療及個案特徵的關聯性。這些研究都使用了傳統的評量方式，如訪談及客觀測驗。我們將會在本節簡介所有這些方面的研究。

一些研究發現，團體治療可以成功地協助個案討論並且處理存在主題。Yalom 及其同事研究四個喪偶治療團體，發現在心理功能上，實驗組比起對照組有著適當的改善（Lieberman & Yalom, 1992; Yalom & Lieberman, 1991; Yalom & Vinogradov, 1988）。他們的推論是實驗組對於存在的覺察逐漸地增加。他們認為最有效的團體領導員角色，是去關注團員面對的存在議題和主題，如團體成員對於未來生活的認同及責任感。其他的研究則是透過檢驗個案的內部、外部控制，來評估團體治療是否增加了個案的自我責任感。例如，van der Pompe、Duivenvoorden、Antoni 和 Visser（1997）研究體驗式存在團體對於乳癌病人生理狀態的影響，發現這一群 50 至 70 歲的病患在內分泌及免疫功能方面，有了顯著的正向改變，但是等待組卻沒有這個現象。另一個研究則是調查認知 - 存在團體治療對於乳癌初期婦女的作用（Kissane et al., 2003）。這些病人表示他們與家人的關係改善了，也有了更好的處理問題的技巧，及正面的自我成長。不過，對於其中的一些婦女，癌症復發則會負面影響治療的效果。雖然很少有研究測量存在主題在團體治療中的變化，但 Page Weiss 和 Lietaer（2002）的研究顯示，參與存在團體治療能幫助個案改善對於自己的評估。

死亡是一個普遍議題，特別是許多的研究皆以失去摯愛的人為主題。

Edmonds 和 Hooker（1992）研究一群哀慟家人過世的大學生，發現透過引發存在主題的成長，哀傷可以產生正向影響。Fry（2001）研究 188 名年過 65 歲、配偶剛過世的人，發現個人的意義、虔信程度及靈性比起社會支持及生理健康，更能有效預測其心理健康。Lantz 和 Raiz（2004）在與老年伴侶的存在團體治療中，使用存在主義式的活動，包括了保持、告知、掌握及實踐等。Lichtenthal et al.（2009）研究癌症末期的病人，發現死亡的距離，與存在的悲苦或心理疾患沒有正向的關聯。反之，這些病人更有可能承認自己身患絕症的事實，且更傾向於想望生命最後的光陰。這些研究似乎和 Yalom 及其同事對於協助喪偶伴侶的觀察相一致。

　　Viktor Frankl 特別關注的一個存在議題是意義，或者他稱之為存在真空（existential vacuum）。Crumbaugh（1968）、Crumbaugh 和 Henrion（1988）為了測量這個概念，發展了生命目的量表（Purpose-in-Life Test, PIL）。此量表已使用於臨床上及關於意義的研究上。McCann 和 Biaggio（1989）向 48 對已婚伴侶施行這個評量，他們發現得分高的人比起得分低的，表示較佳的性生活滿意度。在一個針對大學生的靈性的研究中，French 和 Joseph（1999）發現信仰程度和 PIL 測量到的存在健康有著正向的關係。Pfost、Stevens 和 Wessels（1989）研究一群三年內剛有親友過世的大學生，發現 PIL 得分低（表示生命較沒意義）比起那些得分高的大學生，對於親友的死亡經驗到更多的憤怒。Farren、Keene-Hagerty、Salloway 和 Kupferer（1991）研究一群照顧患有阿茲海默症年老親戚的人，他們發現這些人珍惜在照顧親戚中所獲得的正面經驗，並且在這個過程中尋找意義。工作兩年以上的受僱看護人員，其 PIL 得分比起那些工作未滿兩年的人高（Rhoades, 1999）。PIL 提供了一種測量不同人在不同情境之下無意義 - 有意義程度的方式。

 性別議題

　　存在主義治療師傾向認為在本章討論到的存在主題是普世通用、不拘於某一性別的，因此可能沒有發現那些對於女、男性有著不同影響的生物及社會因素。影響女性存在主題的生物性因子包括了懷孕、生產、流產及意外懷孕。受到產後

憂鬱症影響的凱薩琳便是其中一例（p.177）。

　　不同的文化及社會可能對於男女的性別角色有不同期待。但很明顯的，性別角色的刻板印象會影響個人處理存在主題的方式。涵括存在主義的人本心理學的貢獻之一，便是鼓勵女、男性發揮個人潛能，以便實踐自我並跳脫性別角色的窠臼（Serlin & Criswell, 2001）。有許多社會期待女性順從男性，因此女性應學會如何本真地作選擇。相對的，男性可能會覺得已被賦予太多責任而想逃離。Brown（2008）認為書寫賦權女性、正視女性扮演的多重角色及身分認同的女性主義論述，扮演著重要的角色。覺察個案持有的性別角色刻板印象，往往可以幫助治療師辨識個案所恐懼的存在議題。對於男同志、女同志而言，擁有較多的社會支持、宗教信仰及存在健康，則會預測較正面的自尊感（Yakushko, 2005）。除了性別角色之外，一些諸如恐同症之類的社會問題，也會造成個人很大的存在挑戰。

 ## 多元文化議題

　　從西歐哲學家發展出來的存在哲學思維，到底能夠代表普世價值到什麼程度？Young 和 Morris（2004）將宗教看成一個普世文化價值，進一步說明不同的文化其實有許多共通點。在 *Existential Psychology: East-West* 一書中，Hoffman、Yang、Kaklauskas、Francis 和 Chan（2009）說明宗教價值如何影響人們生命中的挑戰與轉機，使得存在主義治療能將存在主題應用於廣泛多元的宗教及文化經驗上。東方與西方存在一些差異，如許多東方宗教相較於存在主義哲學，傾向於將宇宙看成一個整體，而不太關切人類與其他生物、無生物的隔離。Loy（1996）描述蘊含在佛教及存在主義之中的相同處，說明兩者如何將重點放在超越依賴及敵意上，並且處理有些類似的主題。透過與非裔美國人的治療過程，Rice（2008）發現存在議題如自由、意義、存在及選擇，對非裔美國人和歐裔美國人都相當重要。另一方面，Comas-Díaz（2008）相信拉丁族裔對於靈性的重視，影響了他們對於療癒過程的看法，因而使得他們對心理治療的反應，和來自其他文化的個案有所不同。Vontress（2003）、Vontress 和 Epp（2001）則討論跨文化諮商，指出個案和諮商師來自同一個普世文化的成員，而必須處理不同的存在主題。一般來說，由 Frankl 的意義治療風行全球的現象來看，存在主義治療似

乎探觸了人類共通的問題。

　　存在主義治療強調個人責任及他們掙扎於生命有限及隔離等議題，因此可能忽略了社會文化因素。檢驗文化價值及存在主題，提供了存在主義哲學單獨無法呈現的角度。Vontress 和 Epp（2001）描述了文化焦慮（cultural anxiety）的現象，指稱的是當個人遷移至或是拜訪新文化時經驗到的焦慮。這可能來自拜訪使用陌生語言的國度，或是搬遷到擁有不同文化習俗的社區。文化焦慮如同存在焦慮，可能導致生理症狀如頭痛。研究存在主題如何能和不同團體的文化價值產生關聯，可以拓展存在主義治療的應用。發現歧視和壓迫這些外在壓力，可幫助治療師更加了解影響存在主題和危機的因素。van Deurzen-Smith（1988）發現，存在主義諮商和跨文化議題特別相關，而且存在主題可引導危機處理。

 ## 團體諮商與心理治療

　　團體諮商與心理治療可以是一個處理存在議題的絕佳模式（May & Yalom, 2005; Saiger, 2008）。Corey（2008）認為，存在治療團體的目的是幫助成員作出「對於探索自我生命旅程的承諾」（p. 218）。團體氛圍幫助個人透過與志同道合的成員分享經驗，向內尋找並且用心關注自己的主觀經驗。如此一來，大夥可以處理並且審慎面對有意義的議題。本節簡要地從團體治療的觀點來分析四個在本章探討過的存在主題：生與死；自由、責任與選擇；隔離與愛；意義與無意義。

生與死

　　團體的形式提供了絕佳機會，來處理如何擁有充實生命、有目的地覺察自我、活出本真這些議題。Corey 在其存在團體工作中問及：「你的生命多有意義？」「如果你知道自己將死，你又會如何回答這個問題？」「你有作過還沒有實現的決定嗎？」團體是個能讓成員表達對於改變的沮喪、在改變時遭遇的困難、害怕死亡及不完全感的安全空間。Elizabeth Bugental（2008）描述以長者為主的一個治療團體，說明他們如何經由對生命的廣博態度，在團體的歷程中帶進人生智慧。

自由、責任與選擇

　　在團體中，個人需要對自身的存在、行動及不幸負責。當存在主義治療師觀察到團體成員將自己看待成被害者、無助者時，他們會指出團體成員並未對自己的生命負責（Corey, 2008）。

　　Yalom 將個案看成「共同新生，亦即在團體中每個人從同一個出發點開始」（1980, p. 239）。對 Yalom 而言，團體是一個極佳的場合，讓個人透過團員及領導員的回饋，來學會覺察自己的責任。在團體中，病人可以學習到別人對他們行為的看法、自己如何影響其他人的感受、自己如何影響其他人對他們的看法，以及他們在團體中的舉動如何左右對自我的看法。在團體中，團員不僅須對自己負責，也對團體的運作有一份義務。如此一來，一個團體便成一個小型的社會系統（Yalom, 1980）。領導員的任務是去覺察團體的運作、鼓勵團員如何在團體中適當地應對，以及討論成員在團體中的參與狀況。

隔離與愛

　　團體經驗提供一個與他人發展出親密與真實關係的機會。個人可以學習成為自己、變得本真，而且發現這是一個有益的經驗。從團體中習得的關係建立方式可應用至團體外的人，進而發展出親密感。以下伊芙的案例說明親密關係的發展過程。六個月以來，她在團體中一直很被動且與其他團員互動極少。

　　我問伊芙她可否試著與任何一位成員互動。她順從地在團體中兜了一圈，並且客套地討論她對每個人的感受。我問她：「如果用一到十來說明冒險程度，妳會把自己作出的評論排在哪一級？」她回答：「非常低，大概二到三。」我問：「如果要妳提高一或二級冒險程度，會發生什麼事？」她回答，她會告訴大家自己是個酒鬼！這的確是一個自我揭露，她從來沒有告訴過其他人這件事。我接著要求她說一說參與團體這麼多個月，但是卻無法告訴我們這件事的感想，來試著幫助她更開放自己。伊芙回應說，她在團體中覺得很寂寞、她覺得和團體裡的每個人都有隔閡。但是，她對於自己的酗酒問題感到羞愧。她堅稱因為自己的酗酒問題，她沒有辦法與他人「同在」、或是讓別人更了解自己。

　　此為伊芙的問題核心（真正的治療工作由此開始）：她不是因為喝酒而隱藏自己，她是因為隱藏自己而喝酒！她是因為和世界產生隔閡所以喝酒。伊芙

接著談到了晚上回家時，覺得迷失且孤單，而且她會在當下做兩件事：跌入自己尚年幼並受大人照顧的幻想中，或用酒精減輕迷失及孤寂感。逐漸地，伊芙開始了解她為了一個特定的功能——受保護和受照顧，和他人產生關係。而在這個功能之下，她只能與他人產生不完全的關係。（Yalom, 1980, p. 394）

團體經常能使個人與他人產生互動，並且發展個人治療沒有辦法提供的親密感。

意義與無意義

團體經驗允許個人重新檢驗自身的價值觀，並且與其他成員的價值觀進行比較。專注於檢驗生命的意義，可能是存在團體治療的一個重要治療焦點（Saiger, 2008）。團體成員往往會挑戰其他成員的價值，促使另一人面對其身分認同及生命目的（Corey, 2008）。當團體談論到價值但未進行檢驗時，成員可能會質詢及挑戰。如此一來，團員和領導員可在個人尋找生命目的及意義的過程中，表現支持但是質詢的態度。

因為存在團體處理重要的生命議題，所以他們往往會維持長達一年或更久的聚會時間，並且具強烈的情感強度。當領導員引發出成員間的真摯關係時，關心、體貼也會自然地在其他成員之間發展出來。藉由做（本真的）自己，領導員鼓勵成員挑戰自我與其他成員，以獲得更多的個人成長。

 摘要

存在主義治療是一種對於生命的態度、生活的方式，以及一種與自我、他人及環境互動的模式。起源於十九世紀西歐哲學，瑞士精神科醫師 Ludwig Binswanger 和 Medard Boss 將存在主義哲學應用在心理治療上。一些其他的美國或是歐洲的存在主義治療師，則檢驗了許多不同的存在主題如何影響人類的經驗。

存在主義治療師關注在個人與自我、他人及環境的關係上，且關切普世價值的主題。在本章中，存在主題提供了一種解析人格的方式，以及透過心理治療

的過程來幫助個人發現生命的意義。所有的人被「拋進」世界並最終必須面對死亡。存在主義治療師關切的重點,在於個案如何面對自己與他人的死亡。個人不被視為受害者,而是透過執行自由及決策的能力來為自己的生命負責。

存在主義治療的取向之一,是處理從這些相關議題所衍生出來的焦慮。存在主義治療的目標之一是與他人形成親密、不具操弄性的關係,而這經常從隔離與孤寂感的討論中形成。Viktor Frankl 及一些使用意義治療技巧的治療師,特別關注個案如何在世界中發現意義感。多數存在主義治療師對於治療採取一個態度及主題式的治療模式,而不專注在技巧上,但是 Frankl 的確提供了一些特定的存在主義治療技巧。

團體治療中可進行存在主題的探索。在存在團體治療中,焦點不只限於團員間的關係,也包括個人對於自我感受的經驗上。雖然個人可能會因為性別或文化的認同差異,而對於某些生物性、社會性的現實有不同的經驗,但是存在議題能超越文化與性別。

第 5 章

個人中心治療

譯者：馬長齡

這個學派由 Carl Rogers 所創設，最初稱為非指導治療（nondirective therapy），後更名為個案中心治療（client-centered therapy），現在則稱為個人中心治療（person-centered therapy）。Rogers 對人持正向看法，相信人們終究能完整運作其功能。Rogers 的理論絕非一套治療技術，而是體現一種人們怎樣去調適的態度。該理論強調的是了解與關懷，而非診斷、指導與說服。Rogers 相信，如果某些條件能適時吻合，治療性的改變就會發生。個案在與治療師會面時，必定是焦慮（anxious）或是不一致（incongruent）的。此時，治療師必須是真誠（genuine）的；換句話說，其非語言的行為與感覺是要一致的。他們必須接納個案，並無條件的關懷個案。除此之外，他們必須了解個案的感覺、想法、理念、與經驗，且能依此種同理性的了解和個案溝通。Rogers 相信，如果個案接收到治療師所提供的上述條件，治療性的改變一定會發生。

Rogers 將真誠（genuineness）、接納（acceptance）與同理（empathy）等核心概念，運用在人類的各種行為上。他致力於團體的歷程來帶領個人改變，且深信團體成員具有成長的特質。他的理論也應用在婚姻與夫妻諮商、教育和管理上。晚年，Rogers 戮力於將其個人中心理念，應用於解決國際衝突與提升世界和平上。個人中心治療與 Carl Rogers 的人格與心理治療理論，都歷經了改變與成長。

個人中心治療發展史

Courtesy of Dr. Natalie Rogers

CARL ROGERS

Carl Rogers 於 1902 年在芝加哥市郊 Oak Park 出生，在六個孩子中排行老四（家中五個兒子）。Rogers（1961）描述自己的父母對子女關愛與控制並施。因為父母都是虔誠的基督教基本教義派信徒，孩子們從小就知道不能跳舞、喝酒、賭博與看戲。Rogers 12 歲時，父親經營公共工程與營造有成，便舉家遷移至芝加哥西郊的一處農場定居。

Rogers 的青少年時光，大多是獨自度過的。因為他曾經讀過三所不同的中學，而這三所學校又與他家相距甚遠，致使他很少參與學校的課後活動。他幾乎將所有課餘時間，用在閱讀探險故事與農業方面的書籍。

到了夏天，他成日在農場操作農機耕作（Kirschenbaum, 2009）。他對農業的興趣，顯現在他所飼養的農畜及蒐集培育一種特別的樹蛾上，並引領他進入美國威斯康辛大學就讀農學。然而，在他參與了宗教研討會議，特別是中國的那一次後，遂將生涯目標轉到神學（Rogers, 1961）。在中國時，Rogers 開始質疑從小所接受的宗教觀點，也因此開闊了他對宗教的看法。大學畢業後，他旋即與 Helen Elliott 結婚，並搬到紐約市進入聯合神學院（Union Theological Seminary）就讀。兩年讀畢後，他轉往哥倫比亞大學師範學院（Columbia University Teachers College）攻讀臨床心理學與教育心理學，且於 1931 年獲得臨床心理學（clinical psychology）博士。Rogers 棄神學而改讀心理學的原因之一是，他不太習慣告訴別人應該如何做。他認為他不應該在一個強迫別人接受特定信仰理念的領域工作（Mearns & Thorne, 2007）。

個人中心治療可以區分為四個階段。第一階段：發展期。包括 Rogers 初期的執業年代。第二階段：非指導期。公認是理論的發展初期，在此階段他極力強調要了解個案，並針對此了解進行溝通。第三階段：個案中心期。此階段發展了更多的人格與心理治療改變理論；並持續關注於人，而非技術。第四階段：個人中心期。不只是個人心理治療，更包括婚姻諮商、團體治療、與政治熱衷和改革。接下來將探討這些漸進發展的階段，與 Rogers 對心理治療的貢獻。

Rogers 的第一份工作，是在紐約州 Rochester 郡 Society for the Prevention of Cruelty to Children 的兒童研究部。在 Rochester 十二年中的前八年，他參與由法庭及社會福利機構轉介來的犯罪與弱勢兒童的診斷與治療工作（Rogers, 1961）。他早期的工作亦受到精神分析概念的影響，但是他的看法漸漸地改變，體認到「個案知道自己的苦痛、該走的方向、哪些問題較嚴重、以及哪些經驗埋藏於內心」（Rogers, 1961, pp. 11-12）。1939 年，在 Rochester 工作期間，他完成了《問題兒童的臨床治療》（*The Clinical Treatment of the Problem Child*）一書，同時也訓練督導、社工員及心理師。

1940 年，Rogers 搬到俄亥俄州 Columbus，在俄亥俄州立大學展開了臨床心理的學術生涯。由於他的著作極其暢銷，學校授予他教授職。Rogers 在俄亥俄州立大學期間，提出在其領域廣為人知的心理治療論點（Holdstock & Rogers, 1977）；此源於 1940 年他在明尼蘇達大學所發表之一篇極具創見的研究報告。

他強調個案要為自己負責任。治療師與個案間的關係才是最重要的，此種關係可以建立個案的信任、容許個案探索自己的感覺，進而承擔起更多生活中應負的責任。在此階段（非指導期），Rogers 的治療精髓著重在反映個案的感覺與澄清上，經由此方式引領個案去了解與體會感覺。此階段很少用到詢問（questions），因為他認為這種介入可能干擾個案的個人成長。他在明尼蘇達大學發表的研究及著作《諮商與心理治療》（*Counseling and Psychotherapy*），與當時主流論點大相逕庭，儘管有些人熱烈的接受其觀點，但也遭到其他人的強烈批判（Mearns & Thorne, 2007）。

Carl Rogers 到底是如何發展出此一新的「非指導治療」呢？實因他在 Rochester 從事兒童治療工作時，參加了由 Otto Rank 所帶領的研討會，而深受影響。除此之外，Rochester 診所的社工員 Elizabeth Davis 和 Rank 的學生 Jessie Taft，表達了對 Rank 理念的看法。凡此總總，都衝擊了 Rogers 的思考（DeCarvalho, 1999）。Rank 脫離 Freud 的精神分析學派，不再看重本我與自我，而著重在個人的創造力。對 Rank 來說，治療是要協助個人接納自己的獨特性（uniqueness）與生活的責任（responsibility）。治療師為了達成自我增能（self-empowerment）與表達之目的，需要扮演一個不具批判色彩的助人者角色，亦即不是一個專家或權威人士（Rank, 1945）。Rank 不像精神分析師重視技巧與歷史，他強調個人的獨特性、及治療師參與個案的個人經驗之需要。

Adler 的理論觀點，也間接影響了 Rogers 治療工作。Rogers 與 Adler 二人，都著重於個人的價值及與他人之良好關係。他們一致認為要視個人為整體的（holistically），人可以發展出創造力與責任感。Watts（1998）相信，Adler 的社會興趣（social interest）理念深深影響 Rogers 的核心論點發展。

Kurt Goldstein（1959）提出的自我實現概念（Bohart, 2007a; Gillon, 2007; Levitt, 2008; Mearns & Thorne, 2007），對個人中心治療（person-centered therapy）的發展亦有深遠影響。自我實現（self-actualization）指的是個人尋求與能夠健康的發展，進一步引導他們完全的自我發揮。Maslow 進一步演繹 Goldstein 的著作（1968, 1987），甚至因此發展出人本心理學（humanistic psychology）。Maslow 不是治療師，他著重在需求（needs）與「正常」人的特質：愛（love）、創造力（creativity）與「巔峰經驗」（peak experiences）——一種會讓人深沉放鬆或

讓人一再經歷到之興奮狀態。Maslow（1987）強調人類的特質包括自由、理性與客觀性。在描述人類需求（human needs）時，Maslow（1987）認為須滿足的不止是像饑餓、口渴等生理需求（physiologica heeds）及安全感（security and safety），包括歸屬感（belongingness）、愛（love）、自尊（self-esteem）與自我實現（self-actualization）。對 Maslow 來說，自我實現意味著完全的發揮，因此能體現生活之意義與成就。Maslow 對人的正向看法與 Rogers 一致，他們對人性持正向與樂觀的觀點稱為**人本主義**（humanism）。

除此之外，Rogers 的人本主義觀點與治療，亦受到存在主義學者的影響（Cooper, O'Hara, Schmid, & Wyatt, 2007）。存在主義與個人中心治療均強調自由（freedom）、選擇（choice）、個人價值（individual values）與自我責任（self-responsibility）的重要性。雖然大多數存在主義學者的論述較 Rogers 悲觀，探討焦慮與人生經驗的困境，諸如意義、責任與死亡，但 Buber 與 May 等作者與個人中心治療的看法較趨於一致。Rogers 與 May（Kirschenbaum & Henderson, 1989）相較，除了 Rogers 持較正向的人本觀點，而 May 的是較負向之存在主義觀外，兩人在諸多方面的看法其實頗雷同。除此之外，Roger 也認同 Martin Buber 的「我 - 你」（I-thou）對話（dialogue）與人際關係對人們的影響（Cissna & Anderson, 1997）。Rogers 亦採用了存在主義所強調的「此時此刻」、及了解個案主觀經驗（現象世界，phenomenological world）。

在 Rogers 的著作中，雖可窺見他受 Rank、Adler、存在主義與人本思想家的影響，但其許多早期著作也切實反映出他的治療經驗。《諮商與心理治療》（1942a）一書，描述諮商關係的本質與非指導治療之應用方式。他對諮商歷程的看法及對 Herbert Bryant 的治療對話摘要，勾勒出他在非指導期的治療風格。Rogers 完全進入了 Herbert Bryant 的主觀世界，去感受個案的感覺。

1945 年，Rogers 離開俄亥俄州立大學轉往芝加哥大學，除繼續發展理論，並對其效果進行研究。他的個案中心治療，起始於他出版的《個案中心治療：當代實務、應用與理論》（*Client-Centered Therapy: Its Current Practice, Implication, and Theory*, 1951）一書。在該書中，個案中心治療更廣泛包含了人格理論、兒童與團體的應用、領導者訓練與教學。當中充分討論了情感反映、經驗自我和理想自我間之一致性的概念，以及治療過程中個案與諮商師的成長。在 Rogers 1940

年到 1986 年間的面談紀錄之詳細分析中，Brodley（1994）顯示比起非指導期，Rogers 在第三階段（個案中心）的治療理論更加一致性，他對個案的反應幾乎都（96%）能「同理的反應」。而他的早期治療中有更多來自他自己內在參考架構的介入，而非從個案而來。

Carl Rogers 在芝加哥大學工作時，兼任心理學教授與學校諮商中心主任。在這段工作時間，他訓練研究生及同事，並與他們一起進行研究工作。1956 年，他獲頒美國心理學會的傑出科學貢獻獎，以表彰他的工作表現。這個獎項與其《個案中心治療》（*Client-Centered Therapy*）一書，讓他揚名於國內外。

Rogers 的學術成就，似乎掩蓋了他密集且熱切地以其理論所進行的治療工作。當他在芝加哥大學工作時，與一個年輕女子建立了親密的治療關係（Rogers, 1972）。與該女子的治療工作中，他發現很難區隔自己與個案的「自我」（self）。他意識到此親密關係過於強烈，因此曾尋求同事協助。某日早上，他將個案轉介出去後，走出辦公室，偕同太太離開芝加哥六週。Rogers 偶爾會在著作中洩露他私人的部分，這不只是其治療過程的反映，也有其內心深處的看法。凡此種種，都提供我們進一步的去了解他工作的心路歷程。

1957 年，威斯康辛大學心理系延攬 Rogers，爾後他轉到心理治療系。他發現他在系上的工作常激怒其他人，常與同事陷於衝突中（Mearns & Thorne, 2007; Sanders, 2004a）。當時，他正進行一項極具野心的研究計畫（Rogers, Gendlin, Kiesler, & Truax, 1967），研究心理治療對精神分裂症住院病患的影響。該研究除無重大發現外，還因困難重重導致衝突四起。Rogers 對威斯康辛大學的工作不是很滿意，因此在 1963 年轉往致力於研究人際關係的西方行為科學研究所（Western Behavioral Science Institute）任職。

Rogers 在離開威斯康辛州前夕，出版了《成為一個人》（*On Becoming a Person*, 1961）一書，使其盛名更勝以往。這本為心理學家與非心理學家寫的書，個人化色彩濃厚，書中描述了他的生活哲學，以及他對研究、教學和社會議題的看法。該書代表個人中心期的開始，不僅討論治療的理論，更探討人類所面對的重要議題。在加州 La Jolla 西方行為科學研究所工作期間，他致力於會心團體（encounter groups）（Rogers, 1970）與教育（Rogers, 1969）。

1968 年，Rogers 與其他人共組個人研究中心（Center for Studies of the

Person），並自稱為「研究員」（resident fellow）。自此，Rogers 開展了世界旅行演說並關注全球議題。他的《個人力量下的 Carl Rogers》（*Carl Rogers on Personal Power*, 1977）一書，闡述如何將個人中心的原理運用在不同文化的人群與政治改革上。Rogers（Barrett-Lennard, 1998）經常帶領相互爭執的黨派一起進行工作坊，例如：南非的白人與黑人、北愛爾蘭的基督徒與天主教徒。Rogers 在《存在之道》（*A Way of Being*, 1980）一書中，闡明他持續投注了很大的心力於政治改革上。近期曝光之檔案資料顯示，Rogers 也擔任過中央情報局（Central Intelligence Agency）心理衛生諮詢顧問或指導員（Demanchick & Kirschenbaum, 2008）。Rogers 在死前十年，再度回歸到年輕時的靈性工作（Mather, 2008）。Rogers 從旅行演說、著書立作與不輟的治療工作中，體現他堅定不移的熱忱與求知慾。1987 年 2 月，他以 85 歲辭世時，這一切才嘎然而止。

　　致力於個人中心治療的各國各地工作者看到，個人中心治療持續引發全世界的關注。Mearns（2003）相信，個人中心治療在英國會超越其他學派。英國個人中心治療協會（The British Association for the Person-Centered Approach）與世界個人中心與體驗式心理治療協會（The World Association for Person-Centered and Experiential Psychotherapy）會員超過一千人，目前仍在積極推展工作。《個人中心與體驗式心理治療》（*Person-Centered and Experiential Psychotherapy*）期刊自 2002 年起，在英國創刊。美國的 *Renaissance* 是由個人中心治療發展協會（Association for the Development of the Person-Centered Approach）所發行，該組織在全世界有 150 個分會，並舉辦訓練、工作坊與國際研討會。在 La Jolla 的個人研究中心（Center for Studies of the Person）提供工作坊與訓練講習會，該處並保留了 Carl Rogers 的紀念圖書館。

 ## 個人中心人格理論

　　Rogers 強烈關注於協助人們改變與成長。在尚未建構出人格理論之前，Rogers（1959）就致力於將他的理念以一種更有結構的方式行諸於治療性的改變。他的人格理論可視為開展該治療理論的先行，其中論及正常與不正常的行為，也勾勒出個人完整健全的成長梗概。此外，Rogers 也檢驗干擾與促進整體功

能發展的力量。Rogers 藉由實際的參與以驗證增進人際關係的因素,建構出一種超越個別治療的模式。Rogers 只談人格理論的專書不多(Holdstock & Rogers, 1977; Rogers, 1959),他致力於以個別治療、團體、社會參與及協助個人的成長和改變。

心理的發展

人類從出生開始,便經由內外在的經驗來體驗什麼叫真實。每一個人在生理與心理上都是獨特的,對社會、文化與物理環境之體驗也不盡相同。嬰兒發展的過程,以愉悅與否的程度來監控他們的環境。身體經由一連串的知覺,諸如溫暖與飢餓,以產生區辨的能力。假如父母干擾此過程,如在孩子不餓時催促孩子進食,孩子可能在發展「生理性的知覺」(organismic sensing)或對環境反應的信任感上產生困擾(Holdstock & Rogers, 1977)。

當孩子發展出自我覺知時,他們需要從周遭獲得正向關注。當他們年紀漸長,需求於外在的正向關懷會增強,他們便能更有效的處理個人生理需求。這類的需求包括受重視及關切、他人的關愛、情感和身體的撫觸(Schultz & Schultz, 2009)。

個人從外在獲得的正向關注,直接影響了他們的自我關注(self-regard)。假如兒童相信其他人(父母、教師、朋友)重視他們,他們可以發展出自我價值感(self-worth)或自我關注。此外,兒童在與他人的互動中,自達成自我需求與他人需求體驗到滿足感。儘管正向關注與自我關注的需求很重要,人們還是經歷到諸多無法助成這些情境的經驗。

發展與條件

終其一生,依個人之經驗會產生各種價值,這種自我評估的經驗歷程來自於他人的信念或價值(values),據此可能限制個人的發展。對 Rogers 來說,價值制約引發個人自我經驗及與他人互動上之不一致。為了獲得別人條件性的正向關注(conditional positive regard),個人可能無法信賴自己的經驗,而接受他人的價值或信念。人們為了被愛而取悅他人,不再傾聽自己的內在信念與價值,這種操作的價值制約最終也許導致焦慮纏身。

當人們得到制約關注時，可能因而失去與自我的接觸，進而覺得與自己疏離。為了能得到制約關注，他們可能發展出防衛，也因此對外在世界產生不正確且固著的知覺，如「不論別人如何對我，我必須對所有人都很和善，這樣他們才會在乎我」。這樣的人最可能感受到焦慮，因為他們在正向自我接納需求及取悅他人需求上有衝突。此外，個人可能因團體價值、他人價值和自己個人的自我感不一致，而體驗到焦慮。

個人經驗與其自我概念越不一致，其行為越可能無法統整。因此，當自我看法與經驗極端衝突時，就可能產生精神病（psychosis）。一般來說，Rogers 是依據扭曲的程度，以一個嚴重度向線來界定其行為。一些常見的防衛包括合理化、幻想、投射與偏執的思考（Holdstock & Rogers, 1977）。其中，合理化是較常見而輕微的防衛，舉例如下。愛爾伯塔認為「我是個有能力的銷售業務員」，但是她經驗到「我被開除了」。她會合理化的認為「假如我的老闆喜歡我，就不會將我開除」。因此，愛爾伯塔忽視她對顧客的粗魯行為，而合理化自己的行為。這是一個對自我看法與經驗衝突的案例。

為了反轉個人經驗的價值制約，Rogers 相信必須有一些人無條件正向關注（unconditional positive regard），個人的自我關注才會增強。人們常渴望的是重視和不批判，以及溫暖、尊重和接納他們的人。無條件的正向關注也許無法從家人或朋友處獲得。是故，治療師提供的這些情境，就相對的彌足珍貴。

自我關注與人際關係

在 Rogers（1959）人格理論中很重要的一個部分，就是人際關係的本質。在描述增進關係的過程中，Rogers 強調治療師或傾聽者實際的體驗與覺知，須與另外一個人的溝通過程一致（congruence）。當個人在訴說的過程覺得受到了解、同理的傾聽與無批判性時，彼此的關係就在此增進了。當個人感受到無條件正向關注及對方聽到他的心聲時，這種關係稱之為一致（congruent）。因為治療師或傾聽者能夠了解，並將體驗到的心理經驗予以交流，會與對方產生「同調」（in tune）。有時，個人無法表裡一致，如一個人的臉部表情或聲調無法與他的言語吻合。傾聽者接受到說話者行為的不一致，可以選擇將這個感受與其溝通，而對他說：「你說你很高興父母離婚，但你的聲音聽起來滿難過的。」當傾聽者向對方溝通當下接收到的體驗時，關係因而更加增進。

全然發揮的人

因為 Rogers 將人類的發展看作是一種正向變動或成長，因此「全然發揮的人」（the fully functioning person）之概念貫穿在他的理論中（Rogers, 1969）。要能夠全然發揮，人們從他人處獲得正向關懷之需求須得到滿足，才能正向看待自己。當這些需求得到滿足時，個人接著就會經驗到心理功能的最理想層次（Bohart, 2007a, b; Gillon, 2007）。

Rogers 認為一致與心理成熟條件包括開放、創造與責任。依據 Rogers（1969）的看法，一個全然發揮的人沒有防衛，會開放新經驗而不刻意去控制它們。這種與他人及自己關係一致的開放，讓個人能創造性的面對新舊狀況。因著這樣的適應力，個人體驗了全新的自由，始能作決策及承擔自己生活的責任。全然發揮讓他們能覺察社會責任，以及與他人關係完全一致的需求。這些人需要與他人同理地溝通，而非自行吸收。他們認為該做的包括了解他人與自己的需求。

Rogers 視成為全然發揮的人為一種理想目標，但幾乎無人可及。他認為在有效的關係中，個人就能朝向該目標邁進。這是他身為團體領導者、個別治療師與家中一份子之圭臬，進而成為一位善體人意和接納與一致的人，而 Rogers 也願以此模式去協助周遭的人成長。

個人中心心理治療理論

Rogers 心理治療的理論發展，來自其心理治療師的臨床經驗、同事間的互動、及其研究治療過程的成果。他相信，治療目標應該是協助個人經由自身經驗的覺察與個人成長，而成為一個一致與自我接納的人。評量是治療過程的一部分，評估個人目前的覺察能力與體驗。真誠、接納與同理的關係，讓個案感受到心理的改變。個案與諮商師體驗的治療歷程，即 Rogers 所謂的人格改變之心理治療概念化的一部分。

目標

治療的目標來自個案，而非治療師。個案會由虛偽或表面的，演進到更複雜，也因此更深入了解自己的許多面向。由此而開放的去體驗與信任自己「成為

真實的自我」（Kierkegaard, 1941）、及接納他人。目標應該是建立一種自我指導的態度，而不要太關注於取悅他人及迎合他人的期望。由於強調自我指導，個人自我的知覺更加實際，就更能解決問題，也更可減少對他人的防衛。是故，治療師不要去選擇個案的諮商目標，而是去協助其發展出治療情境，以增加正向自我關注，個案進而更能完全運作功能。

評估

雖然個人中心治療師對治療中是否進行心理診斷（psychodiagnosis）意見不一，但多數個人中心學者相信心理診斷是沒有必要的（Bozarth, 1991）。Boy 和 Pine（1989, 1999）認為，心理診斷無法一致的以一種深入且有意義的方式進行了解。對 Seeman（1989）來說，心理診斷只在需要評估影響心理功能的損害程度時才有用。有趣的是，Rogers（Kirschenbaum, 2009）在早期治療工作中也使用診斷步驟，只是後來放棄使用而專注在個案的功能上。大部分個人中心治療師，皆是以治療師的同理來了解個案的體驗與需求，依此替代評估。

雖然個人中心治療極少為了診斷用到評估，但偶爾測驗可能還是有其必要。Bozarth（1991）建議，當個案提出要求時依然可以施測，特別是針對生涯諮商。有時，個案或治療師會發現外來的參考性建議，對協助個案作決定或其他目的時也屢有助益。基本上，Bozarth 認為測驗相關資訊要能切合個案 - 諮商師關係。例如，個人中心治療師仰賴測驗幫忙個案作決定，此舉就不是很恰當，作決定是個案的責任。Schor（2003）所發展的 The Art Stimulus Apperceptive Response Test，可用於催化諮商過程。這個投射技術的測驗有圖畫與藝術性的圖像，可以協助個案去克服限制他們創造力與影響真實性之干擾因素。

Rogers 雖然質疑診斷或評估工具的價值，但他也認可它們對研究的價值。他發展了一個過程量表（Rogers & Rablen, 1958），去測量治療過程的階段。其他人（Carkhuff, 1969; Hamilton, 2000; Truax & Carkhuff, 1967）也發展了量表，測量個案 - 諮商師關係中的治療狀況。這些量表對開發助人技巧教學方法來說很重要（Carkhuff, 1987; Egan, 2010）。多數的個人中心治療師認為，這些量表對研究有用但不是治療。

個案改變的必要與充分條件

個人中心治療認為，人格與心理治療的改變有六項必要與充分的核心條件（Gillon, 2007; Kalmthout, 2007; Rogers, 1957, 1959）。Rogers 根據其臨床經驗，認為如果下列的六項條件都能符合，個案將產生改變。

心理接觸（psychological contact） 必須是一種兩人都能夠彼此影響的關係。Brodley（2000）描述存在（presence）的概念，為治療師不只是與個案共處一室，而是能夠更進一步的加入且能使個案參與其中。

不一致 個案必須是在一種心理上無助的狀態，感受到恐懼、焦慮或是煩惱。這種煩惱是一種個人自己的知覺與其實際體驗間的不一致（incongruence）。個人有時候並不能覺察這種不一致，但是當他們的覺察增加時，就更能開放的面對治療。

一致與真誠 在治療關係中，治療師必須是真實的自我呈現，而不是虛偽的。一致（congruence）包括對自己身體全然的覺察、與他人的溝通、自發及開放的與他人建立關係（Cornelius-White, 2007）。除此之外，一致的治療師能同理及對個案提供無條件正向關懷（Wyatt, 2000）。Rogers（1966）定義真誠（genuineness）（類似一致）如下。

> 治療中的真誠意指，治療師以他真實的自我與個案接觸。那個時刻沒有虛假，他開放自然的感受與體驗。這當中牽涉到自我覺察（self-awareness）；或者說，治療師對他的覺察除了能感受，還能與之共存。若有必要，在彼此的關係中除了經歷它，也與之溝通。治療師直接與個案接觸，兩人彼此交會。他呈現真實的自我，而非否定自我。（p. 185）

如 Rogers 所澄清的，真誠並非指治療師向個案坦露所有的感覺；而是治療師能夠觸碰到自己的感覺，並在適當時機顯露出來，藉以增進治療關係。真誠不是一個充分條件；謀殺犯也可能是真誠的，但是其他條件則一概不符。下面是一個治療師真誠反應的例子。

個　案：我覺得迷失了，完全的迷失了。我沒有了方向，不知何去何從。
治療師：你覺得迷失而不確定該往何處去。我感受到你的絕望，在你艱困之際，我就在你的身邊。

治療師開放的表達自己。他真誠的去感受個案、覺察他的感覺，並表達他與個案一起面對問題的意願。

無條件正向關注或接納 治療師必須無條件的接納，欣然接受個案原來的面貌（Bozarth, 2007; Rogers, 1957）。除了正向感覺外，治療師還要能夠接納受傷的、痛苦的、怪異的與不尋常的感覺。即使個案說謊，治療師也要接受。最終，個案將面對自己的謊言，並向治療師坦承這些是謊言（Brice, 2004）。接納（acceptance）不是同意個案的一切，而是將人看作一個獨立個體的關懷。接納而不同意個案，治療師就不容易被操縱。顯而易見的，治療師不是總能對個案表現出無條件的正向接納，但這是一個他們都該全力以赴的目標。

藉由欣然接受個案是獨立存在的個體，治療師就不會以正向或負向特質去評斷一個人。價值條件是由其他的人加諸到個案身上，而不是由治療師促發的。當個案感受到治療師對他無條件正向關注（unconditional positive regard）的價值時，個案的正向自我關注就會油然而生。Bozarth（2007）認為，無條件正向關注是治療改變的基本條件。

同理 能夠同理（empathy）進入另一個人的世界，才不會被自己的看法或價值影響（Freire, 2007; Rogers, 1975）。要能做到如此，人們必須有足夠的區辨能力，才不會迷失在另一個人的主觀世界中。Rogers 感人地描述了同理的過程。

與另一個人同在的專有名詞，稱之為同理（empathic），它有幾個面向。意即進入另一個人的主觀世界，隨之完全的融入其中。同理含括要能隨時保持敏感、掌握瞬息流入另一個人的知覺之改變，恐懼、憤怒、溫柔或困惑，甚而任何他/她正在體驗的。它意味著暫時進入他/她的生活中，小心的進入，不帶批判的體驗他/她幾乎習焉不察的意義。但是不要試圖揭露對方完全沒有覺察的感覺，因為此舉可能會造成極大的威脅。這些包括了你以新奇但不具威脅的目光，看到與知覺他的世界，與之進行溝通；凡此種種，都令此人感到忐忑不安。這也意味著你要隨時去引導，隨時與對方檢核你所接獲之反應的正確性。在他/她的內在世界裡，你是一個值得信賴的陪伴者。藉由指出他/她經驗中可能的意義，你去協助這個人聚焦在這種可用的概念上，更全然的去體驗並經歷其意義。（Rogers, 1975, p. 4）

對 Rogers 來說，同理是一個過程。他在早期生涯中便不再用「反映個案的感覺」，因為一些實務工作者會誤解這句話的意思。有些人錯誤的以為，Rogers 認為治療師要複誦個案說過的話、或是重複最後一句話。是以，Rogers 寧願談論一種同理的態度，而不是反映或同理的傾聽（Rogers, 1975）。Zimring（2000）補充說，同理是幫助個案以他們自己的方式成長與改變，而不是協助個案找到一些隱藏的內在真相。

同理與接納的知覺　對治療師來說，只有對個案無條件的接納與同理性的了解是不夠的。個案自己也必須以某種型態，感受到他被了解與接納。同理（empathy）的溝通與接納（acceptance）可以是口語或非口語的，但是它必須是出自真心，而非被迫或是很匠氣、虛假的。藉由大聲唸出前幾個治療師對個案回應的例子，讀者可以聽出誇張做作與真誠表達的區別。Rogers 相信，當治療師與個案真誠、接納及同理地溝通，且個案感受到了，治療的改變終將發生。

在評論真誠、接納與同理間的關係時，Bozarth（1996）檢視了 Rogers 有關這三個條件的著作。Bozarth 總結說：「無條件正向關注與真誠、同理的了解，被視為改變之基本條件中的首要態度」（p. 44）。最終，Bozarth 相信這些其實只是一個條件，而且應該被視為治療師在治療過程必須抱持的態度。

其他作者也就不同觀點討論了個人中心治療，但此六項條件一致被認定是核心。例如，Patterson（Myers & Hyers, 1994）與眾多學者談到，以同理的態度與個案溝通時需要明確或具體。他相信諮商師應該鼓勵個案明確的描述他們的問題，而諮商師也要能正確的回應個案，避免概括的描述或標籤化。許多描述助人關係的書籍（如 Egan, 2010），除了強調 Rogers 提到的真誠、接納與同理外，也強調所謂的明確（specificity）。

個案在治療中的體驗

當個案前來接受治療時，他們通常處在一種苦惱、無力感、游移不定或無助的狀態。治療的關係提供個案機會，去表達自己尚無法接受的恐懼、焦慮、罪惡、憤怒或羞愧。當這六種必要與充分的條件符合時，他們就更能夠接受自己與他人，也能更有創造性的表達自己。個案在治療的過程中藉由承擔自己的責任與自我探索的過程，將會以一種新的方式體驗到自己，進而更深入的了解自己並產

生正向改變。

體驗責任　個案在治療中學習到，不管他們在治療關係上，乃至其他方面，都要為自己負責。雖然個案可能在開始時，對治療師所強調的個案自身體驗感到挫折或困惑，但個人中心治療師相信，個案很快便能接受且樂在其中。

體驗治療師　個案漸漸的開始珍視治療師對他的同理與無條件正向關注，連帶產生一種受到關切與完全接納的感覺（Rogers, 1953）。這種真正的受到關切，協助個案更深入的關懷自己與別人。

體驗探索的過程　治療師的關懷與同理，讓個案能探索其恐懼或產生焦慮的體驗。這樣的態度，引領個案去改變與發展自我（Kalmthout, 2007）。經由深度的探究所覺知的感覺而非體認應該的感受，個案體驗到全然的誠實與自我覺察的意義。個人內在的矛盾可以被探討，如「我愛女兒，但是她對我大發雷霆，讓我開始懷疑」。

體驗自我　伴隨自我探索的過程，人性中最深層的理解也同時進行與呈現（Rogers, 1953）。當人們肯面對並處理其憤怒與充滿敵意的感覺時，他們漸漸對自己與他人產生正向感覺。他們「正在揭開面具」（Rogers, 1961, p. 108）。大體上來說，他們正在探索自我實像與內在世界，並逐步褪去其原有的偽裝。

個案拋出一些議題，討論並去體驗它們，然後繼續再往下談。治療師溫暖的參與，讓個案願意去面對令他感到不安與困難的議題。

當個案產生足夠的自我關注時，他們就會提議終止治療。此時，個案與諮商師都會經驗到失落的感覺，因為治療關係至此已非常深入。結束治療前的會談可能需要幾次，會談間隔時間可以拉長，以協助個案面對治療關係結束的失落感。

對個案來說，與治療師相遇的感覺是很深刻的，雖然這可能是漸次的產生。治療師的真誠、接納與同理，催化個案正向的自我探索，也同時協助個案去面對其困擾的思考與感受。在彼此的互動關係上，以及密集的個人深度自我探索——個案理所當然會深涉其中。據此，個案可能會與催化及同理他的治療師，雙方各以不同方式去體驗彼此的關係。治療師只是表現出關懷與同理個案，但個案的內心深處已受到觸動，可能就包括了各種情緒與他們改變的心路歷程。

個人中心心理治療的過程

經過參與及傾聽了許多面談後，Rogers（1961）將治療進步過程分為七個階段，從很封閉、不去體驗、不能自我覺察，到完全相反——開放體驗、自我覺察與正向自我關注等。要去區分這些階段有些困難，況且一些治療性成長的觀點尚有部分重疊，故在此不一一羅列，只提出一些來說明 Rogers 所深信，因為治療之關係所獲致的改變。在描述這些階段時，Rogers 強調個人如果無法敞開心胸、開放自我，那麼日後要開放且一致的密集面對與分享問題，勢必是一條漫漫長路。重要的治療過程包括感覺改變、有意願去討論、開放的體驗，以及親近他人。

當個人正值開放的改變初期，他們不太能表達自己的感覺或承擔問題的責任。但是他們逐漸已能嘗試克服分享的恐懼，進而去表達他們的感覺。到了更高的階段，他們便能夠去體驗、也準備好要與治療師溝通他們的感覺。

個人在治療過程中，內在變得更一致，也就是更能覺察自己的感覺。有些人可能非常缺乏覺察，他們發現要開啟治療性面談很困難，甚至不可能。他們對自己有非常固著的看法，使他人無法與其建立關係，也包括治療師在內。但經由治療的發展，個人會了解到他們是如何造成自己的問題，而不該責怪他人。體驗了治療師的真誠、接納與同理，引導個人與他人關係的改變，也能對親密關係更加的開放，包括自發與自信的與他人互動。

個案緩步的進展絕非一帆風順，但經治療階段的逐漸提升，他們便能邁向 Rogers 所言的：全然發揮的人。個案在治療師真誠的關切與協助下，面對他們的恐懼、焦慮與羞愧，進而分享他們的體驗（如感受生活的豐富），接著身體上能更放鬆並更全然的體驗人生（Rogers, 1961）。

 心理疾患

Rogers 相信其六個必要與充分改變條件，可以應用在所有的心理疾患上。不論個案是哪種疾患，治療師若能真誠、無條件正向接納與同理個案，心理疾患

的改善將會發生。針對個人中心治療師將同一種模式運用在所有個案的批評，個人中心治療師的回應是，他們對每一個案都是以不同方式進行，他們反映出個案人性的獨特性。雖然有些個人中心治療實施會診斷個案的疾患，但目的通常是作為保險給付或因應機構的要求。

本節描述個人中心治療在憂鬱、悲傷與失落、及邊緣性人格疾患的應用。Rogers 治療一個憂鬱症個案的例子，有助大家了解其治療模式。對一個父親意外喪生的 7 歲男孩之治療，顯現出個人中心治療的寬廣。在治療邊緣性人格疾患病人的過程，治療師以 Rogers 的個人中心心理治療開啟了對這些困難個案的治療新猷。

憂鬱症：研究生

Rogers 以同理個案的深層感覺，去處理所有的心理疾患。他常常協助個案覺察表面覺察下的強烈感覺。對憂鬱的人呈現出感覺難過、無望、絕望與退縮。然而，Rogers 也去同理個人內在的深層力量，並協助個案去承擔決定與判斷的責任。下面的例子是 Rogers（1961）協助一個年輕女性研究生，覺察她要對自己的生活與選擇負責。這個女學生考慮過自殺，也擔心許多問題。她的憂慮是，她希望別人告訴她該如何做。她也抱怨教授沒有好好的指導或教育她。以下的摘錄，是從 Rogers 治療終結前的一次會談總結出來的。

個　　案：喔！現在，我在想是否我不斷重蹈覆轍，對事情一知半解，沒有辦法掌握，沒有真正把事情處理好。

治療師：或許妳涉獵廣泛，卻沒有真正深入的去探究。

個　　案：嗯！這是為何我說——（緩慢而深思的）喔！這樣看來，嗯，這都要看我要如何做。我的意思是，對我來說真的是很顯而易見的，我不能仰賴別人去教導我。（非常輕柔的）我真的要靠我自己去得到它。

治療師：這就說到重點了 —— 只有一個人能教導妳 —— 真的了解沒有其他人能教導妳。

個　　案：嗯！（當她坐著思考時——停頓了許久）我有很多害怕的症狀。（淺淺的笑著）

治療師：害怕？妳是說這是件可怕的事情？

個　　案：嗯！（陷入很長的停頓中——顯然忙於釐清自己的感覺）

治療師：對於妳提到的部分，妳可以多說些嗎？是那個造成妳恐懼的症狀嗎？

個　　案：（個案笑起來）我，哦——我不知是否真的知道。我的意思是——喔！看來我真的是在逃避（停頓），看起來我很——我不知道在這樣無助的狀況，但是我，啊，就這樣脫口而出。看來——我是刻意放掉的。

治療師：幾乎不是妳。

個　　案：喔，我很訝異。

治療師：好像是，「天啊，我說的嗎？」（彼此都咯咯的笑著）

個　　案：真的，我不認為我以前有過這樣的感覺，我曾經——啊！哦，看來我好像真的說了什麼，嗯，真的是我說的！（停頓了一下）或者，啊，（很困惑的）似乎我有，啊，我不知道啦。我感覺到一股力量，而我也有種感覺——了解那是一種害怕或恐懼。

治療師：那是，妳的意思是在訴說的同時，妳有種感覺，有股力量讓妳去說。而妳也同時對妳的感覺感到恐懼，是嗎？

個　　案：嗯哼，我有這種感覺。舉例來說，我的內在正感覺到它，一種像是澎湃的感覺、或是種衝力或出口。似乎是某樣東西有很大、很強的力量。喔！起初它似乎只是一種身體的感覺，將我過去倚靠的支持切斷。

治療師：妳感覺到它是種很深很強的力量，翻攪而出，同時妳也覺得任何妳提到的支持都被切斷。

個　　案：嗯！可能那是——我不知道——我想那是我一直有的一種困擾。

治療師：它似乎動搖了一種很明確的模式，像是瓶口鬆開了的罐子。

個　　案：嗯！（停頓了一下，然後小心翼翼但很堅信的）我想——我不知道，但是我有這種感覺。我將開始去做更多我知道我該做的事情……。我需要去做許多事情。我的生活上似乎有許多行為需要改變，用新的方法去解決事情，但是——可能——我可以看到我做的有限。

　　我希望這一段對話，讓你了解一個獨特的人正經歷的力量、承擔自己之責任與伴隨責任而來的不安地感覺。去了解「我是我所選擇的」與「我是決定我自己經驗價值的人」，都是令人振奮與畏懼的體認。（pp. 120-122）

悲傷與失落：賈斯汀

　　個人中心治療師不去診斷或建議，他們會去同理個人的悲傷體驗。個案若談論與悲傷無關的議題，他們也會隨之轉變主題，先駐足在個案關切的話題上。

　　接下來的例子，Donna Rogers（不是 Carl Rogers 的親戚）協助一個 7 歲大的幼稚園學生賈斯汀。賈斯汀的行為乖戾，與別人打架又不願意改變自己的行為，因此由老師轉介來諮商（Rogers & Bickham, 1995）。他的父親常年酗酒，在四個月前的一次車禍中喪生。他們也有家族暴力史。賈斯汀正面臨喪父之痛。這是第三次的諮商面談。在這份簡短的摘錄中，Rogers 女士同理賈斯汀的陳述。他從感覺怨恨、覺察到自己與別人敵對，談到耳朵的問題、並感覺到腦袋中有嘶吼的聲音，以及他面對父親的死亡隱忍悲傷。Rogers 女士的回應，協助賈斯汀表達他的體驗（Rogers & Bickham, 1995, pp. 96-97）。

賈斯汀：像是這些在遊戲場的每一個人，他們似乎都很恨我。因為我曾經對他們充滿敵意，我仇視每個人。

唐　娜：你真的對你的朋友們充滿敵意。

賈斯汀：啊哈！像是我不知道我有多粗暴，但是我對他們都很粗暴。而我之所以不知道，是因為他們沒有告訴我。

唐　娜：假如他們告訴你，說你傷害過他們，或許你會好過些，而你可能就會停止這樣做。

賈斯汀：我會停止這樣做。

唐　娜：你會停止這樣做。

賈斯汀：因為他們是我的朋友。我現在的朋友不多，因為我對他們很壞，他們沒有告訴我。沒有人，只有一個與我一起搭校車上學的人喜歡我，就是克利斯多佛。

唐　娜：這真令人難過，沒有人和你說話、與你玩耍。如果有一些朋友可以幫助你，或許這個塞爆你的內在的部分，可以釋放一些些出來。

賈斯汀：我也覺得不好過。我也不要去那個什麼醫院，因為我不要告訴我媽，因為我不要去那個什麼鬼醫院。我耳朵一直在痛，我們沒有藥了。我的耳朵塞住了，我這個耳朵聽不到聲音了。我因為這個去看醫師。但我仍然聽不到聲音，因為有個壞東方人（gook）塞在裡面。我媽媽說，我們沒

有很多幫我清耳朵的東西。我媽後來終於買了一些，但是她沒有常常用它們。所以，嗯，有很多東西塞在那裡，在我的耳膜後面。它像是浸穿了我的耳膜，那是為何會水水的，因為它浸穿了我的耳膜。

唐　　娜：聽起來有東西讓你聽不清楚。

賈斯汀：我只能用這隻耳朵聽。我知道這隻耳朵聽不清楚，因為我蓋起這隻耳朵時，只能聽到很小聲。但我蓋起這隻耳朵時，我能聽到很大聲。因為似乎聽到迴音。當我遮起這隻耳朵時會有迴音。

唐　　娜：你裡面的這個東西，塞在裡面沒有出來，好像是你腦袋裡有許多噪音。它很令人困擾。一堆事情發生，讓人很不好受。

賈斯汀：我這隻耳朵裡面像是有東西。似乎像是有東西在裡面，那個壞東方人在裡面說話、在裡面喊叫。像是那個壞東方人在裡面吼叫。

唐　　娜：有個人在你的腦袋裡喊叫。

賈斯汀：而且有迴音，但只在這隻耳朵裡面。

唐　　娜：他們可能害怕他們無法出來。

賈斯汀：耶！他們像是喊著要出來，從耳朵出來，而他們出不來。

唐　　娜：他們像是迷路了，而他們不知道該怎麼辦。

賈斯汀：就像我一樣。

唐　　娜：你感覺被陷住了，就像是你沒有任何地方可以去。

賈斯汀：我爸死了，這對我、我媽，還有我家所有人都很難熬。我覺得我似乎不能哭，因為我若唱歌唱到跟他有關的那首歌時，會引起其他人哭。看我坐校車唱那首歌時，車上的兩個女孩就哭了，因為這首歌很美。我沒有哭，是因為我不會為這首歌而哭，因為我的眼淚藏起來了，感覺像是我的眼淚鎖在那裡，像是它被鎖在一個籠子裡。

唐　　娜：就是這些東西在你裡面……。

賈斯汀：被鎖起來了。

唐　　娜：耶！它們不能出來。即使你想要它們出來。

賈斯汀：能打開它們的鑰匙似乎全部都掉了。

唐　　娜：鑰匙丟掉了。

邊緣性人格疾患：一個女性

Swildens（1990）對邊緣性人格的病人，應用個人中心治療進行三階段的治

療。因為 Swildens 認為邊緣性人格疾患患者的自我概念為缺乏一致、持續及適當的防衛。他認為治療的進行過程，必須緩慢且小心。在治療的第一階段，治療師試圖與個案建立信任關係，避免表現出對自己或他人的破壞性行為。治療師應聚焦在焦慮的錯亂感覺，儘量少用同理的回應、且不要太深入探究個案的自我知覺。同理用於了解個案的恐懼，而不必向個案描述或解釋。重要的是，了解衝動的行為，但不要涉入而導致衝突產生。

第二階段，治療師嘗試去了解個案所陷入的不安全情境，且與個案共同找出克服壓力的方法。Swildens 建議在處理個案的分裂（splitting：看待人們或事件不是全好就是全壞）時，使用一種「就像⋯⋯一樣」（as well as）的模式陳述，這樣可以擴展個案的思考參考架構。以下的例子可以作最好的說明。

> 一個 40 歲的女人，不斷的以不堪的字眼去形容她的一些朋友。在治療面談中，她再次的提到她的一個朋友是多麼狡猾與苛刻，她在這種情境下感受到她的朋友多麼強悍與無情。治療師回應：「強悍與無情外，也無助與敏感⋯⋯像是妳的朋友，他不只是狡猾或不可信賴，同時也對妳充滿感情與關懷」。她含著淚接受這種「就像⋯⋯一樣」的面質，也因此而修正了她的看法。（Swildens, 1990, p. 630）

在第三階段，治療師不會那麼關注衝動行為或暴怒，而是更要協助個案接納自己的過度敏感與缺乏穩定性。關注於協助個案，去了解他們無助與無力抵抗的感覺。同樣的，協助做出逐日的決定是很重要的。

個　　案：這難以選擇。我該在 Alkmaar 租個小房子；還是該在鄉下等著，直到找到大一點的？

治療師：城市裡小一些的，還是鄉下大一點的⋯⋯選擇是否造成你任何其他的後果？

個　　案：是啊，我必須很慎重的考慮這件事情：「離群索居或許孤單，或是到大地方住我可以認識更多人⋯⋯，兩種選擇都有好有壞」。（Swildens, 1990, pp. 632-633）

在 Swildens 的治療工作裡，他用存在和個人中心治療去協助邊緣性人格疾患

個案，來降低他們的焦慮與處理他們的恐懼。他強調與個案正向與無威脅的關係之重要性。在諮商的三階段中，使用的同理、真誠與接納模式有些不同。

 # 短期治療

在個人中心治療中，個案在決定治療的長短與何時終止治療上，扮演主要的角色。同理與接受個案的苦惱，意指治療師盡可能的深入了解個案所關切的。如果可能的話，儘量避免在治療過程中有太多人為的設限。然而在一致性上，假如個案的需求看來不合理（如要求一週進行五天的治療），治療師就需要對個案設限。典型的個人中心治療師與個案可能一週進行一次面談，治療長度從數週到幾年。一般來說，個人中心治療師不用短期治療模式。

 # 目前治療趨勢

個人中心治療目前有些不同的論點，就此提出三種相異的論點與趨勢討論之。當中特別重要的是 Rogers 在晚期所提出，現今仍為個人中心治療師所應用的個人中心原則，即對國際間衝突與和平之關切。治療師採用折衷主義，且併用其他模式（這也是個人中心治療師為人所爭議的部分），去處理上述及其他個人中心治療中的重要議題，其訓練方案大部分在歐洲業已發展出來了。

社會應用

Rogers 憑藉著作（1951, 1961, 1970, 1977, 1980）而蜚聲國際，受邀至全球各地進行大規模的演講，除了暢談心理治療的看法，也分享他的生活哲學。Rogers（1970）的團體工作也被應用到對跨文化的溝通，以減輕緊張的政治情勢。即便他年過八十，還去南非主持白人與黑人同時參加的密集式工作坊，也帶領過北愛爾蘭激進新教徒與天主教徒參與的團體。他也在巴西、法國、義大利、日本、波蘭、墨西哥、菲律賓及蘇聯帶過工作坊。他對這些國家的影響，促使全世界大專院校與診所於教學與臨床上使用他的原理。Cilliers（2004）闡明個人中心團體在南非實行的狀況，即便進入了二十一世紀仍持續被使用。

Rogers 教導心理治療與執業時，蘇聯與美國之間情勢緊張，並同時面臨很多重大的國內與國際衝突、恐怖主義、地方戰爭與核戰衝突的威脅。Rogers 面對政治衝突的人群時（如在北愛爾蘭的人群），應用真誠、尊重與同理的原則於大團體中。在北愛爾蘭，這是個極危險的工作，派系間彼此的對話可能被認為是背叛者而遭到暗殺。Rogers 認為人們若能試圖擴展他們的能力，去了解政敵的痛苦、恐懼與焦慮，敵對雙方的緊張關係應該會減輕。在南非黑人與白人流亡者應用個人中心原則的例子上，Saley 和 Holdstock（1993）表示，儘管有著政治殺戮的恐懼，個人中心式的討論成功克服了障礙，進而產生親密與自我揭露。Cilliers（2004）指出，這些討論有效改變南非政府團體的政治氛圍。這類工作在 Rogers 過世後仍持續進行，有些則是由加州 La Jolla 的 Carl Rogers Institute for Peace 機構贊助進行。該機構試圖帶領地區性或國家的領導者，一起解決真實與潛在的政治危機。

理論的純粹性 vs. 折衷主義

對個人中心治療師而言，Rogers 的理論架構可能產生兩難情形（Sanders, 2004b）。一方面是個人中心治療描述，治療師必須恪守之六項心理治療改變的必要與充分條件。另一方面是 Rogers 採取一種反教條式的觀點，他說：「我寧願協助在治療過程中，偏好使用指導與控制之方式的心理師或心理治療師，去澄清他們的目標與意義，而不是試圖去說服他們採用個人中心學派」（Hutterer, 1993, p. 276）。Rogers 開放的面對別人的信念，卻也堅守自己個人中心之看法。個人中心執業治療師，常常要面對是否使用其他方式或風格的治療之抉擇。Sanders（2004b）體察到有些治療近似個人中心治療，不過並非完全一樣。他在著作《個人中心王國的部落們：治療學派導論》（*The Tribes of the Person-Centred Nation: An Introduction to the Schools of Therapy,* 2004b）中論及古典個案中心治療（classical client-centered therapy）、焦點治療（focusing-oriented therapy）、體驗式個人中心治療（experiential person-centered therapy）與存在導向的治療（existential approaches to therapy）。

訓練趨勢

過去，對於想學習個人中心治療的學生來說，個人中心模式滿困難的。

這個模式在美國不如在歐洲盛行。在美國，只有芝加哥諮商中心（Chicago Counseling Center）提供正式的訓練課程。Mearns（1997a, 1997b）說明了在蘇格蘭 Strathclyde 大學的一個訓練模式，此模式著重在個人動力（individual dynamics），由學生與教師共同承擔訓練責任。秉承著個人中心的理念，聚焦在自我實現。經由教師的無條件正向關注，引發自我接納。為了貫徹個人中心的理念，課程及學習評量非常個別化。課程學習的進步，來自參與者的自我評量。大英國協提供約 35 個不同的訓練課程，法國、德國、希臘、斯洛伐克、瑞士及其他國家也都提供了正規訓練課程。

個人中心治療與其他理論的併用

本書討論到的理論學家，都一致認同個案與諮商師彼此間關係的重要性，以及治療師協助個案意願的需要。然而在應用真誠、接納與同理上，也有些不同意見。例如，使用矛盾治療（paradoxical treatment）的理論家 Frankle 與 Haley，就被指控沒有真誠對待個案。其他如 Ellis 與 Kohut（Kahn & Rachman, 2000）可能對個案同理，但是卻不會用像 Rogers 那樣的方式表現出來。認知與行為治療師會接納個案，但也會嘗試改變他們的行為。不過，幾乎所有的治療師在治療過程中，都能遵循真誠、接納與同理的原則。在《心理治療：研究、實務與訓練》（*Psychotherapy: Research, Practice, and Training,* 2007, volume 44 (3)）期刊的〈特別論壇之專題報告：半世紀標章之充分與必要條件〉（Special Section: The Necessary and Sufficient Conditions at the Half Century Mark）上，歸納了 12 篇討論 Carl Rogers 所提出，帶領個案改變之充分與必要條件的貢獻。這些作者都一致同意，Rogers 的貢獻在心理治療實務上影響深遠。他所提出之造成改變的條件非常有助益，但是對改變來說卻非充分或必要的。

特別在治療的初期，其他理論家也都會傾聽病人的憂慮與擔心。他們藉由在治療過程中不打斷病人的分享及專注傾聽，來表現出對個案的真誠與一致。不論口語及非語言上，都做到不去批評或嘲弄他們的個案。這些舉動都與 Rogers 的原理相呼應。

有些個人中心治療師在治療個案時，可能會引用其他理論，尤其是存在與完

形治療。存在主義治療師與 Carl Rogers 一樣，重視個人狀況、此時此刻與自我體驗（Sanders, 2004a）。完形治療也受到很多存在主義的影響，相較於個人中心治療，更加強調以身體和行動的方式覺察當下的體驗。O'Leary（1997）示範了聚焦在個案 - 治療師關係的個人中心，如何融入強調自我支持（self-support）與相互依賴（interdependence）的完形治療。Greenberg（Elliott, Watson, Goldman, & Greenberg, 2004）的過程體驗（process-experiential）與情緒焦點治療，以個人中心治療為基礎，與個案發展良好的關係，接著使用完形治療協助個案體驗生活事件與議題。

　　大致上，個人中心治療師較傾向使用強調「知悉」（knowing）個案的其他理論，而不會採用指導特質的認知與行為治療。然而 Tausch（1990）表示，個人中心治療師在一些狀況下，也會使用如放鬆策略等行為學派的技術。其他作者也論述個人中心治療與其他治療的併用（Sanders, 2004b），更具體的說，是與認知行為學派併用（Keijsers, Schaap, & Hoogduin, 2000）。Sanders（2004b）提到焦點導向（focusing-oriented）、體驗的（experiential）與存在的（existential）治療，與個人中心治療非常類似。Farber 與 Brink（1996）整合了以個人中心、精神分析、認知、行為與其他的觀點，分章以不同治療討論 Rogers 做過的個案；該書提供了如何將其他理論與個人中心觀點併用的深入看法。在使用其他理論時，大部分個人中心治療師會問：「其他理論有哪些部分與 Rogers 的充分與必要條件一致？」

 ## 相關研究

　　Rogers 致力於以人本（humanistic）和現象學（phenomenological）的理念去協助個人的同時，亦深信有必要利用科學研究的方法，去驗證心理治療理念與心理治療結果的有效性。Rogers 是將治療進行研究的先驅，從其早期就致力（Rogers, 1942b）於詳實記錄與個案面談的逐字稿，並用於訓練和研究即可窺知。在 Rogers（1986）整個生涯中，他相信研究可以驗證個人中心的假設、增加理論的解釋，並提供對個人之人格與心理治療深入了解。大致來說，目前有兩類個人中心治療的研究，其一為治療改變的核心條件（真誠、接納與同理）之重要

性的測驗，另一個是比較個人中心治療與其他學派成效的研究。

核心條件相關研究

有關同理、真誠與接納在治療改變上扮演的角色，已有超過三十年的相關研究。起初，研究聚焦在發展評估 Rogers 核心條件的量表。爾後，此類研究出現批判。雖然近期的研究不多，學者們從不同觀點驗證這些核心條件（尤其是同理）。

早期對核心條件的研究，包括治療師對個案的真誠、正確同理及對治療改變有效的接納與開放（Truax & Carkhuff, 1967; Truax & Mitchell, 1971）。Truax 和 Mitchell 回顧過去研究，找出超過三十種評量同理、非占有性的溫暖與真誠的量表。在這類調查中，典型的研究是要評量者去聽治療的錄音帶，然後用已經發展出的量表，去評量治療師對個案陳述的反應。晚近，Beutler、Crago 與 Arezmendi（1986）回顧過去研究，認為沒有明顯證據顯示，真誠、接納與同理是個案改變的充分與必要條件。

Barkham 與 Shapiro（1986）對使用量表來評估核心條件成效的相關研究評論加以解釋，提出早期研究的方法學上有四種主要問題。第一，評分由評量者的觀點去看核心條件出現的量，而非由個案觀點去看。第二，早期研究試圖使用 4 分鐘的片段去看，而不是評量整個面談過程。第三，聽錄音帶無法計算出符合核心條件非語言的部分。第四，這些評估量表被批評不夠明確。還有些批評認為沒有去計算治療初期、中期與後期的同理、真誠與接納的出現頻率。

Barkham 與 Shapiro（1986）研究了 24 組在不同諮商階段的個案 - 諮商師之配對研究，可以部分的回應上述的批判。他們發現，個案感覺到諮商師在諮商後期更有同理，而諮商師認為他們自己在諮商初期更具同理。個案與治療師如何定義同理（empathy）亦有差異，有些分類將詮釋（interpretation）、探索（exploration）、反映（reflection）、建議（advisement）與再確認（reassurance）等陳述都視為同理。這個研究特別顯示出同理概念之複雜性，研究也認為對同理的解釋沒有一致性。

Bachelor（1988）研究了個案對於同理的感受，提供了另一個同理的觀點。他分析了 27 名個案在參與治療過程中對同理所覺知到的描述後，將個案對同理的覺知分為四類：認知的（cognitive）、情感的（affective）、分享的（sharing）

與撫愛的（nurturing）。認知型個案內心深處的體驗或動機被了解時，感受到同理。情感型個案會在治療師涉入個案的情緒狀態時，感受到同理。分享型個案則是當治療師對自己生活與個案問題相似處分享意見時，感覺到分享的同理。當治療師專注且提供安全與支持時，會感受到最少出現之撫愛的同理。Bachelor 的研究建議，應視同理有不同的向度，而不能只視為是單一面向的呈現。已證實個案對諮商師的評估量表（Client Evaluation of Counselor Scale; Hamilton, 2000），是研究治療中個案對核心條件知覺的有效評量工具。

個人中心治療的成效

過去 25 年來，有一些個案中心治療成果的研究發表。早期，Rogers 等人（1967）曾針對精神分裂症病人的小團體進行一個研究。從那時起，就有類似這些針對住院病人與門診對象群所進行的研究。一個比較個人中心治療與其他治療的回顧式研究，顯示了過去研究的類似發現與最近的研究趨勢（Kirschenbaum & Jourdan, 2005）。典型成效研究的例子，描述如下。

Rogers 在威斯康辛大學任教期間，曾經主持一個針對 28 位精神分裂症患者的深度研究，其中一半是對照組。調查者關注於 Rogers 的核心條件對住院療程與住院日數的效果；內容詳見 Rogers 的一本鉅作（Rogers et al., 1967）。簡言之，調查者發現，接受到較高程度同理、溫暖與真誠者，其住院時間較接受較低核心條件者短。這項結果即使經過九年後的追蹤研究，仍保持一致（Truax, 1970）。不幸的是，接受高核心條件的病人與沒有接受治療的控制組間差異不大。接受較少的同理、溫暖與真誠的病人，住院時間比對照組或那些接受高核心條件者長。一些分析雖然有些支持核心條件的重要性，但接受高核心條件的病人比較對照組，卻只有令人失望的小進步。

一篇治療 34 位憂鬱患者的研究，聚焦於比較個人中心治療與過程 - 體驗（一種使用個人中心與完形治療的觀點）的工作同盟（治療關係）（Weerasekera, Linder, Greenberg, & Watson, 2001）。研究發現，在兩種治療方法上差異不大，但是在治療中段之第 16 到 20 次治療時，過程 - 體驗組的工作同盟分數較個人中心的個案高。

另一項針對 209 位非裔美國女性 HIV 帶原者的研究（Szapocznik et al., 2004），

比較一種短期家族治療、轉介社區服務與個人中心治療。家族治療組（生態結構家族治療，Structural Ecosystems Therapy）較個人中心治療或轉介至其他社區服務機構，更能降低心理壓力與家庭相關的爭端。對家庭支持部分，三種治療都無明顯差異。在開始治療時最苦惱的女性，則得到最多的紓解。

　　Kirschenbaum 與 Jourdan（2005）回顧歐洲與美國自 1970 年代到 2005 年間，比較個案中心或非指導治療與控制組或其他治療的研究。研究中也討論了治療成功的共同因素，如治療的聯盟及 Rogers 的核心條件。有趣的是，相較於 1960 到 1970 年代，大部分的研究在美國進行，近期大量的個人中心治療之研究則是在比利時與德國完成，而美國的數量極少。Greenberg、Elliott 與 Litaer（1994）計算 18 個研究的有效程度（effect size），其中多數研究在治療結束後三個月到一年間進行追蹤測量，發現所有研究在治療前與治療後之間均有正向改變。當個人中心治療與等待治療或無治療的控制組比較時，所有研究都顯示出個人中心治療有效程度較高。然而，五篇比數個人中心治療與認知或行為治療的研究，在有效程度強弱上，行為與認知治療比較有效。個案中心治療與兩種不同動力治療比較時，個案中心治療較其一有正向結果，而與另一種治療之間則無明顯的差異。

　　Greenberg 及其同事（1994）特別研究了體驗式治療，其他的調查則分析所有類別的治療。Weisz、Weiss、Alicke 與 Klotz（1987）及 Weisz、Weiss、Han、Granger 與 Morton（1995）進行青少年與兒童的治療成效之後設分析（meta-analyses）。他們檢驗了二十六個有其他治療法，與個人中心治療相比較之研究。他們發現，個人中心治療的有效程度，一般來說較行為、認知、父母訓練或社交技巧介入低（較無效）。一個以 5,613 個病人為樣本的研究發現，不論使用認知行為治療、個人中心治療或心理動力治療，成效比較均無明顯差異（Stiles, Barkham, Mellor-Clark, & Connell, 2008）。另一項比較認知分析治療、個人中心治療及認知治療之研究結果顯示，這些治療在臨床上都有效（Marriott & Kellett, 2009）。Gibbard 與 Hanley（2008）對 697 位病人的五年追蹤研究結果指出，與等待治療的短期或長期焦慮及憂鬱病人之對照組相較，個人中心治療有效。

　　先別管哪種治療最好，而是要問誰能從何種治療裡獲致最大的利益。Greenberg 等人（1994）認為，個人中心治療可能對抗拒的個案特別有助益，

或是更專業的說，反作用力（reactance）強 —— 也就是支配性高與順從性低。
Greenberg 等人（1994）認為反作用力較低的個案，使用完形治療成效比個人中
心治療好。Greenberg 等人（1994）曾檢驗反作用力與其他變數，以驗證誰最能
從個人中心治療獲益，然而研究結果不夠顯著。個案的特質與治療師的表現有必
要進一步研究，以學習更多個案中心治療的有效看法。

 ## 性別議題

　　雖然有些作者（Bozarth & Moon, 2008）相信，將性別納入個人中心治療中
Rogers 認定的改變之充分與必要條件，違反 Rogers 對個人中心理論之觀點；但其
他人則持不同看法。Wolter-Gustafson（2008）相信，同理的反映性別議題，更能
協助相互真正接納、與改善彼此的溝通。Proctor（2008）檢視不同性別治療師與
個案之搭配比較顯示，治療師更能了解性別角色與個人中心治療上之權力運作。
除此之外，藉由了解性別與權力議題，治療師更能有效協助施暴男性改變他們的
行為（Weaver, 2008）。討論男性氣概之議題，能協助治療師提供對個案的男性知
覺（Gillon, 2008）。當治療師能避免自己的價值觀干擾對個案的了解後，治療師
就更能協助青少年個案增進其性別認同形塑的發展（Lemoire & Chen, 2005）。

 ## 多元文化議題

　　Rogers（1977）在生命的最後二十年，致力於將個人中心的思想滲入所有文
化中，這可自其 1997 年的著作章節〈個人中心的趨勢與壓抑〉（Carl Rogers on
Personal Power）中看出。為了要提升多元文化間的溝通，Rogers 在北愛爾蘭、
波蘭、法國、墨西哥、菲律賓、日本、蘇聯及其他國家主持了大型工作坊。

　　一些作者也指出個人中心與東方思想的相似性，帶給我們對個人中心治療有
不同的視野。Rogers 自述，道家學說影響了他的個人中心治療之發展（Moodley
& Mier, 2007）。Miller（1996）說明中國道家思想，強調個人需要接受自己。個
人中心治療師致力於非直接的與個案溝通。佛教心理學也如同個人中心治療，強
調對其他經驗的開放（Harman, 1997; Wang, 2003）。因此，在東方的治療裡，自

我被視為過程，而不是一個固定不變的存在。在此過程中，個人學習去接納與信任自己。Singh 與 Tudor（1997）更廣義的去定義種族、文化與族群關係，並以此為基礎，從文化的觀點去討論 Rogers 改變六條件之說。他們更舉例說明如何以個人中心的概念，應用在印度錫克教徒（Sikh）與回教個案。

　　西方式的理解稱為自我中心的（egocentric），而一些非西方的方式稱為社會中心的（sociocentric）（O'Hara, 1997）。O'Hara（1997）提及 1997 年與 Carl Rogers 一起到巴西，參加一個社區工作坊。如同往例的，Rogers 以一種自我中心的理念去同理其團體成員，O'Hara 卻以社會中心的觀點去描述同理。此社區的團體成員，對於是否該讓 Rogers 發表正式演說爭執不下。第三天，三個團體成員提出了他們對處理此爭論所作的夢。當晚，非裔巴西黑色巫術（Macumba）的一個代表，就執行了祈求儀式，而非正式的解決此難題。這個體驗釋放了團體的緊張，也見證其比 Rogers 的正式演講饒富意義。由此方式，同理融入了團體，共同分享體驗的知覺，而不是仰賴從 Rogers 的觀點去打破僵局。在此情況下，Rogers 的理念與後現代的架構一致，他沒有將他的理念強加到他人身上，而是讓他們自行發展。

　　Rogers 對真誠、接納與同理等核心條件的信念，與社會及政治連結，已被視為是一種文化的價值。有些作者質疑，個人中心治療對各種文化下個案一致的適用性與恰當性。許多文化不了解心理治療，或是對其有著強烈的負面社會標記。在一些亞洲文化裡，個人視尋求心理治療為最後的解決途徑，他們傾向去尋求立即而非漸進的指引或建議（Chu & Sue, 1984）。在一些個人學習要尊重與接受權威建議的文化裡，轉變成較不指導的個人中心模式可能是困難的（Wang, 2003）。也有許多文化強調家庭與社會的決定，而不是如 Rogers 般的賦予個人自由意志。然而，從不同文化的考量下，個人中心對回應個案的觀點，是強調同理傾聽之重要性（Lago, 2007）。Glauser 與 Bozarth（2001）對個人中心模式在文化與諮商考量下的評論作了總結：

　　在面談過程中，諮商師的言談舉止必須依據個案在關係中的體驗，以及個案對此體驗的知覺而來，而不是諮商師對個案之種族認同或文化的知覺。（p. 144）

團體諮商

Rogers 強烈相信且致力於那些為個人成長、及解除不同種族或國家團體之衝突所設計之團體力量。從 1960 年代起，Rogers 深信人們透過團體過程提供互相幫助的力量，詳見其著作《會心團體中的 Carl Rogers》（*Carl Rogers on Encounter Groups*, 1970）。個人中心團體持續對協助有個人困擾的人們有重大意義（Schmid & O'Hara, 2007）。

與 Rogers 個人治療一樣的哲學，應用在他催化（facilitating）（他不愛用「領導」這個字眼）的團體過程（Rogers, 1970）。如同個人一般，團體是一個有機體，能夠自我指引並相信成員會朝正向發展。這種信賴來自於團體成員而非催化者，甚至將此信賴延伸為團體目標。催化者的目標不是指導，而是催化核心條件，讓每個人能成為更真誠、接納與彼此同理。因此，領導者的領導角色就不是那麼重要了。Rogers（1970）也體認到，催化者需要在團體中為每一個團員營造出安全感。

Rogers（1970）團體歷程的著作中，已闡明個人中心治療的核心條件所扮演之角色。個人在團體中自然呈現的樣態，不論是全力投入、參與或保持沉默，都可以得到接納。對 Rogers 來說，同理的了解關鍵是：催化者試圖了解每個人在團體中當下的溝通。是以，Rogers 很少對團體過程表示看法。他寧願團體成員自己去完成。然而，一些團體的催化者覺得對過程評論，反映著對團體知覺的同理了解。對 Rogers 來說，重要的是要覺察自己的感覺、衝動與幻想，相信成員並經由和參與者互動，選擇如何去回應成員。Rogers 將其哲學理念應用在許多團體後，建構出一套團體過程的看法，他相信大部分的團體可以自行發展。

當團體中出現核心條件後，遂產生了信賴感，而在此所總結的類似團體過程將會發生（Rogers, 1970, pp. 14-37）。團體在初期時，團體成員間可能對在團體中該做些什麼、或對團體前進的責任產生困惑。接著，抗拒探索個人議題及無助感可能隨之產生。之後，團體成員可能會揭露過去的感覺，這樣會比表達現在的感覺較有安全感。

團體一旦產生信任感，成員更會表露他們的內在自我，其中包括對他們自己、其他成員或團體領導者的負面感覺。逐漸的，在討論的議題上更趨向有意義

與個人化,同時對團體成員做出立即性反應。

當人際互動更具意義時,Rogers 觀察到團體開始轉變。當成員間已經開誠布公,溝通就會更有深度,在團體內也會誠實的給予其他成員正向與負向的回饋。當成員在團體內彼此更親近與真誠接觸時,他們更能夠表達與體驗正向的感覺,且團體更加親密。是以經常促成行為的改變、及更少的情緒波動或矯揉造作、或對問題有了新見解,並且找到更有效的方式面對他人。這樣的改變發生在團體內成員間,以及與他們生活中重要他人的互動上。

在體認到團體過程之力量的同時,Rogers 也覺察到可能的風險與危機。他擔心正向改變,可能沒有辦法延續到如成員期待的那樣恆久。同時,團體內正向溫暖的親密關係,可能危害團體外如夫妻或親子的關係。對某些成員來說,與團體成員分享內在感覺與想法可能導致無助感,且會在團體或工作坊結束時呈現出來。Rogers 雖然探討了這些風險的存在,但他還是深信團體歷程正向的療癒力量,因為他相信這些風險很低,況且個人正向成長的期待遠遠超過潛在的危害!

 摘要

Carl Rogers 的個人中心治療精要之處,是相信個人有足夠的能力去自我了解及改變行為態度,乃至成為一個「全然之人」。形成個人正向自我關注(自信的態度),有一部分來自他人對自己的正向關注(溫暖、關懷與情感)。當個人從他人處接受到有條件的價值(特定的關注或有條件的情感)時,他們可能產生自信或自我關注的缺乏,因此產生焦慮、防衛或無組織的行為。

Rogers 相信個人中心治療的核心條件可以帶來正向改變,幫助較低自我關注且正經歷心理壓力的個案。藉由同理個體的體驗(對個案關切的部分,提供完全與正確的了解)、接納與尊重個人的獨特性、與真誠(說出真正的感覺),治療師能夠協助個案成為一個更完整運作其功能的人。

為了達成此目標,個案必須能夠接受到治療師所給予的同理、接納與真誠。除了這種人本的治療模式,Rogers 也認真的進行研究,以評估個人中心治療的核心條件之有效性。雖然 Rogers 持續進行有價值的研究,但其晚年的興趣轉向個

別心理治療與評估外的其他方向。

　　當 Rogers 於 1964 年辭去教學工作後，便致力於關注多種議題。其中一項重要的領域是會心團體，他相信團體成員一起工作能帶給個別成員正向改變之力量。他關注的其他領域包括夫妻諮商、教學與督導。Rogers 在生命的最後十年，將個人中心治療的理念帶到政治改變與世界和平，去消弭在政治衝突中人們的苦難。為了達成此目的，Rogers 到許多國家去帶領有著衝突的人群之小團體與大團體。藉由與他人溝通同理、接納與真誠，Rogers 相信團體領導者可以協助團體成員去體驗，且將此應用在他們日常生活中。Rogers 對他人的關懷、他的溫暖與他持續強調同理他人的體驗，為其理念之集中體現，也是個人中心治療的精髓所在。

第 6 章

完形治療：
一種體驗式的治療

譯者：林延叡、馬長齡

目前有數種體驗式治療。雖然它們在治療策略上略有不同，但個案對於當前事物的體驗皆為其共同焦點。個案有時候不討論問題，而是藉著在內心感受此問題、把問題說出來、或重新演練，來經歷此一問題。Eugene Gendlin（1996）發展了「專注」的技巧，這是一種能引導個人沉靜地覺察自己的內在自我之方法。藉著接觸內在自我，病人能夠解決內在議題，並且在生活中作正向改變。相反的，Alvin Mahrer（2005）要求個案和治療師靠近地坐在一起，兩者面向同一個方向，並且通常是把眼睛閉上。個案敘述生命裡的經驗，然後治療師參與關於該經驗情感層面的討論。

進行這個過程時，個案能獲得促進治療改變的一種平和感及體悟。完形治療是最盛行且廣為人知的體驗式治療，它著重在增進對於自身及他人的覺察，進而促使改變。Leslie Greenberg 發展出了過程–體驗式治療，以及類似的，但是整合性的情緒焦點治療（Elliott & Greenberg, 2007; Pos & Greenberg, 2008）。

情緒焦點治療和完形治療相當類似，但是情緒焦點治療整合了 Rogers 個人中心治療的特定原則，而完形治療則無（Leslie Greenberg, personal communication, December 5, 2005）。因為比起其他的體驗式治療，完形治療在全世界更廣為使用，故本章將會討論並詳細介紹完形治療。

完形治療關注個人的全部，而個人不只是其行為的總和。「完形」一詞，代表了一個整體的動力組成，而此整體包括了兩種或更多相關的部分。完形治療是個重視人類經驗，且把它當作資料來源的現象學方法，它強調病人及治療師對於現實的體驗。完形治療之所以稱為一種體驗式治療模式，乃因為它強調個人對於自身的責任，以及個人決定自身當下經驗的能力。在完形治療中，如同其他的體驗式治療，處理過去或未來的議題會被轉移到現在。完形治療的基本原則是對於自我、他人及環境的覺察，能帶來個人的成長及整合。

完形治療強調建立自我和他人之間的適當界線。界線必須有足夠的彈性，使得能和他人產生有意義的接觸，但是又必須有足夠的堅定性，使得個人體驗到自主性。當個人不清楚自我和他人的界線時，接觸和覺察的困擾可能會發生，因而產生心理病理。治療方法強調對自己負責，以及細心體驗個人的用語、非語言行為、情緒，以及自己與他人的衝突。完形治療師發展有創意的實驗及活動以引發自我覺察，並在同理個案的治療關係中使用這些技巧。不只個別治療，團體治療也是完形治療中的重要部分。兩種治療模式，都協助個人處理和自己及他人的衝突，以及解決源自過去但延伸至現在的問題。

 # 完形治療發展史

若要了解完形治療，則必須認識發起人 Fritz Perls，及影響其思想的諸多心理學及心理治療理論（Clarkson & Mackewn, 1993）。雖然 Perls 從精神分析起家，但其他的心理學理論及哲學思維，卻引導他發展出一個和精神分析不盡相同的治療系統。

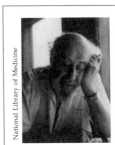

FRITZ PERLS

Frederick S.（Fritz）Perls（1893-1970）創造、發展並且推廣完形治療。他出生於德國柏林，是家裡三個孩子中的老么，雙親為年長的中產階級德裔猶太人。他的家庭受到納粹主義的影響甚大，長姊在一個集中營中受難（Shepard, 1975）。不只是妹妹曾經這樣形容，Perls 也曾形容自己是個問題兒童，在家裡或學校都製造很多問題，七年級留級兩次，而且被要求休學。他打零工一陣子，直到 14 歲才重返學校。之後，他研讀醫學。在第一次世界大戰時，23 歲的他自願離開學校，加入戰爭。他一開始是以私人的身分從軍，之後則成為了軍醫。

1920 年，Perls 取得醫學學位之後，到柏林軍醫院擔任 Kurt Goldstein 的助手。Goldstein 從完形心理學的觀點看待患有腦傷的軍人，專注在軍人對於自身及環境的知覺，Perls 則深受 Goldstein 的影響。期間，Perls 遇見了幾位對他日後的發展有顯著且重大影響的人，包括了小他 12 歲的妻子——Laura。

Perls 在維也納及柏林的精神分析機構，接受精神分析師的訓練。他的訓練分析師 Wilhelm Reich，對於他日後關於完形治療的概念發展，具有特別的影響。Perls 也受到了分析師 Helene Deutsch、Otto Fenichel 與 Karen Horney 的影響。期間，他也遇到了 Adler、Jung 及 Freud。在 1934 年，因為納粹主義的興起，Perls 遂離開德國前往南非。

他在 1935 年建立了南非精神分析機構。在南非時，他遇見了 *Holism and Evolution*（1926）一書的作者 Jan Smuts，他對於 Perls 完形治療的發展也有所影響。12 年之後，Perls 自南非前往紐約市，與 Paul Goodman、Laura Perls 於 1952 年共同創立了紐約完形治療機構。在紐約住了 9 年之後，Perls 周遊各地，並且

在邁阿密、舊金山、洛杉磯、以色列、日本、加拿大創立了完形治療訓練中心。在 1964 年至 1969 年間，他是 Esalen 機構駐院副精神科醫師。1969 年，他搬到加拿大 British Columbia，溫哥華島的 Cowichan Lake，在那裡他開啟了一個治療社區的發展。六個月之後，他於 1970 年與世長辭。

完形治療的發展及 Perls 與精神分析漸行漸遠，可以從其早、晚期著作之巨大差異窺出。在南非時，Perls 撰寫了 *Ego, Hunger, and Aggression*（1969a）（初版於 1947 年發行），此書整合了他對於有機體的想法，以及精神分析的傳統概念。他也著眼於飢餓本能，而將這個概念連結到心理運作（Lobb, 2007）。在進食及心理運作中，人們咬斷他們能夠咀嚼的東西（食物、想法、關係），然後咀嚼、消化（思考及接受生理或心理的養分）。Perls 稱為「心理新陳代謝」（mental metabolism）的概念，代表完形治療中的心理運作。他在這本書中描述了集中治療（concentration-therapy），為完形治療的前身，其目標是「喚醒有機體而獲得更充實的生命」（Perls, 1969a）。雖然 Laura Perls 並未列為此書的作者，但她撰寫了書中的幾個章節。在 1951 年，Perls 和 Ralph F. Hefferline 及 Paul Goodman（1951/1994）撰寫了 *Gestalt Therapy: Excitement and Growth in the Human Personality* 一書。此書包括兩個部分，第一個部分描述了完形治療理論；第二個部分則提供練習活動，用來發展對於感官及身體的覺察（Stoehr, 2009）。

Perls 晚期的著作在形式上比較自由。*Gestalt Therapy Verbatim*（1969b）一書包括了關於完形治療理論的章節，還涵括了一個相關座談會的與會者的提問及 Perls 的回答。這本書大部分都是 Perls 和參與關於夢的訓練課程的學員，以及為期四週密集工作坊中的逐字稿。Perls 的自傳 *In and Out of the Garbage Pail*（1969c），寫作形式非常自由，包括了詩作、幽默，以及關於他的工作之評論。Perls 逝世後，兩本他生前仍在撰寫的書籍出版了。第一本 *The Gestalt Approach*（1973），內容包括完形治療的理論架構，及從影片中摘錄的對話。第二本書籍 *Legacy from Fritz*（1975）由 Patricia Baumgardner 完成，內容包括了 Fritz Perls 在團體訓練課程中和成員的對話。最後這四本書中所包括之豐富的個案資料，清楚呈現了 Perls 在團體訓練的形式中和個案合作的模式。

Perls 逝世後，完形治療持續成長。目前，全世界的完形治療機構超過一百所，其中有許多是位於美國。歐洲完形治療協會（European Association for Gestalt

Therapy），涵蓋了完形治療師、訓練機構及全國性的組織。該協會的任務之一，是統一治療的施行標準。當前有 41 個歐洲國家、超過 12 萬位完形治療師遵循此標準。完形治療發展協會（Association for Advancement of Gestalt Therapy），則是一個具相當規模的完形治療國際性組織。發展完形治療理論與實務的出版品包括了 The International Gestalt Journal、the Gestalt Review、the British Gestalt Journal、及 the Gestalt Journal of Australia and New Zealand。此外，座談及研討提供了發表完形治療近期發展的機會（Gary Yontef, personal communication, October 18, 2009）。

對完形治療發展的影響

Perls 雖然出身為精神分析師並且受到 Freud 理論的影響，但他在作為醫學院學生及執業的精神科醫師時，善用了擁有許多知識財富的 Frankfurt 市。他受到 Wilhelm Reich 關於語言及非語言行為觀點的影響，並且注意到了 Sigmund Friedlander 對於創意差別的著作。和 Kurt Goldstein 共事，則帶領 Perls 將完形心理學應用到治療上。從一個理論及哲學觀點來看，他發展完形治療時受到了諸多影響，如 Lewin 的場地論（field theory）、現象學及存在主義。在比較個人的層面，他的妻子 Laura，一位執業的完形治療師、作家、老師，對完形治療的貢獻功不可沒。這些多方面的影響，是 Perls 發展完形治療背後的智識支柱。

Wilhelm Reich 尤其有影響力，這來自於他的寫作及身為訓練分析師的身分。Reich 關注病人的語言、臉部及身體姿態。Reich 不將原慾看成發源於童年時期的性慾，而是看作個人身上顯而易見的興奮狀態。他稱個人用來壓抑其原慾的防禦機制為身體武裝（body armor）。對於 Reich 而言，治療包含藉著注意個人語言及身體覺知裡的緊張狀態，來幫助個人變得比較不僵直、刻板。Perls 在 Ego, Hunger and Aggression（1969a）一書的前言中，特別感謝 Reich 藉由關注個人的身體覺察，而「清楚闡明了抗拒的心理機制」（p. 5）。

哲學家 Sigmund Friedlander 的著作影響了 Perls 對於兩極的概念。Friedlander 相信許多事件都和零點有關，而從零點出發可以分辨極端。此零點是個人能夠有創意地移動於兩極的平衡點。Perls（1969a, p. 15）提到：「藉著在中心保持警覺，我們可以有創意地獲得看見某事件兩方觀點的能力，因而使不完整

的一半圓滿。」當個人太偏向外在或內在需求的某一側，便需要平衡或產生移至中心點的傾向。Perls 在工作中，常幫助個人獲得平衡感、中心性或控制需求。

Perls 受到 Kurt Goldstein 的影響，不只是透過和他在 Institute for Brain Injured Soldiers 的共事經驗，還包括 Goldstein（1939）的寫作。Goldstein 相信行為是由表現（自我行為、態度、感受）及過程（身體運作）組成。如同 Friedlander，Goldstein 相信有機體朝向平衡其需求的方向前進。一旦這麼做，他們會遭遇到環境壓力。在這個過程裡，他們努力求取「自我實現」（Bowman & Nevis, 2005）。

Goldstein 認為，焦慮是因為害怕未來事件的可能後果；Perls（1969a）發現這個看法和完形治療有關。此外，焦慮也可引發部分人格和整個人分離，導致人格的分散。Goldstein 及語意學學者 Alfred Korzybski 的另一個貢獻，則是強調治療中語言的精準。Goldstein 在協助腦傷軍人時，發現他們無法抽象思考，而因此無法完全地使用語言。

場地論（Parlett & Lee, 2005）則是由 Kurt Lewin 及數位完形心理學家提出。場地論和完形心理學類似，它藉由看待作為事件其中一部分的整個場域，來研究一個事件。其中各個部分和彼此，以及和整體的關係，是此研究的目標。這是一個敘述性的模式，而不是歸類。場地論採用現象學的模式，因為場地是由觀察者定義的。為了解某個事件，個人必須知道觀察者看待事件的方式。使用場地論提出假設的例子是 Zeigarnik 效應（Zeigarnik effect）；Zeigarnik 假設並且驗證比起已完成的任務，個人較容易記得未完成的事情，這是因為在場地中所殘留的動力（Woodworth & Schlosberg, 1954）。

在 Reich、Friedlander、Lewin、Goldstein 及完形心理學家著作中蘊涵的現象學觀點，對於 Perls 完形治療的發展產生影響。現象學觀點指的是欲了解個人的行為，我們必須研究此人對於現實的知覺。現象學家研究知覺及其過程。環境視為獨立於觀察者而存在的事物，但須透過觀察者的觀點而被認識（Watzlawick, 1984）。Perls 治療模式中的一個重要部分，是強調並且加強覺察，這或許是他和 Wilhelm Reich 共事所獲得的最大啟發。從現象學的觀點來看，Perls 不只對於病人的覺察有興趣，他還對整個場地——治療師對於病人及治療師之互動的覺察——有興趣（Watzlawick, 1984）。

Perls 視完形治療為三種體驗式治療之一，另兩者則是 Binswanger 的存在分析，以及 Frankl 的意義治療。因為存在主義起於現象學，存在主義者強調存在、喜樂、折磨及人際關係帶來的直接經驗。存在主義對於本真性（authenticity）的觀點，和完形主義對於覺察的看法有些雷同，其相似性在於兩者都包含了誠實評估與認識自己。存在主義認為個人必須對其行為、情感及思維負責的概念，和完形治療一致。存在主義作家 Martin Buber 的「我-你」關係重要性的看法，也影響了完形治療的發展（Doubrawa & Schickling, 2000; Harris, 2000）。如同完形治療，存在主義強調當下而非過去或未來。雖然難以評斷存在主義對於完形治療的影響，但兩者具有許多共通性。

　　在一個比較個人的層面，Laura Posner Perls 對完形治療貢獻卓著。Bloom（2005）認為她對於完形治療的發展十分重要。她在 1905 年出生於德國法蘭克福近郊，1930 年嫁給 Perls，並於 1932 年由法蘭克福大學取得 D.Sc. 學位。她受到 Max Wertheimer 及存在主義學者 Paul Tillich 和 Martin Buber 的影響（Humphrey, 1986）。她不只投入了 Fritz Perls 的第一本書 *Ego, Hunger, and Aggression* 的寫作，還參與第二本書 *Gestalt Therapy* 的出版討論。之後，Laura 投入成立於 1952 年的紐約完形治療機構的活動，領導培訓團體，並擔任主持的工作直到 1990 年，以 85 歲辭世。雖然他們在 Fritz 最後的 15 年時間分居，但是仍保持聯繫、討論和完形治療有關的議題。因為她的著作甚少，我們很難評估她對於完形治療的貢獻。Laura 的工作的另一個貢獻是重視維持婚姻及其他人際關係，此點和她丈夫專注於覺察而非發展關係上相反（Rosenblatt, 1988）。

 ## 完形人格理論

　　和自己及他人的覺察與關係，是完形人格理論的主要焦點。在完形治療中，許多重要概念源自於完形心理學概念，如形（figure）與景（ground）。完形人格理論注重立即影響個人的個人與他人或對象之間的對比。其中也強調個人與其環境間的界線，以及自己和他人接觸的深度。完形人格理論強調個人覺知自己及其環境的重要性，其中涵括了感覺、身體感受，及情緒感覺。注意自己及他人接觸，以及對於自己及他人的覺察，發生在當下而非過去或未來。諸如此類有些模

糊的概念，以下將有更清楚的描述。

完形心理學與完形治療

完形心理學最初是由 Max Wertheimer 發展起來，而後的發揚者包括 Wolfgang Kohler 及 Kurt Koffka。最重要的，完形心理學建立在這個觀點：心理現象是有組織的整體，而非特定的部分。完形心理學家主要研究視覺及聽覺，並且視學習為一個知覺的問題，因為個人試圖在其知覺領域中發現正確的反應（Shane, 2003）。如此一來，個人經驗到了「Aha！」反應、或「我現在看到了」、「現在，我了解了；我看到脈絡了！」現象的一些特性無法藉由觀看局部而察覺，只有當個人觀看整體時才會發現。例如，一個學習算術的學生可能會知道公式的分解部分，但是只有公式合在一起時，他才能夠解決算術問題。

在完形心理學中，「場地」可以視為「形」與「景」。形是突出的事物，而景則是背景。例如，當你看圖 6.1a 時，這是形；該頁的其他東西及你的周遭則是景。三角形、書頁及周遭構成了場地（Parlett & Lee, 2005）。各式的形因其強度及形式的優劣性而有所差異。6.1a 的點被知覺為三角形。6.1b 的點則是不完整的完形（gestalt），但也可以被知覺成一個三角形。6.1c 的點則是非常弱的完形，可視為兩條線、一個角或三角形。完形心理學家發展出完形法則，或知覺法則，來解釋個人如何觀看現象，如這一系列的點。事實上，Boring（1950）列出超過 114 種法則。

雖然治療師將這些概念應用到感受及身體感覺上，但完形心理學家並未如此（Wallen, 1970）。事實上，完形心理學家對於 Perls 將完形心理學應用到完形治療之概略、不正確的方式，多所批評（Henle, 2003; Shane, 2003）。Sherrill（1986, p. 54）提到：「完形治療師看到兩者之間的緊密關聯，但是完形心理學家否認任

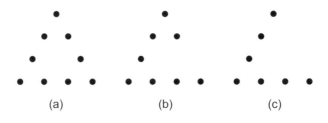

(a)　　　　　　(b)　　　　　　(c)

圖 6.1　三角形完整階段

何有意義的相似性。」

　　儘管完形心理學家對於將完形心理學概念應用到完形治療，有諸多批評。不可諱言的是，形與景的概念對於了解完形治療的理論基礎十分重要。當形變得不完整或不清楚時，個人被迫進入可能會導致其分心的背景裡（Polster & Polster, 1973, p. 30）。例如，懼怕蛇的男孩，無法把蛇的概念完全地帶到前景、或變成一個完整的形。當男孩能夠摸蛇且不再懼怕時，這個形才變得完整。

　　Wallen（1970）引述在發展充分完形、或相對於背景很清楚的形時，有三種干擾來源。第一，個人可能和他人或自己有不佳的知覺接觸。和朋友聊天時把視線撇開，即為一例。第二，表達需求卻受到阻礙時，充分的完形會受到影響。想要卻又限制自己對朋友表達感情，即為一例。第三，壓抑感受或知覺可限制形成充分的完形。在受到他人攻訐之後，無法表達心理上的痛，可能會影響充分完形經驗的發展。這樣的個人有可能感覺焦慮、在胃部感到肌肉緊繃，或無法達成充分的完形。

　　治療師接著協助個人覺察他們的緊張，因此達成完形讓形變得完全及完整。如此一來，治療師幫助病人在其世界發展與人進一步的接觸。承擔風險且移除影響經驗的阻礙，能幫助個人發現自己的界線。

接觸

　　「接觸是成長的血脈、改變自我的方法，及個人對於世界的經驗」（Polster & Polster, 1973, p. 101）。接觸和融合不同；因為在維持隔離感的狀況下，接觸存在。至於融合，則沒有隔離可言。雖然接觸是與他人或其他物體發生的特質，但人們很少覺察與他人的接觸。當接觸發生時，可能會出現自我感，以及一種影響界線的感受。許多患有自閉的孩童對於接觸的掌握具有困難，完形治療能用以幫助他們發展與他人的接觸（Audet & Shub, 2007）。對於 Polster 和 Polster（1973）而言，如何在維持與他人及事物有生命力、創造性接觸的同時，不喪失自我身分感（被融合），則是一項挑戰。

　　雖然許多接觸是尋常的，且在個人的日常生活中頻頻發生，但在完形治療中的接觸場景，可以是具有影響力且有意義的。以下舉例說明治療接觸的力量。

　　見證一位可愛、20歲年輕女性的經驗。她在團體中談到自己有毒癮、從事性工作、於四年前生了一個小孩並送人領養。現在,她正就讀大學,站在新的人生軌道上,並幫助年輕的毒品上癮患者。在一個情緒的高峰,她轉向團體中的一位男性,要他抱住她。他點頭,她遲疑後朝向他的方向走去,而他抱住了她。那時她放下一切然後大哭。在她的哭泣稍停之後,她看了看,警覺團體的其他女性,可能對於她被抱著、且成為房間裡面的焦點中心而有所顧慮。我說或許她可以教導其他女性怎麼樣被抱。顯然,她被抱得很自在,而且表現了自然高雅,及開放的特性,所以作為教材沒什麼不好。一陣子之後,她覺得平靜,仍在那位男子懷中,但依舊留意團體中其他女性的反應。事實上,她們的反應是覺得感動且不批判的。她接著問一位長得比較漂亮,在團體中常帶領主題的女性是否也會抱她。那位女性站起來,走向她的位置,然後伸手將她擁入懷中。在這個時候最終的放手發生了,這位女孩哭得比之前更激動。當她結束時,她的緊張消失了,她覺得不再那麼注意自己的一舉一動,而且和團體成為一體。(Polster & Polster, 1973, pp. 104-105)

　　Perls（1969b, 1969c, 1970）描述了不同層次的接觸,可以分成五層的神經質。為了成為心理上成熟,個人必須脫去這五層的束縛:虛假、恐懼、僵局、內爆,及外爆。移除了每一層,顯示逐漸增加和環境具有影響力的接觸。

1. 虛假（phony）:這層代表以非本真或規劃好的方式和他人互動。例子包括「你好嗎?」及「祝你有個美好的一天。」更進一步的例子包括,試著對某人表達友好,以便他們會向你買東西。

2. 恐懼（phobic）:這層則是避免心理上的痛苦。例如,我們可能不願自我承認,一段重要的關係已經結束了。

3. 僵局（impasse）:是我們害怕改變或移動的點。我們可能會覺得非常渺小,只覺得被侷限了。Perls（1970, p. 25）舉了一個婚姻的例子:這段婚姻裡,雙方都不再愛對方了,他們知道另一個人應該要怎麼做,但是不知道另一方真實的面貌。他們指責彼此且陷入僵局。個人覺得自己沒有內在或外在的支持。這是治療改變可能發生之特別重要的層次。

4. 內爆（implosive）:在這個層次,我們經驗自己的感受,開始覺察真實的自我,但是可能不太處理情感。

5. 外爆（explosive）：與這層接觸則是本真的而且不虛假的。對於 Perls 而言，為了活出真實的自己，有必要經驗此一爆炸。

接觸的界線

接觸界線（contact boundaries）是和他人或其他物體連結或分離的過程。更清楚地說明，我 - 界線（I-boundaries）是區分人與人、人與物、或人與人的特質之間的東西（Polster & Polster, 1973, pp. 107-108）。我 - 界線由個人的生命經驗形成。Polster 和 Polster 區分了可以描述我 - 界線的優勢點：身體 - 界線、價值 - 界線、熟悉性 - 界線及表達性 - 界線。

1. 身體 - 界線（body-boundaries）：可能會限制感覺或失去對於感覺的控制。Polster 和 Polster（1973, pp. 115-116）描述了一位因為性功能障礙而求助的男性。他起初只能覺察他的頭的動作，之後才慢慢覺察他的腳的微微抖動感覺，引發他內在平和感。因此，他的身體 - 界線擴張了。

2. 價值 - 界線（value-boundaries）：代表我們抗拒改變的價值。當一個抱持著反墮胎觀念的人，處理自己 17 歲未婚女兒未預期懷孕的狀況，價值 - 界線可能會受到挑戰、可能改變或可能被增強。

3. 熟悉性 - 界線（familiarity-boundaries）：代表常重複出現，但是可能沒有被仔細思考或挑戰的事件。例子包括每天上一樣的班、走一樣的路線到公司，或是和同事以典型的方式互動。如果個人丟了工作，或是在婚姻關係遭受拒絕，熟悉性 - 界線的挑戰可能會是相當令人沮喪的。

4. 表達性 - 界線（expressive-boundaries）：我們年幼時便習得的界線。我們學習不吼叫、不無病呻吟、不去亂摸東西等等。在美國，男性被教導不哭泣。對於一位男性而言，和重要他人接觸時，可能有必要拓展其表達性 - 界線。

接觸界線困擾

自我和他人的界線有時候會變得模糊、分解或受到阻礙（Clarkson, 2004）。個人有時會將他人或物體之中有助成長、和有幫助的部分保持在外。就某一方面來說，這個人失去平衡，而且需求沒有獲得滿足。如果和物體或他人的接觸受到

抗拒，和物體或他人的互動可能會出現五種模式之一：內射、投射、回射、折射及融合（Polster & Polster, 1973）。

1. 內射（introjection）：代表的是吞下或接受他人的觀點而未加以檢視。例如，孩童常常把雙親的意見當作事實而非價值觀。當孩子長大，他們較少內射雙親的觀點。這麼做可能在某些時候是適當的，但有些時候則不是。依據情況不同，內射可以是健康或病態的。

2. 投射（projection）：代表藉著轉移到他人身上來漠視或是拒絕自己的部分。罪惡或憤怒感往往可能會導致個人將責怪投射到另一個人身上。是以，將自己的部分歸因到他人身上，因此擴張了自己與他人的界線。因為自己沒讀書而考試成績不理想卻責怪教授，就是投射的其中一例。

3. 回射（retroflection）：包括了把自己想對別人做的事，發洩在自己身上，或是自己實行希望別人為自己做的事。在希望別人幫忙時說「我可以自己來」，就是回射的其中一例。雖然這種行為是設計來讓自己覺得更有能力，但我們可能會感覺孤單並和他人有隔閡。在回射中，一個原本從個人導向他人的功能，改變方向而導回自己身上。一個極端的例子是，自殺其實是謀殺的替代方式。從象徵性來看，咬自己的指甲可能是對於他人攻擊性，或把他們的頭咬下來的替代方式。如此一來，咬指甲的人在象徵性上，用他想要對待他人的方式對待自己。

4. 折射（deflection）：代表不同程度的避免接觸。不說重點、過份有禮或不斷說話的人，便是折射 —— 避免接觸。其他的例子包括談論某事而非和某人直接說話，或將強烈的情緒替換成較緩和的情緒。特別是在治療過程初期，病人折射的現象是尋常的 —— 抽象地描述他們的問題、或形容地好像他們屬於另一個人、或提及不相關的細節。避免肢體接觸，亦是折射接觸的其中一例。

5. 融合（confluence）：發生在自己和他人的界線變得模糊或減弱時。在關係中，可能會有一個知覺是雙方有同樣的感受及想法，但事實上可能是其中一個人越來越無法覺察自己的情緒及價值。有被接受之強烈需求的人可能會經驗融合，他們為了被他人接受，而放棄自己真正的感受及意見。因此，知道自己真正的感受或想法，對他們而言相當困難。

O'Leary（1997）比較融合和同理心。如此一來，她將個人中心和完形治療拉得更進。健康的融合可以被經驗成對於個人或團體的同理心。不健康的融合，因為他們不是在無條件、正向關懷或了解的情況下同意他人，可能會使自己與他人產生更大隔閡。個案可以透過治療師，體驗健康的融合乃是同理心的展現。O'Leary 等人（1998）顯示個人中心完形的治療師培訓團體，如何能透過示範及教導同理心、融合及其他完形技巧，而達到效果。

　　完形治療師假設，接觸對於維持令人滿意的心理功能是健康而必要的。內射、投射、回射、折射、及融合，是減少、避免或其他抗拒接觸的方式。Frew（1988）使用兩個主要條件，評估這些方式用得健康與否。他想要了解個人是否能覺察自己在做什麼，以及這些特定的方式是否對他們有效。此外，他想要評估這個方式，是否允許個人能滿足自己當下的需求。對於他們當下的行動，以及自己需求是否獲得滿足的覺察，能顯示他們與自己及其他事物的界線之接觸程度。在個人及團體治療中，完形治療師留意個人如何避免與自己及他人在心理上的接觸。

覺察

　　對自己的覺察是完形人格理論中的重要一環，代表接觸個人自己內心，以及他人和其他對象（Clarkson, 2004）。Polster 和 Polster（1973）分辨出四種覺察：(1) 對於感覺和行動的覺察（awareness of sensations and actions）：指的是透過看、聽、摸，或其他感官來感受，並且透過動作、聲音、表情來表達自己。(2) 情感的覺察（awareness of feelings）：則是情緒感受及生理感受的覺察，後者如手心冒汗或上氣不接下氣。(3) 慾望的覺察（awareness of wants）：則是覺察對於希望發生之未來事件的慾望，例如從大學畢業或中樂透。(4) 價值觀及評估的覺察（awareness of values and assessments）：則比上述提到的更為廣泛，包括個人如何評估他人、社會或靈性議題，以及其他相關的對於事件的評估。覺察（awareness）關切的是當下發生的事，而非那些記憶中的事件。

　　充分覺察就是接觸自己的界線。在以下關於湯姆的描述中，Polster 和 Polster（1973）舉了一個例子，說明病人如何透過協助而變得能夠覺察其感覺、行動、感受及慾望。它有助清楚說明完形治療師對於發展覺察所抱持的態度。

這個治療過程的說明，道盡了在每一個當下追隨覺察的簡單例子。晤談從湯姆發現他的下巴肌肉很緊開始，然後轉移到一些協助他放鬆講話方式的過程步驟，之後再轉到發現一些童年時的回憶。湯姆是一位牧師，他感到發音無法自如。他的聲音有一個金屬特性，而他發聲的方式像是個易壞的機器人。我發現他的下巴有個奇怪的角度，問他那邊感覺怎樣。他說他覺得那裡很緊繃，所以我要求他誇張嘴巴及下巴的動作。他對這個要求覺得非常猶豫，然後描述他的覺察一開始是尷尬，然後是固執。他記得雙親以前都會因為他發音不清楚而糾正他，然後他的發音反而更不清楚。這個當下，他逐漸察覺在喉嚨的緊繃感。他透過受到限制的肌肉講話，強迫聲音出來，而非利用呼吸給他的協助講話。所以，我要求湯姆在講話的時候，多用一點氣，示範如何透過利用多一點氣息，及感覺空氣是一種協助的來源來協調發音。他的協調相當失敗，所以他開始口吃。當我問他過去是否曾經口吃時，他看起來很吃驚，開始覺察自己的協調問題，然後回想他 6、7 歲之前，一直都有口吃的現象。他回想起 3、4 歲的時候，母親有一天從外面打電話回來，問他想要什麼。他那時試著說：「冰淇淋」，但是母親誤以為他說：「我尖叫」，且以為他那時候想要對弟弟尖叫，所以對他很生氣。他憶起另外一個例子：母親在浴室，而他一開始以為是母親在笑。在他發現那不是笑聲而是母親嚎啕大哭時，他嚇呆了。湯姆再次想起這種不協調的可怕感受。在他重新檢視這些片段時，他也開始覺察自己因為被母親誤解，及他誤解她的困惑感受。發現過去的感受後，湯姆的談話變得更開放，而他的下巴肌肉也不那麼緊繃。他覺得放鬆且煥然一新。（Polster & Polster, 1973, pp. 212-213）

當下

過去及未來的事件，是透過當下而被看到。因為個人的身體及感官系統只能透過現在被看到，所以當下也很重要。Yontef（2007）認為著重在當下有許多優點，包括幫助個案經驗自我接納、覺察當下，及對衍生的經驗許下承諾。當病人談論一個事件時，個人和事件產生距離而不處於當下。雖然眼前比較重要，但過去歷史及未來計畫也必須考慮。完形治療師通常評量當下敘述過去及未來的方式。

藉由未完成事件（unfinished business）的概念，可檢驗過去如何影響現在（Joyce & Sills, 2001）。這代表過去未被表達出來，而直到現在才處理的感受。感受可能是憤怒、憎恨、罪惡感、恐懼等，也可以是仍縈繞個人心中的記憶或幻

想。未完成事件有時候可能以過度追求金錢、性或其他的方式呈現。藉著探索未完成事件，個人能實現一個完形。如果能獲得圓滿的結束，對於過去的過份專注便會消失。Handlon 及 Fredericson（2007）探討類似的一個概念 ── **未完成愉悅**（unfinished pleasures），意指個人能完成某件美好、但預留未完成的活動，以體驗活動帶來的愉悅

　　在之前的例子中，湯姆將過去帶到當下。他緊繃的下巴，提醒他過去曾被雙親糾正口齒不清。這把他帶領至過去的未完成事件 ── 母親對他說「冰淇淋」的誤解，及他對於母親在哭而不是笑的誤解，所產生的不協調感受。將過去移至當下，使湯姆感覺鬆一口氣。未完成事件結束了。注意到在這個例子中，湯姆沒有談論母親，他在這一個小時中反而在感覺當時的情境。如同 Yontef 和 Jacobs（2011）指出，重要的是處於當下能讓我們觀看、留意情緒和非語言行為，如此一來才能將過去帶到當下。

 ## 完形心理治療理論

　　完形治療的基本目標，是透過覺察而獲得成長及個人之整合。這是經由建立良好的治療關係而做到的。在這個目標下，治療角色和其他治療模式中的不同在於，完形治療強調當下及利用覺察。在完形治療中，許多評量是透過治療師時時刻刻對於病人的觀察進行。許多觀察就問題提供病人及治療師有用的概念。這個評量程序是增進病人語言及非語言的覺察。整合覺察的方式需要創意及經驗。

治療目標

　　Perls（1969b, p. 26）提到，治療目標是幫助個案成熟及成長。這個定義中（Passons, 1975）隱含了對於自我責任感的強調，幫助病人依靠自己而非他人（Perls, 1969b）。治療應該協助病人看見，他們能做的事遠比自己想像得還多。因此，病人變得更能自我覺察，以及朝向自我實現之目標邁進。

　　在成熟及成長的目標中，隱含的是獲得自我整合。Perls（1973, p. 26）說：「一個人能生活在與其有重要接觸的社會，沒被吞噬，也沒有完全逃離，就是一位整合良好的人。」整合意味著個人的感受、覺知、想法，以及身體感覺是一個

更大整體的部分（Gary Yontef, personal communication, September 1, 1998）。當個人並非完全整合的時候，空洞會出現，而且這個人有可能經驗到接觸界線困擾。Perls（1948）相信整合之前脫離的部分，是心理治療中一個極重要的目標。

　　發展覺察是成熟、成長及整合的基礎（Yontef & Jacobs, 2011）。Perls（1969b, p. 16）這麼形容：「覺察本身 —— 本身就好 —— 即有療癒性。」他相信有機體或個人，如果能擁有充分覺察，便能適度調節及擁有正常功能。充分覺察的個人，能覺察他們的環境，對於自己的選擇負責，而且接受自己。

　　Zinker（1978, pp. 96-97）進一步列舉出，完形治療幫助個人變得更覺察自我及環境的方式。

- 個人充分發展對於自己身體、感受及環境的覺察。
- 個人承認自己的經驗，而非將自己投射到他人身上。
- 個人學習覺察自己的需求及技巧，以在不違反他人權利的狀況下滿足自己。
- 更充分地接觸感官（嗅覺、味覺、觸覺、聽覺及視覺），允許個人享受全部的自己。
- 個人不會無病呻吟、責備，或訴諸罪惡感，而是經驗支持自己的能力。
- 個人變得對環境敏感，但是能夠保護自己避免環境中可能有的危險。
- 對於行動及後果的責任感，是更充分覺察的一部分。

　　當治療有進展時（Zinker, 1978），個人逐漸放心去經驗自己的能量，並且有效而完整地利用。這些是完形治療的一般目標。透過提供觀察及鼓勵個案更能覺察，治療師幫助個案達到自己的目標。

　　完形治療對於受壓抑的個案特別適切。例子包括了人際關係過份活躍或覺得限制、某方面綁手綁腳的人。完美主義者、有恐懼症，或覺得憂鬱的人，可能是壓抑對於自身及他人的覺察。Shepherd（1970）警告，當個人開始和自身接觸，且對於人際關係的傳統目標覺得不滿意，他們可能發現自己在諸多人際交流上受挫，而且覺得和那些有著不同成長或覺察經驗的人沒有共通性。

治療關係

　　完形治療要有效果，擁有良好的治療關係是很重要的。完形治療師受到 Carl Rogers、Martin Buber 及近期和自體心理學有關的互主體理論（intersubjectivity theory）概念所影響。這些理論都聚焦在如何了解個案，並且使得這份了解傳達至個案。完形干涉（之後會提及）則應用於個案 - 治療師關係的脈絡中。

　　與個案的經驗同在，對於 Carl Rogers 來說是極為重要的。完形治療師也認同 Rogers 所強調的同理心。保持真誠，並且讓個案知道你了解他，是治療中的核心部分（Elliott et al., 2007）。治療師的同理反應，提供個案持續性的支持。此外，個案透過本身對於治療的動機、智識，以及對於治療的承諾，支持自己（Yontef, 1995）。

　　覺察及與治療師的有意義關係，是實現成長時不可或缺的（Yontef, 2007; Yontef & Jacobs, 2011）。對於了解完形觀點的對話關係，Buber's（1965）對我 - 你關係（I-thou relationship）的討論深中肯綮。對話存在是為了遇見或了解另一個人，不是對另一個人做某些事。在此對話中，個人成為充分覺察另一個人，同時仍保持覺察其分開的存在。對話發生，它並非朝向一個結果發展。在對話中，治療師是真摯的，但是聚焦在病人的需求上。Hycner 和 Jacobs（1995）充分描述了對話關係，他們受到了 Buber 的作品及互主體理論者的影響。互主體理論者可歸於精神分析之下，他們強調病人和治療師雙向關係的重要性。

完形治療衡鑑

　　傳統上，完形治療並未有系統地說明其對於診斷或衡鑑的見解。一般來說，完形治療師留意治療過程的時時刻刻，包括病人肢體動作、感受、感官感覺或其他的內容。Joyce 和 Sills（2001）建議個案和治療師一同合作，發現需要探討的問題，以作為完形治療的診斷方法。他們設計了一個簡單的「個案衡鑑表」，目的是評估病人的覺察及接觸界線困擾。Yontef（1988）提到，完形治療本身並未提供足夠的診斷訊息，來幫助有嚴重問題（如自戀或邊緣性人格疾患）的病人。他相信建立於客體關係或互主體理論的發展性洞察，可提供一些背景知識，以便與完形治療的實施結合。Yontef（2001）透過描述具有精神分裂傾向（很難發展與他人的情感連結）個人的童年議題，來說明這一點。因為完形治療師在如何納

入其他的治療理論上相異，是故完形治療的衡鑑方式也存在很大的差異。

完形治療師可能運用重複循環的衡鑑法（Clarkson, 2004）。Melnick 和 Nevis（1998）解釋如何利用經驗循環來診斷疾患的種類，其中包括五個階段：感覺／覺察、行動、接觸、解決／結束，及退縮。

1. 感覺／覺察（sensation / awareness）：包括透過感官獲得經驗。患有邊緣性人格疾患的病人，因為扭曲的感官感受，往往很難維持一段關係。

2. 行動（mobilization）：指的是從覺察移至形成欲望或希望。患有恐懼症或其他焦慮的人，可能會拒絕採取行動或逃避某些事件。想要從美國去巴黎旅遊的人，可能因為害怕搭飛機而放棄旅遊計畫。這樣的人，可能會對於想要採取的行動有所顧忌。

3. 接觸（contact）：產生情緒上的起伏，而暗示與自己及他人的接觸。歇斯底里的個人或許非常情緒化，但是可能無法覺察他人的感受，或能在情緒上與他人產生良好關係。他可能需要放慢腳步，並且更能覺察除了那些基礎情緒之外的對自己及他人的感受。

4. 解決／結束（resolution / closure）：發生於個人脫離某一經驗。患有創傷後壓力疾患的人，無法從一個創傷的事件（如搶劫或強暴）轉移到其他事件。完形治療師幫助這些個案認清一個事實：他們必須解決問題且發現方法來表達對此問題的感受，以獲得結束。

5. 退縮（withdrawal）：發生在此經驗循環的後期，而且當個人朝向其他接觸經驗前進時。在某方面來說，這是解決／結束階段的終點。如同患有創傷後壓力的個人很難獲得解決／結束，他們通常也會在這個階段遇到困難。讓這些人繼續邁向其他經驗前進並不容易。

雖然完形治療師越來越會使用傳統的診斷類別，而且為了行政或保險給付的目的必須如此，但他們也能夠使用不同的分析及評量方法。因為許多完形治療師使用其他的治療系統，如精神分析的關係模式（Jacobs, 2005），作為評鑑過程的一部分，是故完形治療師的評鑑技術，通常具有差異性。

治療改變

在完形治療中，病人和治療師充分處於當下，允許發展出一個運作完全的

我 - 你關係。治療師的非防衛性姿態及對於自己及病人的覺察，能提供改變的氛圍（Yontef & Fuhr, 2005）。改變透過探索病人的希望而發生（Yontef & Jacobs, 2011）。如果出現挫折，治療師就探究。如果病人不願意跟隨治療師建議的探索行動，治療師將會和緩地探索此不情願的阻力，而非一味迫使病人跟從治療師的指導。Beisser（1970）提到改變的過程是矛盾的：「改變發生在個人成為他的原本面貌時，不是在他試著變成那個不是他的身分時」（p. 77）。

當病人抵達治療中的僵局而難以改變，Perls（1969b）建議病人維持原狀，並且保持遇到瓶頸時的感覺。Perls 相信，一些人無法在治療中有所進展，是因為他們害怕可能發生的事。病人可能會說：「如果我認真看待和亨利的友誼，就沒有友誼可言，那我就沒有任何朋友了。」完形治療師幫助病人經驗此不上不下的狀態，並且實驗、幻想看看如果探索和亨利的關係會發生什麼事。協助病人通過僵局，是完形治療改變的重要部分之一。

我們也可透過檢驗 Miriam Polster（1987）之整合的三階段過程，以更清楚說明此改變歷程。第一個階段是探索（discovery），病人可能獲得對於自己、舊有問題、情況的嶄新觀點。第二個階段是調整（accommodation），病人學習他們有選擇能力，而且可以嘗試不同的行為。在這個階段，治療上的支持尤其重要。第三個階段則是同化（assimilation），病人從選擇及嘗試新行為，進展至學習如何在自身環境中有所改變。在這個時間點，他們能有自信地採取行動，從他人身上獲得想要的東西。雖然病人不是按順序地度過此三階段，而且有些人可能無法完整地經驗每個階段，但 Polster 關於個案成長的理論，確實提供了改變歷程的概念。

增進覺察

本段所要介紹的是完形治療師在治療關係的脈絡下，促進個案獲得覺察上之改變所採取的不同方式。完形治療師可能會使用如認知及行為方法的技巧，但是這些技巧是以實驗的模式呈現，幫助病人透過從事不一樣的行為來學習。聚焦在病人獲得覺察這一個目標上，完形治療師發展了許多活動及實驗來促進個案成長。活動（exercises）是運用在團體或個別諮商中的特定技巧。實驗（experiments）則是當病人與治療師遭遇僵局時，或很難獲得覺察的狀況下，因為病人的掙扎，而使得治療師發展出來的創新嘗試。當應用於治療中，在個案習

得學習或獲得覺察的新方式時，活動變成實驗。其中一些方法其實相對簡單，包括評論或強調覺察。其他的方法，則包括透過語言或非語言行為來增進覺察。一些活動及實驗增加對自己的覺察；其他則增進對他人的覺察。

　　和自己的對話（The dialogue with oneself），通常會使用另外一張椅子，是發現自己的不同部分的一個方法。展演（enacting）即是表演出自己或他人的一部分，可以是帶來改變的戲劇性完形實驗。完形治療師有創意地將夢境視為進一步覺察的媒介。完形治療師也利用家庭作業，鼓勵病人在生活中持續發展覺察，而非只限定在治療室裡。

覺察陳述及問題　有時候可以透過相對直接的問題來增進覺察（Passons, 1975, p. 61）。例如，如果病人談論她和母親的對話，治療師可能會簡單地問：「妳現在覺察到什麼？」來聚焦於病人當時的狀況。有時候，治療師可能會稍微多注意在覺察上，如「梅爾，你可以覺察坐在這把椅子上的時候，你正在做的事情嗎？」或治療師可能會採取進一步，而使用開頭是「我現在覺察你」的陳述句（Passons, 1975, p. 63）；因此，「梅爾，我現在覺察，當你坐在椅子上時，你的視線落在你的膝蓋上。」有時候可以要求病人使用如「我現在覺察」的句子，以促使更多的覺察；例如，「梅爾，當你坐在那裡看著你的膝蓋時，可否請你完成『現在我覺察到』這個句子，然後接到另一句話如『現在我覺察到你桌上的字典、現在我覺察到你背後的檯燈』？」等等。這樣的陳述句及問題，可以相對容易地在治療過程中使用。

強調覺察　有時候只是要求個案重複某個行為可能是有益的，如「請再次緊握你的雙手」。透過完形的說詞，使得形更加清晰且與景分開得更遠。相似的，要求病人「保持」他正在體驗的感受，可能可以將形帶至前景而加強覺察。誇大某個行為，也是強調病人當下的覺察。例如，可能可以要求對待母親苛刻的兒子，強調其談話裡頭苛刻的聲調，因此使得他更能接觸聲音裡所隱含苛刻的成分。含 Levitsky 和 Perls 建議使用此句子「我可以餵你一個句子嗎？」（1970, p. 148）。這個說法，讓治療師能揀選其希望病人增加覺察於當下交集過程的特定部分。逆轉是類似的覺察增進方式，但是和誇大相反（Levitsky & Perls, 1970, p. 146）。透過此技術，通常輕聲細語的病人，可能會被要求提高講話的音量，且講話不必多加修飾。在這個方式下，對於輕聲細語的覺察便增加了。

透過語言增進覺察　可能讓病人對自己及自身成長更負責的字詞，比起間接或模稜兩可的字詞更受歡迎。例如，將代名詞從「它」或「你」改變成「我」，能帶來個人對於情境的責任感。Passons 舉出下列的例子：

病　人：這一年我沒有太多的約會。明年會不同。

治療師：會不同？你在指誰

病　人：我，我會不同。

治療師：你會採取什麼不同的舉動？（1975, p. 78）

在此情境中，治療師幫助病人對於獲得約會機會負責，而非等待約會自行發生。

一些動詞會分散病人增加覺察及責任感的能力。Passons 舉了三個常見的例子（1975, pp. 81-87）：

1. 不能（can't）vs. 將不會（won't）：在很多情況下，使用「不能」這個詞會讓病人覺得自己沒有辦法做某件事，但「我將不會」其實是比較正確的說法，代表「我因為某些原因選擇不去做這件事」。

2. 需要（need）vs. 想要（want）：能列出的「想要」，通常比能列出的「需要」來得多。在「我想要受歡迎」這句話中，使用想要這個字比「我需要受歡迎」來得有幫助。前者比較正確、較不急迫，而且比較不會製造緊張。

3. 必須（have to）vs. 選擇（choose to）：如同「需要」一詞，「必須」暗示了「選擇」未包括的急迫、要求及焦慮感。「選擇」能賦予病人作決定的責任感。

如同上述，實驗不同的用詞可能有所幫助，把問句改變成陳述句，常能用來幫助強調病人的責任感。一些問題其實是陳述而非問句。這些問題減少了病人的責任感，因此限制了病人的覺察。

病　人：你了解我。你不覺得如果我明年不去學校，對我會比較好嗎？

治療師：你可能已經有了自己的答案了。把問題改變成直述句，然後我們來看看你會怎麼說。

病　人：明年去學校對我不是正確的。至少不是現在。（Passons, 1975, p. 91）

　　以上是語言削減覺察和責任感的常見例子。當情況適當時，完形治療師可以藉著仔細聆聽語言的使用，來幫助病人發展自我覺察。

透過非語言行為的覺察　留意非語言行為，可特別有助於完形治療師。Passons 舉出四個留意治療中非語言行為的理由（1975, pp. 101-102）。第一，每一個行為都是特定時間點關於個人的展現。第二，人們通常比較注意聽他們在說什麼，而比較不留意他們的身體在做什麼。第三，非語言行為通常是自然反應，而語言行為往往是經過事先思考的。第四，非語言及語言的表達，會在統整運作的人身上表現一致。治療師可能會鎖定的目標包括嘴、下巴、聲音、眼睛、鼻子、脖子、肩膀、手臂、手、腹部、腿、腳及整個身體。個案：進大學的壓力真的很大。沒有大學學歷，我似乎就沒有工作可作。

> 個　　案：進大學的壓力真的很大。沒有大學學歷，我似乎就沒有工作。
>
> 治療師：那你怎麼面對這些壓力？
>
> 個　　案：我沒有向其他人一樣對於進大學那麼興奮，所以我沒做什麼（雙手抱胸）。
>
> 治療師：瓊安，妳可以聚焦在妳的手臂上，而且保持現在的姿勢嗎？
>
> 個　　案：好。
>
> 治療師：妳手臂感覺到什麼？
>
> 個　　案：它們有點緊繃……仿彿我在堅持。
>
> 治療師：對什麼堅持？
>
> 個　　案：對我自己。如果我不自己決定，他們會想把我怎麼安排就怎麼安排。他們不知道我怎麼可以堅持下去。（Passons, 1975, pp. 117-118）

　　Passons（1975）指出，瓊安是因為害怕他人可能會指引她到一個不正確的方向，而抗拒壓力。當她變得更能覺察自己在抗拒中耗費的心力後，她可能發現自己為什麼不想進大學。在進或不進大學之間，她可能會獲得一個較清楚的決定。

對於自己及他人的覺察　有時候個人可能透過「變成」另一個人，來了解自己及他人。這個方法通常在種族關係工作坊中使用，工作坊中不同種族的人可能被要求扮演彼此的角色。要求病人扮演他的母親，並且作母親在他凌晨兩點才返家時的反應，通常比問他：「如果你兩點才返家，你母親會怎麼想」來得有用。如此

一來，病人能更充分地了解自己及他人之間的差異性。

有時候讓病人覺察自身的某部分是有益的，如感受或非語言行為（Passons, 1975）。例如，病人可能會說：「有時候我可以用很冷酷的態度對待瑪茜。」治療師可能回答：「現在成為那個冷酷的你，讓你的聲音變得冷酷，然後假裝瑪茜在這並對她說話。」有時候，治療師可能會希望對某個身體部分採取類似的技巧。例如，一個說話時會把手指指向治療師的個案，可能會聽到治療師告訴他：「讓我聽一聽你的手指會說什麼。它正在活潑地指著我。如果可以的話，請讓它說幾句話。」在這些多樣的情境中，治療師可能選擇讓個案與部分的自己分開，或變成另外一個人，以便能更覺察自己。

增強對於情感的覺察　注意情緒在完形治療中特別重要，因為情緒提供個人移動的能量，並就了解環境中對於此人而言重要的部分提供線索（Passons, 1975）。雖然完形治療師可能會同理地回應來表達情感，但他們也發展了常用的活動來增強情感的表達。Polster 和 Polster 討論在什麼情況下，情感引導至錯的對象，或表達不當（1973, p. 226）。他們提出菲利絲的例子，她對於上司的不滿、憤怒，已經遠遠超過他對她生命的實際影響。菲利絲也對於在治療中表達對上司的憤怒，覺得不滿意。菲利絲需要一個更有創意的方式，來幫助她排除其對上司憤怒的僵局。

　　某天，我了解到菲利絲是個需要很多特別關注的人，所以我問她是否習慣聽到這樣的意見。她想起兩個她曾經愛過的男人，的確給予她「貴族」般的待遇。不過，在這兩段關係裡，她也因為對方驟然提出分手，而受傷慘重。在發生第二次之後，她了解從未允許自己獲得想要的待遇。因此我要求她，用幻想的方式，對這兩個男人表達自己。藉此，她脫離了複雜的憤怒、失去及妒忌情緒，而且解決了那些之前遺留下來，占了她生活很大一部分的情緒。透過和這些男人在幻想中對話，菲利絲讓未解決的情感浮上檯面。在深層感動的經驗後，她越來越平和，而且對上司不再覺得那麼討厭。終於，她能夠降低上司在生活裡的重要性。菲利絲離開以上司為中心的神經質系統，進入了更適於其情感狀態的系統。（Polster & Polster, 1973, p. 227）

透過自我對話的覺察　因為整合的運作功能是完形治療的重要目標，因此完形治

療師留意個人身上還沒有整合的部分。Polster 和 Polster 將每個個體看作「沒有結束的兩極連續」（1973, p. 61）。兩極端的衝突通常來自內射。例如，如果個人內射的雙親宗教價值觀，和自己認同的不同，往往可以向外投射雙親的價值以便處理。透過在兩極之間的對話，整合會增加，而且病人自我批評也會減少。

　　強勢角色（top dog）與弱勢角色（underdog）之間的衝突，是個人自以為正確、有道德及發號司令的那一面（通常被視作扮演嚴格的雙親角色），對上個人無助、脆弱及被動的那一面（Strümpfel & Goldman, 2002）。我們身上這兩個部分，持續地為了控制權而掙扎。強勢角色告訴我們應該做什麼，而弱勢角色拖延行動及放棄。弱勢角色可能會比強勢角色還有利，因為它可能干預個人獲得治療改變。這般衝突導致他們和自身產生對話。

　　自我對話，可以透過個案扮演兩極之中的每個角色達成。然而，雙椅法則是更常使用的。雙椅法可以使用在個別治療及團體治療中，個人在一把椅子扮演一個角色（如強勢者），然後在第二把椅子扮演另一個角色（如弱勢者）。當個人改變角色時，要移至另一把椅子。治療師可能會強調對話的內容或表達的方式。如此一來，治療師幫助病人接觸其可能一直否認的情感面。病人的內在部分是透過體驗而非談論。對話可以不同的形式發生，如身體的一部分和另一部分對話（左手對右手）、病人和另一個人對話或自我和事物對話（如建築物或成就表現）。對治療師而言，處理這些對話需要經驗和訓練。

　　Elliott 等人（2004）詳細描述，如何利用空椅法或雙椅法處理批評我（強勢我）。他們將雙椅法分成六次療程，說明治療師如何判斷何時使用雙椅法，以及如何開始雙椅對話。他們接著討論如何加深此分裂，並且進展至部分的衝突解決。他們解釋如何軟化批評我，及接著進展到完全解決衝突。他們不僅顯示如何使用雙椅法，處理個人內在的自我批判傾向，也說明如何處理個案的人際問題。

　　以下的例子引用治療師和玲恩的對話，以說明治療師如何藉由玲恩的談話內容，介紹且施行雙椅技巧（Elliott et al., 2004）。

　　玲　恩：我想要成為我自己，並且表達我的感受。（p. 222）

　　此一聲明，讓治療師覺察玲恩正表達她感受到的自己。治療師繼續使用第 5 章介紹的個人中心治療方法，來反映玲恩的經驗。

治療師：（溫柔地）是啊，彷彿作自己及說出妳心中的話，對妳而言真的很難。

玲　恩：是，你的確說到重點。（啜泣）

治療師：嗯（先吸一口氣）。

玲　恩：你說「作自己」的時候，真的觸碰到了一些東西。

治療師：我猜想有一點想把妳自己封閉起來的感覺。

玲　恩：對，這也讓我很煩惱。好像我不尊重自己一樣嗎？

治療師：對，這是另外一方的說法，但是有些事是關於作妳自己不好。

玲　恩：是啊，說出我心中的話不是件好事，因為（啜泣），而且我知道這是來自我父母的影響，還有吉姆（他丈夫）。我很難，你知道嗎；儘管我心中這樣想，我想要表達出來，但是（停頓）我隱瞞不說。（p. 224）

在這個時間點，個案嚴苛對待自己。治療師發現了玲恩批評與被動面之間的分裂。治療師繼續讓玲恩知道，如何適當地使用雙椅法，而不會干擾治療的流暢。

治療師：（溫柔地）不如我們來試一試某個方法？妳可以來這邊一下嗎？（指向一把治療師擺放在個案正對面的椅子）

玲　恩：好。（移向批判椅子）

治療師：妳提到這是妳侷限自己的模式，所以或許我們可以看看妳是怎麼做的。妳可以試著在這裡安排一個限制玲恩、讓她很難作自己的人，或許是妳的雙親、吉姆、或妳自己，看怎樣子感覺對。限制她、阻止她作自己。（p. 225）

現在，玲恩同意使用雙椅法。治療師移往面對玲恩的椅子的第二把椅子。在雙椅對話中，治療師鼓勵個案儘量仔細地演出問題。玲恩接著可以體會她如何控制及批評自己。玲恩透過批評我和治療師說話。

玲　恩：不要說這些事，不要讓別人嘲笑妳。如果妳說那句話，別人會笑妳。妳一無所知！

治療師：告訴她：「妳不知道妳在說什麼。」

玲　恩：對，妳沒有用，從妳嘴巴出來的話都是沒有道理的，我的意見不
算數，就是愚蠢罷了。妳愚蠢而且妳沒有道理。

治療師：好，妳可以交換嗎？（個案移到感受者的椅子。）當她告訴妳這些
事情的時候，妳作何感受？

玲　恩：（作為感受者）嗯，妳是錯的。（p. 226）

玲恩很快投入對話。這讓治療師能夠維持對話進行，並且幫助玲恩覺察於其
批評我之下的感受。

治療師：妳覺得她是錯的，這讓妳覺得受到忽略、受傷。（暫停）繼續維持
妳內心的狀態。

玲　恩：我想說我的感覺。

治療師：妳想說妳覺得的事情，妳想要的事情。告訴她妳感覺到什麼。

玲　恩：我覺得我的意見算數……（p. 227）

在這簡短的對話中，治療師幫助玲恩把自己兩個重要的部分分開，並且經
驗自己的這兩面。使用雙椅法技巧時，治療師小心評估個案對這種模式的接受程
度。如果個案發現雙椅對話很可怕，或沒有幫助，治療師往往回復到對於這個問
題的探討。

透過扮演的覺察　使病人生命裡的某個部分戲劇化，是扮演的基礎。說自己覺得
像個愛哭小狗的病人，可能會被要求扮演成愛哭小狗、嗚咽哭啼、用爪子摸治療
師，並且把頭低下。扮演可以是之前的經驗或是一個特徵，如哭哭啼啼。在團體
治療模式裡，扮演可能包含好幾位成員。扮演是一種對於覺察的大膽模式，而且
必須是以幫助病人覺察自己個性特點，或未完成事件為前提，而非讓他們覺得丟
臉。以下，Miriam Polster 描述了關於信任女性的扮演例子。

例如，一個工作坊裡，有個體型像熊的男子，看起來也像現代版的法斯
塔夫爵士（莎士比亞劇本中的角色），巨大的骨架、啤酒肚、泛紅的臉，而且
很熱情。儘管他的體型，占據了工作坊中很大的一部分空間及視覺，哈爾大
部分時間都很安靜。當他發言時，他的眼神快速漂移、肩膀保護般地拱起，
而且發言不會提到任何人。他不時浮現恐懼的眼神，而且舉止中透露出不安

與失去方向。哈爾看起來好像隨時都擔心被人攻擊。當問及他的沉默時，他會說他不善於面對跋扈的女性，特別是當她們位於領導地位時。他說他無法背對他不能信任的人。因此，哈爾在沉默中表達抗拒、不信任，以及他拱起的肩膀。我讓他使用拱起的肩膀、沉默，及他的不信任。第一，我站起來而且走到哈爾後面，並且問他現在有什麼感覺。他坐在地上。當他轉過身面對我時，他把手放下，如同蹲下的姿勢。所以，抗拒轉移為蹲下的動作。我再次繞過去，找一個我們可以使用他的沉默，及不信任的蹲下動作的方法。這次我爬到他的背上，並且問哈爾他可以對我怎麼辦。他有無數個選擇方案，包括像彈煙灰一樣把我彈掉。如果我稍早覺察，這會是他抗拒阻力的移動方向，我才不會爬到他身上。但是他說：「那麼，我可以載妳繞房間一圈。」他選擇了自己的解藥。載我繞一圈讓他擁有控制權。即使看起來像是女性在他頭上，哈爾把主導的感受轉移至自己身上。他也利用其力氣，發展與自己、和我，及整個團體的愉悅及同在感，而將具有威脅的情境轉移成趣味的情境，團體也因為看見他被激發而活躍起來。吼叫聲與趣味性證實了他的權力。對我而言，這則像是一趟乘坐大象的愉快旅程。哈爾是移動者，他決定速度、方向及趣味性。當我們繞回原位，而我從他身上下來時，他能大笑且以新穎的口吻提到他不再對我小心翼翼，而且在剩下來的工作坊過程裡，他的意見會被聽見，而且他接下來的確變成了團體的核心人物。因此透過抗拒的加重及流動，哈爾能卸除抗拒的能量，也讓我們的互動變成特別而及時的。哈爾並未被一位女性降伏，而是他能夠主導；他並未維持不採取行動的僵局，並且灌滿猜忌與投射，他進入了一個具有豐富細節，及無法預測結果的真實比賽中。（1973, pp. 55-56）

　　在此一例子中，Miriam Polster 清楚展現完形覺察技巧中的自信，以及具有趣味性的幽默感。如果不看當時的情況，治療師這樣的行為，似乎是怪異而不恰當的。但在完形治療的脈絡裡，這是具有治療效果，甚且能幫助哈爾處理關於信任女性的議題。透過語言、身體位置及動作，覺察增強了。

透過夢境的覺察　對於 Perls 而言，夢境工作是促進個人整合性的最佳方式之一。Perls（1970）將夢境視為個人可能最直接的表達。Perls 的方法不是詮釋夢境，而是讓病人在當下重新甦活夢境，並且扮演當中不同的部分。藉著扮演夢境中的不同人物及對象，病人認同那些被孤立、遠離的自我部分。Perls 常會使用雙椅法，來讓病人扮演出夢境中的部分，而且這些部分接著會和彼此對話。

Enright（1970, p. 121）舉了一個焦急、操控性強的女性之例子，她夢到在一座筆直樹林中的彎曲道路上行走。他要求她變成其中一棵樹。這讓她覺得較平靜且深深地落實根基。她能夠把這些感受帶回現實生活，並且經驗到缺乏這些感受，而且有可能實現它們。當她變成彎曲小道時，她淚眼婆娑而且經驗到自己生命裡的曲折經歷，以及如果她願意的話，仍有可能使它變得筆直。

在 Gaines（1979）中，Enright 舉了 Perls 處理夢境的一例。

> 我第一次看見他處理夢境是在團體中。非常令人感動，在那，一個滿頭灰髮的夥伴，稍微打扮，55 歲的心理學家夢到一些朋友從火車站離開。Fritz 要求他以自己的身分、以朋友的身分，並且以火車的身分，重新經歷這個夢境。這些嘗試似乎沒有什麼結果。接著 Fritz 說：「當作火車站。」
>
> 病　人：「當作火車站」是什麼意思？
> Fritz：只要描述這個車站，只是一直用「我」來描述。
> 病　人：嗯，我很老且破爛，沒有受到什麼照顧，而且其實已經過時了。請你們自由來去、使用我，然後不要理我。（他開始哭泣。）
>
> 我那時非常感動，我猜想，那似乎也是我的一部分。（Gaines, 1979, p. 135）

Zinker（1971, 1978, 1991）提出了另一個處理夢境的創意方法。他不要求個案扮演夢境中的物體或人物，而是要求團體成員來扮演。這個方法首先要求個人回想夢境，然後接下來的團體實驗，則是由其他團體成員及作夢者，透過扮演夢境中的不同部分，扮演那些可能特別適合他們的主題。作夢者體驗夢境的過程，而在合適的狀況下改變夢境中的行動。有時，作夢者可能會扮演導演的角色，或嘗試不同的結果。在 Perls 的模式裡，觀眾透過觀察（及偶爾加入）來參與；在 Zinker 的模式裡，整個團體都須積極參與夢境的詮釋。

治療之外的覺察：家庭作業　可安排家庭作業，讓個人面對阻礙他們浮現覺察的領域。在某些個案中，個人被要求寫下他們部分之間、或身體部位之間的對話。他人可能會被要求發現一些資訊，或做一些和治療過程對應的特定作業。當個人覺察在治療中逐漸發展，他們可能可以面對一些有助其更覺察自己及他人的進階

作業，因而提供治療工作更多的素材。

對於逃避的覺察　當情感出現在個人身上，但是此人尚未察覺，個人可能是處於逃避的過程。逃避是一個積極的過程，而非被動的狀態。個人可能會擴展能量來逃避情感，如快樂、寂寞、恐懼或悲傷。情感表達，通常視為行動的一種，但是非完形治療師可能有不同見解，將逃避看作不採取行動。從完形的觀點，正在逃避的人是採取行動來自己調整。幫助病人承認、接受自己的情感，並且體驗覺察諸多議題，或許有助重新整合個人逃避的情感。

強調覺察、透過語言或與非語言行為增進覺察及自我對話等方法，均能幫助人們覺察其逃避行為。

整合及創造力

因為完形強調的整個人之範圍很廣，是故所有的部分 —— 語言行為、非語言行為、情緒感受 —— 都會受到關注及整合。之前提及關於覺察的諸多方法，可以應用在治療過程中的任何時間點。

> 個人遺棄的任何事物可以恢復，而恢復的方式包括了解、遊戲、變成這些遺棄部分。我們透過讓個人玩，以及發現他已經擁有所有（他認為其他人才能賦予他）的東西，以增加他的潛力。（Perls, 1969b, p. 37）

因此，技巧不是分開進行的，它們會被引導向個人的整合。進行方式則是根據不同的接觸界線困擾。例如，如果某人投射憤怒到某人或某物上，可能有必要關注其語言的使用。此人是否使用「你」或「它」，而不是比較負責的「我」？當發現投射現象時，可以接受、調整、改變並且整合之。其他的界線困擾（內射、回射、折射及融合），需要不同的個人整合方式。具有創意的覺察整合過程很難清楚描述，而且有無數種方法可採行。

> 這這位女性來進行第一次療程。她和先生分居，且因此哀慟不已。她常哭。所以，她在診療室也哭，但是她看起來也像一個神采奕奕的女性。可是，她哭的方式永遠不會讓她覺得滿足或解放，或對她的失去有更多層面的體會。所以，我非但不試著讓她停止哭泣，反倒要求她看看能否在哭泣中放

進一些言語。這是許多完形治療師可能會做的一件簡單的事。我不記得她到底說了什麼，但是當她說的時候，她禁不住嚎啕大哭。接著她說：「我要把我內心裡的這些愛放到哪裡去？」我對她說：「（以一種最尊敬的語氣）整個世界都死命地想得到它。」這句話，改變了她體驗中的整個氛圍。她理解到她內心所擁有的，世界上有它的位置。她理解不必將它鎖在心上。（Hycner, 1987, p. 55）

　　治療過程無疑是獨特的。治療師獨特而富有創意的過程，則和病人獨特具有有創意的過程交流（Lobb & Amendt-Lyon, 2003）。Erving Polster 舉了這個簡短例子，說明在治療中會發生的創造性、尊敬及生命力。

　　Polster 對於個案的尊敬是不言自明的。他的陳述「整個世界都死命地想得到它」，來自他的生命、他的體驗、他的互動，以及對於病人的關心。這和前述的任何一種關於覺察的方式都不同，這是一個具有創意、自然及感人的評論，而改變了那個治療當下的氛圍。這樣的陳述和 Buber 的「我-你」關係、或完形治療師對於治療關係的重視一致。

風險

　　就如同完形治療能透過覺察帶來強大的改變，但它也會被誤用。傑出的完形治療師 George Brown 曾說（1988, p. 37）：「在所有治療派別中，完形對於那些殘忍對待、傷害他人的人，最有潛力。」他警告那些對完形治療技巧充滿幻想，但是卻未審視自己，或對完形理論沒有概念的治療師。留意道德及相關議題是完形治療的重要觀點（Bernhardtson, 2008）。Yontef（1987）擔心治療師使用「完形治療及……」，來指那些合併部分完形治療及其他治療理論，卻沒有將治療工作落實於完形治療理論的治療師。為了避免誤用完形治療，「準備」是不二法門。

　　Resnick（1984）討論成為完形治療師的準備工作，他相信治療師應該有三部分的訓練：個人治療、學業準備及督導。治療應該有足夠強度，讓治療師（病人）和治療師之間形成關係，而治療中的一個重要部分則是自我對話。學業準備，應該包括熟讀人格理論、心理治療理論及診斷。督導應該包括，由數位完形治療師帶領的認知及體驗式的督導。這樣的訓練，可確保治療師是有體驗的，且對於理論及道德規範有深刻的了解。完形技巧的自然使用，可能會讓人產生誤

解，以為只要治療師感覺到的就是適當的。以下的諸多例子，將進一步說明對於覺察採取的不同方式，以及整合的治療技巧。

 # 心理疾患

　　雖然一些完形治療師使用如 242 頁顯示的診斷類別，但有更多卻不這麼做。完形治療師採用的方法，通常反映了個案當下採取的行動或陳述。本節會呈現完形治療師幫助個案處理憂鬱、焦慮、創傷後壓力疾患及藥物濫用的例子。以下將會呈現一個處理治療中出現憂鬱徵狀的方法；並展現當個案不同意時，對於焦慮的治療反應及如何保持焦慮情緒。對付創傷後壓力疾患的其中一種完形策略，則是重新體驗過去，並且實現未完成的事件。此外，一個已經停用成癮藥物 15 年的人，對他的關切及要求，他把身體的變化用言語表達出來，也是完形治療對付成癮問題的治療方法之一。諸如此類策略，採用不同的方法增進病人的覺察，具有許多雷同之處。

憂鬱症：一位女性

　　雖然許多非完形治療師視憂鬱為一種診斷類別，但完形治療師能夠在治療過程中，看見憂鬱程度的起伏反應。在下列案例中，Strümpfel 和 Goldman（2002）顯示了如何應用雙椅法。個案是位 27 歲感覺憂鬱的女性。個案的先生及公公患有嗜賭的問題。個案覺得必須對先生負責，且在先生出門賭博時覺得被遺棄。在治療開始前，個案離開其丈夫兩次。她的家人的反應則是「賢妻會站在她的男人旁邊。」（p. 207）在這，治療師使用雙椅技巧，來幫助個案處理自我批判（她的強勢我）。在這個對談中，開始出現態度的轉換（批判或嚴厲的強勢我逐漸軟化）。（括號中則是註明出現的細節干預。）

> 個　　案：我覺得我說的話沒人聽、我一無所知，我覺得我很愚蠢。
>
> 治療師：好，回到這邊（批判椅）。讓她覺得愚蠢。[戲劇化]
>
> 個　　案：妳說話沒人理睬、妳愚蠢、沒有用。
>
> 治療師：再一次，讓她說的話沒人理睬。[誇張]
>
> 個　　案：妳愚蠢。不論妳說什麼，妳說的話都沒有意義；妳就是一無所知。

治療師：好。回到這把椅子。當她輕視妳、羞辱妳時，妳有何感想？［鼓勵情緒的表達］

個　案：喔（嘆氣），我只是感覺她好像是對的，而且事實便是如此。

治療師：妳有沒有注意到當妳說這句話的時候，妳的肩膀好像縮了進去，而且妳癱陷到椅子裡。把妳的肩膀再更往內縮一點。感覺這麼無望是什麼狀況？［重複］

個　案：當妳對我這樣說話時，好傷人（啜泣）。

治療師：對，當她對妳這般說話時很傷人。妳想要從她身上得到什麼？［鼓勵情緒的表達］

個　案：我要妳無條件接納我。我要妳聽我說話。

之後的對話……

治療師：現在改變回來這裡（批判椅）。她說她想要感覺有價值，且她想要被聽見、接納。妳怎麼說？

個　案：好，嗯，這合理。［開始鬆綁批判］

治療師：所以，妳想要表達什麼，妳的意思是妳了解她的需求嗎？

個　案：（哭泣）嗯，是的，我很抱歉。妳不該被這般對待。［加強批判鬆綁］

　　在這段對話中，治療師幫助個案超越無望感，而接觸了主要的難過及寂寞感受，及附加的對於他人肯定的需求。發現並承認這些情緒，幫助強化自我，而讓她能面對批評我。在稍後的對話中，當個案移至另一把椅子時，她的批評我鬆綁了，而且接納性增加。在對話結束時，個案開始觸及深層的對於關愛的需求。

　　在結束十六週的療程後，個案不再感到憂鬱，而且當丈夫外出賭博時，也不再感到罪惡感及必須為他的行為負責。在自尊及人際關係方面，她有了明顯的改善。（pp. 208-209）

焦慮症：一位男性

　　如同治療憂鬱症，焦慮徵狀也是在治療過程中出現時處理。在以下這個例子，儘管病人試圖逃避治療師的要求，Naranjo（1970）藉著維持當下狀態來處

理焦慮徵狀。Naranjo 對話之後的評論，說明了病人不願承認對於治療師所抱持的感謝之意。

> **病　人**：我的心跳得很快。我的手在流汗。我很怕。我記得當我上次和你談話時……
>
> **治療師**：你想藉著回到上星期告訴我什麼？
>
> **病　人**：上一次我很怕表達自己的內在，然後我感覺放鬆許多，但是我想那時候我沒說出實話。
>
> **治療師**：你為什麼想要告訴我這件事？
>
> **病　人**：我想要面對這個懼怕，而且正視我正在逃避的一切。
>
> **治療師**：好。這是你現在要的東西。請繼續你當下的體驗。
>
> **病　人**：我想要先附註說明一下，讓你知道我這個禮拜覺得好多了。
>
> **治療師**：你可以一邊在附註說明的時候，告訴我任何關於你的體驗嗎？
>
> **病　人**：我覺得很感謝你，而且我想要讓你知道。
>
> **治療師**：我收到這個訊息了。現在請比較這兩個說法：「我覺得感激」及這星期你心情愉悅。你可以告訴我，你覺得是什麼原因讓你偏好使用故事，而不是直接陳述你的感受？
>
> **病　人**：如果我說：「我覺得很感謝你」，我會覺得我仍必須解釋……喔！現在我知道了。說出我的感謝讓我覺得太直接。我習慣讓你猜，或是在不讓你知道我的感受的狀況下，讓你覺得開心。

因為他的矛盾情結，這位病人避免表達並且為他的感激之情負責。企圖透過討好治療師而非覺察自己，希望治療師感到愉悅，病人展演出自身的情感而非揭露它們。（Naranjo, 1970, pp. 57-58）

創傷後壓力疾患：大屠殺倖存者

創傷事件及創傷所引發的行為，在完形治療的架構中可看成未完成事件（unfinished business）（Serok, 1985）。在這個概念下，過去的事件阻止個人發展對於當下完整的覺察。這些過去的事件索求能量，並且影響個人生活品質。如同 Perls、Hefferline 及 Goodman（1951）指出，一個創傷時刻，事實上可能是一系列令人挫折或危險的時間點，而當中可能存在高度的緊張感及危險的爆炸性。當

「未完成事件」尚未解決，個人可能會展現一些不相關的反應，如衝動行為、消沉或干擾日常生活的自傷行為

　　Serok（1985）協助一位大屠殺的倖存者，他使用再創造及引導式幻想，來幫助一位四十多歲的婦女。她已婚，是三個小孩的母親。這位婦女抱怨焦慮及憂鬱徵狀，而且在日常生活的許多部分遭遇困難，包括性生活。5 歲時，母親把她送給一位阿姨，以免納粹將她帶走。許多治療工作聚焦在重複播放她 5 歲時與母親分離的畫面。整個當時的情境獲得探索：分離發生時的牆壁、其他被帶走的人、持有武器的納粹，以及納粹旁邊的狗。Serok 有時建議個案和這些納粹對話，問他們為什麼她會受到這般對待。病人有時候會在治療室中來回走動，憶起更多當時畫面的細節。之後，治療聚焦在早年經驗中與阿姨及其他人的分離。1 年半的治療結果，此位病人開始更能控制自己的能量，並且能夠體驗身為母親、個人儀容、教育及性生活上的充分展現。處理這般的創傷經驗，可能會耗費病人及治療師極大的心力，而且這需要對於治療過程的足夠承諾才能辦到。

藥物濫用：麥克

　　完形治療已應用在各種階段的成癮問題。既然否認是成癮的一個重要防衛機制，完形技巧能幫助藥物濫用者更覺察自身與他人的關係。Clemmens（1997）描述了在勒戒復原過程中處理的重要主題：信任、羞愧、自信及無趣。這些主題可能會隨著復原過程而持續被處理，無論是首次清醒時，或是脫離藥物控制好幾年之後。

　　在下面的例子中，Clemmens（1997）顯示如何利用完形治療，協助一位勒戒過程 15 年的成癮患者。麥克正在處理的問題包括了與家人疏離的感覺，以及傷害和他們之間的關係。Clemmens 留意麥克的身體覺察。

　　麥克是位勒戒長達 15 年的成癮患者，他的主訴包括「感覺脫離現實。」他懷疑自己是否有憂鬱症。我留意麥克的胸腹部，遂發現他的呼吸很淺且短促。這讓他在談及生活及家人時顯得很僵直。我告訴麥克我觀察到的現象。他很驚訝（就像我告訴許多個案其外在行為時一樣）而問：「這代表什麼？」我回答我也不確定這代表什麼，但是相信他可能可以透過嘗試、實驗自己的呼吸方式來得到一些答案。

麥克同意了，而且開始深呼吸，直到最後他每次吸氣都吸滿，而吐氣的時候都把氣吐完。當麥克這麼做時，他的身體開始顫抖。我問他能不能維持現在這個感受。幾分鐘之後，麥克開始調整到一個比較規律的呼吸。他發出像是呻吟的聲音。麥克的下巴抖動，而他開始哭泣。我問他關於哭有沒有什麼話要說，他回答：「我不確定。」我建議他一開始說的：「我感覺不到自己。」他試著說出這些話三次，每次都填滿了他的胸口，而開始淚流不止，然後他接著說：「而且好痛苦……沒錯。我感覺脫離現實，而且對我的生活覺得很難過。」我們在接下來剩餘的時間，討論有哪些關於他自己及其他人的事，讓他覺得脫離現實。（Clemmens, 1997, p. 148）。

Clemmens 和 Matzko（2005）描述了一種治療藥物濫用的完形概念，會隨著成癮的嚴重性而有所不同。他們也描述了對抗藥物依賴的治療策略，包括注意個案運作、體驗當下的問題、了解晤談中發生的體驗，以及在晤談中積極參與個案。

 ## 短期治療

一般而言，完形治療師和個案每週碰面一次。如果晤談比每週一次還少，可能會有病人沒有好好利用在晤談過程中發展出來的內容，以及無法和治療師建立良好關係的危機。但是，如果晤談比每週一次還來得頻繁，可能會有病人退化，以及無法處理眼前問題的危險。一些完形治療可能會採取短期模式。

Houston（2003）將一個有趣的短期治療模式應用在完形治療上。她讓個案在會見治療師之前先填一些問卷。Houston 在 *Brief Gestalt Therapy* 一書中，敘述了一種六至八個療程的模式，以及治療初期、中期及末期分別探討的議題。此外，她解釋了那些能在個人離開晤談室之後，幫助他們積極處理自身問題的家庭作業或實驗。Houston 的模式，幾乎使用了本章描述過的所有方法。

 ## 目前治療趨勢

當前完形治療持續有一種趨勢，是強調關係議題，及使用比較柔軟而非直接或尖銳的模式，來幫助個案將議題帶到當下（Yontef & Jacobs, 2011）。雖然 Perls

以其完形治療展演中具創意及戲劇性的治療模式而聞名，但當前完形治療師擔心技巧對他們與個案的長期治療關係造成影響。他們特地檢驗及探討治療關係中的困境和關係本身的特性（Gary Yontef, personal communication, October 18, 2009）。

本章前言談到，Greenberg 及其同事（Elliott et al., 2004; Elliott & Greenberg, 2007; Greenberg, 2008）發展了情緒焦點治療，早先則稱為過程 - 體驗式或體驗式治療。情緒焦點治療，結合了個人中心治療中的關係建立方式，及完形治療中對於情緒及覺察的關切。Greenberg 及其同事的工作，則是專注在 Perls 的治療對話中沒有發現過的，對個案情緒的了解及如何溝通此了解。他們對於關係的專注，採取一個比較不直接、不尖銳的模式，也和許多當前完形治療師一致。關於此一治療模式，更全面且清楚的介紹，可參考 *Learning Emotion-Focused Therapy: The Process Experiential Approach to Change* 一書（Elliott et al., 2004）。

另一個近期引發較多關注的領域則是羞恥心，那些採取心理動力論點的完形治療師尤為關注。Jacobs（1996）相信在童年建立的羞恥心，會影響個人的獨立感及人際關係。Jacobs 闡述了羞恥心形成的過程，並且認為可以透過治療關係來處理。Philippson（2004）也從理論的觀點來探討羞恥心與完形治療、完形治療的應用之間的關係。一般來說，這些作者認為治療師有必要覺察自身的羞恥感，並且留意羞恥心在什麼狀況下，可能不慎進入到治療情境，或治療師的受訓過程中。

一些作者檢視各種相關議題並結合完形治療的原則。許多治療理論納入內觀（mindfulness）的概念。內觀著重於覺察，協助個案（此處指的是孩童）留意當下的內、外在體驗（Fodor & Hooker, 2008）。心理學文獻近期探討的另一議題則是寬恕。Harris（2007）說明了完形治療處理寬恕的方式。透過科學的角度，以神經生物學了解個體如何知覺自己（Brownell, 2009）。O'Neill（2008）則應用量子物理學的理論，顯示 Lewin 和其他心理學家的場地論如何擴展應用至完形治療。

完形治療與其他理論的併用

完形治療師對於併用其他理論與完形治療來處理覺察的議題，向來都是如履薄冰。Yontef（1987）批評，有些治療師只合併完形治療與其他理論系統的元素，卻未充分在其實務工作中整合完形概念。因為一些治療師已經超過了完形治

療理論的架構，Yontef 擔憂完形治療可能會因那些只採用多種技巧，卻未清楚了解界線困擾或整合治療模式需求的治療師而受到傷害。

一些完形治療師，看見整合完形治療與源於心理動力學派治療理論的好處。例如，Philippson（2001）顯示關係精神分析，提供完形治療師重要的洞察，來了解接觸的過程及其發展。他相信從此理論引申出來有關病人之童年發展的觀點，可增加到如接觸及完形形成等概念中。類似地，Breshgold 和 Zahm（1992）看出自體心理學和完形治療之間的相容性，在於雙方都探討關係。他們發現自體心理學，能幫助完形治療師覺察其工作能否滿足病人在發展上的需求。Cannon（2009）認為完形治療和存在主義精神分析的整合使用，可幫助病人將一部分的治療工作著眼於當下。Savard（2009）仔細地比較完形治療和 Adler 治療的異同，以增進對兩者更深層的了解。Ginger（2008）及 Tobin（2004）說明行為治療的一種 —— 眼動去敏感重組法（EMDR，第 7 章會介紹），可和完形治療結合。將精神分析相關理論的概念，與完形治療中覺察模式結合的寫作，可能會在未來持續成為一股趨勢。

 ## 相關研究

就某些方面來說，完形治療是一種高度體驗式的治療。因為治療師經常創造實驗讓病人從中體驗。不過，這些個人主義式的實驗，著實很難經由科學研究檢驗。如同 Perls 等人（1951, p. 8）所說：「我們必須面對一個事實，就是我們必須承認犯了實驗派最無法原諒的錯誤：我們把實驗者也納入了實驗裡！」他們聲稱許多研究者，不管願不願意承認，其實也是實驗的一部分，而且影響了實驗。他們對於個人實驗的強調，能從一個事實看出來，其 *Gestalt Therapy* 一書，高達一半以上的篇幅是一系列實驗，讓個人自己測試這些完形治療原則是否有效。這些實驗包括增強身體感覺、整合察覺及專心訓練的活動。這些活動是完形治療師用來幫助病人，探索自身不曾了解的部分之實驗的前身。

目前鮮少有發表及驗證過的完形治療相關研究。*The International Gestalt Journal*、*The Gestalt Review* 及 *British Journal of Gestalt Therapy* 鮮少發表實徵研究，而且其他的心理期刊也很少見到相關的實驗報告。關於缺少研究發表，有兩

個主要原因：治療無法計劃，只能自然地發生，而且病人與治療師之間的互動相當複雜，所以很難測量（Fagan & Shepherd, 1970, p. vii）。儘管這些難題，某些領域已出現一些相關研究。以下將檢驗那些比較完形治療與其他治療模式、研究特定技巧（特別是空椅的使用），及針對接觸界線困擾的研究。

　　比較完形治療與其他治療模式，或無治療對照組的研究，已經針對多種心理疾患進行。Strümpfel 和 Courtney（2004）詳盡地回顧了許多針對不同疾患的相關研究，包括憂鬱症、人格疾患、心身症及藥物濫用。他們也回顧了 4 個月到 3 年不等的追蹤研究。普遍來說，完形治療較候補對照組或無治療組，具有顯著的效果。Wagner-Moore（2004）也回顧了實徵研究，發現使用雙椅技巧能帶來顯著的正向效果。所有的治療往往是和認知行為治療、或個案中心治療進行比較，而且通常顯現類似的結果，不過一些治療模式，可能在某些情境具有優勢。

　　這裡將介紹一些典型的研究。在一個比較有 23 名參與者之懼蛇症治療的研究裡，Johnson 和 Smith（1997）發現，接受空椅完形對話技巧的受試者，表現得和那些接受系統減敏感法的受試者一樣好。兩組表現皆優於非傳統對照組的受試者。在一個研究憂鬱症療效的研究中，Greenberg 和 Watson（1998）發現過程 - 體驗式治療（合併使用完形及個人中心治療）和個人中心治療，對於憂鬱症具有相同效果。過程 - 體驗式治療，比起個人中心治療，在治療中期之前就產生了較快的治療改變。Goldman、Greenberg 及 Angus（2000）重複這個研究也發現了類似的結果，不過他們還發現，過程 - 體驗式治療對於減緩憂鬱徵狀具有更佳的效果。Ellison、Greenberg、Goldman 和 Angus（2009）研究 43 位重鬱症患者，18 個月後追蹤調查發現，情緒焦點治療（和完形治療及過程 - 體驗式治療類似）比起個人中心治療，更能有效地消除憂鬱徵狀。完形治療的特定技巧，似乎和治療產生的正向效果有關。另一個針對憂鬱症的研究，比較過程 - 體驗式及認知行為治療，研究接受 16 個心理療程的 66 位個案（Watson, Gordon, Stermac, Kalogerakos, & Steckley, 2003）。兩類治療模式都幫助個案改善了自尊、從壓力中舒緩，並且改善了對於自己與其他人的態度。接受過程 - 體驗式治療的個案，比起接受認知行為治療的受試者，表示產生較少的人際問題。這些研究說明了過程 - 體驗治療，可被視為有研究支持的心理治療法。

　　Watson 及其同事，研究了過程 - 體驗式治療與認知行為治療之間，治療關

係（工作同盟，working alliance）的差異。一般而言，認知治療師問較多的問題，而過程 - 體驗式治療師提供個案較多的支持。低同盟關係療程（較困難的個案 - 治療師關係議題）與高同盟關係療程相較，兩類的治療師都在低同盟關係療程提供較多支持（Watson & McMullen, 2005）。在另一個關於治療關係的研究中，並未發現過程 - 體驗式及認知行為的治療師，其同理心程度、接受度及一致性上有任何差異（Watson & Geller, 2005）。不過，過程 - 體驗式治療師的個案，相較於認知行為治療，覺得其治療師給予較高的肯定。

Leslie Greenberg 針對空椅技巧進行了一系列的研究。他及學生、同事評估空椅技巧，對於衝突解決的有效性（Strümpfel & Courtney, 2004）。例如，Clarke 和 Greenberg（1986）比較認知問題解決團體、使用空椅完形團體及候補對照組。個案參與兩次療程，並且測量了治療前及治療後的猶豫不決程度，以及決策進行的不同階段。雖然兩種諮商模式，對於協助個案作決定，比起對照組更有效果，但情感性（完形）干預比起認知行為模式，具有更顯著的效果。Clarke 和 Greenberg 認為，完形治療對於維持焦點在決策問題上，比起認知行為模式更有效果。Greenberg 的多數研究顯示，空椅技巧能幫助病人減輕自我責備，並且增加自我了解（Elliott et al., 2004）。研究發現，空椅技巧對於協助個案寬恕和放下過去情緒創傷，比起心理教育團體更有效（Greenberg, Warwar, & Malcolm, 2008）。比起心理教育團體，空椅技巧能有效降低特定及全面的徵狀。空椅技巧也特別適合進行研究，因為相較於其他的完形治療技巧，研究者較容易指定及操作此技巧。Greenberg 及其同事發展了一套個人處理情緒的理論模型，以幫助了解完形治療及情緒焦點治療。此模型在應用於情緒焦點治療時，已獲得正面的效果（Pascual-Leone & Greenberg, 2007）。

 ## 性別議題

在探討完形治療中的性別差異時，有必要提到女性及男性，都在完形治療的發展過程中占有重要的地位。從完形治療出現之後，Laura Perls 就一直積極參與。她撰寫了早期完形治療相關書籍的許多章節。她帶領紐約完形治療機構（New York Institute for Gestalt Therapy），並且對許多她訓練出來的完形治療師造

成深遠的影響。雖然這個說法不容易證實，但是事實上在完形治療中，有許多女性督導新的治療師，並且帶領工作坊，這或許已經幫助完形治療維持成一個重視性別議題，並且抱持持衡看法的治療模式。

　　普遍來說，男性與女性對於完形治療發展覺察及個人成長的方式，會有不同的反應。對於移情、反移情、受虐及人際關係等治療議題，男女的反應可能相異（Amendt-Lyon, 2008）。對於女性而言，完形治療可能是賦能的，幫助她們覺察權力感，及覺察往往因為社會限制及期待而出現、製造壓力的權力阻擾物。當女性發展賦能感，並且在參與完形治療後充分覺察自己的能力，她們可能必須發展新的方式，來處理那些未被改變的社會期待。至於往往被教導隱藏感覺、不要表現情緒，並且壓抑而非處理困難經驗的男性，完形治療能幫助他們覺察那些影響他們作為一位愛人、父親、同事等角色的阻礙。不過，變得更能覺察自己感受、非語言行為及自身其他部分的男性，可能必須探索自我表達的適當社會脈絡。

　　Miriam Polster 探討因為缺少女性英雌，而出現的那些對於女性的社會限制。在 *Eve's Daughters*（1992）一書中，她指出傳統的英雄皆為男性，而女性不是身為英雄背後的推手，就是被賦予一些負面的特質，如特洛伊裡的海倫，美麗卻讓人迷惑。Polster 提到英雄的形象，來自於見證及訴說一件發生過的事，而這個事蹟相當偉大，所以人們代代流傳。女性的英雌表現可以包括參與公民權利、爭取孩童權益及在科學上獲得成就。身為探索英雌行為的一部分，Polster 相信女性應該幫助其他女性，而非幫助男性英雄完成他們的任務。當女性完成英雌事蹟，她們綜合展現了幫助其他女性獲得的支持、知識及權力。Polster 催生新的英雄主義，所謂新英雄主義，將女性的英雌成就納入男性的英雄行為中。Polster 的作品，在完形治療裡頭是不尋常的，因為這些作品強調社會層面的賦能及覺察，以及發展個人的覺察。

　　完形治療師也關切同志個案議題。幫助女同志伴侶的方式包括使用完形實驗及技巧，以及關切社群、政治及原生家庭等相關議題（Brockmon, 2004）。Kondas（2008）說明如何透過完形治療的內爆（implosive）及外爆（explosive）概念，幫助在親密關係暴力中倖存的男同志者個案。Iaculo 和 Frew（2004）描述了個人揭露自身同性傾向的過程，和完形接觸歷程之間的相似處。此外，個案-治療師的關係，對於幫助同志個案處理其出櫃議題，也被認為具有關鍵的影響力。

多元文化議題

完形治療也可以數種方式有效應用在多元文化族群上（Wheeler, 2005）。完形治療師可以使用完形實驗，幫助個案處理及知覺自己的文化。此外，因為病人 - 治療師關係著眼於當下，治療師有機會藉著面對他們，覺察到干擾病人 - 治療師關係且和文化有關的議題，來連接文化間的隔閡。例如，覺得某位亞裔個案很沉默的白人治療師，可能會問：「你可以針對你的輕聲細語作些說明嗎？」這會讓病人用語言表達心中對於讓白人治療師了解自己的考量。讓病人對於自己在亞洲文化及美國文化中的認知之間產生對話，可幫助個案更能覺察文化衝突。有時候這般的對話或其他完形實驗，可能會以病人的母語或習慣的方言進行。Joyce 和 Sills（2001）提供幾點建議，讓治療師在處理文化議題時，覺察自身的文化認知。一般而言，對於病人當下經驗的敏感度，也包括了對於病人文化的敏感度。

從另一個觀點來看，完形治療也可能造成與不同文化個案合作的問題。因為完形治療可能激發深層情緒，這對於那些文化傳統不鼓勵情緒表達的個人，可能會造成問題（Joyce & Sills, 2001）。在許多文化裡，顯現情緒，特別是男性，可能被視為弱點及脆弱的展現。一些文化傳統，家庭成員之間的互動是受限而固定的。例如，在許多亞洲文化裡，個人和較年長之家庭成員（特別是雙親）互動的方式，通常是表現尊敬及對於權威的遵從。即使是在對話中，對他們表達憤怒的情緒，對於個人而言可能是充滿困擾的。

一些完形作者，從更廣的角度來檢視社會或文化與完形治療的關係。Staemmler（2005）關注跨文化間溝通方式的不同。他描述完形治療師如何能在和不同文化的個案溝通時，檢驗自己的不一致性。Slemenson（1998）提出「我們如何治療受傷的社會？」及「我們如何應用完形治療概念到社會需求上？」等問題，探討阿根廷面對的一些深遠的問題，而其著作也或許能給予其他國家一些啟發。這些意見，包括了完形治療師不只應該敏銳觀察個人對於自身的覺察，還應該敏銳觀察文化因素如何影響個人對於自我、家庭、朋友、熟人及整個社會的觀感。

團體治療

　　團體治療已經成為完形治療中一個常見的治療模式。在 1960 至 1970 年代，完形團體治療比起個別治療較廣為人知。團體的種類可以分成三種：熱椅，其中團員和一位治療師合作且有觀眾觀察；過程團體，當中注意焦點放在當下的團體過程；及過程團體的變形，過程 - 主題團體，其中除了關注過程之外，還包括可能演出整個團體的主題。在一個針對 251 位完形治療師的調查裡，Frew（1988）發現 70% 目前仍在其執業中採取團體模式。這當中，4% 表示主要或只利用熱椅模式；大部分（60%）的人則表示在團體中使用不同的領導模式。團體治療持續成為一個重要的治療模式，提供成員增進與他人互動的機會（Feder, 2006; Schoenberg, Feder, Frew, & Gadol, 2005）。

　　Perls 及 James Simkin 使熱椅法盛行；但自從 1970 年之後，這個方法越來越少人使用。在這個方法中，一位團體成員和團體領導員合作數分鐘到 40 分鐘不等。在這個一對一互動中，觀眾成員不參與。之後，他們可能會討論他們如何從觀察中受到影響。每個團體成員在第二輪開始前，都有機會參加此一對一互動模式。一些採用熱椅法的完形治療師，將團體動力納入他們的治療模式中，而採用團體過程及熱椅的合併模式。Perls（1969b）相信，熱椅法比個別治療來得更佳，而且觀眾成員能在觀察那些熱椅成員的過程中學習。

　　Kepner（1994）解釋完形團體過程，將個人成長描述成一種源自於個人與他人接觸的界線現象。完形過程團體的內涵，可能包括實驗及活動來增進團體察覺。Kepner 描述完形治療團體的三種發展階段。第一，認同與依賴，此階段包括設定團體的限制與界線。這包括了會在團體中採行而用以鼓勵成員進行人際互動的效仿模式。第二個階段，影響與反依賴，團體成員處理影響、權威及團體的控制。團體領導員及個別成員可能會受到挑戰，而成員會開放地表達不同的意見。此外，個人也會區分出團體中的不同角色。例如，如果團體中出現代罪羔羊的現象，而某人被指定為「受害者」，領導員可以將角色與這個人區分開。在第三個階段，親密與相互依賴，團體成員間此時發展出親密感。Kepner 相信團體可能需要花一、兩年的時間相處，第三個階段才能穩定運作。此階段，領導員的身分是諮詢對象，而她 / 他鮮少干涉團體運行。不是所有的團體都會達到第三個

階段，雖然團員可能會在此時探討哀慟、痛苦的議題，且過程可能是快速、尊重彼此的。此三階段並非領導團體的格式，而是描述 Kepner 所觀察到的過程。

Zinker（1978）發現團體成員常常處理發生在日常生活裡的議題，如家庭衝突、哀慟、志向及未解決的生命傷痛。在他的夢境工作模式中，Zinker（1978）可能會要求團體成員演出一個主題或議題，把它帶到當下。這些實驗含括所有團體成員可能是當下、立即互動的結果。無論是處理主題或團體過程，Zinker（1994）相信，團體覺察會由「此時此地陳述」（here-and-now statements）發展出來，如「你的身體拱起，而且你的肩膀很靠近你的耳朵」、「瓊安，當約翰說⋯⋯的時候，妳的下巴顯得很緊」。為了進一步促進團體覺察過程，Zinker（1994）建議一些團體行為，例如，當你對某人說話時，看著他們的眼睛、覺察你自己的身體及其他人的肢體語言；和他人直接對話，而不是談論那個人；把問題改成直述句；尊重他人的需求及價值觀。這些價值，說明了完形治療師強調的此地此刻模式。

因為 Kepner 和 Zinker 的過程及主題治療模式是密集而高度張力的，完形治療師也留意和治療安全性相關的議題。Feder（1994, 2006）相信，關於團體安全性，最重要的元素是治療師採取的模式。對團體成員保持關愛及尊敬的態度，以及保有彈性，有助確保團體成員體驗到接觸界線困擾的治癒，而非傷害。篩選團體成員，也有助確保團體過程能產生效果，而且團員不會在過程中傷害他人或受傷害。Feder 發現使用「安全數字」的益處，這個方法是要求團體成員指定從 0 到 10 的數字，來代表他們體驗到的安全程度。他常要求成員檢視當下的安全程度，及成員此刻的體驗。確定成員和其他人在進入團體前是否已有其他層關係，也能確保團體的安全。參與團體及稍後共同領導完形治療團體，能幫助學員治療師獲得帶領團體的安全感。

 ## 摘要

完形治療的發起者 Fritz Perls，以精神分析師起家，他的心理治療演變成非常不同的模式。Perls 受到現象學及存在主義的影響，而強調人的整體性。場地論的論說及研究與完形心理學，幫助他發展出其心理治療理論的詞彙。他能夠使

用完形心理學的形與景的概念,來說明個人對於自身、他人及周遭事物的覺察。強調把過去或未來帶進當下,是完形治療中極重要的概念。完形治療檢驗個人接觸自身及他人的優、劣方式,並且觀察接觸界線困擾,包括內射、投射、回射、折射及融合。他們也尋找個人體驗到的兩極或相反性。此種關於個人的觀點,影響了心理治療實務。

　　完形治療師專注在覺察對於發展及整合個人的重要性。他們評估個人的接觸界線困擾,包括他們此地此刻語言及非語言行為。完形治療師協助病人在關愛的關係裡,透過關注自己非語言行為及覺察感官、感受與情感,來增進覺察。方法包括:與自己對話、演出兩極及接觸困擾。夢境對於許多完形治療師而言,是治療經驗中的重要部分,因為夢境中出現的物件與人物乃為個案的延伸。完形實驗及活動,使用在個別及團體治療中,用來引導出更深層的對個人之覺察。治療師必須獲得完形技巧的訓練及督導的相關經驗,以用來幫助她/他們覺察、整合自身經驗,並且持續成長、成熟。

行為治療

譯者：馬長齡

行為治療始於 1950 年代後期，植基於發展超過了百年之行為的科學原則。其中，許多治療模式最初係依據 Pavlov 的古典制約（classical conditioning）及 Skinner 的操作制約（operant conditioning）而成其業。這種伴隨著觀察學習之各種研究的探討，提供了心理治療行為技術之相關的發展背景。行為學派治療師會應用基本原則（如增強、削弱、行為模塑與示範等）以協助個案。這種科學方法的應用，在行為學派治療師詳盡的評估上均不難一窺其堂奧。

　　在行為治療中，一般的趨勢只處理可觀察的事件（如喊叫）。至於處置無法觀察的事件如學習等，則會藉由所謂的觀察某人做某事來進行。本章中將提供結合行為學派策略，治療一些特殊疾病的描述說明。因為行為治療涵蓋了太多的方法，是故這裡無法一一羅列。

行為治療發展史

National Library of Medicine

IVAN PAVLOV

　　不像其他心理治療理論，行為治療的根源在於實驗心理學及人類和動物學習過程之研究。雖然一些生理學家使用的模式，與行為治療實務工作非常類似，但在 Ivan Pavlov 對引領行為改變原則進行研究之前，並無任何行為的系統性研究（Farmer & Nelson-Gray, 2005; Wolpe, 1990）。

　　Pavlov 觀察到狗在吃進食物前，觀看食物時會有唾液分泌反應，促發了古典制約的研究與發展（亦稱為反射制約，respondent conditioning）。受到 Pavlov 制約實驗的影響，John Watson 將此應用在人類行為上。另一個重要的模式則是 B. F. Skinner 創建的操作制約，用來檢驗環境對個人行為之模塑或作用的影響。古典與操作制約研究觀察的是個人外在行為操作。相反的，Albert Bandura 發展的社會認知理論（social cognitive theory），則是處理內在或認知歷程，並試圖解釋人們如何經由觀察或知覺其外在環境而加以學習。此三種模式（操作與古典制約及社會學習理論）及目前的行為治療，將在本章中予以更詳細的描述。

古典制約

Pavlov 在研究狗的消化過程時，觀察到當食物送到狗的跟前，舌頭前就會產生唾液（Hyman, 1964）。經進一步的觀察後，他歸納的結論是，狗會從環境事件（如將要被餵食時之食物的聲音與影像）中學習。他以一個中性的刺激物如聲音或光線（制約刺激，conditioned stimulus (CS)），在餵食前一到兩秒去刺激（非制約刺激，unconditioned stimulus (UCS)）狗。這隻狗面對食物的影像（UCS），流口水則是一種非制約反應（UCR）。經過將 CS（光線或聲音）同時與 UCS（食物）給予刺激後，只要有 CS，就能讓狗產生制約反應（CR）。因此，學習的行為是對制約刺激（CS）的一種制約反應（CR）。

古典制約可以應用在眾多物種（包括人類）及各種行為上。例如，Pavlov 將一個黑色方形與一個節拍器的節拍之先前制約刺激配對，去驗證次級或高級制約。其他實驗檢測一個動物在 CS（光線）無法引發 CR（分泌唾液）、及 CR 將消失前，沒有非制約刺激則需要多久時間才能對 CS 反應。如此，有關學習過程的科學發現開始發展。當古典制約與其他行為原理的研究增加時，研究者發現這些原則十分複雜。例如，古典制約不一定在如此章節所述的情況下，產生配對反應。

時值 1900 年代初期，在 Johns Hopkins 大學任教的實驗心理學家 John Watson，極為讚賞 Pavlov 的實驗。他很佩服這種客觀的模式，直接研究所觀察的刺激與反應，而不需要依賴內在心理過程如思考或想像等（Watson, 1914）。

在一個著名的研究中（Watson & Rayner, 1920），Watson 說明如何藉由一個古典制約模式去制約一個孩子的情緒反應。研究者註記一個十一個月大的男孩 Albert，只要聽到很大的聲響時，就會呈現出害怕與驚嚇的反應。Albert 也可以很自在的逗弄一隻白老鼠。然而，當他看到白老鼠前立即出現聲響，他就會變得害怕。經過一週七次將聲音與老鼠連結配對後，Albert 只要單獨看到老鼠就會哭鬧（Beck, Levinson, & Irons, 2009）。Watson（1914, 1919）對 Albert 的研究成果，影響當時很多的心理學家。

Mowrer 和 Mowrer（1938）受古典制約原理激發研究興趣，而將此應用在 New Haven 兒童中心小孩尿床的問題上。他們發展出一個將膀胱壓力與警報器相連結的尿液警示系統。當兒童睡著又尿床時，尿液可能穿透衣料造成電線傳導短

路，引發警示聲。當這種情形發生幾次後，膀胱單獨所造成的壓力，引發兒童在真正排尿前的警覺。在治療過程中使用此方法需要六到十二週時間，而此種終止尿床行為的方法，業已沿用超過七十年（Spiegler & Guevremont, 2010）。

操作制約

不像古典制約著重於先前行為（CS 出現在 UCS 之前），操作制約則著重在先前之行為與行為之後果。以 E. L. Thorndike 和 B. F. Skinner 先前的研究為基礎，操作制約（也稱為工具性制約，instrumental conditioning）乃是奠定現代行為治療的主要基礎。操作制約形成了對許多問題之行為原則應用的基礎，特別在處理如精神分裂症（schizophrenia）與自閉症（autism）等嚴重心理障礙上。

大約與 Pavlov 同時代的 Edward L. Thorndike（1898, 1911），使用了控制實驗程序去研究學習。不像 Pavlov 去研究反射行為（reflex behavior），他專注研究新行為的形成。他以貓為研究對象，將食物置於籠外，以此觀察貓如何將籠栓打開，離開籠子去找尋食物。第一次從箱子中逃脫，發生於嘗試錯誤（trial-and-error），之後貓會逃脫得越來越快。Thorndike 因記錄壓開籠栓的時間，得以描繪出學習曲線。

Yvonne Hemsey/Contributor/Getty Images News/Getty Images

B.F. SKINNER

Thorndike 經由實驗與觀察推演出效果論（Law of Effect）：「行為的後果幫助了學習」（consequences that follow behavior help learning）（Kazdin, 2001, p. 17）。就本質而論，正確的反應（如碰觸槓桿）被增強，而不正確的反應（咬籠子的柵欄）將被削弱或減少。除了效果論以外，Thorndike 也從實驗中推演出許多行為原理，強調動物生存與功能完整運作的學習之適應性本能的重要性。

與操作制約之名稱最有關聯的是 B. F. Skinner（1904-1990）。除了與 Thorndike 對古典與操作制約有很類似的看法，Skinner 有許多不同的看法。基本上操作制約（operant conditioning）是一種學習，行為藉由系統性的改變後果而有所變更。這樣的例子是在 Skinner box 中的鴿子，在這樣的一個小空間中，鴿子會啄亮光的按鍵。實驗者控制鴿子接受到的食物（增強物），鴿子「啄食」會自動記錄。藉由挑選性的增強綠色燈光而非閃出紅光，鴿子可以

學會綠色的光亮時去啄按鍵，而紅光則否。雖然 Skinner 的研究工作是以實驗室中的動物進行，但他也從動物實驗擴充到對人類行為的研究。

Skinner（1953）試圖將操作制約原理應用在複雜的人類行為上，此舉吸引了許多人的關注。他為政府機構、教育、商業、宗教、心理治療與各種人類互動寫就了操作制約的實際應用。他的小說 *Walden Two*（1948），顯現出如何應用操作制約作為理想社區的基礎。Skinner 觀點引發許多批判反對他以有限的實驗室發現，應用到日常生活。

社會認知理論

不像古典與操作制約聚焦於人們明顯的行為（可直接觀察到的行動），社會認知理論則著重在研究觀察不到（至少不容易）的個人內隱行為上。這些包括生理反應（如血壓與肌肉緊繃）、思考（觀察、記憶、想像）與感覺（如悲傷與生氣等情緒）。認知-行為（cognitive-behavioral）一詞，常用於描述諮商理論家考慮在其研究與心理治療中明顯與內隱的行為。

Albert Bandura 對此領域極有貢獻，其根源可溯及 Mary Cover Jones 等早期研究訪查者。

Watson 的學生 Jones（1924），描述了他對一個怕兔子的 3 歲男孩彼得的治療工作。Jones 對彼得的治療，說明了社會認知理論（social learning theory）的兩個面向：觀察（observation）與示範（modeling）。Jones 要求彼得觀看其他兒童與一隻兔子玩耍，以作為其模範（models）來治療他的恐懼。彼得用這樣的方式，觀察到不需要再害怕兔子。之後，當彼得正在吃著他愛吃的食物時，Jones 將一隻關在籠子中的兔子放到房間裡，但放在與彼得有些距離的

Jon Brenneis/Life Magazine/Time & Life Pictures/Getty Images

ALBERT BANDURA

地方。往後幾天，Jones 將兔子放得離彼得越來越靠近，但也確定他不會感覺不舒服的距離。在治療結束時，彼得能夠和兔子一起玩耍且撫摸著兔子。在這個例子中，Jones 處理了彼得的外顯（overt）與內隱（covert）行為。

1960 年代，Albert Bandura 創立了先前稱之為社會學習理論（social learning theory）的社會認知理論（social cognitive theory），強調心理功能運作中思考與

想像的角色（Bandura, 2007）。Bandura 提出一個三角交互作用互動系統（triadic reciprocal interaction system），其中包含與環境的互動、個人因素（記憶、信念、偏好、預測、預期與自我知覺）與行為動作（Martin, 2004）。這三個因素彼此交互作用，每一面向都影響著其他兩者。Bandura 理論的一個重要觀點是，個人會藉由觀察其他人進而加以學習。這個三角關係的中心是自我系統（self-system），由一組調控行為的認知結構與知覺（Bandura, 1978, 1997, 2000）。這些認知結構包括會影響思考、行為與感覺的自我覺察（self-awareness）、自我誘發（self-inducements）及自我增強（self-reinforcement）。與這些相關的概念是自我效能（self-efficacy），意指人們覺知自己能處理生活上困難任務的能力之程度（Bandura, 1986）。和這種強烈自我效能知覺有關的，是經由觀察而來的相信自己能成功、且個人處於低焦慮程度的完成重要任務之能力。

在現今的實務工作上，古典制約與操作制約雖然是行為治療中很重要的元素，但認知與行為學派的融合，更能體現今日臨床的工作，尤其是針對那些非機構收容的人們，如 Bandura 等理論家的彈性觀點，亦提供了看待心理疾患的許多不同視野。

當代行為治療

在 1960 年代以前，行為治療未完全為心理學、社會工作、教育或精神醫學所接納。從 1970 年代起，行為治療被應用在如工商業、兒童養育、增進運動表現、增進安養院民的生活、精神科專科醫院與其他教養機構等許多領域。行為治療在很多案例中，在病人與治療師合作以增進其心理運作的過程，而更為人所了解。行為治療一如其他治療學派，同樣將與病人的關係視為重要課題。

行為治療接納度的提升，可經由行為學派臨床工作者與出版品的遽增而窺其端倪。行為與認知治療學會（The Association for Behavioral and Cognitive Therapies）創設於 1966 年，會員到西元 2009 年時已超過 4,000 名。雖然此學會肇始於美國，但在許多國家中，行為治療學術團體也都如雨後春筍般紛紛成立。

由於對行為治療興趣的增加，眾多學術期刊也都致力於發展行為治療。這類重要的期刊包括 *Behavioral Disorders*、*Therapy*、*Behavioral Technology Today*、*Behavior Modification*、*The Behavior Therapist*、*Behavior Therapy*、*Behaviour*

Research and Therapy、*Behavioural and Cognitive Psychotherapy*、*Behavioral Interventions*、*Child and Family Behavior Therapy*、*Cognitive and Behavioral Practice*、*Cognitive Therapy and Research*、*Journal of Applied Behavior Analysis*、*Journal of Behavior Therapy and Experimental Psychiatry*、*Journal of Psychopathology and Behavioral Assessment* 與 *Journal of Rational-Emotive and Cognitive-Behavior Therapy*。除了其中兩份期刊以外，其餘都自 1970 年即開始發行。這些學術期刊幾乎都如出一轍的，驗證了研究與行為治療實務工作之唇齒相依的緊密關係。

 ## 行為治療人格理論

　　行為治療不像本書所論及的其他大部分心理治療理論，它並沒有出自於一個完整人格理論之依據。學習理論是用以解釋人格理論而發展出來的，但極少融合在行為治療的實務工作上。例如，Dollard 和 Miller（1950）依據 Hull（1943）的部分學術研究，將精神分析的概念轉化應用於學習理論的專有名詞上。Mowrer（1950）建議以兩項重要的學習歷程，去解釋心理疾患：發現問題解決方法的偏好、與依據期望與信念的學習。由 Rotter（1954）所發展的一種社會學習理論，強調行為潛能、期望、價值增強與情境因素。Eysenck（1970）的特質理論，著重在內向性-外向性（introversion-extraversion）與穩定-神經質（stability-neuroticism）的潛在行為。Mischel（1973）相信人們的行為橫越時空仍能保持不變，但會受到情境的本質影響而有所不同，他強調能力、個人認知架構（personal constructs）、價值與自我調適系統在人格發展上的重要性。雖然這些理論對行為治療實務影響有限，但 Bandura 的社會學習理論（前面已論述過了）則是透過示範與強調自我觀察，而對行為治療產生影響。大部分依據這些理論的重要原理，是經由古典及操作制約、與行為觀察的研究而發展出來的。

　　行為的基本原理（特別是從操作制約而來的那些論說）說明行為過程的增強，導致行為再次出現的可能性提高。而缺乏增強時，將導致行為的削弱。透過各種過程，行為可以被形塑、窄化（區辨）、擴大（類化）或者是改變。另一個基本學習的關鍵原則，是經由觀察而學習。行為研究隱含的是行為有前因（行為產生之前發生的事件）與後果（行為產生之後發生的事件）（Spiegler &

Guevremont, 2010）。行為治療的一項重要觀點是，注意每一個獨特的情境。本章以治療與其他情境下的例子，來說明這些行為的基本原理。

正增強

　　當個人所表現出的行為呈現出正向事件的結果時，稱為正增強（positive reinforcement）。當一個正向事件接續於一種行為之後，該行為出現的頻率會增加，此事件就是一個正增強物（positive reinforcer）（Spiegler & Guevremont, 2010）。假如你對帶三明治給你的朋友說：「謝謝」，對你朋友的行動而言，你所表達的謝意就是一個正增強物。如此，你的朋友在未來將會增強對你或其他人做類似的行為。

　　假如朋友對你再做一些正向的事情，你會觀察到正增強——與一種給某項東西或獎勵某人做某件事情的酬賞不同。酬賞與正增強物不同，它不一定會如正增強物般增加接續在一個喜愛之事件後的反應頻率。

　　因為帶來行為之正向改變與文化價值之相容性的成效，正增強被認為是行為治療中最受廣泛使用的方法（Groden & Cautela, 1981）。間續正增強（intermittent positive reinforcement）比持續正增強的效果延續更久。間續增強（intermittent reinforcement）可以時間週期（一種間隔次序表）、或在固定次數的正確反應（固定比率增強，ratio reinforcement）之後給予。

　　Kazdin（2001）提出 Kirby 和 Shields（1972）的簡短案例，案例中對一個學業表現很差而不想寫作業的國一男孩使用社會增強。在這個例子中，以讚美（依據間續週期正增強）為一種增強物，而對讚美的正確回應率越來越高（在初期讚美頻率較頻繁，之後逐漸減少）。

　　例如，在一個方案中，使用讚美以改變一個國一男孩湯姆在教室的行為（Kirby & Shields, 1972）。湯姆智力正常但課堂作業表現很差，尤其在數學作業表現上。他在課堂學習上也很不專心，且需要老師不斷提醒應專心於課業。方案中使用讚美來增進他數學作業的表現。每天在課堂上，當他完成數學作業時，因在數學工作學習單上填答正確而受到讚賞。開始時，每兩個答案正確就會受到讚賞，但是被讚賞的答對題數要求逐漸增加。讚賞僅以：「做得很好」、「做得很棒」與類似話語持續進行（p. 160）。

負增強

負增強（negative Reinforcement）如同正增強，增加行為的出現。不要將其與降低或削弱行為出現的懲罰混淆。在負增強下，一種行為不被期待的後果移除後，會增加這種行為的重複出現。例如，假使你帶了傘在雨中等一個朋友，你會把傘打開。雨傘讓你不會淋到雨。接著幾次你帶傘出門，若是下雨，你就越會如正向行為般撐傘避雨（Spiegler & Guevremont, 2010）。

削弱

當增強物取消或不再提供時，個人停止執行該項行為。削弱（extinction）是不再給予一個增強物。削弱的例子包括，忽視孩子的哭鬧、工作不給予報酬或某人對你說話時不給予回應。

父母可以使用削弱的基本原則與孩子相處。從另一方面來說，假如孩子拉扯媽媽的褲子，母親可以選擇忽視此行逕以讓此行為消失。假如她錯誤回應孩子，她可能增強拉扯褲子的行為。例如，假如父親閱讀雜誌而不理會正安靜且自行玩耍的兒子，就有可能冒著削弱這個孩子適當遊玩的危險。

類化

當行為被增強時，可能類化到其他行為。增強不僅可以提高對某類型刺激的反應，同時還可以複製到其他類似的刺激上。因此，當一個人面臨處理另一個人之困難問題時，假如解決方式有效，這種與人互動的方式將類化到其他情境上。

藉由學習如何面對一個憤怒的人，人們學到在不同情境下如何去面對同一個人，以及不同而卻同樣在生氣的人。再以另一個例子說明，假如一個孩子因為數學測驗表現良好而受讚賞時，他不僅會在數學科目努力用功，也會類化他的行為到其他科目上。能夠從一種經驗類化到其他方面很重要，而能夠在不同情境下區辨也同等的重要。

區辨

對個人來說，依據所呈現之刺激情境而有不同反應的能力，其重要性不言自明。舉例來說，駕駛必須能分辨交通號誌紅綠燈的不同。假如他們是色盲，他們就必須學習依據燈光出現的位置來分辨。在社會互動下，孩子很快學會對以大欺

小的學生和朋友的舉動不同，以及對代課老師與平時授課老師時行為舉止不同。人們的反應也會有些微妙的差別，例如，在回應「你今天看起來氣色很好」時，也會因是誰說及以何種聲調表達而有些不同。簡而言之，當某些特定反應被增強、或某些反應被忽視或削弱時，區辨之行為反應因此而有所不同。

模塑

　　當治療師模塑一位個案的行為時，通常也會有增強、削弱、類化與區辨。在模塑時，有一種類似藉由增強期望的行為，將原來的行為逐漸的轉變成為期望行為之行動。例如，父母在增強嬰兒嘗試走路時，模塑出現。第一，這個孩子握住父親或母親的手試著走路時得到讚賞，之後走路時會抓住家具，再來就不必扶助任何何東西而直接走路，最終會從起居室的一端走到另一邊。當每一個新目標達成時，孩子將不再以達成同樣的目標而得到讚賞。

觀察學習

　　Bandura（1977, 1997）說明其社會認知理論時表示，增強不足以解釋學習及人格發展。他相信許多學習是經由觀察與示範其他人的行為而產生。例如，學生可以藉由觀察父母、朋友、電視、電影而學習。在學習歷程中，行為歷程的重要性就如同認知歷程之以符號編碼觀察（如記憶）（Bandura, 1986, 1989a）。Bandura 說明觀察學習歷程有四項基本功能運作：專注（attention）、保留（retention）、動作複製（motor reproduction）與動機（motivation）。

專注歷程　在觀察歷程中，與個人及／或情境同樣重要的是專注歷程本身。不僅是要能看到、能觀察，個人更必須能正確知覺。例如，假設一個學生注視著正在授課的教授，他可能對教授所表達的會有不同程度的專注。

　　此外，個人對所觀察之模範（model）或情境（situation）的連結型態（pattern of associations）（Bandura, 1989a），則對專注有舉足輕重的影響。與父母的強烈連結型態，成為兒童觀察的重要模範。模範因其人際吸引與興趣的不同，而有所差異。廣告商就是利用這個事實，僱用那些能吸引廣大觀眾群為潛在顧客的運動員或其他名人拍廣告。廣告商的目的，是希望這個明星能吸引大眾對產品的注意，而非明星本人。

保留歷程 為了能成功觀察，模範行為必須被銘記。Bandura 說明影像編碼及語音編碼在回憶觀察模範的認知系統之看法。「影像編碼」（imaginal coding）指的是事件的心理影像，如想像昨天兩個朋友聊天的景象。「語音編碼」（verbal coding）有時稱為自我對話（self-talk），意指對事件的默唸（subvocal）式描述。例如，某人試圖想熟練打好高爾夫球時會對自己說：「我十指交扣的用手握桿」。Bandura 認為語音編碼對觀察的事件之保留特別有效，因為這種方式極易儲存記憶。為了要能有效觀察，情境的記憶必須是針對正在表現的行為。

動作複製歷程 觀察與記憶模範的行為是一回事，而將所觀察的轉譯成行動又是另一回事。示範棒球隊球員戴帽子的方式很簡單，只需要極少的演練就可以正確操作行為。以棒球明星球員打球的方式擊球又是另一椿事。極度快速與正確知覺對動作技巧來說，是需要有高度技巧的行為示範。假如有人能成功示範模範行為到某種程度，也無法拍胸脯保證能長時間維持模範行為。

動機歷程 假如個人觀察且追隨模範行為並開始展開行動，似乎只有在增強下，才會持續此行動。一個人會採取某種特定的行為，是因其能導致成功。因此，誘因對學習模範行為（modeling）是很重要的。例如，假設一個數學老師在課堂上說明分數的意涵，且能讓學生真正了解其意義，學生才有可能模仿數學老師的行為去進行分數解題。

Bandura 辯稱，增強不一定必須是外在的，也可能是內在的——意思是增強來自於自己。他描述了兩種內在增強：替代性與自我增強。替代性增強（vicarious reinforcement）意指觀察某人執行一項行動而得到的增強，因而據此斷定執行同樣行為將得到增強。自我增強（self-reinforcement）發生於人們設定自己的標準且增強他們自己達成其願望，如同運動員可以達成其特定目標一樣。

自我效能 依據 Bandura（1989b, 1997）的看法，自我效能（self-efficacy）是個人對他面對不同型態情境之能力的知覺。高自我效能的人期待成功，這常引領邁向成功；而低自我效能的人，會自我懷疑達成任務的能力，因此成功機會可能不高，而其自尊也會較低下。那些高自我效能的人，傾向出現成功的影像編碼與語音編碼。換句話說，一個高自我效能的學生，會出現視覺化的影像，看到自己將在考試時表現良好，且對即將到來的測驗表現很有自信。

Bandura（1989b, 1997）描述自我效能的習得時，相信自我效能有四個主要來源：成就表現、替代性經驗、口頭說服及降低情緒覺醒程度。「成就表現」（performance accomplishments）意指過去成功的事實會創造高期望，因而產生高效能知覺。「替代性經驗」（vicarious experiences）意思是觀察其他人的機會且說：「我也可以這樣做」，或是那些自我效能低的人會說：「我不認為我能這樣做」。「口頭說服」（verbal persuasion）指的是父母、朋友或其他人對期望的表現之鼓勵或讚賞所造成的影響。「降低焦慮強度」（降低情緒覺醒程度，lowering emotional arousal）可以讓人們更正確且穩定的執行任務，進而引發更強的自我效能感。Bandura 相信在這四項自我效能的來源中，個人成就表現是最強的影響因素。

儘管行為理論眾多且對人格都有不同的看法，但對大部分的行為學派治療師來說，基本的原理還是增強與觀察學習。他們以各種方式發展出不同技術，以利於協助個人改變其內隱與外顯的行為。

 ## 行為治療理論

行為治療沒有過多的理論，所發展出的技巧都與行為之基本原理一致。行為治療的目標各有不同，會根據想要改變的行為而有特別的設定。同樣類似的是，評估著重於在真實與模擬情境下，行為的報告與觀察。行為學派治療師根據這種資訊使用一些技巧，如「系統減敏感法」去降低恐懼與焦慮。行為學派治療師偶爾在事件發生之真實情境下進行治療工作；其他時候，他們可能讓個案想像所發生或可能發生的事件。除此之外，行為學派治療師也發展出一些示範與教導新行為的策略。藉由結合行為學派之自我指導模式與其他認知技巧，有些治療師發展出其他的創新模式協助個案，使其更有效能的因應其問題。

行為治療的目標

行為治療的特色，在於其強調獨特目標。在治療初期，行為學派治療師聚焦在改變標的行為，此行為意指可以清楚及正確定義的行為。他們找出那些可以說明為何個人持續出現某種特定行為的行動或事件。個案常有不只一個問題，治療師與個案共同決定優先處理哪一個問題。標的行為之例子包括戒菸、降低兒童間

的打鬥行為、增加上課出席率、及減少檢查房子大門是否都鎖好了的行為。行為學派治療師處理各種目標及標的行為（Miltenberger, 2008）。

行為學派治療師常常進行**功能分析**（functional analysis）。他們評定（評估）行為與有關之先前行為與行為後果（評量）。他們找出造成行為之原因（先前行為）、或病人出現這種行為的理由。他們提出行為成因的假設，經由功能分析得來之資訊，引導他們對行為介入之選擇（Miltenberger, 2008）。功能分析提供進一步確定目標之方法。行為學派治療師不一定會執行明確的功能分析，但他們都會進行評估。

在評估過程中就能找出適當的目標。當行為學派治療師更加了解行為的先前作為與行為後果後，他們更能協助個案確認具體的目標。在進行評估時，個案就能在治療師的協助下，去探索行為目標的可能利益與害處、如何達成目標及如何去執行。在治療過程中，評估持續進行到治療結束。與達成目標相關的改變之測量，在行為治療與功能分析中持續進行。以下述說有關達成目標之進步狀況的評估。

行為評估

評估針對具體的行為而非廣泛的特質或性格，乃行為評估的特色。強調於確認個案問題與情境之獨特詳細狀況。因此，對某些行為學派治療師來說，在治療工作上可能不做診斷分類（DSM-IV-TR）。行為評估強調的是目前而非過去的行為；且會對具體可區分的各種單獨行為進行取樣。例如，一個大學生在安排家庭作業遭遇瓶頸，他可能會被要求列出每日白天與晚上的活動清單。行為學派治療師從行為訪談、報告與評分、個案行為觀察，以及其他方式去蒐集個案的資料（Spiegler & Guevremont, 2010）。他們會用其中的某些方法，但不只是一兩種而已。

行為訪談　初次的行為訪談是評估過程中很重要的一環。在行為訪談中，主要是想了解問題。例如，假如個案說他對學校課業有困難，治療師可能會想知道他的成績、哪一科有困難、及造成困難的原因。治療師詢問個案特別行為的前因與後果，評估標的行為的相關訊息。例如，個案什麼時候及在哪一科的課業有所延宕？在此過程中，行為學派治療師也會告訴個案他所蒐集到的其他資訊。

行為學派治療師必須針對標的行為，詳細地去詢問許多問題。他們常以什麼（what）、什麼時候（when）、在哪裡（where）、如何（how）及多常會如此

（how often）去詢問（Spiegler & Guevremont, 2010, p. 85）。以下為簡短的例子：

> **治療師**：什麼讓你今天到這裡來見我？
>
> **病　人**：我感到很沮喪。
>
> **治療師**：你第一次感到沮喪是在什麼時候？
>
> **病　人**：大約三個月前。我感到情緒低落，每天早上很難爬起來。
>
> **治療師**：從那時開始，多久會發生一次？
>
> **病　人**：三個月以前就開始發生，且從那時起，至少發生過兩次。
>
> **治療師**：你每天在什麼時間會感到憂鬱？
>
> **病　人**：我從早上醒來後就覺得憂鬱，而且之後會越來越糟。

　　行為學派治療師針對問題，以這種方式找出更多的訊息。當治療師這樣做時，就能表達對病人困擾問題的關切。

行為報告與評分　利用已發展出的文字工具去評估問題行為，是評估個案想改變之處的一種有效方法。治療師通常使用很簡短的自陳量表（self-report inventories），要求個案針對各單項題目以五到七個等級勾選，或是回答「對」或「錯」的是非題為自己打分數。自陳量表是專為評估憂鬱、恐懼、焦慮、社交技巧、健康相關疾病、性功能障礙與婚姻問題所設計。

　　有些檢核表或評分表是由父母、教師、同儕、或其他能幫忙說明個案行為的人來填寫。當檢核表或評分表以這種方式進行時，要留意評分者信度（interrater reliability）——評分者對其所觀察的個人之同樣行為間的一致性。

行為觀察　除了自陳量表與其他評分方式外，也可以使用直接觀察過程。藉由讓個案立即記錄，可以保留執行標的行為之次數。也可以利用日記，將其與行為發生的相關日期、時間、地點與行動記錄下來。讓個案自行記錄他們行為的問題，可能會發生反作用。反作用（reactivity）意指個案可能因為知道行為將被觀察或記錄，因而改變他們自己的行為。在一些情境中，反作用可用來達成想改變的行為。

　　為了避免反作用的發生，治療師可能會使用自然或模擬觀察。自然觀察（naturalistic observation）指的是，觀察者記錄標的行為的頻率、期間、與／或強度。例如，觀察者可以記錄一個 3 歲孩子在托兒所的社交互動。模擬觀察（simulated observation）的意思是建立一個情境以監視其行為，例如，用麥克風

及單面鏡，會比在臨場的自然情境中得到更正確的資料。因為自然與模擬觀察都很花時間，治療師有時藉由進行角色扮演，要求個案表現出該行為，如與父母親關係之問題。

生理評量　治療師在評量壓力或恐懼時，可能會使用一些生理功能的評量。一般常見的評量包括血壓、心跳、呼吸與皮膚電位傳導。行為學派治療師偶爾會特別去改變生理症狀，如治療是以降低血壓為目標時。

　　雖然評估在治療初期就已經完成，但整個治療過程中還是會持續透過訪談去評估標的行為之保持狀態。除此之外，自陳量表與自然、模擬或角色扮演的觀察，可以在治療過程中的任何時間使用。藉由蒐集資料完成維持狀態的評估，也可以測量標的行為之改變。

常用的治療模式

　　行為學派治療師依據行為原理，發展出一些降低恐懼與焦慮、及改變其他行為的方法。Wolpe 的減敏感法是當中最早也最重要的行為學派模式，該技術乃是利用放鬆與漸進想像的策略。有些方法使用較強烈的想像策略，而其他的則在造成實際焦慮的情境中進行治療。也有些技術包括模仿其他人的行為。Donald Meichenbaum 結合行為與認知的模式，創造了壓力管理技術。上述這些技術將詳述於下。

系統減敏感法

　　Joseph Wolpe（1958）提出了系統減敏感法，原設計是用來治療對特別事件、人或物體有極度焦慮的病人。基本模式是讓個案將焦慮感轉換為放鬆的感覺。治療的第一步是教導個案放鬆的反應，去對抗或替代焦慮。接著評估讓個案產生焦慮的事件，並估算其焦慮程度之多寡。第三個步驟是讓個案在放鬆狀態下，想像引發焦慮的情境。以一種漸進的方式讓放鬆與先前引發焦慮的事件相連結，個案漸漸的對先前引發焦慮的情境不再有敏感的反應。

　　下面是 C 小姐的案例摘要，說明系統減敏感法的三個主要步驟：放鬆（relaxation）、焦慮狀態階層表（hierarchy construction）與減敏感（desensitization）（Wolpe, 1990）。

放鬆　漸進放鬆技術由 Jacobson（1938）所創。此技術基本上包含肌肉群的緊繃與放鬆，其中包括手臂、臉部、肩膀、胸部、腹部及腿部，讓這些部分達到越來越放鬆的程度。Wolpe（1990）在對病人的治療中，會要求他們每天兩次，一次進行十到十五分鐘的放鬆活動。Wolpe 通常會用五到六次的面談時間，教導病人如何放鬆。在將此技術介紹給 C 小姐時，他可能會以下面方式開始。

　　我現在要向妳介紹的主要活動，能讓妳得到深層的放鬆。我會在拉住妳手腕時再要求妳用力拉，以此緊繃妳的二頭肌。我要妳非常注意這部分肌肉的感覺。然後，當我放掉與妳對抗的力量時，我會要妳漸漸的放鬆這部分肌肉。注意，當妳的前臂往下沉時，二頭肌的感覺會降低。同樣也請注意，放鬆也是一項活動，但是以反向的方式——它是一種肌肉的「放鬆」。活動到最後，妳的前臂將會輕鬆的放在椅子扶手上。然後，妳會想著妳已經儘可能的完全放鬆了——這樣放鬆活動就完成了。雖然二頭肌或許部分會很放鬆了，但事實上其中某部分的肌肉纖維仍然是緊繃的。我將會接著對妳說：「繼續放鬆。在妳的前臂正在放鬆時，試著繼續讓二頭肌伸展」。讓額外的肌肉纖維放鬆的活動，也將會產生很多我們想要的情緒放鬆效果。讓我們開始試著做，看看會發生什麼結果（p. 156）。

　　在接續而來的面談中，每一次都去強調身體不同部位的活動，以這種方式繼續進行放鬆。在整個療程中，持續進行放鬆的練習是很重要的，因為這樣才能將放鬆與想像的焦慮情境相結合。

焦慮狀態階層表　詳盡而精確的訊息獲得造成個案焦慮事件的訊息，是架構焦慮狀態階層表的要素。通常會製作各種代表著不同恐懼及不同的狀態階層表。當個案說明造成其焦慮的事件後，個案接著從引發最不焦慮到最焦慮的事件，依序列出清單。表列時，對每一事件以 0 到 100 註明其嚴重程度。以此方式去製作並完成一個不舒服程度主觀評分量表（subjective units of discomfort scale, SUDs），其中，0 代表完全放鬆，100 代表極度焦慮。這些評分單位為主觀的，且只能個別化的使用。當系統減敏感法發生效用時，原來被評定 SUDs 高分的事件分數則會變低。

Wolpe（1990, p. 166）舉例說明，C 小姐是一個 24 歲的藝術系學生，她來尋求治療的主要原因是因為極度焦慮而考試被當。經過深入面談後，顯示出 C 小姐不僅是對考試焦慮，亦對別人注視或細看著她時、或當她被批評或輕視，以及別人對她不同意或有所爭執時都會感到焦慮。在 Wolpe 的協助下，C 小姐表列出了一個簡短的 SUDs 焦慮狀態階層表如下（大多數的清單都會多於十項焦慮事件）。

與別人不和

1. 母親對佣人咆哮（50）
2. 妹妹對姊姊耍賴、發牢騷（40）
3. 姊姊與父親起爭執（30）
4. 媽媽大聲斥責姊姊（20）
5. 看到兩個陌生人爭吵（10）

完成了類似上述的階層表後，Wolpe 開始帶領進行減敏感的步驟。

減敏感　雖然放鬆的過程還不見得能完全掌控，但減敏感的過程已可以開始進行（Wolpe, 1990）。第一次進行減敏感時，治療師在個案放鬆後，會問他們經驗到的部分之 SUDs 分數多少。假如分數還是太高（約 25），放鬆活動將會繼續進行。第一幕景象會是較中性的，如背景畫面前出現一朵花；讓治療師有機會去檢測個案想像或視覺化的能力。

雖然 Wolpe 的減敏感法很經典，但是也有其他不同的模式。有些治療師以愉悅的想法替代肌肉的深度放鬆。減敏感法雖然大部分用於處理焦慮，但亦可用在憤怒、氣喘發作、失眠、夢魘、酗酒、語言障礙及其他問題上（Spiegler & Guevremont, 2010）。相較於其他行為學派技術（將在稍後討論）的處理過程，這種方法曠日費時。所以與 1970 年代相比，系統減敏感法的使用頻率現已銳減很多（Hazel, 2005）。Wolpe 認為，系統減敏感法儘管如**反制約**（counter conditioning）等用於對抗不同情緒的反應，但它已劃下一條與古典制約的楚河漢界。然而其他的行為學派原理，也可以用來說明這個步驟。注意實際行為（身體的緊繃程度）與內隱行為（想像的景象），都可以帶動改變。在系統減敏感法中，經由想像之情境，漸進的暴露在產生焦慮的情境下。有的技術使用產生焦慮的戲劇性強烈情境。

想像洪水治療法

不像系統減敏感法是漸進的過程，洪水法則完全背道而馳。在想像洪水法中，個案暴露在一個恐怖或引發焦慮之物體或事件的心理想像中，且持續的在想像經驗事件中，直到焦慮漸漸消失為止。這樣的經驗歷程不是真實的情境，而是去想像在驚悚的情境（如被搶匪襲擊或是在一架飛機的機艙中）。

想像洪水法的基本步驟，是讓個案產生一種可怕或引發焦慮的景象，接著讓個案完全的沉浸這種情景，並指出 SUDs 的分數。在同一次面談中，個案接著應要求再度想像這個景象，並在接下來的面談中，每次都去想像並同時指出 SUDs 的分數。在持續的暴露過程，SUDs 分數應該會降到不再感覺到不舒服的程度。以下以治療艾爾——怕搭乘電梯的個案——這個簡短案例加以說明。艾爾應要求去想像這些景象。

1. 個案與母親從一棟四樓建築的第四樓搭電梯下到一樓。
2. 個案從頂樓自己搭電梯下到一樓，沒有其他人在電梯裡面。
3. 個案自己一個人搭電梯，從三十層建築的第三十層下到地下室。

當艾爾指出他在每一種情境中的 SUDs 評分後，治療師要他想像這些情境，直到它們不再讓他產生焦慮為止。接著，治療師要艾爾想像另外一個景象。在一個實際的治療情境中，會使用更多的景象，且艾爾所熟悉的電梯也會用來進行想像。在進行更實際且真實的洪水法想像前，通常會先進行放鬆練習，以便在洪水法進行後可以回到低焦慮的程度（Keane, Fairbank, Caddell, & Zimering, 1989）。

另一種想像洪水法的應用，是由 Thomas Stampfl（1966）所發展的內爆治療（implosive therapy）。進行內爆治療時，誇大景象會超過實際狀況，其假設是景象中的刺激將引發恐懼或焦慮。Stampfl（1970）依據如精神分析式詮釋的場景，去使用個案所描述的景象。不過，現在已經很少有人這樣用了。

想像洪水法（包括內爆治療）並沒有受到廣泛使用，有幾個理由如下。可能是暴露於高焦慮程度的個案，其焦慮沒有降低。而洪水法與內爆想像，也可能讓必須再次經驗焦慮的個案覺得很不舒服。因為個案可以選擇是否參與這些治療中的任一種，他們能夠決定這種模式的治療是否不太愉快或不舒服（Spiegler & Guevremont, 2010）。雖然洪水法如同減敏感法般，都以想像的方式誘發焦慮的事

件，有些行為治療師仍偏好在真實情境中進行治療。

實境治療

實境（in vivo）一詞指的是，發生在個案實際的情境中。基本上，兩類實境治療為個案漸進的接近恐懼的刺激物（類似系統減敏感法）、及個案直接面對害怕的情境（類似洪水法）。在漸進模式中，個案可以學會及練習放鬆技術，以對抗暴露之焦慮情境。在一些案例中，其他對抗的反應如愉快情境之想像，也常用來在實際情境中對抗焦慮。一位選擇漸進模式去降低恐懼與焦慮的個案，會和治療師討論哪些情境會引發不同程度的焦慮，建立一個焦慮狀態階層表或事件清單。例如，對艾爾搭乘電梯的恐懼可能所做的清單如下：

1. 在治療師陪同下走到電梯口。
2. 注視著治療師按鈕打開電梯門。
3. 個案在治療師注視下按電梯按鈕。
4. 治療師與個案一起進入電梯後，電梯在同一樓層沒有移動下，兩人又從電梯退出來。
5. 當個案在電梯內走動時，治療師按住電梯門不讓電梯關上。
6. 治療師與個案搭乘一趟電梯後一起出來。
7. 個案與治療師搭乘電梯上下樓一趟。
8. 個案與治療師一起搭電梯上去再下來兩趟，接著增加搭乘次數。
9. 個案自己搭電梯上去，治療師在電梯外面等個案出來。
10. 個案自己搭乘電梯兩趟、三趟到更多次。

假如個案在任何時間都覺得緊張時，治療師會讓個案先進行放鬆練習。只有在個案覺得舒服的狀態下，才會從一個階段進入到下一個階段。當個案在治療師陪伴下執行這些活動時，他將會應要求自己進行類似的活動，每天搭電梯上下樓。治療長度會依焦慮嚴重程度而定。

在密集的實境暴露治療中，所體驗的是一種很強烈之恐懼情境。在開始體驗之前，治療師要讓個案確信治療是有效的，而治療師會陪伴個案。且在此過程中，將會體驗到一些不舒服的情緒（Spiegler & Guevremont, 2010）。回到剛才談的搭乘電梯的例子，治療師將會與艾爾在某一次治療中，一起搭乘電梯上下樓半

個小時或更長時間。與治療師一起搭乘電梯之次數，將會持續到個案告知焦慮下降為止。到此階段，治療師將會等在外面，讓個案自己搭乘電梯上下。除此之外，治療師將會要求艾爾一天搭乘電梯數次。藉由這種方式，艾爾對電梯的焦慮將會消失，而對電梯的不焦慮反應將被增強。

虛擬實境治療

虛擬實境治療始於 1980 至 1990 年代，是一種發生在以電腦製作的情境裡。（North, North, & Burwick, 2008; Wiederhold & Wiederhold, 2005）。典型的是個案以一個搖桿、頭戴式耳機、及一副有生理感應器的手套或其他類似的裝置進行。這些裝置將個案的相關訊息傳給電腦。個案以這種方式，可以虛擬的方式「行走」或「駕駛」一輛汽車。偶爾會使用「混搭的」或「擴充的」系統，如駕駛一輛有真實引擎聲或氣味的虛擬車輛。虛擬實境治療所面臨的一項主要挑戰是價格昂貴。有時螢幕像人一樣高甚至更高，也可能做成半圓型或環狀。軟體與程式很複雜，這樣它們才能接受個案的回饋而改變電腦設定，並快速的提供視覺與聽覺的回饋（North et al., 2008; Wiederhold & Wiederhold, 2005）。

典型的虛擬實境治療使用在治療焦慮症（anxiety disorders），特別是在恐懼症（phobias）上。這些特定的焦慮症包括恐慌症（panic disorder）、空曠恐懼症（agoraphobia）、幽閉恐懼症（claustrophobia）、社交恐懼症（social phobia）或焦慮（anxiety）、強迫症（obsessive-compulsive disorder）與創傷後壓力疾患（post-traumatic stress disorder, PTSD）。一些以虛擬實境治療之方式治療的常見恐懼症，包括害怕搭乘飛機（Krijn et al., 2007; Price & Anderson, 2007）、開車、公開演說（Wallach, Safir, & Bar-Zvi, 2009）、高度、蜘蛛、封閉空間（Malbos, Mestre, Note, & Gellato, 2008）及其他很多種醫療過程（Wiederhold & Wiederhold, 2005）上。虛擬實境治療也用於飲食障礙。在一套電腦系統下，個案可以用各種尺寸的二度或三度空間的圖像，找出符合目前的自我影像與理想的自我影像（Riva et al., 2003）。當虛擬實境裝置能更快速、正確、便宜的合成實境影像時，虛擬實境治療將會受到心理健康界更廣泛的應用。由於暴露於軍中作戰創傷的經驗，近期的研究聚焦在創傷後壓力（posttraumatic stress）。美軍在伊拉克的戰鬥真實經歷，證實虛擬實境治療在減輕創傷後壓力的有效性（Reger & Gahm, 2008; Rizzo, Reger, Gahm, Difede, & Rothbaum, 2009）。虛擬實境治療被證實對焦慮症（包括恐慌症）治療有

效。在一項針對 13 篇焦慮症研究的後設分析發現，虛擬實境治療較實境治療效果稍好（Powers & Emmelkamp, 2008）。另一個針對 21 篇焦慮症與恐慌症研究結果的後設分析顯示，虛擬實境治療可降低焦慮症狀（Parsons & Rizzo, 2008）。這些研究者都建議需要進一步驗證，虛擬實境治療裡如真實生活中的感覺、及虛擬實境治療成功的個人背景因素所扮演的角色。

為了對虛擬實境治療有更清楚的了解，讓我們以艾爾害怕搭乘電梯為範例。我們可以使用視覺系統，讓艾爾配戴上一副有電腦螢幕做鏡片的護目鏡；或是我們可以讓他進入一間布滿螢幕，並顯示出一個有電梯的大廳之房間。在他的腳上配戴上感應器，艾爾可以穿過虛擬的大廳，按下電梯的按鈕，接著進入虛擬建築的電梯裡。在虛擬的電梯裡，按鈕上的燈光可以顯示出電梯停在哪一個樓層。整個程序可能會非常昂貴。讓艾爾照著一條類似的路徑，用一根搖桿替代真正的走進去可能會比較便宜，但是也可能會比較沒有效。不論用兩者中哪一種，這些步驟可以操作很多次，直到艾爾準備好進入真實情境中去嘗試。在實境中不應該花太長時間，只要艾爾有了虛擬的搭乘電梯之經驗就可以了。

不論行為學派治療師用想像、虛擬或實境的模式、漸進或密集的模式，行為治療會依循治療師對標的行為之評估與病人的偏好而定。假如焦慮非常強大又害怕的病人，可以挑選一種更漸進的模式。在某些案例中，病人可能偏好密集的模式，以更快速地降低他們的不舒服感。實境模式通常較想像模式能更快速緩解症狀，因為個案是直接而非透過想像能力去經歷事件。不過，一些恐懼如害怕閃電或地震，可以讓個案以想像來處理；若有可能，可以透過虛擬實境的過程進行。

示範技術

治療上使用示範技術（modeling），主要是依據 Bandura（1969, 1971, 1976, 1977, 1986, 1997, 2007）的理論。示範作為治療技術，發生在當一名個案觀察另一個人的行為，進而依據觀察而行動。行為學習時，學習角色模範如何從事該行為及行為學習後果所發生的狀況這兩部分，都是示範技術的部分技巧。

在行為治療中，示範的五種基本功能（Spiegler & Guevremont, 2010, p. 267）是教導、刺激、鼓勵、降低焦慮及阻止。示範中的教導經由模仿進行，如注視某人投棒球或削蘋果。示範可以作為一種刺激物，當一個孩子景仰軍樂隊隊

長時，會模仿他的行為。藉由增強示範的行為，人們可以鼓勵其他人去從事該行為。例如，父母將清理房間變成一個遊戲活動，孩子就可以視清理工作也是很好玩的活動。降低焦慮可以成為示範的結果，例如，當一個孩子看到另一個孩子下水後，自己也進入水裡，因此觀察而降低對水的恐懼。最後，示範可以阻止一個人持續從事的行為，例如，一個吸菸的人觀看一名吸菸的病人因罹患肺癌而瀕死的影片。這五種功能，在現場（live）、象徵性（symbolic）、參與者（participant）及內隱（covert）示範中，將以各種等同不一的程度相結合。

現場示範　基本上，*現場示範*（live modeling）指的是，觀察一個角色模範（有時是治療師）從事一項特別的行為。模範通常重複的去示範幾次，個案在觀察完示範的行為後，再重複數次所觀察的行為。在前述 Jones（1924）的研究摘述中，彼得在觀察了其他孩子與兔子玩耍而沒有焦慮的示範行為後，恐懼便下降了。

象徵性示範　無法或不方便進行現場示範時，通常就會使用*象徵性示範*（symbolic modeling）。常見的象徵性示範例子，是人們不用面對面，而是採非直接的觀察適當行為之影片或錄影帶。其他例子包括圖片、相簿與遊戲活動。例如，以一個孩子要去醫院進行手術的童書，作為一種象徵性示範，這樣可以降低孩子對手術的焦慮。

自我示範　有時針對目標行為，利用錄影的方式，錄下案主以一種期待的方式執行之行為（Dowrick, 1991; Dowrick, Tallman, & Connor, 2005）。藉由錄下一個孩子以適當的社交方式與其他孩子互動之影片，並接著將影片播放給這個孩子看。孩子可以觀察*自我示範*（self-modeling）之適當社會行為，以新學習的社交技巧去取代不適當的行為。

參與者示範　有時讓治療師為個案示範一種行為，並用以引導個案從事該行為——*參與者示範*（participant modeling），對其會有所幫助。假如個案害怕爬梯子，治療師可以先行示範爬梯子的行為。接著使用一個雙面梯由治療師協助個案爬上梯子，當個案攀爬時，治療師給予鼓勵，必要時可以扶著個案往上爬。

內隱示範　有時候，一個角色模範無法被觀察時，讓個案以視覺想像模範的行為，對個案會有所助益。在這個過程中，即*內隱示範*（covert modeling）治療師說明一種情境以幫助病人想像。Krop 和 Burgess（1993）提供了一個被繼父性侵

的 7 歲聽障女生之內隱示範案例。由於受過侵害（女孩會陰部被不當碰觸），導致這個女孩從事其他不正當的性行為且情緒暴躁。Krop 和 Burgess 在使用內隱示範時，讓這個女孩想像另外一個叫做莎拉的小女孩，對自己決心不亂發脾氣而感覺很好，並進而以合適的方式與其他小朋友互動。幾幕景象包括採取建設性的行動，而不是以負向的方式表現行為。

不論是象徵或現場，示範常與其他行為學派策略併用以改變行為。示範特別是常用於與人際互動有關之情境中。Wolpe（1990）及許多行為學派治療師對過度客氣、有困難表達負面情緒或自覺沒有表達感覺權利的個案，形塑其適當的自我肯定行為。因為自我肯定技巧依情境而各有不同，行為學派治療師常示範，讓個案練習面對不同的情境（Spiegler & Guevremont, 2010）。雖然行為學派治療師經常以示範應用在最常見的社交技巧如自我肯定（assertiveness）上，示範技術也很適合應用在其他社交技巧如遊戲、協商與約會上。這種示範行為也可以用在需要人們去觀察事件，並接著告訴他們自己如何適當的去表現。

自我指導訓練：認知 - 行為模式

自我指導是自我管理的數種方式之一。Meichenbaum 在自我管理模式中，強調個人給予自己指導（Spiegler & Guevremont, 2010）。由 Donald Meichenbaum（Meichenbaum, 1974; Meichenbaum & Goodman, 1971）所發展的自我指導訓練，是一種教導人們有效面對過去造成他們問題之情境的方法。基本步驟是由治療師示範適當的行為，個案接著練習此行為（以參與者示範的方式），接下來個案對自己複誦這些指示。自我指導訓練可以應用在許多行為如焦慮、憤怒、飲食問題與創造力障礙上。

在應用自我指導訓練到自我肯定行為上時，治療師會先示範適當的行為，像是如何面質一個向你借襯衫的室友。經過示範該行為後，個案會先在治療師面前，角色扮演對室友的適當反應。個案接著將發展出自我指導的指引，且重複對自己說這些指導語：「他又向我借襯衫。我現在將對他說：『請不要在沒有經過我同意下穿我的衣服。我願意把我的襯衫借給你穿，但是請先問過我』。」在這個簡短的例子中，個案會重複對自己說這個自我指引幾次，然後在適當時機向室友

說，或以幾種不同的版本去執行。通常面對兒童時，自我指導訓練可以包含使用由個案或治療師錄製的指導語，個案聆聽指導語並執行之。除此之外，個案可能想要使用工作清單去記錄，或是在各種情境下與不同對象進行練習該項行為。

壓力免疫：認知 - 行為模式

另一項由 Meichenbaum（1985, 1993, 2007）所發展出來的自我管理法，是壓力免疫訓練（stress inoculation training, SIT）。就像是麻疹預防針給人體生理系統一些壓力，以此去預防麻疹產生。如此可以給人們一個機會去成功地因應相當輕微的壓力刺激，以讓他們能容忍更強的恐懼或焦慮。在 SIT 方案下，Meichenbaum 視人們藉由改變他們對行為的信念、及面對壓力的方式之自我陳述，來進行治療。SIT 方案範圍很廣泛，包含給予的訊息、放鬆訓練、認知再造、問題解決、行為預演及其他的認知與行為技術。

為了描述 Meichenbaum 的壓力免疫訓練三階段模式，現以下班返家途中遭搶又被毆打的班恩為例，簡要說明在概念形成階段（conceptual phase）、技巧獲得階段（skills-acquisition phase）與應用階段（application phase），壓力免疫訓練（SIT）如何使用在個案身上。

概念形成階段　在第一個階段，蒐集資料及教育個案如何思考此問題。當班恩呈現出這些狀況且擔心會造成壓力時，治療師指出其認知與情緒（而非事件本身）所創造、維持與增加之壓力。注意觀察有關壓力或害怕情境的自我陳述，並監控導致壓力的行為。在治療過程中常會建議全程做心得筆記或日記。

班恩會學到他害怕走路去上班，是因為他的自我陳述如：「我會再被搶」、「我知道外面有個人會再搶我」、及「假如我被攻擊，我會束手無策」。班恩與治療師將會進行他的內在自我對話，且會被要求記錄下覺得有壓力的想法、感覺與行為。在此階段，班恩將發展出因應恐懼之方法。

技巧獲得階段　為了要因應恐懼與壓力，將教導個案各種認知與行為的技巧，其中包括放鬆訓練、認知重組、問題解決技巧與自我增強指導。由 Wolpe（1990）與 Jacobson（1938）所發展出來的放鬆技術，教導個案利用放鬆的反應去與恐懼及焦慮反應對抗，以因應壓力。認知重組指的是改變負面想法去因應思考。班恩會將「我很害怕而我不能做任何事情」，轉換為「當我很害怕時，我會暫停一

下」；以及「我沒辦法處理」，轉換為「一點一點慢慢來，慢慢的呼吸，覺得很舒服」。問題解決方法包括心理預演自己將如何面對這個情境。班恩可能會對自己說：「我會藉著蒐集相關資訊以改變這種狀況、我可以改變行走路線，我可以走人多的地方，我可以處理我的恐懼」。藉由正向自我對話得到自我增強，像是「我可以走路去上班，而且我可以做得很好。」與「我幾乎可以達成了，且我覺得很自在，我將會做得比昨天還好。」。依據現實狀況，治療師使用壓力免疫訓練（SIT）教導個案各種面對壓力情境的因應技巧。

應用階段　當個案學會因應技巧後，便已經準備要將這些技巧應用在實際情境中。首先，班恩會以所發展出來的對話，在心理上預演去上班的過程。班恩越能正確的以視覺化方式想像走路去上班時會發生的景象，就更能使用先前發展出來的因應策略。當班恩精熟這些技巧後，會被指派走路上班時該做的家庭作業。這些作業是漸進的。例如，當他走在人群中該練習的因應陳述；之後當他距離人群三十呎獨自行走時，要求要做的因應陳述之練習。

如同其他大多數的治療方法，壓力免疫訓練（SIT）不一定都能順利進行。預防行為倒回（處理治療中的倒退行為），應該是壓力免疫訓練（SIT）要做的部分（Meichenbaum, 1985）。

例如，Marlatt 和 Gordon（1985）所建議，治療可能該包括刻意安排的失敗經驗，以協助發展因應反應。雖然壓力免疫訓練可能著重在一些特定之標的行為，但它也被設計來應用在其他個案行為上。以此方式，當壓力狀況發生時，個案更能夠因應各種壓力事件，爾後將會發展出自我效能（self-efficacy）感。當放鬆、認知重組、問題解決技巧與自我增強技術已經發展出，經過練習且證明能成功時就有可能持續。班恩可以在各種情境上應用這些技巧，如上班時要去送貨、他的父親堅持班恩是一個認真負責的兒子、及哥哥晚上酒醉後鬼話連篇時。

Meichenbaum（1993）說明壓力免疫訓練（SIT）的各種不同用法，包括處理精神科病人的廣泛性焦慮、憤怒、焦慮與疼痛，及運動員、藥物治療中的病人、工廠機器操作員及酗酒的人。

在行為治療與認知行為治療中，目標都要非常明確，但治療技術各有不同

（Meichenbaum, 2007）。治療會聚焦在透過想像害怕或焦慮的情景，或經由在實際情境中面對它們以改變行為。這種模式可以是漸進或很快速的，端賴個案的偏好而定。當能夠結合行為學派技術與認知模式，如指導個人如何面對某種特定情境時，示範適當之行為通常可以帶來治療性的改變。在治療的實際練習時，有賴於行為的評估。這些技巧很少單獨使用，也可以結合使用在各種治療處遇作業之套裝模式中。

 ## 心理疾患

　　行為治療仰賴一些因素如評估、研究與個案的偏好。一個完整的評估包括觀察（如果可能的話）與評分式評量工具，而評估常影響使用的技術。甚至在治療一些疾病上，研究顯示有些行為學派的技術較其他的更有效。當一些方法都證實很有效時，治療師會讓個案自己去選擇將使用的方式，例如，使用漸進或密集的暴露於事件中。在使用這些行為學派技術時，治療師能夠提供病人生活上的正向改變。

　　接下來的案例，代表著各種組合之行為治療的模式。在治療廣泛性焦慮症時，有一種行為焦點的特別模式，併用漸進肌肉放鬆法與擔憂行為的預防法。在治療一個憂鬱症的案例時，會使用放鬆技術、時間管理、肯定訓練與認知行為模式。對強迫症的行為治療，稱為暴露與反應避免，而此法需要密集的治療。暴露將使用在治療恐懼症上。這些案例顯示出在評估及心理疾患治療上的不同觀點。這些模式全都強調評估，特別是具體之標的行為、改變中的行為，及創造性與適合的方法學。

廣泛性焦慮症：克萊兒

　　在檢視與分析過去發表的研究後，Brown、O'Leary 與 Barlow（2001）也像其他行為學派治療師一樣，發展出一套治療廣泛性焦慮症（generalized anxiety disorders）的手冊。這種技術結合認知治療（詳見第 9 章）與一些行為治療的方法。治療過程進行十二到十五次。除了最後兩次面談為兩週一次外，每週進行一次。治療模式概述於表 7.1。表中列出了每次面談時會使用的技術，並明列每次面談中之特別關鍵點將使用的技術。例如，第三次面談時教導漸進肌肉放鬆法，

▼ 表 7.1　廣泛性焦慮症治療流程

第一次面談

病人對焦慮與擔憂的描述

焦慮與擔憂本質的說明

焦慮的三系統（three-system）模式

治療的簡述（自我監控的重要性、家庭作業、規律的參與治療）

治療理論的說明

家庭作業：自我監控

第二次面談

檢視自我監控的家庭作業

檢視焦慮本質與三系統模式

焦慮的生理性討論

廣泛性焦慮症中持續焦慮的因素探討

家庭作業：自我監控

第三次面談

檢視家庭作業：自我監控表格

說明 16 組肌群

漸進肌肉放鬆法

進行漸進肌肉放鬆法時同時錄音，以為家中練習做準備

家庭作業：自我監控、漸進肌肉放鬆法

第四次面談

檢視練習漸進肌肉放鬆法、自我監控表格

治療中現場進行 16 組肌群漸進肌肉放鬆法的檢視訓練

對持續性焦慮認知角色的說明（例如，從病人自己經驗的例子，來說明自動化思考的本質）

認知過度預測之說明與對抗的可能性

認知自我監控表格的說明

家庭作業：自我監控（焦慮、認知監控與對抗）、漸進肌肉放鬆法

第五次面談

漸進肌肉放鬆法、自我監控的檢視、對抗過度預測的可能性

治療中現場進行 8 組肌群漸進肌肉放鬆法的檢視訓練

災難性思考的說明與對抗

家庭作業：自我監控（焦慮、認知監控與對抗）、漸進肌肉放鬆法

第六次面談

檢視自我監控漸進肌肉放鬆法、認知對抗（過度預測的可能性、去除災難性思考）

治療中現場進行 8 組肌群漸進肌肉放鬆法的檢視訓練、一般性練習的介紹

檢視引發焦慮認知的型態與對抗方法

家庭作業：自我監控（焦慮、認知監控與對抗）、漸進肌肉放鬆法

第七次面談

檢視自我監控、漸進肌肉放鬆法、認知對抗

治療中現場進行 4 組肌群漸進肌肉放鬆法，介紹暴露於擔憂（例如想像訓練、擔憂階層表、現場暴露於擔憂）

家庭作業：自我監控（焦慮、認知監控與對抗）、漸進肌肉放鬆法、每日刻意暴露於擔憂

第八次面談

檢視自我監控、漸進肌肉放鬆法、認知對抗、暴露於擔憂練習

介紹回溯放鬆

檢視暴露於擔憂的理由

治療中現場進行暴露於擔憂

家庭作業：自我監控（焦慮、認知監控與對抗）、暴露於擔憂、回溯放鬆

第九次面談

檢視自我監控、認知對抗、暴露於擔憂、回溯放鬆

練習回溯放鬆

擔憂行為預防的介紹（例如，原理、列出擔憂行為名單、發展出行為預防練習方式）

家庭作業：自我監控（焦慮、認知監控與對抗）、暴露於擔憂、擔憂行為預防、回溯放鬆

第十次面談

檢視自我監控、認知對抗、暴露於擔憂、擔憂行為預防、回溯放鬆

介紹暗示控制（cue-controlled）鬆弛法

家庭作業：自我監控（焦慮、認知監控與對抗）、暴露於擔憂、擔憂行為預防、暗示控制鬆弛法

第十一次面談

檢視自我監控、認知對抗、暴露於擔憂、擔憂行為預防、暗示控制鬆弛法

練習暗示控制鬆弛法

介紹時間管理與問題解決法

家庭作業：自我監控（焦慮、認知監控與對抗）、

▼表 7.1　廣泛性焦慮症治療流程（續）

暴露於擔憂、擔憂行為預防、暗示控制鬆弛法	第十三次面談
第十二次面談 檢視自我監控、認知對抗、暴露於擔憂、擔憂行為預防、暗示控制鬆弛法 放鬆技術的概念化 練習時間管理或問題解決法 家庭作業：自我監控（焦慮、認知監控與對抗）、暴露於擔憂、擔憂行為預防、暗示控制鬆弛法、時間管理／問題解決法練習	檢視自我監控、認知對抗、暴露於擔憂、擔憂行為預防、暗示控制鬆弛法、時間管理／問題解決法練習 練習暗示控制鬆弛法 檢視技巧與技術 討論治療中用過的且將持續運用的方法

資料來源：Brown, O'Leary, & Barlow, 2001, p. 177.

且到第十三次面談時，都會在治療過程直接練習或檢視回去練習的成效。第九次面談會指導擔憂行為預防法（worry behavior prevention），且到最後一次面談時都會討論還有多少擔憂存在。最後兩次面談時說明問題解決（problem solving）技術與時間管理（time management）技術。第一次面談就已開始使用想法監控與改變技術。由於認知技術會在第 9 章詳述，接下來的案例分析將著重在行為學派的技術（特別是漸進肌肉放鬆法與擔憂行為預防法）上。

克萊兒已婚而生活中充滿了擔憂，她會擔心丈夫出差，也擔心唸高中的兒子在學校踢足球。克萊兒剛開始時，接受一次嚴謹而詳細的評量，確認她患有廣泛性焦慮症。第一次的面談，聚焦在她緊張與焦慮之經驗。前兩次的治療在說明焦慮的本質，與生理、認知與行為之三系統模式（the three-system model），並概述治療歷程和給予家庭作業。

第三次面談時，治療師向克萊兒解說放鬆練習的步驟與所需花費的時間。當克萊兒質疑放鬆練習所需花費的時間，治療師向她解說放鬆練習步驟之邏輯與機轉。

案　主：我知道我該撥出時間完成家庭作業，但 30 分鐘時間對我來說太長了。

治療師：或許你對時間壓力的感覺，又會更增加你的焦慮。這樣說吧，藉由每天完成放鬆練習，你做了可以對你生理與情緒都有幫助的事情。在你生活中持續出現而特定時間必須限時完成的其他事情，都可以先擱在一旁。假如你試圖在每天排定的既定事項間抽空去做放鬆練習，你就會不斷

對完成它感覺到壓力，且感覺要去克服困難。這樣的話，你就完全無法感受放鬆。要確認的是，每天找一個你不覺得匆促、或有責任驅使你去做的時刻進行放鬆練習。

練習的步驟是仔細去感受緊繃的感覺，接著逐步練習去釋放緊繃或舒緩你的肌肉群。藉由繃緊肌肉到放鬆的過程，你能感受到舒緩的感覺，並能覺察出你一天中無意識而緊繃僵硬的肌肉。在肌肉繃緊的過程，你會感覺到情緒高張或有壓力的感覺，而非肌肉疼痛。藉由逐步緊繃與放鬆的過程，你將漸漸舒緩你前臂與上臂的緊繃肌肉，接著放鬆你的大腿與小腿、腹部、胸部、肩膀、頸部、臉部、眼皮、下巴與額頭。

確定在一個安靜而不受干擾的地方，開始你的練習。專注是你學習放鬆的重要關鍵，所以你需要找到一個能讓你完全專注練習的環境，專心地練習緊繃與放鬆你的身體肌肉。這句話的意思是在練習的過程，周遭環境不能有市內電話、電視、收音機或你的孩子在場，且要確定你不會在練習中睡著了。將你緊繃的衣服或皮帶放鬆，或將眼鏡、隱形眼鏡、鞋子等等束縛物拿開。接著，一週內每天要練習兩次，一次 30 分鐘。

現在我即將打開錄音機，錄下我帶你進行放鬆練習步驟的指導語。你回到家後，可以自己聽錄音帶練習。

治療師接著帶領個案進行放鬆練習，並在會談中止前討論個案對放鬆練習的反應。治療師將在接下來的每次面談，監控個案每次放鬆練習的狀況。

在第九次面談時，克萊兒與治療師一起對擔憂行為的預防進行處理。克萊兒將在接下來的一週，找出能讓她避免去擔憂的行為。治療師用以下的方式，說明擔憂行為的預防方法：

治療師：就如我們在前幾次面談時一起討論的，治療方案包括辨識一些你可能正在做或避免，而讓你短暫緩解焦慮之特定行為與活動。長期來看這些行為可能反而會增強你的擔心，對你來說是幫倒忙。今天我將針對你因為焦慮與擔心，而正在做的某些行為或迴避的活動列出一份清單。這樣行為或活動的例子包括：迴避去看報紙某些版（像是健康版或訃文）、一天打掃房間好幾次及約會提早到達等等。克萊兒讓我們開始對你的問題作些討論吧！

案　　主：我想最顯而易見的問題行為，是我完全不去看兒子的足球比賽。他曾經求我去看他們作為地主隊的主場比賽，而我也真的想要去看，因為那是球隊的大日子，且同時舉辦了許多盛大活動。但我很確定的是，要去看球賽對我來說真的很困難。

治療師：所以，這是其中的一個行動。對你來說，要去參觀球賽的焦慮程度從零到八，你的焦慮程度是多少？

案　　主：大概是七吧！

治療師：我們還可以將那些事情列在清單上？若幾天不打掃房間，將會如何？

案　　主：嗯，大約是六或七吧！（Brown, O'Leary, & Barlow, 2001, pp. 192-193）

治療師及克萊兒繼續以此方式，列出了一份嚴重程度的順序表。治療師接著對已經檢視過的部分加以摘要，並建議克萊兒從順序表上最輕微的項目開始處理。

治療師：針對這份清單，我們還有些事情要做。其中包括去看主場球賽是七、幾天不打掃房間是六到七、你老公完全沒打電話給你是六、一整天都沒清理浴室是五、早上起床後沒有鋪床是四、一天只清理浴室一次是三，以及你老公只有在要離開辦公室回家前才打電話給你是二。

本週你可以從清單上最輕的項目「你老公只有在要離開辦公室回家前才打電話給你」開始。評估每週你知道老公一直到下班前都不會打電話給你時的焦慮狀態，接著評估他打給你後的焦慮狀態。讓我知道你的作業做得如何。假如你發覺你一整天都會替他擔心，確定使用你的認知策略與利用回溯放鬆的方式，幫助自己控制擔心與焦慮（pp. 202-203）。

廣泛性焦慮症的治療手冊（Brown, O'Leary, & Barlow, 2001）頗為複雜與結構化。上述這些例子，都很注重行為細節。有必要的部分，治療師會說服個案如何去做，也會向個案詳細解說執行步驟，如放鬆練習。雖然指導手冊已清楚說明執行步驟，但對個案所呈現的各種問題該如何處理，治療師仍要訓練有素。

憂鬱症：珍

　　一般說來，行為學派治療師尋求增強病人的活動與社會互動。因為憂鬱的病人通常很被動，行為學派治療師試圖帶給他們控制與正向改變的選擇機會。為了要帶給他們這些改變，治療師以情緒評量開始，要求病人評估自己的情緒並記錄下愉快及覺得厭煩的事件。

　　除此之外，治療師還會用很多種評量表如 Hamilton 憂鬱評量表（Hamilton Rating Scale for Depression）及貝克憂鬱量表（Beck Depression Inventory），去評估個案的罪惡感、憂傷、食慾喪失及改變、睡眠、健康、性及其他行為。治療師可以藉由這些資料，與病人設定及計劃實際的目標。行為學派治療師的一般性假設是行為的改變，可以帶動想法及感覺的改變。

　　治療師強調行為，協助病人增加每日的活動，其中包括更多的社交接觸或工作產能。他們可以訂定合約，以餐飲、雜誌或從事有趣的事情作為獎賞。除此之外，他們可以加入社交技巧訓練如示範適當的行為、角色扮演與行為預演，在減少不愉快的事情之同時，逐漸的找到方法去增加愉悅的社會互動。

　　在一名 29 歲已離婚帶著 7 歲和 5 歲孩子的母親珍的治療中，有許多的技巧可茲闡述（Hoberman & Clarke, 1993）。珍抱怨著自己的嚎啕大哭與經常曠工。她擔心老大的學業表現，且對前夫沒有履約提供孩子的生活費而感到氣憤。治療師經由珍在貝克憂鬱量表上的憂鬱分數顯示為嚴重憂鬱，而確認珍的憂鬱。

　　對珍的憂鬱症之評估及治療同時展開。治療師要求珍每日寫下她的難過及焦慮的感覺。同時，她也填寫了一份有 320 個分項的不愉快事件表（Unpleasant Events Schedule），用以找出合理的目標。第一個標的行為是遲到。藉由訂定一份自我改變計畫，珍能夠更妥善的評估讓她與孩子做好上學及上班準備的時間，而因此減少她遲到的次數。除此之外，她學習放鬆技巧，且將之應用在各種情境中來放鬆自己，如面對與孩子間的衝突。

　　因為親子的問題造成珍精神緊張，治療的改變從其自我管理開始，以進行對孩子的管理方案。珍從更能管理好孩子中，經驗到自我控制感的增加。接下來要做的是，發展出時間管理的技巧及增加從事愉快有趣的事情。

作為治療中的一員，珍同意每週去做兩件讓自己愉快的事情。為了發展她的自尊與協助她更自我肯定，治療師從自尊與肯定的書籍中指派了給她的練習。經過這些活動，珍的情緒及工作表現有了實質改善。她在貝克憂鬱量表的分數急遽下降。除此之外，她透過各種角色扮演，找到處理兒子破壞性行為的方法。當她增加了對孩子的控制後，她的自我效能逐漸建立，並開始在當地社區學院選讀一些課程。

強迫症：朱恩

如同前面所註明的，行為學派治療師的特色為致力於治療結果之有效性評量。這特別適用在說明暴露與儀式避免（EX/RP），其具有對強迫性儀式或不良適應行為反應的預防上。如同一項研究結果顯示，調查者（Franklin & Foa, 2007, 2008; Riggs & Foa, 2007; Simpson et al., 2008; Simpson, Zuckoff, Page, Franklin, & Foa, 2008）指出 EX/RP 對超過 70% 被診斷為強迫症的病人有效，EX/RP 應用在同時有強迫意念（如他們會經由碰觸公共廁所的馬桶蓋而得到 AIDS）及強迫性行為（如每天洗很多次手）者。

基本上，EX/RP 包含一次暴露在引發不舒服感的情境下一到兩小時。治療師同時要求這些人抑制如洗手等儀式化的行為。通常在產生中等到嚴重不舒服感之情境，治療中會先處理中等的情境。

當使用 EX/RP 時，治療師需要花費四到六小時面談的時間，去找出造成不舒服、儀式化行為及逃避的線索。症狀的詳細資料十分重要，其中包括重要事件的發生史。通常也會使用評分表、日誌及簡短的評量工具。在記錄活動日誌時，也要記錄引發焦慮的活動、想法與儀式化行為之 SUDs 分數。如果可能的話，進行密集的治療，每週五天持續三週的面談，之後減少會面次數。家庭訪視或在戶外進行練習也可有其需要。除此之外，朋友及親人的協助也極有幫助。

在此呈現的是一個 26 歲、對清潔有強迫症的已婚女性朱恩之案例治療摘要（Riggs & Foa, 1993）。朱恩每天洗澡需要 45 分鐘、洗手 20 次。在治療計畫中，治療師同時使用想像與實境暴露法，說明如下。

治療師：好吧，現在開始。我想要討論治療第一週中的每日計畫。我們要你想像或實際暴露在第一次面談時討論過的困擾的事物上。就像我已經說

過的，我們也將限制妳洗澡的次數。妳將想像的景象著重在假如妳不洗澡，妳害怕可能會發生的傷害上。實際的暴露將集中在面質那些玷污妳的事物。限制妳洗澡，將可以教導妳如何不用進行例行儀式化行為去生活。在想像進行中，妳將想像妳碰觸讓妳害怕的某樣東西像是馬桶蓋而不洗手，讓妳自己生病。我們可以讓妳想像去看醫師，而這個醫師不知道哪裡有問題，且不知如何去治療它。這就是妳害怕的，是嗎？

朱　恩：是的，那個狀況與肯尼生病都是我的錯。

治療師：好吧，妳在某些情景中會生病，而其他狀況下肯尼也會生病。我是否可以把其他人會抱怨妳很不小心加進去？這是妳害怕的？

朱　恩：是的，特別是我媽會埋怨。

治療師：好吧。我們聽到她批評妳很不小心。可否請妳想一下，還有任何我們該加進想像情節中的嗎？

朱　恩：沒有，就是這些了。

治療師：我們可以在規劃實際暴露法後，詳細組合這些景象。讓我們檢視一下妳想避免或害怕碰觸的事物之清單，以確認我們以正確順序將它們列出來了。接著我們將決定每天該如何做。這樣可以嗎？

朱　恩：好的。（朱恩檢視清單，其中的項目包括垃圾桶、廚房地板、浴室地板、公共門廳地毯、植物上的灰塵、水坑、汽車輪胎、乾的狗「汙物」與鳥的「糞便」。修改需要更改的部分。）

治療師：很好。讓我們開始訂定治療計畫。第一天，我們應該以妳評分 60 以下的事物開始。其中包括碰觸浴室外的那片地毯、門把、書架上的書籍、燈光開關與樓梯扶手。第二天，我們將做 60 到 70 分的項目，像是水龍頭、沒有鋪地毯的地板、換洗下來的衣物與肯尼書桌上的東西（治療師繼續以上述方式進行第三到五天的詳細計畫，每天增加困難度）。到了第二週，我們將重複最糟糕的情境如水坑、車胎、公廁、鳥糞與狗屎，而我們也將找出一隻死掉的小動物，走過它旁邊並碰觸它旁邊的街道（Riggs & Foa, 1993, pp. 225-226）。

在實境暴露法中，常需要時間與治療師的創造力。接下來的例子，顯示出治療師如何使用幽默與說服，讓病人去從事一項不討喜的活動。

治療師：現在到了我們該做真實事情的時候了。我昨天在路旁尋找死掉的小動物，結果在一英哩外找到一隻。我想我們該到那裡去。

朱　恩：真噁心，好可怕喔。為了我，你必須去找到它。

治療師：今天是我們的幸運日。妳知道無論如何我們今天必須找到一隻。至少這隻離我們很近。

朱　恩：很棒。

假如病人有能力對幽默反應時，幽默可以鼓舞人且會很有幫助。重要的是，治療師不是嘲笑病人，而是與病人同在。

治療師：（在辦公室外）在那裡，那部汽車後面。我們走過去，摸摸它旁邊的街道及人行道邊緣。我不堅持妳一定要碰它，因為它有些臭，但是我要妳站在它旁邊，摸一下妳的鞋底。

朱　恩：真噁心！它真的是死的。太噁心了！

治療師：是啊，是有些噁心，但假如妳能很平靜的想著它也不過是隻死貓。它能造成什麼傷害呢？

朱　恩：我不知道。或許我的手會碰到細菌？

治療師：哪種細菌？

朱　恩：死貓菌。

治療師：這是哪種細菌啊？

朱　恩：我不知道。就是細菌嘛。

治療師：就像是我們已經處理過的浴室細菌？（Riggs & Foa, 1993, p. 228）

恐懼症：6 歲女孩

對各種恐懼症之研究多不勝數，其中包括害怕動物、飛行、高度、血液、醫療診治與社交恐懼。已知的方法中最有效的就是「暴露法」（Antony & Swinson, 2000; Hirai, Vernon, & Cochran, 2007; Ollendick, Davis, & Sirbu, 2009）。Antony 和 Swinson（2000）編製的治療手冊中建議，暴露必須經常、可預測及可持續進行。如果可能的話，暴露除了如閃電或地震等恐懼外，應該在實境中進行而非透過想像。典型的暴露法是逐漸實行，而非一股腦兒的讓病人完全面對恐懼的事物。對特定恐懼症會使用一些具體的技術，如怕見到血的治療與其他恐懼症有不

同的治療方式。其他技術如示範與依計畫進行練習等，也會很有幫助。以下是在個人暴露於恐懼之事物環境下，所進行的示範與練習。

對一個害怕氣球的 6 歲女孩之治療，應用了示範技術與暴露法（Johnson & McGlynn, 1988）。這個孩子的母親注意到，女兒會避開可能或已經有氣球的地方。她也會做有關氣球的噩夢。治療師用另一個小女孩玩氣球進行示範。漸漸地，病人恐懼感越來越低。然後藉由觀看作為模範的那個小女孩在房間中玩氣球的錄影帶，幫助病人降低氣球的恐懼感。治療師要求病人模仿錄影帶中的那個小女孩的行為。過了一陣子，治療師以自己當作模範，在治療室中玩氣球。在治療快要終結前，孩子的母親報告說，女兒能夠去碰觸氣球而不再感覺恐懼。在接下來的兩年追蹤顯示，小女孩對氣球的恐懼消失了。

 ## 短期治療

因為行為治療強調行動的改變，是故其許多模式也都傾向於較短的治療時間。然而，仍然有許多因素會影響治療的長度。一般來說，越困難之標的行為，要去確認其細節且問題行為內容越精細，界定所需花費的治療時間越長。同樣，如果害怕或焦慮非常大，且有一些方法去迴避時（如不搭乘飛機），則需要治療的次數越多。一些資源如經濟的支援與朋友及家庭成員的支持，可以協助增加達成各種標的行為之機會。

有些治療策略花費的時間較其他來得長：想像模式較實境技巧可能需要的治療次數多；而漸進法相較於密集式所花費的次數較多。每一個人的問題都有獨特的樣貌且可能因時而異，因此所使用的治療長度很難去預估。

然而，對不同的疾病，治療過程長度則有些通則可尋。強迫症治療可能大約需要前三週每週五次約談，接著再進行每週一次的追蹤治療達數個月之久。憂鬱症及廣泛性焦慮症可能每週約談一次，進行幾個月，但是長度端賴評估、定義及治療標的行為之能力而定。

除此之外，假如實境練習是在治療師的治療室外進行，一週通常需要超過一個小時的治療時間。比其他學派治療師更甚的是，行為學派治療師不是一週進行一次治療，而是在開始治療的評估階段及實境治療時一週進行數次，之後每週

一次，再接下來兩週一次或每月一次的追蹤面談。當行為治療與認知治療相結合時，通常的狀況是需要更長時間的治療。

 目前治療趨勢

因為行為治療可以廣泛應用在從嬰兒至年長的各年齡層，因此許多不同的問題紛紛受到討論。深入的研究與應用，帶來了新的觀念。在治療手冊中，正式記錄與說明極多的案例。新的應用技術如「眼動去敏感法」、「接納與承諾治療」及辯證行為治療（dialectical behavior therapy）相繼的發展出來。非志願病人的專業倫理，也引發對行為學派治療師及其他相關人士的關注。因為這些領域都有大量發表，是故本節將簡短摘要說明。

眼動去敏感重組法

眼動去敏感重組法（eye-movement desensitization and reprocessing, EMDR）是由 Francine Shapiro 於 1987 年（1997, 1999, 2001; Shapiro & Forrest, 2004; Shapiro, Kaslow, & Maxfield, 2007）所創建的。最初，這個方法是專為創傷後壓力疾患所設計（posttraumatic stress disorder），但自那時起即受到更廣泛的應用。這個方法結合使用了認知與行為技術。首先須進行的是行為評估，接著使用想像洪水法，以及類似 Meichenbaum 的認知重組。

Shapiro（2001; Leeds & Shapiro, 2000; Shapiro & Forrest, 2004）在解釋 EMDR 時說明，此法有八個階段。Luber（2009）針對各種心理疾患、年齡層、配偶與團體工作，提供了一系列治療準則書面指引。《EMDR 與兒童心理治療的藝術》（*EMDR and the Art of Psychotherapy with Children*; Adler-Tapia & Settle, 2008）是一本詳細說明，如何將眼動去敏感重組法應用在兒童治療之參考書籍。在第一階段，治療師蒐集個案史，並試著決定個案能否承受 EMDR 所帶來的壓力。在第二階段，治療師解釋 EMDR 有效的機轉、及個案在進行 EMDR 後兩次面談間可能的感覺。在第三階段，治療師在對個案進行減敏感前，蒐集基準線資料。典型的過程會要求個案選擇一段記憶，並設定「不舒服程度主觀評分量表」（SUD），其中 10 為最不舒服而、0 是最低。

　　當這些已準備妥當，治療師會帶領個案進入時間最長的減敏感階段。此時治療師要求個案想著創傷的影像，且當治療師移動她的手時，注意伴隨而來的感覺。當治療師儘可能快速的來回移動她的手時，個案專注在想像與感覺。通常治療師舉起兩隻手指頭，手掌面對著個案，離其臉部 12 英吋遠。大約雙眼同時左右移動 15 到 30 次為一套。經過一套後，治療師告訴個案不用再特別動，先休息一下、喘口氣。接著個案說明他的感覺、想像、知覺或想法。治療師可能會問說：「你現在體驗到什麼？」。眼動法雖然是最常用的模式，但它不是唯一誘發這個訊息產生系統的方法。治療師可以使用手打拍子或重複口語線索。這種減敏感過程，持續到面談結束，或當 SUD 分數掉到 0 或 1 為止。

　　當個案已經減敏感後，第五階段是增加正向認知。這個階段稱為裝備期（installation），因為開始儲存新的想法。在這個階段，個人應要求專注在正向認知與期望之標的行為，以連結正向認知與原始記憶。在這個階段，執行眼動後增強了連結。

　　當正向認知被儲存後，個案移向第六階段且進行身體掃描（body scan）。在此階段，他會從頭到腳掃描自己的身體，試圖去找出任何緊繃與不舒服。假如找到不舒服的位置後，目標放在一套套接續而來的眼動，直到緊繃消失為止。

　　在最後的兩個階段，個案回復心情平靜。在兩次治療間，個案如果產生不舒服的想法、影像或夢境，則會被要求維持記錄下來。治療師告知個案，進行他已經學會的自我舒緩或放鬆練習。接著整個過程，重新評估與檢視。典型的 EMDR 要用六次面談處理一項目標，而每次時間通常要進行 90 到 120 分鐘。

　　當 EMDR 逐漸受歡迎後，已有超過 50,000 名心理健康專業者受過這個系統的訓練。然而，這個方法的證據受到質疑。Hertlein 和 Ricci（2004）檢視以 EMDR 所作的 16 項研究，對有效研究設計使用嚴謹的標準。他們認為所有這些研究，在決定 EMDR 的效能上都沒有符合適當標準。Taylor（2004）檢視他與其他學者所作的後設分析，相信暴露治療對創傷後壓力疾患之療效，在一些方面優於 EMDR 與放鬆治療。然而 Taylor 也發現，EMDR 對創傷後壓力疾患之治療有效。在一項針對 38 個隨機控制實驗的後設分析研究發現，EMDR 與認知行為治療在治療創傷後壓力疾患較壓力管理與其他治療方式有效（Bisson et al., 2007）。Maxfield（2007）從神經生理的改變來看 EMDR 之研究，也支持該法之成效。

　　Shapiro（1999）質疑在一些研究中所使用的方法，與她的 EMDR 治療多所相似。她進而指出，步驟中的眼動只是她的複雜技術的其中之一。她暗示「眼動去敏感重組法」的名稱，可能已造成一些心理學家對此複雜程序的誤解。臨床工作者持續報告該法對他們個案的良好結果，遂促使 EMDR 受到治療師的歡迎（R. Shapiro, 2005a, 2005b）。許多研究都顯示，EMDR 是一個有研究支持的治療方法。

接納與承諾治療

　　接納與承諾治療（acceptance and commitment therapy, ACT）是一個相當新穎的治療模式，乃是採用行為學派的技術，再結合強調個案語言的使用，以減輕個案的苦惱（Blackledge, Ciarrochi, & Deane, 2009; Eifert & Forsyth, 2005; Hayes & Strosahl, 2005）。Hayes 與與其同事相信，許多情緒問題導因於個案使用了無效的方法（如逃避），來控制他們的情緒。是故，他們不讓個案聚焦在逃避的感覺，而是去協助個案接納其感覺、事件或情境。個案可以接著檢視他們的想法與感覺，而不是由治療師的角度去看。他們協助個案澄清其價值觀，及從事符合這些價值觀的行為。治療手冊（Luoma, Hayes, & Walser, 2007）與治療技術指引（Twohig & Hayes, 2008）有助於想學習 ACT 的人。

　　Blackledge 和 Hayes（2001）以一位年輕且長期受與女性交往問題所影響之大學生馬克，來說明他們的治療模式。以治療目標來看，他們希望個案能接受與體驗恐懼或痛苦的想法、澄清他的價值觀與承諾行為的改變。在馬克的案例中，他「需要學習去辨識他的負向自我評價只是文字上的而非事實，且去終止逃避他因反應親密所體驗到的焦慮與恐懼」（p. 248）。

　　ACT 最初步驟之一是「創造的無助感」。治療師與個案一起回顧與驗證，個案為何遲遲沒有運作來解決問題。這可以協助個案對治療師的建議開放，但這可能對個案而言不具任何意義。馬克說明他曾經嘗試過的解決方法，如不詢問女性以避免遭拒的焦慮。治療師的反應是建議他不要將焦慮看作是疾病。

　　治療接著繼續進行，但焦點會放在個案的體驗上，而不是焦慮的感覺。例如，馬克應要求閉上眼睛，聚焦在他身體上的生理知覺幾分鐘，並重複進行幾次。治療師將他生理上的感覺認定為「心理物質」，而非他感覺到的「事實」。接著，馬克將他的憂慮看作就只是一種想法，而非他害怕與女人約會的事實。以此

方式，其負面情緒就解除了。

其他的解除策略（defusion strategies）也可以如此運作。例如，馬克因為沒有性經驗而感覺很丟臉。治療師不試圖與馬克談論那些想法，而是說：「感謝你心裡有那樣的想法」或「那些是很有趣的字眼」（p. 251）。接下來，當馬克出現困擾的念頭時，治療師要求他想像自己站在一條溪流前面。接著，治療師要求將念頭放在一片葉子上，並專注於自己的呼吸。

另一項擴散練習（diffusion exercise）被用在當馬克說：「我是個無用的東西」時（p. 251）。治療師與馬克不斷重複這句話，直到這句話絲毫沒有意義為止。你可能想要嘗試對自己說類似的話，大聲的說出來。注意你在說這句話第一遍與第三十遍時有何不同。馬克注意到經由重複的多說幾遍後，字面的意義就消失了。

在第五次與最後一次治療面談時，馬克報告了他對這個行為的承諾。他邀過兩名女性與他約會，而他在邀請或約會當下，都感覺到有一點點的焦慮。

大部分的例子都會更複雜。馬克不需要評估他想要什麼，但是許多個案卻需要，甚至為數不少的個案之問題尚且還不只一個。然而，這個案例說明了語言在行為上的效果，以及著重在彼此都能改變的部分，是如何帶動了治療的改變。

Hayes 及其同事在 ACT 的著作與研究專論上，發表了超過七十篇以上的論述。其中一些期刊論文，著重在 ACT 的哲理基礎，特別是關係結構理論（relational frame theory, RFT）對 ACT 的了解，提供了一個理論基礎。RFT 聚焦在與外界互動上語言的學習（Hayes, 2008; Levin & Hayes, 2009）。其他治療方式著重在特定心理問題上，如創傷後壓力（Orsillo & Batten, 2005）、酒精依賴（Heffner, Eifert, Parker, Hernandez, & Sperry, 2003）、憂鬱和焦慮（Twohig & Hayes, 2008），以及青少年與兒童疾患（Greco & Hayes, 2008）。

辯證行為治療

辯證行為治療（dialectical behavior therapy, DBT）是 Marsha Linehan 在 1980 年代，因為協助有自殺企圖的個案而發展出的方法。後來，她又以此發展出一種主要針對邊緣性人格疾患病人之治療法（Linehan, 1993a, 1993b; Linehan & Dexter-Mazza, 2008）。邊緣性人格疾患病人呈現巨大情緒轉變、藥物濫用、性濫交與自我傷害行為等強迫行為等問題，對治療師之挑戰遠大於其他任何心理疾

患。他們視與他人之關係為全好或全壞，包括與治療師之關係。使用 DBT 對病人進行個別或團體治療，包括電話諮詢，為期需要至少一年。DBT 的談話過程需要全面與仔細，這是其他治療所不需要的。

Linehan 認為，邊緣性人格疾患有生物性與環境性成因（Linehan, 1993a, b; Linehan, McDavid, Brown, Sayrs, & Gallop, 2008）。她的生物社會理論檢視基因、懷孕狀況，與其他可能影響人們在所處環境中情緒控制與問題反應的因素。她的理論認為，邊緣性人格疾患病人經驗到極大的情緒爆發，造成極強情緒反應而自己無法控制。邊緣性人格疾患病人通常也經驗不良生活環境（invalidating environments）。這些包括父母或其他照顧者的疏忽、虐待與遺棄。這些經驗可能導致人們出現低自我影像（self-image）、自我批判（self-critical）、缺乏對人的信賴與較差的問題解決能力。Linehan 的理論認為，邊緣性人格疾患來自情緒無法控制與不良生活環境的互動。

辯證行為治療或許可用少少的幾個字形容：辯證與行為。辯證（dialectical）指的是對事情的堅定看法，以及與此堅持互斥的立場間的事實之爭辯。為了解決此爭執，統合此堅信與反對，有助經驗此爭辯歷程並解決之（Spiegler & Guveremont, 2010）。這種治療法藉由接受與改變間的平衡，為邊緣性人格症狀的病人提供了一個減輕症狀與發現生活意義的方法。行為（behavior）在此指的是，使用行為方法去改變自毀行為的需求（如不小心駕駛或砍傷自己的手臂）。在個別與團體治療上，應用的治療方法不同。除此之外，電話諮詢也被用在危機處理個案上。

個別治療　在 DBT 中，個別治療（individual therapy）的第一部分，是評估個案的問題，以及評估個案達成治療目標的執行能力。治療師與個案在目標、標的行為及治療技術的使用上達成協議。個案必須同意將參與的個別和團體之次數。這是很重要的，原因是邊緣性人格疾患的治療中途退出率極高。治療師也可能對在危機中的個案揭露督導的規劃，以及個案可處理的議題。治療師接著決定從四階段中哪裡開始。

在進行 DBT 中，四階段治療的重要目標，是為了讓個案能保持參與。治療師依據病人所呈現出問題的本質，而可能從一個階段換成另一個階段。因為有的邊緣性人格症狀病人常面臨危機，更換階段可能會很頻繁。階段說明如下：

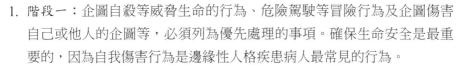

1. 階段一：企圖自殺等威脅生命的行為、危險駕駛等冒險行為及企圖傷害自己或他人的企圖等，必須列為優先處理的事項。確保生命安全是最重要的，因為自我傷害行為是邊緣性人格疾患病人最常見的行為。

2. 階段二：重點聚焦在可能干擾治療的行為。因為對許多邊緣性人格疾患的患者來說，治療的困難性與缺乏成功治療經驗，使得讓這些人持續參與治療變得很重要。在階段二中，個案處理其強烈的情緒體驗，且藉以使得困擾越來越小。他們也學習在所處的環境中，以更有效的方法處理問題。

3. 階段三：個案學習在日常生活事件上，找到增加生活品質、與降低造成問題的反應模式之各種方法。例如，他們嘗試降低焦慮與憂鬱之症狀。處理藥物濫用可能是階段一與二的議題，但是減少藥物依賴的程度，會在階段三持續進行。階段三會特別關注家庭、朋友及同事的關係。

4. 階段四：個案在生活上改變，以適應在他們周遭的問題。著重在找尋更多幸福、更強烈的自由感與靈性的發展。治療中發展出處理與他人相處問題及不可預期行為的技巧。

治療技巧　在進行 DBT 中，某些技巧專為個別治療所設計，若時機適當也會用在團體治療中。這些技巧包括澄清與接受策略、問題解決與改變策略及辯證式說服等。

澄清與接受的策略（validation and acceptance strategies）　邊緣性人格疾患個案常出現自我傷害的行為。治療師應該與個案同理的溝通，而非直指其傷害的行為。治療師可以指出個案的行為以達到減壓的功能，或在某種形式上對個案有所幫助，即使這種行為可能造成其他的問題。例如，假如個案飲酒過度造成酒醉無法上班，治療師可能會對個案說：「當你非常生氣時，喝酒似乎能幫助你放鬆，進而減緩你的壓力，於是你用喝酒來紓壓。或許也有其他的方式，能幫助你達到放鬆的目的。」這樣的回應方式，使得個案的行為能被接受，而同時也作出一項可驗證之行為改變的建議。

問題解決與改變的策略（problem-solving and change strategies）　許多不同的行為與問題解決技巧，可以用在邊緣性人格疾患病人上，以改變干擾他們生活目標的行為。治療師有時會期望使用正增強或模範技巧，去協助個案達成其目標。

Meichenbaum 的自我指導訓練與壓力免疫法（pp. 299–300），提供了一個達成認知重組的方法。對某些特定問題，特別是與恐慌症或強迫症有關的問題，治療師可能會傾向用暴露與儀式化避免（EX/RP）法（p. 306）。其他行為與認知的技巧，也可能會用到。

辯證式說服（dialectical persuasion）　辯證（dialectical）如上所述，是用來在兩個極端間找尋一個解決方法。使用辯證式說服（dialectical persuasion）時，治療師接納個案；但會溫和的說服個案，使用一種帶動個案改變的有效方法。藉由指出不一致的行動、想法與價值，進行辯證式說服。以適合個案的價值觀與想法，去協助個案行為改變。在接下來的案例中，辯證式說服用在一個割傷自己手背以紓壓的 23 歲女性。

> 個　　案：當我離開男友的房子回到自己的房間時，我非常生氣，因此我割傷自己。不過事情沒那麼糟，畢竟這樣做讓我感覺好多了，也感到情緒釋放了。
>
> 治療師：所以，如果我對你的了解正確的話，假如你 12 歲的表妹對某人非常生氣的話，你會割傷她的手臂幫她舒壓。
>
> 個　　案：我不會這樣做！
>
> 治療師：為何你不這麼做？
>
> 個　　案：這樣會傷害她。我不會這樣做去傷害她。
>
> 治療師：那你會如何做？
>
> 個　　案：我會安慰她。告訴她去找出其他曾經做過消氣的方法。告訴她讓自己靜下來。她喜歡撫弄她的貓，我會建議她去撫弄貓咪。
>
> 治療師：那些是很好的想法。其中有哪些方法也可以用到你自己身上？

以此方式，治療師指出個案不一致的行為，但也未直接面質個案。個案從此可以開始發展出一些改變其行為的替代選擇。

團體技巧訓練　除了參加個別治療外，個案也會參與每週兩到三小時的團體技巧訓練一年以上。團體領導者不會同時身兼個案的個別治療師。團體領導者依循治療手冊去帶領團體，也會給團體成員參加團體的講義。階段一與二（特別在團體初期），團體聚焦在危害生命的行為與干擾個別治療進行的行為上。雖然

團體領導者也會使用上面提到的部分技巧，但團體中將會教導靜心的正念（core mindfulness）、人際效能、情緒調整與挫折忍受等技巧。

1. 正念技巧（core mindfulness skills）：如同字義「核心（core）」所指，這些是 DBT 很基礎的技巧，將會在整個團體歷程中不斷被教導。這些是佛教修行的基本功。藉由專注的歷程，聚焦在此時此刻而不是自我評斷。參與者學習心理的三種狀態：

   (1) 理智心（reasonable mind）：藉由事情的真相去理性或邏輯的思考。

   (2) 情緒心（emotional mind）：情緒性的思考及扭曲的思想，依個人心情而定。

   (3) 智慧心（wise mind）：理智心與情緒心之融合或合成。

   這三種概念用於了解與評估團體參與者的想法與行為。

2. 人際效能技巧（interpersonal effectivness skills）：個案學習如問題解決與自我肯定等技巧，以協助他們與他人維持關係，而不至於對他們避之唯恐不及。他們也學習如何去驗證那些他們想要去做、與「必須去做」的事情，這樣他們才不會因為事情太多而過度負荷。

3. 挫折容忍技巧（distress-tolerance skills）：通常邊緣性人格疾患的個案，壓力的承受度都很低。個案學習對壓力或不舒服情緒的容忍度。當感到憤怒時，他們學習到轉移自己的情緒，接著去找出可以讓他們平靜或舒緩憤怒情緒的方法。為了達成行為的改變，他們可能會用認知重組與思考，去接受行為之正反兩面結果。

辯證行為治療（dialectical behavior therapy）顯示，對邊緣性人格疾患病人治療有效（Lindenboim, Comtois, & Linehan, 2007; Linehan & Dexter-Mazza, 2008）。例如，DBT 對治療女性邊緣性人格疾患與藥物濫用者的效果，較其他非行為學派治療有效（Harned et al., 2008）。在一項研究高度易怒的邊緣性人格疾患女性的研究發現，藥物治療與 DBT 對降低易怒情緒、攻擊行為、憂鬱及自我傷害行為同樣有效（Linehan et al., 2008）。也有一個小型研究顯示，DBT 對暴食症女性的緩解症狀可能有效（Chen et al., 2008）。在檢視團體成員將團體中學習的技巧應用在日常生活程度之研究，Lindenboim、Comtois 與 Linehan（2007）發現大部分的成員都能在團體聚會後的一週中，每天都練習學來的這些技巧。許多其他研究也顯

示 DBT 的有效性（Linehan & Dexter-Mazza, 2008）。辯證行為治療被認為是有研
究支持的心理治療方法。

倫理議題

　　倫理議題對所有的心理健康臨床工作者而言都很重要，不論他們所從事的是
專業或理論導向，行為學派的治療師特別重視倫理的議題（Bailey & Burch, 2005;
Spiegler & Guevremont, 2010）。首先，大眾對行為改變技術有共同的錯誤認知。
有些人認為，行為治療是某些人對其他人施行違反其意願的事情。其次，行為治
療相較於其他心理治療理論更可以應用於更多類型的病人；稍早已提及。對於
如嬰兒、心智發展遲緩（developmentally delayed）、自閉症、極嚴重精神病人來
說，行為治療常是唯一適合的理論模式。對這些人口群中的大多數人及其家庭而
言，行為治療可以讓他們自行決定治療目標與他們可以達成的方式，以協助提升
其獨立的決定（Spiegler & Guevremont, 2010）。

　　然而，行為學派治療師常要對不能或不願意承諾治療性改變的個案，進行
治療。Bailey 和 Burch（2005）舉例說明處理自閉症、發展障礙（developmental
disabilities）、與其他無法自行同意接受治療之個案，所面臨的倫理兩難情境。

　　要取得幼兒（Evans, 2008）、嚴重學習障礙者與精神病患的知後同意書
（informed consent），通常是不可能的。然而，有時可以得到部分同意，如精神
分裂症患者在未發病期同意接受治療。如果可能的話，個人參與挑選治療方法
時，通常也需要法定監護人的同意書。

　　在機構中，非志願治療要經過倫理委員會核准。對法律及專業倫理議題的敏
感，是行使超過 40 年的行為治療實務工作的特色。

行為治療與其他理論的併用

　　對某些問題而言，行為學派治療師可能也會引用其他理論，但是也有些治療
師堅用行為學派技術。對幼兒及機構收容無語言能力之成人來說，行為學派治療
師所使用的技術幾乎都是行為學派技術。而只有單純一種恐懼反應的病人，例如
怕蛇，就只會使用行為學派的暴露法。然而對許多其他的問題如行為障礙、憂鬱

症、焦慮症及飲食障礙，行為學派治療師常使用認知策略。假如他們能從行為學派的角度來概念化一種技術，如完形學派空椅技術，他們就可能會使用它。行為學派治療師通常很少只用一種技術，而是常會用一整套技術去進行治療，他們可能會將認知或其他策略應用在其治療模式中。

其他治療師可能也會在知情與不知情的情況下，使用行為學派的治療技術。一本由 Dollard 和 Miller（1950）所撰寫的《人格與心理治療》（*Personality and Psychotherapy*），為早期很有影響力的書籍，它從一種增強學習理論的角度來解釋精神分析，視精神官能症來自幼年的行為學習。

Adler 學派治療師在治療模式中，也常加入行為學派技術。Albert Ellis 同樣體認到，行為技術在他的治療工作上扮演重要角色，因而將其「理性情緒治療」更名為「理性情緒行為治療」。Aaron Beck 在他的認知治療模式中，也選擇性使用行為學派技術。

當個案與治療師對談時，某些行為學派原則似乎已經開始作用了。治療師會以微笑、表現出感興趣、點頭與口語反應，來增強個案的口語行為。在許多治療派別中，當個案談到有了治療上的進步時，治療師常會回應且讚美個案的陳述，因此也提供了正向的增強。甚至當治療師表現出面對個案焦慮之平靜時，治療師也在示範其不焦慮的行為。許多理論學家雖然尚未體認到治療師本身作為模範與增強者的角色，但行為學派治療師卻很清楚的知覺到所扮演的角色。

 相關研究

行為治療在許多不同人口群及各種疾患上的有效性研究，數量都較其他任何治療學派研究要多。在此不可能去檢視數百樣研究結果，故以下只提供研究發現的廣泛觀點、討論一項早期比較精神分析與行為治療的重要研究，以及針對許多研究發現的比較研究（後設分析），並提出治療強迫症、廣泛性焦慮症及恐慌症的治療成效之討論。

研究證據的回顧

　　經由比較了許多研究的結果，後設分析提供了一種從大範圍的研究去推演出治療成效的方法。在一些案例中，後設分析限定於特定年齡群或疾病，另一些案例則納入所有研究。在一份檢驗大約有四百份心理治療評估的研究中，Smith 和 Glass（1977）總結說，經過他們對調查進行的統計與分析發現，「典型治療的個案較沒有治療的個人改善度為 75%」（p. 751）。研究發現行為治療與其他治療的有效性，並沒有顯著的差異。在一份改進研究設計更嚴格的後設分析裡，Shapiro 和 Shapiro（1982）檢驗了 143 個為期五年的研究。這些研究大部分採用行為治療，另一些為認知治療，還有少數為心理動力治療。大致上來說，他們發現行為治療與認知治療的改善程度，較心理動力治療高。然而，他們也發現認知治療較研究中最常用的行為學派方法——系統減敏感法更有助益。

　　Grawe、Donati 和 Bernauer（1998）在一項針對 74 個研究，總計超過 3,400 名病人的後設分析發現，行為治療與認知行為治療優於個案中心治療、心理動力治療及控制組。在治療社交技巧訓練、壓力免疫與問題解決時，至少有 75% 經比較後為真。目前大部分的調查研究，集中在特定疾患，而非一次研究所有型態的問題。

強迫症

　　大部分對強迫症的行為學派治療之調查，都研究過 EX／RP 模式的成效。在一項針對過去 19 個強迫症（obsessive-compulsive disorder）治療研究的後設分析發現，治療師直接引導的暴露（therapist-guided exposure）較治療師協助之自我暴露（therapist-assisted self-exposure）有效，而實境暴露配合想像較只用實境治療更有效（Rosa-Alcázar, Sánchez-Meca, Gómez-Conesa, & Marín- Martínez, 2008）。在服藥病人的追蹤發現，其成效與接受 EX／RP 治療一樣有效。在一項以 122 位病人接受 12 週 EX／RP 治療的研究發現，只單純接受 EX／RP 治療或伴隨藥物治療，都較只接受藥物治療有效（Foa et al., 2005）。

　　在一項對 59 位病人接受認知治療與 EX／RP 治療的比較研究發現，經過三個月追蹤後，認知治療顯示出療效稍高（但未達顯著程度）的復原率（Whittal, Thordarson, & McLean, 2005）。在復原率上，EX／RP 治療對 60% 到 75% 的病

人有改善，但只有 25% 在治療結束時症狀完全消除（Fisher & Wells, 2005）。Franklin 和 Simpson（2005）指出，當合併使用 EX／RP 法時會有幫助。對認知與 EX／RP 治療強迫症的持續關注，讓此成為研究領域。

其他對強迫症的治療研究，驗證了各種面向的療效。例如，一週兩次的治療，顯示出與每天進行之治療具有同樣之功效（Abramowitz, Foa, & Franklin, 2003）。另一個透過電話訪談，針對強迫症的認知／行為治療成效驗證的研究發現，治療有效且中途退出治療的比率很低（Taylor et al., 2003）。一個比較認知治療與 EX／RP 治療的研究發現，兩種方法在衝動與強迫意念的改變歷程上無顯著差異（Anholt et al., 2007）。然而，研究者認為認知治療與 EX／RP 治療都能對衝動較強迫意念造成改變。確認病人問題型態時，那些有囤積物品症狀之病人復原率，較汙染強迫意念、傷害強迫意念、無法接受的意念不斷進入，以及物品需要對稱擺放者差（Abramowitz et al., 2003）。上述這些研究，擴展了對治療類別與有關治療成效之詳細資訊。

廣泛性焦慮症

一篇針對 10 個驗證廣泛性焦慮症之認知行為治療研究後設分析顯示，認知行為治療明顯能降低擔憂，特別是對年輕成人較老年人有效（Covin, Ouimet, Seeds, & Dozois, 2008）。在 6 個月後及 12 個月後之追蹤結果顯示，仍然維持有效。在使用的特別改變技術上，Brown 等人（2001）根據他們檢視廣泛性焦慮症病人的研究結果後提出建言。他們建議當病人找出其最擔心會發生的結果並選擇了替代方案後，使用擔憂暴露、辨識基本的擔心及很清晰的練習想像 25 到 30 分鐘，這樣會是很有效的治療。除此之外，時間管理（其中包括承擔責任、肯定與堅持遵照規劃事項執行）與問題解決技術，也是治療廣泛性焦慮症的有效方法。

Brown 等人（2001）說明了一些檢驗不同人口群與特定治療模式的研究。研究發現動機與教育、放鬆、暴露與睡眠控制等治療，有助於老年廣泛性焦慮症的患者（Stanley, Diefenbach, & Hopko, 2004）。另一個對 134 位老人以認知行為治療與增加日常照顧的比較研究顯示，認知行為治療有助降低廣泛性焦慮症老人的憂鬱症狀及增進心理健康（Stanley et al., 2009）。雖然大部分對廣泛性焦慮症治療著重在個別治療，4 到 6 位成員經過 14 次團體治療後超過兩年仍有改善。團體治療聚焦在對擔憂、問題解決及認知暴露正向想法的再評估（Dugas et al.,

2003）。一項以 36 名大學女生為樣本的調查發現，不論是單獨進行認知行為治療或結合人際心理治療（第 13 章），都能降低廣泛性焦慮症的再發率（Rezvan, Baghban, Bahrami, & Abedi, 2008）。當接納為本治療（acceptance-based therapy）與正念（mindfulness）結合作為治療方法時，在治療進行後能減輕廣泛性焦慮症的症狀（Roemer, Orsillo, & Salters-Pedneault, 2008）。

恐懼症

有些研究探討行為治療對所有恐懼症、或特定恐懼症如社交恐懼症及對蜘蛛恐懼之治療成效。一項以過去 33 個治療成效之後設分析發現，暴露治療對沒有經過治療之各種恐懼症相比有極大成效（Wolitzky-Taylor, Horowitz, Powers, & Telch, 2008）。但治療結束評估時，實境治療優於想像暴露法與虛擬實境治療法，可是長期成效追蹤時卻無差異。多次治療較單次治療明顯有效。不過 Ollendick 等人（2009）針對 196 位 7 到 16 歲的兒童接受各種恐懼症治療的研究發現，恐懼症單次暴露治療比教育支持治療（education support treatment）有效，而這兩種又比無治療的控制組更能減輕恐懼症之症狀。

Feske 和 Chambless（1995）在他們進行的後設分析中發現，對於極度害羞或社交恐懼者，認知行為治療結合暴露治療並不比單純使用暴露治療有效。一項針對 295 位病人四種分組比較：只進行團體認知行為治療、團體加藥物治療、單純藥物治療、安慰劑組；經過 14 週的治療，所有模式都比安慰劑治療成效好，但各種治療則對社交恐懼無明顯的差異（Davidson et al., 2004）。即使病況有所進步，許多病人仍存有某些社交恐懼的症狀。

在另一項針對 325 位病人的研究中，比較了暴露治療、暴露治療加藥物治療及單純進行藥物治療成效（Haug et al., 2003）。經過一年後追蹤，單用暴露治療之病人顯示出更加改善的療效；而其他治療反而顯現出成效降低。

對於社交恐懼的治療，新的行為治療方法藉由使用科技而發展出來。一項針對 36 位病人的研究，以虛擬實境治療社交恐懼症（Klinger et al., 2005）。四種虛擬實境治療被創造出來，以協助病人面對他們的焦慮如表演、親密、仔細檢查與自我肯定。治療已被證明有效，一如團體認知治療一般。在另一項研究中，利用掌上電腦作為監控焦慮的日誌，並作為提供放鬆練習、認知重建與焦慮控制的協

助（Przeworski & Newman, 2004）。在一個小型初探的研究顯示，這種方法可作為介入技術。

　　有一些調查是關於對蜘蛛的恐懼之緩解。Öst 及其同事研究錄影帶或手冊、個別或團體暴露治療之成效。其中一個研究先發給病人自助手冊以處理對蜘蛛之恐懼，如果有效，則視為研究完成（Öst, Stridh, & Wolf, 1998）。假如效果不好，則讓他們觀看面對蜘蛛之錄影帶。假如再無效，則進行團體治療；若還無效，則最後再進行個別治療。雖然不清楚團體與個別治療是否較手冊或錄影帶治療有效，但逐步使用不同方法治療恐懼症的模式，代表著有效利用治療資源。另一個虛擬實境治療，讓病人體驗被虛擬蜘蛛碰觸的幻覺（Hoffman, Garcia-Palacios, Carlin, Furness, & Botella-Arbona, 2003）。研究中有 8 個對蜘蛛恐懼及 28 位是未經門診治療過的恐懼症患者。在虛擬實境模式中，病人幻想摸過蜘蛛的成效，比虛擬實境程式中沒有虛擬碰觸體驗的較為有效。一個對 45 位病人接受三次 45 分鐘實境分級暴露體驗、電腦輔助替代性暴露，或進行漸進放鬆治療後 33 個月的追蹤研究（Gilroy, Kirkby, Daniels, Menzies, & Montgomery, 2003），在兩種暴露治療上都顯示出持續的改善，而放鬆治療則否。一項以網路進行的線上三小時蜘蛛恐懼單次自助治療研究發現，結果與以真的蜘蛛進行之暴露治療同樣有效（Andersson et al., 2009）。暴露、虛擬實境治療及其他治療，也用於對其他動物如老鼠、蛇與蝙蝠等的恐懼症之治療。

　　本節已經簡短的介紹對強迫症、廣泛性焦慮症及恐懼症的研究。針對憂鬱症、酒精依賴、精神分裂症、創傷後壓力症患、恐慌症、性功能障礙及其他疾患的行為學派治療之研究數量眾多。行為學派治療師利用研究，確認哪種治療對特定病人最有效，以改善他們的治療模式。當這種研究呈現出更複雜的樣態時，仔細與精確規劃研究就變得更重要了。

 ## 性別議題

　　雖然價值議題業已進入行為學派治療，一如它們已出現在所有治療學派之列，但所用的專有名詞與治療技術卻都尚未考慮到性別。在治療師與個案的關係上，行為學派治療師著重在改變上跟個案一起發展與達成行為目標。讓個案在幾

種治療方法中做選擇，強調治療師與個案間的平等關係。操作制約與觀察學習這兩個行為學派治療原理，提供了人們一種檢視性別外在因素對個人之影響的方法。

操作制約提供一種查看影響個人之外在因素的方法（Worell & Remer, 2003）。例如，在治療一位自訴憂鬱的婦女時，治療師可能觀察她丈夫與父母對她家務管理的增強，而非她的心智相關能力。治療師可能會協助這個女人去辨識，如為報社寫稿這樣的潛在增強物的事件或活動。當她的寫作技巧發展時，正向行為增加，而憂傷行為下降。藉由寫報紙專欄，她其他行為的頻率也增加了。因此，寫作行為的增強，也會引發她增加與朋友互動及其他的社交行為。治療師可能要注意的是一些被別人認定是增強（做家事的讚賞）的外在事件，對個案來說不見得是增強物，而是被認定為試圖增強性別刻板行為。

Bandura（1977, 1997）對透過觀察學習的看法，也提供了一種評估性別議題對個人生活影響的方式。人們或許沒有覺察到在他們生活中的這些行為模範。更精確地說，Bussey and Bandura（1999）說明了性別發展如何影響人際關係與社會變遷。例如，青少年受到演藝人員之影響，可能會去健身或改變裝扮。他們可能將剛吃的食物就嘔吐出來，以保持身材苗條，或過度健身，以練出一身結實肌肉。社會行為的增進，可能來自觀察友善或幽默的人，而非身材很有吸引力的人。行為治療師可能會藉由表現出與傳統及非傳統性別角色行為相當的行為模範，以帶領行為的改變。

如同 Spiegler 與 Guevremont（2010）所指出，行為治療師需要持續去參與多元文化的議題。在檢視從三本行為治療期刊中所發表之 4,635 篇論文（Sigmon et al., 2007）後發現，少有研究與性別議題有關，如不同性別個案治療的比較就很少。他們在研究中建議，行為治療師有必要更積極地接觸性別相關議題，以避免因對性別知識與概念之不足而造成偏誤。

 多元文化議題

因為行為學派治療是一種有規劃去落實改變的積極主動模式，是故許多治療師將其視為一種持續符合個案多種文化背景需求之治療方向。面對多元文化的挑戰，Hays（2009）為認知行為治療師提出了 10 步驟（10 steps）法，以因應臨

床工作上對多元文化之能力。甚至在《說明實務上之文化複雜性》（*Addressing Cultural Complexties in Practice*; Hays, 2008）中，她也說明了許多議題，如文化異質性團體、如何協助貧窮個案與來自非英語系國家英語非母語的移民。

行為學派治療對經驗論（empiricism）的強調引領出功能分析，Tanaka-Matsumi 和 Higginbotham（1996）將協助視為對來自各種文化的人們之一種資產。跨文化的行為學派治療師對煩惱的模糊表達，可能在某一種文化中被認為是常見的，所以會以行為治療的專有名詞加以確認。在此過程中，治療師會要求個案說明他的問題，接著治療師會針對問題提出治療模式；治療師接著與個案找出造成先前行為與行為後果的變數。跨文化知識有助於了解這些行為。例如，在巴里島與夏威夷的文化中，談論靈性世界的實體是其個人生活的一部分，而不該將之與精神分裂的症狀混為一談（Tanaka-Matsumi & Higginbotham, 1996）。同樣的，失智症之症狀也因文化而有所差異（Shah, Dalvi, & Thompson, 2005）。了解個人如何在其特定的文化規範（cultural norm）中因應，也會有所助益（Spiegler & Guevremont, 2010）。在一些文化中，當眾表達憤怒是被認為很不恰當的。對此部分的了解，可以幫助治療師去辨識適當的先前行為與行為後果。

在發展治療策略時，文化規範的知識十分有用（Marlow, 2004）。與來自不同文化的個案合作時，在選擇策略上變得非常重要。例如，Higginbotham 與 Streiner（1991）藉由關注對藥效的文化信仰與相關議題，發展出預防病人錯誤使用醫生所開藥物的模式。Feske（2001）在對五位罹患創傷後壓力疾患（PTSD）的非裔女性進行研究後表示，治療成功需要提供交通接送與兒童照顧。Tanaka-Matsumi 和 Higginbotham（1996）對來自不同文化背景的個人，使用行為學派治療進行一般性治療時提出幾個建議。

治療師應該要清楚覺察特定文化對偏差行為的定義。對個人在其文化下所扮演的角色，為該文化所接受之類似知識的了解是很重要的。在一些文化中，特定人選如宗教師，可能被視為是唯一可以對心理困擾提供協助的特定人選，而協助的方式依其文化規範而有所限制。以行為治療專有名詞來談，文化族群依被增強之活動種類、團體或個人行為的時機而異。例如，在某些文化中，教師可以整個班級為一個團體去增強其集體表現；在其他文化中，可能去增強個人表現會更合適。

團體治療

　　各種團體方案用於治療許多心理疾患。團體有時用於輔助個別治療，另一些情境下作為唯一的治療。針對被動的情境，則發展了某些步驟如班級教學或精神病專科醫院的病房管理（Spiegler & Guevremont, 2010），但是也有很多是對自行選擇治療的個案所發展出來。在任何型態的行為學派團體治療中，重要的是個案分享（在某種程度上）可以互通之標的行為。例如，一個行為學派團體可能著重在減低焦慮。即使個別成員之特定標的行為有所不同，帶來行為改變的技術類似。以下將說明兩種特殊型態的行為學派團體治療：社交技巧團體（social-skills groups）與自我肯定團體（assertiveness groups）。

社交技巧訓練

　　不同的社交技巧訓練方案應用於眾多人口群，如兒童（LeCroy, 2007）與初診為精神疾病的患者（Lecomte et al., 2008）。Rose 和 LeCroy（1991）提出一個通用的社交技巧訓練模式，其中為許多行為學派治療師引用是，向團體成員說明社交技巧、及藉由教導角色扮演技巧訓練他們。另外，團體成員以角色扮演方式展現出具體清楚的問題情境，如個案面對同事想要指使其做同事的工作時。當團體展現出他們的問題情境且討論過後，每個人被要求對他們在工作情境中所發生的事情寫日誌。在團體中，成員發展出處理其情境之目標，並共同提出將要如何達成其目標之方法。

　　當團體成員發展出特定的目標後，他們接著將之應用於改變上。示範（modeling）是改變的一個重要步驟，成員與治療師或另一個團體成員，用角色扮演如何有效處理問題情境。經由觀察其他「模範」在此情境中表現，個案接著在此情境中練習，並接受其他成員的有關該如何以不同方式去做、及在練習中哪些部分做得不錯的回饋。假如個案在該情境中的演練發生困難時，治療師或其他團體成員可以在角色扮演時給予建議以教導個案。給予家庭作業，讓個人能將所學應用在實際情境中。例如，個案可能練習以新學到的各種方法，去面對同事在工作現場的強行要求。書面記錄下這項活動，且可在團體中討論個案新行為的成果。藉由彼此的回饋，團體成員互相給予正增強，且可能發展出團體間友誼與支持。經由他們與其他成員的互動，即使著重在團體外的行為，團體成員仍可以增

加他們的社交技巧。

自我肯定訓練

與社交技巧訓練團體類似的是自我肯定訓練團體，這種團體專為難以提出他們所想要的、或有表達負向情緒障礙（如憤怒與不同意）的人所設計。在設計自我肯定之模式上，Alberti 和 Emmons（2008）對自我肯定訓練的目標提出重要建議。初步目標之一是強調經由示範或角色扮演，教導自我肯定、侵略性與被動行為之差異，以學習如何辨識與找出自我肯定、侵略性與被動行為。另一個目標是教導人們在尊重其他人之權利的同時，也有權利表達自己的意見。關鍵目標之一是經由示範、練習及在真實情境中嘗試表達，以學習自我肯定的技巧。在每次團體聚會前之家庭作業的練習、與透過其他成員及領導者給予的回饋，可以讓成員成功的應用自我肯定技巧。

因為教導、示範與模仿等行為學派策略在個別與團體中都能容易的應用，是故以團體治療方式進行的社交技巧與自我肯定訓練就更加適合。團體提供成員一個面對不同成員的情境下練習之機會，且可以從一些人那裡得到回饋，而非僅止於治療師一人。從同儕得到的增強，與從領導者處得到的同樣有用。自我肯定訓練可以應用在各種所關切的情境下，如面對在以色列的巴勒斯坦裔阿拉伯人之文化議題（Dwairy, 2004）、有社交恐懼的伊拉克人（Al-Kubaisy & Jassim, 2003）及女性的性議題（Walen & Wolfe, 2000）。

 ## 摘要

行為學派治療從早期 Pavlov 以古典制約所進行的工作開始，且在一個很強的科學基礎下發展出來。Skinner 的操作制約與 Bandura 的觀察學習之研究，影響行為治療的發展。基本行為原理從他們的研究發展出來，並廣泛的應用在治療實務上。這些包括正增強與負增強、不想要的行為之削弱、形塑期望的行為與示範。透過如自評、角色扮演、觀察、訪談與行為評量等注重精確與詳細的評估方式，對個人特殊行為進行評量。

從古典制約、操作制約與示範等所產生的行為基本原理，則影響行為學派

治療模式的發展。Wolpe 的系統減敏感程序,是最初發展出以協助人們的方法之一;其為一種漸進放鬆之過程,以降低恐懼與焦慮。其他的方法,使用強烈且延長暴露於恐懼的刺激下,可於實際情境下進行此步驟,讓個案在真實的環境中處理焦慮。虛擬實境技術乃模擬真實情境。示範技術則透過觀察學習中產生,使用角色扮演及其他方法。晚近的治療師結合行為學派治療與認知治療,以進行更全面性的步驟,如 Meichenbaum 的壓力免疫訓練。其他方法包括眼動去敏感重組法(eyemovement desensitization and reprocessing, EMDR)、接納與承諾治療(acceptance and commitment therapy, ACT)與辯證行為治療(dialectical behavior therapy, DBT)。特定方法的使用仰賴仔細的評估,其中包括幾種治療方法(整套治療方法),而不僅是使用單一的方法。

在研究的該節中已經說明,針對各種疾病的特定步驟已經有許多研究結果驗證。且已舉例說明憂鬱症、強迫症、焦慮症與恐懼症之不同行為的治療方法。不像其他學派治療法,行為學派治療也可以應用在那些極重度智能障礙或嚴重精神疾病與年紀很小的孩子上。行為治療的多面性與其強調應用科學方法的創造性,於多種心理困擾上,為其特殊之鮮明旗幟。

第 8 章

理性情緒行為治療

譯者：林延叡、馬長齡

理性情緒行為治療（rational emotive behavior therapy, REBT）由 Albert Ellis 於 1950 年代發展而成。Albert Ellis 是臨床心理學家，他對精神分析及個人中心的做法不滿，因此發展出理性情緒行為治療。他開始採用他認為會更有效及效率更佳的方式，以促使心理治療方面的改變。他的方法雖然有強烈的行為及情緒面向，但主要仍採用認知的方式。

Ellis 的理論重點是 A-B-C 模式，這種模式會用於理解人格並促成人格改變。此模式認為，個人會回應促發事件（A），而這會帶來情緒及行為上的結果（C）。促發事件（A）不僅由情緒及行為後果所造成，有部分也受到個人信念系統（B）的影響。若是促發事件（A）令人愉悅，造成的信念就可能無害。但若促發事件令人不悅，則可能發展出非理性的信念。非理性信念（B）往往造成棘手的情緒及行為結果（C）。

治療者的主要角色是爭論（D）這些非理性的信念，透過各種爭論技巧挑戰這些信念。此外，其他一些認知、情緒及行為技巧，也會用以促成治療的改變。雖然 REBT 的大致面貌較為簡單，但 REBT 的做法卻並非如此。評估、爭論及改變非理性的信念，需要熟稔於評估隱含的非理性信念、並具備知識，熟知許多用於個人、家庭及團體的不同認知、情緒及行為技巧。

理性情緒行為治療發展史

Albert Ellis 創立、發展了 REBT。他生於 1913 年，四年後自出生地 Pittsburgh 遷居至紐約市。他在紐約成長，從小到大都在紐約求學，並於 1959 年在當地創立了一家訓練機構——理性生活協會（Institute for Rational Living, 之後更名為 Albert Ellis 協會）。他在紐約工作、生活直到 2007 年時以 93 歲逝世。Ellis 是三個孩子中的老大，童年時經常生病，並曾住院九次。Ellis 患有腎臟相關疾病。因此，Ellis 發展出一套照顧自己並自我負責的模式。他獨力作早餐、午餐及上學，這早早就顯示出，自給自足終究會成為 Ellis 研究教育及專業生活的特徵。他的父親是商人，經常不在家，而 Ellis 也將母親描述為疏於照顧家庭（Weiner, 1988, p. 41）。回首童年時期，Ellis 說：「我自然而然發明了理性情緒行

為治療，甚至那時就已開始，因為我天性如此」（Weiner, 1988, p. 42）。但青少年時期，Ellis 在女孩面前非常害羞。他運用了堪稱 REBT 前身的方法，讓自己在一個月的期間，於布朗克斯（Bronx）植物園和一百個女孩談話。雖然他並未成功交到女友，但這個方法卻幫助 Ellis 降低遭拒的害怕。他也害怕在眾人面前發言，所以亦利用類似的方法克服這種恐懼，之後他甚至還變得樂於發表公開演說。

1934 年，Ellis 取得紐約市立大學（City College of New York）學士學位。大學畢業至 28 歲進入研究所前期間，他寫了幾本小說，並擔任小企業的人事經理。1947 年取得哥倫比亞大學博士學位後，他開始在紐澤西一家心理衛生診所工作，並接受精神分析師 Richard Hulbeck 的分析訓練。Hulbeck 之後指導了 Ellis 早期的精神分析著作。1940 年代時，Ellis 發表了幾篇文章討論人格評估問卷。之後，他常常發表或演講關於性、愛與婚姻關係的主題（Ellis, 1986a）。他最受歡迎的著作《無罪惡感的性》（*Sex Without Guilt,* 1958）、《性行為百科全書》（*The Encyclopedia of Sexual Behavior,* 1961）及《愛的藝術與科學》（*The Art and Science of Love,* 1965）均頗為暢銷，並進而影響了婚姻及家族治療，以及許多美國人。

1947 至 1953 年間，Ellis 進行了精神分析及精神分析式治療，但他對此也越來越感到不滿。他認為雖然某些案主感覺改善，但他們很少能從此免於各種症狀困擾，或是更能控制本身的生活。Ellis 從 16 歲起就對哲學深感興趣，後來又回到哲學，透過幫助個人改變哲學觀點，來對抗傷害自身的行為（Ellis, 2005b）。1956 年時，Ellis 在美國心理學協會的年會中，發表個人首篇討論理性治療的論文；理性治療是當時用來代表 REBT 的名詞（Ellis, 1996b）。之後，他後悔使用了理性治療（rational therapy）一詞，因為許多心理學家誤以為這代表不帶情緒的治療。這並非 Ellis 的本意，他也花了許多時間澄清、解釋個人立場。雖然其他心理學家，大約同時間發展出其他治療個案的直接方法，但沒有人像 Ellis 一樣持續且明確地闡釋個人觀點。

雖然 Ellis 當時已是三所大學的兼任教授，但他將精力都投注在進行個人及團體的 REBT 上，抑或在紐約 Albert Ellis 協會訓練治療師。這個非營利機構建

立於 1959 年，提供了研習會、治療師訓練及個人與團體的心理治療。Ellis 也發起了《理性情緒行為與認知行為治療期刊》（*Journal of Rational-Emotive Behavior and Cognitive-Behavior Therapy*）。 Ellis 極有活力，高齡九十幾歲時仍一週工作七天，每天從早上九點工作到晚上。他每週進行七十多次個人療程（30 分鐘），帶領四個團體療程，督導 REBT 治療師，並發表演說。此外，他每年也會寫幾篇文章、書籍篇章或出版專書（Ellis, 1992c; Ellis, 2004b; Ellis, 2004d; Weiner, 1988）。Ellis 出版的最後一本書，是以研究生為對象的教科書《人格理論：重要觀點》（*Personality Theories: Critical Perspectives*; Ellis, Abrams, & Abrams, 2009）。

　　Ellis 在專業機構及出版書籍、文章方面極為活躍。他是美國心理學協會諸多分支機構的成員，也是其他諸多專業治療及性教育組織的一員。他也因為領導這個領域並貢獻良多，而從這些機構中獲頒了一些獎項。他不僅擔任十幾本專業期刊的諮詢與聯合編輯，也發表了近 800 篇文章及 75 本專書，最近的幾本皆是討論 REBT。特別重要的一本是《心理治療中的理性與情緒》（*Reason and Emotion in Psychotherapy,* 1962），書中提出了 REBT 的理論與實踐。他的《人文主義心理治療：理性—情緒途徑》（*Humanistic Psychotherapy: The Rational-Emotive Approach,* 1973）顯示出 REBT 的人文主義面向。Ellis 也為大眾撰寫了數量驚人的著作，最知名的就是《理性生活新指南》（*A New Guide to Rational Living,* 1997）。這本書由他與 Robert Harper 合著，在第三版中教導讀者如何運用 REBT 的概念（Ellis, 2004b）於個人生活上。《如何讓你自己快樂而且最不會受干擾》（*How to Make Yourself Happy and Remarkably Less Disturbable,* 1999a）建議了讀者如何使用 REBT 對抗焦慮、憂鬱及憤怒。《理性情緒治療：對我有效——也會對你有效》（*Rational Emotive Therapy: It Works for Me—It can Work for You*; Ellis, 2004c）描述了 Ellis 的背景，並解釋了 REBT 何以能幫助讀者解決自身問題。

 理性情緒行為人格理論

　　Ellis 的人格理論不僅根據心理學、生物學及社會學的資料，也以哲學為本。他的哲學方法特色是負責任的享樂主義及人文主義，結合了對理性的信念，

而影響其人格理論。Ellis 對於讓個人容易受心理困擾的生物學、社會學及心理學因素很有興趣,而這些困擾本質上是認知的、行為的與情緒的。Ellis 特別強調認知因素,注意到非理性信念會產生個人生活困擾。理解 Ellis 如何看待非理性信念,就比較容易理解他的治療策略。

哲學觀點

Ellis 就讀高中時,就熱愛研究哲學。他對斯多噶學派的哲學家尤感興趣。他也受到羅馬哲學家 Epictetus 的影響。Epictetus 說:「人不會受到事物干擾,而會受到對事物的觀點干擾」(Dryden, 1990, p. 1)。Ellis 也受到歐洲哲學家影響,這些哲學家處理了快樂及理性等議題,包括 Baruch Spinoza、Friedrich Nietzsche、Immanuel Kant,以及 Arthur Schopenhauer「世界是意志及觀念」的概念(Ellis, 1987b, p. 160)。較現代的哲學家,包括 John Dewey、Bertrand Russell 及 Karl Popper(科學哲學家)也都影響了 Ellis,促使其在 REBT 的發展中強調認　知(DiGiuseppe, 2010; Dryden & Ellis, 2001; Ellis, 1973, 1987a, 1991a, 1994a, 1996b, 1996c, 2003f, 2008)。REBT 的哲學基礎包括負責任的享樂主義、人文主義及理性。

負責任的享樂主義　雖然享樂主義指的是追求愉悅、避免痛苦的概念,但負責任的享樂主義則關切長期的愉悅,避免會造成痛苦的短期愉悅,例如藥物濫用或酒精成癮。Ellis 相信,人往往會極度耽溺於享樂,但仍需要聚焦於長期而非短期的享樂主義(Dryden & Ellis, 2001; Ellis, 1985, 1987a, 1988, 2001c, 2001d; Ellis & Dryden, 1997; Walen, DiGiuseppe, & Wessler, 1980)。雖然 REBT 並沒有告訴人要享受什麼,但實行者卻相信享受是人生的重大目標。這種觀點並未造成不負責任的行為,因為對享樂主義抱持負責態度的個人,會思考本身行為對他人及自己所造成的後果。操控或剝削他人,並不符合個人的長期利益。Ellis 對於享樂主義的注重,其中一例即探討和性慾有關的非理性信念的著作,而這些非理性信念干擾了個人的性愉悅經驗。他的諸多討論此主題之著作,就是提倡負責任享樂主義的方式。

人文主義　REBT 的施行者認為人類是注重整體、以目標為導向的有機體,因為有生命而重要(Dryden, 1990, p. 4)。這種立論與倫理人文主義的立場相符。倫理

人文主義強調人類利益高於神祇利益。這造成外界誤解，認為 Ellis 反對宗教。他說過：「造成心理病理的不是宗教，而是宗教性。宗教性是一種絕對主義的信仰，並非以事實為依據」（Ellis, 1986a, p. 3）。Ellis（1986b, 2000）相信，盲目接受對與錯以及行事錯誤必遭天譴的絕對概念，而不仔細思考這些概念，將會導致罪惡、焦慮、沮喪及其他心理障礙。

Ellis（Ellis, 2004b; Ellis & Dryden, 1997; Ziegler, 2003）相信，個人最好能有無條件的自我接受（unconditional self-acceptance, USA）。他們應該相信自己因為犯錯而有價值，相信自身的某些條件與特質勝過其他特質，或他人所擁有的特質。「因此，希特勒可能和德蕾莎修女具有一樣的人性，但就對人類的同情心來說，後者遠勝於前者」（Ellis & Dryden, 1997, p. 205）。為了達成 USA，個人必須在此努力，否則他們可能會責怪自己「毫無價值」或「一無是處」。

這種觀點的延伸就是人因為存在而認為自己是好的（Ellis, 2001e; Ziegler, 2000）。Ellis 憎恨基於種族、性別或智慧而歧視他人的行為，並相信個人應該因為自己本身而獲得接納，這種概念類似於 Carl Rogers 的「無條件正向關懷」（Dryden, 1998; Ellis, 1962, 1973, 1993, 2001c; Ellis & Dryden, 1997; Ziegler, 2003）。因此，Ellis 相信，治療師和案主評估或批判的對象，應該是本身作為、行動或表現，而非個人本質或自己本身。接納案主，但同時不喜歡其行為的某些部分，與 REBT 的哲學觀是一致的。

理性　理性（rationality）指的是人們運用有效率、彈性、邏輯及科學的方法，嘗試達到個人的價值觀及目標（Dryden & Neenan, 2004; Ellis, 1962, 1973, 1999a, 2001c, 2005b; Wilson, 2010），而非指欠缺感覺或情緒。利用 REBT 的治療會讓個人知道如何藉助理性（有效率、邏輯及彈性），從生命中獲得更多想望的事物。這代表他們或許會重新檢視之前接受、由父母或宗教灌輸的教導或信仰。這件事完成後，他們就發展出新的生命哲學，增加長期的快樂（負責任的享樂主義）。

在此簡短說明這些哲學，並將之傳達給案主，幫助案主減輕目前的問題，同時發展出生命哲學，幫助他們在問題出現時加以處理。

理性情緒行為人格理論的基本因素

Ellis 找出幾種促成個人人格發展及人格困擾的因素，包括強烈的生理及社

會部分，治療師幫助案主改變時將遭致這些部分的挑戰。個人取決於生物及社會因素，會以不同方式受到情緒困擾，Ellis 的 A-B-C 人格理論就解釋了這一點。

生物因素　決定人類人格的生物因素力量震懾了 Ellis。他說：「現實仍縈繞我心，但人類……有強烈的生物傾向困擾自己，這種困擾毫無必要，但卻很嚴重。更糟的是，人類也有強烈傾向，潛意識及習慣性地延長心理障礙，拚命避免放棄」（Ellis, 1987a, p. 365）。Ellis（1976）寫到個人有傷害自己的內在傾向，並以非理性的方式思考；他相信儘管會有影響事件的因素，個人仍有內在的傾向，並以某些模式回應某些事件，藉助的方法則是未能遂其所願時，便責怪自己與他人。此外，Ellis（1962）相信，某些嚴重的心理困擾有部分是遺傳而來，並有強烈的生物因素。舉例而言，精神分裂症便足以解釋阻礙清晰、有邏輯思考方式的生理限制。

社會因素　家庭、同儕團體、學校及其他社會團體中的人際關係，影響了個人賦予自己與他人的期望（Ellis, 2003e）。他們很可能認為自己很好、有價值，而這都取決於他人對他們的反應。如果他們覺得他人接納自己，他們就可能感覺自己很好。個人會從父母、老師或同儕獲得批評，一旦遭到批評，他們就很可能覺得自己低劣或毫無價值，或是以其他負面方式看待自己。從理情行為的觀點來看，覺得自己毫無價值或低劣的個人，往往太在意他人的觀點及價值觀。根據 Ellis 的說法，學校及宗教等社會機構，很可能會提倡絕對主義的價值觀，這種價值觀會從禮貌、習俗、性慾及家庭關係的觀點，建議與他人相處的適當方式（Ellis, 1962, 1985a, 2001c; Ellis & Dryden, 1997; Ellis & Harper, 1997）。個人往往必須處理「必做之事」與「應做之事」，這些是他們從與他人的互動中獲得的。舉例來說，假如個人相信他必須每日祈禱兩次，這種信念有部分就是透過宗教訓練得到的。Ellis 並不是說這種祈禱的價值觀不適當；只是說，個人應能質疑其絕對主義的「必做之事」與「應做之事」。

容易受到困擾傷害的程度　依據社會與生物因素，個人因為心理困擾受到傷害程度也等同不一。個人通常都會設定目標，獨自一人及身處社會團體時讓自己開心，與他人享有親密的性關係，享受有生產力的工作及各種消遣活動（Dryden & Ellis, 2001, 2003）。和這些慾望相對的，就是失功能的信念，此種信念會阻礙個人滿足或享受這些目標的能力。Ellis（1987a, pp. 371-373）舉了幾個非理性信念

的例子，這些例子是個人在達到目標時，遇到障礙或受到干擾的指標：：

1. **對能力及成功的非理性信念**：「因為我強烈希望所有科目都拿到 A，所以我絕對『必須』永遠拿 A，而且表現地很完美。」

2. **對愛與認同的非理性信念**：「因為我強烈希望得到莎拉的愛，所以我絕對『必須』永遠獲得她的認同。」

3. **對遭到不公平待遇的非理性信念**：「因為我強烈希望艾瑞克以體貼、公平的方式對待我，所以他絕對『必須』一直這麼做，在任何情況下都得如此，因為我一直體貼、公平地對待他。」

4. **對安全與舒適的非理性信念**：「因為我強烈希望擁有安全、舒適及令人滿意的生活，所以我『必須』一直覺得生活輕鬆、便利、令人滿足。」

這些只是非理性信念的幾個代表例子。根據 Ellis 的說法，這些信念越常出現，個人就越容易受到心理困擾的傷害。這些信念究竟來自生物因素或社會因素不是那麼重要；這些信念會對想過快樂生活的個人造成干擾。以下將說明個人的思考系統中如何建立了這樣的信念。

理性情緒行為 A-B-C 人格理論

理性情緒行為人格理論的重點就是 A-B-C 的人格模式。個人會有目標，促發事件（As）會支持或阻撓這些目標。然後個人會有意識或潛意識地以本身的信念系統（B）回應。藉由這種信念系統，他們會回應促發事件，說出「這很好」之類的話。他們也會體驗到促發事件的情緒或行為後果。促發事件令人愉悅或支持個人目標時，這種系統對個人而言會運作良好。一旦促發事件不再支持目標，就有可能形成系統中的干擾。信念系統有可能不理性或失去功能，且會導致進一步的困擾。

個人一旦相信某件事會如其所願發生，情緒困擾便會出現。對挫折的忍受度低下時特別容易如此（Harrington, 2007）。這些概念雖然看似簡單，但完全發展時，卻可能變得相當複雜（Dryden, DiGiuseppe, & Neenan, 2003; Dryden & Ellis, 2001, 2003; Ellis, 1962, 2001c, 2004a; Ellis & Dryden, 1997）。為了說明這些原則，以下舉 Kelly 為例。她的目標是成為心理學家，次要目標則是心理學的考試考好。

理性信念：令人愉悅的促發事件　A-B-C 人格理論運作良好，而且對多數人而

言，一旦促發事件令人愉悅，就不會注意到這種理論。Kelly 心理學考試拿到 A 時（促發事件），她對本身考好心理學考試、並成為心理學家之能力的信念（B）就受到支持。結果就是愉悅情緒體驗與期待下一次的心理學考試，而心理學考試就是促發事件。

理性信念：令人不悅的促發事件　促發事件令人不悅時，就會產生許多不同的信念及結果。心理學考試是促發事件（A），如果 Kelly 心理學考試不理想，她就可能體驗如：「這太糟了。我不喜歡考試不理想」的信念（B）。她可能體驗健康的情緒結果，而這種結果導因於考試表現感受到的挫折。她也可能選擇努力準備下一次考試（即將到來的促發事件）。如此一來，她就不會再次體驗這種行為結果。

非理性信念：令人不悅的促發事件　個人未以符合本身信念系統（B）的方式體驗促發事件時，就可能以非理性信念（IBs）回應。他們不會說：「這個不幸太糟了。」反而會說：「我早就應該、我現在應該、我一定要、我必須達成目標。」更甚者，他們可能會說：「要是沒有達成目標，就太糟了」、「我無法忍受」、「我是個糟糕的人」諸如此類的話。 這些非理性信念造成情緒障礙。通常接下來的情緒結果是如：「我覺得沮喪、絕望。」或是：「我非常生氣。」行為結果可能是逃避、攻擊或諸多不恰當的反應。Kelly 心理學考試（A，促發事件）失敗時，她的反應可能是相信：「我考試必須拿 A」或「我沒拿到 A，我是沒用的人」。她可能會體驗不健康的情緒結果，例如極度沮喪、感到自己沒有價值，以及選擇不為其他科目做準備（這是其中一種行為結果）。

關於困擾的困擾　Ellis 相信個人大致上會透過自身的信念系統擾亂自己。他們會受到不幸促發事件造成的結果所困擾。個人可能會將受到困擾的結果轉化成新的促發事件，因而困擾自己。Kelly 可能會繼續說：「我覺得沮喪、沒有價值！」——這又是新的促發事件。接下來的新信念則是：「那真是太糟了！」這造成她新的結果，她否定自我價值的感覺及讓困擾更形嚴重。這種新的困擾（新的 C）可能變成第三個促發事件，例如：「我是世上最沒用的人。」而這種循環可能會不斷持續下去。因此，Kelly 對她的考試表現感到沮喪，但卻也對感到沮喪這件事覺得沮喪及困擾。她批評自己考試結果不佳，因為自我批評感到沮喪，然後批評自己過度苛求，又接著批評自己沒有發現自己很苛求，最後又批評自己無法停止苛求。她可能會進一步說：「我比其他人苛求，我比其他人沮喪，我毫無

希望，這件事已經難以彌補了。」如此一來，個人可能會被自身的非理性信念系統擊倒。

A、B 及 C 的相互關係　A-B-C 人格理論雖然看似簡單，但 Ellis 仍進一步解釋了 A、B 與 C 間的各種互動。促發事件、信念及結果可能各自具有情緒、行為及認知的成分。再者，這些事件（A、B 與 C）彼此都可能互動及互相影響。Ellis 及其同事（Browne, Dowd, & Freeman, 2010; Ellis, 2001c, 2001e）描述了認知、情緒及行為如何彼此影響，並結合成一套導致情緒困擾的功能失調之哲學假設。

必要之事　個人結果中隱含的就是必要之事，例如「我一定要把考試考好」、「我這門課一定要拿 A」、「我一定要成為心理學家」等等。Ellis（2001e, 2008）指出，必要之事不只具備知識及認知的特性，也有極為情緒的成分及其他的行為成分。Ellis（1962）列出十二種必要之事。他相信這十二件事是許多人共有的，他提出的例子如下：

> 我必須讓所有我認識的人愛我。
> 我必須有能力、有適當條件，並且在各方面有所成就，以成為有用的人。
> 有些人很邪惡，必須為他們所行之事遭受嚴厲譴責及處罰。
> 事情發展不如我意時就太糟了。
> 事情發展必須盡如我意。
> 我必須擔心我無法控制的危險事物。
> 我必須依靠比我強的人。
> 我一定要擔心別人的問題。
> 我必須找到自己問題的正確解決方式。

　　Dryden（1990）及 Ellis（1985a, 1991a）將這些非理性信念分成三個類別：對自我的要求、對他人的要求、對世界及／或生活處境的要求。Ellis 發展出必須（musturbation）一詞，描述各種必要之事的說法。「必須」造成非理性信念，導致情緒困擾。Kelly 說：「我必須考試拿 A，否則我就是沒用的人，沒有人會尊敬我。」就是非理性信念的例子，這可能導致她焦慮、害怕、對考試恐慌及身體緊張。

低挫折忍受度　比起能夠忍受挫折的個人，無法忍受挫折的人很容易遭遇困擾（Harrington, 2005）。「那太困難了」、「我無法承受壓力」及「我太害怕了，沒辦

法做這件事」等類似言論，就是低挫折忍受度的例子。認為不應該做任何不悅或不舒服之事的個人哲學，可能造成無法達成目標時的挫折。如果 Kelly 輕易就因考試表現不佳而感到挫折，她就很可能放棄成為心理學家的目標，並發展出焦慮、沮喪等症狀。

焦慮　與對干擾低挫折忍受度概念相關的就是焦慮。Ellis（2003a, 2003b）描述了兩種焦慮類型——不適焦慮（discomfort anxiety）與自我焦慮（ego anxiety）。在不適焦慮中，個人的舒適程度會受到威脅，且必須得到所想之事（低挫折忍受度）。在自我焦慮中，個人的自我價值感會受到威脅，而他們會覺得必須表現良好。在不適焦慮與自我焦慮中，個人相信要是他們不能遂其所願，結果會很糟糕或帶來災難。要是沒有在考試拿到夢寐以求的 A，Kelly 可能會體驗不適焦慮。如果她沒有拿到 A，她會感受到自我焦慮，因為她的價值感遭到威脅。

　　A-B-C 人格理論也是人格改變的主要重點。下節會描述促發事件、信念及行為結果的治療策略。

 # 理性情緒行為心理治療理論

　　REBT 的特色就是哲學改變與結合認知、行為及情緒性策略，促成短期或長期的改變。強調認知的做法前有 Adler 學派心理治療（Adlerian psychotherapy），該治療極度強調個人信念。REBT 的目標強調使用 A-B-C 人格理論。雖然使用了評估工具，但 A-B-C 理論仍是評估及心理治療的核心。理情行為治療師與個案發展關係的策略容或不同，但都承認接受個案是個體的重要性。REBT 的核心策略是爭論非理性想法，但仍會使用許多其他的認知、情緒及行為策略以帶來改變，並滿足個案的目標。

治療目標

　　REBT 大致目標是協助個人將情緒困擾減到最低，減少自我挫敗的自我行為，並且更能夠自我實現；如此一來，人就能擁有較快樂的生活（Ellis, 2003d, 2004b, 2005b）。重要的次要目標則是幫助個人更清晰、理性地思考，擁有較適當的感覺，更有效率地達成快樂生活的目標。個人將學會有效面對負面感覺，例如

悲傷、悔恨、挫折及苦惱。他們會利用有效的理情行為哲學，處理不健康的負面感覺，例如沮喪、焦慮及無價值感。

對 Ellis（1990b, 2004d, 2008）而言，REBT 的哲學與其他認知治療不同，且更有效、更精緻。雖然 REBT 幫助個人移除情緒困擾、或將情緒困擾減到最低，但阻止個人再度因不可遏抑的非理性想法困擾自己的，是教導哲學觀改變的結果。A-B-C 哲學可幫助個案，了解他們何時產生了新症狀或重新出現舊症狀。透過 A-B-C 人格理論，REBT 的整體目標可應用在特定的個案目標之中（DiGiuseppe, 2007; Dryden & Ellis, 2001, 2003; Dryden & Neenan, 2004）。

衡鑑

REBT 的衡鑑有兩種重疊的類型。第一種是評估問題源頭的認知及行為，及評估認知、情緒與行為的主題。第二種則是使用 A-B-C 人格理論找出個案問題。這兩種方法會在整個治療過程中持續進行，尤其是第二種方法。治療師在傾聽個案說話時所做的假設，則引導衡鑑的方向。

除了治療取向的衡鑑之外，許多量表及測驗可用於評估個案的考量（Macavei & McMahon, 2010）。DiGiuseppe（1991, pp. 152-153）列出幾項 Albert Ellis Institute 使用的工具，例如 Millon 臨床多軸問卷（Millon Clinical Multiaxial Inventory II）及 Beck 憂鬱量表（Beck Depression Inventory）。Harrington（2005）相信挫折 - 不適量表（Frustration-Discomfort Scale）可在與個案合作時，用於區別自尊與挫折忍受度。此外，個案會在 REBT 自助表（REBT Self-Help Form; Dryden, Walker, & Ellis, 1996）上輸入促發事件及結果，這類評分表有助於決定重要的非理性信念（參見表 8.1），接著，個案會爭論出現的非理性信念，並以有效的理性信念取代。這種表格可能包含診斷及治療的目的。理情行為治療師會利用多種評估程序，不僅評估促發事件、情緒及非理性信念，同時亦評估認知彈性、解決社會問題的技巧，以及個案症狀持續之理由。

A-B-C 評估通常始於第一次療程的開始，並在整個治療中持續下去。個案描述他們所認為特定經歷（促發事件）所造成的感覺及行為（後果）時，治療師會傾聽。個案一描述問題，治療師就會傾聽個案對促發事件抱持的信念。治療師在決定非理性信念前，傾聽個案描述情緒及行為問題的時間長短各不相同。隨著

▼ 表 8.1　理性情緒行為治療自助表

理性情緒行為治療自助表

A（促發事件）

```
┌─────────────────────────────────────────────┐
│                                             │
│                                             │
│                                             │
│                                             │
└─────────────────────────────────────────────┘
```

- 簡短摘要困擾你的情況（攝影機會拍到什麼?）
- 可以是內在或外在事件、真實或想像的事件。
- 可以是發生在過去、現在，或未來的事件。

IB（非理性信念）	D（爭論非理性信念）

在辨別非理性信念時，找尋：

- 教條式的命令（必須、絕對、應該）
- 糟糕化（糟糕、慘了、完蛋了）
- 低挫折容忍度（我無法接受）
- 自我/他人評價（我/他/她很差勁，沒用）

爭論時詢問自己：

- 抱持此想法會帶領我到哪裡?
  有幫助或是傷害自己?
- 支持我的非理性信念的證據何在?
  它合乎現實嗎?
- 我的想法合乎邏輯嗎?
  它是否來自我的偏好?
- 它真的有那麼糟糕（到最糟糕的地步）?
- 我真的無法忍受它嗎?

資料來源：Reprinted with permission from Windy Dryden and Jane Walker. Copyright © 1992.
Revised by The Albert Ellis Institute, 1996.

▼ 表 8.1　理性情緒行為治療自助表（續）

C（後果）

主要的不健康負面情緒

主要的自我傷害行為

不健康的負面情緒包括：

‧焦慮	‧憂鬱	‧暴怒	‧低挫折容忍度
‧羞恥/窘迫	‧傷害	‧妒忌	‧罪惡感

RB（理性信念）

E（新的行為）

新的健康負面情緒：

新的建設性行為：

要更理性思考，著眼於：

‧非教條式偏好
　（希望、想要、渴望）
‧評估不佳情況
　（這不好、不幸）
‧高挫折容忍度
　（我不喜歡它，但我可以接受）
‧不全面性評估自己或他人
　（我–和其他人–容易犯錯）

健康的負面情緒包括：

‧失望

‧擔憂

‧惱怒

‧傷悲

‧後悔

‧挫折

治療過程持續下去，治療師可能會修正或聽見新的非理性信念（Bernard & Joyce, 1984）。

治療關係

　　在 REBT 中，評估過程及治療關係的發展往往息息相關。Ellis 相信發展治療關係的最佳方式，就是幫助解決個案的立即性問題（Ellis, 2004d; Ellis & Dryden, 1997）。Ellis 詢問個案，希望討論哪些事項後，就會找出促發事件、非理性信念及情緒與行為結果。他可能會這樣進行兩到三次的療程，然後可能處理更大的問題或其他問題。個案會看到、聽到有人在聽他們說話，而且會就此回應。Ellis 指出，這是一種進階的同理心，治療師會理解作為個案溝通基礎的基本哲學觀。個案不僅會覺得有人理解他們，也會感覺到治療師比他們自己更了解本身的感覺。

　　雖然第一次聽或看 Ellis 相關影片的學生，有時會因他直接和武斷的作風感到生氣，但個案往往對他的風格會有不同感受。

> 　　小組成員往往會報告感受到 Ellis 的溫暖及對他的敬意。我們詢問小組成員時，他們會說他問了許多問題，表現出他的關心。他會全神貫注於他們的問題，提倡一種接受、容忍的哲學觀，並教導他們一些能立刻減輕痛苦的快速方式。（Walen et al., 1980, p. 32）

　　Ellis 也視為是治療師的導師（Johnson, DiGiuseppe, & Ulven, 1979）。在 150 名 Albert Ellis Institute 的研究員及副研究員中，75% 認為 Ellis 是他們的導師。那些視 Ellis 為導師的人認為他是有效的老師，會接納、支持及鼓勵他們。

　　個案和治療師的關係在 REBT 中很重要（Dryden, 2009a）。那些列出心理治療各階段的理情行為治療師（Dawson, 1991; DiGiuseppe & Bernard, 1983），都將建立和諧關係視為第一階段。理情行為治療師與對 REBT 或心理治療不熟悉的病患合作時，往往會在處理問題前先介紹治療的目標。和孩童合作時，他們可能會在教授 REBT 方法前，緩慢且小心翼翼地發展與個案的關係（Bernard & Joyce, 1984）。

A-B-C-D-E 治療途徑

　　REBT 的核心就是將 A-B-C 哲學觀運用於個案問題之上。這種途徑往往會用於第一次及接下來的療程中。只要可能，治療師會比較希望逐一解釋、說明這三個部分。此外，治療干預需要使用到 D 與 E。爭論（disputation, D）有三種基本類型：偵測非理性信念、區分非理性與理性信念、爭辯非理性信念。主動且成功爭論信念後，個案會經歷 E，這是一種新的效果（new effect）——一種邏輯的哲學觀、及適用於問題的新層次感覺。使用 A-B-C-D-E 模式時，治療師可能會遭遇運用於個案身上時的問題及困難。以下會提供一些範例，說明運用模型各部分時會牽涉到的問題。此部分大多數的素材來自 Walen 等人（1980）。

A（促發事件）　促發事件可分成兩部分：已發生的事及病患感覺到已發生的事。通常詢問特定問題以確認促發事件會有所幫助。例如，「我的地質學成績很糟糕」的促發事件，就將一樁事件與某種感覺及評價結合。為了確認促發事件，治療師可能會問：「目前你的地質學考試成績如何？」以獲得清楚且有效的促發事件輪廓，避免不必要的細節與模糊會很有益助。個案偶爾會提出太多促發事件，但治療師只能注意某些事件。治療師也必須注意之前的結果何時轉變成促發事件。有時會有可能改變促發事件，例如避免可能的直接面對，但這樣做無助於個案處理非理性行為或有長期的改變。

C（結果）　個案往往會以其遭受的結果，開始第一次療程——「我覺得很沮喪」。經驗不足的治療師有時可能很難區分信念及結果。其中一項差異就是感覺無可爭論（感覺就是體驗），但信念卻可以爭論。處理感覺時，個案可能不清楚自己的情緒、誤解這些情緒或誇張這些情緒。結果往往會因信念改變而改變，但不一定總是如此。然而，個案必須願意等候結果發生。舉例來說，如果一個女性希望在工作中對自己有較良好的感覺，她就應該願意改變對老闆的負面憤怒情緒。

B（信念）　如同之前所討論的，信念有兩種類型——理性信念與非理性信念。非理性信念誇張而絕對主義，會造成困擾的感覺，並且無助於個人達成目標。理性信念則創造健康及能適應變化的情緒、行為（David, Freeman, & DiGiuseppe, 2010; Szentagotai & Jones, 2010）。熟悉典型的非理性信念（Ellis, 1962, 1994c），

可能有助於學會找出信念。如此一來，便能爭論這些信念。

D（**爭論**）　REBT 中常用且重要的途徑就是教導個案 A-B-C 的哲學觀，然後再爭論非理性信念（Ellis, 2003d）。爭論有三部分：偵測、區分及爭論非理性信念。治療師會先偵測個案的非理性信念，並幫助個案偵測本身感受中的非理性信念。非理性信念可能是幾種促發事件的基礎。舉例來說，個案可能會認為每個人都應該佩服其能力，因而在工作中感受到壓力。偵測非理性信念「其他人應該認為我有智慧且機智」，是爭論的第一部分。區分非理性與理性信念則是下一個步驟。注意到必做之事、應做之事、宜做之事及其他不切實際的要求，有助於個案了解哪些信念是理性的；而哪些不是。REBT 的主要重點是爭論非理性信念。治療師會詢問個案：「你為何必須每件事都比其他同事表現得更好？你為何必須知道在辦公室發生的每一件事？」爭論非理性信念能幫助個案將信念改變成理性信念，減少情緒上的不適。

　　講課、蘇格拉底式的爭論、幽默、創意及自我揭露，是幾種可以使用的爭論或爭論非理性信念策略（Dryden, 1990, pp. 52-54）。治療師利用講課的途徑（更好的是利用小型演講的方式），向個案解釋其非理性信念為何會傷害自己。獲得個案的回饋，知道個案理解自己解釋的事物是很重要的。個案只單純回答「是」或「不是」並不夠。在蘇格拉底式爭論之形式中，治療師會指出個案信念中欠缺邏輯及不一致之處，並鼓勵個案討論。如此一來，個案就不只是接受治療師的觀點，還會主動思考。個人應該理解幽默的對象是他們的不理性，而不是他們本身。利用幽默或創意途徑（如故事及隱喻），治療師能與個案維持關係。在此關係中，個案會樂於接受改變，而不致過於好辯。治療師自我揭露如何利用 A-B-C 的方法處理非理性信念，也會有所幫助。更為熟悉爭論個案的非理性信念，可能發展出新的策略。

E（**效果**）　個案爭論本身的非理性信念時，他們就可能發展出有效的哲學觀。這種哲學觀依循 A-B-C 模式，有助於個人發展出理性想法，以取代不適當的非理性想法。這種有效的新哲學觀會帶來更多有生產力的行為，將沮喪及自我憎恨的感覺減到最低，並帶來令人滿意及愉快的感受。

　　爭論的方法代表了 REBT 中使用的主要認知途徑。然而，還有其他幾種途徑。更多途徑會在下列著作中解釋：《更佳、更深、更持久的短期治療》（*Better,*

Deeper, and More Enduring Brief Therapy; Ellis, 1996a)、《如何和 REBT 治療師
一樣思考及干預》(*How to Think and Intervene Like an REBT Therapist*; Dryden,
2009a)及《理情行為治療：獨特的特徵》(*Rational Emotive Behaviour Therapy:
Distinctive Features*; Dryden, 2009b)。

其他認知途徑

　　理情行為治療師運用了一些認知技巧，幫助個人發展新的理性概念。這些技
巧中有許多輔助、支持了爭論技巧。這些技巧的不同，說明了理情行為治療師的
創意，並且破除有些人認為理情行為治療師只運用爭論技巧的迷思。

因應自我陳述　藉由發展出因應陳述，理性信念可增強。例如，一個害怕發表公
開演說的人可能會寫下以下的話，而且一天會對自己重複數次：「我希望完美無
缺地發表談話，但如果我犯了錯也不要緊。沒有人會因為演講得不好丟了性命，
而且我講話口齒清晰。」

成本利益分析　對成癮及／或低挫折忍受度的個人來說，這種方法特別有幫助。
有煙癮的個人，可能被要求列出戒煙的好處及繼續抽煙的壞處。他們常被引導要
每天認真思考這些好處與壞處 10 到 20 次。這項活動給予他們克服這些癮頭的好
理由（Ellis, 1991b; Ellis & Velten, 1992）。

心理教育方法　療程結束時，REBT 並未停止。Ellis 及其同事出版了各種自助書
籍，他們向個案推薦這些書籍。例如，Knaus（2008）為焦慮症患者撰寫了《針
對焦慮症的認知行為工作書：一套循序漸進的方案》(*The Cognitive Behavioral
Workbook for Anxiety: A Step-by-Step Program*)。他們也常建議個案聆聽教導
REBT 原則的錄音帶，以及聽個案療程的錄音帶。如此一來，個案能夠更牢記治
療師在療程中指出的重點（Ellis & Harper, 1997）。

教導其他事項　Ellis 建議個案，在適當時機教導親朋好友 REBT 的原則。其他
人對個案表現出非理性信念時，Ellis 建議個案嘗試向朋友指出理性信念。設法
說服不使用非理性信念，可幫助說服者學到更多爭論本身非理性信念的有效方式
（Bard, 1980; Ellis, 1991b）。

解決問題　REBT 會幫助人擴大希望做的事及想要成為的人選擇範圍，藉此幫助
人選擇理性想法、感覺及行動，而非受到獨斷的非理性信念引導。理情行為治療

師，會幫助個案處理實際問題（找到工作）及情緒問題——因實際問題而產生的問題（對找工作感到急躁及憂慮），藉此找出並達成可行的選擇。治療師面對因實際問題而產生的問題時，往往會利用 A-B-C 人格理論中的特定部分（Ellis, 1991d, 2001c, 2001e）。

　　這些認知策略中大多數都有共通的脈絡，亦即分派家庭作業的活動。這種活動是個案在療程中學到並在整週中實行的。其中許多技巧，例如因應自我陳述，一天只需要花幾分鐘而已。一再重複使用類似策略符合 Ellis 的觀點：非理性信念在個人心中根深蒂固（Dryden & Ellis, 2001, 2003; Ellis, 1996a）。

情緒性技巧

　　就像其他技巧一樣，情緒性技巧會使用於療程中，也會當作家庭作業。有些技巧，例如想像及視覺化的技巧，可視為是認知的、情緒的或行為的。重點在情緒部分時，想像就會成為情緒的治療方法。角色扮演也具有認知、情緒及行為的成分，這種技巧會用於了解伴隨非理性信念而來的強大結果。Ellis 相信強烈或強力的途徑，對改變非理性信念是有必要的。其中的例子包括打擊羞愧練習（shame-attacking exercises）、強力的自我陳述（forceful self-statements）以及強力的自我對話（forceful self-dialogue）。這些技巧都是在治療師完全接受的情況下使用。治療師不僅接受個案，也會嘗試傳達出接受的態度。如此一來，個案才能自我接受。

想像　想像常用在 REBT 中，以幫助個案將不適當的感覺轉變成適當的感覺。舉例而言，一個男人可能會生動地想像，如果遭到想約會的女性拒絕，他會變得極度沮喪，無法思考其他事情，而且會對自己感到非常生氣。那麼治療師就會要求他保持同樣的負面想像，並在不感到沮喪及對自己生氣的情況下，努力感受健康的情緒（對那女人不想跟他約會感到失望及遺憾）。想像邀請那女人約會、遭到拒絕，然後努力感受健康而非不健康的負面情緒，可以減少沮喪及缺陷感。如果可以，這種技巧最好連續幾週每天實行一次（Dryden & Ellis, 2001, 2003）。

角色扮演　排演某些行為引發個案的感覺，往往可以帶出個案之前未注意到的情緒。例如：角色扮演一個女人要求一個男人與自己約會的情境時，這個女人可能感受到自己未知的強大恐懼。重複角色扮演同一情境，會讓個人有機會對自己的

社交技巧有較佳感受，並改變不適當的情緒性自我陳述（Ellis, 1986c）。

打擊羞愧練習　這些練習的目標是幫助個案在其他人不贊同他們時，不會覺得羞愧。雖然這種練習可於療程中實行，但這都在療程外進行。其中例子包括對於社會常規的輕微違背，例如：和店員大聲說話，或找陌生人談話。詢問櫃檯人員或老師一些脫線的問題是另一個例子。持續這些練習，直到個人對於他人的不贊同不再覺得抱歉或失望，並且停止差辱自己、覺得丟臉。這些練習必須是合法的、不能對他人造成傷害。不洽當的例子包括打 119 緊急電話製造假留言，或扮演交警到路中間指揮交通。

強力的自我陳述　以強力的方式打擊「必須」信念的陳述，有助於將理性信念取代成非理性信念。如果個案告訴自己在考試上拿到 60 分是很糟糕的一件事，可以一個更強力、更適當的陳述取代該自我陳述，例如：「我想要拿 90 分，但是我不一定要這麼做！」Ellis 常在陳述中夾帶髒話，以作為提供更多力量的一種方式（Dryden & Ellis, 2001, 2003; Ellis, 2001b）。

強力的自我對話　除了單一的自我陳述，與 379 頁的蘇格拉底式的對話有些類似的自我對話，也可能提供相當程度的幫助。因為所有資料都來自個案，和自己激烈地爭辯某個非理性信念，在這一點上優於治療師與個案間的對話。把這些對話錄下來、反覆聆聽，然後讓其他聆聽者判斷這樣的爭辯是不是真的很有力，能幫助個案對於自己擁有的能力感到佩服（Ellis, 1986c; Ellis, Gordon, Neenan, & Palmer, 1997）。

行為方法

理情行為治療師使用眾多不同的行為治療策略，例如那些在第 7 章描述過的。這些策略包括系統減敏感法、放鬆技巧、仿效、操作制約，以及自我管理原則。大多數的行為技巧透過家庭作業進行。REBT 在近幾年發展了一些新的行為技巧（Ellis, 2003f）。理情行為治療師常用的三種行為方法包括了家庭作業、獎賞與處罰、技巧訓練（Ellis, 1985, 1986c; Ellis & Dryden, 1997）。

家庭作業　為了對抗個案對自身的苛責及必須，治療師可以指派能降低非理性信念的作業。如果個案覺得其他人應該對他們公平一點，治療師可能建議他們處在此一不舒服的情境中，然後教導他們如何面對困難或不愉快的任務。例如，非但

不辭掉工作，個案或許可和不講理的上司繼續共事、聽不公平的批評，但同時在內心爭論此一批評，且不把上司的信念當作自己的非理性信念。其他的情況可能包括了邀約某人約會，或故意在某項任務上失敗，如把報告寫得很糟（Ellis, 1962）。個案往往能觀察到在執行這些任務時，他們一開始會覺得很焦慮或在意自己的言行，但是之後能理解在情緒之下的非理性信念。

獎賞與處罰　當個人完成一項任務時，鼓勵自己是有用的。例如，一個生性害羞的人，可在主動和三個門市人員聊天之後獎賞自己，如閱讀最喜歡的雜誌。無法完成任務的人也許可以處罰自己。Ellis（1986c）以燒毀一張美金 100 鈔票作為一例。類似的自我處罰可快速激勵個案完成先前同意的作業。

技巧訓練　工作坊及團體常教導重要的社會技巧。例如，自我肯定訓練工作坊可能會對那些生性害羞，而且別人很難滿足其需求的個案有所助益（Ellis, 1991b）。針對溝通技巧、工作面談技巧，以及其他社會和職場相關技巧的工作坊，可以輔助個別的 REBT。

　　雖然這些技巧可分成認知、情緒及行為三類，但在實際施行時，一些技巧可同時歸到其中的兩類或三類之中。例如，Ellis（1987c）在應用其多種治療方法時常使用幽默感，而他可能會要求病人學會他寫的歌，如此一來以一種異想天開、不具威脅性的方式挑戰個案的非理性信念。應該使用何種技巧，取決於個案討論其非理性信念的體驗。上述技巧往往是在爭論式技巧之後使用。治療師在評估個案吸收各種作業及建議的情況之後，會接著改編且重新指派其他的技巧或方法。隨著治療進展，個案往往發展出對於自身問題之洞察。

洞察

　　REBT 不單強調認知的洞察，它也強調可以導致行為改變的情緒性洞察。改變不健康的感受及行為，通常需要三種洞察。第一層的洞察是認清困擾不只來自過去，還來自個人帶進促發事件的非理性信念。因此，個人透過和過去已發生事件有關的非理性信念來讓自己難過。第二層的洞察和個人如何持續地灌輸自己相同的、源自過去的非理性信念有關。因此，即使已遺忘促發事件，但是非理性信念可存續下去。第三層的洞察指的是接受前兩層的洞察，並且知道獲得這些洞察的訊息不代表人就會自動改變。覺察非理性信念是不夠的；主動挑戰非理性

信念，並且利用 A-B-C 人格理論的知識來發展理性信念才是王道。對於 Ellis 而言，透過獲得這三層洞察，所發生的改變代表的即是精緻的改變。因此，個人不只改變了情感、想法及信念，還知道他們是如何及為何這麼做（Ellis, 2002; Ellis, 2003d）。

 # 心理疾患

在 REBT 中，治療根據的是目的評估、促發事件、信念及後果，而非臨床診斷。不過，Dryden（Dryden, 2009c）最近以 REBT 觀點，剖析現今最常見的一些情緒困擾。對於受到嚴重困擾的個人（官能症、邊緣性、強迫症），Ellis（1991b, 2001b, 2002）相信其病因很可能包括生物化學機制及環境壓力。他發現藥物搭配 REBT 的應用，加上耐心，能幫助這些患者改善其情緒困擾。本節將討論呈現焦慮徵狀的成人，及一位患有憂鬱徵狀的 14 歲女孩的治療案例，這些例子說明了爭論、認知、行為及情緒性治療模式。其他的例子還包括了針對強迫症及酒精、藥物濫用的治療方式。

焦慮症：泰德

Ellis 常應用爭論的技巧伴隨其他認知、行為及情緒方式，來協助焦慮症（包括恐慌或生理徵狀）個案。他相信數個禮拜即可見顯著療效，而且治療可在10 到 20 次療程內結束（Ellis, 1992a）。

Ellis 利用 REBT 治療焦慮症的方式，可透過泰德的例子說明。泰德是一位38 歲的非裔美國人，他結婚 10 年且育有兩名年幼子女。他因為偽心臟病（其實是恐慌症發作）而由醫師轉介。泰德抱怨胸部疼痛，特別是當他搭乘來往於紐澤西市及曼哈頓的地鐵時。Ellis 的策略是先獲得簡短的家族史，然後施行幾個測驗，包括了 Millon 臨床多軸問卷（Millon Clinical Multiaxial Inventory II）。泰德在這個問卷的唯一高分落在焦慮量表上。第一次療程中，在決定了泰德的徵狀及獲得家庭背景之後，Elllis 處理泰德的「應該、應當及必須」。下列是此次晤談中的某個片段，Ellis 挑戰泰德的「必須」而且解釋他的非理性信念。

治療師：如果我們可以幫助你改變關於搭地鐵及心臟病的想法及態度，就

可幫你不再需要依靠藥物。你知道，你提到自己是個完美主義者。所以，首先你就讓自己因為要把事情做到完美而感到焦慮。「我必須做好！我必須做好！」而不是告訴自己「我想要做好，但是如果沒做到，X 他的！這又不是世界末日」。你看，你不但很少這樣說，你還會對自己說「我必須這樣做！我必須這樣做！」這會讓你對於工作、性生活、罹患心臟病的可能，關於幾乎其他所有事覺得焦慮。然後，一旦你讓自己焦慮，你又常告訴自己「我一定不能焦慮！我一定不能覺得焦慮！」這讓你更焦慮——對於覺得焦慮更感到焦慮。現在，如果我能幫你接受自己的焦慮，首先，停止用這個想法嚇自己；第二，放棄你的完美主義——放棄對自己的苛責——然後，你就不會再讓自己覺得焦慮。但是你習慣要求每件事必須如你所願，而且當事情不如所願時，你又要求自己必須不能覺得焦慮。「我一定不能焦慮！我一定要講道理、有理智！」這恰好就是人們透過刻板、強迫性的應該、應當，及必須，讓自己覺得焦慮的方法。

個　　案：好比昨天。昨天是我這一陣子以來最糟糕的一天。

治療師：因為？

個　　案：當我要去地鐵站時，我告訴自己「我需要在心中放一些東西。」

治療師：為了要讓你從那些上了地鐵就期待會產生的焦慮感轉移注意？

個　　案：對。我說「我等下要買一些運動用品給小孩。」所以我來到其中一家店，然後買了一些東西，之後我一上了地鐵就開始故意看書。搭乘地鐵10 分鐘之後，我仍然沒有感覺任何焦慮。還 OK。但是接著我想起來這件事，然後我對自己說「老天啊，我竟然覺得 OK。」那個當下，我又開始恐慌起來。

治療師：這就對了。你對自己說的可能是「老天，我覺得 OK。但是或許我將會心臟病發作！或許我會心臟病發作！」如果你那麼想，你就會。因為你想的其實是「我一定不能心臟病發作！如果我心臟病再次發作，那我真是個蠢蛋！」對嗎？

個　　案：對。（Ellis, 1992a, pp. 39-40）

在第一次晤談的後半段，Ellis 持續爭論泰德關於在地鐵上心臟病發作的非理性信念。他也提出可以在地鐵上使用的自我陳述。

治療師：所以假設你在地鐵上心臟病發作？會發生什麼事？

個　案：會發生一些事。

治療師：什麼事？

個　案：大多時候我告訴自己「OK，沒有事會發生。因為我知道我有的不是心臟問題，而是心理問題，而且是我自己製造出來的。」所以我接著放輕鬆。但困擾我的是，我必須每天處理相同的情況。我每天都必須面對它。

治療師：我知道。因為你現在告訴自己的是「我一定不能感覺焦慮！我一定不能焦慮！」而非「我不喜歡覺得焦慮，但是如果我這樣覺得，我就是這樣！」你看，你在懼怕自己的焦慮。

個　案：沒錯，就是這樣！

治療師：OK。但是焦慮只是個麻煩。就是這樣。它不會殺死你。它只是個苦痛。每個人都會焦慮，包括你。而且他們都和焦慮共存。

個　案：它是很大的苦痛！

治療師：我知道。但是它就只是這樣。就像——假設你失去了所有的錢財。這真痛苦，但是你不會覺得太焦慮，因為你知道錢可以再賺回來。但是你正在嚇自己。「糟糕的事會發生。假設人們看到我很焦慮的樣子！多可怕！」嗯，就假設他們真的看到了。

個　案：我不擔心這個。

治療師：那，這樣很好。大多數的人很怕那種情況發生，所以你不會這樣想很好。

個　案：當我走向地鐵時，我知道我將開始覺得焦慮。

治療師：你這樣想就是因為你很怕這樣的情形發生。如果你堅定地告訴自己而且真的相信。「X它的！如果發生就發生！」那麼它根本不會發生。每次你說「我一定不能覺得焦慮！我一定不能覺得焦慮！」——那時你就會覺得焦慮。（Ellis, 1992a, p. 45）

在剩下的第一次療程，及第二次療程中，Ellis 持續重複使用 REBT 的核心元素，指出個案讓自己不好受的方式。他很快掌握到泰德的核心問題，而且幫助他採取一些行動以對付地鐵上的心臟病發。接下來的建議來自第三次療程，其中顯示了泰德已經開始努力採取行動，且成功地應用 REBT 的原則。

「我現在覺得好多了。我感覺到的東西，例如焦慮，其實不是焦慮。是我創造出來的東西。我感覺到的東西，我能夠讓它在幾分鐘內消失，而且如果我對自己的焦慮感到生氣，我可以和自己對話。」

「當我上地鐵時，我不是那麼緊張……例如今天早上，在上地鐵之前，我完全忘記了這件事。然後我想起來了，就開始對自己說『能像我現在這樣感受是很好的一件事』。它不再困擾我……而且上個星期，好幾天，回家途中，我在地鐵上睡著了，然後當我到站醒來時我告訴自己『無論前幾個月前發生什麼事，現在都不見了。』」

「現在甚至在公司我不覺得焦慮。我的工作效率更高，而且不覺得要很緊張地完成每件工作。我現在可以更佳調整自己的步調。……我學到的另一件事，是不要因為公司其他人的行為而讓自己生氣。就算我生氣了，他們的行為也不會改變。」

「以前我以為我的焦慮感，意味著我的身體出了一些問題。現在，我知道是自己製造這樣不舒服的感覺。兩、三分鐘之後，我就覺得 OK。兩星期以前，我可能要花時五分鐘變得比較不緊張。現在只要兩、三分鐘，而且有幾天我根本一點也不覺得恐慌。」

「前幾天我到地鐵站，人山人海，然後我沒辦法坐下、閱讀讓自己分心。但是現在已無所謂了，我不用像以前一樣必須等下一班地鐵……我可以告訴自己說『你看，無論你感覺到的是哪種焦慮，是你製造出來的。而且你可以讓它消失。』」（Ellis, 1992a, p. 51）

這是泰德的第三次，也是最後一次和 Ellis 的療程。在那之後，他參與了 Albert Ellis 協會的週五夜間工作坊。他也參加了好幾次四小時的工作坊。泰德及其妻子表示他持續保有他的收穫，不再對地鐵感到恐慌，而且很少在公司覺得焦慮或憤怒。

憂鬱症：潘妮

和憂鬱症個案合作時，理情行為治療師盡可能採行各種合適的認知、情緒及行為技巧。在下列的案例中，焦點放在和 14 歲聽覺喪失的潘妮採用的認知技巧。她覺得自己沒有希望，比不上哥哥，而且當哥哥不在身邊時感到緊張。潘妮覺得自己的童年因為沒有像哥哥一樣參與冒險活動而毀了，她覺得自己沒有能力且學校功課很差。下面的摘錄了 Marie Joyce 如何使用 REBT 來挑戰並且改變潘

妮的非理性信念。

> 治療的焦點，放在教授其挑戰自己非理性信念的理情行為方式，而且改變她關於自己不快樂的因果推論。她獲得新的因果推論信念：「我可以做一些事來改變不開心的感覺，而且必須靠自己來完成這些事。」此外，她習得自己可控的因素，包括學會爭論技巧，及鼓勵自己努力作出改變。主要就是這些自己可掌控的部分，影響了未來發生在她身上的事及她的感受。她主要學會爭論的非理性信念，則為「我必須一直獲得哥哥的愛及支持」；及「我必須一直在課業上表現優良，不然我就是個失敗者」。
>
> 潘妮被教導把自己和自己的表現區分開，且學會停止全面性的自我批判。家庭作業協助她練習，當別人要求她做一些不想做的事時（例如在狂風中衝浪），她應該要怎麼回答才好。晤談過程中的理性自我對話練習，用來處理比她能夠想像還糟糕的學業「災難」，減少了她對於諸如成績不佳之類事件的誇張評估。治療師幽默的誇張法，幫助她從新的角度看事情。（Bernard & Joyce, 1984, pp. 310-311）

在八個療程之後，潘妮覺得開心許多，而且不會因為自己的課業表現而批判自身的整體價值。根據潘妮母親的說法，她的改變包括了較高的自我接受、對於老師有新的正面看法，以及在課業方面更獨立、更有計畫。

強迫症：一位女性

Ellis（1991b, 1994b, 2001b）相信強迫症背後有很強的生物基礎。他將這個疾患歸因於某些神經傳導物質（特別是血清素）的缺乏。雖然 Ellis 建議藥物治療，但他也協助那些要求完美、絕對的個案。他對於患有強迫症的個案之治療模式，為顯示完美的絕對性不存在，而且挑戰其信念系統。接下來是 Ellis 對一位患有強迫症的女性施行 REBT 的簡短描述。

> 我看到眼前這位個案需要確定性，而且把小孩在出生後可能和另一個嬰兒調換這個想法「糟糕化」。她要求百分之百的保證她的小孩沒被調包，當然她沒有辦法獲得這個保證。雖然我讓她知道沒有證據說小孩被掉包，而且這個機會只有萬分之一的可能性。不過，雖然小孩看起來像是她的，但她仍堅持認為小孩可能已經被掉包；而且因為這個可能性的「恐怖後果」而驚慌不已。

我接著嘗試精緻的 REBT 讓她知道，即使小孩萬一被掉包，也不會那麼糟糕，因為她有強迫症，且母親患有精神分裂症、許多親戚還有邊緣性人格疾患。所以如果就算她得到的是別人的小孩，最後結果可能比自己小孩來得好！最終，在與她積極採用 REBT 連續幾個星期之後，我逐漸讓她接受不確定性，而她也越來越不受到這個極不可能的嬰兒調包念頭所困擾。（Ellis, 1991b, pp. 21-22）

酒精及藥物濫用

Ellis 及其同事投注許多心力於酒精及藥物濫用的治療上。在他們的《酒癮及藥物濫用之理情治療》（*Rational-Emotive Treatment of Alcoholism and Substance Abuse*）一書中，Ellis、McInerney、DiGiuseppe 和 Yeager（1988）解釋一個關於成癮的 REBT 理論，及如何協助患有藥物濫用問題個案的特定 REBT 認知、情緒及行為技術。他們對於酒精或藥物成癮者的治療模式，由和個案建立一個具說服性的治療關係開始，並且建立可達成的目標。個案被教導如何爭論自身關於飲酒或濫用藥物的失功能思考。

當個案能夠展示一些對於成癮行為的操控時，REBT 的後期階段轉移到「對於引發酒精、藥物濫用的認知、情緒行為及情境因素的自我管理」（Ellis et al., 1988, p. 107）。最終的治療階段，是幫助個案使用實際的問題解決技巧，來讓他們持續遠離成癮源（一個常見的但非唯一的治療目標），並且了解深層的、主要導致酒精及藥物濫用的非理性信念。Ellis 及其他治療師研究了成癮的原因。根據 Ellis（1992d），成癮的一個常見解釋是低挫折容忍度，這個概念提出成癮者無法在短期承受太多的不舒適感。Ellis 提出一個六階段的模式，來解釋和情緒困擾有關的成癮問題。根據 Ellis（1992d），在了解關於酗酒行為的 REBT 理論後，治療師和成癮者可使用此理論來解除和成癮有關的思考、情緒及行為。這可以在個別治療或自助團體中執行。Bishop（2000）使用許多 Ellis 等人（1988）描述的方法，將 REBT 應用到個別的個案身上。

作為戒酒匿名互助會（Alcoholics Anonymous, AA）的一個替代方案，自我管理及理性訓練（Self-Management and Rational Training, SMART）有許多不同處。最明顯的一點是，它不仰賴較高的權力或需要團員間的宗教或靈性信仰（Ellis & Velten, 1992）。此外，它使用依據 REBT 的理論，幫助成癮者從酒癮中

復原。Ellis 不否認戒酒匿名互助會的效果。相反的,他相信它幫助了許多人,而且其中許多策略和 REBT 一致。

 ## 短期治療

一般而言,REBT 是一個短期治療模式,許多個案接受了 5 到 12 個療程即展現療效(Ellis, 1992a, 1996a)。DiGiuseppe(1991)研究在 Albert Ellis 協會接受治療的 731 位個案,發現療程的平均數是 16.5,而中位數是 11 個療程。大約 25% 的個案接受了 23 個或更多的療程。就 Ellis 本身來看,大多數的療程大概每次都只長達半個小時。這和其他的理情行為治療師的情形不同。

在 *Better, Deeper, and More Enduring Brief Therapy*(1996a)一書裡,Ellis 提及 REBT 如何能應用於少於 20 次療程的治療中。他談到自己認為適合短期但是不夠深度、密集的方法,及短期治療中較深度及密集的方法。後者包括了 Ellis 最喜歡的三種方法:爭論、接受最糟的可能性,以及反無病呻吟哲學。然而,比起以前的作品,Ellis 納入其他理論者的作品而包括了更多的他種技巧。

Ellis 的治療模式是儘快地促使改變。如同他說的:「我有要求效率的基因;而 Sigmund Freud 及大部分的分析師,擁有的則是無效率的基因」(Palmer, 1994, p. 7)。他的個案還包括了參訪紐約或透過電話進行治療的外地客。有上百位個案只和他晤談過一次(Ellis, 1996a; Dryden & Ellis, 2003)。此外,Ellis 提供週五夜晚工作坊,和一些自願在公開場合談論自己問題的人展演 REBT。他蒐集那些工作坊成員的資料,而資料顯示了當中許多人因為只參與一次的公開工作坊而顯著受惠。 直到今天,這些公開的現場工作坊藉由資深 REBT 治療師的引導,及觀眾的自願參與,繼續在 Albert Ellis 協會進行。

 ## 目前治療趨勢

從 1950 年代初期的發展起源開始,REBT 的 A-B-C 理論持續成長、發展,在維持對於認知的強調之外變得更趨複雜且完善(David et al., 2010, Ellis, 2003c)。事實上,Ellis 在 2005 年的一次訪談,建議在 A-B-C-D-E 模式中加入

「F」——「強烈（F: Forcefully）同意及應用新的理性信念」，來增加爭辯的效果（E）（Bernard, 2009, p. 70）。Ellis 強調此理論中的情緒及行為成分，和其中人本及存在主義的元素。此外，Ellis 對於採用新的技巧來幫助個案改變其非理性信念，採取開放的態度。例如，當對 REBT 有加分作用時，他在 50 年中也偶爾使用催眠技術（Ellis, 2001b）。Ellis（1996c）也使用完形體驗式技巧，讓個案演出並且改變其非理性信念。

Ellis（2000, 2001a, 2001b, 2002）在其理論中納入了建構主義的色彩。因為他採用了果斷、聚焦的觀點來探索非理性信念，是故他的模式也被視為理性主義者（Guterman, 1996）。他傾聽個案，並且了解個案問題和 A-B-C 理論之間的關係。「理性的」在理情行為治療中，暗示他由本身觀點利用推理來了解個案。然而，Ellis（1997）辯稱他的立場比較傾向於建構主義，而非理性主義。個案對於 REBT 技巧的反應不一，而他以獨特方式觀察個案知覺自身問題。Ellis 也覺察到自己的模式可能是有缺陷的，而積極尋找這些問題所在。如同之前提及，他對於應用新的、具有創意的方式及技巧來幫助個案，抱持開放的態度。Ellis 以不同角度看待個案的開放態度，和透過個案的想法看待世界的建構式觀點相吻合。

由於 Ellis 對於 REBT 理論、技術及研究的發展，扮演舉足輕重的角色，在 Ellis 逝世之後，REBT 的未來去向顯得晦暗未明。然而，Dryden 的最近三本著作顯示 REBT 的活動及興趣於 Ellis 逝世後持續發展（Dryden, 2009a, 2009b, 2009c）。Dryden 及 David 在回顧當前 REBT 理論及研究狀態的報告指出，REBT 獨特的理論及實務應用特性，將會持續受到實務、研究及個案的青睞（Dryden & David, 2008）。

理性情緒行為治療與其他理論的併用

其他理論的技巧只要能和 A-B-C 人格理論契合，REBT 就可以使用。因為 Frankl 的存在主義治療模式（意義治療，見第 4 章）和 REBT 有些許類似的哲學觀，是故意義治療可視為增進 REBT 的效果（Hutchinson & Chapman, 2005）。Adelman（2008）將 REBT 與建構式治療合併使用，治療對於菸酒、藥物成癮的青少年。最常見的情形是，REBT 治療師使用在第 7 章、第 9 章描述過的多種不

同技巧。其他的技巧，例如完形治療的空椅法，在 REBT 中則作為一種情緒性技巧。Meichenbaum（第 7 章）及 Beck（第 9 章）則和 REBT 最為一致。許多治療師視 Ellis 的 REBT 及 Beck 的認知治療相當類似。不過，Ellis（Ellis, 2003f, 2005a）辯稱此兩種治療模式具有許多差異性，並指出 REBT 的優勢。另一方面，Padesky 及 Beck（2003, 2005）則強調了認知治療的長處。

REBT 的核心技巧是爭論。使用爭論時，它能改變治療關係。例如，爭論個案的非理性信念，與只回應個案的感受或體驗（如 Carl Rogers）並不一致。甚至，爭論性的技巧需要治療師擁有足夠的訓練及自信；其他的一些認知技巧習得較快。合併使用 REBT 與其他治療模式的治療師，必須應付 REBT 本身所附帶的強迫性。

 # 相關研究

文獻回顧發現，理情行為治療是 300 個學術研究的主題。許多研究比較 REBT 與其他治療系統的差異，或是比較控制或治療組的差異。此外，針對 REBT 概念及工具的研究，已對於非理性信念進行測量。本節將一覽說明相關效果研究及其發現，和 REBT 研究的相關議題。同時舉實例說明檢驗 REBT 的效果研究，並且呈現一些檢驗非理性信念及其他 REBT 中重要概念的研究。

三個文獻回顧論文檢驗了 158 個比較 REBT 及其他治療或控制組的效果研究。在第一個研究中，DiGiuseppe 和 Miller（1977）檢驗了 22 個已發表論文。McGovern 和 Silverman（1984）則回顧 47 個稍後進行的研究，發現在 47 個研究中，31 個顯示 REBT 比其他的治療或控制組有顯著較佳的效果。在其他沒有顯示 REBT 有較佳效果的研究中，大部分都發現組別之間沒有顯著的差異。在一些研究中，REBT 和其他技巧合併使用，而這些例子顯現出合併使用 REBT 的效果較佳。Silverman、McCarthy 和 McGovern（1997）檢驗 1982 年至 1989 年間的 89 個研究，其中的 49 個顯示 REBT 比其他的治療或控制組有顯著較佳的效果。另外的 40 個研究中，大部分都發現組別之間並無顯著差異。而某些將 REBT 與其他治療技術的研究則發現，合併使用有著最佳的療效。另一個針對 1990 年之前，以及 1990 至 2003 年間的 191 個 REBT 效果研究的後設分析，發現在這兩個

時期之間的研究品質一致，且 REBT 和其他實徵治療法具有至少相當程度的療效
（Ford, 2009）。一個比較 REBT、認知治療及藥物治療的研究發現，三種方法都
能有效消除非理性信念（Szentagotai, David, Lupu, & Cosman, 2008）。另一項研究
在六個月的追蹤之後發現，REBT 仍能有效降低重鬱症患者的憂鬱症狀（David,
Szentagotai, Lupu, & Cosman, 2008）。

在一個針對 70 個 REBT 效果研究的後設分析中，Lyons 和 Woods（1991）
比較 REBT 與控制組、認知行為改變、行為治療及其他心理治療。他們發現相
較於控制組及最初的失功能測量，REBT 顯示了顯著的改善。治療效果也和治療
師的經驗及治療時程有關。不過，他們發現此類的研究有個系統性問題：難以準
確評估 Ellis 原本發展出的 REBT 之實際使用程度。在一些例子裡，治療師可能
會合併 REBT 與其他治療方法，或使用不同版本的 REBT。甚至，REBT 使用許
多認知行為策略。要把 REBT 的效果從認知治療中分離出來並不容易。不過，
Lyons 和 Woods（1991）提到一些比較 REBT 與其他治療模式的謹慎學術研究，
其結果仍顯現了 REBT 步驟的有效性。這個現象發生在當測量改變的方法和治療
模式沒什麼關係時。例如，研究同時發現生理層面測到的壓力改變及非理性信念
的改變。因為後者是 REBT 的教學部分之一，所以結果是可預見的。

REBT 常使用於兒童或青少年上。後設分析技巧應用在 19 個具備嚴謹實驗
設計的研究上（Gonzalez et al., 2004）。結果發現，REBT 對於兒童及青少年都有
幫助，特別是在降低干擾事件的數目上。研究者也發現，兒童的受益比青少年來
得多。治療延續越久，REBT 的效果越彰顯。但令人驚訝地，非心理健康的專業
人員比心理健康專業人員製造更多的改變。REBT 也被進一步發展成一種教育干
預，常稱為 REBE，即理性情緒行為教育（rational emotive behavior education），
或 REE，即理性情緒教育（rational emotive education）。針對 26 個 REBE / REE 效
果研究的後設分析發現，消除非理性信念及不適行為對於青少年及兒童比對於年
輕成人來得有效（Trip, Vernon, & McMahon, 2007）。Banks 及 Zionts（2009）顯示
如何將 REBT 應用於具有情緒困擾的青少年及兒童身上。Vernon（2009）及 Wilde
（2008）皆提出應用於個人、小團體及班級的實際、具體的 REBT 技巧策略。

Haaga、Dryden 和 Dancey（1991）批評效果研究，懷疑在研究中的治療師
如何能真確地呈現 REBT。他們檢驗四個條件：理論忠誠性（治療師表現出治療

理論要求行為的程度）；純粹性（治療師行為被認為正面追隨理論的比例）；區辨性（不知情的觀察者能辨認正在觀察的理論為何之程度）；品質（治療師執行治療的優劣程度）。雖然這些概念可以測量，但是在實際執行上卻有困難，而且許多研究並未留意這些條件。不過，如果不這樣做，很難知道某一個研究是否真的比較 REBT 和另一個不同的理論。Haaga 和 Davison（1991）也顧慮研究忽略 REBT 和其他認知治療的差異。Terjesen、Salhany 及 Sciutto（2009）回顧了在 REBT 研究中，經常使用的非理性信念量表的心理數值特性，發現樣本之間信、效度的差異性頗大。這些研究者探討研究結果對於未來量表發展的影響，並據此向 REBT 實務者推薦衡鑑工具。

　　除了治療效果的研究之外，一些調查計畫檢驗了 REBT 中的概念。例如，Woods、Silverman 和 Bentilini（1991）在 800 位大學及高中學生裡頭，發現了自殺意圖與非理性信念的緊密關聯性。而另一個以 203 名大學生為樣本的研究，則發現了非理性信念和酗酒問題的顯著相關性（Hutchinson, Patock-Peckham, Cheong, & Nagoshi, 1998）。Harran 和 Ziegler（1991）研究了 240 名大學生，發現非理性信念和大學生常見困擾及遭遇麻煩的高關聯性。Ziegler 和 Leslie（2003）對 192 位大學生再次進行 Harran 和 Ziegler 的研究，發現了相同結果。Ziegler 和 Leslie 也發現那些在糟糕可怕化（awfulize）獲得高分，並且擁有低挫折容忍度的學生，比起那些糟糕可怕化得低分及低挫折容忍度的學生，對於遭遇麻煩表達更多的顧慮。此一結果和 Ellis 的觀點一致，其認為高非理性信念者傾向「糟糕可怕化」或「世界末日化」（catastrophize）。REBT 也曾和情緒管理一同運用於表現行為問題的七年級學生上。相較於控制組，此一情緒管理計畫產生較少的轉介案例，並且增加了學生的理性思考（Sharp, 2004）。這些研究幫助連結非理性信念、生理壓力測量及心理學概念。

 ## 性別議題

　　無論個案的性別為何，理情行為治療師檢驗個案的非理性信念，且透過認知、行為及情緒性方法引導出健康的心理功能。因為個人接受一些社會期待作為他／她們必須服膺的非理性信念，非理性信念的內涵通常在男性、女性身上有不同的展現。幾位理性情緒行為作家指出，治療師和女性個案合作時常探討社會及

其他議題。

　　理性情緒行為治療可幫助女性檢驗她們抱持的信念及哲學觀，並且處理情緒及現實生活的問題（Wolfe, 1985, 1993）。它教導女性如何定義自身的問題，指出影響情緒及行為的因素、改變她們的行為，並且朝向更接受自我的方向（Wolfe & Russianoff, 1997）。Wolfe 及 Naimark（1991）相信治療師應該鼓勵其女性個案挑戰在她們與男性、家庭及社區活動中的性別角色刻板印象。Wolfe 及 Fodor（1996）討論這些議題、發展更多的自我接受，以及其他和社會「上層」階級女性相關的議題。透過團體治療，發展出一些方法幫助女性處理性方面的問題（Walen & Wolfe, 2000; Wolfe, 1993）。Muran 及 DiGiuseppe（2000）發展出一套指引協助因強暴創傷而受到內心折磨的女性。Wolfe（1985）列出幾種在 Albert Ellis 協會發展出來，幫助女性處理一些議題的團體，這些議題包括女性的自我肯定、自我有效性、性慾、生命週期改變、進入職場、體重及壓力管理、母女溝通、全女性治療團體。

　　女性受到一些性別角色社會化信息的影響，這些信息促使非理性信念的產生（Wolfe & Naimark, 1991）。例如，女性可能會接受諸如「擁有溫、良、恭、儉、讓美德的女性，才找得到丈夫」的信息。相關的非理性信念如「在男生面前，我一定不能表現得太自我，一定不能以自己的想法為主」（Wolfe & Naimark, 1991, p. 270）。另外的例子如「對女性來說，有工作固然好，但有人愛更好。」在此社會化信息背後的非理性信念為「我一定不能把工作看得太認真」（p. 269）。Wolfe 和 Naimark 列出幾個性別角色社會化信息和非理性信念，及其常見的情緒與行為後果，還有當女性的舉止跳脫性別角色期待時，男、女性的可能應對方式。

　　以下的例子說明了一位 REBT 治療師，如何處理個案在受到性侵害之後產生的罪惡感，及其背後的非理性信念（Zachary, 1980, pp. 251-252）。特別是對話之中最後兩句陳述，直接處理了非理性信念。就概念而言，治療師於第一次的治療晤談中，對於此女性個案所探討的創傷事件，應用了 A-B-C-D-E 的理論。

　　個　案：所以我發現自己在人群或是聚會裡，真的感到很不自在，而且我現在不如以前喜歡做愛。我想這和一年半前我被強暴有關，但是我不確定這兩者之間是否有關聯。

治療師：妳現在正覺得眼前的問題和被強暴有關。

個　案：呃⋯⋯那個男人邀我出去所以我答應了，但是我幾乎不認識他。他載我到一個很偏遠的地方強暴我，而且把我丟在那裡。我搭便車回來、到警察局報案，而且到醫院檢查。我甚至為自己找了位律師，但他告訴我因為是我答應赴約，要證明這是強暴的機會微乎其微，所以我放棄了這整件事。

治療師：那妳現在對這整件事的看法如何？

個　案：嗯，我左思右想。有時候我想我應該告他，有時候我想應該放棄。我的意思是，警察、律師，他們表現得好像因為我答應和他出去，所以是我罪有應得，採取法律途徑只會讓我顯得更難堪。

治療師：所以妳在心裡一再重複思索，猶豫怎麼做最好。

個　案：對，我常常想到這件事。這讓我相當心神不寧。

治療師：所以妳認為一定有個最正確的選擇，而且繼續受到這樣的想法折磨。

個　案：嗯嗯，我甚至想或許那時候我能夠避免這件事發生。

治療師：那時妳要怎麼做？

個　案：我不知道細節。他說他有把刀，但是我從沒有真的看到。或許他沒有。也許我可以尖叫、更積極反抗或嘗試逃跑，但是我那時擔心他會傷害我。

治療師：所以那時候，妳相信他有刀且如果妳不放棄，他會傷害，甚至殺死妳。

個　案：對，但是我現在不知道他那時候會不會這麼做。而且這只是我的說法。他告訴警察我誘惑他，而且他們似乎相信他的說辭。甚至我的律師似乎懷疑我的說法。

治療師：所以妳的感受覺得如何？

個　案：這或許聽起來瘋狂，但是我有罪惡感且感到羞恥，覺得自己不配當人。他強暴我，但是我卻有罪惡感！

治療師：所以妳覺得有罪惡感、覺得羞恥、不配當人。而且妳現在告訴自己，那時候妳應該抵抗他，且應該堅持下去。妳大多時候似乎告訴自己這是妳的錯；而且因為妳被強暴且沒有採取正確行動，所以妳不配當人。

個　案：對，沒錯，但是我們該怎麼做？

治療師：我們從檢驗妳所擁有的信念開始，然後爭論這些信念，而且希望最終妳能允許自己把這件事情拋到腦後。現在，我們一起從妳相信那時候一定有個最正確的選擇這個想法開始探討。（Zachary, 1980, pp. 251-252）

在這個治療過程及之後的晤談裡，Zachary 幫助個案對於當初被強暴時，自己應該採取不同行動此一非理性信念獲得洞察。治療焦點接著轉向當前對於強暴的反覆思索，而非強暴事件本身。Zachary 處理個人（特別是個案）因為其他人（強暴犯、警察、律師）對自己的反應而失去價值這個非理性信念。在四個月的治療之後，個案能夠在心中放下此強暴事件，且回復平時在社交及性方面的滿意程度。

 多元文化議題

理情行為治療師仔細聆聽個案所透露之文化價值及議題。他們不會在足夠了解文化議題之前，陷入蘇格拉底式的爭論。例如，Ellis（1991b）描述他協助一位懷孕，但是不確定是否應該嫁給非教徒男友的摩門教女性。她考慮墮胎；但如果這麼做，她將面對被自己的宗教放逐。對於個案文化的了解，通常影響了治療師採取的行動。另一個例子，一位摩門教治療師描述自己如何使用可蘭經及 REBT，來治療一位 24 歲遭受創傷後壓力疾患的個案（Nielsen, 2004）。Ellis（1991b）治療了許多華裔、日本、及其他的亞裔個案。他留意個案的家庭價值，發現對這些個案使用的策略與來自美國文化的個案類似（Ellis, 2002）。REBT 已被建議能提供年長非裔美國人有效且文化敏銳的治療工具。

相對於依賴他人的協助，理情行為治療強調自給自足。例如，許多亞洲及非洲文化注重相互依賴而非獨立自主、強調仰賴家庭及社區而非自我（Sapp, 1996）。這些議題可能會導致 REBT 治療師，改變對於個案非理性信念的評估。接著影響他們決定哪些信念是非理性的，且需要辨論。對於因為文化習俗或其他理由而習慣被告知應該怎麼做的個案，治療師要確定在使用蘇格拉底式的對話或其他爭論技巧時，個案是積極參與而非被動接受的。Lega 和 Ellis（2001）研究居住於哥倫比亞、哥斯大黎加、沙爾瓦多、西班牙及美國操西班牙語的族群，藉

由 Attributes and Beliefs Inventory 西班牙文版測量到的非理性信念上發現某些文化的差異性。REBT 已在世界各地被有效地運用，例如香港（Si & Lee, 2008）、印度（Lakhan, 2009）、伊朗（Zare, Shafiabadi, Sharifi, & Navabinejad, 2007）及羅馬尼亞（David, 2007; David, et al., 2008; Szentagotai, et al., 2008）。

團體治療

　　雖然 REBT 可以應用成兩天馬拉松式的理情接觸工作坊、10 到 20 人的 9 小時密集團體、對多達 100 人的觀眾進行治療展演，或結構式自我接受團體（Dryden, 1998），但在此我們只描述傳統的團體治療（Ellis, 1992b）。這些團體通常由 6 至 10 人組成，每週聚會 2 至 3 小時。REBT 團體的目的，是讓個案發現他們如何因為自己的行為而評估、責怪及咒罵自己。團體也著重在幫助成員停止看輕其他人；只就行為進行評估，而非評估自己或本身的價值。他們也被教導試著改變或避免內心體驗到的，或與他人互動時面對的難題。進行的方式包括治療師採取直接、教學的角色，並且對於團體歷程進行探討。

　　治療師有目的地帶領團體往「健康」，而非「不健康」的方向前進（Ellis, 1992b）。透過有計畫地組織團體，他們發現沒有人受忽略或將團體帶至單一方向。治療師討論每個成員的進展及缺少進展，與成員的家庭作業或他們沒有如期完成作業。另外，他們在團體中可能會作出關於成員在團體內、外行為的陳述。例如，他們可能會說：「約漢娜，妳說話的聲音好小，我們幾乎沒有辦法聽到妳說的話。妳在和其他人相處時也是這樣嗎？如果是這個情形，妳是如何告訴自己讓妳說話那麼小聲？」（Ellis, 1992b, p. 69）。領導員和團員往往同意在團體內、外，進行這些認知、情緒或行為練習。如果情況適當，他們會簡要地教授 REBT 的重要部分。團體的大部分時間，用於處理團體成員帶進團體的個人問題，而一些時間則用在檢驗團體成員如何和其他人相處。

　　如果團體要成功，團體成員需要合作幫忙，彼此應用 REBT 原則（Dryden, 1998; Ellis, 1992b）。Ellis 想要團體成員適當地參與，不過分主導團體也不太過被動。如果某人在團體中不發言，團體治療師給予的作業，可能是在團體中至少發言三次談論其他人的議題。如果某個成員持續遲到或缺席，Ellis 或團體成員可能

會提出這個問題，然後利用 A-B-C 理論探討這個現象，並且檢驗遲到可能引發的自我摧毀行為。如果團體成員只對其他人給予實用建議，而不爭論他們的非理性信念，Ellis 及成員會指出這個問題。如果某成員很少完成家庭作業，一些非理性信念如「太難了」及「這應該簡單一點」會受爭論。因此，REBT 技巧不只應用在團體歷程上，還使用於成為團體議題的個人困擾上。

 ## 摘要

　　理性情緒行為治療宣稱，不單是事件本身對人造成困擾，困擾來源還包括了人們對事件抱持的信念。此觀點引導出一種強調人格理論及治療干預中之認知成分的心理治療模式，此一模式同時也使用情緒及行為元素。哲學假設包括了人文主義、享樂主義及理性（自我幫助及社會幫助）。焦點在於個人，及自己對抗非理性（自我摧毀）信念的潛力，與為自己生命負責。理性（ratoinality）不代表缺乏情緒；反而，它指的是個人在生活中使用理由，且用來消除非理性（失功能）信念對生活造成之影響的能力。負責任的享樂主義（responsible hedonism）代表個人尋找長期的快樂，而非短期享樂，後者如酗酒可能導致長期困擾。Ellis 在治療性障礙方面的貢獻卓越，加上其透過寫作長期投入性教育，說明了他著重於增進人類的福祉。

　　理情行為治療應用認知、情緒及行為策略來改變非理性信念。處理非理性信念的一個主要方法是爭論，其中包括了偵測、區辨及爭辯非理性信念。強調了解非理性信念的 A-B-C 發展歷程，將 REBT 與其他認知及行為治療模式區分出來。然而，REBT 也使用了其他的認知策略，例如關於自我的重複建構式陳述、錄音帶、及心理教育教材。合併情緒施行心像法，打擊造成羞愧感的信念的練習，以及強力的自我對話，是 REBT 採用的一些情緒性方法。行為方法則包括了治療外的家庭作業、技巧訓練及獎勵正面行為。理性情緒行為治療師使用大量技巧，這些技巧主要來自其他認知及行為治療，加上一些自己創造的技巧，它們用來幫助個案處理根深蒂固的非理性信念。

　　理性情緒行為治療師包容且完全接受個案。他們爭論的對象是個案的行為，方法包括了透過挑戰、面質及說服個案，在團體內、外練習那些促使思考、情緒

及行為產生正向改變的活動。REBT 是一個積極性的治療模式，包括了對於非理性信念的洞察，及協助個案發現自己如何透過絕對信念傷害自己，然後使用這些洞察在個案生活產生正向的改變。

第9章

認知治療

譯者：羅幼瓊

認知治療是由 Aaron Beck 所發展出來的系統，強調信念系統及思考對決定行為與感受之重要性。認知治療著重在了解當事人扭曲的信念，並使用技巧併用情感和行為的方法，去改變不適應的想法。在治療過程中，關注於個人可能未覺察的想法，也關注個人重要的信念系統。

認知學派治療師與個案合作，扮演教育者的角色，協助個案了解其扭曲的信念，並建議改變這些信念的方法。

在此過程中，認知治療師也許會給個案作業，去測試解決問題之老方法外的替代性新選擇。當治療師蒐集資訊以決定治療策略時，可能要求個案記錄失功能的想法；並透過已發展出來針對不同心理疾患的簡短問卷，來評估個案的問題。在認知治療的治療取向中，認知治療師已勾勒出包括憂鬱症及焦慮症等心理困擾的不適應想法模式與特定治療策略。

 ## 認知治療發展史

雖然有好幾個心理治療理論強調治療的認知層面，但是認知治療主要是由 Aaron Beck 發展出來的。Beck 生於 1921 年，於 1946 年自耶魯大學取得醫學博士學位。從 1946 到 1948 年，他在 Providence 的羅得島醫院實習，為病理部的住院醫師。在此經歷之後，他成為神經科的住院醫師，後來成為麻塞諸塞州 Framingham 區 Cushing 榮民醫院的精神科醫師。並且，他也是麻州 Stockbridge 區 Austen Riggs 中心精神科工作人員之一。1953 年，他從美國精神與神經委員會（the American Board of Psychiatry and Neurology）獲得精神專科醫師證照。1956 年，他畢業於費城精神分析中心。後來，他成為賓州大學（University of Pennsylvania）醫學院精神醫學系的教師，現在則是該校的榮譽教授。Beck 早期對憂鬱症的研究（Beck, 1961, 1964），促成探討憂鬱症的專書《憂鬱症：臨床的、實驗的、和理論的層面》（*Depression: Clinical, Experimental, and Theoretical Aspects*, 1967）出版，書中討論到認知治療對處遇憂鬱症的重要性。從那之後，他是關於各種情緒違常之認知治療與處遇的 500 篇論文、和 25 本書的第一作者或共同作者。她的女兒，茱蒂貝克（Judith S. Beck）是一位心理學家，目前是賓州費城附近（Philadelphia）的貝克認知治療與研究機構（Beck Institute for

Cognitive Therapy and Research）的主任，而貝克（Aaron Beck）本人則是該機構的負責人。

　　Beck 原本是一位精神分析治療師。Beck（2001）在觀察病人的口語與自由聯想行為時驚訝地發現，病人對自己的一些想法幾乎是沒有覺察的，也不會在自由聯想時說出來。他要病人注意這些想法。這些想法或認知出現得很快，而且很自動，不受病人控制。通常，這些病人沒有覺察到的自動化思考之後，緊接著就是病人能覺察到的不愉快情緒（Beck, 1991）。透過詢問病人當時的想法，Beck 就能夠辨識其負向的主題，如挫折和不適應，這常是病人看待過去、現在與未來的方式。

　　曾受訓為精神分析治療師，Beck 將他對自動化思考的觀察，與 Freud「前意識」的概念作比較。Beck（1976）對於人們對自己所說的話，以及控制自己的方式——即人們內在的溝通系統深感興趣。從人們對自己的內在溝通，個體形成一套信念系統；Ellis（1962）曾提出這樣的觀察。從這些重要的信念中，個體形成自己的規則或準則，稱為基模或思考模式，以決定經驗如何被知覺或被詮釋。Beck 注意到他的病人，特別是那些憂鬱症的病人，使用內在溝通去自我責備與自我批評。這樣的病人常會預測他們的失敗或災難，且遇事常會作負向的詮釋，但正向的解釋反而可能會是比較恰當的。

　　個體常忽略許多與他們相關的正向資訊，反而專注於關於他們自己的負向資訊；Beck 從這些觀察中形成負向認知代換的概念。病人也許透過誇大事情負向的層面、或看待事情為全黑或全白的方式，扭曲對事情的觀察。「我永遠沒法把事情做好」、「我永遠不可能會好命」、「我是沒希望的」，這類的評論就是過份概括、誇大和抽象化的敘述。Beck 發現這樣的想法，是憂鬱症患者典型的想法，病人常很自動且未覺察就產生這樣的想法。很多諸如此類的想法便發展成無價值、不可愛等等的信念。Beck（1967）假設，這樣的信念可能是在生命的早期形成，而成為主要的認知基模。例如，一位下週有多科學科測驗的學生，也許會對自己這麼說：「我永遠不會通過的，我無法將任何事做對。」這樣的說法，就是缺乏自我價值的認知基模之口語表達。學生可能會表達這樣的想法，即使事實上他都已經準備得很好了，而且過去在學校的課業表現都很好。因此，這樣的想法繼續存在，即使證據是相反的。

　　雖然 Beck 早期的工作專注於憂鬱症，但他把自動化思考、扭曲的信念、認知基模的概念用在其他的違常上。例如，他將焦慮症解讀為受到失敗或遺棄之威脅的掌控。從觀察病人和閱讀會談的逐字稿，Beck 辨識出不同種類情緒違常者的認知基模，也發展出治療的策略。

理論的影響

　　Beck 的認知心理治療理論，雖然大部分來自其臨床工作的觀察，但他和同事也稍受其他心理治療理論、認知心理學和認知科學所影響。由於 Beck 曾受過精神分析的訓練，所以有將一些精神分析的概念用到他的工作中。此外，認知治療在強調信念的重要性這部分，與 Albert Ellis 和 Alfred Adler 的工作很相似。同時，George Kelly 的個人建構理論和 Jean Piaget 關於認知發展的工作，對了解人格中的認知部分均十分重要。認知科學的一部分，嘗試要發展人們思考的電腦模擬程式，對認知治療的持續發展貢獻良多。

　　精神分析與認知治療有一個共同觀點，就是人們的行為會受他們無法覺察的信念所影響。Freud 提出潛意識想法的假設，Beck 則關注於自動化思考引發壓力的情形。Freud 認為，當憤怒向內在發洩，就會變成憂鬱；此論點開啟了 Beck 探究憂鬱的過程。所以，Freud 之心理疾患的理論成為認知治療發展的起點。這個事實並不是很明顯，因為認知治療對人格的認知觀點及心理治療改變的技術，顯然與精神分析不同。

　　在理論與實務上，Beck 的觀點與 Adler 的想法有許多相似處；Adler 強調個體的認知本質與信念。雖然 Adler 學派關注信念的發展要比 Beck 多，但他們也創造了一些策略以改變案主的知覺。Adler 和 Beck 都對治療採主動的取向，對案主使用具體和直接的對話，以帶來改變。

　　類似地，Albert Ellis（1962）也曾經使用主動而挑戰的方式去面質非理性的信念。Beck 和 Ellis 都透過直接的互動，以挑戰案主的信念系統。他們相信藉由改變不正確的假設，案主可以產生重要的改變以超越心理疾患。雖然本章稍後會討論到 Beck 和 Ellis 兩個理論的明顯不同之處，但這兩個理論系統間的相似點，透過兩位理論大師的文獻發表、和大量對於兩種取向工作之有效性研究，強化了認知治療在心理治療領域的影響力。

Kelly 的個人建構理論在心理治療工作上，雖然並未與認知治療直接相關，但個人建構理論也探索認知在人格發展所扮演的角色。Kelly（1955）描述人格的基本架構：「一個人的心路歷程，是透過其心理上看待事情的方式所引導」（p. 46）。Kelly 看到建構是個別的、兩極的和涵蓋了有限的事件，他相信個體有一個建構的系統，可以表達他們對世界的看法。例如，「聰明 - 愚笨」也許是個人的建構，是我們看待我們所認識的人或朋友的方法。但並不是所有的人都以這種方式建構事情，有些人也許有其他的建構，如「強 - 弱」，以這種方法看待別人。Kelly 的個人建構與 Beck 的基模有相似之處，兩者都是描述個人信念系統的方式。同時，兩位理論學者都強調信念在改變行為中的角色。

Piaget 則以一種相當不同的取向研究認知，他對個體學習的方式興致勃勃。在他研究孩童的智能發展中，Piaget（1977）描述認知發展的四個主要時期：感覺動作期、前運思期、具體運思期、形式運思期。感覺動作期（sensorimotor stage）發生於出生到 2 歲，學習發生於當嬰孩以觸摸、觀看、拍打、尖叫等方式學習時。前運思期（preoperations stage，大約 2 到 7 歲）包含基礎的智能，如算術的加和減等。在第三個時期，具體運思期（concrete operations stage），約 7 到 11 歲，孩子比較能夠分辨想像與現實，而且不需要看到物體就可以想像去操作它。他們可以處理如 4 隻老虎加 3 隻老虎這樣的概念，但他們不會 4z 加 7z。前述這樣的能力發生在第四個時期，形式運思期（formal operations stage），而且需要抽象的思考。當討論到 Piaget 的理論對心理治療的啟示時，Ronen（1997, 2003）指出，如能配合個人認知發展的時期來使用認知治療的心理治療技術，將會非常有幫助。

一個寬廣且發展中的研究領域，並對認知治療可能大有貢獻的是認知科學。基本上，認知科學期望了解人腦的運作方式，以及發展出智能運作的模式。涉及的領域包括：認知心理學、人工智慧、語言學、神經科學、人類學和哲學，認知科學對人類智能運作的過程提供許多的觀點。在認知心理學中，研究者探索個體如何作決定、記憶事實、學習規則、選擇性的記憶事件及學習分辨（Stein & Young, 1992）。

目前影響

在認知心理學與相關領域的研究，對認知治療新技術的提升十分重要。就如同稍後顯示的，效果研究對於新方法的發展，和認知治療效果測試是很重要的。這樣的研究廣泛發表在認知治療的期刊，例如，《認知行為治療》（*Cognitive Behaviour Therapy*）、《認知治療與研究》（*Cognitive Therapy and Research*）、《認知心理治療期刊》（*Journal of Cognitive Psychotherapy*）和《認知與行為實務》（*Cognitive and Behavioral Practice*）。並且，研究結果也發表在各種行為治療和其他心理刊物。從這些工作得到的資訊，使用於美國認知治療訓練中心以教導個體。特別是 Beck 認知治療中心（Beck Institute for Cognitive Therapy）及賓州 Bala Cynwyd 研究中心，有一個大型的研究計畫，專門訓練治療師和邀請訪問學者參加研究和臨床工作。在美國，還有 10 個認知治療中心。從 1959 年開始，認知治療變得越來越普及與受歡迎，也許是因為其技術的具體性，以及效果研究的正向結果使然。

 認知治療人格理論

認知治療師特別關切思考對個體人格的影響。雖然認知的過程未被認為是造成心理疾患的原因，但它們是一個重要的部分。特別是，個體沒有覺察的自動化思考，可能對人格發展有顯著影響。這樣的思考是個人信念與認知基模的一部分，對於了解個體如何抉擇和推論其生活亦十分重要。在探討心理疾患時，特別讓人感興趣的是造成個體生活不快樂、不滿意的認知扭曲，與不正確的思考方式。

因果與心理疾患

如 Beck（1967; Clark, Beck, & Alford, 1999）所言，心理沮喪可能是由生理的、環境的和社會的因素組合而成，以多種方式交互作用，因此一項疾患很少因單一因素形成。有時童年早期的事件，可能造成後來認知扭曲。缺乏經驗或訓練，可能會產生無效的或不適應的思考方式，如設定不實際的目標或作了錯誤的假設（Beck, Freeman, Davis, & Associates, 2004）。當壓力來臨時，個體預料或知覺到一個威脅性的情況，他們的思考可能會扭曲。並非不正確的思考造成心理疾

患，而是生物的、發展的和環境的因素組合而成（Beck & Weishaar, 1989）。不管造成心理困擾的因素為何，自動化思考在知覺挫折的處理歷程中，很可能占有重要的地位。

自動化思考

就如之前所提到的，自動化思考（automatic thought）是 Beck 的認知心理治療中一個重要的概念。這樣的思考自動產生，未經過努力或選擇。在心理疾患中，自動化思考常是扭曲的、極端的或是不正確的。例如，南西遲遲未去應徵百貨公司的採購助理。雖然她對銷售員的工作感到不滿意，但她有這樣的想法，如「我現在太忙了」、「等旺季過去，我就去應徵」和「我沒辦法請假去另外一家店，拿工作申請表」。注意到這些想法都是藉口，南西在治療師的協助下，發現關於找工作的一些自動化思考，如「我沒辦法好好表現自己」、「別人都會比我優秀」。治療師透過與南西討論她的思考歷程，整理出幾項南西的自動化思考。經由組織這些自動化思考，治療師能夠描述出南西的一組核心信念與基模。

基模發展的認知模式

認知治療師認為個體的信念始於童年早期，而在生命歷程中繼續發展（圖9.1）。童年早期的經驗，形成關於個人或個人世界的基本信念。這些信念能夠組織成為認知基模（cognitive schemas）。通常，個體若經驗到父母的支持與愛，將形成如「我是可愛的」和「我是有能力的」信念，並在成年期形成他們對自己的正向觀點。發展出心理失功能的人有別於發展出健康功能的人，他們有負向經驗，可能會形成一些信念，如「我是不可愛的」和「我是不得體的」。這些發展的經驗，加上危機事件或創傷經驗，將影響個人的信念系統。負向經驗如被老師嘲笑，也許會形成某種信念，例如「如果別人不喜歡我所做的，我就是沒有價值的」。這樣的信念可能會成為個體的負向認知基模。

Young（Kellogg & Young, 2008; Young, 1999; Young, Rygh, Weinberger, & Beck, 2008; Young, Weinberger, & Beck, 2001）指出常見的不適應基模，很可能會形成許多發展於童年的心理疾患。早年的不適應基模（maladaptive schemas），是指個體相信關於他們自己與其世界是真的基模。這些基模常拒絕改變，且造成個體生活的困難。通常這些基模因為個人世界的改變而又活躍起來，如失業了。當

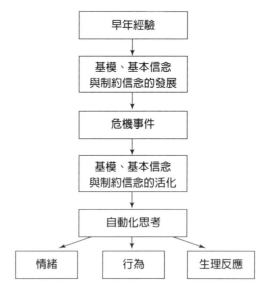

圖 9.1　認知發展模型

資料來源："Brief Therapy, Crisis Intervention and the Cognitive Therapy of Substance Abuse," by B. S. Liese, 1994, *Crisis Intervention*, 1, 11-29. Copyright © 1994 by Harwood Academic Publishers. Reprinted by permission.

這樣的狀況發生，個體常以強烈的負向情緒反應。這些基模常導因於童年時與家庭成員的失功能互動。透過這些孩童發展的信念系統，此信念系統內在運作或在和他人互動時，看待事實的方式可能造成問題。這樣的基模也許持續到青少年期和成年期。

　　Young（1999）已經辨認出 18 項早期的不適應基模，並將它們分成以下五類：不連結與拒絕、受損的自尊與表現、受損的界限、他人為上、過度警戒與壓抑。不連結與拒絕（disconnection and rejection）是指個體相信，對於安全、關懷、接納和同理等的需求，可能不會以一種可預測的方式得到滿足。受損的自尊與表現（impaired autonomy and performance）的基模，暗示個體無法好好處理他們的責任或獨立發揮功能，他們過去曾經在此失敗，且還會繼續如此。受損的界限（impaired limits）的基模是指，個人在尊重別人的權益、與人合作、控制自己的行為上有困難。他人為上（other directedness）是指，把別人的需求放在自己需求之上，以獲得愛。過度警戒與壓抑（overvigilance and inhibition）是一組信

念，相信一個人必須壓抑自己的感覺與選擇，或去達到別人對自己更高表現的期望。個體很少會覺察到這些早期不適應基模的發生，常會擔心和焦慮。

治療中之認知基模

病人如何看待自己的世界，及其對人們、事件和環境的重要信念與假設，形成其認知基模。基本的認知基模有兩種：正向的（適應的）和負向的（不適應的）。在某個情況是適應的基模，在另一個情況可能是不適應的基模。

在描述基模時，Beck 和 Weishaar（1989）指出基模是從個人經驗及與他人互動中所發展出來。有些基模與認知的易受傷性有關，或有心理沮喪的傾向。例如，一位憂鬱的病人可能有負向的基模，如「我沒辦法將任何事做好」、「我沒有價值」和「別人都比我有能力」。在這種情況之下，認知的易受傷性可以從扭曲或負向的基模中看到。

基模不只有正／負向，也可以有各種向度。活躍的基模（active schemas）是指發生於每天事件的基模，相對於不活躍的基模；不活躍的基模是由特殊事件所引發（Freeman & Diefenbeck, 2005）。強迫的基模（compelling schemas）是指那些在小時候習得、並被家庭成員與社會所增強的信念（C. A. Diefenbeck, personal communication, January 2, 2006）；相對於非強迫的基模。可改變的基模（changeable schemas）是指那些不太難改變的信念；相對於不可改變的基模。宗教的基模（religious schemas）信念通常是比較不能改變且有相當強度的。Beck（1999）在著作 *Prisoners of Hate* 中，提到宗教信念的強度有可能造成集體屠殺。當案主表達生活中的困擾，治療師注意活躍的 - 不活躍的、強迫的 - 非強迫的、可改變的 - 不可改變的等向度，可能有所助益。注意案主情緒的轉變，這可能也是有幫助的。

當一位病人呈現負向的基模時，治療師可能會注意到其認知的轉換。對每種心理疾患而言，特殊的認知扭曲常會發生。透過診斷疾患，治療師可以了解當事人是如何整合資料又如何根據資料來行動。所以，一位焦慮的個案駕車回家時可能會知覺到有威脅，然後會走一條事先規劃好的路，包括：遇到塞車或前面有車禍該怎麼走。透過觀察當事人如何描述此情況，治療師可以知覺到案主情緒的轉換，這也表示個案已作了認知的轉換。這種轉換的訊號，可能是情緒或壓力以面

部表情或身體姿態來表達。當此情況發生在治療室，認知基模可能是情緒的或是「此刻的」。在這種情況下，治療師常會以一個問題如「你現在想什麼？」，以追蹤「此刻的」認知。在某次會談中，引發活躍的此刻認知並加以處理，有助於處理負向認知基模（C. A. Diefenbeck, personal communication, January 2, 2006）。

　　Clark、Beck 和 Alford（1999）列出五種基模，以更進一步描述基模：認知 - 概念的、情感的、生理的、行為的、動機的。**認知 - 概念的基模**（cognitive-conceptual schemas）提供一種方式，讓我們對所在的世界儲存、解釋和賦予意義；這是核心的信念。**情感的基模**（affective schemas）包括正向和負向的感受。**生理的基模**（physiological schemas）是對於生理機能的知覺，如過度換氣的恐慌反應。**行為的基模**（behavioral schemas）是所採取的行動，如害怕時逃跑。**動機的基模**（motivational schemas）與行為的基模相關，因為它們常引發行動。動機基模的例子包括：避免疼痛、吃、探索和遊戲的渴望。以上這些基模都可以是適應的或不適應的。

認知扭曲

　　一個人的重要信念或基模，可能會有認知扭曲（cognitive distortion）的現象。因為基模常起始於童年時期，支持基模的思考過程可能反映出早年的邏輯錯誤。當處理資訊的過程不正確或無效時，認知扭曲就會出現。Beck（1967）在早期有關憂鬱症的書中，指出幾種明顯的認知扭曲現象，可以在憂鬱症患者的思考過程中發現。Freeman（1987）及 DeRubeis、Tang 和 Beck（2001）曾討論過幾種常見的、可在不同的心理疾患中發現的認知扭曲。九種認知扭曲描述於後：全有或全無的思考、選擇性摘要、讀心術、負向預測、災難化、過度概括、貼標籤與錯誤的貼標籤、誇大或貶抑、個人化。

全有或全無的思考　認為事情必須如我們所期望的那樣，不然就是失敗，這就是在進行一種全有或全無、雙極性的思考。一位學生說：「除非我在考試中得 A，不然我就是失敗。」就是在進行全有或全無的思考。A- 和 B 的成績就是失敗，或被認為是不滿意的。

選擇性摘要　有時個人從某事件中選擇某個想法或事實，以支持他們憂鬱或負向的想法。例如，一位籃球隊員射進了幾球，也有很不錯的場內表現，卻一直在意

他所犯的一個小失誤，然後一直陷在裡面。此籃球隊員在一系列的事件中僅選擇性摘要一個事件，作負向的結論，以致感覺憂鬱。

讀心術　這是指我們似乎知道別人對我們的看法。例如，某個人可能會下結論說，他的朋友都不再喜歡他，因為朋友都不跟他去逛街。 事實上，朋友可能有許多其他原因，如有其他事而無法去逛街。

負向預測　當某人相信某些不好的事情要發生了，但沒有證據來證明這件事情，就是負向預測。某人預測她可能在考試中失敗，即便她以前都考得很好，而且對於未來的考試也準備好了。在這種情況下，她對於失敗的推論——負向預測——是沒有事實或證據支持的。

災難化　在這種認知扭曲中，個體將一件自己所重視的事情誇大不良結果，以致其變得很擔心害怕。所以，「我知道當我見到地區經理時，我會說些愚蠢的話，然後會損害我的職位。我知道我所說的話，將會使他不考慮讓我升遷」，使得一個重要的會面變成一個可能的災難。

過度概括　依據幾次負向的事件，個體會因過度概括而扭曲他們的思想。例如，一個高二學生可能會說：「因為我數學不好，所以我不是一個好學生」。另一個例子是有個人想，因為「Alfred 和 Bertha 很氣我，所以我的朋友都不會喜歡我，而且也不會願意跟我有任何關係」。幾個事件的負向經驗，可能會被概括為一個規則，進而影響了未來的行為。

貼標籤與錯誤的貼標籤　對自己的負向看法，是由於幾個錯誤或犯錯而自我貼標籤所創造出來的。某人與摯友發生幾次怪異的互動後，可能會想「我是不受歡迎的，我是個失敗者」，而不是「跟 Harriet 講話，我覺得怪怪的」。在這種情況之下貼標籤或錯誤的貼標籤，個體可能對自己或自我認同營造出錯誤的感覺。基本上，貼標籤或錯誤的貼標籤，是過度概括到個人的自我觀點都受影響的例子。

誇大或貶抑　認知扭曲發生於個體誇大其不完美，或是貶抑其美好之處。他們形成支持貶抑信念和沮喪感受之結論。一個誇大的例子如，一位運動員肌肉拉傷，然後想：「我今天沒辦法下場，我的運動員生涯大概完蛋了」。相反的，一個貶抑的例子，這位運動員可能想：「雖然今天我在場上表現很好，但還不夠好，還沒達到我的標準」。不管誇大或貶抑，那位運動員可能都會感到憂鬱。

個人化　認定一件與個人不相關的事與自己有關，會產生個人化的認知扭曲。例子包括：「每當我要去野餐時，總是會下雨」、「每當我去購物中心，總是會大塞車」。下雨或塞車並非人們造成，這些事件超越人們的力量所能控制。當人們進一步被詢問，他們能夠給予例子說明，當他們籌劃一個戶外活動，不見得每次都下雨，且他們也不見得每次購物都遇到塞車。例如，交通通常在一天中某個時段比另一個時刻要繁忙得多。如果某人選擇在某個時段去購物，也許會較容易塞車或不塞車。

　　認知扭曲若經常發生，可能會形成心理的沮喪或疾患。從一個行為作推論或結論，是人類功能中很重要的一部分。個體需要能掌控他所做的，並且評估可能的結果，進而計劃他們的社會生活、愛情生活和生涯。當認知扭曲頻繁發生時，個體無法好好的評估與計劃，就會經驗到憂鬱、焦慮或其他的困擾。認知治療師關注認知扭曲，幫助病人了解他們的繆誤，並改變其思考方式。

 認知治療理論

　　在一種合作的關係下，認知治療師與案主工作，以改變會影響案主目標的思考模式和行為。建立關懷的治療關係是必要的。認知治療強調要注意細節，也重視思考歷程在行為與情感改變中所扮演的角色。在設定目標時，認知治療師注意會影響個體達到目標的錯誤想法。這會反映在評估的方法中，要求個體去監控、記錄，且以各種方法指出他們的認知、感受和行為。認知治療的特點之一就是治療師與案主合作，透過使用一種允許回饋和討論個案之進步的形式，一起達到案主的目標。雖然帶來改變所使用的治療技術包含認知、情緒和行為因素，但在此仍強調以認知取向去改變自動化思考和認知基模。

治療目標

　　認知治療的目標就是移除思考的偏見或扭曲，如此個體才會運作得更有效能。治療聚焦在個體處理資訊的方式，這可能會使案主的感覺與行為持續處在一種不適應的狀態下。病人的認知扭曲受到挑戰、測試和討論，以帶來更多正向的感受、行為與想法。要移除病人思考的偏見與扭曲，治療師不只要注意自

動化思考，也注意其所代表的認知基模。因此改變認知基模，是認知治療中極重要的目標。

改變認知基模，可以從三個不同的層次進行（Beck et al., 2004）。受限最多的改變是**基模重新解釋**（schema reinterpretation）。個體知道那個基模，但是會避開它或是繞過它而工作。例如，一個追求完美者也許不會改變他的完美主義，而是以調查員為業，這樣的特質在此受到了肯定與增強。其次是**基模調整**（schema modification），個體對基模作一些調整但不是完全改變。Beck 等人（2004）舉了個例子：一個有妄想症的人，作了些改變，就是在某些情況下相信某些人，但基本上仍然很小心的不隨便相信別人。最高層級的基模改變就是**基模重建**（schema restructuring）。例如，一個有妄想症的人變得相信別人，這是重新建構了其明顯的認知基模。這樣的人相信別人是可以信賴的，不會攻擊他。基模轉變的三個層次，提供了認知治療檢驗目標的方式。

一般說來，建立目標時，認知治療師關注於具體化、優先性的目標，而且和當事人合作。此目標可能含有情感、行為和認知的成分。目標越清楚與具體，治療師越容易選擇方法，以幫助個人改變認知基模及其行為與感覺。個案在說出他們的關切事項時，可能會提出一連串困難的議題。Judith Beck（2005）提出八個處理不清楚或有問題的目標之例子。例如，她描述一位名為湯瑪斯的人，他對於設定目標實在感覺無助。面對治療師問他關於目標的問題，他的反應就是「我不知道」。治療師決定以小的目標幫助湯瑪斯，如把家裡的垃圾拿去丟掉和清理廚房。治療師在幾次會談後可以確定，這些目標是為了配合一個核心信念——湯瑪斯覺得他能夠做的事很少，而且他所嘗試的事都會失敗（pp. 135-137）。這個簡短的例子顯示，認知治療師如何在認知基模的脈絡中，具體的在目標上工作。

認知治療評估

在整個治療過程中，治療師必須仔細評估個案的問題與認知，以清楚的概念化或診斷個案的問題。隨著評估的進行，關注的不只是個案特定的想法、感受和行為，並且也評估治療技術對這些想法、感受與行為的有效性。具體的評估策略已設計出來，以治療更多心理疾患，如焦慮與憂鬱（J. S. Beck, 1995, 2005; Whisman, 2008; Wills, 2009）。以下將介紹認知治療師使用的評估技術，包括：個

案會談、自我監控、思考取樣、信念與假設的評估和自我陳述問卷（Beck et al., 2004）。

會談　在評估之初，治療師可能會希望對各項議題得到一整體的概念，同時和個案建立良好的工作關係。要談論的議題與許多其他的治療師在評估時的議題類似，包含個案現在的問題、發展史（包括家庭、學校、職涯、社會關係）、過去的創傷經驗、醫療與精神病史及個案的目標。治療師可以使用之前已發展出來之結構性的會談（Beck et al., 2004）或非結構性的會談。Freeman 等人（1990）強調了解事件細節之重要性。他們提醒不要問有偏見的問題，如「你難道不想工作嗎？」建議這麼問：「當你沒去工作時，發生了什麼事？」在評估想法時，治療師可能需要教導個案分辨想法與感覺，並要報告觀察而不是對觀察進行推論。回憶的正確性是受鼓勵的（但是個案並沒有被期待要記得所有的細節），而且偏好於猜測過去的事情。有時候，一些實地的會談與觀察特別有幫助。例如，一位個案有空曠恐懼症，治療師也許到案主家中與他碰面，再和案主一起走到戶外，在此晤談的過程中作觀察和評估。

記錄案主的經驗、情緒和行為是很有幫助的。Judith Beck（1995）發展出一個認知概念圖（Cognitive Conceptualization Diagram），以組織個案的資料，見圖9.2。治療師從圖的下半部開始，一次處理一種情況。例如，佛瑞德一直很憂懼他的大學畢業公演。他很擔心會唱走音，而在音樂系教授面前出糗。在情況一之下，治療師寫著「畢業公演，由三位音樂系教授評審」。治療師接著幫助佛瑞德找出他的自動化思考，並將其寫在情況一下面的空格中──「教授將會認為我很糟糕」。然後他們決定「A. T. 的意義」，對佛瑞德的意義是「我在壓力下會縮起來」。「情緒」是「焦慮的」。他的「行為」是「演唱要表演歌曲五次」。當治療師與佛瑞德繼續時，他們將會以同樣的方式至少再討論兩種情況。每一次，治療師與佛瑞德決定自動化思考是什麼、它們的意義、與情況有關的情緒和行為。

當治療師有足夠的資訊以評估核心信念時，她會將佛瑞德「相關的童年資料」與她所蒐集的資料整合起來，以決定佛瑞德的「核心信念」。接著，治療師使用「如果 - 然後」的句子去決定「情況的假設 / 信念 / 規則」。對佛瑞德而言，他的「核心信念」可能是「我不夠好」。他的「情況的假設 / 信念 / 規則」可能

病人姓名縮寫：　　　　　　　　　　治療師姓名：

病人診斷：第一軸：　　　　　　　　　　　　　　　　　第二軸：

認知概念圖

| 童年相關資料 |
| 哪些經驗造成與維持核心信念的發展？ |

| 主要信念 |
| 病人對自己最主要的中心信念是什麼？ |

| 制約的臆測 / 信念 / 規範 |
| 什麼樣的信念 / 臆測幫助病人因應其核心信念？ |
| 對此臆測的負面部分是些什麼？ |

| 補救策略 |
| 哪些行為幫助病人因應其核心信念？ |

| 情境一 | 情境二 | 情境三 |
| 是什麼樣的問題情境？ | | |

| 自動化思考 | 自動化思考 | 自動化思考 |
| 病人心裡閃過什麼念頭？ | | |

| 自動化思考的意義 | 自動化思考的意義 | 自動化思考的意義 |
| 自動化思考對病人的意義是什麼？ | | |

| 情緒 | 情緒 | 情緒 |
| 與自動化思考有關的情緒是什麼？ | | |

| 行為 | 行為 | 行為 |
| 病人接著做了些什麼？ | | |

圖 9.2　認知概念圖

資料來源：*Cognitive Therapy: Basics and Beyond,* Guilford Press, 1995. Copyright © 1995 by J.S. Beck. Reprintet by permission.

失功能想法紀錄舉例

指導語：當你注意到自己的心情變糟時，問問自己：「現在進入我心裡的是什麼？」盡速在自動化思考欄位裡寫下你的想法或心理意象。

日期/時間	情境	自動化思考	情緒	替代性反應	結果
	1. 什麼實際事件或思念頭，還是日夢或回想起來的事物，引發你的不愉快情緒？ 2. 你的身體有(假如有任何的)什麼不舒服感覺？	1. 什麼念頭或影像像進入你的心裡？ 2. 你此刻對每一個自動化思考相信的程度。	1. 此刻你的情緒(悲傷、焦慮、生氣等)是什麼？ 2. 你的情緒強度是(0-100%)多少？	1. 你產生了什麼樣的(選擇性的)認知扭曲了？(例如、讀心術、災難化)？ 2. 使用最下面的問題，去回答你產生的自動化思考。 3. 你對每種反應相信的程度？	1. 你現在有多相信每一個自動化思考？ 2. 你現在的情緒的強度(0-100%)是多少？ 3. 你會如何做？(或你已經做了哪些什麼？)
2/2	想到 Mark 沒有打電話給我。	他一定不在乎我 (90%)。	悲傷 (90%)	寫下結論 1. 他說要打電話給我的沒有打來，可是上次我們在一起時，他又對我很著迷的樣子。2. 相信他工作很忙他或是他再也不會打電話來。而我也能活下來。3. 最糟的狀況是他再也不會打電話來，而我也能活下來。最好的狀況是他立即打電話給我。4. 相信他一到兩天內打電話給我。讓我覺得好受。5. 了解我應該立即親自由打電話給 Joan 在這樣的情況下，我會告訴她接打電話給他。(75%)	1. 自動化思考 = 70% 2. 悲傷 = 60% 3. 我今天下班後會打電話給他。

圖 9.3 失功能想法紀錄

輔助完成替代性思考的問題：(1) 有什麼證據證明自動化思考是真的？(2) 有替代性的解釋？(3) 最糟的情形會是什麼？我是否可以熬過來？最好的情形會是什麼？(4) 我對自動化思考的相信造成什麼效果？改變我的想法會有什麼效果？(5) 我對此感做些什麼？(6) 假如___(朋友的名字)在此情況目有此想法時，我會如何告訴他/她？

資料來源：Cognitive Therapy: Basics and Beyond, Guilford Press, 1995. Copyright © 1995 by J.S. Beck. Reprinted by permission.

是「如果我要自己做一件事，我一定會搞砸」。這是負向的假設。正向的假設是
「如果我和別人一起做（如在合唱團唱歌），我會是 OK 的」。最後一個空格是
「彌補的策略」。佛瑞德的是「練習，練習，再練習」和「我一直告訴女友自己
是多麼的緊張」。這些資訊就變成治療師用來發展改變的策略的素材。雖然會談
可能是蒐集資訊最重要的方式，但是認知治療師也會自己詢問個案，以獲得特定
的資訊。

自我監控　在治療師的治療室外，用來評估個案之思想、情緒和行為的另一個
方法就是自我監控。基本上，個案要有一個事件、感受和／或想法的紀錄。這
可以藉由日記、錄音帶或填寫問卷的方式完成。失功能想法紀錄（Dysfunctional
Thought Record, DTR）是最常用的方法之一（Beck, Rush, Shaw, & Emery, 1979）。
DTR 有時候稱作想法單；個案在第一欄描述一個情況，在第二欄寫出對此事件的
情緒及情緒的強弱程度，第三欄則記錄他的自動化思考。個案可以在治療中練習
使用 DTR（圖 9.3），以習慣記錄自動化思考、評等情緒的強弱。使用 DTR 可提
供下一次會談的討論素材，也讓個案有機會去了解他們的自動化思考。

思考取樣　獲得認知資訊的另一個方法是思考取樣（Blankstein & Segal, 2001）。
在家中以一種隨意的間隔記錄想法，是獲得認知模式樣本的一種方法。個案可以
錄音機或在筆記本上記錄他們的想法。Freeman 等人（1990）舉例說明，思考取
樣有助治療。

> 　　一個中年工廠領班使用 DTR 後辨識憤怒與憂鬱中的相關失功能認知，
> 然後又再對此認知加以「反駁」，在治療中有相當的進步。然而，他似乎開
> 始經驗到一種模糊的、憂鬱的情緒，而這情緒似乎與任何刺激無關。他無法
> 辨識與此憂鬱情緒有關的情況或是認知，於是被要求使用思考取樣以蒐集進
> 一步的資料。到了下一次會談，回顧他所記錄的認知顯示，一種持續的默想
> 集中於一個主題「我太累了，以致於不能……」。逐漸而明顯的看出來，這
> 些想法導致其積極處理問題的動機降低和憂鬱增加。（p. 41）

　　思考取樣對於蒐集與特定情況相關的資料十分有用，如工作與學業。然而，
思考取樣可能會干擾個案的活動，而令人感到困擾。同時，與個案的問題無關之
想法，可能也會被記錄下來。

評量與問卷　除了以上的技巧，之前已發展的自陳量表或評量，可用以評估非理性的信念、自我陳述或認知扭曲（Whisman, 2008）。結構性的問卷已經因特定的目的而發展出來，如：貝克憂鬱量表（Beck Depression Inventory; Beck, Ward, Mendelson, Mock, & Erbaugh, 1961）、自殺意念量表（Scale for Suicide Ideation；Beck, Kovacs, & Weissman, 1979）、失功能態度量表（Dysfunctional Attitude Scale; Weissman, 1979）、基模問卷（Schema Questionnaire; Young & Brown, 1999）。這類的問卷通常都很簡短，且可以在治療的任何階段使用，以了解進步的情形。例如，貝克憂鬱量表（Beck Depression Inventory）有 21 題，每一題有 4 個選項，以表達憂傷、厭惡、罪惡感、哭泣、沒價值等情緒的等級。每一個選項都很簡短，最長不超過八個字。再者，心理的量表如明尼蘇達多相人格測驗（Minnesoda Multiphasic Personality Inventory），也可使用於類似的目的。

　　當從個案身上蒐集資料，特別是包含自動化思考的原始資料時，有助於治療師試著從個案認知去推論其議題或認知基模。當資料從一次又一次的會談中報導出來，也許會發展出不同的認知基模，或對此基模的洞察。基模可以是個案與諮商師要持續測試的假設。當案主完成家庭作業、填完問卷、和報告其自動化思考，治療師可以評估個案的進展。隨著治療中的進展，個案的認知扭曲應該會減少，對自動化思考的挑戰會增加，負向感受與行為也會減少。

治療關係

　　Beck（1976; Wills, 2009）認為個案與治療師的關係是合作的。治療師提供認知、行為和感受的專家意見，以引導案主決定治療目標以及達到目標的方式。案主對於治療的貢獻是關於改變的原始資料（想法與感受）。他們一起參與目標的選擇和分擔改變的責任。評估的過程是一個持續發展的歷程。當蒐集到新的資料，治療師和個案可能會發展新的策略。就某方面而言，治療的過程可以看成是治療師與案主一起測試新假設的科學冒險。在此過程中，治療師會使用傾聽技術以專注於案主的感受，有點類似 Carl Rogers 所使用的方式，以進一步了解案主的關切點並發展治療關係。另外，案主也在治療室之外完成家庭作業，以對治療的進展負起責任。雖然認知治療師對回饋、建議和案主的關切點很彈性開放，但治療過程是很具體和目標導向的。

治療過程

　　與其他的治療理論相比，認知治療在方法上較有結構性。第一次的會談，或是前幾次的會談，主要是處理問題評估、發展合作的關係和個案概念化。進行治療時，以引導的方式幫助案主發現與了解他們的不正確思考。治療過程的其他重要層面，包括持續辨識自動化思考的方法，及給予家庭作業。當案主達到他們的目標，就規劃結案，案主則要思考治療結束之後如何應用治療中所學。隨著治療工作的進展，案主發展對其信念的洞察進而朝向改變。特別是對於困難與複雜的問題，重要的是能了解負向認知基模是如何發展的。治療過程的各層面，詳述如下。

引導式發現　有時候稱為蘇格拉底式的對話。引導式發現有助案主改變不適應的信念與假設。治療師透過詢問一系列的問題，使用已有的資訊去挑戰案主信念，引導案主發現新的思考與行為方式。

> **案　　主：**我一直擔心星期一去新工作報到時，人們會發現我根本不會做。
> **治療師：**是什麼讓你有這樣的假設？
> **案　　主：**好像我會讀人家的心理，好像我會事先知道會發生什麼事。
> **治療師：**你現在作什麼假設？
> **案　　主：**我知道我的新同事會對我有什麼想法。

三個問題的技術　三個問題的技術是蘇格拉底式的對話之特定形式，包括三個一系列的問題，用來幫助案主修正負向思考。每個問題都以對負向信念的進一步詢問，而帶來更客觀的思考。

1. 關於此信念的證據是什麼？
2. 對此情況，你有其他的解釋嗎？
3. 如果真是那樣，這表示什麼？

　　以下這個技術的簡短例子，顯示了它如何是蘇格拉底式的對話之延伸，以及它如何有助個案改變信念。Liese（1993）提供了一位醫生對罹患愛滋的病人使用三個問題的技術之例子。

> **醫生：**吉姆，幾分鐘前你告訴我，當人們知道你罹患的疾病時，有些人將

會恥笑你。（深思狀）你對這念頭的證據是什麼？

吉姆：我沒有任何證據。我就是那樣感覺。

醫生：你「就是那樣感覺」。（深思狀）你還可以怎樣看待這個情況嗎？

吉姆：我猜我真正的朋友不會遺棄我。

醫生：如果有些人真的遺棄你，這表示什麼？

吉姆：我猜這是可以忍受的，只要我真正的朋友不要遺棄我就好了。（Liese, 1993, p. 83）

明確說出自動化思考　一種很重要的早期介入，就是要求案主去討論和記錄他們的負向想法。個案使用失功能想法紀錄（Dysfunctional Thought Record）將想法明確說出，並在下一次的會談帶來，將有助於接下來的會談工作。以下的例子，將說明如何幫助案主了解其自動化思考。

> 第一次會談時，我問我的個案，他有負向想法的頻率如何。他說他有時會有負向想法，但不會很頻繁。他在貝克憂鬱量表的分數是 38，我想他應該會有許多的負向想法。但他卻估計一天不超過兩三次。我給他家庭作業時，要他盡量記錄他的想法。我估計他大約一天會有幾個負向想法，一個禮拜之後總共會記錄 50 個想法左右。他聽了馬上反應：「我做不到，那對我來說太難了，我一定會失敗的。」我的反應就是指出他已經有 3 個了，只要再 47 個就好。（Freeman et al., 1990, pp. 12-13）

家庭作業　許多認知治療的工作是在兩次會談之間發生的，因此學到的技巧，可以應用於日常生活而不只是治療室（J. S. Beck & Tompkins, 2007）。給予案主特定的功課，以幫助個案蒐集資料、測試認知與行為的改變、將之前會談所發展出來的學習加以嘗試運用。如果個案未完成家庭作業，該結果可以用來檢視個案與治療師的關係，或是關於做家庭作業的失功能想法（J. S. Beck, 2005）。一般說來，每次會談時都要討論家庭作業，且新的家庭作業要在會談中發展出來。

會談形式　雖然治療師會因不同的個案問題而調整他們自己的方式，但在治療會談中，仍必須處理某些主題（J. S. Beck, 1995）。治療師先了解個案的情緒和感受。通常，治療師與案主會同意治療中一個基本的流程，那就是先回顧上週的事件，和這次出現之緊急問題。並且，治療師對於上一次的會談要求回饋，個案對

於上次會談所出現的議題可能會有關切點或問題。治療師與個案回顧家庭作業，並且合作地去看案主還能從家庭作業獲得什麼。通常，會談主軸是個案在當天會談一開始所提出的關切點。為了要處理某個特定的項目，治療師會指定與個案主要關切點相關之新的家庭作業。

結束　從第一次會談開始，就要開始規劃結案會談。在整個治療中，治療師鼓勵病人監控他們的想法與行為，報告想法與行為，且自我測量目標的進展程度。在結束的階段，治療師與案主討論，案主若在沒有治療師的情況下可以如何做。基本上，案主成為自己的治療師。就像案主曾經在完成任務上有困難，且有可能落入舊的思維模式與行為，他們也試著在治療結束之後處理類似的議題與事件。通常來說，治療的頻率可以漸漸減少，個案與治療師可能每隔兩週或每個月會面一次。

　　雖然治療過程中根據發生的議題可能會需要更改治療過程，但是治療取向的具體化、強調想法、使用家庭作業，都是很典型的。在治療的過程中，使用一連串的策略以促成想法、行為和感受的改變。以下將討論一些治療技術。

治療技術

　　各式多元的認知技術，是用來幫助案主達到他們的目標。有些技術可以引發和挑戰自動化思考，有些則適用於不適應的假設或無效的認知基模。一般認知治療的取向，不是去解釋自動化思考或非理性信念，而是透過實證或是邏輯的分析去檢視它們。一個透過實驗的例子，是要求一位自覺不受注意的個案，與兩位熟人進行一段對話，然後觀察那兩位朋友會如何注意或不會注意到她。質問一位個案的邏輯之例子如後，當案主說：「我永遠無法把一件事做對」，就問：「你今天有做對任何事嗎？」認知治療師也會使用技術，以協助案主的感受與行為。協助案主感受的技術詳見第 5 章，而幫助案主改變行為的技術詳見第 7 與第 8 章。Freeman（1987）、Dattilio 和 Freeman（1992）、Leahy（2003）、J. S. Beck（1995, 2005）及 Ledley、Marx 和 Heimberg（2005）說明許多不同的認知治療技術。《最新認知治療技術手冊》（*The New Handbook of Cognitive Therapy Techniques*; McMullin, 2000）中，描述超過 35 種技術。Barlow（2007）在《心理疾患臨床手冊》（*Clinical Handbook of Psychological Disorders*）中，說明了適用於心理疾患

的各種認知技術。以下說明協助案主改變無益想法型態的八種常見策略。

了解特殊的意義　不同的字眼，對不同的人有不同的意義，依據其自動化思考和認知基模而定。治療師不能單憑某幾個字，就斷定個案的意思。例如，憂鬱的人常會使用模糊的字眼，如沮喪、失敗、挫折或想自殺。透過與案主對話，可同時幫助治療師與案主了解案主的思考過程。

> 案　主：我真的是個失敗者。我所做的每件事，都顯示我是個失敗者。
>
> 治療師：你說你是個失敗者。你說的失敗者是什麼意思？
>
> 案　主：總是得不到想要的，什麼都失去了。
>
> 治療師：你失去了什麼？
>
> 案　主：我並沒有真的失去很多。
>
> 治療師：也許你可以告訴我你所失去的，因為我不太理解，你怎麼會是一個失敗者。

挑戰絕對　案主常以絕對的敘述來呈現他們的沮喪，如「公司的每個人都比我聰明」。這樣的敘述使用一些字詞：如每個人、總是、從不、沒有人和每次。通常治療師質問或挑戰案主的絕對性思考是有幫助的，案主可以更正確的呈現，就如以下的例子：

> 案　主：公司的每個人都比我聰明。
>
> 治療師：每個人？公司的每一個人都比你聰明？
>
> 案　主：也許不是。許多同事我也不是很認識。不過我的老闆似乎很聰明，她似乎都知道發生了什麼事。
>
> 治療師：有沒有注意到我們剛才從公司的每個人都比你聰明，變成只有你的老闆比你聰明。
>
> 案　主：我猜只有我的老闆比我聰明。她在我這個領域裡有很多經驗，且似乎知道該做些什麼。

重新歸因　案主常將一些情況或事件的責任歸於自己，而事實上他們對此事件的責任很小。案主自責時，可能會更感到有罪惡感或更沮喪。治療師使用重新歸因的技術，能夠幫助案主持平的為事件分配責任，就如以下的例子：

案　主：要不是因為我，我的女朋友也不會離開我。

治療師：通常關係發生問題時，雙方都有責任。讓我們來看是否全是你的錯，或者碧翠絲也可能在其中扮演了相當的角色。

為扭曲貼標籤　前面已描述一些認知扭曲，如全有或全無的思考、過度概括、選擇性摘要。為扭曲貼標籤，將有助案主就干擾其理性的自動化思考加以分類。例如，一位案主認為母親總是批評她，可以問她這是否是個扭曲，且她是否「過度概括」了母親的行為。

去災難化　個案也許為一個不太可能會發生的結果非常擔憂。「如果 - 又怎麼樣」技巧則適用於此種情況。當案主對一個可能的結果過度反應時，此技術特別適用，如以下的例子：

案　主：如果我這學期沒有成為榮譽學生，我就完了，我會一團糟，永遠進不了法學院。

治療師：如果你不能成為榮譽學生，將會發生什麼事？

案　主：喔！那會很可怕，我不知道我能做什麼。

治療師：如果你不能成為榮譽學生，將會發生什麼事？

案　主：我猜那要看我的成績如何。成績單全是 B，和不能成為榮譽學生及成績單全是 C 有很大的差別。

治療師：如果你得的全是 B 會怎麼樣？

案　主：我猜也不會太糟，我下學期可以再努力一點。

治療師：如果你得的全是 C 會怎麼樣？

案　主：那不太可能，我在班上成績還不錯。那可能會影響我進法學院的機會，但我可能還是可以從這樣的打擊中復原。

挑戰全有或全無的思考　案主有時以全有全無、或非黑即白的方式描述事情。在之前的例子中，案主不只將成績這事災難化，且將是否成為榮譽學生這件事兩極化。與其協助個案接受成為榮譽學生與否，治療師使用一個稱為「量尺」的過程，可將兩極化轉為連續的向度。於是，個案將以不同的程度來看待結果，個案對於可能得到 3.0 而非 3.25 的成績，與是否成為榮譽學生將有不同的反應。

列出優點與缺點　有時候讓案主寫下他們某個特定信念或行為的優點或缺點是有

幫助的。例如，學生可以寫下維持「我必須是榮譽學生」這念頭的優點與缺點。這種方式有點像分級，列出某個信念的優點與缺點，幫助個案離開全有或全無的位置。

認知的預演　使用想像來面對即將到來的事情是很有幫助的。有位婦女想像向老闆要求加薪，然後被告知：「妳居然敢跟我談這個話題？」這個破壞性的想像，可以透過認知的預演而取代。這位婦女可以想像自己與老闆講話，老闆聆聽她的要求，而有一個成功的談話過程。婦女可在認知的預演中，以適當的方式提出她的要求，預演老闆在某個情況不同意她的請求，而在另一個情況同意她的請求。治療師要求案主想像與老闆會談，然後要求案主在想像的會談中提出問題。

　　其他有用的認知策略也依循類似之策略。他們詢問個案的認知基模與自動化思考。除了認知的技術，認知治療師可能使用行為技術，如活動時程表、行為的預演、社交技巧訓練、讀書療法、自我肯定訓練、放鬆訓練（詳見其他章節）。在心理治療實務上，這許多技術使用於治療過程中的不同時間點，以帶來認知、感受與行為的改變。

心理疾患的認知治療

　　認知治療師與其他的治療學派相比，已經為許多的心理疾患發展出解釋與特定的處遇方式。特別是對於憂慮與焦慮兩種心理疾患，他們已可提供詳細的處遇方式，而且可以透過效果研究以測試治療效果，以證明它們是實證上獲支持的處遇方式。本章另討論兩種心理疾患，包括：強迫性思考和藥物濫用。由於每一種心理疾患的病人，所經驗到的認知扭曲不同，因此有許多不同的認知技巧。以下所提供的例子，並不打算呈現處遇這四種疾患之通用的認知治療方式。此外，對處遇的描述只是列出關於這些問題的認知治療方式，因為完整描述將超出本書的範圍。

憂鬱症：保羅

　　Beck（1967）一開始就是將認知治療用於憂鬱症。在認知治療中，對於憂鬱症的研究與論文要比其他的心理疾患多。Clark、Beck 和 Alford（1999）曾在《憂

鬱症的認知理論與治療之科學原理》（*Scientific Foundations of Cognitive Theory and Therapy of Depression*）中，詳細說明認知治療用於處遇憂鬱症的邏輯。以下有五種應用 Beck 之治療方式，以處遇憂鬱症的實務運用：憂鬱症之認知 - 行為治療基本要素（Essential Components of Cognitive Behavior Therapy for Depression; Persons, Davidson, & Tompkins, 2001）、躁鬱症的認知治療（Cognitive Therapy for Bipolar Disorders; Lam, Jones, Hayward, & Bright, 1999）、焦慮與憂鬱的預防（The Prevention of Anxiety and Depression; Dozois & Dobson, 2004）、適配於憂鬱症的認知治療（Adapting Cognitive Therapy for Depression; Whisman, 2008）、對自殺患者的認知治療：科學與臨床的應用（Cognitive Therapy for Suicidal Patients: Scientific and Clinical Applications; Wenzel, Brown, & Beck, 2009）。

憂鬱的認知三角觀點，為認知或其他策略模式提供了一個架構。所謂認知三角（cognitive triad），是指憂鬱症者對於自己、自己的世界、自己的未來採取一種負向的觀點。對於自己，憂鬱症者將視自己為無價值、寂寞的、和不恰當的。同樣的，他們將世界視為是提出難題並出現障礙，使其無法達到目標的地方。展望未來時，憂鬱症者以一種可怕的觀點來解讀，認為他們的問題只會越來越糟，且他們不會成功。由於有這些知覺，憂鬱症者可能是猶豫不決的、無望的、疲累的、冷淡的。他們的認知扭曲就如之前所討論的：全有或全無的思考、災難化、過度概括、選擇性摘要、讀心術、負向預測、個人化、貼標籤與錯誤的貼標籤、誇大或貶抑。

本章所描述的許多認知扭曲，以及常見的認知治療技術，都使用於治療憂鬱症的療程中。在此說明由 Liese 和 Larson（1995）所提供，關於對保羅進行憂鬱症處遇的詳細治療策略。此方式中，他們建立了一個合作的治療關係，使保羅的問題概念化，包括評估他的基本信念和認知基模。接著，他們利用與保羅之基本信念有關的重要資訊來教育保羅。並且，他們應用蘇格拉底式的對話、三個問題的技術、和日常（失功能）想法紀錄，協助保羅改變想法與行為。

對於保羅問題的概念化，包括：精神病理的診斷、他現在的問題、童年發展史、基本信念與自動化思考的整體檔案。38 歲的保羅是個律師，最近發現自己罹患愛滋病。他很難過，遂難以入眠與專心，而且相當焦慮。根據 Liese 和 Larson（1995），他經驗到中等程度的憂鬱症狀。保羅是家中獨子，家裡高度期

待他的學業表現，他確實也做到了。因此對於與父母和與學校的關係，保羅發展出兩個關於他自己的主要信念：「只有當我能夠取悅他人時，我才是可愛的」和「只有當別人喜愛我時，我才是恰當的」（p. 18）。

保羅透過混亂的性關係向其他男人尋求愛和肯定。這樣的行為，反映他企圖「避免感到寂寞」（p. 18）。當他進入治療時，他的行為反映出某些基本信念。

「現在，我真的很不可愛且是有缺陷的。」

「我讓每一個我在意的人失望。」

「因為我的行為，我活該得 AIDS。」（p. 18）

治療師和保羅分享他的診斷。敏感於保羅的感傷與恐懼，治療師同理保羅的感受。然而，保羅驚奇地發現認知治療的高度結構性。在第二次會談時，保羅評論說結構性似乎使得治療顯得「有些沒有人性」。由於治療師的大力鼓勵，保羅才能夠（向治療師）承認：「你似乎關心解決問題，更甚於關切我這個人」。他們討論這個信念，然後保羅從治療師那了解到這信念反映出了讀心術。最後，保羅從治療師自然的溫暖和同理中，了解到治療師真的關心他。他更進一步了解到，治療的結構對於定義問題和解決問題有相當的貢獻（p. 19）。

為治療保羅的憂鬱症，治療師使用蘇格拉底式的對話（引導性探索）。在這種方式下，保羅能夠了解到他的生命還沒有結束。

治療師：你今天感覺如何？（開放性問題）

保　羅：相當憂鬱。

治療師：你看起來很憂鬱。（反映）你曾想過些什麼？（開放性問題）

保　羅：我的生命在此刻似乎是浪費了。

治療師：你說「浪費」是什麼意思？（開放性問題）

保　羅：似乎沒有什麼事情是重要的，或有意義的。

治療師：「沒有什麼事情」（反映）……（長的停頓）你能想到任何一件你所在意的事情嗎？（開放性問題）

保　羅：（長的停頓）我想柯特是重要的。

治療師：你只是「猜想」？（反映／問問題）

保　羅：好啦，柯特真的很重要。

治療師：其他什麼對你也很重要？（開放性問題）

保　羅：我猜我的朋友也對我很重要。

治療師：是什麼使得你的朋友對你來說很重要？（開放性問題）

保　羅：他們似乎真的很關心我。

治療師：當你想到你對柯特和你的朋友的重要性，你有什麼想法？（開放性問句）

保　羅：喔，我猜我的生命並沒有完全浪費。

治療師：當你想到你的生命並沒有浪費，你有什麼感受？（開放式問句）

保　羅：似乎比較沒那麼沮喪了。

在這段對話中，治療師只是引導保羅去思考他與柯特和朋友的重要關係，就開始幫助保羅感受到情緒的放鬆。蘇格拉底式的對話，促使保羅發現自己正向思考、資源與力量的能力，而不是由治療師給他忠告，或是駁斥其不適應的想法（pp. 21-22）。

為了更進一步處理保羅感覺他浪費了生命的議題，治療師使用三個問題的技術。

治療師：幾分鐘前你告訴我，你的生命浪費了。（深思）你對這個信念有什麼證據？（問題一）

保　羅：我沒有任何證據，我就是那樣感覺。

治療師：你「就是那樣感覺」。（深思）你還可以怎樣看待這個情況？（問題二）

保　羅：如果我還是柯特的重要友人，我猜我的生命並沒有浪費。

治療師：如果，事實上，你對柯特並不重要，這表示什麼？（問題三）

保　羅：如果我的朋友沒有放棄我，我猜那也是可以忍受的。

在這個短暫的互動中，治療師幫助保羅，對於他自己的價值變得比較客觀。事實上，當保羅了解到自己的生命有某些意義，即開始經驗到情緒的放鬆（p. 23）。

當保羅剛開始治療時，治療師要他每天至少完成兩份 DTR。那時，保羅提到自己感受到極度的憂鬱。因此，「進入諮商」寫在情況欄，而「憂鬱」寫

在情緒欄。保羅呈現對諮商的自動化思考為：「那是沒有希望的。我不會由此獲益」；這寫在自動化思考的欄位。治療師使用蘇格拉底式的對話幫助保羅，找出對於他的信念「那是沒有幫助的」之邏輯性反應。帶著激勵，保羅提出另外一種更有適應性的想法：「事實上，我不能很確定的說一定沒有希望。我也許還有一點希望。」（p. 24）

並且，治療師使用填寫每週活動表的家庭作業。經由這個認知治療的方式，保羅可以變得比較不憂鬱，進而在他的生命中找到較多的意義。這個案例給的啟示，就是注意詳細評估自動化思考。欲改變各種憂鬱個案的思考與行為，可使用的認知技術相當多，要比目前呈現在本章的更多（Persons, Davidson, & Tompkins, 2001; Whisman, 2008）。

廣泛性焦慮症：艾美

將認知三角應用於焦慮時，Beck、Emery 和 Greenberg（1985）討論到威脅的角色。個體可能視世界是危險的，災難也許會發生或別人可能會傷害他們。這個威脅或許會發生在自己身上，個體可能會不敢自我肯定或嘗試超越威脅或危險。他們也帶著這種觀點看待未來，在此他們相信，他們將不能處理那件他們認為有危險的事。焦慮的人容易將事件視為有危險，而他們的能力是微小不足以處理危險的。

Freeman 和 Simon（1989）指出，焦慮的明顯認知基模是高度警戒（hypervigilance）。具有此基模的個體，通常有對周圍環境相當警覺的生活史。有些人可能會對誰生病了、天氣、道路情況、或是別人臉上的表情特別敏感。較不焦慮的人，可能也會覺察這些環境的情況，但是並沒有這些情況對他們是有威脅之自動化思考。他們對於危機與危險有較正確的評估，而不是高度警戒的那一種。

在評估焦慮個體之認知扭曲時，Freeman 等人（1990）注意到災難化、個人化、誇大與貶抑、選擇性摘要、絕對性的推論和過度概括都是常見的。當一位焦慮個案進行災難化思考時，他們陷溺在極度的負向結果中。他們也許會假設，某個有害的事可能會發生，極有可能真的會發生。在以下的例子中，個案對於災難的扭曲認知，受到反災難的治療介入。經由使用蘇格拉底式的對話，治療師能夠使個案詳細說明她的恐懼，然後透過詢問：「可能會發生最糟糕的事是什麼？」

來反制她的恐懼。

> 艾美前來治療，因為她不敢在公開場所飲食，這使她的生活受到很大的限制。當她計劃要與一些朋友出去喝咖啡時（包括莎拉，一位她不熟的女性），她知道一種想法：「如果我變得沮喪，而開始發抖怎麼辦？」她和治療師討論那件事發生的可能性，而結論是可能的（因為那件事以前曾發生過），但是機率不太高（因為她曾經有好幾次覺得焦慮，但是已經很久都沒有嚴重發抖的現象）。治療師於是探索可能發生的最糟糕情況，問道：「喔，讓我們設想，妳雖沒有很激動，但妳發抖得比以前厲害，可能發生的最糟糕情況會是什麼？」艾美回答說：「莎拉可能會注意到此情形，會詢問我怎麼了？」治療師接著問：「如果她真的注意到且詢問妳，接下來可能發生的最糟糕情況是什麼？」這一次艾美想了一下，回答說：「喔，我會感到非常困窘，莎拉可能會覺得我很奇怪」。再一次，治療師問：「那麼可能發生最糟糕的情況是什麼？」又想了許久之後，艾美回答，「喔，莎拉可能不願意再跟我作朋友，但是其他人是我的朋友，可能就會了解。」最後，治療師問：「如果那真的發生了？」艾美結論說：「我會感覺困窘，但我真的有一大堆好朋友，所以我沒有莎拉這個朋友也可以過活。並且，如果她真的那麼心胸狹窄，誰會需要她這種朋友？」（Freeman et al., 1990, p. 144）

在這個例子中，將負向的想法辨認出來，且透過問問題而加以調整。有時候，治療師會使用想像或真的行為去挑戰恐懼。認知治療師通常使用行為的技術如放鬆訓練，或者加上其他認知方法，以減少個體的壓力或焦慮。

強迫症：電工

第 7 章描述一個認知行為方式，透過直接暴露於刺激之下或儀式，協助案主預防，以治療結合強迫與衝動的強迫症（如檢查車門 20 次，以確定車門真的鎖起來了）。大多數有強迫想法的個體（常常會擔憂一些事情的個案），傾向於在其他人認為很安全的情況中尋找確定性。例如，一個身體很健康的人，強迫性地擔心他可能會得到癌症，而其他沒有這樣強迫性的人，不會一直擔心這種低風險的事情，只會注意著一年或兩年健檢一次。

在描述具有強迫-衝動問題的個體之典型自動化思考時，Beck、Freeman 等人（2004）列出一連串典型的自動化思考。

1.「如果我忘了帶什麼，怎麼辦？」

2.「我最好把這件事再做一遍，以確定我把它做對了。」

3.「我應該要留著這個舊檯燈，因為也許有一天我會用到它。」

4.「我一定要自己做這件事情，不然人家不會把它做好。」（p. 313）

在這些自動化思考之下，Beck 等人（2004）相信有強迫性思考的個體，對自己及其世界有某些假設。

「世界上有正確和錯誤的行為、決定和情緒」（p. 313）。

「犯了錯就應該被責怪」（p. 314）。

「我得掌控我的環境和自己」、「失控不可忍受」、「失控是危險的」（p. 314）。

「若某件事是或可能是危險的，某人對此一定非常生氣」（p. 314）。

「個人藉神奇的儀式或強迫性默想，有能力引發或預防災難發生」（p. 315）。

諸如此類的想法就如 Taylor、Kyrios、Thordarson、Steketee 和 Frost（2002）及 Purdon（2007）所描述的，與強迫症相關的主要想法一樣。這些想法包括過度高估威脅、無法忍受不確定、攬下所有責任、完美主義、控制思想、混淆想法與行動。

過度高估威脅　有強迫症的人常會過度高估可怕的事情發生之機率。例如，某個人可能相信自己現在生活中面臨許多的危險。處理這種情形的方法就是去檢視此人這種想法對他的意義，而不是檢視其內容。

無法忍受不確定　有強迫症的人常會相信一個人應該要知道所有會發生的事情。例如，他們可能會想：「如果我不能預料當我去旅行時會發生什麼事，我一定是做錯了什麼事。」追蹤必須知道假期會發生什麼事及嘗試要知道所花的時間，可能是個案覺得有用的方法，且此法幫助他們在獨處時也不會再想到要去確認事情。

攬下所有責任　有些個體可能會認為保護自己與他人避免受傷是自己的責任。有些人相信自己若沒有保持整潔，有人可能會因他們身上的細菌而受害。有幾個方法是有效的，其中一個是要求案主去探討如果別人也像案主這樣有責任感，將會發生什麼事。

思想控制　有強迫症的人可能會認為必須要控制自己的衝動性思考，要不然不好

的事情可能會發生。例如，有個人坐飛機時，沒辦法不想到飛機會失事，他簡直快瘋了。一個方法是建議個案隔日輪流嘗試控制他們的思考，來比較結果會怎麼樣（Clark, 2004）。

完美主義　有強迫症的人常會有的完美主義觀點是，問題總有一個完美的解決方法，而不會犯錯。例如，如果我不能回答數學考卷上的所有問題，我就是個失敗者。找出個案佩服的人並詢問這人所犯過的錯誤或完美的行為，是一種處理完美主義的有用方法。

混淆想法與行動　這是指一種觀點，以為想法就會造成行動，或是想法要為行動負起責任（混淆想法與行動）。「如果某個人想另一個人可能會死，那就真的會發生」即為一例。幫助個案的方法是讓他看到想法與行動的混淆，詳見稍後討論。

　　以上是檢視強迫症的多種方式。研究者已檢視強迫症中常見的信念。他們也用各式各樣的方法來因應這些信念。

　　對於有強迫症的人，當他們沒有去做該做或必須做的事時，常會感到罪惡。對於這種人來說，保證永遠不夠，焦慮只是片刻除去並不長久。處理強迫性思考的方式雖然有好幾種，但有個具體例子說明認知處遇的方式：思考－行動混合模式。這個模式企圖去反制個體嘗試處理強迫性思考時的逃避。

　　有幾位作者討論混淆思考與行動的問題。Wells（1997）持續 Rachman（1997）和 Wells 及 Matthews（1994）的工作，說明一位有強迫性思考的人常將想法與行動劃上等號。例如，一個人有傷害小孩的想法，就會想他真的會傷害到小孩。思考與行動的混淆，也可以應用到過去的行動。如果我想到我過去做了一些不好的事，我可能就真的做過。因此，如果我有我過去曾傷害一個孩子的想法，我就認為我曾這樣做過。Needleman（1999）舉了 Carlos 的例子，Carlos 相信自己好像曾開車撞過別人，但事實並非如此。治療師進行了一個實驗，Carlos 用一個槌子放在治療師的大拇指上方，並且重複的想著「我要盡量用力地將她的拇指敲碎」（p. 220）。Carlos 雖不情願但同意這麼做，終於能夠將此侵入性的思考與企圖分開。

　　對於如何幫助及概念化那些將思考與感受混淆在一起的人，Wells（1997）提出了一些建議。這個治療的基本目標，是幫助案主看到思想與更進一步的行

動是不相關的,並且對侵入性的想法,發展一種分離式的接納。在蒐集有關這些想法的資料時,Wells 為強迫症患者發展出一個失功能想法紀錄(Dysfunctional Thought Record)的修正版。

Wells 說明將想法自行動和事件分離的幾個方法。第一步是幫助病人,加強他對想法與行動何時會混淆的覺察。他使用類似的方法幫助病人將想法與事件分開。以下,他使用蘇格拉底式的對話,幫助一個人將工作中的想法與事件加以區分。

> **治療師:**你在工作時檢查電插頭有多久了?
>
> **病　人:**大約三年。
>
> **治療師:**你曾發現過你忘記關掉它們嗎?
>
> **病　人:**沒有。我有系統的走一遍並且把它們關掉。但那並沒有終止我開車回到工作場所去檢查的念頭。
>
> **治療師:**所以,雖然你的經驗都說明,你的疑慮不是真的,但你還是相信它們可能會是真的。是什麼讓你相信那是真的?
>
> **病　人:**我不知道。也許我沒有恰當地把它們關掉。
>
> **治療師:**當你檢查時,有這樣的證據出現嗎?
>
> **病　人:**沒有。
>
> **治療師:**然而你還是一直去檢查也一直有困擾。你的檢查對於解除你的困擾有何幫助?
>
> **病　人:**很明顯地一點幫助也沒有。
>
> **治療師:**所以你何不停止檢查?
>
> **病　人:**我會很不舒服。那會毀了我的週末。
>
> **治療師:**你所謂不舒服是什麼意思?
>
> **病　人:**我會一直陷在我沒有把東西關掉的想法中。
>
> **治療師:**所以你還是會以「好像你的想法是對的」這樣來回應。你可否對你的想法以不同的方式回應,那會有幫助嗎?
>
> **病　人:**喔,我已經告訴自己去想這些事情是愚蠢的。
>
> **治療師:**這樣可以阻止你逗留在那想法中嗎?
>
> **病　人:**不會。我在腦海中走一遍我關掉的流程,看看我是否能記起那所

有的過程。

治療師：所以你還是做得好像你的想法是真的一樣。聽起來這會造成你自己的問題。

病　人：有時候它會使我覺得好一點，但是我如果無法清楚記得我關掉電器的過程，那就表示我會感到更糟糕，最後我還是回去檢查。

治療師：所以長期來看，你的行為或腦海中的檢查對你的用處是什麼？

病　人：我可以看得出來它大概沒什麼幫助。但是若不檢查，我會覺得更糟。

治療師：好的。我們可以等一下就來探索那個可能性。但是我想我們應該對於你處理你的想法的方式做點什麼事情。聽起來你的檢查似乎會帶來更多的疑慮，且使你的問題持續著。（Wells, 1997, pp. 254-255）

　　Wells（1997）和 Clark（2004）使用其他的認知策略，幫助病人將他們的想法自行動與事件中分離。他們也使用描述於第 7 章的暴露與儀式避免策略。Clark（2004）發現蘇格拉底式的詢問、引導式發現和家庭作業都很有幫助。

藥物濫用：比爾

　　將認知治療應用於藥物濫用需要仔細且複雜的步驟，詳見《藥物濫用的認知治療》（*Cognitive Therapy of Substance Abuse*）（*Beck, Wright, Newman, & Liese,* 1993）一書。治療師（Liese & Beck, 2000; Liese & Franz, 1996; Newman, 2008）討論藥物濫用認知處遇的進展。雖然以認知模式處遇藥物濫用的病人，與處遇其他心理疾患有些類似，但仍有明顯不同之處。治療的關係可能是困難的，因為案主也許不是自願進入治療，可能參與過犯罪活動，對於治療或許有負向的態度，對於藥物的使用，可能也不願意誠實以對。並且，病人不會主動說出他的濫用行為。有時，病人拒絕討論他們的藥物濫用，也不願討論他們可能有憂鬱症或其他問題（Newman, 2008）。治療師不能只詢問病人的使用情況，也要詢問他的使用程度（J. S. Beck, 2005）。在設定目標時，治療師除了要關注於不再使用藥物，也要關注於如何解決其他的問題，如：經濟或是工作的問題。關於藥物濫用特別要處理的議題，包括因戒斷症狀而引起的渴望，及由藥物所提供的歡樂將會缺乏。特別重要的是要關注個人的信念系統，以下將詳細說明。

　　濫用藥物的人常有三種基本信念：預期的、放鬆取向的、隨意的（Beck et al., 1993）。預期的信念（anticipatory beliefs）是一種增強的期待，如「我今天晚上見到 Andy 時，我們將會情緒很高漲，這實在太棒了！」放鬆取向的信念（relief-oriented beliefs）通常是指用藥將可移除心理或生理的退縮所造成之症狀。隨意的信念（permissive）是指有權使用藥物的這種想法。例子包括：「我能使用藥物，我不會成癮」、「使用是 OK 的……別人也都在用」。這些隨意的信念，是自我欺騙的並被認為是一種合理化或藉口。隨意的信念是最常見的。McMullin（2000）列出數個可以用來反制個案言論的治療評論。對於「喝兩杯酒對我是有益的」（p. 363）的論調，能夠用「上次你喝兩杯是什麼時候？」來反制（p. 364）。認知治療的主要關注點是去挑戰和改變各種的信念。

　　要改變藥物濫用者的信念系統，Beck 等人（1993）建議六個方法：評估信念、教導病人有關認知治療的模式、檢視與測試成癮的信念、發展控制信念、練習活化這些新的信念、給予家庭作業（p. 170）。要評估信念，可以問這樣的問題，如「你如何解釋……？」和「你對……的看法如何？」（p. 170）。要進一步評估信念，Beck 及其同事發展出一些藥物相關的問卷，例如：渴望信念的問卷（Craving Beliefs Questionnaire）、藥物濫用的信念（Beliefs About Substance Abuse）、關於藥物濫用的自動化思考（Automatic Thoughts About Substance Abuse）。在詳細的評估信念之後，可以教導病人有關成癮的認知模式。

　　與藥物濫用有關的信念系統，常會變得很頑固。這樣的信念，包括：「大麻實在太棒了」、「你沒辦法戒除海洛因」、「沒有東西比古柯鹼更使人興奮」，以上信念能以下列的問題來檢視與測試：「你那個信念的證據是什麼？」、「你怎麼知道你的信念是對的？」、「你從那裡知道那個？」（Beck et al., 1993, p. 177）。要發展一個控制信念的系統，或是新的信念，以代替之前失功能的信念，治療師使用蘇格拉底式的對話，就如以下處理古柯鹼的例子：

> **治療師**：比爾，你現在似乎比較沒有那麼死忠的相信「沒有事情要比變得興奮更有趣」這件事了。
>
> **比　　爾**：我不確定現在要相信什麼。
>
> **治療師**：你是什麼意思？

比　爾：喔，我還是認為與我的朋友一起變得興奮這件事很有趣，但也許它沒有像我想像得那麼完全的興奮。

治療師：比爾，你還可以和朋友做什麼也是有趣的？

比　爾：喔，我不知道這些人，但過去和其他的朋友，我可以去打棒球、或是打牆壁回力球、或是做些運動、或其他事情。

治療師：還有嗎？

比　爾：我猜還有很多事情……但是沒有一個像使用古柯鹼這樣令人興奮。

治療師：讓我們思考更多的事情。在你使用古柯鹼之前，是什麼東西給你最大的悸動？

比　爾：喔，我是個愛冒險的人。當我年輕時，我會去露營、健走及攀岩。不過我現在沒有能力去做那些事。

治療師：當你說「我現在沒有能力去做那些」，你的意思是什麼？

比　爾：我想我只是懷疑，我是否還能享受做那些事的樂趣。我已經很久沒做那些事了。

治療師：如果你要再做這些事情，你要先做些什麼？

比　爾：我猜我就是必須要去做它們就對了。

治療師：過去，當你去露營、健走、攀岩時，你的感覺是什麼？

比　爾：我覺得很棒……覺得很有生命力！

治療師：那種感覺與吸食古柯鹼所得到的興奮比較有何差別？

比　爾：（停頓）……我猜，就某種方式而言，那種感覺甚至比吸食古柯鹼還要好。

治療師：你的意思是什麼？

比　爾：喔，我真的從那些活動中獲得一種興奮感。沒有捷徑，那真是一種超好的感覺。

治療師：所以也許現在你有一種控制信念，可以代替舊的成癮信念。即為「我能夠經驗到一種超級興奮的經驗，而不需要使用古柯鹼」。

比　爾：是的，我只是要記得那種想法。（Beck et al., 1993, pp. 179-180）

　　控制信念發展出來之後，病人必須要操練它。治療師有時候使用閃示卡去增強此信念，當中包含一些訊息，如「吸毒會讓我傾家蕩產」、「當我吸食古柯鹼，我對我的生命將無法掌控」。個案想像一個對藥物的渴望，然後使用控制信念去

反制渴望。除了在會談中練習使用控制信念，在治療之外，要讓個案去做家庭作業。控制信念要在一個高危險的情況練習，例如，與一群使用藥物的朋友一起時。

　　雖然在藥物濫用的認知治療上，改變信念系統是基本必要的，但其他的議題也要注意。治療師也幫助案主處理一些事情，如對「家人的反應與財務問題」的掛慮。從工作或是從濫用藥物朋友而來的壓力，也都會加到病人的問題中。並且，治療師與藥物濫用者工作時，要教導個案預防和處理復發的方法。個案學習去處理一時的小失足，這樣他們就不會讓自己發生多次的復發（C. A. Diefenbeck, personal communication, January 2, 2006）。在藥物處遇的過程中，經常使用蘇格拉底式的對話，及其他有助藥物濫用者改變扭曲信念的技術。

　　雖然本節關注於憂鬱症、廣泛性焦慮症、強迫性思考和藥物濫用四種疾患，但認知治療也曾使用於許多其他的議題。例如，空曠恐懼症、創傷後壓力症候群、悲傷、厭食症與暴食症、肥胖、自戀、邊緣性人格疾患、精神分裂症、多重人格和慢性疼痛。許多書籍與論文描述這些疾患，並且舉例說明可能會呈現的認知扭曲，和具體的認知技術。

 ## 短期認知治療

　　對許多的疾患而言（如憂鬱症與焦慮症），認知治療比較短期，通常是在 12 到 20 次會談之間。有時候治療師在第一個月，一週見案主兩次，後面幾個月則是一週見一次。有幾個因素會影響心理治療的長度，例如，案主做家庭作業的意願、問題的廣度與深度、還有個案有此問題多久了。對自戀性、邊緣性和其他的人格疾患，治療通常要 18 到 30 個月，並且在治療初期要一週會談 2 到 3 次。其他的因素，如治療師的風格與經驗、復發的可能性，也都會影響認知治療的長度。

 ## 目前治療趨勢

　　認知治療是一個在實務與研究都相當活躍的領域。有些治療師與研究者根

據 Aaron Beck 發展出來的認知治療，研發出了新的應用方向。正念認知治療
（mindfulness-based cognitive therapy）是一個八次的團體工作，以幫助重度憂鬱
的個體避免復發。另一個可用來協助人格疾患和其他嚴重心理問題個體的取向，
稱為基模焦點認知治療（schema-focused cognitive therapy），用來評估和改變明
顯的認知基模。這些取向具有治療手冊或治療指引。並且，本書列出可用在許多
其他心理疾患的認知治療處遇手冊。

正念認知治療

認知治療師已增加正念冥想技術，以作為處理許多疾患的策略（Teasdale,
Segal, & Williams, 2003）。有關正念冥想的進一步討論，詳見第 7 章的接納與進
入治療的部分，和在第 13 章有關亞洲治療的部分。正念的壓力減低使用佛教哲
學，以幫助人們有效連結想法與感受。它不關注改變想法或感受的內容（Salmon
et al., 2004）。正念認知治療亦不關注改變想法和感受的內容，但是此治療是為特
定對象所設計的，故有所不同。

正念認知治療是幫助憂鬱症者（通常是重鬱症者）避免復發的一種特定團
體訓練方法（Barnhofer et al., 2009; Crane, 2009; Segal, Teasdale, & Williams, 2004;
Segal, Williams, & Teasdale, 2002; Williams, Teasdale, Segal, & Kabat-Zinn, 2007）。
這個取向關注於如何幫助個案改變其注意負向想法（及情緒和身體知覺）的方
式。要做到這點，他們要將他們的想法去中心化。去中心化（decentering）是指
了解想法就只是想法，它不是真相（Spiegler & Guevremont, 2010）。舉例來說，
如果你想：「我是懶惰的」，那並不是一個正確的自我描述；那只是個想法。透過
練習正念，你將能夠與想法維持距離、或離開某個想法，而不會一直陷於某個想
法。如果某個憂鬱個體能變得較覺察、或較像這樣的正念於想法，此個體就可以
看出這是引發憂鬱的一個前兆。當變得覺察於這樣的想法，個體就能夠避免憂鬱
復發（Spiegler & Guevremont, 2010）。

正念認知治療，是一個為期八週、每次會談兩小時的團體訓練課程（Segal
et al., 2002; Segal et al., 2004）。這個課程的焦點並不是控制想法，反而是放棄控
制想法、感受和身體知覺。透過接納這些想法、感受和知覺的改變，個案產生改
變及避免憂鬱症的復發。前四次的會談用來教導和練習，如何注意想法、感受和

身體知覺而不評價它們。後四次的會談透過使用正念技術，以注意情緒的轉變。課程中教導個案注意到，他們的想法能夠影響他們的情緒感受和生理反應。使用家庭作業，教導個案在日常生活中應用這些技術。並且，他們可以請家人在此方法上提供協助，所以他們較能預防或中斷憂鬱症復發。一些研究指出，正念認知治療有助於預防重鬱症之再度復發（Evans et al., 2008; Fresco et al., 2007; Kuyken et al., 2008; Segal et al., 2004）。

基模焦點認知治療

由 Jeffrey Young 及 其 同 事（Kellogg & Young, 2008; Riso, du Toit, Stein, & Young, 2007; Young, 1999; Young & Brown, 1999; Young et al., 2008）發展出來的基模焦點認知治療，是源自並補充 Beck 的認知治療。然而，它和 Beck 的認知治療在幾個層面有所不同。基模焦點認知治療曾用來幫助有人格疾患的個案，如邊緣性人格疾患；也用來幫助一些困難的問題，如飲食障礙、兒童虐待和藥物濫用。在基模焦點認知治療中，比較強調個案 - 治療師的關係。並且，治療師會比傳統認知治療要會探索發展於童年期的基模（Spiegler & Guevremont, 2010）。在對發展於童年的基模工作時，治療師有可能使用描述於第 6 章的完形治療技術。

就如之前所描述的，基模是種思考的主題或方式，由一系列關於自己、他人與環境的信念所組成。Young（1994）描述五種可能在童年就出現的核心信念，造成生活的困難而形成嚴重的心理疾患。這五種信念包括：遺棄 / 不穩定、不信任 / 虐待、情緒剝奪、防衛 / 羞恥和社會孤立 / 羞恥，描述如下。

1. 遺棄 / 不穩定（abandonment / instability）。發展信任的關係有困難，因認為別人是不穩定或不可靠的。
2. 不信任 / 虐待（mistrust / abuse）。個體可能以為別人會傷害、虐待、嘲笑或操弄他們。
3. 情緒剝奪（emotional deprivation）。別人可能會因沒有提供足夠的照顧與保護，未能滿足他們對情感支持的需求，而使個案失望。
4. 防衛 / 羞恥（defensiveness / shame）。個體可能會感覺很糟、不可愛或不如人，這可能是由於對批評、拒絕或責備很敏感。
5. 社會孤立 / 羞恥（social isolation / shame）。有一種孤獨感，感覺不屬於

任何一個團體或社區，也感覺和別人不同。

可能還有其他的基模，不過這些是較常見的。一般說來，這些基模始於童年期，然後持續於成人期。當這些基模受想法或事件的知覺所活化，個體可能會感到焦慮或憂鬱，最後可能會在心理疾患顯現出來。

治療師的第一個任務是去評估個案的特定基模，以決定對個案重要問題的主題。要達此目標，治療師首先要確定造成問題的基模。第二，治療師透過想像或角色扮演以活化基模。想像或角色扮演的主題，通常是發生於童年時的一件困擾事件。這些基模在治療的改變期將加以處理。第三，治療師將個案的基模或主題，以及個案在基模活化時所顯示的感受與行動都加以概念化。最後，治療師說明個案的基模或主題之評估結果。這就設定為治療改變的階段。

一般說來，治療師也使用本章所描述的認知與行為技術。治療師也許直接使用特定幾個技術來對基模工作。其中一個就是實驗的或是完形的技術，稱為基模對話（schema dialogue），個案在其中角色扮演基模的「聲音」或訊息。然後，個案能夠角色扮演，或真的說出他們的「聲音」，或是對基模有健康的回應。完形的雙椅技術也可以加以運用，讓個案在其中一張椅子扮演基模要傳達的訊息，在另一張椅子扮演對於基模的健康回應。另一個技術稱為生命回顧（life review）；在此技術中，治療師要求個案找到證據以支持或反駁他們的基模。在使用認知治療技術之餘，都可以再加上以上和其他的基模焦點技術。對於基模焦點治療效果的評估並不多，但是有些研究支持這樣的取向或方式（Lobbestael, van Vreeswijk, & Arntz, 2007, 2008; Riso et al., 2007）。

治療手冊

數本治療手冊，說明認知治療如何應用於特定的族群或疾患。有些將認知治療應用於飲食障礙，如《治療暴食症：整合後設認知與認知治療手冊》（*Treating Bulimia Nervosa and Binge Eating: An Integrated Metacognitive and Cognitive Therapy Manual;* Cooper, Todd, & Wells, 2009）。其他書籍內容涵蓋應用認知治療於人格疾患，如《人格疾患的認知治療：臨床工作者指南》（*Cognitive Therapy for Personality Disorders: A Guide for Clinicians*; Davidson, 2008）。一些具體可在會談時使用的策略、協議書及問卷，都可以當作治療手冊來用。《躁鬱症之認知

行為治療》（*Cognitive-Behavioral Therapy for Bipolar Disorder;* Lam et al., 1999）和《躁鬱症：一個認知治療的方式》（*Bipolar Disorder: A Cognitive Therapy Approach;* Newman, Leahy, Beck, Reilly-Harrington, & Gyulai, 2001）提出了具體方式，以處理躁鬱症之憂鬱和躁狂階段。和處遇憂鬱症相關的是與欲自殺者工作的手冊，即《給欲自殺者之認知治療：科學與臨床的應用》（*Cognitive Therapy for Suicidal Patients: Scientific and Clinical Applications;* Wenzel et al., 2009）。認知治療也應用於精神病，如《精神病之認知治療案例書》（*A Casebook of Cognitive Therapy for Psychoses;* Morrison, 2001）和《精神分裂症之認知治療》（*Cognitive Therapy of Schizophrenia;* Kingdon & Turkington, 2005）和《精神分裂症：認知理論、研究和治療》（*Schizophrenia: Cognitive Theory, Research, and Therapy;* Beck, Rector, Stolar, & Grant, 2009）。由於認知治療的普及和許多個體會進行研究，更多關於將認知治療應用於特定心理疾患的書籍，將會在未來出版問世。

認知治療與其他理論的併用

　　由於認知治療具有行為與情感的部分，它吸引其他的理論與其結合，特別是行為治療與理性情緒行為治療（REBT）。使用認知治療時，結合了許多行為治療，如現場暴露法、正增強、示範、放鬆技術、家庭作業與評估等級的活動。認知治療與行為治療的共同點，都強調與案主需有合作的關係，並且使用嘗試行為與認知的家庭作業來驗證會談所學。認知行為（cognitive-behavioral）一詞是用來描述，治療師結合了第 7 章的（行為）技術、第 8 章的（認知）技術，以及本章的（認知）技術。雖然工作內容主要由行為治療發展而來，認知治療師也關心個案的感受和情緒，納入個人中心治療的同理心的層面。為更進一步將個案的體驗與情感的經驗整合到治療中，Fodor（1987）建議使用完形的實地演練技術，例如，空椅法或覺察練習。並且，想像的完形取向使用情緒的反應，作為一種評估認知的方法，以對信念提供整體的了解，也幫助個案覺察痛苦的情感（Edwards, 1989）。認知治療師在處理個體的非認知層面問題時，透過使用行為與完形的方法，治療的處遇會更有彈性、也更有效率。

　　認知治療和 REBT 有許多共同的技術與策略，但兩者亦有不少重要的差

異。REBT 挑戰非理性信念；認知治療則幫助個案，將信念改變為一種他們可以討論的假設。另一個重要的不同是，認知治療處理各種心理疾患是有差異的，它會辨識各個心理疾患的認知基模與扭曲，及處理與各心理疾患相關的行為及感受；REBT 則是專注於改變非理性信念的方法，不論心理疾患的本質。雖然認知治療和 REBT 的實務工作者對心理困擾的哲學取向不同，但是他們都有可能使用蘇格拉底式的對話和駁斥的方式，處理個案的信念系統。

當初是由於 Beck 對精神分析式治療不滿意而發展出認知治療，但認知治療使用了一些精神分析的架構。認知與精神分析式治療，都相信行為是受到信念的影響。但是，精神分析強調潛意識信念的重要性，而認知治療關注意識的信念系統。認知治療的自動化思考之概念，類似於精神分析的前意識。

不只是認知治療師使用許多其他理論到他們的工作中，其他理論學派也大量使用認知治療到他們的工作裡。行為治療與認知治療，都強調詳細的評估和實驗改變的方法。另外，Adler 學派治療師和理性情緒行為治療師，在他們的取向中強調 Beck 的認知方法，並且使用了許多本章所討論過的認知技術。並且，其他理論的治療師在工作中可能不會仔細使用認知評估，但也許會檢視個案的認知扭曲，也使用認知技術，如去災難化，以協助帶來改變。由於起始於 1960 年代的認知治療已經快速地變得如此普及，將它整合進其他理論學派而使用，會是持續發生的事情。

相關研究

多年來，大家關注於研究認知治療的效果，特別是與行為治療、心理動力和心理藥物處遇來比較。Butler 和 J. S. Beck（2001）回顧了 14 篇認知治療的後設分析，當中包括 325 篇研究和 9,138 位研究對象。後設分析包括幾種心理疾患和許多發現，顯著發現相對於接受安慰劑或其他的控制組，認知治療能提供幫助。無庸置疑，對憂鬱症的研究投注最多精力。本節介紹幾個有效處遇憂鬱症的方法之研究的後設分析，其中有兩個研究比較認知治療與其他治療。此外，本節亦說明處遇廣泛性焦慮症和強迫症之認知治療的有效性研究。在此僅簡短回顧這些研究，並不探討如何將認知治療應用於其他的心理疾患。以下三種心理疾患的處

遇，被認為是有研究支持的心理處遇。

憂鬱症之研究

　　許多研究關注於 Beck 的認知治療方式對憂鬱症的有效性，從幾個後設分析都是在評估此事即得以窺知。在一個檢視 58 份研究的後設分析中，與藥物治療的收穫相比較，Robinson、Berman 和 Neimeyer（1990）發現憂鬱的個案從心理治療獲益良多。Gloaguen、Cottraux、Cucherat 和 Blackburn（1998）回顧 72 篇採用隨機臨床試驗關於成人的研究。他們總結出，當與候補名單、抗憂鬱劑、和其他各種治療比較時，認知治療明顯的可以幫助案主。相較於行為治療，憂鬱症的認知治療並沒有產生較好的效果。在以青少年為對象的 13 個研究中，在進行處遇及結束後 6 到 12 週的追蹤後，總結出認知治療的效果要比候補名單、放鬆治療、支持性治療要好（Reinecke, Ryan, & DuBois, 1998）。此外，一項大型研究──憂鬱症青少年處遇研究（Treatment for Adolescents with Depression Study, TADS）──顯示結合藥物治療和認知與行為的方法，對於幫助憂鬱症青少年是有效的（Ginsburg, Albano, Findling, Kratochvil, & Walkup, 2005）。這個結論與 Aaronson、Katzman 和 Gorman（2007）的研究結果相似；他們回顧許多研究，結論出藥物加心理治療較單獨使用其中任何一項都更有效。有助於治療憂鬱的認知方法，包括：情緒管控、辨識認知扭曲和發展實際的反制思考（Rohde, Feeny, & Robins, 2005）。對於憂鬱症狀的認知治療就類似於去除不想要的行為，幫助個案回到正常或是較不憂鬱的狀態（Bhar et al., 2008）。

　　對憂鬱症的認知治療，仍是受到廣泛注意的主題。例如，有做心理治療家庭作業的憂鬱症病人，比那些只做一點或沒有做家庭作業的，病情要改善得多（Burns & Spangler, 2000）。有趣的是，憂鬱症的嚴重程度，並非是影響案主是否做家庭作業的因素。在認知治療中，還有什麼因素會影響病情改善？Tang 和 DeRubeis（1999）發現，認知治療對憂鬱症的處遇效果，通常就是改變了發生於之前會談中憂鬱相關問題的想法。Beevers 和 Miller（2005）指出，有參加認知治療的個體（相對於參加家族治療者），可以更有效的處理負向想法，並且不會因想法而變得憂鬱。另一個研究（Teasdale et al., 2001）建議，當案主在處理不想要的想法時，透過訓練案主有企圖的而不是自動化的，其復發可以減少。他們可以將這些標籤為「腦海中的事件」，而不是改變他們的信念。一項對 35 位中度

到重度憂鬱症患者的研究指出，如果能發展出並使用認知治療技術，復發將會減少（Strunk, DeRubeis, Chiu, & Alvarez, 2007）。

認知治療和其他治療理論的比較也持續進行。Cottraux 等人（2009）以 65 位法國病人為樣本，比較個人中心治療與認知治療，發現病人留在認知治療中較久，且比起個人中心治療，認知治療在整體測量上也顯示有較好的長期改善效果。並且，比起使用個人中心治療的病人，接受認知治療的病人就有希望及較少衝動行為兩方面，較早感到有改善。REBT 和認知治療都同樣顯示在自動化思考、失功能的態度和非理性信念方面有改善（a REBT concept; Szentagotai, David, Lupu, & Cosman, 2008）。另外，在某個羅馬尼亞重鬱症病人的樣本上，發現認知治療與 REBT 同樣比藥物治療成本效益高（Sava, Yates, Lupu, Szentagotai, & David, 2009）。在一個 120 位重鬱症成人樣本上，比較認知治療與藥物治療的效果，發現將兩者結合，要比單獨使用任何一種有效得多（Shamsaei, Rahimi, Zarabian, & Sedehi, 2008）。Weissman（2007）討論認知治療與人際治療，總結兩者都是在治療單極性憂鬱症時，最常使用與測試的治療。

廣泛性焦慮症之研究

Hollon 和 Beck（1994）回顧認知治療對罹患廣泛性焦慮症的病人之效果，總結出認知治療在減少個體的威脅知覺、苦惱程度上是成功的。他們指出認知治療比行為或藥物治療有效，特別是能將治療的改變維持一段時間。在處遇廣泛性焦慮症時，認知治療優於行為治療的原因之一是：行為治療中沒有幾個特定目標行為可以去注意，而認知治療可以專注於關於威脅信念的扭曲認知。然而，一個針對五個研究的後設分析，比較認知治療與放鬆治療，發現兩者都對治療廣泛性焦慮症有效（Siev & Chambless, 2007）。一個針對廣泛性焦慮症治療之 16 個研究的後設分析，顯示認知行為治療明顯要比候補名單的方式有效（Gould, Safren, Washington, & Otto, 2004）。並且，結合認知治療與行為治療，要比單獨使用行為治療有效。這處遇關注於幫助案主忍受不確定、挑戰關於擔憂的錯誤信念、改善他們會引發焦慮的問題解決方式。一份關於治療廣泛性焦慮與其他焦慮疾患的回顧性文獻提供了認知治療之有效性證據（McManus, Grey, & Shafran, 2008）。

關於行為治療與認知行為治療的比較，能夠自 Butler、Fennell、Robson 和

Gelder（1991）的研究中，進一步洞悉效果的差異。他們提供大約 4 到 12 週的個別處遇給 57 位案主，這些人已達到廣泛性焦慮症的標準。接受行為治療者以肌肉放鬆技術來處遇，並且也做了一個焦慮刺激階層表。對於認知行為治療的樣本，案主要記錄失功能想法，並發展技術去檢視想法，就此形成對那些想法的替代想法，這些想法會在接下來的家庭作業中受到測試。作者指出認知行為治療明顯優於行為治療的地方是，認知的技術比起行為治療技術，更能幫助個案處理那些會促成焦慮的思考方式和焦慮的結果（後者是行為治療的焦點）。

強迫症之研究

　　就如同描述於第 7 章的一樣，暴露和儀式避免顯示對處理強迫症有效。Abramowitz（1997）回顧認知的技術和暴露及儀式避免的研究，發現認知的技術至少與暴露有同樣效果。這些技術有些重疊，所以要區分它們有點困難。當有強迫或某種想法，但沒有衝動性或儀式性的行為，適當的處遇方法則較不明確。一個研究觀察 35 位有強迫症狀的門診病患，發現比起那些只接受暴露治療的病患，接受認知治療加上暴露治療的人較不會中輟治療（Vogel, Stiles, & Götestam, 2004）。Clark（2005）相信，以認知治療輔助暴露治療來處遇強迫症是很有用的。這樣的結果也在 Whittal、Robichaud、Thordarson、和 McLean（2008）的研究中得到確認。他們做了一個 2 年的追蹤研究，比較團體認知治療與團體暴露及反應避免的效果。多數在暴露及反應避免團體者的耶魯 - 布朗強迫症量表（Yale-Brown Obsessive Compulsive scale）的分數，低於在認知治療團體者。另一個研究比較有強迫症的兩組雙胞胎接受治療的效果，發現暴露和儀式避免，不管有無結合認知行為治療，可以減少強迫的症狀（Twohig, Whittal, & Peterson, 2009）。以下介紹使用數個單一個案研究的探索性研究，對於後續進一步的研究與治療提出建議。

　　在處理強迫性思考時，Salkovskis 和 Westbrook（1989）建議強迫症可以分為強迫性思考與強迫性認知儀式。他們建議使用一種類似暴露與儀式避免的方法，是避免個案從事某種認知儀式的方法。在一個由 Salkovskis 和 Westbrook 所進行的預備性研究之後，Freeston 等人（1997）研究 29 位有強迫性思考而無強迫性儀式的案主。他們利用類似於 Salkovskis 和 Westbrook 的步驟，於處遇後六

個月追蹤，發現對病人的處遇還是有效的。有一本手冊（McGinn & Sanderson, 1999）結合暴露/儀式避免的工作，和 Beck 及 Salkovskis 的認知重新建構方式，處遇強迫症的症狀。

　　本節舉例說明了認知治療用於憂鬱症、廣泛性焦慮症、強迫性思考的效果之評估研究，認知治療使用於其他疾患的效果也受到評估。特別是許多近期的研究，都在探討認知治療用於處遇具有注意力不足及過動（McDermott, 2009）、恐慌症（Otto, Powers, Stathopoulou, & Hofmann, 2008）、空曠恐懼症、創傷後壓力症候群的有效性評估（Butler & Beck, 2001; Hollon, 2003）。認知治療的另一個主要焦點，是關於藥物和酒精的濫用（Newman, 2008）及吸菸的處遇（Perkins, Conklin, & Levine, 2008）。嚴重的疾患（如精神分裂症）也是研究的主題，但是比較沒有像其他的心理疾患那麼廣泛（Beck et al., 2009; Beck, Rector, Stolar, & Grant, 2009; Sensky, 2005）。其他研究領域包含了評估認知治療對孩童、伴侶、家庭的效果。

性別議題

　　在提到將認知治療用於女性時，Davis 和 Padesky（1989）及 Dunlap（1997）說明在處理婦女的議題時，如何能整合性別議題。同樣的，在了解當事人心理問題時，Bem（1981）的性別基模理論，能夠用來了解性別基模如何與其他的基模互相作用。Davis 和 Padesky（1989）分析女性常見的認知扭曲，包括以下幾項：評估自己的價值、感覺有能力、感到要對關係負責、可能發生於身體意象的掛慮、獨居、與伴侶的關係、父母角色、工作的議題、犧牲的議題等等。對 Davis 和 Padesky 而言，認知治療的優點，就是它教導案主幫助自己，並且為辨識那些會干擾自主與力量的負向自我基模負起責任。Piasecki 與 Hollon（1987）和 Dunlap（1997）提到使用認知治療處遇憂鬱婦女的挑戰，一方面幫助婦女駁斥她們的想法與信念，另一方面同時也要承認她們觀點的價值。因為認知治療是主動和有結構的，治療師要小心在治療中不要太強勢或太主導。

　　由於認知治療的一些特性，比如強調問題解決，這使得認知治療也對男性有幫助（Mahalik, 2005）。男性對於認知治療強調想法甚於情緒，可能會比較自

在。對那些不太願意以情緒表達自己的男性可能特別明顯。並且，就如某些研究所顯示的（Mahalik, 2005），經驗到性別角色衝突的男性，可能比較喜歡以認知取向接受處遇。受傳統社會影響的男性，也可能比較喜歡認知治療的結構性與行動導向的方式，甚於本書所提到的其他理論。

認知治療也曾應用於同性戀男性與女性（Martell, 2008; Martell, Safren, & Prince, 2004），協助他（她）們處理「出櫃」（要告訴誰、如何說、何時說他們是同性戀）、憂鬱、焦慮及關係的議題。Martell 等人（2004）結合認知治療與行為治療處遇多樣化的問題。他們也對與男女性同志案主工作的治療師提供資源。關於性和出櫃過程的書，對於正處理出櫃與否的男同志特別有幫助，他們可學習男同志的次文化，並將自己的性的信念加以整合。由於對同性戀有許多錯誤資訊，以及對於同志可能的羞恥感，對同志治療的過程為逐步進展，讓個案為自己的同志傾向，要告訴誰、何時、如何說等負起責任（Martell, 2008）。由於社會對同性戀的歧視，對於會影響到男女同志案主的心理疾患，認知與行為處遇的洞察是很重要的。

 多元文化議題

就如同性別價值與信念，在認知治療中可以視為性別基模；同樣的，文化的價值與信念亦可視為文化基模。因為認知治療師強調與個案有合作的關係，他們很可能去探索那些干擾案主心理有效運作的信念與價值。這樣的信念會影響案主看待治療與治療師的方式。注意案主的描述，當中有其靈性信念和價值，是認知治療很重要的一部分。在使用認知治療時，Hodge（2008）說明將靈性價值應用於伊斯蘭案主的重要性，以及應用信念對基督徒案主的重要性。另一方面，佛教哲學也可以豐富認知治療師所使用的方法（Dowd & McCleery, 2007）。對某些文化團體而言，可能要比其他團體更常處理某些文化的議題。對許多拉丁人而言，靈性議題是重要的。這些議題必須以尊重對待，而不要將之認為是某個問題的症狀（Kohn-Wood, Hudson, & Graham, 2008）。在美國，非裔美國人及其他多元文化族群，在工作場所或生活中其他層面可能會遭遇歧視。尊重這些受到歧視的經驗並幫助案主克服歧視，可能是治療經驗中很重要的一個層面（Kohn-Wood et al., 2008）。同時，認知治療關注的不只是信念系統，還有行為與感受，提供了一個寬廣的架構以處理多元文化的議題。這樣的取向，通常可以反制那些對心理治療文化不熟悉的人，其對心理疾患可能持有的汙名。認知治療的主動取向，可以在第一次會談時就提供建議，對許多人來說，這是相當吸引人的。

認知治療師在他們的出版品中，較關注於特定心理疾患的處遇和處遇效果的研究，甚於對文化議題的注意。有些論文可看到對於不同少數族群的心理治療方式的介紹。比較美國白人女性與非裔美國女性恐慌症者的團體認知治療，兩者有相似的復原比率（Carter, Sbrocco, Gore, Marin, & Lewis, 2003）。在大規模的憂鬱症青少年處遇研究（TADS）中（Sweeney, Robins, Ruberu, & Jones, 2005），研究對象包括非裔美國與拉丁裔青少年。對波多黎各的憂鬱症青少年來說，認知治療與 Klerman 的人際歷程治療（第 13 章），都比在等候名單的控制組更能減少憂鬱症狀（Rosello & Bernal, 1999）。研究者注意到兩種治療都做了少許的改變，以符合波多黎各的文化價值。但是，人際歷程治療似乎比認知治療更能切合青少年的文化價值，因為前者帶來自我概念與適應的改變，而認知治療則沒有。Dowd（2003）建議要對其他的文化更開放，認知治療師需要更仔細的聆聽個案，花時間理解其他的文化，或學習另一種語言。在治療中有時候要用到翻譯者，因為案主和治療師都不會說對方的語言。這樣工作或許是有效的。然而，必須要使用受過訓練的翻譯者。因為未受過訓練的翻譯者，可能會幫案主或治療師直接摘要而沒有正確的翻譯，或直接對案主反應而沒有翻譯案主所說的話（d' Ardenne & Farmer, 2009）。隨著認知治療的普及化，應用於各種不同文化的個體且對文化議題的需求有所反應也會越來越普遍。

 團體治療

在團體認知治療中，治療的改變不是來自於團體互動中產生的洞察，而是來自於個案使用與認知模式一致的改變策略。White（2000b）使用以下敘述來解釋認知取向：

> 為對你自己獲得較佳的了解，我們希望能夠追蹤你持續產生的想法、

感受、行為。這就是所謂的使用認知模式。你自己越能夠辨識這些即刻的反應，你就越能了解你的經驗的意義，你也越能決定要改變哪裡。（p. 4）

　　每次認知取向的團體會談，傾向於以特定的、結構性的、問題導向的改變為中心。因此，在每次會談之前測量改變是適當的，如貝克憂鬱量表（Beck Depression Inventory），以掌控其他選項和症狀。同樣的，在團體中採用的認知介入有具體的傾向，並強調練習認知與行為。有些認知團體，也許使用特定種類的技術，如問題解決。其他認知團體可能專為同樣的心理疾患（如憂鬱症）設計技術，以幫助人們。

　　將一般認知治療取向用於團體治療，可運用認知治療師將認知團體治療用於憂鬱症的情況作解說（White, 2000a）。要讓認知團體治療成功，團體的凝聚力和任務焦點要出現。凝聚力（cohesiveness）是指期待與其他成員有所連結，在兩次會談之間想到其他成員，對其他成員有感情。任務焦點是指尋求問題的解決。治療師應該示範參與和合作，以帶來任務焦點和凝聚力。治療師在此可採取主導性的角色，不是告訴團體成員該做什麼，而是能夠組織整個團體。有些認知團體治療師執行團體的設立，並在黑板上書寫筆記。失落（失去能量、失去胃口、失去關係）、生氣或易怒的、沒有完成責任的罪惡感等，是可能出現且案主與治療師常處理的主題。

　　Free（2007）發展了一個將心理教育取向用於認知團體治療的手冊。此方案包含五個單元，每個單元包含 4 到 6 次會談，共 25 次會談，每次會談大約一小時。手冊中提供如何進行此方案的資料，並包含簡報檔。這五個心理教育單元的描述如下：

1. 讓信念與過程浮現（surface beliefs and processes）。這個模組包括團體的基本規則、討論想法與感受、邏輯錯誤、採用適當的邏輯及對抗邏輯的錯誤。

2. 在表面之下：探索你的負向信念系統（beneath the surface：exploring your negative belief system）。談到情緒、行為和人格疾患的一般模式。同時，解釋使用垂直箭頭的方法去辨識負向基模的內容。接著描述更進一步的垂直箭頭及主觀的困擾單位。然後，透過分類信念去理解信念，並討論

製作認知地圖。最後，參與者發展認知診斷而理解他們的信念。

3. 測試你的信念（testing your beliefs）。在這個部分，信念可以改變，參與者學到並使用反向的分析。接著，參與者使用調查的方式去挑戰他們的信念。然後，參與者學會科學的分析。接著學會整合資料的方法。

4. 改變你的想法與感受（changing your thinking and feeling）。參與者學習對抗且參與反向的辯論。其他的主題包括提議知覺的轉換、情緒的轉換和基模內容的轉換。接著學習重新平衡基模，以及學習使用基模的圖像。在此也討論負向基模的傷害，並增強照顧-自我的形象。

5. 改變你適得其反的行為（changing your counterproductive behavior）。在這個行為的段落中，選擇要改變的行為、製作自我改變的計畫、解決問題、認知-行為的演練，並維持已經學會的。

上述 Free（2007）的心理教育認知取向團體，呈現一些普遍的要素。評估是具體的，對於要改變的行為與認知都已確定目標。前四個單元主要在認知改變，最後一個單元主要在行為改變。團體成員和治療師合作提出關於情況的新思考方式，及要嘗試的新行為。在團體內外，對於老問題以新選項來試驗，是團體認知治療很重要的一個層面。

 摘要

經由觀察病人的信念系統對其心理功能的影響，Aaron Beck 發展出認知治療，檢視不適應的想法對心理疾患的影響，同時也承認情感與行為對心理運作的重要性。隨著認知治療的發展，它持續吸引關於個體信念系統之心理的研究，以及人們如何處理從環境而來的資訊之研究。認知治療的一個重要層面是自動化思考，這是一種個體可能無法覺察，但是會形成其信念系統的想法，即稱為認知基模。

Beck 與案主工作的過程中，辨識出會影響個體感受、想法和信念的認知扭曲，如全有或全無的想法、過度概括和災難化思考。要改變這些信念，注意某些想法的扭曲，要給予詳細的評估。為進一步在治療過程中進行評估，Beck 及其同事已經為不同的心理疾患，發展出一系列的認知與行為評估工具。

在認知治療中，認知治療師與案主合作去評估和改變行為。通常在治療過程中，治療師可能會採取教導的角色，使用引導式發現和蘇格拉底式的對話技術，去辨識出不適應的信念，進而幫助個案對其信念發展洞察。在會談中，治療師會談到家庭作業、檢視目前信念，並發展其他可能的選項。認知治療師並使用行為與情感的方式如：去災難化、為扭曲貼標籤和認知的預演等技術。

認知治療勝於其他學派之處，在於對好幾項心理疾患，辨認出其典型的扭曲信念。在所有的疾患中，憂鬱症最受到關注，因為它是 Beck 早期治療與研究的核心。後來強調對每種心理疾患提出具體方法，研究者通常是將認知處遇與行為治療和藥物治療作比較，探索各種認知治療對常見心理疾患的效果。

第10章

現實治療

譯者：馬長齡

現實治療專為協助人們控制行為及選擇其生活上之新近與困難所設計。現實治療是依據選擇理論（choice theory）所發展，它認為人們應對自己的生活、行為、知覺及思考負起責任。現實治療是由 William Glasser 所創，他不再著迷於精神分析理論，且認為精神分析沒有教導人們對自己的行為負責任，甚且去看自己的過去並歸咎於此。現實治療的發展肇始於 Glasser 對一群麻煩而難以接近之族群（如犯罪的青少女）的治療經驗。

從某些方面來說，Glasser 在現實治療的發展乃根基於他所看到的精神分析之不足之處。他覺得與個案的關係必須涉入且是友善的，治療師表現出適當的自我揭露；而非像他在精神分析中所覺知，彼此的關係是有距離的。藉由探討個案之行為與個案對治療的承諾，Glasser 覺得他應該帶來想法與感覺的改變。雖然談論感覺是可接受的，但它不是治療的主要重點。他想要協助個案在生活上的改變中去做選擇，且堅守其選擇。在這樣的過程，他不接受個案的藉口，反而很努力去協助他們控制其生活。

他的理論對於許多領域的人們而言，都造成很大的影響。教師、學校諮商師與學校行政人員都發現可以應用他在《沒有失敗者的學校》（*Schools Without Failure*, 1969）、《教室中的控制理論》（*Control Theory in the Classroom*, 1986a）、《有品質的學校》（*The Quality School*, 1998b）、《選擇理論：個人自由的新心理學》（*Choice Theory: A New Psychology of Personal Freedom*, 1998a）、《選擇理論諮商》（*Counseling with Choice Theory*, 2000a）、《小心：精神醫療可能危害你的心理健康》（*Warning: Psychiatry Can be Dangerous to Your Mental Health*, 2003）及《美滿婚姻的八堂課》（*Eight Lessons for a Happier Marriage*; Glasser & Glasser, 2007）論述的觀點於教育上。藥物與酒精濫用戒治的諮商師、犯罪矯正工作者與其他處理機構收容對象的工作人員，也發現在面對處理困難的人口群時，現實治療適切且很有吸引力。本章將解說現實治療與選擇理論的概念，並說明它們可以如何應用在各種問題與人口群上。

現實治療發展史

William Glasser 生於 1925 年，在美國克里夫蘭（Cleveland）受教育，19 歲進入大學主修化學工程，28 歲完成 Case Western Reserve University 醫學院的醫學訓練。他在洛杉磯 Veterans Administration Center 及加州大學洛杉

磯分校完成精神科住院醫師的訓練，並於 36 歲時取得專科醫師證照（board certified）。

Glasser 對於他所受之傳統精神分析訓練的不滿意，成為他後來發展現實治療的肇因。他在第三年住院醫師訓練期間，向他支持的督導 G. L. Harrington 表達所受教導之挫折。Harrington 成為 Glasser 接下來七年的重要精神導師。

1956 年，Glasser 成為一所專門收容犯罪青少女之州立機構的諮詢精神科醫師。雖然該機構的同仁在一開始，對於 Glasser 改變機構裡的規範與在教學上的建議都很抗拒，但他們後來發現他的模式很管用。在現實治療（reality therapy）中，Glasser（1965）表示著重於友善與責任，對這些女孩的幫助不該只是在學校中，在她們離開後仍會有所受益。Glasser 有機會接觸到一群在一開始時很抗拒改變的人們。他的工作包括個別與團體治療，以及對工作夥伴的教育訓練。他在 Ventura 女子感化學校，發展出一套對藥物濫用的女孩之特別治療方案。

1962 年，他的精神導師 Harrington 接掌西洛杉磯 Veterans Administration 神經精神專科醫院的一個病房。這個病房裡收容了慢性與退化性精神病患。在 Harrington 接管這個病房前，此病房的病人只是被照顧而完全沒有受到心理治療。病人康復出院的比率，每年只有一到兩個。Harrington 質疑傳統精神分析治療的原理，並進而影響 Glasser 現實治療的發展。他以一個類似的行動模式，鼓勵病人為其行為負更多的責任。這個收容超過 210 床、病患治療 17 年的病房，在以此模式進行治療後，第一年康復出院的病人有 45 位、第二年 85 位，而第三年則有 90 位（Glasser & Zunin, 1979）。

Glasser 因在 Ventura 女子感化學校的成功而聲名大噪，旋即成為加州學校系統的諮詢顧問。他的《沒有失敗者的學校》（*Schools Without Failure,* 1969）一書，對學校行政與教師訓練所造成的衝擊不只是在美國，也對其他國家產生等同不一的影響。他關切學校沒有足夠的行動，來預防學生發展出「失敗認同」（failure identity）。他相信學校可以被改變，發展出用以協助學生主導自己生活的控制感，與藉由發展出成功導向哲學，以產生成功學習的經驗。這些將鼓舞學生有良好的表現，且主動認真學習。這個治療法特意設計以移除課業學

習的失敗經驗，協助學生對自己的行為更負責，以此方式將減低學校需要執行校規之數量。

1986 年，Glasser 發表《教室中的控制理論》（*Control Theory in the Classroom*）一書，並延續擴展他早期在教育的努力，書中介紹選擇理論（choice theory）（稍後將介紹）。《有品質的學校》（*The Quality School*, 1998b）一書則將選擇理論應用在學校管理和行政上。為老師寫的專書《每個孩子都能成功》（*Every Student Can Succeed*; Glasser, 2000b），說明老師如何將選擇理論應用在多方面的教學上，如處理違規的學生等。這些應用方法都在美國加州 Glasser 創設的機構 William Glasser Institute 之附屬教育訓練中心發展了出來。

1977 年，Glasser 透過他的《行為：知覺的控制》（*Behavior: The Control of Perception*, 1973）一書，引介了學者 William 權力（powers）的概念。Glasser 應用權力的概念，去協助人們在試圖控制自己的生活時做選擇（Glasser, 1985）。Glasser 對權力的應用內容引發他出版了《心靈工作站》（*Stations of the Mind*, 1981）一書，該書較偏重於控制理論在人們生活上之應用的技術。一本人們可以在日常生活中使用之較不技術性的書籍，最初以《有效的控制你的生活》（*Take Effective Control of Your Life*, 1984）為書名，而後更名為《控制理論：我們如何控制生活新解》（*Control Theory: A New Explanation of How We Control Our Lives*, 1985）。這些書籍帶給讀者及 / 或治療師對現實治療之控制理論的一些應用概念。

Glasser 在 1998 年出版的《選擇理論：個人自由的新心理學》（*Choice Theory: A New Psychology of Personal Freedom*）一書中，將其重點從控制理論改變為選擇理論。理由之一是 Glasser 只引用了權力（powers）（1973, 1999）控制理論的一些看法，而他又不希望讀者認為現實學派的人格理論就是權力的控制理論之延伸。另一個理由是，有些人誤解控制的意義為人們必須控制其他人。這與 Glasser 的想法大相逕庭，他的原意是為提升自我控制（self-control），這樣人們才能增加他們做選擇與選擇後行動的能力。

《選擇理論諮商》（*Counseling with Choice Theory*, 2000a）一書彙集了 Glasser 實務工作的案例，該書介紹了選擇理論如何應用在許多類型的問題上。

《選擇理論用語》（*The Language of Choice Theory*; Glasser & Glasser, 1999）一書則協助個案在他們生活上使用選擇理論。上述的書籍與《一起同在》（*Getting Together and Staying Together*; Glasser & Glasser, 2000）和《美滿婚姻的八堂課》（*Eight Lessons for a Happier Marriage*; Glasser & Glasser, 2007）兩本書，驗證了 Glasser 對關係問題及選擇理論如何協助他們所強調的部分。《小心：精神醫療可能危害你的心理健康》（*Warning: Psychiatry Can be Hazardous to Your Mental Health,* 2003）則批判對處理個人問題之藥物的使用。Glasser 相信，藥物會干擾個人在生活上做正向選擇及承擔生活的責任。

人格理論：選擇理論

　　Glasser 發展出現實治療時，雖然尚未得到控制理論的相關資訊，但他在《心靈工作站》（*Stations of the Mind,* 1981）一書中闡明權力（powers）（1973）控制理論的公式，並將其明確而獨特的概念融入現實治療中（Glasser, 1961, 1965）。Glasser 常以引擎及物理學的隱喻去說明控制理論。相較於控制人類行為的問題複雜性來說，這些隱喻以模型來說明控制概念更簡明易懂。

　　Glasser（1981）以溫度控制器（thermostat）比擬，說明人類行為。一棟房子裡的溫度控制器，接受或感應到這間房子裡的實際溫度。當氣溫高到一定程度時，溫度控制器「指引」暖氣系統停止運作。一具溫度控制器「控制」家中的溫度。人類以相似的方式運作，人們就像是溫度控制器般知覺其外在的世界。這些知覺在腦中運作，而人們會選擇如何回應這些知覺。這些在「比較工作區」或「比較區域」中完成工作。大腦接著經由思考、行動與感覺組織，來重組這項行為。本章將針對這個系統，詳述個人如何以適應或不適應的方式表現其行為。

現實圖像

　　Glasser（1981, p. 126）認為我們不是生活在「無遠弗屆的真實世界」。人們可以知覺到真實，但是他們卻不能了解真實本身。例如，你坐在椅子上閱讀一本書是一種真實的知覺，這是毋庸置疑的。然而，它仍只是一種知覺，而人們知覺的事實卻常有不同。舉例來說，Glasser（1981）引述法國路易十六的妻子瑪莉皇

后（Marie Antoinette），對法國大革命時農民乞求要麵包吃的陳述：「讓他們吃蛋糕吧！」（p. 115）

　　瑪莉皇后知覺到的真實世界是在一個假如他們吃不到麵包，便可以吃蛋糕的地方。農民知覺到的真實世界是他們正在挨餓，四處都沒有食物。假如我對某人說：「實際點」或「為什麼你不能面對現實？」我正在問他們的是，為什麼他們的知覺與我不同。我們常常好奇別人知覺的真實世界，以滿足自己的需要。現實圖像（pictures of reality）的概念與後現代建構主義者的看法一致。對 Glasser 來說，現實圖像不只是事實本身，而是決定其行為之 —— 行動、想法與感覺。Wubbolding 與 Brickell（2009）認為，這個概念不足以代表現實治療。他們就協助個案驗證，個案哪些時候能或不能控制事件之重要性。

需求

　　依據 Glasser（1985）的看法，我們會在腦中發展出對先天需求滿足的圖像。當需求得到滿足時，我們會將滿足我們的人群、物體或事件之圖像儲存起來。Glasser 這些儲存的圖像，稱之為有品質的世界（quality world）。Glasser（1985, p. 21）估計 80% 以上的知覺是以視覺方式存取，而這是他將它們稱之為圖像的原因。這些圖像不必是合理的。例如，一個厭食症的女人可能看到自己的圖像是肥胖的，而朋友與家人卻視她為瘦骨嶙峋的。酒精濫用者可能視其飲酒的圖像是酒精滿足需求。要酒癮者改變，就必須改變其飲酒的圖像，從建設性的事件成為非建設性的事件。在婚姻中，夫妻需要找到方法去讓彼此事件的圖像協調。假如辦不到，他們必須容忍或妥協配偶的圖像。儲存圖像之有品質的世界，是生活在一個滿足自己期望的世界（Sohm, 2004）。Glasser（1998a）也將此演繹為我們共同期望之世界（all-we-want world）。它包含了我們的期望、共同的核心信念，以及滿足自己需求的機會。

　　Glasser（Wubbolding, 2004）說明五種基本、必要的心理需求：生存（survival）、歸屬感（belonging）、權力（power）、自由（freedom）與樂趣（fun）。生存的需求是指藉由吃、喝、尋求庇護所與對抗疾病等，以照料自己。歸屬感的需求包括愛、分享與合作，這些在所有文化中都是共有的（Wubbolding, 2005）。這個需求藉由朋友、家人、寵物、植物，或從蒐集郵票或古董車等物件得

到滿足。權力的需求與勝過別人，在我們歸屬感的需求中屢有衝突。例如，在婚姻中，我們想要享有權力與配偶對我們的愛之需求相衝突。Glasser（1985, 1998a; Glasser & Glasser, 2000）相信，不是愛的不夠在摧毀婚姻，而是丈夫與妻子無法放棄他們的權力去協商妥協；是權力的掙扎摧毀了婚姻。

自由的需求是指我們期望如何過生活、如何表達自我、與誰互動、讀或寫些什麼、對誰崇拜及人類經驗的其他領域。在一個極權主義的國家中，獨裁者對權力的需求，與個人對自由與選擇的需求屢相衝突。假如一個人對自由的需求太強，導致其無法與別人擁有很好的關係；進而歸屬感的需求無法滿足，此人可能將感覺很孤獨。雖然樂趣的需求不像生存、權力、自由或歸屬感這樣強烈，但它仍然是很重要的需求。樂趣可能包括歡笑、開玩笑、運動、閱讀、蒐集嗜好或許多生活上的其他事項。這五種需求經由我們的知覺，在我們腦中的圖像得到滿足。

選擇

在描述心理問題時，Glasser 沒有用憂鬱、憤怒、焦慮或恐慌等形容詞。他反而會用隱喻擷取行動之動詞狀態的字詞：憂鬱中（depressing）、憤怒中（angering）、焦慮中（anxietizing）及恐慌中（phobicing）等，去強調行動與選擇。人們沒有變得悲慘或憂傷，而是他們選擇要悲慘或憂傷。Glasser 認為，悲傷的感覺可能在事件發生後立即產生。例如，假設一個朋友死亡，我們會覺得悲傷或憂鬱。經過一短暫時間，我們選擇去憂鬱，這個意思是去持續憂傷的感覺。Glasser 相信當人們說「我選擇去憂鬱」而不是「我很憂鬱」他們比較不會選擇憂鬱，因此比較不會感覺憂鬱。

行為

Glasser 定義行為是「大家都知道如何做、思考與感覺」（1985, p. 88）。對 Glasser 來說，行為系統有兩個部分：第一部分包含我們熟悉的組織行為；第二部分是持續的重組，乃行為的創造性部分。當一個新圖像與知覺升起時，常有重組行為的需求。如 Glasser（1985, p. 90）所述：「由我們一直存在的需求所驅使，我們需要表現出許多的行為，去面對自己與圍繞於外的世界。」創造力的範圍可能從非常正向的（如致力於藝術或音樂）到十分負向的事情（如自殺

或暴食）。

　　正在做的、正在想的、正在感覺的及生理經驗這四部分，組成了「完全行為」（total behavior）。正在做的（doing）是指主動的行為（如走路、說話或往某個方向移動）。行為可能是自主的（voluntary）或不自覺的（involuntary）。例如，當我在閱讀一本書時，可能不經思考就調整坐姿好讓光線更亮些。正在想的（thinking）包括自主的或不自覺的思考（包括白日夢與夢魘）。正在感覺的（feeling）包括幸福感、滿足、沮喪及許多其他可能是愉悅或痛苦的感覺。生理經驗（physiology）意指自主的或不自覺的身體機轉（如流汗與排尿）。這四個部分對了解 Glasser 之人類行為觀點非常重要。

　　Glasser（1990）使用一輛汽車的展示圖（圖 10.1）去說明人類行為。他以汽車引擎比擬人們的基本需求（生存、歸屬感、權力、自由與樂趣）。車輪由個人的需求所驅使。後輪是感覺與生理經驗。這是一部前輪傳動的車子，我們對正在感覺及生理經驗的部分，較不像前輪（正在做與正在想的）那樣能控制。正在做與正在想的引導我們的行為，就像是前輪驅動的車子由前輪決定車行的方向。依據選擇理論，很難獨立於正在做與正在想的（前輪）之外，而直接改變正在感覺的或生理經驗（後輪）。然而，我們可以不用管自己的感覺，而改變我們所做或所思。對 Glasser 來說，改變行為的關鍵，端賴我們選擇改變的行動與思考，而這將帶動情緒與生理反應的改變。

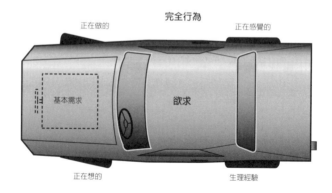

完全行為

正在做的　　　　　正在感覺的

基本需求　　欲求

正在想的　　　　　生理經驗

圖 10.1　現實治療車

資料來源：The Reality Therapy Car is reprinted by permission of The William Glasser Institute, Chatsworth, CA.

選擇行為

假如我們可以控制自己的行為，為何自我所選擇的行為會讓我們變得更悲慘？Glasser（1985）提出了四個理由，闡述為何人們選擇去憂鬱、去焦慮或者讓心理變得很糟糕。第一個理由是藉由選擇憂鬱或焦慮，個人可以讓他們的憤怒得到控制。經由憂鬱會比憤怒得到更多的控制與權力。憤怒會引發暴力與違法而被監禁，而選擇憂鬱不會造成這樣結果。第二個理由是人們可能會選擇憂鬱或焦慮以得到別人的幫助。這可以讓歸屬感與某種程度的權力（power）需求得到滿足。就如 Glasser 所說（1998, p. 81）：「憂鬱是一種我們要求別人幫助我們，而又不用拜託別人的方式。這可能是人們可以傳遞給另一個人最強的『幫助我』訊息」。

第三個理由是人們可能會選擇痛苦或悲慘，乃是為了更有效率的去做他們不想做的事情之藉口。這常常會導致我們難以選擇引發有效行為的圖像。假如有個人因為被老闆開除而選擇了憂鬱，這將很容易引起他選擇避免去找工作；且選擇去感覺害怕，而不是努力去找新工作。第四個理由是選擇憂鬱或焦慮，可以幫助人們得到控制他人的權力。當個人選擇要憂鬱時，其他人必須去為他做些事情 —— 給予撫慰與鼓勵、去照顧這個人，或者提供食物或住宿。這四個理由解釋了為何治療師要幫助個案改變他們的選擇，從憂鬱或焦慮轉換成更有效率的行為，卻不是件容易的事情。

就像在一開始，似乎很難去了解人們為何會選擇沮喪或焦慮，這種感覺跟想了解一個人選擇表現「瘋狂」（crazy）一樣。Glasser（1985, 2000a）視「瘋狂」行為是一種型態的創造力，這是我們這些「神智清楚」（sane）的人在同樣情境下不會去做的。對 Glasser 來說，幻覺（hallucinations）、妄想（delusions）與厭食行為（anorectic behavior）都是具有創造力的。假如人們在極度絕望下選擇「瘋狂」行為，如此可以帶給他們對生活的一些控制能力。Glasser 不將「瘋狂」行為視為精神疾病（mental illness）。例如，假設某人選擇去殺掉一個電影明星，那是一種有創造力的「瘋狂」行為，因為依據法律，殺人要負刑責。選擇理論對精神喪失防衛之法律問題的看法是，罪犯不應被問訊，直到他們能控制自己

生活時才當庭接受審判。當他們能自我控制時，就應該對自己的行動負責任。

 現實治療理論

現實治療與許多其他理論不同的是，有很具體的目標與步驟。現實治療的目標強調，藉由控制生活上的選擇以滿足需求。評估依據選擇理論的原理，融入在現實治療中。執行現實治療時，需要注意關係及引發改變的具體步驟。在帶領改變時，現實學派治療師使用如詢問、正向看法、幽默、面質與矛盾技術等策略。

現實治療的目標

現實治療的一般性目標，是去協助人們以負責任及滿意的方式，去達成他們的歸屬感、權力、自由與樂趣等需求。諮商師與個案共同去評定這些評估可以達成的程度，及應該如何去改變以滿足這些需求。Glasser（1965）認為症狀越嚴重，個案越不能夠去滿足其需求。在協助人們滿足其需求的過程中，Glasser（1965, 1985, 2000a）強調人們在追求其需求時不該受旁人干擾，而必須以負責任的方式進行。為了要協助人們更有效的滿足他們的需求，現實治療採取一種教育模式。

潛意識過程與夢境不為現實治療所採用。諮商師確認個案的需求有多符合實際，且他們的行為（正在做的、正在想的、正感覺的與生理經驗部分）是否正能協助他們了解其需求。雖然諮商師協助個案評估他們的完全行為及需求，並找出達成需求的方法，但仍由個案自己決定想要什麼，而非諮商師。

評估

評估是現實治療的主要部分，在整個治療過程中都會進行。Glasser 沒有直接強調評估的議題，反而強調評估是一種個案行為產生改變的方法。現實學派治療師不常使用客觀與投射測驗。然而，他們發展出三種不同的測驗工具，以評量基本需求的強度 。「基本需求自我檢測」（the Basic Needs Self Assessment; Mickel & Sanders, 2003）、「需求內容評估」（the Contextual Needs Assessment; Brown & Swenson, 2005）與「學生需求調查」（the Students Need Survey; Burns, Vance,

Szadokierski, & Stockwell, 2006）是用以評估學校應用選擇理論原則的情況。Geronilla（1989）也發展出一種個案目標報告表（a client goal report form）。非正式討論或正式表格填寫，都可以用來評估個案的需求（needs）與欲求（wants）、個案的圖像、完全行為或選擇。

　　諮商師藉由詢問個案想要什麼，開始建立治療目標與了解其接受治療的動機。Wubbolding（1988）建議，如果諮商師繼續緊追著去找個案的欲求──他們「真正想要的」──他們隨之就能發現個案期望去達成的需求（p. 33）。諮商師以此方式評估個案歸屬感、權力、自由與樂趣等需求。因此，需求藉由弭平個案想要從外在環境得到的、和他們所知覺或他們擁有的圖像間的鴻溝而滿足。

　　現實學派治療師也評估「完全行為」（total behaviors）。雖然這可以藉由自填報告表來完成，但行為評估通常在個案談論他們的生理感覺、情緒感覺、想法與正在做些什麼時進行。例如，在對一個分配到監獄高度戒護舍房的年輕男子艾維利特進行治療時，Corry（1989）說明艾維利特在他的監舍中做出的行為選擇與這些行為帶給他的欲求──離開監獄。

- 正在做的──和同舍房獄友爭執而攻擊對方；毆打性侵兒童犯與強暴犯；言語頂撞監獄管理人員；利用獄中現有材料製作小刀。
- 正在想的──怨恨、憤怒、苦難、失敗、恐懼。
- 正在感覺的──無力感、挫折感。
- 生理經驗──肌肉緊繃的、容易激怒的、緊張（Corry, 1989, p. 67）。

　　對艾維利特的諮商，包括價值判斷的討論與他的完全行為。他能夠說出這些行為完全無法滿足他的基本需求。Corry 繼續詢問艾維利特真正要的是什麼，兩人選擇討論樂趣的需求。Corry 問艾維利特當他的樂趣需求得以滿足時，他腦中出現的圖像。他談到想要健身、閱讀與繪畫。他能夠改變他的完全行為，讓他被移送到較不受限制的舍房。經過這些改變後，Corry 對艾維利特的完全行為進行追蹤評估。

- 正在做的──閱讀、繪畫、健身、打籃球。
- 正在想的──更正向、更充滿希望、更深思熟慮的。
- 正在感覺的──較少生氣與挫敗、一點點成功的感覺。

- 生理經驗 —— 較少緊張。（Corry, 1989, p. 69）

在這個例子裡，諮商師持續評估完全行為，如此便可規劃出未來的改變，進而達成正確的評估。在這個困難的案例中，諮商師持續將完全行為的評估融入諮商治療中。這種將評估與治療統整在一起，是現實治療典型的做法。

評估的另一部分是傾聽個案選擇。因為選擇理論視行為是一種控制知覺的持續嘗試歷程，諮商師視行為是意志的、一種控制的選擇。例如，假如個案說：「我很沮喪，因為我的女朋友不跟我說話，且不想再見到我」，諮商師可能聽到的是：「我現在正選擇沮喪，因為我的女朋友不想要見我或跟我說話」。諮商師可能選擇回應或不回應個案的陳述，端賴其適當性而定。然而，現實學派治療師傾聽隱含在個案陳述中的選擇與控制。選擇理論的完整運作知識有助諮商師，確認哪些是協助個案改變最優先需要滿足的需求及完全行為。

現實治療過程

Glasser 將現實治療視為是一種循環式諮商，由諮商情境與確定的步驟去引導行為改變。在整個諮商過程建立友善的關係，在接下來的治療階段，友誼關係更堅定的結合。這種關係透過具體步驟的應用，協助催化改變。Wubbolding（1991, 1996a, 2000, 2010）採用 Glasser 的治療方法，並發展出一個更具體的模式去說明諮商歷程。這個模式稱為 WDEP，W 指的是欲求（wants）、D 為方向（direction）與正在做的事情（doing）、E 是評估（evaluation），P 為正在做的計畫（planning）。每一種都是個案與諮商師一起參與的一組行動。這個完整發展的模式，用在現實學派治療師的訓練中。本書並不詳述 WDEP。大致來說，這個公式與 Glasser 的模式（1986b）類似，但是帶給諮商師更具體的方向。

以下對現實治療過程的說明，概述了現實治療的樣貌。Wubbolding 的四階段基本歷程說明於括弧內。

- 建立友善的情境。諮商師建立關切與樂於助人的情境，並以此開始現實治療的過程，在整個治療過程中持續此種情境。
- 探討個案的欲求、需求與知覺（W = 欲求，wants）。
- 探討個案的完全行為，特別是完全行為中正在做的部分（D = 方向，

direction 與正在做的，doing；E = 評量，evaluation）。

- 完成計畫以改善其行為（P = 正在做的計畫，planning）。
- 個案執行計畫的承諾。

友善的情境　現實治療開始時，諮商師努力與個案建立一種真誠的關係，並在整個治療過程中維持此種關係。Glasser（1972）感覺諮商師必須表現出他對個案的關懷，且願意與個案討論任何個案與諮商師認為對改變有價值的事情。如 Bassin（1993, p. 4）所述：「現實學派治療師是溫暖、友善、親身參與、樂觀與誠實的。」這種態度協助個案將自己的信賴交付給諮商師。如此，個案能夠滿足歸屬感的需求（Glasser, 1981），而這將有助於維繫治療的關係。作為參與其中的一部分，當情況適合時，諮商師應該已經準備好揭露自我。同樣地，使用第一人稱的 I 與 me，去鼓勵個案的融入（Bassin, 1993）。即使在剛開始建立關係時，諮商師聚焦在行動而不是感覺上。然而，諮商師還是會傾聽個案在生活上的問題之感覺——那是表現出與個案同在的一部分。

　　Wubbolding（1988）在解釋現實治療的過程時，詳述一些與個案發展出友善與主動參與的關係之建議。他最先談到專注行為的重要，即以一種開放且前傾而接納的坐姿、維持適當的眼神注視、與偶爾簡述個案所說的內容。治療關係的重要條件包括親切、熱心與真誠。現實治療要能成功，除了上述這些要件外，也應該要有決心，才能發生正向的改變；且得加上奉行不渝的規則與責任。Wubbolding 不認為親切與熱心，會和堅定而遵從規則與辦法有所衝突。當個案違反規定時（這常發生在如學校、醫院與矯治機構等處），現實學派治療師不評斷或譴責其行為，而視此行為乃是個案滿足其需求的方式。當時機適當時，諮商師在展開關係之初會分享其個人的資料，去說明他也是感覺很無助的。

　　友善的參與及建立關係可由艾倫的諮商經驗之描述窺見。艾倫是一個 20 歲華裔美國大學生，父母在台灣出生，他就讀於當地大學的二年級第二學期。他抱怨說不喜歡他的主修且沒有什麼朋友。他所結交的朋友都是高中同學而不是在大學裡認識的，他住在家裡自己開車上下學。他想要約會，但從沒有如願過。最近，他自述與交往十個月的女朋友愛麗諾分手後，感到憂鬱且不快樂。Glasser（2000a）相信，關係出現問題常會引發人們去尋求治療。

在第一次面談時，治療師仔細的傾聽艾倫所說。在他傾聽的過程中，艾倫數度提及恐懼與不想活動的主題。

艾　倫：我好像沒辦法去做任何事情。我陷入泥淖中了。我無法走出來。

諮商師：聽起來你想要脫離困境。或許我們可以找部拖車將你拉出來。我沒有卡車，不過我可以幫助你脫身。

艾　倫：你認為事情會好轉？

諮商師：我是這麼認為。你想要的東西似乎有很多，我們可以一起來看看如何得到它們。

諮商師與艾倫談話時，使用了一些較溫和的幽默。接著，他以自己願意協助個案一起脫困，來展現出他的參與。他很明顯的使用第一人稱的我（I）。諮商師在心裡記住艾倫使用「我陷入泥淖」的隱喻，並用於接下來的諮商過程中。

在第一次面談將結束時，艾倫將他的抱怨轉換為欲求、需求與知覺。他想要找到一條讓自己滿意的生涯路徑。他想要有關心他的朋友，而不只是利用他搭便車上下學。他想要開始約會，且當他與女人在一起時感到很自在。因為自從他與愛麗諾分手後，他與女人在一起時都會感到更焦慮。

有關需求的部分，他想要從友誼及約會中得到更大的歸屬感。他想要在與別人互動中感覺更有權力；且不論與男人及女人，都能更主動攀談且持續談話。諮商師覺察到，艾倫生活中似乎沒有什麼樂趣。當他問說：「假如能照著你想要的方式生活，你會如何做？」艾倫能夠對諮商師說出他的目標，其中包括從事如運動等他覺得有趣的活動。除了談到良好友誼與生涯選擇外，他也談到想要打網球、游泳與研究車子。諮商師協助艾倫探討他的知覺，去看到他想要的是否已經達成，並接著開始協助艾倫達成需求的諮商歷程。

探討完全行為　完全行為由正在做的、正在想的、正在感覺的與生理經驗所組成。現實學派治療師相信經由做的過程，會改變或控制一個人的生活。事實上，現實學派治療的這個看法很重要，而第一本描述現實治療的個案研討書籍是《你正在做什麼？》（*What Are You Doing?* N. Glasser, 1980）。現實學派治療師想要知道個案現在正在做什麼。例如，假如個案的父母酗酒，去檢驗父母的酒癮對現在問題的影響會很有助益。然而，焦點放在面質酒癮患者成年子女的選擇，而非去

譴責父母過去的行為上。在確認「個案現在正在做什麼」時，具體的詢問：「發生了什麼？有誰參與其中？什麼時候發生的？」等問題將會有所助益。這些問題協助個案澄清他們正在做什麼的圖像或知覺。在面對未來的現實學派治療過程上，諮商師聚焦在滿足個案需求之行為的相關計畫上。這將帶來個案圖像或知覺及感覺的改變。

當艾倫談到他正在做些什麼時，他白天的活動遵循固定的模式。他說明最近一天中在校情形如下：

艾　倫：8:30 開車離開家去學校。

諮商師：你自己開車去嗎？

艾　倫：不。昨天我載保羅去的。我通常週四開車載他去學校。

諮商師：你們在車上都做些什麼？

艾　倫：我們聽收音機廣播。我們通常沒有聊天。

諮商師：你又做了些什麼？

艾　倫：我將車停好後接著去上社會學的課，然後又上英文課。再來就去吃午餐。

諮商師：午餐時，你吃些什麼？而又和誰一起吃？

艾　倫：我通常到離英文課教室很近的自助餐廳吃飯。我都會從家裡帶午餐去吃。我花了 15 分鐘吃午餐，之後預習接下來要上的課到下午一點。

諮商師聽著艾倫正在做的事情、與誰一起、在哪裡及什麼時間。對艾倫來說，這些是他很不滿意的行為，因為無法滿足他的歸屬感、權力或樂趣的需求。諮商師繼續與艾倫談到他生活的其他部分，並找出他正在做些什麼。獨自完成所做事情的主題，持續出現在與諮商師的討論中。

行為評量　評量（evaluation）這個字裡面，概括了價值（value）這個字。個案應要求，對他們的行為做價值判斷。諮商師藉由技巧性的詢問，可以協助個案做自我評量。是由個案作價值判斷，而非諮商師。個案有時非正式或沒有深思下評估自己的行為。個案與諮商師一起完整的評量其行為，以及推估行為的後果會很有幫助。Wubbolding（1988, pp. 50-56）則建議詢問下列的問題：

- 你的行為對你有幫助還是有害？　例如，老師想要以開除來處罰一個翹

課的高中生，他可能會說：「我這樣的行為對我有幫助，當我想要離開教室時就離開，我就可以去抽菸了」。諮商師藉由提出這個問題，可以協助個案評估，找機會抽菸是否會比因此受到校規懲處而被開除有價值。這個問題協助個案評估在各種情境下，其行動的有效性。

- 藉由做你正在做的事情，你得到你想要的嗎？ 這個問題幫助個案明確的評估他們的行為，且觀察這些行為是否真的值得。這澄清了先前的問題，且更容易的去評估行為。例如，離開教室去抽菸，高中學生可能只能得到一點點他想要的。

- 你這樣做是否違規？ 這個問題協助個案去檢驗，並比較他們自己與別人的需求及欲求。對違規的人來說，這個問題可以讓他們對自己正在做的事情有所知覺。

- 你的欲求是否實際且可以達成？ 評估欲求的真實性，可以協助個案確認是否堅持從事某種特定行為。回到抽菸的高中生之例子，他也許決定不管何時他想要抽菸就離開教室，是不實際的。

- 若以那樣的方式看，對你會有什麼幫助？ 這帶給個案一個不同的方式，去看待他的行為。在我們的例子中，抽菸的高中生對不論何時，只要他想要時就離開教室，可能有不同的看法；這也讓他去檢視他與老師及學校行政管理人員的關係。

這類問題可以協助個案評估他們目前行為的有效性。經由諮商師對個案真誠關懷的詢問時，這些問題可以引發一種思考的激盪。它們協助個案承擔其選擇的責任。

艾倫的諮商師藉由詢問其中某些問題，協助評估他的行為。問題如「你是否正在違規？」無法適用在他身上，但是其他問題則可以。

諮商師：一個人吃午餐對你有沒有什麼幫助？

艾　倫：可能沒有。我覺得孤單，而我猜我在午餐時間沒有真正樂在其中。

諮商師：在你擁有自己的時間時，你都在做些什麼？

艾　倫：我正在讀英文撰寫的一些主題，我想有些事情我可以做得更好。

諮商師：你有沒有得到你想要的？

艾　倫：有。這裡有我可聊天的人。有我可以談話的對象，我更樂在其中了。

設定做得更好的計畫　評估行為後，接下來的問題是該如何做（Bassin, 1993; Glasser, 1981; Wubbolding, 2000）。計畫通常包含非常詳細的執行該行動之具體行為。例如，假如我計劃明天早上 5 點 30 分起床，我應該知道自己是否有鬧鐘，要將鬧鐘放在哪裡，設定鬧鐘幾點鐘響，我要叫誰起床等等。計畫應該滿足生理與心理的需求（歸屬感、權力、自由與樂趣）。在設定計畫時，計畫應該簡單而可以達成。現實學派治療師會協助個案發展可能成功的計畫。

計畫的責任應該由個案承擔，而非其他人。一個不佳的計畫會是「我哥哥若是能把我叫醒，我將會在早上 5 點起床。」案主應該能控制在早上 5 點起床。計畫應該也以正向的感覺去執行某些行動，而非不去做某些事情。不去說：「我明天不抽菸」，更好的說法是：「我將努力執行三項方案，這樣我就能控制自己想抽菸的衝動」。個人通常會選擇可重複執行的計畫。例如，選擇每週運動四次，會是重複執行的計畫。假如運動是有趣而不需要有其他參與者時，成功的機會將會增加。同樣的，假如我計劃明天運動而不是未來兩週，成功執行運動計畫的機會就會增高。

在選擇滿足歸屬感的需求之計畫時，艾倫與諮商師發展出幾個計畫。其中之一是每週一、週三與週五，下午上課前與朋友一起吃午餐。他們討論將邀請哪些朋友、在哪裡與這些可能的朋友碰面，若是朋友沒有空時又該如何做。進而他們討論，與朋友聚餐時該說些什麼。當艾倫對某些特定朋友不知該聊些什麼時，他與諮商師一起角色扮演他與朋友可能對話的具體案例。他們討論哪個朋友可以談美式足球、哪個可以一起談電影及和哪個談下屆州長的選舉。在兩天內訂出與朋友吃午餐的計畫。

執行計畫的承諾　計畫實際可行與否，憑藉對計畫執行的承諾。現實學派治療師可以使用口頭或書面的契約，確保個案的承諾。書面計畫的優點之一是，清楚羅列要去執行的行動。假如計畫不能如所承諾的去執行時，討論行為後果也很有幫助。

艾倫和諮商師發展出一份書面合約，其中清楚列出艾倫要聯絡喬和佩羅，

以及與他們一起規劃吃午餐的計畫。對很多人來說,合約書很像是一份法律文件。對諮商師與艾倫來說,合約就是在當次面談快結束前以一張紙列出的幾句話而已。他們討論了假如艾倫沒有遵照合約執行計畫時的後果。他們討論出的結論是:如果艾倫沒有遵照合約去做,艾倫將每天接送保羅上下學一週,而不是像過去他們輪流開車互載上下學。

治療師的態度

接下來是諮商師在探討完全行為、評估行為、訂定計畫,以及對計畫的承諾面臨困難時的應對之道。這三個處理過程的面向,反映出改變對現實學派治療師並非垂手可得,是故需要更加努力之理解。

現實學派治療師接下來所採取的態度,會加入於諮商情境中:

1. 不接受計畫執行中失敗的藉口。
2. 諮商師不批評個案、不與個案爭辯或處罰個案。
3. 諮商師對個案堅定支持而不放棄。

不接受藉口　如 Wubbolding(1988)指出,詢問「為什麼?」是讓個案找尋藉口。諮商師應該忽視藉口,而繼續聚焦於執行其他的計畫。表達對個案的信心,相信他們能夠在未來有所改變,並對他會有所幫助。去討論他們為什麼沒有執行其想要的改變,會將焦點從他們自己能控制的生活部分移開。有時有些合理的原因,造成他們為何沒有完成計畫。其中大部分是與所處環境有關,非個案所能控制。例如,艾倫規劃與朋友一起吃午餐的計畫,有某種程度上是取決於他的朋友之行為而定。假如喬沒有配合艾倫的計畫,諮商師會建議艾倫儘可能繼續執行他所訂計畫中其他的部分,並對他聽從建議所做的給予讚賞。假如艾倫說:「我忘記打電話約喬吃午餐的計畫」,然而諮商師並沒有問說:「你為什麼沒有打給他?」因為這將會讓個案去找藉口,取而代之的是諮商師與艾倫討論午餐時見朋友們的新計畫。

沒有處罰或批評　假如個案沒有照著計畫做,個案要承受其後果;如果一個假釋犯違反假釋條例,他將受到司法的處罰。諮商師不宜批評、處罰或爭辯沒有遵從現實治療步驟的人,因為這將會破壞治療性關係。事實上,Glasser 對教育與治療上有一個很重要的觀點,是他認為批評對整個教育與治療過程具破壞性。批評

有時很重要，但是它必須小心使用，並著重在個人的行為，而非對那個人的負面評論。Glasser 區分不當行為的後果與羞辱一個人的處罰之不同處。

假如艾倫沒有按計畫於午餐時跟朋友見面，去檢視無法完成計畫之後果對艾倫會很有幫助。接著，諮商師與艾倫可以再開始重新評估計畫，並規劃新的計畫。或許下課後見朋友的計畫，會較午餐時間好些。一段時間後，因為更多的成功經驗，艾倫可以訂定與朋友的午餐計畫。

不放棄 改變是不容易的過程。對過去作過無效選擇的個案來說，有效控制其選擇絕非易事。假如個案因為酒駕被捕，暴飲暴食、且吃後嘔吐，或者又回復到以前的無效行為，諮商師也不可以放棄個案。探討行為、評量行為、訂定計畫與承諾執行計畫的過程是循環性的，個案與諮商師須重新進行評量。當成功時，現實學派治療師會讚美、鼓勵或者是獎賞個案。

艾倫在諮商師的協助下，為自己設定合理的任務。他的問題相較於那些受監禁、藥物濫用或有酗酒問題的人來說，算是小巫見大巫。他能夠訂出某些讓自己在大學裡結交打網球與共乘汽車的新朋友計畫。進而，他能透過共同的朋友介紹女性友人給他，而能自在的約會。當他開始滿足歸屬感、權力與樂趣的需求後，計畫的必要性就會下降。在四個月每週一次的諮商後，改為隔週一次。之後又與諮商師見面兩次，討論他的學業與社交生活之進步狀況。因為艾倫有了很好的進步，面談的氣氛變得輕鬆起來。氛圍很友善，有時分享生活上發生的事情；有時他因成功達成目標而受到諮商師的讚賞。

不該因為艾倫案例的相對單純與成功，而對現實治療驟下結論，以為這是簡單與易於實施的。現實學派治療師通常使用技術協助個人控制他們的行為，特別是當改變過程很困難時，這些技術將在稍後說明。

現實治療策略

現實治療不是一個技術導向的心理治療系統。事實上，Glasser（1965）認為透過寫逐字稿、錄音與單面鏡去連續的觀察諮商面談，對新進治療師了解現實治療的幫助有限，除非他們之前具有從事某種心理治療之經驗。對現實學派治療師要求與個案建立關係及友善的參與個案，使得以很細微的片段來觀察現實治療、並期望從中學習現實治療，變得窒礙難行。然而，現實學派治療師確實較

常使用某些特定技術（Wubbolding & Brickell, 1998）。其經常使用的技術有詢問（questions）、保持正向（being positive）、隱喻（metaphors）、幽默（humor）、面質（confrontation）與矛盾意向（paradoxical intention）。

詢問　如同稍早的討論，問題在探討完全行為、評量人們正在做的事情及訂定具體計畫上扮演重要角色。Wubbolding（1988）建議現實學派治療師問題可以有用於：進入個案內在世界、蒐集資訊、提供資料與協助個案更有效的控制（pp. 162-164）。當現實學派治療師協助個案探討他們的欲求、需求與知覺時，藉由詢問個案他們想要什麼、及接著詢問更多的問題，以確認他們真正想要的是什麼。治療師也詢問個案正在做什麼、個案的計畫是什麼？這些問題協助現實學派治療師了解個案的內在世界（欲求、需求與知覺）。

現實學派治療師通常發展出不同方式詢問個案的內在世界，如此問題才不至於重複或機械化。當在蒐集資料以探討完全行為或協助個案訂定計畫時，詢問具體問題如「你幾點離開這間屋子的？」「你去了哪裡？」「你是否在執行你的計畫」與「你去逛了幾家店？」會很有幫助。Wubbolding（1988, p. 163）也相信，問題可以微妙的方式提供訊息。例如，詢問個案「你今天晚上會做些什麼去改善你的生活？」以提供訊息。這裡面有暗藏的訊息：「你已經可以控制你的生活了，且立即的計畫可以協助你更能有效的控制你的生活」。

使用詢問與矛盾意向的運用有關，稍後將予討論。最後，詢問協助個案選擇聚焦的知覺、從事的行為及如何評估它們。問題提供個案選擇，透過選擇可以控制他們要如何改變其生活。然而，Wubbolding（1996b）警告說，治療師不該過度使用問題，而該將它們以反映、積極聆聽、分享知覺或其他陳述去統整。

保持正向　現實學派治療師聚焦在個案能做些什麼上。利用機會去增強正向行動與建設性計畫。用正向的陳述去說明不幸與抱怨。例如，假設個案說：「瑪麗今天對我說的話，讓我很生氣」，現實學派治療師不會回應說：「這樣情形發生在你身上很久了嗎？」或「你因為瑪麗沒有友善的對待你而感到很生氣」。現實學派治療師會說：「你將會如何做，才會讓你不選擇對瑪麗生氣？」諮商師的問題強調於正向的行動。」

在《正向耽溺》（*Positive Addiction*）一書中，Glasser（1976）討論了人們的

潛在力量。正向的耽溺不容易養成，這需要不斷重複的練習。最常見的正向耽溺是跑步與靜坐。Glasser（1984, p. 229）說：「它（正向耽溺）讓你輕易開啟你的創造力。這能讓你得到少量（但仍是很顯著的）額外的力量，去協助處理在你生活上任何的問題。」發展出負向耽溺如藥物、尼古丁或酒精成癮的人們會發現，正向耽溺如跑步、游泳、靜坐、禪修、瑜伽或同時從事其中某些活動，會促使他們產生創造性的過程。就像是負向耽溺，假如他們不再從事正向耽溺之行為時，會帶來個人的不舒服感。為了要發展出正向耽溺，行動必須是沒有競爭性的；只需要最少量心理上的努力；有生理、心理或靈性價值觀；且對所做的沒有自我批評（Glasser, 1976, p. 93）。對少部分的個案來說，正向耽溺的選擇會是現實治療的一部分。

與保持正向相關的是另兩種特質（Wubbolding & Brickell, 1998）：視每一件事情為一種優勢、表達希望。Wubbolding 和 Brickell 說明，被視為負向的可以重新設定為正向的。一個更生人在十個月中換了九個工作，治療師會說他是個「很會找工作的人」（p. 47）。現實學派治療師常為更生人、藥物濫用者與其他人進行治療工作。要能這樣做，很重要的是，持續相信個案的未來希望無窮。他們（有部分）藉由討論選擇與計畫去執行。Rapport（2004）發展出一份問卷與資料表去協助人們學習正向耽溺，如果他們有正向耽溺，也會讓他們自己去評估其正向耽溺。

隱喻 透過參與及使用個案的語言，在和個案溝通與對其之了解上，對個案有所助益（Wubbolding & Brickell, 1998）。例如，如果個案說：「當他離開時，屋頂似乎塌到我身上。」治療師可能會說：「當屋頂塌在你身上時的感覺是什麼？」假如個案說：「當我數學考試得 A 時，整個世界似乎都亮起來了。」治療師可以回應：「當整個世界亮起來時是個什麼樣的景象？」簡要的說，治療師是統整個案個人之知覺後，以此方式表達出來。

幽默 現實學派治療師揭櫫以友善的參與方式發展和個案的關係，所以幽默很自然的可以切中要點。治療師有時會有機會自我解嘲，如此也可以鼓勵個案依樣畫葫蘆（Glasser & Zunin, 1979）。假如計畫不被了解時，這樣做可以解除個案失望的壓力。因為依據現實學派的看法，「樂趣」是一種基本需求，幽默可以在治療面談中小小滿足此需求。當治療師與個案分享笑話時，是一種權力平等及分享一

種需求（樂趣）。幽默的範疇可以創造出更友善參與的感覺，也可以協助個案滿足其歸屬感的需求。當然，幽默是強迫不來的。有些治療師很少使用幽默，也有些會在某種情境下使用，而也有其他治療師以另一種形式來應用。

面質　因為現實學派治療師不接受個案的藉口，是故也不輕言放棄他們對個案的治療工作。治療師協助個案訂定計畫與承諾遵照計畫進行。其中困難行為的改變，意味計畫經常不能如願的執行。在面質中，治療師可依然保持正向的處理個案的藉口。不接受這些藉口，其實就是一種形式的面質。治療師不批評個案或與個案爭辯，但持續去探討其完全行為、與再一次訂定有效的計畫。

　　面質可能發生在任何現實學派的治療觀點下。以艾倫這個案例來說說。假如艾倫說：「我這週放學後沒有刻意見任何人。我想我真的不在意了」現實學派治療師對此可以有幾種方式的面質。一種反應方式是：「你之前說過你對此很在意，你覺得很孤單且你想要發展友誼。我想你是很在乎的」；諮商師也可以說：「是的，我想你不在乎。那你在意的是什麼？」後面這段問話的目的，是想要讓個案自己去面質他的藉口，並自己選擇去訂定改善友誼的計畫是重要的。治療師選擇以何種方式去面質個案，則與個人的風格息息相關。

矛盾意向　在現實治療裡，訂定計畫與承諾再讓個案執行其計畫，通常會採用非常直接的方式進行。然而，個案有時會抗拒執行自己所說的計畫。矛盾意向是給予個案相反的指導（Wubbolding & Brickell, 1998）。正向改變會來自遵從治療師給予的任何選項。例如，個案強迫性的關注在工作上，不去犯任何錯，可能導致犯更多的錯。假如個案在治療師建議下嘗試去犯錯，如此個案便能證明對此問題他有控制的能力。假如個案抗拒諮商師的建議，這種行為就會得到控制與消除。矛盾技術的使用是困難，也是料想不到的。閱讀這段矛盾技術，會更容易了解為何現實治療的實務工作是很複雜的，且為何 Glasser 認為至少需要兩年以上的訓練才可能使用現實治療。接下來解釋選擇理論中的悖論（paradoxes）、說明矛盾介入的類別，並說明使用悖論的危險。

　　藉由檢視選擇理論中的知覺、需求及完全行為之內涵，以說明選擇理論中隱含的悖論。人們想要控制其知覺、且視自己為聰明與成功的等等。想要一種知覺，但卻不能改變。如想要視某人為有吸引力而非無吸引力的，也不常奏效。矛

盾的是，覺得某人具有吸引力，會在對那個人更熟悉與更友善後而改變。行為改變知覺，會較個人從一種知覺改變為另一種知覺容易些。同樣的，有些悖論可以滿足需求。需求經常彼此互相衝突。在監督一個朋友修理汽車時，個人可能因為權力的需求而犧牲歸屬感的需求。同樣的，我們的需求（Glasser, 1981, 1990）無法直接滿足，需求是透過我們的知覺或對我們欲求的圖像達成。其他的悖論發生在我們的完全行為中。人們關注日常生活中的感覺與想法，但經由「正在做的」帶來改變（Wubbolding, 1988, p. 78）。感覺不是透過談論，而是藉由正在做的或改變行為而有所改變。假如一個感到憂鬱的人開始變得對其他事務主動，憂鬱的感覺很可能就會改變。

下面將說明兩種悖論：再建構與開立處方（Wubbolding & Brickell, 1998）。這些矛盾指示，協助個案感覺他們能控制與選擇他們的行為。去選擇感覺更沮喪，意指一個人也可以選擇感覺較不沮喪。

再建構（reframing）協助人們改變他們對某一主題的想法。再建構可以協助個案，視過去不期望的行為成期望的行為。

在諮商一個年輕男性中，他的手「僵住」（frozen）而成握拳狀（沒有生理因素）。我建議他握緊拳頭讓每個人都看到，而不是養成習慣藏在手臂下。我們能看到對他而言過去是個「嚴重」問題，現在能幽默以對並能相視而笑。我建議他嘗試對自己暫時的障礙自以為傲，沒有人知道他什麼時候可以克服。我問他：「為何不藉此讓人們看到你可以克服困難？」他能從兩種面向的態度重新建構此問題：從嚴肅到幽默；及從感覺丟臉的事件，到正向、吸引目光的工具。（Wubbolding, 1988, p. 83）

假如一個年輕男性說他因為邀請年輕女性共進晚餐遭拒而很生氣時；這可以藉由評論這位年輕男性邀請女性吃飯及承受拒絕的能力，再一次重新建構。再建構協助人們視其行為是一種選擇，這可以引發更大的控制感。

開立矛盾處方（paradoxical prescriptions）意思是指導個案選擇一種症狀。例如，假使一個人對容易臉紅很在意，他可以告訴旁人他的臉會有多紅及多常會臉紅。假如一個人選擇要沮喪，可以告訴他規劃出憂鬱的時間表 —— 在特定時間

沮喪。這些只是帶給人們可以控制自己行為的意義，這是控制理論的重要看法。

　　矛盾意向治療是很複雜而不容易搞清楚的。在使用這些技術前，訓練與熟悉度相對的非常重要。Weeks 和 L'Abate（1982）發現參與及安全是使用矛盾介入的關鍵概念。這些介入不該使用在有危險（自殺）與混亂（社會病態人格）的人們身上。令人困惑的矛盾指示，會讓妄想意念（paranoid ideation）的人更加懷疑與不信任。他們甚至表示悖論不該用在危機處理上，如失去愛人、工作或類似事件時。雖然有強力而潛在的危險，矛盾介入描述了現實學派治療師用創造性的模式，去協助個案更有效的控制生活。

 心理疾患

　　幾乎超越所有的其他理論學家，Glasser 在其著作中以案例說明選擇理論及現實治療。兩本由他的第一任妻子 Naomi Glasser 主編的書籍《你正在做什麼？》（*What Are You Doing?* 1980）及《控制理論在現實治療中的實務應用》（*Control Theory in the Practice of Reality Therapy*, 1989）及他較近期的專書《以選擇理論諮商》（*Counseling with Choice Theory*; Glasser, 2000a）為本節所舉之案例最主要的來源。這些書籍就如何將現實治療應用在各種的心理問題上，提供了許多很好的範例。接下來的案例針對飲食障礙、藥物濫用、憂鬱症及焦慮症的治療。選擇理論對疾病的治療提供了不同的解釋觀點，對每一個案例亦使用與現實治療論點相同之系統化過程。

飲食障礙：選擇挨餓與催吐或吃瀉藥排除的葛羅莉亞

　　Glasser（1989）視飲食障礙為一種成癮的行為。對 Glasser 來說：「成癮是一種行為，我們選擇能輕易從事不用依賴他人，而此行為可以持續的帶給我們立即的歡愉、或我們相信很快能帶給我們愉悅」（p. 300）。然而，這些對食物的耽溺 [暴食（bulimics）與厭食（anorectics）] 不像其他成癮者，會如此容易完全放棄他們的成癮行為，不暴食後則會挨餓不吃。接著必須做的是限制他們的飲食。藉著讓他們自己挨餓，他們會發現挨餓不吃比催吐或吃瀉藥帶給他們更大的快感。這種行為讓他們能控制自己的生活，以致於他們會公然違抗其家庭及其他視為控

制他們的對象。Glasser 說：「這些人藉由直接或間接表明『很瘦是對的』與『你們這些人想要我吃東西變胖是錯的』而這樣做」（p. 300）。在下一個案例中，葛羅莉亞已經放棄大部分飲食障礙的行為，且也停止催吐與使用瀉藥。然而，她仍然會胃痛。對 Glasser 來說，胃痛這種飲食障礙相關的行為達成了三件事情。第一，個人壓抑對別人的憤怒。第二，胃痛是一種可以被接受之要求別人幫助的行為。第三，胃痛幫助葛羅莉亞排除她害怕的情境。

在這樣的理解下，Glasser 將飲食障礙的行為看作是一種自我毀滅與創造性的選擇。在這個案例中，Geronilla（1989）協助葛羅莉亞選擇更有效的行為來控制生活。

葛羅莉亞是一個 32 歲單身女性，受僱擔任參議員助理。她大學畢業主修英文，之前擔任過新聞記者。現階段，她已經能夠停止大部分的飲食障礙之相關行為。對葛羅莉亞進行現實治療的焦點，則放在人際上如男女交往關係及如何面對老闆、同事及家人。另一項關切是葛羅莉亞的自我影像（self-image）。葛羅莉亞接受過 18 次面談，最初兩次相隔一週，其他面談則是兩到四週一次。在第一次面談時，Geronilla 建立與葛羅莉亞的關係。儘可能很快的讓個案分享其欲求與知覺，接著他們才能討論個案的需求。

下面的會談摘要，顯示出 Geronilla 在處理葛羅莉亞的知覺與需求。

> 在最初幾次的面談，我會想要去聽個案的症狀，這樣我可以對它們在個案生活上所扮演的功能有較好的認識，但是我儘量減少此部分的比重。我會儘快的將一本定名為「我的相簿」的筆記本展示給個案看，這上面將每種需求單獨放入透明夾中。我以自己的生活為例，說明各種需求。我將我的家庭照放到透明塑膠夾頁中，去說明我們如何將圖像移入自己內在的相簿中。

治療師：妳在哪裡得到愛／歸屬感的需求？

葛羅莉亞：我的父母對我非常好，但是我需要其他的關係。我真的沒有很多親近的朋友。我想我在工作上的友誼是有破壞性的。

治療師：妳工作上的其他夥伴呢？

葛羅莉亞：我的已婚女同事都開賓士或 BMW 汽車上班，因為她們的先生

都很會賺錢，而我只是開一部 Honda 汽車。她們甚至有天在午餐時提到這個部分。雖然我不想這麼做，但我還是覺得有壓力需要去買昂貴的車子。

治療師：妳感覺她們將她們的價值觀強加到妳身上？

葛羅莉亞：是的，而我不喜歡這樣。不論如何，我不希望和她們一樣。我向來都是自己承擔事情，沒有依賴別人來支持我。

治療師：聽起來妳似乎沒有從工作上得到足夠的愛與歸屬感。

葛羅莉亞：你也可以那樣說。

治療師：讓我們看看妳其他的需求。權力呢？人們會聽妳的話、贊同妳且讓妳全權做事嗎？

葛羅莉亞：這部分也不高。工作上幾乎都沒有。

治療師：那麼樂趣呢？

葛羅莉亞：我所做的都是自己獨自完成的，像是閱讀。

治療師：妳在樂趣方面願意有更多的社交嗎？

葛羅莉亞：是的。（Geronilla, 1989, pp. 260-261）

Geronilla 持續去評估葛羅莉亞的需求與知覺。她沒有著重在飲食障礙上。在第三次面談時，Geronilla 協助葛羅莉亞評估其行為。這份訪談摘要說明她的做法。

治療師：所以，妳希望成為什麼樣的人呢？讓妳的腦海中出現一個圖像，把那是個什麼樣的人說明給我聽。讓我們以行為這部車的四個輪子一個一個來看。

葛羅莉亞：我想要更開放且容易親近。我想要對每個我遇見的人說「你好」。我想要有耐心且樂於助人，但是知所分際。我不想要在專業與工作生活上占人便宜。做一個人們想共事的工作夥伴與樂於交往的人。只是個讓人感覺很愉快的人。

治療師：說明一下那個人都想些什麼。

葛羅莉亞：那個人相信人性本善。所有的人立足點都一樣。人們都會懂得感激你為他們所做的事情。假如人們願意花時間去認識我，他們會很珍惜我。

治療師：那個人內在的感覺是什麼？

葛羅莉亞：總是感到滿足與快樂。沒有苦惱。

治療師：那個人身體的感覺如何？

葛羅莉亞：像是寧靜的湖水。沒有漣漪。很平順。

治療師：妳對於想成為的那個人似乎有很清楚的圖像了。

葛羅莉亞：是的，我開始明瞭你的意思了。如果我願意嘗試，我可以變成我想要成為的那個人（Geronilla, 1989, pp. 268-269）。

在第四次面談時，葛羅莉亞與治療師談到自己的行為。他們討論並規劃面對葛羅莉亞的老闆時，更有效的行為方案。

治療師：妳想要談談擁有自己的行為嗎？

葛羅莉亞：擁有它？你的意思是什麼？

治療師：事情和／或人們不會導致妳生氣。妳引發這個反應。

葛羅莉亞：那是好多的責任。

治療師：是的，這是個要角！妳想要生氣嗎？

葛羅莉亞：不。

治療師：妳願意對老闆的感覺好些嗎？

葛羅莉亞：是的。

治療師：讓我們以一個例子說明，當他沒有做好某件事情時，妳會對自己很生氣。這些事情中哪些是妳對自己說，而讓妳生氣的？

葛羅莉亞：當我在聽他的長篇大論時，我會說：「他在占用我所有的時間，但願他不是那麼無能！」

治療師：妳有什麼感覺？

葛羅莉亞：我很氣她（貝西，她的同事）的不當行為、與他是如此的無能。

治療師：當時妳正在做什麼？

葛羅莉亞：當他來回踱步，望著我而不是她時，我就坐在那裡雙臂緊緊的環抱在胸前。

治療師：當他在大放厥詞時，妳的身體如何？

葛羅莉亞：緊繃，且我的胃有點緊縮。

治療師：妳想要如何做才能去改變妳感覺的方式？

葛羅莉亞：我寧願自己去處理整個狀況。我會告訴貝西別管這檔子事。

治療師：妳想要接手所有他沒辦法做的事情嗎？

葛羅莉亞：不，他領很高的薪水。他應該要做。

治療師：妳還可以做些什麼，讓自己較不會這麼激動？

葛羅莉亞：我可以讓自己設身處地以他的角色來想，而不會想要人們對我生氣。

治療師：所以假如妳可以想著別人的感覺而不僅是想著自己，對妳會有所幫助？

葛羅莉亞：是的（Geronilla, 1989, pp. 271-273）。

治療師以這種方式，協助葛羅莉亞決定與想像自己可以更有效面對老闆的行為。

第六次面談，Geronilla（1989）協助葛羅莉亞規劃在社交上能夠更主動。這個摘要也說明了在現實治療師中很常見的參與或自我表露。同樣的，在這篇訪談稿的最後部分，Geronilla 採取了不接受個案藉口的現實治療之重要原則。

葛羅莉亞：我不知道，我真的沒有想要做。我討厭這樣做。去找朋友們就像是進入繭中，他們整個週末就是吃與呆坐。我上週去參加了一個家庭聚會，而我想那會是場盛事。天啊，我真是墮落！以前我會認為那是件大事，留在家裡會比跳進車去參加容易些。我期望能更社交些。在接下來的幾週中有許多社交機會，而我應該會好好利用。

治療師：妳想要趁此之便嗎？

葛羅莉亞：是的。

治療師：妳如何確定妳可以得到這所有的？

葛羅莉亞：我不知道。

治療師：妳有口袋型的記事本嗎？

葛羅莉亞：有的。

治療師：妳將妳的社交活動都記在裡面了嗎？

葛羅莉亞：沒有，不常這樣做。

治療師：我對妳不清楚，但是我會忘記事情，除非我將它們記下來。所以我若記下來，就較可能去做；否則很容易就會枯坐整日而過著呆板的閒靜

生活。我越依時程記下來的話，我就會傾向去做更多事情。我記得我慣於強迫自己一天中到外面一個小時。

葛羅莉亞：你是那種反社會型的嗎？（震驚的）

治療師：我不會說自己是完全的反社會，但是我不像今天的外向。我絕不會是妳們高中啦啦隊的那種型的。在讀大學時，我決定留在我住的宿舍房間，我不要去做符合所謂的 Mr. Right 的事情。對我來說，待在自己房間較去外面容易很多。我發現了一個社交事件行事曆，而我去將那些標示出來。

葛羅莉亞：我是 O.K. 啦。我經常有很多朋友。為什麼年過三十要碰到這些事情？我猜我不像過去那麼習慣參與人群活動。

治療師：接觸與親近是很重要的因素，但是我們要讓他們找尋到自己的方式而成為一個藉口？

葛羅莉亞：是的。那是個好想法。我要開始記下來（Geronilla, 1989, p. 276）。

在第 13 次面談，治療師評論說他想關注於正在做的部分，而不是行為的感覺、想法或生理經驗。在這次面談中，治療師讚美葛羅莉亞承諾自己的計畫，且增強葛羅莉亞為自己而非為治療師改變。

葛羅莉亞：你上次面質我，我回家後吃飯了。我氣自己因為我沒有做需要做的事情。我已經說太多了。我真的需要好好想想，如果它是這麼值得去做的話。

我們談論了事情的兩面，幾乎所有事情的愉悅及痛苦。我告訴葛羅莉亞，我看她與她看自己不一樣。很巧合的，我們同時參加一個聚會，而她在人際社交上表現得非常好。我鼓勵她試著放鬆，去做自己。不要太在意批評的人，因為她不需要他們。我認為她有了很好的進步。

葛羅莉亞：我上週末有課，但是我每節下課、還有吃飯時間，都與人互動。週一我與喬一起出去吃飯。週二我和諾提勒斯出去，而且還與那裡的一些人聊天。週三我和兩個同事出去喝酒，我主動的。週四我打了兩通電話，且去運動。週六我帶一個朋友去慶祝她的生日。週日我與朋友去看他們的新生兒。

治療師：妳對所做的事情有何感覺？

葛羅莉亞：很好，真的很好。

治療師：我想妳做了一個絕佳的工作。

葛羅莉亞：我想我必須遵從上次面談時所說的。

治療師：妳這樣做是為了我，還是自己？假如妳是為我這樣做，妳就是脫離主題了（Geronilla, 1989, p. 290）。

在治療終結的那次面談（第 18 次），葛羅莉亞帶給治療師一本筆記，標題為「我想要什麼？」在那份筆記中的摘要，記錄了她飲食障礙進步的敘述。

> 我覺得自己不錯。我覺得我現在可以捕捉到有些東西。我不知道我在暴食與厭食時，我被帶到了什麼地步。我從別處得來的概念為瘦，它是我所有問題的解答 —— 它會讓我將跳舞卡填滿且贏得友誼，甚且影響人們。好笑的事情是，當我開始控制飲食，我的社交生活就停下來了。我對此不相信。我不能相信它。我試圖停止飲食問題。
>
> 我知道我有一種技術可以達成我在生活上想要做的。如果我不這樣做，它就會是我自己的錯。我以前從未想要對我自己的幸福承擔責任，但是現在我對承擔責任感覺好多了。不要將事情託付在別人手上實在太重要了（Geronilla, 1989, p. 298）。

這個例子描述了現實治療可以用在飲食障礙上。整個治療過程，治療師強調一種對個案友善且參與其中的關係。治療師探討個案的欲求、需求與知覺，並評估完全行為。在此也舉一個例子去說明，在簡單情境下如何訂具體的計畫。

選擇藥物濫用：珍娜

現實治療已廣泛用於藥物濫用的治療。Glasser（1981, 1985）用選擇理論來解釋成癮行為。簡而言之，當人們感覺很好時，通常是他們能控制其生活的時候。對此，很重要的例外是使用成癮藥物。成癮藥物經常可以帶來快速且強大的愉悅感而讓人們感覺狂喜，但是另一方面呈現出的卻是他們極度失控的生活。Glasser（1985）使用權力（powers）的控制理論，說明鴉片、大麻、酒精與古柯鹼作用於人們的差異。鴉片類如海洛英與嗎啡作用在控制系統，讓人感覺愉悅。大麻與迷幻藥 LSD 作用像是愉悅的過濾器，讓人們接受到的事物變得看起來或

聽起來更好。然而，LSD 並不會一直讓事物看起來更好。事實上，事情可能常會呈現出十分驚悚。因為它的不確定性，所以很少會有 LSD 成癮。相反的，事實上人們在失控時，酒精帶給人們很強的控制感。Glasser（1985, p. 123）表示：「這種行動是很獨特的，沒有其他成癮藥物在實際上失落時會增加控制感。」

　　古柯鹼與影響較小的咖啡因及尼古丁，則以不同方式帶給人們控制感。他們增強行動系統，因此人們使用古柯鹼時，會讓他們覺得似乎能做任何的事情。香菸與咖啡以一種較溫和的方式，同樣也能帶給人們少量活力的感覺。例如，許多人在一天開始時，抽支菸或喝杯咖啡會感覺較好。因此，這些藥物以不同方式，干擾人們對自己生活的控制。

　　Glasser 特別選出酒精為暗中危害的成癮藥物。他視酒精為一種非正式的控制人們生活之物質。

> 　　我相信酒精總會是一種融入、被接受，甚至在我們的文化中是榮耀的一部分，而其他成癮藥物則否，因為酒精是受到理想文化所支持 —— 控制你的生活。事實上，酒精在我們的文化中是唯一最有危害的力量，因為它作用的方式造成人們不自覺的失去控制，之後也不會被了解。假如以一種優雅溫和的方式使用時，文化（或者至少在大眾媒體所呈現出來的文化）會視酒精為一種正向的力量。
>
> 　　在大眾傳播媒體支持下，我們的文化很少會認定「真正」的男人或女人，是不會超越增強與失去控制之間的精緻分界線。酒精是一種辦妥事情、主動操控的藥物，能妥善使用代表著有能力與成熟的象徵。因為它增強控制感，我們歡迎它而取代了我們對它應該有的擔心（Glasser, 1985, p. 132）。

　　在治療酒癮患者上，Glasser（1981）表示諮商師與其他人必須夠狠心的去協助酒鬼看清他有問題。他相信「酒癮者匿名會」（Alcoholics Anonymous）特別有幫助，因為該會成員讓其他人等挺身而出，承認他們有酗酒的問題；並對他們的酒癮問題承擔自己的責任。甚而當人們在喝醉時，他們必須重複他們所做的愚蠢事蹟。藉由這樣做，他們開始控制與承擔他們行為的責任。

　　在治療使用多種成癮藥物的 16 歲高中生珍娜時，Abbott（1980）使用現實治療的原理去協助她戒癮，後來她成為一個很成功的大學生。他很努力的與她建

立一個良好的關係，直接表達他對她的重視與關懷。治療的焦點不是放在成癮藥物的使用，而是放在會讓她更成功的決策過程、與面對生活上各種情境時所承擔的責任。他會持續的問珍娜：「現在已經發生了，妳接著要如何做？」假如她翹課，他會問她對畢業條件上她打算要做些什麼。她的行為會不時發生，她有幾次離家出走的情形。每一次，Abbott（1980, p. 270）會以一種方式問：「妳對現在生活的方式感到很快樂嗎？」「妳的行為帶給妳什麼樣的後果？」與「這樣能達到妳生活的目標嗎？」珍娜的行為是不可預測的。但是，Abbott 自始至終沒有放棄珍娜（一種很重要的現實治療原則）。儘管她多次又跳回到原來的樣貌，但他始終守在那裡，協助她去控制生活而不接受任何藉口。

選擇憂鬱：泰瑞莎

依據 Glasser（1985, p. 48）的看法，人們不會感覺憂鬱，而是他們選擇憂鬱、或是表現出憂鬱的行為。從事積極、正向活動的行為，協助人們從憂鬱的行為及感覺很悲痛，改變成為有更好的控制感且有更正向的感覺、更正向的思考及更好的身體舒適感。

Glasser（2000a）治療非常憂鬱的 40 歲女性泰瑞莎時，著重在選擇的重要性。很快的，他注意到一個「整潔、俐落、雖然至少過重 26 公斤，卻很迷人的女性」（p. 129）。他對她完全失去活力的樣子印象深刻。他對她的主要工作，是讓她知道她選擇了憂鬱，而她可以有其他不同的選擇。他預期會出現抗拒：

> 我決定不要請泰瑞莎告訴我有關她的事情，特別是不要問她的感覺如何。我必須試圖說服她，是她在自己的生活上作了無效的選擇。讓她完全了解我的看法是她作了選擇，特別是選擇憂鬱，這會是她心中最沒有想到的事情。假如我不能在第一次面談時就說服她，將來很難有任何進展可言（Glasser, 2000a, p. 129）。

泰瑞莎很訝異 Glasser 沒有問她有關丈夫遺棄她跟孩子，而且沒有留下錢財之個人遭遇。她一開始就因為 Glasser 問她作選擇的問題而很困惑。他的親切與友善，讓她接受了他看似很詭異的問題。泰瑞莎試著去告訴 Glasser 她的婚姻無望，但他繼續聚焦在選擇上。最後，泰瑞莎作了一個 Glasser 看來是正向的選

擇，離開憂鬱的決定。

「還沒離婚時，我感覺到我的存在。現在，我一無所有。我只是一個帶著孩子、靠著社會救助金過活的窮女人，而且孩子在一年內也會被帶走。」

「我同意妳以前的生活比現在好很多，但是妳仍然活著。若是妳仍然活著，妳還是可以選擇妳要過的生活。現在，唯一能阻止妳作更好選擇的人就是妳自己。只要妳繼續選擇憂鬱，妳就不會有自己的生活。」

「但是我能選擇什麼呢？我不能回家，就選擇讓自己快樂起來。」

「這就是了，妳不能將選擇感覺與選擇行動分開。它們共同存在。但是妳可以利用今天回到家後，用所有的時間對自己說：『泰瑞莎，面對事實。不論好與壞、快樂或悲傷，妳要選擇整天做自己可以做的事情。』」

我沒有向泰瑞莎解釋完全行為，但這是將行動與感覺相連結。這樣做行得通。她被吸引住了。

「但是這有什麼差別？我還是過著同樣悲慘的生活。」

「妳選擇自己整天的所作所為，這樣還會讓妳的生活一樣？」

「我坐在家裡看著肥皂劇、吃著零食。這是我做的事情，這是許多家庭主婦像我一樣會做的事情。我認識許多的鄰居。他們大部分就像我一樣。要談戀愛已經太老，要等死還太早。」

「但是開始做更好的選擇還不算老。」

「好吧，像是怎樣的選擇呢？」

在此說出「像是怎樣的選擇」似乎有些嘲諷，但是結果並沒有朝那樣發展。她真的想要知道。

「好吧，我們以一個選擇起頭。妳會選擇做什麼，讓明天比今天好？」

「我會選擇不要整天坐著都不動。」

「不，那行不通。妳的選擇該像是試著不要吃太多。我不是期待妳選擇不要做任何事情。我期待的是妳選擇去做一些事情，是比妳現在做的還更好些的事情。一些積極的事情，這樣妳就必須振作起來去做事情。」

接著她說了些事情，讓我們都會心而笑。她抓住了重點。

「我可以選擇去打掃房子。裡面一團糟。」

「那會是很棒的主意，但是妳真的會做嗎？」

「我會做的。我真的會。」

「我猜，妳剛才告訴我的，妳告訴我的方式讓我想起一件事來。妳看過電影『窈窕淑女』（My Fair Lady）（譯者按：改編自 George Bernard Shaw 的舞台劇，由奧黛莉赫本主演）嗎？」

「我看過舞台劇與電影。那時我結婚了，因此我有錢觀賞。」

「記得當 Eliza 矯正發音後，開始正確說話嗎？ Higgins 教授與他的朋友 Pickering 又唱又跳。妳記得那首歌裡的一些歌詞嗎？」

她看了我一眼，然後說她不記得。

「他們唱著：『天啊，她抓到訣竅了，我想她抓到訣竅了』，或是像這樣的對話。泰瑞莎，我想妳抓到訣竅了。所以告訴我，妳對所做的每一件事情知道些什麼？我們在做任何事情前，我們都做了些什麼？」

「天啊，選擇它，我想我們選擇了它。」

「妳可以清理完房子後打電話告訴我嗎？事實上，妳在整週裡面任何時間選擇做任何事情後，打個電話給我，留話在我的答錄機裡面。留下妳的電話號碼，我會找個時間回電給妳。妳可以下週同一時間來見我嗎？」（Glasser, 2000a, pp. 134-136）。

　　Glasser 在這段對話中，說明了幾個現實治療的觀點。他自始至終保持友善與正向的態度。他聚焦在「選擇去做」，及不接受「選擇不要做」為替代選擇。泰瑞莎訂了清掃房子的計畫（做得更好），而他協助她藉由要求她打電話到他的辦公室，承諾這些計畫。

選擇焦慮：藍迪

　　選擇理論提供了對焦慮的概念性理解，就如同憂鬱症的看法，它協助現實學派治療師檢視個人生活失去控制下的面向。這個認識提供了一種檢視行為的方法，進而發展出改善的計畫。Glasser（1985）提出了一個人體驗到焦慮之身體症狀的摘要，並使用選擇理論去解釋其症狀。

　　藍迪是一個資優大學生，他在大學的成績幾乎全部都是 A。他進入商學研究所第一年成績也很優異，但是在最後一年突然因恐懼與焦慮而無法繼續其學業。他選擇的焦慮程度，大到他整節課都無法坐在教室中。假如他強迫自己留在教室裡，他的焦慮會增加到讓他覺得到了完全恐慌的地步，除非他離開教室，否則他感覺就快死掉了。他的胃部翻騰作嘔、手心流汗、心臟砰砰的快速跳動、耳朵嗡嗡作響，而他嘴巴乾燥到黏在一起而說不出話來。

　　雖然他在所有的課業都能輕易的得 A，但除非他參加期末考，否則他選的課程不能過關。在他相簿中的圖像，是成為極成功的商業高級主管。在現

實世界裡，他突然變為一個不成功的研究生。他沒有想到他正選擇他正在做的事情。

藍迪視自己為極度害羞與沒有吸引力，他還相信不管課業表現多好也沒有人會僱用他。假如他完成學業，他必須去面對真實的世界，而可能發現他絕對不會成為如他相簿中之成功的商業高級主管。但是他太樂於學業表現的成功，若因此而遭退學，他就能藉此為由不去上課、或若去上課就焦慮而得到控制。經由這些行為，他得以痛苦的去控制他因為不夠有吸引力與合群的憤怒。他也能夠因為他的行為所造成的學業問題去要求協助。當他透過諮商，學習到更有效的控制後，他以優異的成績畢業。持續保有這種控制與維持努力工作，他在數年後當上一家非常成功的企業之副總裁（Glasser, 1985, p. 64）。

使用選擇理論去了解人們的問題，提供了現實學派治療師一致的完整架構。雖然上述的疾病都不易處理，但不管是對藥物濫用或飲食障礙，選擇理論的模式都能找出個人能夠維持對其所處環境的控制方式。帶來改變的方法 —— 不論是直接的計畫或是矛盾技術 —— 都是藉由擬定計畫與全程監控計畫的執行，去改變想法與感覺。

 目前治療趨勢

自從 Glasser 在 1962 年創造出了現實治療（reality therapy）這個專有名詞後（O' Donnell, 1987），現實治療受歡迎的程度與日俱增。自 1967 年 Institute for Reality Therapy 於美國洛杉磯成立後，又在 1968 年成立使用現實治療訓練教師的特別分所教師訓練中心（Educators' Training Center）。1975 年，Institute for Reality Therapy（現已改名為 William Glasser Institute）開始訓練合格現實學派治療師，並授予證書。先前已有超過 7,800 人受證合格，准予使用現實治療。

在 1981 年，因為合格的現實學派治療師人數過於龐大，因而成立了國際性組織，並每年在不同城市舉辦年會。該機構目前有九個部門，所有部門的主任共同組成該機構的委員會。機構的重要功能為訓練及授與開業治療師及訓練師現實治療之證照，並提供目前開業的現實學派治療師繼續教育的管道。

　　要拿到合格現實治療證照，受訓者需參加為期至少 18 個月的訓練課程（William Glasser Institute, 2000）。訓練包括一週的密集課程，接著進行為期六個月的機構內之受督導的實習。受訓者若經督導推薦，可以參加一週的進階訓練。之後進行另外六個月的機構內實習。這段期間的督導可以推薦受訓者參加認證週，受訓者在那裡應要求去施展及應用對選擇理論及現實治療的了解。當認證合格後，這些人會被認定為合格現實治療師（reality therapy certified, RTC），因為其中還有許多是不合格的諮商師或治療師，而他們也不希望違反州政府之執照或認證法規。從參與第一個訓練工作坊到具資深訓練師的資格，一般需要超過五年的時間。

　　1987 年，Glasser 為合格現實學派治療師開發出認證訓練課程後，他們可以成為合格的資深訓練師。這些訓練師必須繳交出一份經由 William Glasser 訓練中心主任 Robert E. Wubbolding 核可之現實治療與選擇理論錄影帶。現實學派治療師與訓練師證書由訓練主任核發，以確認自稱為現實學派治療師的治療師能運用適當的現實治療技巧，特別是 WDEP 系統在現實治療之應用（Robert E. Wubbolding, personal communication, September 12, 2009）。

現實治療與其他理論的併用

　　現實治療的進行步驟十分獨特。雖然也會使用從各種心理治療理論擷取而來的其他步驟，但這些技術必須融入現實治療的架構中（Wubbolding, 2000）。因為現實治療著重於正在做的行動上，行為治療技術會非常適合。

　　在現實治療中，讚賞是很重要的技巧，這與行為治療中的正增強（positive reinforcement）很類似。角色扮演與示範是其他行為治療技術與現實治療中，方法很一致的實行計畫。雖然現實治療不是一個問題解決的模式，但有時對個案使用問題解決技術也有所幫助。Milton Erickson 使用矛盾技術的策略治療（strategic therapy）及建構學派（constructivist）模式，也與現實治療一致（Palmatier, 1990）。認知學派治療師如 Adler（Petersen, 2005）及 Ellis 的理性情緒行為治療（rational emotive behavior therapy）（Ellis, 1999）中的主動部分，也可以讓現實學派治療師應用在他們的治療工作上。

Frankl 對意義的存在觀點、及個人所作之選擇與承擔選擇的責任，也和 Glasser 選擇理論的哲學理念很雷同（Manchester, 2004）。在與個案發展友善的關係上，一些現實學派治療師發現 Carl Rogers 同理的傾聽很有助益。對各種理論的知識，可以幫助現實學派治療師在堅守現實治療的步驟時，同時可增益其技巧。

非現實學派治療師可能發現，選擇理論及現實治療的原則有所助益。個案控制他們行為的部分 —— 他們選擇的問題解決方法、他們可能會產生的無效思考 —— 對統合應用的治療師來說會是有用的概念。藉由思考個案對他們生活的控制，諮商師可以發展出建設性改變的策略建議。訂出計畫的主意與執行計畫的承諾，與各種認知和行為治療一致。雖然現實治療的看法包括：「不接受藉口」、「不批評或爭辯」與「不輕易放棄」，對某些現實學派治療師所面對的一群難以處理的人口（青少年與成人罪犯及藥物與酒精濫用）特別適合，但這樣的建議也與其他許多理論模式一致。

 ## 相關研究

研究對 Glasser 的選擇理論與現實治療來說，並非主要的重點。他反而著重於正在做的部分 —— 應用現實治療於人群服務與教育機構中。他指出曾任職的 Ventura 女子感化學校，有目共睹的改變是再犯率下降。他也點明 Harrington 所做的清楚改變，是洛杉磯 Veterans 醫院住院率的下降。由他第一任妻子所主編的個案研究一書（N. Glasser, 1980, 1989）所述，對他來說，現實治療對很多種的心理問題都是有效的。

某些國家發展一些研究與博士論文（Litwack, 2007; Wubbolding, 2000）。典型的是那些針對小學、國中、高中或大學生，比較現實治療與其他治療之教育性研究。在韓國進行的一項研究，一個國中女學生小型樣本（11 位）對現實團體諮商，較 12 位學生的控制組有較正向的回應（Kim & Hwang, 1996）。在內外控、成就動機與遵守規範方面發現有改善。一個現實治療方案用在治療網路成癮的韓國大學生（Kim, 2007）。這個方案結果顯示，能降低大學生的網路成癮程度（Kim, 2008）。在韓國，現實治療受到廣泛的應用。Kim 與 Hwang（2006）執行

了一項後設分析，自教育機構中從 250 個研究現實治療與選擇理論的研究，抽取 43 個研究，量測其自我概念與自我控制。大致來說，在這 43 個研究中，接受團體現實治療之人較控制組，有較高之自我概念與自我控制分數。在奈及利亞進行了一項針對空巢期退休族的特殊族群研究。在協助退休族的現實治療、認知因應行為訓練（cognitive coping behavior training）與合併這兩種治療的方法，都較對照組有明顯成效（Chima & Nnodum, 2008）。這些研究顯示出找到一些驗證現實治療效能的方法。

Wubbolding（2000）檢視對成癮與憂鬱症及對青少年與成人犯罪者的研究。攻擊行為（aggressive behavior）已成為現實治療關注的特殊領域。在一個研究中，男性家暴施暴者被分為兩組，每組 15 人。一組接受為十二週的現實治療團體治療，另一組接受十二週結構式認知行為團體治療。

參與現實治療的男性施暴者，自我控制得分有較明顯的改變，而另一組的男性則無（Gilliam, 2004）。各種的心理與社會評量得分上沒有明顯差異。在一項有 23 位女性及 22 位男性參與，依據現實治療概念及為家庭設計的現實治療之 21 次家庭暴力方案研究裡，女性施暴者很少或沒有暴力行為被舉報，而男性有一些暴力行為被舉報（Rachor, 1995）。另一項在韓國的研究針對校園暴力行為受害者，10 次的現實治療團體方案，用於增進校園暴力受害學生之責任、與降低受害者角色（Kim, 2006）。

這裡呈現出來的這類相關之研究很重要，因為它著重的人口群在其他研究中常受忽略。雖然一些針對現實治療的研究發表在《國際現實治療期刊》（*International Journal of Reality Therapy*）與一些博士論文上，但研究的數量還是相當少見。因為 Glasser 的模式為實用主義導向，且針對教育及社會服務系統協助進行改變，因此研究不是其優先考量。現實治療證照訓練甚至也不包括研究訓練。

性別議題

在現實治療中，個案呈現在治療師眼前的是他們生活中所不能控制的部分。現實學派治療師協助個案去探討他們目前的行為，有多滿足別人與他們自己。理

想上，這個行為不用顧慮到性別。諮商師不去決定什麼應該被改變。在現實治療中，男性及女性都學習到他們有權力去控制自己的生活。從歷史上的經驗來看，有所爭議的是這個議題對女性的關切比男性高。

依個人的觀點而定，現實治療可以看作是增強女性的權力去控制她們的生活，或是反對她們試圖去得到控制。在治療受虐婦女時，Whipple（1985）表示受虐婦女無法滿足她們的歸屬感、權力、自由與樂趣的需求，而她們的生存需求受到威脅。Whipple（1985）說明現實治療的內容步驟，可以用來協助受虐婦女去滿足她們的基本需求。從一個女性主義治療的觀點來看，Ballou（1984）指出，在保有人們對他們行為的責任上，忽視了歷史及社會上的歧視。現實治療甚至如同其他治療，忽略要求社會改變的需求與降低在女性所處環境下之性別歧視。雖然女性主義治療的觀點批判現實治療沒有聚焦於外在事件，但女性主義治療與現實治療仍有些彼此同意的部分。兩者都強調治療關係與接納的重要性，但是在個案的價值系統上則有不同的意見。Ballou 的立論在 22 年後又被 Linnenberg（2006）拿出來驗證，Linnenberg 認為她的看法到現在仍然可以被應用，但是已經有些被修正了。他覺得對多元文化的強調在近年來對現實治療有所助益，雖然現實治療並未刻意直接強調多元文化的應用。Ballou（2006）也同意 Linnenberg 的分析，強調實際自我省思的重要。

Silverberg（1984）相信現實治療對男性而言，尤其適合。他解釋，歷史上男性就較女性更不情願去尋求治療、探索感覺與去洞察內在行為。他相信現實治療強調的自我控制、自主與獨立的發展，特別吸引男性。甚至，面談中對特定行為與產能之強調，且已經計畫為治療的內容，這會很適合於對生活是成就導向的男性。對檢視他們的感覺與情緒有負面感受的男性來說，會發現現實治療是一種很吸引人的模式。Threadgall（1996）相信現實治療適合男同性戀者，且強調對治療與計畫的承諾之重要性。

 ## 多元文化議題

因為強調對人們自己生活的選擇與控制，現實治療從多元文化的觀點可被看作同時是正向與負向的。對現實治療的批評是它沒有考慮如歧視與種族主義等環

境力量，對來自不同文化的影響。因為歧視與種族主義，人們試圖作特定的社交與經濟選擇，如友誼或聘僱面談等就會受到限制。除此之外，現實學派治療師尊重個人文化的差異。現實學派治療師不會去決定哪些行為是個案必須改變的。因此，個案決定他們想要的改變與其文化價值的一致性。雖然文化差異造成他們認定其生存、歸屬感、權力、自由與樂趣等基本需求的不同，但探討這些需求與個人欲求及知覺，卻能應用於跨文化上。

討論個案正在做的與他們想要做的改變，在大多數的文化中也是相容並蓄的。當與個案一起設定計畫時，現實學派治療師考慮的不只是計畫對個案的成效，也要考慮計畫對他們的重要他人及整體社會之影響。雖然對不同文化的個案進行現實治療會有幫助，但對諮商師而言，了解治療對象的文化相關知識仍然重要。Wubbolding（2000）摘要整理出不同文化背景的人們之相關議題。

將現實治療用於不同文化的多種族群，如非裔美國人、韓國人、馬來西亞人、美國原住民及住在香港的學生。Mickel（2005）表示現實治療可以融入代表非裔中心導向的家族治療（African-centered family therapy）。Okonji、Osokie 和Pulos（1996）的研究顯示，120 名 African American Job Corps 學生樣本在觀看完模擬諮商面談的錄影帶後表示，與個人中心學派諮商相比，較偏愛現實治療。

在對美國原住民進行治療時，治療師可以使用 Rule of Six，意指在一個特定的情境下有六種可能的解釋（譯者註：在同一群相同屬性的人中，問同樣問題時，在超過第 6 個人後所得到的答案很少有不一樣的。）（Mottern, 2003）。Rule of Six 與選擇理論很一致，因為它強調選擇的責任。

現實治療也可以應用在西非外海群島維德角（Cape Verde）共和國的人（Sanchez & Thomas, 2000）。現實治療可以協助維德角人，將維德角文化、非洲文化及來自葡萄牙語的混語方言（Creole），融入他們有價值的內在世界中。

Renna（2000）說明一項實驗方案，使用選擇理論去協助以色列及巴基斯坦的學生融合在一起。在討論選擇理論與現實治療可以應用在韓國人上，Cheong（2001）強調，需要更同理及比對美國人更不直接的詢問。在以回教人口為主的馬來西亞，因為與伊斯蘭（Islamic）文化觀點一致，現實治療之應用被認為適用於該國（Jusoh & Ahmad, 2009）。然而，Jusoh、Mahmud 和 Ishak（2008）發現，

雖然馬來西亞的諮商師使用現實治療，但他們還需要更多的訓練機會，以增進他們使用現實治療之技巧。現實治療不僅與伊斯蘭文化觀點一致，也被認為與執行猶太戒律（Talmudic Law）之猶太文化觀點一致（Barr, 2009）。現實治療對不同文化族群之各種使用經驗，應該可以鼓舞那些想要調整現實治療，並將之應用在特定文化族群的治療師。

 # 團體諮商

現實治療團體應用於國中與高中學生，也用在父母團體、藥癮患者、智能障礙成人與青少年及成年罪犯上。雖然可用於很多種團體，但應用在個別諮商的基本模式，也適用於各種諮商團體。現實治療團體的關鍵，在於強調團體成員正在做的部分。討論過去行為及造成現在行為的藉口，會被團體領導者和其他成員打斷。每一個團體成員訂定自己的計畫，並由其他參與者及領導者追蹤其執行之狀況。每一個參與者通常都會花一定的團體時間去分享。一個成員分享之後，領導者會讓另一個成員接續的談下去。

Bassin（1993）建議，團體可以用個別的現實治療進行較完美的追蹤輔導。有了對現實治療的一些知識後，個人可以協助團體中其他成員去了解選擇理論與現實治療的原則。同樣地，個人將其問題帶入團體後，可以從其他人那裡得到建議與支持。Corey（2008）詳細的說明了使用團體現實治療時，團體領導者的角色與功能，也說明了現實治療在團體中的實際應用。

Wubbolding（2000）認為團體成員的需求，可以透過團體聚會而得到滿足。第一個達成的需求是歸屬感，團體成員滿足後會覺得屬於此團體。完全行為（total behavior）可以藉由討論無效與有效行動、想法與感覺去論述。接著，當焦慮、衝突與抗拒上升時，會討論團體成員的權力需求（power needs）。當團體成員分享改變的特殊行動時，可以引領成員感覺自己更有權力。接著就承諾改變想法與行動之計畫的程度進行評估，並鼓勵成員以促使其執行計畫。團體成員彼此協助，以促使計畫能符合需求。團體後期會討論到樂趣及自由的需求。

摘要

　　現實學派治療師協助人們，更有效的控制自己的生活。個案被協助去檢視他們當初認為自己所沒有的選擇。例如，一個憂鬱的人被教導去了解他正選擇了憂鬱的行為。現實治療主要的部分，是它的人格理論依據選擇理論而來。Glasser應用他的理論於廣泛的教育及人群服務機構。

　　選擇理論解釋了人們如何與為何有如此的行為。真實世界超脫於知覺的世界，組成了決定人們基本欲求的基礎。個人發展出他們想要的圖像，依此以不同程度去滿足他們生存、歸屬感、權力、自由與樂趣的需求。人們依據他們想要的圖像而有所做為。這些做為被認定為完全行為，包含正在做的（doing）、正在思考的（thinking）、正在感覺的（feeling）與生理（physiology）經驗等四個部分。雖然現實治療處理這些，但焦點則放在改變正在做的。

　　現實治療最貼切的描述為循環式諮商，諮商情境或關係與引發改變的步驟環環相扣。與個案發展友善關係顯示出治療師對其之興趣，此關係從開始諮商會一直延續到整個治療結束。現實學派治療師使用建立個案欲求、需求與知覺的步驟。著重在個案正在做的完全行為，並以個案的需求及價值觀去檢視。這個部分完成後，治療師才能協助個案設計改變無效行為的計畫。這樣設定計畫並不夠，治療師可以和個案訂定合約、或是讓個案承諾去完成計畫。作為諮商情境或關係的一部分，治療師是友善且堅定的，不接受藉口，也不批評或與個案爭辯。現實學派治療師經常與個案一起處理困難的問題，如藥物濫用、犯罪行為或精神疾病所產生之行為。現實治療的一個原則就是不要放棄個案。

　　高中學校輔導諮商師、酒飲與藥癮戒治諮商師、社會工作師與其他處理青少年或成人犯罪者之工作人員，都受 Glasser 強調責任與控制所吸引。Glasser 對教育系統、校規與學校管理的關切，影響了數以千計的教師、輔導老師與學校行政人員。對諮商師、教師及其他人員所設計的工作坊，將選擇理論與現實治療的原則應用於工作上。

女性主義治療：
多元文化取向

譯者：林延叡

比起其他心理治療理論，女性主義治療不只檢驗導致個人問題的心理因素，同時亦檢驗社會造成的影響，諸如性別角色及多元文化背景如何影響個人發展。女性主義治療逐漸開始關注全球女性的議題，以及弱勢團體的女性。女性主義治療師也認為，她們的工作對孩童及男性有益。她們明瞭男女在成長上的差異，包括青少年人際及性發展、育兒習俗及工作角色上的不同。女性主義人格理論檢驗的議題包括：性別基模、關係的重要性，以及代表個人的多重身分認同。

對女性主義治療師而言重要的一個議題是，為什麼女性在某些心理疾患（如憂鬱症及飲食疾患）上占了大部分的比例，她們因此透過社會及文化層面提出解釋。女性主義治療包括：幫助個案了解，社會中性別角色及權力落差造成的影響；在某些情況下幫助個案，對於歧視或傷害她們的社會機制進行改革。從 1960 至 1970 年代的政治化女性運動、及意識覺醒團體，演變至當前涵括來自不同文化背景的女、男性個案，以及對於團體的興趣（如家庭及女性治療團體），女性主義治療保有其一貫對於社會及團體議題的重視與關懷。

多元文化議題——性別

性別可廣泛地視為多元文化議題。族裔及性別可視作文化議題，其他議題則包括語言、宗教、性傾向、年齡及社經地位（Ivey, D'Andrea, Ivey, & Simek-Morgan, 2006）。這些多元文化議題皆可從社會學的觀點切入。針對其中一個議題的心理治療模式，可能和針對另一個議題的治療模式有著很大的相似性。特別是，共通性很可能在於覺察文化價值及社會行動之需求。

性別包含許多意義和觀點（Stewart & McDermott, 2004）。多重認同的交互影響（intersection of multiple identities）一詞，指的是影響性別觀點的多方力量。Erikson 對於身分認同的看法（見第 1 章）豐富了性別的意義，其切入點在於個人如何看待自己與各種社會團體、機構的關係。況且，性別提供了解權力、及權力如何影響人際關係的一個切入點。這可以發生在職場、情場、學校機構及其他情境。一般而言，性別（gender）用於了解男、女之間的差異。然而，性別同樣

也用在了解「男性之中及女性之中的個別差異」（Stewart & McDermott, 2004, p. 522）。性別也幫助研究者理解諸如婚姻這類的社會機制。這些研究性別的方式可經由統整而提供一個全面性觀點，以便了解性別如何和個人生命產生關聯。

治療師和個案對於這些議題的覺察程度不同。Ivey 等人（2006）提出五階段理論，說明人們覺察多元文化議題的過程。其中的階段包括「不了解或無法查覺文化差異的重要性」，到「能夠整合文化覺察而建立正向自我感」。許多針對文化覺察階段的研究，著重於種族覺察（racial awareness）。Helms（Helms & Cook, 1999）即針對不同的文化團體及白人，提出理論說明種族身分認同。其他學者拓展了這個理論架構，納入其他的種族身分認同（Slattery, 2004）。一般來說，這個理論尚未應用於性別認同覺察，但是這個可能性存在。

女性主義治療將許多因素（如族群及社會階級）納入其治療理論（Hays, 2008）。其主要原因是除了性別之外，還有許多因素會彼此影響。例如，美國原住民來自眾多不同的部落傳統，宗教及傳統扮演重要角色。另外，許多人具有多元文化背景，可能說不止一種的語言，這些是治療中的重要因子。事實上，大部分的人都被視為具有多元文化背景。例如，惟有極少數居住在美國的民眾，其外祖父、母及祖父、母四人皆來自非常相似的文化背景。女性主義治療師，尤其近期以來，在幫助個案解決問題時，覺察到族群、社會階級、性別傾向、失能及其他特徵的重要性。

女性主義治療師強調社會行動及增能賦權（empowering）於個案的重要性，且使用基於其他理論但特別針對女性主義治療而發展出來的技巧。對於社會行動及賦權個案的強調，反映了一個簡要的觀點：「人是政治的」，這個觀點承認社會及政治機構對於個人的影響力。許多女性主義治療師使用權力分析技巧、心理治療、自我肯定訓練及其他的技巧幫助個案。這些技巧可以應用在不同種族、族裔背景的個案上。相較於其他心理治療理論，女性主義治療更著重於種族及族群議題上。與其他章節相較，本章採用的臨床案例具有更多的文化多元性。

女性主義治療發展史

　　不像本書探討的其他治療理論，女性主義治療代表的不只是一個或是少數幾位理論家，而是許多來自不同學術領域之女性的工作與努力，其共同基本信念乃是相信女性是有價值的，而且社會有必要改變以增益女性（Ballou, Hill, & West, 2008; Brown, 2008b, 2008c, 2010; Enns, 2004; Evans, Kincade, Marbley, & Seem, 2005）。觀察了歷史上社會如何對待女性，當代及早期的女性主義者及女性主義治療師一同努力做出改革，而此改革通常是透過意識提升團體（consciousness-raising (CR) group）。她們也批判心理治療，特別是由男性治療師對於女性病人執行的精神分析。女性合併其專業訓練與女性主義的價值，促使女性主義治療得以發展。雖然所有的女性主義治療，都處理社會對女性的影響，女性主義治療在社會及個人層面的改變上，仍具有程度及方法上的差異（Enns, 2004; Kaschak, 1981）。

　　做為一個對於心理健康系統的早期批評者，Chesler（1972, 1997, 2005）在許多方面來說，她促成了心理臨床工作者重新檢驗和女性的治療關係。特別是，她批評女性病人和男性治療師之間的關係，她稱此關係為父權的（patriarchal）；父權關係視治療師為專家，而女性必須服膺在他的智慧之下（Brown, 2010）。Chesler 聲稱，女性因為不順從男性治療師的性別角色刻板印象而被誤診，因此女性接受心理治療或是被迫住院的比例較高。甚至，她指出女病人和男治療師發生的性關係對於病人造成的毀壞，及因為此一不道德行為而造成的嚴重傷害。在她的《女性及瘋狂》（*Women and Madness*; 1972, 2005）一書中，Chesler 舉出許多心理治療及諮商中的性別歧視案例。在另一篇文章，Chesler（1997）指出女性主義治療議題覺醒帶來的增益及問題。

　　女性主義理論家批評精神分析中隱含了性別偏見價值及假設，然而有些人覺得精神分析有用。一些女性精神分析師，如 Helen Deutsch（1944），並未挑戰正統 Freud 精神分析理論的基本原則，只是做了一些添補。其他人如 Karen Horney（1966），則在幾個重要議題上與 Freud 持不同的看法。例如，她不相信陰莖妒羨（penis envy）。她反而提倡子宮妒羨（womb envy）的概念，認為男性會因為女性擁有生育能力而感到自卑，因此產生過度彌補的現象。再者，她認為女性的

動機來源不是性能量，而是對於男性權力的妒羨。因為相較於男人，女人缺少權力。其他的學者（Eichenbaum & Orbach, 1983）藉著批判精神分析中的性別歧視觀點，試著整合精神分析與女性主義治療。Chodorow（1989, 1996, 1999）從客體關係的觀點切入，認為男、女性因為受到女性主要角色為孕育（mothering）而產生不同發展，她也批評 Freud 精神分析中的性別歧視觀點。466 頁描述的關係文化模式（relational cultural model），是在 Stone Center 根據心理動力理論對於人類關係的看法發展而成。雖然其他女性主義學者，如 Brown（1994）和 Kaschak（1992）批評好幾個心理治療學派，精神分析既為受批評對象，又對女性主義治療具有重要影響。

在女性治療師關注心理治療實務產生之性別歧視的同時，許多女性也提出關於社會及個人權利的考量。一些機構（如 National Organization for Women）提供處理政治議題的機會，如歧視女性的法律及聘僱條約。意識覺醒團體是消弭女性間的隔離，並且帶來社會改變的一種方式（Enns, 2004; Matlin, 2008）。這些團體的主要功能是提供一種教育方式，聯繫個人議題及政治議題，並帶來社會層面的改革。在 1970 年代中期，意識覺醒團體的焦點從政治及社會轉向個人層面的改變，但是從未忽視社會及個人議題之間的交互關係。例如，職場或社會中性別角色刻板印象的議題成為討論主題（Kravetz, 1987）。

這些團體鼓勵開放的討論，並且不需要團體領導員的引導。從意識覺醒團體，轉變成由專業領導員帶領的治療團體，幫助女性處理內外在的個人議題，是相對容易的。意識覺醒團體中的女性平等原則也適用於領導員，領導員被期待在自己的技巧、能力限制及價值觀對團員採取開放態度，同時帶領團員、提供專業意見（Kaschak, 1976）。無論是個人的或團體的女性主義治療，其共通性之一，即針對女性遭受的歧視進行女性主義分析（Kaschak, 1981）。如此一來，女性個案開始能覺察自己的問題，和其他女性的問題有何類似之處。

Enns（2004）在描述女性主義治療師與非女性主義治療師的特色時，對於激進派及自由派女性主義治療的差異處進行比較，以及分析此兩種治療取向與「非性別歧視治療」（nonsexist therapy）之間的差異。非性別歧視治療和前兩種不同處在於，它不專注在社會改變、憤怒或權力議題上，而是專注在諮商師對於自己的價值之覺察、及和個案合作所採取的平等模式。然而，激進派和自由派的女性

主義治療有許多相似之處，如他們強調個人的政治本質，以及社會機制扮演的角色。兩者皆認為憤怒（anger）是人們對於社會壓力的適切反應，心理病理是個人成長發展與社會歧視的結果。兩者皆相信有必要檢驗治療師和個案之間的權力差異，並且在治療中使用自我揭露。

　　Enns（2004）區辨激進和自由女性主義治療師，她指出兩者的差異往往在於她們參與及挑戰社會議題的程度。例如，激進女性主義治療師會投入社會議題改革，而自由女性主義治療師不見得選擇這麼做。同樣，在激進女性主義中，治療師的自我揭露對於消弭病患受到的剝削很有用，但是自由女性主義治療師可能會較少使用。至於治療師的性別，激進女性主義治療師傾向於認為，男性因為無法作女性的模範或肯定身為女性的經驗，所以不可成為女性主義治療師。然而，男人可以成為支持女性主義者，而將女性主義價值觀融入其臨床工作中。相對的，自由女性主義治療師相信，男人可以經由訓練而成為女性主義治療師（Baird, Szymanski, & Ruebelt, 2007）。激進和自由女性治療師之間的差異不是一直明確的，而一些女性主義治療師傾向不替自己貼上標籤。

　　隨著第三波女性主義運動（Enns, 2004），以及其他女性主義的相關論述，如酷兒理論（queer theory）及女同志女性主義的出現，女性主義治療的觀點也受到了影響。第三波女性主義反映了年輕女性主義工作者的觀點。第三波女性主義者批評年長女性主義者缺少實際行動。第三波女性主義運動的主要策略，是改變社會處理 HIV／AIDS、對於女性的暴力、經濟危機及其他政治、社會議題的方式。她們認清壓迫的本質在社會中並非固定不變的。甚者，她們知道某個團體認為的壓迫，別的團體可能持不同看法。同樣地，第三波女性主義關注身體形象的議題，此議題和飲食疾患及自我批判有關。種族與文化也是第三波女性主義關注的另一議題。

　　有色女性（women of color）及世界各地的女性，是許多女性主義作家的關注焦點（Enns, 2004）。有色女性對於女性主義治療實務工作的影響與日俱增。同時，在許多國家，女性主義治療已整合在心理治療實務中。非裔美籍和拉丁裔女性指出，種族歧視對於非白人女性是個重要議題，而且女性主義觀點存在種族歧視。Lerner（1979）觀察到：

> 白人社會長期以來明令「女性的地盤是家裡」，而黑人女性的地盤則是白人女性的廚房。這也難怪許多黑人女性將她們的「自由」定義為：在一個擁有工作能力的男人支持下，能自主地照顧家庭和小孩（p. 81）。

Hurtado（1996）提到白人女性的議題相較於其他文化背景的女性，比較傾向屬於個人主義式（家事分配不公、和男性的互動不平等）及私領域的。其他文化背景的女性關注的公領域議題，則包括了廢除種族隔離制度、平權運動、貧窮及監獄改造。不同國家的女性也發現了能適用在她們處境的議題，這些議題和中產階級美國白人面對的不同。為了和傳統的女性主義者有所區分，一些認同其他文化團體的女性主義者偏好使用 womanist 及 femaleist 等詞。在《多元文化女性主義治療：文化脈絡下的治療》（*Multicultural Feminist Therapy: Theory in Context*）一書中，作者 Barrett 等人（2005）描述檢驗文化及女性經驗，如何能幫助我們獲得適用於許多不同文化團體、關於人類經驗的一個完善解釋。

最近，一些女性主義治療師開始關注與上述文化多樣性相關的因素。這些因素包括了居住於前殖民地的女性主義者、接納男性成為女性主義治療師，以及宗教信仰。女性主義治療師視歐洲國家殖民過的地區，特別是南美、非洲及部分亞洲國家，不只是國家層面的殖民，還是心理層面的殖民。此現象導致一種父權主義經驗，亦即之前父權國家的人民並不受殖民國平等地對待。隨著此一改變帶來的是重新接受男性成為女性主義治療師（Brown, 2009b, 2010）。Comas-Díaz（2008）提及宗教信仰對於拉丁族裔及其他文化的個人的重要性。但是女性主義治療尚未著眼於信仰方面的議題（Berliner, 2007）。上述三例即為女性主義治療師在處理影響普世人類心理發展的社會、政治議題時，關切的主題。

 # 女性主義人格理論

由於女性人格的研究相對近期才開始出現（大部分在 1970 年之後），且是由不同的、非特定的學者進行，所以大部分的理論尚未累積清楚或足夠的研究支持。本章將會節錄女性、男性在童年、青少年及成年被灌輸的不同社會角色，此應有助我們了解關於人格發展的理論基礎。其中一個理論是性別基模理論

（gender schema theory），此理論檢驗吾人使用性別相關訊息分析周遭世界的程度。性別是個人可能擁有的諸多身分之一。另外，許多心理學家研究人際關係對於男、女的相對重要性。Carol Gilligan 和 Judith Jordan 對於女性的人格發展，以及人際關係在此發展中所扮演的角色持不同看法。這些理論概念，使我們進一步了解女性主義治療師如何與男、女個案進行心理治療。

成長過程的性別相似、相異處

　　性別相關的研究很多，特別是針對兒童的研究。其中也包括了著墨於生物、心理及社會或環境因子的研究。Hare-Mustin 和 Marecek（1988）討論性別的研究，描述對於性別研究的兩個偏誤：α 偏誤（alpha bias），是指將女性、男性區分成兩個類別，因此將女性視為與男性分開的、不平等的，並且有強化男女刻板印象之虞。β 偏誤（beta bias）則是視男性、女性為完全等同，而忽視女、男性在生活中的真實差異。Hare-Mustin 和 Marecek 告誡研究者和治療師，必須謹慎強調男女的差異或相似處。本節將著重在男、女性的社會發展，因此可能導致 α 偏誤的風險，即對性別差異過分概化（Brown, 2010）。本節摘錄的內容則是來自 Crawford 和 Unger（2004）、Matlin（2008）對於性別差異的詳盡討論。

　　在討論發展及經驗中的性別差異之前，討論性別相似處可能有助益。Hyde（2005）指出，人們往往著重在性別差異。不過在檢視過 46 個後設分析（meta-analyses）之後，Hyde 表示男女在許多心理變項上是相似的。雖然男性常被認為在數學上表現比女性好，而女性在語言技巧上比男性好，但 Hyde 則表示他們的能力在程度上是非常相似的。至於溝通模式，男女也只有極少的差異。在另外一些社會性的人格變項（如領導能力、焦慮、社交能力、自尊及自我肯定），男女也沒有很大的差異。Hyde 發現差異存在於男性一般來說攻擊性較強、有較佳的運動技巧（如擲物體的距離），而且對於性所採取的模式和女性不同。儘管差異不大，但是女男在成長的過程中，在某些生活面向確實存在差異。

兒童時期　早在出生前，父母對於孩子的性別即存有喜好差異。Matlin（2008）回顧相關文獻，表示在許多文化中，尤其是男性（雖然女性也一樣），偏好兒子勝過女兒。這在一些亞洲國家尤其明顯，曾傳出母親懷了女嬰之後卻選擇了墮胎的事件。如果其中一方或雙親對於男孩有著強烈偏好，卻生下女兒，此偏好可能

會影響雙親對於養育孩子的態度。男、女嬰的行為是相當類似的。但是，成年人對於嬰孩的態度存在著性別差異。成年人往往會根據性別角色期待，而為小孩子選擇不同的服飾或玩具。孩子藉由自己及其他人不同的穿著打扮、玩耍，及透過故事和電視學習的過程，開始接收不同的性別角色期待。

性別隔離的現象在小學期間是很常見的。男生偏好和男生而不和女生一起玩，特別是當遊戲在體能上非常需要積極與競爭時（Edwards, Knoche, & Kumuru, 2001）。在這個期間，孩子會覺得被迫去除和另一個性別有關的行為。也就是說，女生可能會因為太男孩子氣而被嘲弄或奚落，男生可能會被說是娘娘腔。一部分由於此性別刻板印象，原本在孩子 3 歲時常見到的男、女孩間的友誼，在孩子 7 歲時就變得越來越不尋常了（Gottman & Parker, 1987）。與雙親、師長及其他長輩的互動，往往促進男孩的獨立與解決問題之能力，以及女孩的照顧人之能力及無助感（Crawford & Unger, 2004）。雖然一些父母可能會有意識地避免傳遞給小孩這些性別角色期待，但孩子仍然會透過各種方式的交流，而產生對於性別角色的偏好，諸如對於遊戲、玩具的選擇，以及從同儕、電視、電影等媒介獲得的性別角色刻板印象。

青春期 由於生理及社會等因素，比起其他發展階段，性別角色造成的壓力通常在青少年身上最為顯著。普遍來說，因為社會看待女體及性慾的方式，因此性成熟對於女孩造成較大的衝突（Matlin, 2008）。女孩和（或）她們的雙親有時候會對於月經來潮（大多數發生在 11 至 13 歲之間）保持負面的態度。類似的，因為其他人可輕易地察覺，乳房發育可能是導致女孩覺得尷尬及受男生嘲弄的原因。女孩也往往變得非常在意身材是否苗條、外表是否吸引人。雖然不同的同儕團體（教會朋友、女性運動員及親朋好友）可能會有些許不同的期待，但透過雜誌、電視而接觸到社會對於女性外表的期待，也許會對她們產生巨大的影響。非裔美籍的青少女可能有不同的經驗，這是因為青少女雜誌通常不會花篇幅報導非裔美國女性。

在女性的人格發展中，約會是一個重要因素。女性在外表上，而男性則在成就及外表上受評價。女性常常為獲取男性注意而學會與其他女生競爭，男性可能較重視學業及體育上的表現。女孩，而非男孩，在這時候必須開始學習管理自己的性行為。了解避孕措施及青少年懷孕的後果，通常對於女性的影響遠大於男

性。對於發現自己有同志傾向的青少女來說,她們往往很難在媒體中找到正面楷模。同樣的,對父母出櫃的經驗可能因人而異,有些父母是支持的,而有些父母可能會強烈反對。

隨著獨立感增加,由於性別角色刻板印象使得雙親對子女的期待不同,雙親與青少年之間的衝突也屢因母女、母子、父女、父子的不同配對而產生差異(Crawford & Unger, 2004; Matlin, 2008)。雖然青少年與雙親的關係很重要,但是對於異性戀青少女來說,發展親密關係(特別是與男性)的需求及因此重視外貌,會持續在她們進入成年期之後帶來影響。

成年期 因為生活中有許多複雜的議題,且男女在處理方式上有太多變化,因此很難準確地描述女男性的成年發展歷程。不過在此段落,仍說明對女性具有特殊影響的重要議題:養育子女、職場、中年議題及暴力事件。

懷孕生子不只包括生理變化,還包括社會角色的改變。女性不只因為懷孕而造成生理上的變化,對於工作的決定、婚姻中的分工角色及關於自己外表的觀感,也都會因為女性的社會階級、種族及性傾向而有所不同。調適取決於許多不同因素,特別是和孩子及丈夫或伴侶的關係。已婚女性如果決定不要生小孩,常常會受到可觀的社會壓力。這個決定也會牽涉到一些性方面的議題,如避孕或墮胎。在美國社會,女性相較於男性,被賦予更多養育子女的責任,且較可能因為孩子的照料不妥而受到責難。照顧小孩的方式及觀念,會因文化差異而產生很大的不同(Crawford & Unger, 2004; Matlin, 2008)。

工作對於已婚女性和已婚男性的意義差別很大。雖然一些男人分擔家務,但女性通常負責 60% 到 70% 的家事(Matlin, 2008)。家務不只包括實際地管理家裡大小事務、煮飯、洗衣,還包括照顧丈夫、小孩及可能要照拂年邁雙親。在美國職場中,女性擔任 97% 的行政助理、秘書職位;男性則擔任 86% 的工程師及建築師,以及 70% 的醫生(U.S. Department of Labor, 2007)。女性的薪酬也可能比男性少(Sharf, 2010)。雖然傳統的女性職業,如教職、社工及保健相關職業,因為需要技能及投入心力而擁有社會地位,但這些職業的薪酬仍少於許多那些男性占絕大多數的、具有高社會地位的職業。甚至,在應徵及職場中,女性比男性更容易遭遇到歧視及性騷擾(Sharf, 2010)。雖然立法已經改變社會層面上

對於性別歧視的觀感，但個人態度及行為上的改變仍需要較長時間的觀察。

年紀增長對女男可能有不同的影響。對於女性而言，其中一個特徵是更年期的停經，而這個階段往往被當成是女性在生理及心理上產生負面改變的時期。當子女離家或她們明顯減少了照顧子女的角色，一些婦女可能會覺得自己失去價值。就大部分的社會強調女性照顧的角色、重視關係這個現象來看，這個改變具有挑戰性。不過，對於一些婦女，這可能是一個能獲得成就且變得積極的時機。對於女性來說，收入不夠可能特別會是個問題。總而言之，熟年女性比起男性可能會遭受更多的負面看法，且可能會經驗更多的財務困難。不過，熟年女性因為她們從養育經驗所獲得的發展友誼之能力，也許會幫助她們成熟地面對子女離家、伴侶逝世及關於失去的其他議題。

雖然大部分的婦女期待能夠自己規劃照顧子女、事業及熟年期，但暴力則是完全另外一回事。發生在女性身上的暴力涵括所有年齡層。對於兒童而言，虐兒及亂倫事件可能會對她們日後的心理發展造成不堪想像的後果。在青春期及成年期時，女性可能會成為約會強暴、陌生人強暴及虐妻的受害人（Crawford & Unger, 2004; Matlin, 2008）。受害者可能會因為害怕對方的威脅，或被指責為暴力事件的發起人，二度受傷害而不願意舉報，所以統計數據常常低估這些暴力事件。如 Matlin 指出，經驗過暴力的女性，往往顯現出焦慮及憂鬱症狀，還有許多其他生理的問題。

在上述討論女性發展的段落中，只提及一些生理改變及社會態度對於女性造成的主要影響。為了推出關於女性人格發展的理論，女性主義學者納入了許多橫跨不同年齡層的議題。人們因為文化及其他因素，對於性別差異有南轅北轍的看法。無論男、女性，將性別角色刻板印象應用到自己及其他人身上的程度不同。這個性別角色刻板印象的差異，正是性別基模理論的一部分。

基模理論與多重身分認同

第 9 章已討論過，基模（schemas）是代表思考方式的一個認知概念。意即個人持有的核心信念，亦是個人如何看待世界的假設。從多元文化女性主義的觀點來看，男女如何看待彼此，以及不同文化背景的人如何看待其他文化的人，是一個重點研究主題，也是治療師可能關注的焦點。以下會先檢驗性別基

模理論，接著使用 Helms 的種族認同模式（Helms & Cook, 1999）來檢驗文化基模。最後會介紹 Hays（2008）描述的個人多重身分認同。她使用「稱呼」（ADDRESSING）一詞，代表這些不同身分的字母縮寫。

性別基模可以應用到不同階段的發展。Bem（1993）觀察到，兒童不只習得社會對於性別的觀點，還學會將這些觀點運用在自己身上。例如，他（她）們學會女生穿裙子，男生則不穿；女生可以塗口紅、修指甲，男生不行；還有男生被說帥（handsome），女生則被稱美（pretty）。尤其是青少年，因為開始關心自己及別人的外表是否具吸引力，所以可能會特別在意性別。特別重視性別的成年人，相對於運用其他基模來歸因行為特徵的人，較可能把某行為看成「不夠男性化」或「不夠女性化」。Bem（1987）相信性別是其中一個具影響力的基模，或看待社會的方式。她認為擁有一個強勢的性別基模，會導致個人看待自己及他人的眼光變得非常狹隘。Bem 區分出讓孩子學習性別在生理上差異的必要性，以及性別角色行為刻板印象的不同處，她建議雙親幫助孩子學習其他基模，例如，關於個別差異或文化相對性。

「個別差異」（individual differences）基模，強調團體中的個別差異。例如，當小孩子說：「亨利因為喜歡畫畫是個娘娘腔。」父母可以指出男、女生都畫畫，而且喜歡畫畫。「文化相對性」（cultural relativism）基模，則是指出不是每個人都以相同方式思考，而且不同團體或文化的成員有不同的想法、信念。童話故事往往存有許多性別角色的刻板印象；父母可以解釋說明，其中的那些想法是來自和我們現今社會不同的文化（如果小孩足以了解這個概念）。基模理論不只可以應用在育兒方面，也可以在治療中了解個案如何看待自己及他人。治療師透過觀察自己及個案的性別基模呈現，可以覺察那些可能會阻礙治療進展的思考模式。

Helms（Helms, 1995; Helms & Cook, 1999）的種族認同模式，雖然不被視作基模理論的一種，但它檢驗個人對於自己文化如何和其他文化產生關聯的看法。Helms 針對美國的有色人種及美國白人，發展了種族認同階段。這些階段反映了自身、他人文化信念如何產生變化。當人們聽到其他文化的事情時，會使用自己

及周遭他人的想法來評估這些事件，並發展對於其他文化的信念或刻板印象。這些由 Helms 描述的階段，顯示了理解文化多元性的發展歷程，並摒棄種族歧視的影響。如此一來，個人關於文化的基模，可能會在他們生命的許多不同時間點產生變化。

Hays（2008）關注性別與種族外的特徵，她使用了 ADDRESSING 一詞，以各個字母代表個人可能擁有的多重身分認同：

1. 年齡（age）。年齡或世代對個人的影響？
2. 後天失能（disability that is acquired）。失能對於個人與家人或照料者之關係的影響？
3. 發展性的失能（disability that is developmental）。失能如何在個人生命的不同階段，對其人際關係造成影響？
4. 宗教信仰（religion）。成長過程或現在的信仰？
5. 族裔（ethnicity）。個人居住之社區中的種族或族裔身分認同之意義為何？
6. 社會階級（social class）。社會經濟地位可能以職業、收入、教育、婚姻狀態、性別、族裔或社群等方式定義。
7. 性傾向（sexual orientation）。個人的性傾向為何？男同志、女同志、雙性戀或跨性別同志？
8. 原住民身分傳統（indigenous heritage）。祖先是否包括原住民身分？如果是，怎麼說？
9. 原國籍（national origin）。個人的原國籍及主要使用語言為何？
10. 性別或生理性別（gender or sex）。個人性別角色及期待為何？

上述為常見的身分認同；一些人可能有較多身分。在父權文化（如美國），一些人（如白人男性）擁有特權，而其他人（如非裔美國女性）則可能經歷劣勢。長得比較矮或體重過重可被視為不利的特徵。女性主義治療師繼續將性別視為十分重要的身分認同。然而，她們了解個人還有治療師應覺察的其他身分。

CAROL GILLIGAN

Newscom

Gilligan 的關懷倫理學

雖然 Freud、Erikson 及其他學者，提及人際關係對於女性形成自我認同的重要性，但 Gilligan（1977, 1982）則評論，傳統心理學對於女性重視關係這件事給予不同的價值。她認為女性「美德」的定義包括了同情及關懷這些特質，但是傳統的道德發展理論卻視這些特質為缺陷，且相較於女性的照顧者角色，傳統理論更重視個體化及成就的發展。與 Lawrence Kohlberg 共事時，Gilligan 發現 Kohlberg 提出的道德發展階段較不適用於女性，所以她執行了一系列關於女性道德發展的研究。簡單地說，她認為 Kohlberg（1981）的理論是正義道德，而她的則是關懷與責任的道德。

Gilligan 的論述引起許多關注。Hyde（Hyde, 2005; Jaffee & Hyde, 2000）回顧了二十年來針對 Gillian 所提出之假設而進行的相關研究，發現無論是實驗操弄的、或是真實的道德兩難情境，大多數的研究顯現極少的性別差異。有人誤解 Gilligan 認為關懷與責任比正義高尚，但她已否認此說法。其他人則批評她的研究未納入可供比較的情境，來衡量男、女性的道德發展；道德發展的評分系統不夠完善；沒有考慮到社會階級或宗教影響，著重於性別差異。Hare-Mustin 和 Marecek（1988）懷疑是否是缺乏權力而非性別，造就了關懷與責任感的倫理學。這個對於男、女性道德思考的爭論，提供了探討性別差異的論壇。Gilligan 幫助我們以更有彈性的方式看待道德決策歷程，並且花更多心思在那些顯示男女都具有關懷傾向的因素上。甚至，Gilligan（2008）檢驗了在人類成長過程中，產生之關懷及建立關係的潛力。總結來說，Gilligan 的主要貢獻是，她的研究顯現了當男、女性在進行道德決策時，不只依靠理性判斷，還包括了對於關懷及關係的看重。

關係文化理論

關係文化治療從麻塞諸塞州 Wellesley 的 Stone 中心發起，至今已有 30 年的歷史，它的名稱從關係中的自我理論（self-in-relation theory），轉變成關係理論（relational theory），再改成關係文化理論（relational cultural theory）。這個改變反映一個趨勢，即有越來越多的治療師，將這個理論應用在不同文化背景的

女性身上。關係文化理論的中心焦點是在和他人相處時，個人能否適當地應對（Jordan, 2010; West, 2005）。

發生在人際關係中的隔閡（disconnectedness）則是此理論的主要切入點。隔閡通常代表著無法為他人所了解。造成關係中隔閡的其中一個因素乃為權力。如果一個擁有較多權力的人，無法同理地對待擁有較少權力的一方，那這個擁有較少權力的人就無法在關係中真實地做自己，並有所保留。如果個人沒有辦法開放地表達自己，他可能會感受到痛苦及疏離感。如果一個人感覺受關懷，那他會覺得自己具有影響力。權力差異不只會影響個人，它在更廣的社會、政治層面上也具有舉足輕重的地位。在社會或政治層面，從未受歧視的個人或文化團體，如果感覺被傾聽或獲得回應，他們便會獲得一種聯繫感（Jordan, 2003, 2010）。

之前曾被剝奪權力的人可能會感受到正向的權力感，這不是意謂著感覺自己的權力大過他人。無論是個人、社會或政治層面，雙方都會感受到相互增能（mutual empowerment）。此相互增能有五個特徵：熱情、行動、知識、價值感，以及冀望（West, 2005）。

1. 熱情（zest）：雙方正面同理互動的正向能量感受。
2. 行動（action）：傾聽彼此而產生的正向同理互動。
3. 知識（knowledge）：透過不批判地傾聽他人而獲得。
4. 價值感（a sense of worth）：來自彼此信任的關係，及自身想法和感覺受到重視的感受。
5. 冀望（desire）：希望能擁有更多彼此增能的聯繫或關係。

當關係文化治療師和個案工作時，他們會協助個案在未來可發展出和別人的良好關係。這個過程往往從治療關係本身開始（Jordan, 2010）。他們可能會幫助個案獲得獨立，但這不是治療的主要焦點。和治療師及和他人建立正向關係的特徵之一是安全感。關係文化治療從隔閡轉移至本真性及相互信任。如此一來，上述的增能感就會出現。

這個理論建立在 Jean Baker Miller（1986, 1991）的論述，她發現女性是社會中的弱勢（subordinate）團體，她們因此會衍生出一些特定行為，來幫助自己面對身為弱勢的現實（Enns, 2004）。她認為女性（及其他弱勢團體、窮人）被指定

來服務強勢團體（通常是白人男性）。當那些弱勢團體的人展現知能或獨立時，她（他）們可能會被視為不正常或因此而受到批評。為了討好強勢團體，弱勢者發展一些行為特徵，如被動、依賴、缺乏主動性及無法有所行動等。弱勢者必須能夠了解強勢者（男性）的語言及非語言行為。如此一來，女性便發展出了所謂的「女性本能」（feminine intuition）。由於身處弱勢地位，女性可能會覺得不比男性重要且透過一些行為努力改善和男性、女性的關係，如注意他人的情感及生理上的需求，以及幫助其發展優點及改善健康（透過養育或照顧）。這些觀察導致了一股力量，希望幫助女性及不同文化背景的人發展聯繫和增能感。

　　關係文化治療認清個人體驗到的諸多文化差異，它專注在發展關係韌性及關係效能。關係韌性（relational resilience）指的是儘管有所阻礙，個人能在關係中成長並且向前行（Jordan, 2010）。當成長獲得支持，個人能更容易地向前邁進。韌性也代表了當關係不是互動時，個人能夠發現這個情形，並且不受到其牽制而繼續向前。關係效能（relational competence）是類似的概念。它代表個人能夠同理地對待自己與他人。它也包括個人能夠參與社區，並且能夠建立在社區中的能力感（sense of strength）。這已經超越了個人利益。這也和女性主義的中心思想——個人即為政治——相符。超越種族歧視、階級歧視、異性戀歧視及性別歧視而促使社會改革，也歸屬於關係效能的範疇。

　　基模理論、Gilligan 的道德發展理論及關係文化理論皆是以重視女性及文化多元性為圭臬。基模理論及關係文化理論檢驗個人的思考模式及其信念，並且提供方法反省那些幫助或干擾個人看待其世界的信念。Gilligan 的理論是三者中唯一受到廣泛研究的，另外兩者則是來自於理論建立者隨時間而發展的想法。Gilligan 的理論雖然尚未顯示男性在關係建立上和女性有何差異，但它卻顯現了關懷在道德判斷中的重要性。關係文化理論顯示治療師可以使個人增能，不只改變自己，還可改革社會及政治。

女性主義治療理論

女性主義治療比起本書涵蓋的任何其他理論，更加重視影響人類發展的社會學（社會）因素。女性主義治療的目標有三個特色：強調政治與社會力對於女性及其他不同文化團體的影響、個案與治療師維持開放且平等的關係，及重視女性及其他不同文化的生活觀點。這個觀點引發了對於當代心理疾患診斷系統 DSM-IV-TR 的批評，及對於其他衡鑑方法的建議。幾乎所有的女性主義治療師併用女性主義治療和其他治療理論。不過，和女性主義治療有關的某些方法，留意到社會力對於個人的影響，而提供能讓個人更有效面對社會的方式。這些幫助個人處理社會歧視的治療技巧，著重於性別角色、權力及自我肯定。藉著檢驗女性主義治療師重視的治療目標，能使我們更廣泛了解女性主義治療的宗旨所在。

女性主義治療目標

女性主義治療相信治療目標不應只包括改變個人自己的生活，還包括改變社會機構（Brown, 2010; Enns, 2004）。一些女性主義作家（Ballou & West, 2000; Enns, 2004; Gilbert, 1980; Kaschak, 1981; Rawlings & Carter, 1977; Russell, 1984; Worell & Remer, 2003）對於治療目標有相當一致性的觀點。以下將摘錄 Sturdivant（1980）、Enns（2004）及 Brown（2010）所描述的女性主義治療目標。

1. 治療是為了改變，而非調適（therapy for change, not adjustment）：為女性主義治療的基本目標。治療的傳統目標——消弭症狀（調適）——只有在不會干擾女性發展和成長的情況下才適當。例如，要求因婚姻衝突而抱怨頭痛和憂鬱症狀的婦女服用藥物並不妥，因為這樣只是治標。認清生活處境、痛苦及症狀之間的關係，可以促使個人改變，而非只是調適。例如，處理婚姻衝突及幫助個案表達、肯定自我，或許是可以幫助消除頭痛的適當方法。改變可能包括了發展新的技巧以及投入社會改革的行動。

2. 女性主義治療中的自我照顧（self-nurturance）和自尊（self-esteem）：指的是照顧自己及滿足自我需求。覺察自身的需求是自我照顧的一部分。

自尊則代表個人必須避免依賴自尊感的外在來源（別人的想法），而根據對自己的感受獲得自尊。對女性來說，這可能意謂著無論其他人（朋友、家人及媒體）告訴她們應該怎麼打扮、舉止或思考，她們也會喜歡自己。

3. 有效的女性主義治療目標之一，乃維持**工具力量**（instrumental strengths）**及關係力量**（relational strengths）**的平衡**：個案應該變得更獨立，並且對自己的生命採取行動，同時她們也應該和他人發展有意義的關係。和朋友及家人相處時，變得更能表達自己的想法、促進溝通及表達關懷。有時候改善人際關係品質，如果另一半不願意改變，可能會對婚姻造成威脅。女性主義治療的目標之一，不只是改善和朋友及家人的關係，也重視和其他女性的關係品質（Jordan, 2003, 2010）。

4. 女性的**身體形象與情慾**（body image and sensuality）：往往是經由媒體及男性定義。社會強調女性的外表吸引力。女性主義治療目標是幫助個人接納自己的身體及性慾，並且不用他人標準來批評自己的外在。關於性方面的選擇，也應該在不受到他人強迫之下由女性自決。

5. **肯定多元性**（affirming diversity）：是指重視個案在文化上的差異。這包括留意個案的多重身分，如階級、年齡、種族及權力（Hays, 2008）。這也可能意謂著學習不同的文化團體，如女同志團體及美洲原住民。雖然女性擁有一些共通的議題和目標，她們也受到不同生命體驗的改造，包括文化的、語言的、宗教的、經濟的及性傾向的不同背景。有時候，女性主義治療師必須處理女性主義和傳統文化價值的衝突，例如，違背女性主義價值的恐同態度。這項原則對於白人異性戀女性主義治療師來說，可能代表治療師必須覺察自身的白人及異性戀優勢，這些優勢亦意謂那些不需爭取即可獲得的權利。

6. **增能及社會行動**（empowerment and social action）：是女性主義治療的關鍵目標。這個目標和其他治療學派不同，往往透過「個人即為政治」這句話表現。它強調女性需要覺察性別角色刻板印象、性別不平等及歧視，並且以行動改變現狀（Ballou & West, 2000）。對 Brown（2010）而言，增能是女性主義治療的重要目標。她對自己提出的常見雙重問題為

「此狀況中的權力動態為何？父權主義視為理所當然的假設，我視以為
真的程度為何？」（p. 30）。治療師替受過歧視或壓迫的個案發聲，也符
合此一目標。同樣的，治療師往往可藉由指出造成此問題的外在因素，
幫助個案減輕自我責備，如性騷擾或強暴事件。鼓勵個案參與政治行動
團體，例如，主要工作在提案變更危害婦女福祉之聯邦法及州法的美國
婦女組織（National Organization for Women），是可以幫助個案增能的有
效方式。類似地，在日常生活層面，指出男同事對待女下屬的方式有性
別歧視之嫌，也是有效的方法。此一目標隱晦地指出，社會透過不平等
待遇造成個人心理問題，而女性就是受害者之一。社會行動不只可應用
在女性身上，還可應用到可能遭受忽略、歧視或未受到足夠關心的文化
團體上。

這些目標背後的假設是，女性及不同文化的觀點受到接納，人們應該擁有平
等的關係（男性不應該支配女性，反之亦然），而且不同文化的人在政治的、多
元的，但可能具有歧視的一個社會系統下生存。這些觀點影響了心理問題的診斷
及治療。

女性主義治療的衡鑑議題

女性主義治療師重視社會及政治對於心理問題的影響、文化多樣性、和個
案保持平等的關係，以及女性對於生命的觀點，她們對於心理病理診斷的主要系
統（DSM-IV-TR）有諸多批評。她們批評這個系統主要是由白人男性精神科醫
師發展出來，且其中許多人都是採取精神分析的觀點，而他們將這個診斷系統應
用在所有人身上（Brown, 2010; Eriksen & Kress, 2005）。許多女性主義治療師並
且指出此分類系統強調心理症狀，而非導致症狀的社會因素。Rawlings 和 Carter
（1977）擔心，如果不重視導致強暴及虐兒事件的社會因素，治療師對於個案的
尊重可能會減少。甚者，女性主義治療批評將個案貼上診斷標籤，因為它鼓勵服
膺社會規範、強調刻板印象，而非質疑社會不公。

Laura Brown（1994）簡要說明診斷分類造成的問題：「如果你叫它臭鼬，那
你就假設它會不好聞」（p. 130）。McAuliffe、Eriksen 和 Kress（2005）提出一個
建構式策略，作為心理衡鑑的配套措施，亦即檢驗四個功能。她們的 CPSS 理論

檢驗個人生活中的各個不同面向：脈絡（context）、生命階段（phase）、建構式階段（stage）及個性風格（style）。這個理論的目的是促進個案的能力、自我覺察，以及勇於面對造成壓迫的社會因素。因為她們批評傳統的診斷分類，女性主義治療師更關注於探討個案擁有的強烈情緒（如憤怒），並且引導個人及社會層面的改變（Brown, 2010; Enns, 2004）。然而，Roades（2000）明瞭 DSM 的弱點，但還是接納其廣為使用。她描述焦慮、憂鬱、成癮及其他心理問題在男、女性中的不同盛行率。女性主義治療師評估個案問題背後的文化脈絡、獲取關於個案持有（或缺乏）權力的資訊，以便幫助個案不因所面臨的問題而受到責難。

治療關係

　　對女性主義治療師而言，治療關係是治療成功與否的關鍵。對 Jordan（2010）而言，如同在其著作 *Relational-Cultural Therapy* 所描述，治療關係為其治療的核心概念。心理治療可視為具有療癒效果的關係。首先，治療關係必須讓個案覺得足夠安全以探索其問題。尋求治療的個案，通常擁有造成與其他人孤立的溝通模式。在關係文化治療中，治療師對個案在這些關係中如何溝通表示尊重、不直接質詢而是體會這些溝通策略的必要性，並且加以了解放棄這些策略可能造成的威脅。對於關係進行循序漸進的討論，將引導出更縝密、有效的互動方式。治療帶來的是更自由地表達，及更有信心地處理關係中的感受。此改變可促使個案，以增能的方式與他人建立關係或聯繫。藉著檢驗具破壞性的社會因素，個案能被賦予權能與他人合作以帶來改變。個案習得技巧，以同理心和他人建立關係、合作，對社會進行改革。這些關係技巧來自於有效的治療關係。

　　在關係文化治療中，個案與治療師發展對彼此的尊重，互相的同理心促使治療改變。一些女性主義治療師使用關係文化治療，而另一些則使用其他的女性主義治療模式。然而，所有的女性主義治療師相信，治療關係對於治療成效扮演關鍵角色。此外，許多女性主義治療師在治療中會採用多樣技巧。

女性主義治療的技巧

　　因為女性主義治療可能會合併使用本書探討過的其他學派理論，是故以下只討論女性主義治療獨有、或和其目標特別相關的治療技巧。稍後將會解釋女性主義治療及其他學派如何整合。一些學者描述了女性主義治療策略，可以應用到女

性（男性）身上，並且直言不諱心理及社會因素兩者都很重要。

以下先說明三種常合併使用的治療策略。諮商師在解析個案遭遇的問題時，常使用文化分析、性別角色分析及權力分析。這為日後的文化干預、性別角色干預及權力干預提供基礎。治療師並不只局限於這三個類別，而可以選擇分析失能狀況、宗教信仰，或其他身分認同。此外，女性主義治療師使用一些策略，如自我肯定訓練、重新詮釋及重新標籤、去除迷思。這裡的內容主要來自 Worell 和 Remer（2003）的認知行為策略。稍後再提及女性主義治療廣泛使用團體技術。

文化分析　女性主義治療認為，個人在治療中探討的議題必須在文化脈絡下檢視。女性主義者在分析文化和個案的關係時，會檢驗數個不同議題（Worell & Remer, 2003）。治療師可能會問個案，主流文化對於她（他）遭遇的問題有何程度的影響。例如，美國是以白人、西方及異性戀為主流文化。此一現象影響了對於強暴、虐待配偶等問題的看法。社會中發生的事件，提供關於此文化的訊息。強暴主要是由男性施暴於女性。個人如何看待這個問題相當關鍵。例如，女性或許會因為被強暴而責備自己。關於不同議題的迷思可能也會存在於社會中，例如，有人會認為非裔美國人智商比白人低，或者他們不想工作。檢驗這些議題能分析文化對於問題根源的影響。

文化干預　對於個案困擾具有顯著影響的文化問題，可藉由許多方法加以認清且改變。Rabin 在 *Understanding Gender and Culture in the Helping Process*（2005）中採取敘事的觀點。治療師透過分析個案的生活或故事，聚焦在文化分析所引發的主題，而敏感覺察影響個案的文化議題。治療師了解個案的文化將有助進行治療干預，而這些干預可能會牽涉到律師、社會機構、家庭或其他人。治療師根據對於個案困擾的了解會提出建議。

一位移民至澳洲的索馬利亞難民的例子，可說明所謂的文化干預（Babacan & Gopalkrishnan, 2005）。此案例中的治療師試著幫助 M 小姐解除身上的負擔，並且協助驗證體驗。此一信任關係幫助 M 小姐增能，並且幫她獲得自信及試著改善自己遭遇的問題。諮商師在與 M 小姐合作的過程中，使用敘事的模式。

M 小姐，28 歲回教徒女性，親眼見到丈夫被一群武裝暴民殺害後，帶著 8 歲兒子逃離索馬利亞。她的姊姊也被殺害了，而姊夫則下落不明，所以她必須照

顧姊姊的四個小孩。在難民營住了兩年之後，M 小姐搬到了澳洲。她的諮商師由一位男性換成女性，部分原因是對 M 小姐來說，和來自另一個文化的陌生男子暢談，是相當困難的事。

> 在說故事時，M 小姐揭露她在難民營時，曾經被一個掌權者性侵，甚至被威脅不可以揭發，不然她就沒有辦法離開。她過去一直沒有機會告訴別人這件事，且覺得極度的「汙穢」。這牽涉到其文化對於道德及婚姻外之性行為的規範。她也覺得自己似乎應該為這件事受到責備。身為一位黑人，但卻處於一個白人占絕大多數的社會中，她身處一個不友善的環境、面對明顯的種族歧視，可能使得自己是「汙穢的」這個想法更加顯著。甚者，互助團體持續地迫使 M 小姐學習英文、學著融入社會且改信基督教。這皆造成 M 小姐更多的壓力及恐懼。她覺得不安全，並且因此表現出退縮、封閉及求生意願降低（Babacan & Gopalkrishnan, 2005, p. 157）。

為了協助 M 小姐，諮商師必須了解身處於索馬利亞文化的女性之感受，並且檢驗個人與文化產生的交互作用。諮商師蒐集了關於索馬利亞的事實及歷史背景。因為 M 小姐小心翼翼地接納諮商師，諮商師花了一段時間才開始真正同理 M 小姐的處境。一年之後，M 小姐的恐慌症狀消失，並且較能夠注意到家裡發生的問題。她也變得對於日常生活的事情比較感興趣。諮商師在文化上能夠同理 M 小姐的處境。她檢驗的議題包括了索馬利亞文化如何理解現實，是採取二元論，抑或比較全面性的看法。她掌握 M 小姐對於道德的看法，包括她的價值觀及抉擇。諮商師也理解其對於人際關係的看法，如與長輩或男性的關係。諮商師使用女性主義的諮商策略，幫助 M 小姐發現被性侵錯不在她，而且她不是汙穢的。她幫助 M 小姐使用教堂之外的其他社會支持網絡。兩年內，M 小姐說得一口流利的英語，並且在一所大學的電機系就讀。了解 M 小姐的文化，有助諮商師介入，逐漸地協助 M 小姐及其面對的困難。

性別角色分析　個案可參與性別角色分析，以了解性別角色期望對她們造成的影響（Worell & Remer, 2003）。性別角色分析雖然可以根據個案需求而作調整，但這個程序大致上有幾個清楚的步驟。以下將透過卡拉的例子說明這個方法。卡拉覺得憂鬱，這是因為她必須不斷地與雙親爭辯，而且這造成了她覺得自己

很蠢又無能。

　　為了使用性別角色分析，治療師會先對卡拉指出，她曾經在生活中接觸過的性別角色相關訊息。例如，卡拉的父親告訴她，女人應該照顧孩子及家務；母親告訴她不要和父親爭辯、由父親作主，且多了解他的想法。第二，諮商師幫助個案，認清性別相關訊息造成的正面及負面影響。卡拉告訴諮商師，她覺得自己沒有辦法好好唸書或是工作，因為她相信工作對於女性而言不重要，而且她也猶豫向上司提議能改善工作效率的新方法。第三，諮商師及個案，認清個案根據這些性別角色訊息而對自己灌輸的說法。例如，卡拉對自己說：「我真的不應該擔心工作。反正它對我不那麼重要，所以我不該告訴上司這些提議。」第四，諮商師和個案決定她們想要改變哪些訊息。

　　綜觀卡拉的案例，在討論許多她已經內化的性別角色相關訊息之後，她決定改變「工作對我而言不應該很重要」的想法。最後，個案和諮商師發展出一套計畫，來執行這個改變，並且有效地監督其執行成效。卡拉寫到：「工作對我而言是重要的，而且我要能夠在和客戶談話時，顯得更有權威，說話更大聲且更肯定。」卡拉監督自己行為的改變。在下一次晤談時，她則討論了自己試圖改變說話方式的結果。

　　在以上的案例中，個案學習到社會中對於女性應該有的舉止之假設，對於自身及個人表現會有負面影響。透過認清她的性別角色訊息，個案接著能夠履行改變。在真實的諮商情境中，可能需要分析許多不同的訊息，而且會有更多複雜的目標需要達成。

性別角色干預　女性主義治療師往往藉著了解性別角色、其他會對個案造成影響的社會期望，來回應個案的想法或困擾。她們可能不會嘗試上述的性別角色分析歷程，但是她們會提供洞察，幫助個案了解社會議題如何影響她們的心理問題。Russell（1984, p. 76）將這個過程描述為社會分析技巧，能「提供一個原理、認知架構，以獲得正面評價女性的技巧。」

權力分析　在許多國家，白人男性傳統上比女性及非白人男性，擁有較多的權力。因此，他們決定了家庭、工作、法律及社會關係的運作方式。Brown（2010）區分四種類型的權力：身體權力、內心權力、人際／社會脈絡權力、及

靈性／存在權力。

1. **身體權力**（somatic power）：個人覺察身體的感受，如飲食、性、舒適及休息。身體體驗為安全居所，我們接受現有的身體狀態，而非應該的狀態。

2. **內心權力**（intrapersonal/intrapsychic power）：當個人知道她如何思考與感受，此即權力的表徵。此人有彈性，但不會受人擺布。她專注在當下，而不執著於過去或將來。她會有強烈的情緒，並且有能力照顧自身情緒，不使其傷害自己或他人。

3. **人際／社會脈絡權力**（interpersonal/social-contextual power）：透過有效地與他人相處，此人會對他人產生正向影響。她能夠建立良好人際關係，並且在關係變成具有傷害性時有能力離開。

4. **靈性／存在權力**（spiritual/existential power）：此人能在生命中找出意義。她能夠整合自身文化、傳統，而更了解自己。覺察自己面臨的社會因素，與其互動而非淹沒其中，顯示一方面的靈性／存在能力。

Brown 利用這些類別與個案評估權力方面的議題。這四種檢驗權力的方式有助她了解如何和個案合作，協助個案更有效地面對生活。此為分析權力的方法之一。

　　治療師透過增加個案覺察男女權力的不平等，幫助她們改革因為之前缺乏權力而阻礙改變之處（Worell & Remer, 2003）。以下使用了蘿絲的例子，說明權力分析過程。每當丈夫晚上返家時，蘿絲便感到壓力很大。兩個禮拜前，蘿絲在丈夫喝酒之後，對於他晚上獨自出門喝酒這件事有了一番爭吵。他施怒於她、打她的肚子，並且抓她的頭撞牆。

　　權力分析的第一步是讓個案選擇適合自己，且能應用到不同權力的定義。蘿絲的權力是希望能夠向丈夫表達自己的感受，並且對他的不當行為有所行動。對她而言，這可能意謂著研究如何讓自己變得更有權力的法律、生理或心理層面的方法。第二，因為男女在獲得法律、金錢、生理及其他方面的權力上，可能面臨不同的難易度，因此這方面的問題也會探討。諮商師和蘿絲談論她的財務狀況、分開帳戶的好處、自我防衛課程，以及諮詢律師的優缺點。第三，諮商過程中探

討了使用權力帶來改變的各式方法。例如，用間接及示弱的方法，拜託丈夫不要喝酒來獲得權力；抑或諮詢律師，並且明確訂出能夠容忍丈夫行為的最低限度。第四，個案檢驗干擾她們執行權力的性別角色訊息。因為蘿絲先前習得妻子必須聽從丈夫的想法，並且在丈夫有壓力時提供輔助這些觀念，她決定改變這些想法。最後，個案可能會在合適的情境下使用不同的權力策略。在此案例中，蘿絲決定堅持要求丈夫立刻對於酗酒問題尋求協助，而且在他不這麼做時，搬去朋友家借住。此例中，個案學會她可以藉著行使具有權力的適當行為，來改變自身憂鬱或焦慮的感受。

權力干預 權力分析是一種需要計畫及事後追蹤的諮商技術。治療師往往可以透過增強個案的陳述或提供資訊，來強化個案的自我感。幫助個案增能可能發生在治療討論的過程中，而且不需要計畫。

自我肯定訓練 女性常常不覺得自己有能力，她們可能不會表現出自我肯定的態度，而且因此可能放棄掌控自己的生命。女性主義治療師看出法律及社會中的性別角色期待，是導致女性需要變得更肯定自我的原因，因為這些規範長久以來阻礙了女性受到平等對待的機會。自我肯定技巧可傳授給個案，讓她們在將權力遞交出去的情境下，覺得比較不沮喪、生氣、挫折或無助。了解自我肯定，有助於分辨自我肯定行為和被動或攻擊行為的不同（Jakubowski, 1977）。自我肯定指的是在不侵犯他人權力的情況下，勇敢爭取自己的權力。自我肯定行為是清楚而直接的（沒有挖苦或幽默）聲明或請求。攻擊性指的則是堅持自己的權力，但也侵犯了他人的權力。取笑、壓迫或藐視另外一個人，都是攻擊行為。被動的或是非自我肯定的行為，代表放棄自己的權力並且聽從他人指使。

> **聲明**：我從你的書桌抽屜借了一個鏡子。我希望你不介意。
> **自我肯定的**：請不要自取。若你想借東西，我也許能幫你。但先問我。
> **攻擊性的**：不要翻我的抽屜，離我的東西遠一點！
> **被動的**：我不介意。

自我肯定可經由許多方法表現，而且也會因為情境不同而有所變化。例如，對雙親表現出自我肯定，和對象是朋友、上司或師長時，會有相當的差異。個案往往發現，透過角色扮演來練習自我肯定是有幫助的。諮商師和個案可以輪流扮

演個案及另外一個人的角色。藉著嘗試不同的策略，包括不同的攻擊性、自我肯定及被動行為，個案可以揣摩出最可能發生的狀況。

　　不過，自我肯定會被視為男性的價值（Crawford, 1995）。因此，當男性的自我肯定行為被視為有主見、有權威時，女性的自我肯定行為可能被視為堅持己見或固執。Enns（2004）檢視了關於女性自我肯定行為的研究文獻，她認為在某些情況下，女（男）性都可能較無法接受女性的自我肯定行為。

重新詮釋和重新標籤　　重新詮釋（reframing）指的是改變「看待一個人的行為所使用的參考架構」（Worell & Remer, 2003, p. 80）。在女性主義治療中，常常意味著從責怪自己，轉變成從社會層面另尋解釋。重新詮釋常用來幫助個人，了解社會壓力使她們的問題雪上加霜。例如，一位因為相信自己體重過重而深覺沮喪的婦女，可以透過諮商師的協助，檢視媒體及社會價值中的社會壓力，如何灌輸女性必須苗條的概念。在重新詮釋此情境之後，個案或許可以給予自己的問題重新標籤，從原本的「憂鬱症」改成「因為變得苗條的壓力而感到憤怒以及無法負荷」。

治療 - 去除迷思策略　　女性主義治療師試著和個案建立開放且清楚的關係；如此一來，社會中的不平等關係將不會於治療關係中再現。治療不應該是個神祕的過程，或治療師比個案擁有更多權力。相對地，關係應該是平等的（Brown, 2010）。例如，如果治療師在稱呼個案時使用名字而非全名，治療師也應該介紹自己的名字給個案知道。提供個案訊息，以及在討論治療相關的議題時適當地自我揭露，是心理治療去迷思化的兩個重要方式。

　　透過提供治療過程資訊及分享某些治療技巧，可以去除治療迷思。在治療開始，女性主義治療師介紹她們的治療理論偏好、相關個人價值，以及個案身為心理治療消費者應享的權利（Worell & Remer, 2003）。Brown（2010）提供新的個案長達五頁的文件，說明她如何進行治療。文件中解釋收取的晤談費、晤談時間、療程及治療目標。在諮商繼續之前，個案必須同意這些條件。同時，女性主義治療師可能會教授相關的諮商技巧，如自我肯定訓練、行為控制及增加選擇。此外，女性主義治療師鼓勵個案陳述治療師對她們產生的影響。藉由這些方式，治療師幫助個案盡可能了解治療的過程及目標。

自我揭露是另一個去除治療迷思的方法。Brown 和 Walker（1990）描述自我揭露可以幫助個案成長的數種方式。一般而言，自我揭露是用來幫助個案成長，不是讓治療師分享自己的計畫或說：「這是我成功的過程，所以如果你跟隨我的腳步，你也可以。」由諮商師提出自我揭露，襯顯出諮商師是一個真實的人，因而使關係變得平等。自我揭露應該讓諮商師覺得合適，讓個案覺得有教育意義。

自我揭露和提供關於治療歷程的相關資訊，能幫助個案更有權力，而且為自己的成長負責。這些技巧讓個案不依賴治療師，並且提供和別人保持獨立自主行為的模範。類似的，其他之前討論過的技巧——文化分析和干預、性別角色分析和干預及權力分析和干預——顯示增能和強調政治、社會議題，是多元文化女性主義治療的關鍵元素。自我肯定訓練、重新詮釋、重新標籤，也都幫助個案處理那些造成她們求助的背後的社會力。女性主義治療師不是只會使用上述這些技巧，但是它們通常用來幫助個案成長。

 ## 女性主義治療與其他理論的併用

如同之前提及，女性主義治療通常和其他心理治療理論併用。Worell 和 Remer（2003）指出幾個重點，描述女性主義治療如何能和其他學派統整。她們透過檢驗理論的發展歷程、關鍵理論概念、具有性別歧視的語言及標籤、及診斷與治療技巧中的偏見，來尋找不同理論中的偏見之來源。她們也試著去除性別歧視的部分，來看看此一理論是否仍然和女性主義的原則互通。如同前述，主要的原則是影響個人生活的政治及社會因素、平等關係很重要，以及需重視女性的觀點。雖然併用其他學派的女性主義治療師沒有明確地追尋 Worell 和 Remer（2003）的原則，但她們也因為這些主題對於女性主義治療相當重要，而在實務工作中應用這些原則。接下來的段落將會介紹精神分析、行為與認知治療、完形治療，以及敘事治療和女性主義治療的應用，這些學派受到女性主義學者較多的重視，並且已經能整合成符合於女性主義治療的觀點。

女性主義精神分析理論

如同第 1 章提及，在精神分析學派中已經有諸多對於性別偏見的抱怨。女性主義精神分析理論者，批評佛洛伊德學派將女性描述成被動、受虐狂的及依賴的。她們也批評陰莖妒羨的概念，而提出子宮妒羨（Horney, 1966）的想法，另外由於嬰兒接觸乳房的機會比陽具來得多，她們也提出乳房妒羨（Eichenbaum & Orbach, 1983）。精神分析理論的評論者覺得為了和病人建立移情關係，可能會損害治療師和個案之間的平等關係，也因此阻礙了治療師的自我揭露（Daugherty & Lees, 1988）。客體關係理論中對於母女（子）關係的討論，聚焦在了解政治及社會因素如何影響個人的發展。

然而，一些女性主義治療師指出，精神分析可以是能夠幫助女性的適當治療技巧。了解性別在意識、潛意識層面對於男性及女性觀點的影響，可以在精神分析治療的過程中對於受虐女性提供洞察（Walker, 2009）。如同 Hayden（1986）指出，精神分析治療能夠去除女性面臨的症狀，而變得更主動及獨立。精神分析透過檢驗戀母情節，探索人如何處理及學習性別認同，以及男性霸權如何可以在社會中發展出來（Enns, 2004）。甚者，精神分析透過檢驗潛意識在壓抑中扮演的角色，可以試著解釋性別角色為何具有相當的影響力，而且難以改變。Chodorow（1989）指出，精神分析能有助了解母親角色如何造成女性受男性支配，及女性價值被男性貶抑。

與精神分析之客體關係模式有關的，是對於治療中的關係的看法。稍早提及 Stone Center 的關係文化模式（Jordan, 2010），重新評估與家人及其他人的楷模關係。DeYoung 在著作 *Relational Psychotherapy: A Prime*（2003）中，採用關係精神分析、Kohut 的自體心理學及 Stone Center 的關係文化心理治療，發展以精神分析為基礎的治療模式，而此模式則使用心理治療中的關係。

Jordan（2010）對於關係文化治療的描述，相較於精神分析為主的治療模式，則是著重在社會對於個案的影響，而較不注重母女（子）關係。心理動力與女性主義治療的統整也拓展到其他方面，例如，應用至非裔美國女性身上，將多數心理動力治療師不重視的文化因素納入考慮（Greene, 1997）。雖然精神分析的論點的確提供了對於女性議題的一些獨到見解，但其中一些觀點仍遭受批評。

女性主義行為與認知治療

　　對於認知行為治療的批評，則是它們往往忽略影響個案的社會及政治因素（Enns, 2004）。無家可歸的人、受虐的人或窮人，可能沒有足夠的金錢或社會支持，以使用某些認知與行為方法。同樣地，治療師對於個案應該如何改變的價值觀，可能未考量個案的社會及文化背景。此外，認知行為治療可能未留意個案對於理性所抱持的文化假設，而這些假設在治療模式中是不易察覺的。

　　為了讓認知與行為治療能和女性主義治療更相容，Worell 和 Remer（2003）建議改變心理病理標籤、強調感受，並且納入關於性別角色及文化社會化的概念。Worell 和 Remer（2003）不使用負面或病態的標籤，如認知**扭曲**（distortion）、**非理性**（irrationality），或錯誤思想（faulty thinking）。她們建議個案探索，建立在扭曲的或非理性性別角色概念化之上的想法。例如，治療師並不把「女人的地盤是家」貼上非理性的標籤，而是探索在活在這個刻板信念之後獲得的實際獎懲。藉著強調感受，特別是由於性別角色限制或歧視而衍生出來的憤怒感受，女性可以經由協助變得更獨立並且重新掌控自己的生活。為了幫助女性面對社會角色方面的議題，性別角色分析及權力分析可用以探索解決的方案，處理干擾女性發展的社會壓力。Wyche（2001）相信認知與行為治療特別和非白人女性有關，因為它們強調當下，且能提供個案解決眼前問題的方法。協助童年時受虐的個案，Cohen（2008）說明如何將女性治療和情緒焦點（完形）治療一併整合為認知行為治療。

女性主義完形治療

　　Enns（2004）在檢視完形治療和女性主義治療的相容性時，她發現這兩支學派有幾個類似的目標。兩者都希冀增加對於個人權力的覺察。完形治療師建議使用「將不會」而非「不能」，或使用「希望」而非「需要」等字眼。藉著從「我應該做這件事」改變成「我選擇做這件事」，治療師鼓勵獨立性，並且發展權力感。女性主義治療師同樣重視表達憤怒，作為對於歧視以及外在環境限制的反應。例如，空椅技巧能鼓勵個案說「我對你生氣」而非「我對他生氣」。因為強調自我覺察及選擇，女性可以學會她們之前可能尚未考慮過的選項。選項出現於

當一個人說「我選擇去……」而非「我必須去……」的時候。藉著合併對於社會及政治歧視之覺察與增能的方法，完形治療和女性主義治療的許多目標一致。

Enns（2004）也留意到完形治療的某些方面，和女性主義治療有所衝突。因為完形治療傾向強調對自己的行為負完全的責任，所以可能會忽略同樣影響獨立性及選擇的社會、經濟及政治因素。一些方法，如文化、性別角色或權力分析，可能會被視為怪罪環境而不為自己的選擇及發展負責。另外，一些完形治療師可能不會承認關係對於許多女性的重要性，而只著眼於自我仰賴（self-reliance）的發展。

女性主義敘事治療

近期，許多女性主義及多元文化治療師喜歡和個案進行敘事治療，因為敘事治療師可以透過個案的故事，檢驗她們看待性別及文化的方法，而非使用理論作出可能關於文化及性別之模糊、概括言論。敘事治療可幫助治療師避免性別及文化的先入為主觀點（Gremillion, 2004）。因為社會和文化對於飲食疾患有重要影響，敘事治療提供方法檢驗這些影響，並且改變個案對於自身且與原生文化有關的看法（C. Brown, 2007; C. G. Brown, Weber, & Ali, 2008）。Rabin（2005）透過各種文化的例子，說明個人對生命裡的文化、性別議題，存在相當不同的看法。在某些社會中，說故事是一個處理問題及作出改變的重要方式。

Tafoya（2005）舉了一個 13 歲 Apache 原住民（美國西南方一個美洲原住民部落）女孩的例子，她尚未準備好，也不在乎即將來臨的成年禮。Tamara 叛逆、學業表現不佳、抽菸，而且有個男朋友。她喜歡的都市生活和她自己的文化差異頗大。母親帶她去見一位諮商師。Tamara 抗拒接受諮商。在第一次晤談的前幾分鐘，治療師告訴 Tamara 和她母親關於一個 Pueblo 部落年輕女孩的故事，她參加了一個寄宿學校，但是當她返家之後，她變得很懶惰且不參與家務。因為這個女孩不幫忙家務，祖母把她送去參與農作。當她在採拾蔬菜時，一個神話中戴著面具的人拿著長長的鞭追趕著她。Tamara 和母親都可以體會這個故事的涵義。她們面面相覷然後笑了出來。Tamara 說：「我其實沒那麼壞啦，對嗎？」（p. 298）Tamara 現在可以用比較開放而輕鬆的態度，面對她在家中的問題。許多文化利用故事教導，並且說明可讓人接受的及不具威脅性的行為改變方式。

　　不只精神分析、行為與認知治療、完形治療及敘事治療，可和女性主義治療整合。然而，它們的確提供方法顯示女性主義治療原則，及對於文化議題的重視，如何有效結合不同治療。把女性主義治療的觀點應用到其他治療模式上，往往提供其他大部分治療學派未提及的文化及性別的觀點。其他的治療理論，包括 Jung 學派治療（Rowland, 2003）及個人中心治療（Brown, 2007; Enns, 2004），檢驗了女性主義治療的價值體系如何和這些學派整合。如果想要整合女性主義治療與其他心理治療理論，參考 Worell 和 Remer（2003）對於諮商理論如何轉變成女性主義、Brown（2010）對於其他治療模式如何與女性主義治療整合的觀點，可能有用。

女性主義治療與諮商

　　因為女性主義治療採取的平等主義策略，所以大多數的治療師不去區分諮商和心理治療的差異所在。不過，Russell（1984）將心理治療看作「密集的心理障礙矯正過程，或對於心因性壓力的調適歷程」（p. 13）；諮商則比較強調發展、教育或是預防性。女性主義治療常常和其他治療或諮商理論合併使用，其他理論，如精神分析、行為或認知治療、或完形治療的詞彙使用習慣，可能會影響要使用諮商或心理治療一詞。

 # 短期治療

　　女性主義治療的療程，往往取決於所併用的（一個或多個）理論。因為女性主義治療大部分採取行動導向的策略，來幫助個案面對社會及政治議題，故可能出現希望有效、快速實現目標的訴求。許多女性主義治療相當簡短，納入了輔佐個人心理治療工作的治療及支持性團體。從增能個案讓她們對於自身生命擁有更多掌控的觀點來看，一些女性主義治療師認為，長期治療會讓個案責備自己或覺得能依靠治療師。不過某些議題如亂倫及強暴，可能需要一年或一年以上的療程。短期治療模式已經被使用在關係文化治療上，在此種模式中，個案主動參與治療，而治療也有著明確的目標（Jordan, Handel, Alvarez, & Cook-Nobles, 2004）。對於關係文化模型而言，治療結束不是終點，個案有可能會在需要時返回。

心理疾患

在下列敘述的四個案例中，女性主義治療策略顯示了性別角色及社會力在心理治療中的重要性。如同前述，女性主義治療師通常避免使用 DSM-IV-TR 的類別，因為她們覺得分類系統可能代表了男性對於女性的文化刻板印象，而且沒有強調社會因素對於女性角色的重要影響（Eriksen & Kress, 2005）。但為求與其他章節一致，我們仍在本章使用 DSM-IV-TR 的分類。對於這四種心理疾患的討論著重在女性主義治療上，並且說明本章先前提到的技巧，還有女性主義往往和其他理論合併使用的現象。以下選擇的心理疾患，DSM-IV-TR 指出在女性中特別常見：憂鬱症、邊緣性人格、創傷後壓力症候群，以及飲食障礙。芭芭拉的例子說明，關係文化治療如何處理性虐待及無法信任他人的問題。關係文化治療也用來協助一位非裔美籍女性，她在唸研究所時經驗了憂鬱症。增能用來處理遭幫派性侵後產生的創傷後壓力症候群。一個簡短案例則說明敘事治療如何應用於厭食症。

邊緣性疾患：芭芭拉

DSM 的分類可能遭遇問題。女性主義治療師常說明為何使用診斷標籤會造成不恰當的汙名化，而且反映了主流社會對於多元性別及文化的偏見。以芭芭拉為例，她曾被診斷為精神分裂、躁鬱症，及憂鬱症（Jordan, 2010）。這裡使用邊緣疾患這個名稱，主要是因為這個類別強調不穩定的人際關係。這個例子闡明了治療關係的重要性。Judith Jordan（2010）使用關係文化模式與芭芭拉合作，說明治療師如何處理個案的憤怒、及反覆無常的行為。關係中的平等及去除治療迷思這兩個重點，是女性主義治療的代表特色。

芭芭拉，24 歲，受過高等教育的白人女性。她在和我進行治療之前，已見過六位治療師。每段治療都以不開心收場，芭芭拉覺得不被了解及忿忿不平，治療進而停滯不前。除了其中兩次之外，每次都是由她主動停止治療。兩次的例外，則是治療師「決定放棄」並且認為心理治療對她無效。芭芭拉多次被診斷為精神分裂、邊緣性及躁鬱症。她的生活極度封閉。在我開始治療她時，她由於自殺未遂而被強制住院。

　　芭芭拉帶著一絲希望來找我（她聽說我相較於其他的治療師，比較不「呆板」），但是她不抱太大期望。剛開始，她覺得我比起她看過的治療師沒有好多少。治療的前幾個星期，充斥著冗長的靜默、偶爾談論她之前的治療師，以及她真的害怕這不會比她試過的事情更有幫助。我並未迫使她放棄恐懼，也承認這的確是條艱辛的道路，並且告訴她，雖然我無法保證比起其他人能更了解她，但我有決心試著去了解。不過，我也提到她沒有理由相信我。

　　有天來晤談時，她剛剛割傷手臂，衣服上染著鮮血。她想知道我是否會「開除」她。我告訴她，自我傷害對我而言是件很難過的事。她質詢我是否擔心，同事看到一個滴著鮮血的個案來找我時作何感想。我猶豫了一下並且承認我的確浮現過這個念頭，但是我也看到她正處於痛苦中，而且需要向我傳達此痛苦。她一開始看起來獲得勝利（對於我承認擔心自己的「名聲」），但是之後真誠地鬆了一口氣（或許是因為我說了她本來就知道的關於我的一些事實）。接著，我們有了一段真正的合作對談，我們提及她或許可以真誠地讓我知道她體驗的苦痛，以及她是否能相信我的反應。

　　在此事件之後沒多久，芭芭拉開始談到她童年遭舅舅性侵的事情，而且在她試著揭發這件罪行時，沒有人願意相信她，尤其是母親。她從未對之前的治療師提及過這件事。在坦白之後，她變得極度焦躁，再度沉默下來。我允許她保持的距離。當她再次開始說話時，她批評關於我的所有事情：「你不夠強壯。你表現太超然。當我需要你的時候，你卻不在。你太容易改變想法。你其實不在乎我。你是我見過最糟的治療師之一。」我有時候覺得想要有所反應，有時候我想要捍衛自己。有一次我生氣了，告訴她我覺得很挫敗，我已經很努力試著要幫她，但是我似乎怎麼做都不夠。接著，我對於指責她這件事向她道歉。我回家時有時候擔心她，而且我對她據實以告。接著，我後悔告訴她這件事。

　　有時候，儘管我對於自己教導的原則不能說到做到（對於個案的靠近或抽離，保持非防衛性，有所應對的陪伴），我們慢慢地透過她的苦痛、抽離及恐懼找到出路。而且相反的，主要是在這些失敗發生、她變得憤怒並且封閉自我之後，我們開始體驗到治療的活絡與改變。在兩年極度動盪不安的治療之後，事情開始安定下來。強勢的早年關係意象告訴她，如果自己愈趨脆弱，將導致他人的施暴及侵犯；此意象逐漸產生變化。她開始接受一個可能性，如果她表達「真實」的情感，或許她能獲得同理與關懷的反應。她開始有不同的反應，當她不可避免地覺得不被理解時，她或可覺得憤怒及失望，而非神經緊繃、驚恐或暴怒的。

　　芭芭拉的生活開始有了轉變。在從事數年的低工資、不穩定的工作之

後，她尋得了一份高階工作，察覺女性對她的吸引力，並且開始和一個和善、照顧人的女性交往。她開始在治療中帶入幽默感，我們對之前經歷過的困境能一笑置之。我對於她學會的讓自己保持安全、讓我們保持在治療關係中的方式，感到十分敬佩。我的真摯對她很重要。她對於不真摯及「使手段」相當敏感，而且她覺得「大部分治療師使用相當多的手段」。最終，我了解她需要在我無法同理、了解她時保持機警；我的失誤讓她覺得不安全，她似乎太脆弱且即將被我再度傷害。我們合作找出獲得安全感的方式，讓我們都不遭受傷害。在治療即將結束時，我們一同回顧治療過程，她提到我願意和她一起脆弱。她覺得這影響深遠；這讓我變得較不具危險。當我坦承自己的限制而非和她「設定界線」，她覺得受到尊重。她說「這不是很諷刺嗎？在你最可能犯錯、最沒有防備時，我反而對你產生最多的信任？你並非都是對的……常常要花上一段時間才把事情搞清楚，但是你幾乎總是回頭繼續嘗試，顯然你並不完美，而這讓我覺得安全。」（Jordan, 2010, pp. 53-55）

憂鬱症：B 小姐

　　從女性主義治療師的觀點來看，許多因素導致女性患有憂鬱症的機率是男性的兩倍。因為女性往往被教導要依賴男性、顯得無助及討好他人，是故她們可能會因為覺得無法控制自己的生活、果斷表達自我而體驗到憂鬱。強調個人外表，以及倚賴著男性的觀點來評價自己，這些因素也可能導致喪失權力感。如果女人遭遇暴力、性侵害、或職場歧視，憂鬱或許來自無力控制自身環境的感受。尚有其他的因素，諸如懷孕、生產，以及整理家務，可能會對女性產生正面或負面的影響，這取決於她們的態度及周遭親友的態度（Roades, 2000; Wells, Brack, & McMichen, 2003）。雖然憂鬱可能部分來自基因及荷爾蒙變化，但是 Worell 和 Remer（2003）相信性別角色期待及社會歧視，對於一生中不同時期的憂鬱症具有極大的影響力。

　　在下述案例，Turner（1997）描述和一位年輕非裔美國女性合作的過程，她是位研究生。B 小姐患有憂鬱，在學校表現不佳，而且覺得和家人有隔閡。Turner 使用 Stone Center 的關係模式進行分析（Jordan, 2010）。B 小姐覺得在一個白人居多的研究所中被漠視；此外，Tuner 留意 B 小姐的羞愧感受，及害怕告訴父母她在學校遇到的困難。Tuner 透過關注個案和指導教授、學習團體、組織

及家庭之間的連結與關係，來幫助 B 小姐增能。

B 小姐是一位約莫二十來歲的黑人年輕女性。她正在就讀研究所。她從來沒有諮商經驗，而且以前也沒有遭遇任何嚴重的挫敗或困難。她有許多兄弟姊妹，出生在雙親健在、低收入的家庭。兄弟之一也得到了研究所學位，但是她是家中第一個攻讀研究所的女性。

她呈現的問題包括自尊心低落、成績不佳，以及從所長那邊剛剛聽到的消息──學校想要在學期末之前「輔導她休學」。她未通過所有的考試，而且根據大多教授的說法，她似乎不適合這所學校。由於過去在大學的優良表現及想要成功的強烈動機，她對此感到震驚。很明顯地，她不只大受打擊，還覺得憂鬱及忿忿不平。她沒有自殺傾向，但是心情非常低落，對自己沒有自信心，且覺得挫折。她告訴我她很認真唸書、試著熟悉教材，但就是沒有辦法達到期望的標準。

進一步研究之後，我發現她失去任何情緒上、課業上或社會上的支持。她獨自唸書，而且從不和任何教師或學校人員交談。她認為這會打擊家人，所以也不敢告訴他們。簡單來說，沒有人了解她在付出的努力及課業表現之間的落差，只有我知道！因為讓自己及家人失望，她覺得羞愧、丟臉，及深深地挫敗感。在課堂上，有一些黑人女性及男性，還有一些白人女性，但她不覺得可以和任何人交心，而當課堂上任何一個人問她生活如何，她總是回答「OK」。

和 B 小姐一起合作的時間大約一年多。藉著幫助她看清自己及重要他人的角色，她如何隱藏自己重要部分而不讓周遭人知道，以及她巨大的孤立感及罪惡感，我開始能夠和她靠近、建立關係。這當中最根本問題的是，她覺得自己未被接受為學校的一份子。這個內在的感受導致強烈的焦慮及生理症狀。她抱持了一種沒有「歸屬」或「被重視」的信念，這些感受的確不單單是她一個人擁有，但是並非每個人都這樣覺得。她的確必須離開學校一學期。但是，她現在復學了。這次，她聯繫指導教授、學習輔助團體、活躍的黑人團體，並且更覺得自己有資格以一位黑人女性的身分在那裡學習。我很高興看到此行為改變也反映在課業表現上。她學會了使用數種消除壓力的技巧，來面對焦慮並且變得更放鬆。由於開放地分享身為家中第一位爭取專業地位的女性所面臨的壓力，她現在已知道無論發生什麼事，她的家人愛她且尊重她。這個壓力也和她因為可能失去家中角色、及「拋棄家人」的內在恐懼結合在一起。在情感層面，這份恐懼導致了她的憂鬱症狀，在認知的層

面，她想要相信家人仍會如以往般愛她。因為她對「知覺到的失去」手足無措，她的學業表現受到衝突與壓抑（Turner, 1997, pp. 83-84）。

創傷後壓力疾患：安卓亞

創傷後壓力疾患（posttraumatic stress disorder）指的是在遭受過重大打擊之後，個人體驗到的恐懼、焦慮及壓力。在這個定義下，這個詞著重在受害者身上，而非施暴者。女性的創傷後壓力疾病之常見原因是性侵害（Worell & Remer, 2003）。在面對性侵受害者時，Burstow（1992）建議女性主義治療師，首先必須邀請女性表達她體驗到的情感，之後不但從個人的觀點，也從更廣的社會、政治的觀點來同理這些情感。她認為讓個案以「現在式」描述過去的創傷，可能相當有效。治療師也應同理女性可能體驗到的，但是尚未表達出來的羞恥及懼怕，並且同理她希望逃離這些感受。治療師幫助個案正視並且表達自己的情感。

Burstow 也討論個案的權利，例如，在晚上獨自外出，而不受到性侵害的威脅。在 *Cultural Competence in Trauma Therapy: Beyond the Flashback* 一書中，Brown（2008a）顯示關注個案多重身分認同的重要性，這些身分包括性別、文化、社會階級、性傾向、宗教信仰等。Brown 並強調，在與創傷經驗的個案合作時，治療師有必要關注主流文化的影響，以及治療師的身分認同及文化。

在以下案例中，Greenspan（1983）描述和一名女性（安卓亞）諮商的過程。這名女性在被一幫人性侵之前，生活正常鮮有埋怨。Greenspan 和安卓亞合作時，她和個案互動的方式與 Burstow 所描述的類似。她同理個案對於受到性侵的憎恨及無助的感受，但是也幫助她建立自我認同及權力感，並且把巨大的憤怒感用在正向的事情上。

安卓亞的故事說明，未對男人抱持適當的恐懼感，可能導致的嚴重後果。安卓亞是個聰明而有創意的女性，她無懼地想要成為獨立女性。她那時單身，而且以木匠及藝術家的身分來維持生計。她對於自己的無畏、過人體力，以及不怕體能挑戰深覺自豪。某個晚上，她的車拋錨了而必須找人拖吊。她因此順便拜訪鄰近的朋友，聊天到半夜。然後，她沒有搭乘地鐵，而是決定試著搭便車。兩個男子讓她上車，把她載到很遠的地方，然後帶到一

間屋子裡面，在把她拋到床上之後聯繫其他朋友。在後來的幾個小時內，安卓亞在數名男子的持刀威脅下被強暴。在被這些男子性侵的過程中，好幾次持刀男子逼迫、要她說出有多享受。事後，她被蒙住雙眼，被丟到一個陌生社區的街道上。

　　沒有女性能夠從此般經歷輕易復原。光是回顧這段記憶已充滿危險與痛苦。在頭幾天，安卓亞麻木無感。如同許多其他的強暴受害者，她並未告訴別人發生了什麼事。在性侵發生前，她總是不輕易分享自己的感受。但是她活下去的直覺，告訴她必須面對自己內心深處的感受。透過我一點點的鼓勵，她的感受排山倒海而來：恐懼、憤怒、羞恥、無助，以及脆弱淹沒了她。在每一輛車中，她看到的是強暴犯。她不相信男人，並且和他們保持距離——包括那些在遭強暴之前就認識的男性友人。她對於自己的身體感到羞恥，也覺得麻木及毫無反應。她想要殺死、傷害或閹割那些強暴她的男人。（Greenspan, 1983, pp. 273-274）

　　心理治療必須幫助安卓亞把危機變成轉機：提供她獲得身為女性的認同及權力的新基礎。

　　其中最好的一個方式，是斡旋於安卓亞新發現的憤怒感受。這如火焰般的狂怒，是她從未體驗過的。她就是無法理解，為什麼有人能夠像那些男子對她那般對待任何一個人。如同所有的受害者，她禁不住問：「為什麼是我？」但是在這個問題背後，她想問：「為什麼是任何一個女性？為什麼男人要強暴？我要如何才能重拾堅強和自由？」安卓亞無懼的憤慨就像炸彈般地在頭腦裡爆開。也就是這份狂怒，激起她想要讓生活重回正軌。她覺得自己前所未有的思緒全開。在這個安卓亞生命的最低點，心理治療幫助她利用這份開放性成為最大的優勢，在活下去及復原的過程裡獲得重新在世界裡的權力感。

　　安卓亞對於自己在遭受強暴之後的認識，包含潛在的、非常強大的新覺醒：身為女人，她的命運和所有女性的命運緊密地連結在一起，只要女性持續受壓迫的一天，她就沒有辦法成為唯一例外的自由靈魂。這份新覺醒是讓她通往全新的、身為女人的權力感之橋樑。當她的意識啟發後，安卓亞逐漸了解，她在遭強暴之後感受到的恐懼、憤慨，以及無力感，其實是社會中女性的正常感受（無論意識或潛意識）的極度放大。她發現在遭受強暴之前所擁有的自由感受，其實就某一方面來說，是對這些感受的否認，是逃離到一個並不存在的虛幻美好世界。同時，她發現這些理解並不代表她必須窮極一

生感到害怕及無助──團結就是力量；和她現今能深刻認同的女性一起為共同目標邁進，她相信會有獲得權力感的另一種方式（Greenspan, 1983, pp. 278-279）。

　　強調個案的社會及政治活動，是女性主義治療師治療的強暴一部分目標。因此，強暴不是被視為某位女性的問題，而是牽涉所有女性的議題。

飲食障礙：瑪格麗特

　　在處理厭食症、暴食症或過度肥胖的議題時，女性主義治療師的重要焦點之一是社會的社會化歷程及訊息。如同 Matlin（2008）指出，女性對於她們身體外貌的不滿意，會因為文化背景的不同而異。特別是上層或中產階級的歐裔異性戀女性，對於自己的外表尤其感到不滿。然而，飲食疾患對非西方女性可能也是個困擾（Nasser & Malson, 2009）。女性主義治療指出造成飲食疾患的各種文化壓力（Malson & Burns, 2009）。敘事治療師採取了一個有趣且有力的治療策略，來處理厭食症、暴食症的案例。在 *Biting the Hand that Starves You* 一書中，Maisel、Epston 和 Borden（2004）把厭食症與暴食症描述成，個案和治療師必須面對的是殺害年輕女子的敵人。她們這樣描述其任務與此書：

　　在試著回答這些問題的過程中，我們的意圖不是為了要打敗及擊毀厭食症／暴食症，而是去了解它們。這是為了那些與厭食症／暴食症奮鬥不懈的治療師、個人及其居住社區之一本關於奮鬥字眼、關於令人恐懼的「消滅厭食症／暴食症」行動，及令人興奮的「消滅厭食症／暴食症」的可能性的書。厭食症／暴食症是生死交關、不共戴天的敵人。這本書的目的，是幫助那些生命曾受厭食症／暴食症俘虜過的人，能清楚地分辨敵人和朋友──知道誰會倒戈背叛，而誰會忠實地陪伴（p. 1）。

　　在對抗飲食疾患時，她們幫助女性傾聽那些干擾她們發展出自我價值的念頭和意義。個案必須對於厭食症及暴食症如何傷害她們，發展出關於對錯的憤慨。治療師不能幫她們完成這個任務。這個憤慨可能在過去是由於性、肢體或情感虐待造成。憤怒有時候是針對那些什麼是代表好的、吸引人的女人之想法，或針對

挑剔女性外表或其他特質的人。當個案了解這些憤慨，她可能會湧起一股憤怒感。在一位個案——瑪格麗特——寫給厭食症的信中，呈現出這個過程：

致厭食症：

今晚，我和我的治療師提到我對你有多生氣，而且我開始質問自己以前的念頭，就是自己沒有權利對你生氣。我在回家之前都沒有想到，你對我的影響有多大。你影響了我對於憤怒的看法，還有你一直灌輸我可笑的觀念，什麼「好女孩不會生氣。」好，我有件事要告訴你，厭食症，我生氣了。這甚至比生氣還嚴重。我對於你的無法無天感到憤怒！我恨你還有你代表的所有事物。我多麼希望你是個實體，好讓我能抓住你並把你狠狠打碎。你從我身上奪走好多東西，而且幾乎取走我的性命。我感謝老天，讓醫生能從你的魔爪中把我救回。好幾年的時間，我都相信你。不管醫生告訴我，是你讓我挨餓而停止我的心，我都認為他們是錯的，而且我的心是有缺陷且不良的。當我發現，其實是你讓我相信這些事，而且相信如果繼續聽你的話，你就會讓我的心變強壯；我覺得一股噁心。

你真是ＸＸＸ的大騙子。我現在知道為什麼你從來不要我生氣或憤怒。你讓我做的事，和保有我的善良一點關係都沒有；而你所做的一切，就是要讓我不要看清楚你的真面貌———一個徹頭徹尾的邪惡使者！如果我看清這點，我早就會起身對抗你。滾出我的生命。ＸＸＸ，你離我遠一點。我的生命裡再也沒有你的立足之地。

對你絕對的憤怒與憎恨

瑪格麗特上（p. 157）

在這種對付飲食障礙的敘事治療模式中，女性藉著把問題外顯化（externalizing），來檢驗文化及性別價值。權力分析及干預是女性主義治療的重要部分。描述治療師對於厭食、暴食症的觀點是幫助個案的有力方法。瑪格麗特的信顯示了對抗威脅生命之疾病的力量。此權力分析與 Worell 和 Remer（2003）描述的有些許不同，個案在道出對抗厭食症的故事時，治療師協助她分析自己的權力。權力干預也是由個案執行，由她決定自己必須做什麼來粉碎厭食症。

因為女性主義治療的多元化背景，所以女性主義治療師使用各種不同的治療模式，幫助患有憂鬱、邊緣性、創傷後壓力、飲食疾患，及其他問題的個案。女

性主義治療和其他治療學派不同之處在於，它們強調文化及性別角色議題、人們之間存在的權力差異，以及在了解如何改變個人心理之外，社會及政治改革也同等重要。

 # 目前治療趨勢與議題

　　女性主義治療相較於其他學派發展較晚，起源於 1970 年代，而且因為這個學派沒有一個特定領導者，而是有許多貢獻者，所以它朝許多不同方向發展。如此一來，女性主義後現代（feminist postmodern）學者表示，社會建構論（social constructionism）能夠將權力賦予不同性別及文化的個人。女性主義治療師也相當關注能力與道德標準的決定因素，以及如何才是培訓女性主義治療師的最佳方法。在女性主義治療發展的開端，所出現的議題之一是女性主義運動。以下描述的每個議題，都獲得許多女性主義治療師的重視。

　　社會建構論已成為女性主義治療當中的重要影響力，而且是後現代思維的主要焦點（Enns, 2004; Worell & Remer, 2003）。女性主義治療師質疑男性看待不同情境、事件的傳統方式。女性主義治療以社會建構論的角度，檢驗影響兒童權利、弱勢團體及女性的相關議題，而這個方法可提供這些團體權力，而非剝削（Gergen, 2001）。女性主義治療師專注團體間的權力關係，並且意欲協助那些被剝奪權利的人。社會建構論幫助女性主義治療師對於文化多元性變得更敏銳，這從本章對於多元文化議題的重視便可見一斑。女性主義治療師非常小心，不去概括討論關於個案的種族、階級、族群、年紀及性傾向相關議題，而是重視個案的故事及生命。本章提及多次的敘事治療，是社會建構論治療模式的其中一例。

　　女性主義治療從原本關注於白人中產階級女性，轉移到那些影響其他文化背景女性的議題上。自 1990 年代早期開始，許多女性主義治療的書籍、期刊及文章，都詳盡納入各式文化及階級女性所面對的議題（Brown, 1994, 2010; Enns, 2004; Jordan, 2010; Mirkin, Suyemoto, & Okun, 2005; Worell & Remer, 2003）。這些著作，就社會文化議題如何在特定社會結構中和性別產生交互影響，引發了討論；進而提供了治療師如何與來自不同團體之女性合作的知識。此外，女性主義治療師已經指出，女性主義治療不單單只是提供給女性個案，它也可以應

用至男性個案（Brown, 2010）及家庭（Silverstein & Goodrich, 2003）。當女性主義治療師將服務擴展至不同對象時，女性主義治療師的最佳培訓方式便成了核心問題之一。

　　大部分女性主義治療師的培訓都是非正式的。不過，透過她們的教導與訓練，女性主義治療師將一些議題整合到教導、督導及社區服務的活動裡，如心理治療處理的性剝削、家暴、兒童性虐待及性騷擾等（Worell & Remer, 2003）。此外，一些機構如 Wellesley College 的 Stone Center，也提供女性主義治療的相關訓練課程。和女性主義治療有關的議題，還包括了成為合格女性主義治療師的流程。

　　如同 Brown 和 Brodsky（1992）指出，已經有必要適當規範「女性主義治療」（feminist therapy）一詞，以便能夠檢驗那些自稱為女性主義治療師的人，是否提供合乎倫理規範的專業行為。女性主義治療師積極地指出，影響她們及其他心理專業人員的複雜道德議題（Roffman, 2008）。這些議題包括：權力動力之分析、重疊的關係、自我揭露，以及其他的重要道德考量。雖然大部分其他的心理治療理論，未從自身的理論觀點檢驗道德議題，但女性主義治療師卻藉檢驗和個案之關係中出現的性別角色及權力議題，來切入此議題（Vasquez, 2003）。女性主義治療師提供給個案的服務項目，不只限於心理治療，還留意更廣的社會層面的議題。

　　雖然女性主義治療師對於社會行動的重要性，以及女性主義治療的施行方式抱持不同的意見，但是這些議題仍持續保有其重要性（Enns, 2004）。近年來，一個新的趨勢是：先前對於團體治療及處理社會議題的重視，逐漸轉移到透過個別心理治療進行個人的改變。不過，透過參與區域性及全國性的團體來改革社會仍持續進行。Ballou 和 West（2000）回顧女性主義治療師參與的活動及社會改革，發現社會運動的數種實施方法，例如，提供女性避難所或中心、主持社區的互助團體、藉著預防環境疾病及全球化環境汙染來改變公共政策、與一些組織合作提倡托嬰服務，對於女性的反暴力態度，及獲得醫療服務的平等機會。當女性主義治療師擁有某方面的專長時（如協助受虐婦女），她們可能會將其知識應用到一些議題上，以影響包括了法院或庇護所等社會機構，而非只是將她們的活動限制在個人心理治療。

　　女性主義治療關切的議題，與如何公平、平等對待所有的個案有關。因為女性主義治療快速成長，因此在理論發展、培訓的標準及道德考量上，持續引發新的及待解決的問題。這些議題，會因為女性主義治療師在其實務工作中整合不同治療學派，而更趨複雜。

 ## 相關研究

　　鮮少有研究比較女性主義治療和其他學派治療的有效性，這是因為大多數女性主義治療師在治療中納入其他學派的治療模式。一些研究檢驗女性主義治療對於受虐婦女、女囚及飲食疾患女性的影響。另一些則研究女性主義治療重視的議題，包括自我揭露、相互性及治療師對於自身族裔的觀點。另外，以下討論將能夠提供，關於女性主義治療干預更多資訊的研究新方向。

　　一個研究比較女性主義團體治療和個別治療，對於幫助 60 位曾遭配偶虐待之女性的影響（Rinfret-Raynor & Cantin, 1997）。兩種治療策略都能有效幫助女性。研究者發現，女性能有效利用社會網絡及組織來減少家庭暴力。治療也能幫助女性增能，令其使用自身資源。

　　另一個研究檢驗對於飲食疾患婦女的治療。研究者檢驗暴食及憂鬱症狀。研究者將短期認知團體治療與短期關係文化治療進行比較，追蹤調查發現，兩者皆能有效降低暴食行為、嘔吐及憂鬱症狀（Tantillo & Sanftner, 2003）。

　　另一研究則檢驗短期治療團體，對於獄中的童年性侵受害女性的療效（Cole, Sarlund-Heinrich, & Brown, 2007）。相較於對照組，短期治療團體的參與者，在與創傷經驗有關的一個量表上得分較低。獄中對照組的症狀數目也未增加。

　　相互性（mutuality）是另一個研究主題。相互性表示兩人彼此尊敬且接受被他人改變的能力。在一個大學生樣本中，與父母的低相互性，預測了男女大學生對自己身體的低滿意度。對女性而言，與伴侶的低相互性，則預測了對身體的低滿意度（Sanftner, Ryan, & Pierce, 2009）。

　　自我揭露及平等關係是女性主義治療的重要原則。女性主義自我揭露量

表（Feminist Self-Disclosure Inventory, FSDI）用於研究治療師如何看待此議題（Simi & Mahalik, 1997）。FSDI 測量五個不同因素：治療師背景、促進自我解放感受、促進平等主義、治療師的配合、增能個案。從 143 位女性治療師得到的結果發現，41 位女性主義治療師在自我揭露的使用上，和 34 位精神分析／動力治療師，以及 68 位其他學派治療師不同。女性主義治療師比起其他學派治療師，較可能在治療中塑造平等的關係。她們也比較可能鼓勵個案，在接受治療的過程中選擇一個楷模。至於她們的個人自我揭露，女性主義治療師相較於其他學派治療師，比較有可能告訴個案她們本身的性傾向。

　　一項初探性研究調查女性主義家族治療師的族裔背景，對於她們實施治療之方式的影響（Mittal & Wieling, 2004）。治療師提到了在自己的治療歷程中，整合自身族裔觀點與女性主義價值的相關難題。被視為位居主流或弱勢地位，是影響她們治療方式的因素之一。她們也討論了在和與自己族裔背景不同的家庭個案合作時，會考慮的因素。Hoshmand（2003）檢驗價值觀在女性研究中扮演的角色，她討論方法學，建議使用質化研究，其中包含探究此研究檢驗的價值觀。她指出針對女性進行研究的必要性。尚待研究的主題包括了女同志、女性對於性別平等的感受、性虐待、暴力、少數團體的女性，以及女性主義治療的效果。調查不同文化背景的女性在治療後的效果，這一類的療效研究也有其助益。

 性別議題

　　至此，對於女性主義治療的討論，主要限定在女性身上。女性主義治療其實也應用於男性。此外，因為對於性別角色議題的專注，相較於其他的理論，女性主義治療對於同志個案的著墨較多。

男性個案的女性主義治療

　　從女性主義治療的觀點來看，在和個案合作過程中保持不性別歧視，其實是不夠的，重要的是幫助她們在性別角色的內涵中摸索（Nutt & Brooks, 2008; Worell & Johnson, 2000）。如果諮商師不和男性個案檢驗性別刻板印象，她們可能會因此鼓勵看待男、女性的傳統觀點。因此，本章討論過的女性主義治療與衡

鑑，也可對男性個案有所助益。Brown（2010）說明權力議題和男性的關係，而且認為女性主義治療非常適合治療男性。

在 *A New Psychotherapy for Traditional Men* 一書中，Brooks（1998）發現他的想法和女性主義治療有許多相似之處。他在女性主義治療模式中看到，我們需要專注於文化對男性造成的政治及社會影響。

> 我逐漸相信和傳統男性進行心理治療，不再只是把原先的治療模式添加一些新技巧那麼簡單。就如同女性主義治療師需要全面改變，對於女性遭受問題及治療過程的看法；對於傳統男性，我們治療師也需要思考和個案的議題互動時的不同方式。我們無法保持政治中立，如果我們不是解決方案的一部分，那我們就是問題的一部分。我們是性別化社會裡的媒介，而且是必須能覺察性別的治療師。為了達成這個目標，我們可能需要改變自己、重新思考之前讓我們覺得放心的個案與治療師間的清晰界線，而且反思心理治療和社會、文化間無法更動的邊界。當我們希望創造新的社會脈絡及環境時，我們需要思考心理治療和社會運動的交集。（Brooks, 1998, pp. xiv, xv）

男性可能遭遇到的幾個問題，可以透過女性主義治療獲得協助。例如，Brooks（1998, 2003; Nutt & Brooks, 2008）討論男性表達痛苦情緒的困難。而且，社會所強調的成就及表現，可能會迫使男性維持「男子氣概」的角色（Feder, Levant, & Dean, 2007; Levant & Wimer, 2009; Levant, Wimer, Williams,

Smalley, & Noronha, 2009）。處理酗酒或藥物濫用的問題時，男性可能會不願意面對自身感受及不被允許的想法，然後選擇濫用酒精與藥物來宣洩（Brooks, 1998）。普遍來說，難以發展出良好關係及覺察自己感受，是男性能從女性主義治療獲益的主要訴求。

Ganley（1988）描述了女性主義治療如何應用於男性個案，她指出了數個反映女性主義治療觀點的議題和技巧。當男性處理關於關係及成就的需求遭遇困難時，Ganley 認為性別角色分析可以幫助個案，了解生活中關係和成就產生的衝突。至於逃避建立親密關係的現象，女性主義治療師可能會使用性別角色分析，來了解個案避免親密關係而從社會獲得的獎勵。相對的，非女性主義治療師可能會專注在被母親遺棄或被配偶拒絕的現象。由於女性主義治療鼓勵個案和治療師

雙方都自我揭露，治療師可能會以身作則揭露相關經驗，並且鼓勵個案揭露自己。此外，參與團體治療可以幫助男性分享他們的感受。

另一個議題是憤怒，這可能會透過不適當的行為表達出來，如濫用藥物或爭吵，而非有建設性地討論生氣的感受（Brooks, 2003; Feder et al., 2007）。與這個議題相關的是失望或遭受拒絕。女性主義治療師可能幫助男性個案發現除了生氣之外的其他感受，以有效處理在關係或職場面臨到的失望。不只性別角色分析對於處理這些議題有幫助，權力分析也許可協助男性進一步了解男、女間的不平等關係，即社會未給予女性同等的權力。Brooks（2003）進一步討論，當和其他文化的個案合作時，治療師必須面對額外的挑戰，因為他們的文化背景將帶入和性別、權力有關的不同男性價值系統。

除了針對情緒議題使用性別角色分析與權力分析之外，Ganley（1988）建議數個讓女性主義治療師幫助男性學習的技巧，使他們可以更妥善處理關係、工作及其他方面的問題。因為男性常常被灌輸一個概念，認為聽另外一個人說話的目的是採取行動或提供建議，是故女性主義治療師可能會教授傾聽的技巧，來幫助男性了解對方談話內容及其背後的情緒。男性可能受到社會化的影響，相信他們比女性更有權力，他們可能需要學會怎麼樣和女性更融洽地合作，而非試圖競爭或掌控情勢。在教授解決問題的技巧時，女性主義治療師可能會著重在傾聽、腦力激盪、協調及讓步的技巧上，而非主持或命令的手段。和這些合作技巧有關的是對女性的態度和信念，這些可以在治療中被質疑而且讓男性個案覺察，以幫助他們了解男性及女性在溝通時採取的不同方式。藉著在諮商關係中示範開放及合作的關係，女性主義治療師能幫助男性個案改善其人際關係。

女性主義治療與同志個案

女性主義治療師強調社會價值及性別角色期望，其關注在和女同志的合作上，但是其治療策略也可應用於男同志。在關於女同志的著作中，許多作家相信對於女同志而言普遍的一個問題是：如何面對恐同症及異性戀中心文化。恐同症（homophobia）指的是厭惡、恐懼或憎恨同志（Gay, Lesbian, Bisexual, or Transgendered Clients; GLBT）；異性戀中心（heterosexism）指的則是認為異性戀者根本上比同志優越。恐同症與異性戀中心包括了同志與異性戀者皆可能抱持的

社會信念，例如，相信同志的心理比異性戀者不健康、同性戀是一種後天疾病、女同志憎恨男性，及女同志都很男性化（Reynolds, 2003）。

　　與同志個案合作的女性主義治療的目標之一，便是幫助她們對抗這些迷思。因此，女性主義治療師專注於社會層面的因素，例如，立法、政治、宗教，及心理方面的歧視，而非個人內心的因素，例如，決定什麼是成為同志的原因，或研究如何將同志感化成異性戀。因為社會傳達的訊息通常都是很反同志的，所以很重要的是，治療師必須覺察自己內在的恐同與異性戀中心的想法。

　　Brown（1988, 2000）在撰寫關於女性主義治療策略如何協助同志時，提到一些議題如性別角色社會化、面對恐同症、處理「出櫃」議題，及探討其他影響同志的社會因素。女性主義治療師評估她們的個案如何衡量或看待同志傾向，以及她們的看法會如何隨著時間而演變。性別角色分析可能對於女、男同志特別有用，他們可以藉以了解社會影響力在他們發展過程造成的作用。分析文化，特別是社會對待同性傾向的做法，以及男女同志遭受的羞辱（Brown, 2000），可能也會有所幫助。

　　如此一來，個案會發現藉著批評自己來傷害家人或執迷於同性傾向，是如何減損自己的自尊。出櫃——告訴其他人自己是同志——可以視作一個過程，而非一個事件。幫助個人處理批評或虐待，而且告訴其他人她們的同志傾向，可能是女性主義治療在協助同志個案時的一個重點。除了抵抗社會對於同志的歧視，女性主義治療師可能會幫助同志個案處理種族或文化的歧視，以及因為低社經地位而造成的偏見。為了達成這個目標，治療師必須擁有關於女同志、男同志及雙性戀相關議題的知識，並且明瞭自己對於這些議題的反應（Bieschke, Perez, & DeBord, 2007; Morrow, 2000）。

　　Halstead（2003）呈現蒂莎的案例，她是一位非裔美籍女性，雙親皆為大學教授，而蒂莎的伴侶——蘿拉，則是出身於一個天主教的藍領階級家庭。她們為了決定是否要舉行婚禮般的承諾儀式，而來尋求協助。在處理這對個案時，Halstead 發現，她不斷地評估自己對於種族、階級、恐同及性別的假設。在討論儀式要邀請誰參加時，出現了許多複雜的問題，例如，哪些家族成員可能會對儀式造成干擾、哪些家族成員不曉得她們是女同志。此外，她們也討論了是否要公

開地宣讀誓言，因為蘿拉和蒂莎在思忖誓言字詞對她們的意義。在討論承諾意識的過程中，雙方都探討了她們的未來生活及希望一起撫養一個小孩。她們接著思考的問題，例如，「由兩個女同志撫養長大的混血兒，要怎麼在這個社會中生存？」（p. 45），以及其他的問題包括了：女同志可不可以成為好的雙親，還有社區和雙方各自的家庭，會提供她們的孩子多少情感的支持。這個案例呈現了在諮商同志的過程中，關於社會對於同志的負面態度，所引發的許多複雜議題，和異性戀個案面對的問題是有差異的。

多元文化議題

女性主義治療師比起其他學派的治療師，更有系統並且詳盡地探討影響有色女性（以及著墨較少的有色男性）的議題。雖然女性主義治療，原本是關注影響中產階級白人女性的議題，但自 1990 年代開始，注意力已經轉移到其他文化的女性：美洲原住民、亞裔美籍、拉丁裔及非裔美籍女性（Enns, 2004）。Brown（2009b）和 Park（2008）討論了文化適能（cultural competence），對於協助有色女性及處理其面臨的種族歧視的重要性。Brown（2008a, 2009a）更進一步解釋，治療師在協助有創傷經驗的個案時，如何發展文化適能。雖然白人女性主義治療師往往覺得，不同文化的女性的彼此共通性高於相同文化背景的男性，但是並非所有的少數族群女性都支持這個看法，當中一些人覺得和男性遭遇類似的歧視（Comas-Diaz, 1987）。由於女性主義治療師對於性別在社會學層面的覺察，她們把此覺察延伸至文化層面。

如同本章先前描述過，任何女性主義治療技巧可以應用或是拓展到文化議題上。當女性主義治療師對個案實施性別角色分析，她們也會包括其他因素，如族裔背景、階級及與雙親和（外）祖父母的關係。當和不同族群團體的個案合作時，女性主義治療師可能會和個案分享經驗，但是也會指出彼此的差異（Enns, 2004）。透過閱讀來自特定文化女性主義作品的書目治療，或採用神話、傳說、歷史故事中的女性例子，可能也能提供協助。在和受家暴的南亞裔女性合作時，治療師可能使用女性主義原則，例如，關注問題背後的社會脈絡，以及增能女性以掌控自己的生命，但避免使用女性主義治療一詞（Kallivayalil, 2007）。學者也

提出飲食疾患對於亞裔美籍女性的影響（Yokoyama, 2007）。種族歧視、身體特定部位、身材及體重是多元文化取向治療中探討的議題。

其他對於有色女性有效的治療干預可能包括互助團體，或由某特定文化或社群的女性組成的自助網絡。一些干預方式可能是聚焦在內心層面，如專注在女性的靈性需求。心理靈性取向專注於宗教議題，透過一個拉丁裔女性個案的例子，說明如何帶來正向改變（Comas-Díaz, 2008）。對於穆斯林女性，宗教通常在其生活中扮演重要角色。Ali（2009）說明女性主義治療如何能幫助處理心理困擾，而非挑戰穆斯林文化。另外，採用多種方法來了解個案的文化，成為特別重要的一個議題；這和了解個案的性別議題一樣具有相當的重要性。

女性主義治療師也強調了，治療師對於個案抱持的態度之影響（Worell & Remer, 2003）。Greene（1986）探索這個議題，而列出了白人治療師必須考量的三個主要問題：偏執、膚色盲目及父權主義。

偏執（bigotry）代表的是有意識、無意識的對於族裔缺陷的看法，可能會影響治療師看待個案的方式。**膚色盲目**（color blindness）代表試圖忽略種族差異，這可能會限制治療師了解個案所經歷過的歧視。**父權主義**（paternalism）則代表治療師為了個案在過去可能遭受的歧視經驗負責。此一行為要傳達的訊息，簡單的說就是「我和那些讓你失望的白人不同，我不會這樣做。」此態度可能會讓個案不容易探索個人議題。此三種考量可以幫助白人治療師，了解她們對於非白人個案的潛在影響力。

一個針對非裔美籍治療師與非裔美籍個案的治療模式（Childs, 1990），顯示了對於性別與種族兩者的重視。Childs 在與非裔美籍女性個案一開始的接觸時，她會傳達個案不需要順從治療師的觀念；反而，治療師會檢驗個案的優點及能力，並且和她合作。在討論治療的目的並且評估所需的療程之後，治療師可能會面臨非裔美籍個案的狂怒、憤怒及哀慟，這些情緒則是來自個案的能力、權力，以及勝任感被否定之後所產生的背叛及憂鬱感受。

Childs 指出這些強調的感受，是個案壓抑自己感受之後所產生的自然反應。這個憤怒或狂怒的體驗，可能引發出更有創造力的自我表達，而且因為不是針對個案或治療師發洩，所以不會對於治療造成負面影響。治療中的討論包括處理非

裔及女性身分的汙名。Childs 幫助個案，讓其覺得獨立及有創造力，而且不把自己和他人比較。在這個過程中，個案可能會覺得閱讀非裔美籍女性主義的文學作品，有助於了解種族及性別歧視如何影響非裔美籍女性。此外，參與由非裔美籍女性組成的互助團體，可以減少孤立感，並且增加歸屬感。

女性主義治療師將女性主義治療應用於不同的非裔美籍女性團體。酒精及藥物濫用則是針對非裔美籍女性提出的議題（Rhodes & Johnson, 1997）。在討論對於遭受囚禁的非裔美籍女性的治療時，Brice-Baker（2003）探討了監獄和失功能家庭的相似性。普遍來說，關注以非裔為主的（Afrocentric）價值觀、信念及刻板印象，對於諮商非裔美籍女性可能相當重要（Hall & Greene, 2003）。Few（2007）認為黑人女性主義理論，提供了解非裔美籍女性及她們面對的議題的獨特文化敏感觀點，這些觀點包括如何平衡性別與種族之間的自覺性。把對於性別的敏感度，以及對於種族或文化的社會因素的關注結合，將會是女性主義治療的一個持續的趨勢。

團體諮商

由於女性主義治療是由 1970 年代的意識提升團體（consciousness-raising groups）發展出來，是故團體治療一直是女性主義治療的重要部分。意識提升團體通常由 4 至 12 位成員組成，目的是處理女性的角色，及其在通常被視為對女性抱有歧視態度的文化中的生活經驗。這些團體沒有領導員、不具競爭性，並且在情感上相互支持，這些是參與者希望能在實際社會中看到的特點（Worell & Remer, 2003）。聚會地點通常是在參與者的家裡，討論主題很廣泛，經常和社會的性別角色有關。意識提升團體也提供專屬女性的服務項目，如強暴危機處理中心、女性諮商中心、受虐婦女避難中心及婦女健康中心（Enns, 2004）。如此一來，社會運動與個人察覺性別角色對女性的影響合併了。

自從意識提升團體形成之後，就出現了針對女性不同生命階段及不同考量而設計的團體。女性團體有時候聚焦在特定的議題，例如，空曠恐懼症、無家可歸、酗酒問題、性虐待、肢體暴力、工作壓力、飲食障礙，以及人際問題等。此外，也針對不同的社群設計出不同的女性團體：非裔美籍女性、美國原住民、拉

丁裔、女同志、懷孕青少女、職業婦女、在家裡教育小孩的女性，以及許多其他團體。

　　和意識提升團體不同的是，這些團體通常有一位給薪的專業領導員。女性主義治療師鼓勵這種清一色女性的團體，不只是因為要討論之前提及的特定議題，同時也是為了探索她們之間的共通性、肯定彼此優點，並且了解女性共通困擾（Kravetz, 1978）。當男性出現在團體時，他們比起女性，比較可能會主動發言及引導討論方向，而且比起女性，男性講的話通常可能會受到較多重視（West & Zimmerman, 1985）。此外，女性比較不可能在男性出現的團體中，討論如身體形象及性方面的話題，而且比較難在團體內發展出互信及親密的女性關係（Walker, 1987）。女性面對的特定議題，以及她們建立關係的方式，不只引導出探討特定主題的女性團體，還有處理女性議題的特定技巧。

　　對於個人及團體治療來說，性別角色議題是在治療過程中，可從多種不同角度切入的重要部分之一（DeChant, 1996）。團體領導員可問：「從小到大，身為一個女性或男性，對你有什麼意義？」「當你不遵從性別角色常規時，會發生什麼事？」或「你是如何學習到男性及女性的角色？」（Brown, 1986, 1990）至於青少女團體則可以談論如身分認同及性方面的發展，同時也注意到同儕關係對成員的重要性（Sweeney, 2000）。對於大學女生來說，利用關係文化模式（Jordan, 2003, 2010）的關係議題，可以和問題解決、問題焦點模式合併來處理個案立即的困擾（Quinn & Dunn-Johnson, 2000）。團體治療的關係文化模式，曾用在叛逆的青少女身上，來幫助和其他女性建立關係，同時處理她們的問題行為（Calhoun, Bartolomucci, & McLean, 2005）。團體中探討的議題，不只包括家庭及同儕關係，還包括和團體領導員及其他成員間的關係。

　　除了團體時間之外，團體成員應該和其他人互相聯絡嗎？女性主義團體治療支持女性發展在關係中的權力。關係是相當受到重視的。不過，在許多團體治療模式中，成員被要求不要在團體之外和其他成員有所接觸。避免和其他人的接觸，能防止團員間形成潛藏的合作關係，並且所有團員都能覺察影響其他成員的議題。和此論點相反，Rittenhouse（1997）支持「受虐倖存婦女團體」的成員在團體外彼此交流。在分析團體運作的筆記之後，她下了一個結論認為，當孤立、信任及關係的議題相當重要時，在團體外建立的關係有益成員。因為強調增能及

政治上的改變，女性主義治療師對於個案在團體之外的行為的看法，可能會和其他團體治療師的觀點不同。

 摘要

大多數的心理治療理論著重在個人的發展、感受、想法或行為；但是女性主義治療，藉著檢驗性別與文化差異對於女性（男性）的影響，納入了社會學因素。重要的是，女性主義治療師也檢驗了性別、種族及族裔相關因素的交互作用，以及這些因素如何影響個人在童年、青少年及成年的發展。女性主義治療對於人格的看法新穎而不完整，但是對於男、女性的心理特徵提供了有趣的見解。基模理論提供了一種方式，檢驗性別及文化在人們行為中扮演的角色。Gilligan對於道德發展的論述，強調關係對於道德決策的重要性。女性及男性建立關係的不同風格，則是關係文化治療師關注的主題。不平等的權力這個主題，則在性別角色如何於不同發展階段影響婦女的論述中出現。女性主義治療師也提到了暴力對於女性在人格發展上的影響。

女性主義治療師發展了符合她們對於治療的哲學觀點，且統整其他治療理論的治療策略。這個觀點認清政治及社會因素對於個人的重要性、重視社會及個人的女性觀點，並且朝向平等式的關係前進。女性主義治療干預與個案一同檢驗性別、文化及權力差異，並且幫助她們帶來改變。這有時候是透過自我肯定訓練、重新標籤或重新詮釋看待事物的方式來完成。更有甚者，許多女性主義治療師發現診斷分類對於個案沒有很大的益處，而且將個案的問題給予較正面的標籤。本章也探討，如憂鬱症、邊緣性的診斷、飲食障礙，以及創傷後壓力，這些較常發生在女性身上的心理疾患。雖然女性主義治療著重在女性的議題上，但女性主義治療師也將治療策略，合併其他的理論觀點，應用在不同的文化團體上。

第12章

家族治療

譯者：羅幼瓊

在討論家庭問題的處遇時，本章將會使用兩個名詞：家族治療和家庭系統治療。家族治療（family therapy）是以一種心理處遇的方式，帶給家庭較佳的心理功能。本章之前所介紹的各個心理治療取向，均可應用於家族治療上。家庭系統治療（family systems therapy）是一種家族治療，它關注家庭成員的互動，且視整個家庭為一個單位或系統。所謂處遇，是在家庭架構內，用來了解並帶來改變的工具。家庭系統治療是本章所要揭櫫的主要議題。

在眾多家庭系統治療取向中，本章關注四個取向：跨世代取向、結構取向、策略取向及經驗取向。Murray Bowen 的代間傳遞取向，檢視父母的互動受其原生家庭影響的程度，並進一步檢視這對與子女互動帶來的影響。Salvador Minuchin 的結構取向，關切家庭成員在治療中與在家中，彼此的互動情形。Jay Haley 強調要為家庭帶來改變，其策略取向注重從症狀帶來改變。經驗取向的家庭系統治療，強調家庭及治療師在工作中的潛意識與情感歷程。

因為許多家族治療師不止使用任何單一取向，所以本章亦會描述整合使用取向的方式。再者，其他家庭系統治療師已轉而關注短期家庭系統治療；當他們與家庭工作時，會將教育的資訊融入治療中。

由於家庭系統治療師注意家庭動力，而不是個體的人格問題，本章大綱編排將異於其他各章。本章沒有談論人格理論與心理治療，而以各自獨立的部分描述各家庭系統取向，並說明如何將技巧應用於跨世代、結構、策略及經驗學派四種取向。這四部分均描述各理論如何看待家庭、處遇目標、處遇方式及一個案例。隨後則介紹其他理論如何應用於家庭、短期家族治療、目前的趨勢與發展、相關研究、性別議題、文化議題，並說明如何將家族治療應用於個人或伴侶諮商。以下，首先將對家庭系統治療和一般系統理論作簡短的歷史性介紹。

歷史背景

目前家族治療的實務工作，在協助兒童、已婚伴侶和有家庭問題的個人時，根源於多元理論、實務與研究取向。想要一窺家族治療成為現今樣態之究竟，有必要先爬梳兒童輔導和婚姻諮商如何幫助家庭適應問題。從理論與深入的觀點來看，Freud 和其他精神分析師對於了解家庭的貢獻，就是他們強調早期童

年事件對於成年人的影響，及其對孩童的心理治療工作。並且，早期研究認為精神分裂症孩童與青少年是家庭系統的一部分，這樣的觀念與想法廣泛應用於家族治療實務工作。一般系統理論是家族治療另一個重要觀點，它來自於社會科學之外。它檢視在互動和過程中，整體的各部分運作，此概念應用於機械、生物、經濟、政治、社會學、心理學和心理治療等領域。熟悉這些理論取向及其應用，有助於了解家族治療各理論取向的發展。

家族諮商的早期取向

正式的婚姻諮商源自 1930 年代。在此之前，則是由朋友、醫生、牧師和律師提供非正式的諮商。Paul Popenoe 在洛杉磯、及 Abraham 和 Hannah Stone 在紐約市開設了最早的婚姻諮商中心（Goldenberg & Goldenberg, 2008）。到了 1940 年代，協助社區中家庭處理婚姻和家庭議題的中心已達 15 所。這些中心處理的問題諸如：外遇、離婚、子女教養、財務問題、溝通問題、還有性生活不協調等。一般來說，大多數的婚姻治療是短期且問題導向的，過程中考量到伴侶的人格和對角色的期望，以及其溝通與作決定的模式（Cromwell, Olson, & Fournier, 1976）。在 1930 至 1940 年代的實務工作中，常見的方式是由不同治療師分別與伴侶會談（Goldenberg & Goldenberg, 2008）。到了 1950 年代，比較常見的演變為聯合治療（conjoint therapy），即由一位治療師同時與伴侶會談。婚姻諮商隨著發展，越來越注重對婚姻中的關係工作，而不是針對個人的人格議題工作。在 1930 至 1950 年代，婚姻諮商中雖然也會討論孩子的問題，但這些問題還是常交由孩童輔導中心來處理（Mittelman, 1948）。

1930 至 1940 年代間，精神分析觀點盛行，認為情緒違常來自於孩童時期，並視處理孩童問題為預防未來成年心理問題的好方法（Goldenberg & Goldenberg, 2008）。父母與孩童通常分別治療，母親經常被認為是造成問題的原因，而很少注意到父親在此過程中扮演的角色。處遇焦點常是孩童，然後幫助母親處理她心中會影響教養孩子的負向情緒，並幫助她學習新的態度與方法。Levy（1943）曾撰文說明母親過度保護孩子所產生的負向影響。Fromm-Reichmann（1948）也提出並關切精神分裂傾向的母親（掌控、拒絕和缺乏安全感）對孩子的影響。

到了 1950 年代，治療觀點由孩子的問題歸因於父母，轉變為幫助父母與孩

童彼此有更好的連結。例如，Cooper（1974）提到父母參與治療的正向影響，不但孩子在治療中有進展，父母也可以改變孩子的環境，以幫助孩子改善其情況。

精神分析與相關因素對家族治療的影響

　　一些早期治療大師雖然專注於個別諮商，但他們對家族治療的發展也有建樹。例如，Sigmund Freud 處遇孩童與青少年，並且關注所有病人童年發展的相關歷程。Alfred Adler 對家族治療早期發展亦有貢獻，他觀察家庭中社會興趣的發展，並且在 Vienna 開設兒童輔導中心。Harry Stack Sullivan（1953）不只是關切內在心理因素，也關切家庭中彼此的人際關係；他的一些觀察直接影響後來的家族治療師。Nathan Ackerman 被認為是家族治療的先驅，並且將家庭當作一個單位來工作。Ackerman 曾是一位兒童精神科醫師，受過精神分析訓練，原本沿用傳統的方式來治療孩童——精神科醫師與孩童會談，社工師與母親會談。然而，到了 1940 年代中期，他開始在診斷和處遇時都與整個家庭見面。他覺察到個人與整個家庭都有一些意識與潛意識的議題存在，而且有些議題影響整個家庭。後來，他注意到一些非語言的訊息，例如，表情、姿勢、座位的安排等，都是可用以評估家庭問題的方法。Ackerman 的治療方式，是開放、真誠、並且直接的，幫助家庭像他一樣的去分享他們的想法與情感。Ackerman 與家庭工作時，一方面在情感上投入這個家庭，一方面尋找家庭中潛意識的主題（Nichols, 2008）。許多家族治療師都受其有活力與主動的風格所吸引。然而，他的著作（Ackerman, 1966a, 1966b）並沒有提供一個清晰的、有系統的方式，給後來想要學習其方法的治療師。

有精神分裂症狀成員之家庭溝通模式的研究

　　在 1950 年代，有幾個研究團隊探討有精神分裂症患者的家庭溝通模式。在此工作中，出現了一些描述家中失功能的連結方式的概念，包括：雙重束縛、婚姻分裂、婚姻扭曲和假相互性。

雙重束縛　Bateson、Jackson、Haley 和 Weakland（1956）在 Palo Alto，共同探討有精神分裂症狀孩子的家庭如何運作及維持穩定。他們觀察到雙重束縛（double bind），就是一個人會接收到相關但彼此相互矛盾的訊息，其中一個訊息也許比較清楚，另一個訊息則較不清楚（常是非語言的），會造成一種「雙輸」（no-win）

的矛盾情形。Bateson 等人（1956）曾提出一個典型的例子，有位母親給了個非語言的訊息「走開」，但同時又給了另一個訊息「靠近一點，你需要我的愛」；然後說：「你誤解了我的意思」（Goldenberg & Goldenberg, 2008）。

> 一名母親到醫院，探視剛從嚴重精神分裂症狀復原得相當良好的兒子。他很高興看到她，不由自主以手臂環住她的肩膀，但她的肩膀卻僵硬了。他縮回手臂，但她卻問：「你不再愛我了嗎？」他臉紅了，然後她說：「親愛的，你千萬不要這麼容易手足無措，並且不要害怕你的感覺。」（Bateson et al., 1956, p. 259）

　　Bateson 等人指出，這位病人在此互動之後回到病房時，就變得很暴力、很有攻擊性。這位病人怎麼回應母親都不對。Bateson 及其同事相信，如果個體持續地暴露於此種訊息中，他們最後就會喪失了解自己及別人的溝通型態的能力，然後會發展出精神分裂的行為。

婚姻分裂與婚姻扭曲　Lidz 及其同事與曾因精神分裂症住院的患者工作，發現患者家庭有不尋常的溝通方式（Lidz, Cornelison, Fleck, & Terry, 1957）。他們指出，在精神分裂症患者的家庭，有兩種婚姻的不和諧：婚姻分裂、婚姻扭曲。在**婚姻分裂**（marital schism）中，父母由於本身問題的困擾，傾向於貶低另一方，而向孩子爭取同情和支持。例如，如果父親貶抑母親，他擔心孩子長大會像母親一樣，因此會貶低媽媽的角色地位。在**婚姻扭曲**（marital skew）中，父母其中一方的情感困擾會控制整個家庭，另一方則接納這種情況，而將現實扭曲傳達給孩子，暗示家裡正常且一切良好。這將使婚姻不平衡，且將壓力放在孩子身上，孩子一方面要讓家庭正常化，一方面還要協助平衡婚姻。在這兩種情況中，特別是在婚姻分裂中，孩子受到束縛；若討好父母一方，將使另一方不高興。

假相互性　Lyman Wynne 也是探究精神分裂症患者家庭的早期研究者。他和同事觀察有精神分裂症狀孩童的家庭，發現孩子一方面有需要發展自我認同，一方面與家中有情緒困擾的家人維持親密關係，這兩者之間有矛盾。這種情形稱為**假相互性**（pseudomutuality），以一種可公開在外的關係，來掩飾家中另一種較疏離的關係（Wynne, Ryckoff, Day, & Hirsch, 1958）。如此，角色都用來維持家中的和諧而沒有公開互動，家庭成員都以一種有限的、表面的方式，來彼此或與他人互

動。從 Wynne 的觀點看來，家中為了因應精神分裂症而提高的情緒表達，促成了家中問題的產生（Wahlberg & Wynne, 2001）。所以是個體間的互動，而不是個人的心理功能，在精神分裂症的發展中扮演了相當的角色。

　　Bateson、Lidz 和 Wynne 及其同事的發現，都認為家中成員雖未覺察溝通模式，但它會在婚姻關係與孩童教養中造成壓力。他們的觀察，雖然是根據精神分裂症孩童的父母而來，但也可以應用到其他的家庭中（Okun & Rappaport, 1980）。這些發現，顯然有助於處理各種問題之家族治療取向的發展。接下來，透過檢視一般系統理論，此理論認為任一系統是較大系統的一部分，溝通與互動的複雜形式能夠澄清到某種程度。

一般系統理論

　　社會科學之外對家庭系統理論有顯著貢獻（Greene, 2008）。Norbert Wiener（1948），一位對電腦發展貢獻卓著的數學家，寫出回饋機轉的概念，此概念深深影響資料處理。Von Bertalanffy（1968）以在生物學與醫藥界的工作，探究各部分彼此及和整體的關係。當將一般系統理論應用於家族治療時，如果不明瞭一個家庭如何以一整體運作，就無法真正了解此家庭。從一個系統的觀點看來，每個家庭是一個較大系統──社區──的一部分；社區又是較大系統──城鎮──的一部分，以此類推。個體是由較小的部分──器官、組織、細胞──依次所組成。如果一個系統的某部分改變了，整個系統也會隨之改變。回饋與衡定是了解一般系統理論的兩個重要概念，兩者說明系統與其部分的運作。

回饋　回饋（feedback）一詞，是指一個系統中的各單位溝通模式。有兩種基本的溝通模式：線性、循環。線性模式圖示於圖 12.1，它顯示溝通是以一種單向的方向移動，從 A 到 B 再到 C 和 D。在一個循環回饋的系統中，某個單元改變，也會影響其他單元的改變。在圖 12.1 的例子中，E 的改變會引起 F、G、或 H 的改變，然後又會引起其他的改變，如此持續下去。如果把這循環的概念放在家庭互動的脈絡中，母親可能會認為自己對藥物的依賴，導因於兒子傲慢無禮的行為。兒子也會認為他對母親的無禮行為，是受到母藥物濫用的影響。在這種情況下，母親的回饋影響了兒子的回饋，兒子的回饋影響了母親的回饋。在家庭系統理論中，循環互動是可被觀察到的，所以既不責備母親，也不責備兒子。

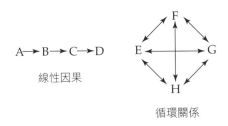

線性因果

循環關係

圖 12.1　一個系統的線性與循環回饋

　　家族治療理論中與循環互動相關的概念，是強調過程甚於內容。家族治療師關注於家庭正在發生的，而較不探究過去所發生的事，也不探究一連串事件的順序，如圖 12.1 所描繪的線性因果。一位丈夫可能從一個線性與內容的觀點，來描述家中的問題：「我的太太中風時，我以為我們都應在家幫忙，好讓這個家能夠運作。」一個過程取向的觀點，就會關注於現在家中的循環互動，及家庭成員互動的關係：「我的太太幾乎成日都坐在椅子上。海倫從學校回來，把她的書放下，就出去了，直到晚餐後才回來。我對海倫沒有幫忙感到生氣。我希望我的太太可以多做一點。她似乎認為我做得不夠多。」在這種方式之下，從丈夫的觀點，家中三人彼此是有一種互動的關係。透過檢視家中互動的歷程，而不只是互動的內容，就有更多的資訊能夠來了解家庭。

　　等目的性（equifinality）是與家庭系統理論之複雜性相關的概念，意指很多不同的方式都可到達相同的目的地。在圖 12.1 中，從 E 到 H 有很多不同的路徑。若以前面所提過之三人家庭為例，家人可以許多不同方式彼此連結，去改變系統而創造更多的穩定。

衡定　一般說來，系統有一個傾向，要維持穩定與均衡，就稱為衡定（homeostasis）（Goldenberg & Goldenberg, 2008）。空調器就是一個衡定的例子，用來控制室內的溫度，以免太高或太低。同樣的，一個家庭系統也試著要控制自己，以便可以維持穩定與平衡。要達到這均衡的過程，就是靠著系統內各單元的回饋。在家庭中，新訊息進入系統會影響其穩定。在之前的例子中，如果海倫在下午兩點鐘回來，此訊息會影響她與父母個別的關係，在某種程度上也會影響三人彼此的關係。

　　回饋的種類有兩種：負向與正向回饋（注意，在系統理論中，負向回饋與

正向回饋的意義，與一般所謂的「負向回饋」與「正向回饋」不同。在系統理論中，正向與負向回饋各自與改變系統，或維持系統的平衡有關。）在正向回饋（positive feedback）中，系統發生改變；在負向回饋（negative feedback）中，系統維持平衡。例如，如果父親與海倫談話，討論為何她會晚歸，並且和她一起協商，以減少她會造成家庭不平衡的行為，這就是系統的負向回饋。相反的，如果父親很生氣，然後大罵海倫，她也許會更常晚歸，於是這系統由於正向回饋的過程而改變了。在這簡短的例子中，正向回饋似乎沒有什麼幫助，但是依照發生改變的性質而定，正向回饋有時也是很有幫助的。

　　雖然早期的精神分析、孩童輔導和婚姻諮商傾向關注於個人，但家族治療視整個家庭為問題發生的脈絡。對於家有精神分裂症孩童的研究，及將一般系統理論應用於家族治療，有助於家族治療的發展。關注的焦點不再是某個特定的病人，即父母認定需要協助的那個人。

　　以下將介紹四個家庭系統治療取向：Bowen 的跨世代取向、Minuchin 的結構理論、Haley 的策略取向、及 Satir 和 Whitaker 的經驗取向。因為家族治療師經常併用家庭系統治療中的數種取向，也使用個別諮商取向，所以稍後也會討論家族治療的整合取向。

Bowen 的跨世代取向

　　Murray Bowen（1913-1990）早期在 Menninger Clinic 和精神分裂症孩童及其家庭的工作，對於他發展一系列家族治療理論很有影響（Bowen, 1960）。他的系統理論取向有別於其他家族治療理論學家；他強調家庭的情緒系統，以及此家庭系統的歷史，可以追溯到父母甚至祖父母那一代的家庭動力。他關注家庭如何將情緒投射到特定家庭成員身上，以及該成員對於其他家庭成員的反應（Titelman, 2008）。Bowen（1978）寧願和父母工作勝於對整個家庭工作，將自己視為一位教練，幫助父母思考如何可對彼此和孩子表現不同的行為，以為家庭帶來較少傷害性的情緒。

家庭系統理論

Bowen 的家庭系統理論，取決於個人是否有能力來分別其理智與情感。這個觀念應用到家庭的過程中，也應用到個體投射其壓力至其他家庭成員的方式中。特別的是，Bowen 探究家庭成員間（如父母與孩子）的三角關係。個體如何面對其他家庭成員為處理自身焦慮，而加諸於其身上的壓力，對 Bowen 是個重要的議題。他特別關切孩子如何在情緒上和物理距離上疏離家庭。Bowen 的理論中最特別的面向之一，是家庭會將造成失功能家庭互動的心理特徵流傳好幾代。Bowen 對多世代傳遞和家庭互動的看法，提供了一個看待家庭的原始觀點。他的家族治療理論有八個主要概念。

自我分化 能夠將個人理智與情感的過程分開來，代表一個清楚的自我分化（differentiation of self）。Bowen 注意到能覺察理智與情感，以及能夠分別這兩者的重要性。當思想與感受無法分別時，就產生了混淆。一個能夠高度分化的人（Bowen, 1966），能夠覺察他的想法且有自我感。在一場家庭衝突中，能夠將理智與情感分開來的人，能夠為自己挺身而出，而不會受其他人的情感所左右；那些將情緒與思考混在一起的人，也許會表達假的自我，而不會表達他們真正的價值觀或意見。例如，在一個家庭中，有 10 歲與 12 歲的女孩，10 歲女孩也許有自己的想法，而且對於她要做 / 不要做什麼有清楚的概念（分化的），比 12 歲女孩（混淆的）清楚。12 歲女孩無法正確的表達自己（假自我），也許在關係上會造成問題，如此將會影響整個家庭。如果自我分化很糟，就可能發生三角關係。

三角關係 當家中兩人有衝突時，他們很可能（Bowen, 1978）會帶進另一位家庭成員，以減少緊張或焦慮，這稱為三角關係（triangulation）。當家庭成員相處良好，而且彼此不生氣時，就沒有必要將第三個人引入此互動中。Bowen 相信，當家庭中有壓力時，最不分化的那個人，最有可能被拉進那場衝突中，以減少緊張（Goldenberg & Goldenberg, 2008）。三角關係不侷限於家庭中，朋友、親戚、或是一位治療師，都有可能會被拉進衝突中。

對 Bowen（1975）來說，一個兩人的系統是不穩定的，當有壓力時，第三人的加入可降低這兩人關係中的緊張。家庭越大，越有可能發生不同又相互關聯的三角關係。繼親家庭很有機會產生三角關係（Cauley, 2008）。當有越來越多

的家人涉入單一家庭問題，該衝突也許會產生好幾個三角關係。將第三人帶進衝突中（形成三角關係），並不見得總是會減少家中的壓力。壓力能否減少，有一部分要視涉入之家庭成員的分化程度而定。例如，當兩個爭吵的小孩引進第三人（哥哥、媽媽或叔叔），如果這第三人不偏袒任何一方，而且幫助他們解決問題，則這兩個小孩中間的緊張就可以解除。然而，如果這第三人很激動，或是表現得不公平，則這兩個小孩之間的緊張與壓力就會持續（Nichols, 2008）。就治療的角度而言，治療師在處理三角關係時，能以一個清楚且分化的方式與來談的伴侶互動，尤其重要。

核心家庭情緒系統　家庭就像個系統；也就是說，核心家庭情緒系統（nuclear family emotional systems）很可能是不穩定的，除非每一位家庭成員都有良好的自我分化。因為能這樣分化並不常見，家庭衝突就很可能存在。Bowen（1978）相信，個人可能會選擇與他同樣分化程度的人為伴侶。如果有兩個同樣低分化的人結婚，他們成為伴侶之後很可能會高度的混淆，當他們有了小孩後，也會如此。

家庭投射歷程　當婚姻中的兩人，自我分化的程度同樣很低時，他們可能會將其壓力投射到某個孩子身上——此即為家庭投射歷程（family projection process）。一般說來，在情感上最依附父母的小孩，在情緒和思考上最不分化，也最難與家庭分離（Papero, 1983, 2000）。例如，一個孩子拒絕上學，想要與父母一起在家，可能就要考慮到他也許與父母太過混淆了。家庭投射歷程的嚴重程度如何，視父母不分化及家庭壓力的程度而定（Bitter, 2009）。「問題小孩」會以各種不同的方式，回應不分化父母的壓力。

情緒截斷　當孩子因過度涉入家庭而感受相當大的壓力時，他們可能會透過情緒截斷（emotional cutoff）的方式，將自己從家庭中分離出來。青少年可能會搬離家中去上大學，或者蹺家；孩童或較小的青少年，雖然人在家中，卻可能將情緒從家中抽離出來。他們與父母的互動可能是簡短與表面的。一個經歷情緒截斷的孩子，也許會「回到自己的房間」，不是為了讀書，而是讓自己從家庭衝突中解放出來。這樣的孩子也許可以面對日常發生的事情，但是在父母發展出需要情緒介入的議題時，他們會退縮。一般說來，焦慮和情緒依賴的程度越高，孩子越有可能會在家庭中經歷情緒截斷（Titelman, 2008）。

多代間傳遞歷程　當 Bowen（1976）與家庭工作時，不只注意到眼前的家庭，也會注意前幾代的情形（Kerr, 2003）。就像之前提到的，他相信有相似分化程度的配偶會找到彼此，並且會將他們的壓力與不分化投射到孩子身上。如果 Bowen 的假設正確，這個家庭在傳承六代或七代之後，觀察者將會發現一個高度失功能的家庭。這個家庭對於壓力的承受度很低，而且在思想與感受之間的分化也相當缺乏。很自然的，Bowen 注意到個人不見得都會與相似分化程度的人結婚。在多代間傳遞歷程（multigenerational transmission process）的概念下，祖父母、曾祖父母、叔公、嬸婆等及其他親戚的功能，也許對於家庭病理扮演重要角色。例如，一位經驗憂鬱又容易爆發情緒的曾祖父，也許會影響到祖母的功能，接著她會影響到父親的功能，然後他又會影響孩子的心理健康。除了分化，其他議題也會影響家庭功能。

手足位置　Bowen 相信，出生序影響孩子在家中的功能。根據 Toman（1961）的工作結果，Bowen 相信婚姻雙方各自的手足位置（sibling position），將會影響他們成為父母的表現。Bowen 比較關切孩子在家中所發揮的功能，而不是真正的出生序。他認為個人與兄弟姊妹的互動，會影響他成為一個怎麼樣的父母。例如，長子可能在原生家庭中都在照顧弟弟、妹妹，所以他對子女也扮演一種需負較多責任的角色。如果他的太太剛好是家中老么，她不需要對手足負太多責任，這兩人的搭配可能就非常適配——一個照顧人、一個受人照顧。

社會退化　Bowen 將家庭系統理論擴展到社會的功能。就如同家庭可以朝向不分化，也可以朝向個體化，社會也一樣。如果社會中有壓力，社會可能會朝向不分化的方向發展，即社會退化（societal regression）。壓力的來源如飢餓、內部動亂、或人口增加。若將 Bowen 的模式擴展於社會，領導者與政策制訂者要作決定時，應該要理智與情緒分開，而不要只以情感作為行動的依歸。

　　Bowen 對於家庭結構的理論，超越目前的家庭系統而跨越數代。他關注個體的人格如何影響家庭成員。他尤其關注個人將理智與情感分化的過程，以及個體分化的能力對其他家庭成員的影響。這些觀點直接地承載了他的信念與家族治療目標的關係。

治療目標

　　關於治療的目標，Bowen 關注過去數代對於現在家庭功能的影響。當他與家庭工作要設立目標時，他傾聽目前的症狀，更重要的是，他注意與家庭成員分化及三角關係相關的家庭動力。更具體的是，他努力減少家庭的壓力程度，而且設法幫助家庭成員變得比較分化，以滿足個人及家庭的需求（Kerr & Bowen, 1988）。

Bowen 的家族治療技術

　　在 Bowen 的家族治療系統中，治療介入前會先行評估。Bowen 使用家庭圖了解家庭史，家族樹枝圖包括孩子、父母、祖父母、伯叔舅嬸姨，以及其他可能的親戚等。Bowen 為了幫家庭帶來改變，會詮釋他對跨世代因子的了解。Bowen（1978）視自己為教練，幫助病人分析家庭情況，並且對於可能發生的事情準備應對策略。Bowen 在工作中，常關注於消除三角關係，改變面對壓力的模式。擔任教練、詮釋和消除三角關係這三種工作的效果，有賴有效的家庭史評估。

評估的會談　Bowen 的治療工作是客觀而中立的。即使是在一開始的電話接觸，Bowen（Kerr & Bowen, 1988）也警告不可對家庭成員選邊站，或者融入核心家庭情緒系統。家庭評估的會談可以與任何家庭成員組合進行，有時候一位家庭成員就夠了，如果這位成員願意將他的情緒與理性的過程分開，而不只是責怪其他家庭成員。

　　在了解家庭史時，Bowen 會注意家中的三角關係，以及家庭成員分化的程度。因為通常都有一位被認定的病人，Bowen 的家族治療師會傾聽家庭成員如何將其焦慮投射到這位病人身上。這位病人如何反應家人也是很重要的。他會對其他家庭成員情緒截斷嗎？在記錄家庭史時，治療師會注意家中的關係，如手足位置，也會注意父母與原生家庭的關係。因為跨世代模式常會很複雜，治療師可使用家庭圖以描繪家庭的關係。

家庭圖　家庭圖（genograms）是一個可將家庭及家中的一些重要資訊，包括年齡、性別、結／離婚日期、死亡和居住地點，以圖形的方式表達出來的方法。家庭圖不只讓人對延伸家庭可以有梗概的了解，並且也可能顯示原生或之前家庭分

化的情形。家庭圖提供了一個機會，讓伴侶各自探尋自己延伸家庭的情緒模式。就像 Magnuson 和 Shaw（2003）所顯示的，伴侶和家庭可以用家庭圖來處理諸如親密、悲傷和酗酒等議題，並且也可找到家中的資源。圖形與家庭圖都可為家族治療帶來很有效的用途（Butler, 2008）。

在本文所附的例子是一個家庭的簡單描述，包括父母與小孩，呈現於下圖。在家庭圖中，男性是以方形表示，女性是以圓形表示，他們的年齡則註明在圖形內。若一個人是此家庭圖的目標，則以雙圈或雙方形來表示。在以下非常簡單的例子中，此家庭圖是表示有一位 45 歲的女性、先生 46 歲、兩個兒子分別為 10 歲和 9 歲、女兒則是 4 歲。

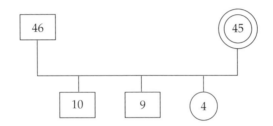

詮釋　治療師常會將從家庭圖所獲得的資訊，詮釋（interpretation）給家庭成員了解，他們因此也可以知悉家中的動力。治療師在維持客觀的情形下，可以看到現在家中互動的模式，此模式可能也反映出原生家庭的互動模式。要做到這件事，重要的是治療師也必須是分化良好的，他們才可以問一些思考性的問題，而不是情緒性的問題，且可避免被案家的三角關係拉進去。Bowen（1978）維持自己客觀的方法，就是要求家庭成員不要彼此對話，而是直接與他談話。

消去三角關係　如果可以，Bowen 會試著直接拆開三角關係。當處理家庭問題時，他通常會見父母，或父母其中一位。他會和他們發展出策略，以便處理父母的壓力對某個特定病人或其他家庭成員的影響。一般說來，Bowen 喜歡和家中最健康的成員工作，此人最分化，所以可以在各種有壓力的家庭關係中帶來改變。

Bowen 工作的里程碑，就是以一種冷靜的風格來面對存在家庭成員中的情緒。他的目標是減少焦慮及消除症狀。是以，他不只檢視個體與家庭內的自我分化，也檢視父母原生家庭內的自我分化。為達此目標，他使用一些工具如家庭

圖，並且不侷限於核心家庭的關係，尚討論叔伯、阿姨、嬸嬸及祖父母等。以下的例子，是 Bowen 取向的描繪，將可展現他的方法。

一個跨世代家庭系統治療的範例：安的家庭

Bowen 提出了兩個重要的概念，分別是三角關係及多代間的議題。以下，Guerin 和 Guerin（1976）提出了一個案例。一對住在紐約市，信奉天主教的夫妻，收養了三個孩子，兩男一女。女兒被認定是有問題的，父母覺得女兒行為不當。Philip Guerin 描述此以孩童為焦點的家庭。以他對此案例的概念化，他特別點出此案家中各式各樣的三角關係。

> 每當我看到一個以孩童為焦點的家庭，我很自動的就會假設有四組可能的三角關係：核心的三角關係，包括媽媽、爸爸和有病症的小孩；兩個輔助核心家庭的三角關係，一個包含父母之一、有症狀的小孩和較無症狀的手足；另一個三角關係是三個小孩之間形成的手足內三角關係；最後一個是跨三代的三角關係，包含祖父母、父母之一和有症狀的小孩。還有許多其他可能的三角關係，不過上述是臨床上最可能遇到的。（p. 91）

對此家庭而言，家中的三角關係、核心家庭與原生家庭的情緒融合兩者都是重點。Guerin 和 Guerin（1976）以下面的方式來看待家庭的情緒融合，與跨世代的議題間的關係。

> 當婚姻在進行時，婚姻的融合就展開了，過程中不可避免的會扯上延伸家庭。跨世代相互連鎖的特性就會很明顯。那些世代間的片段必須在不同時間加以處理，視家中當時正發生什麼而定。有了成果與進展，並不代表症狀與失功能會消失；相反的，症狀過一段時間會再出現在家中三代之間。（pp. 93-94）

以下是六個月會談的摘錄。治療師雖然與父母、或單獨與女兒、及與整個家庭見過面，但只呈現與父母談話的部分。治療師評論三代間的三角關係，此三角關係是環繞在安關心媽媽特別寵某個孫子這件事上。Guerin 對於安、安的媽媽、安的每個小孩作了一些評論。

安：母親會問候孫子怎麼樣，然後我就會跟她講。接著她就會與我談到里奇是她最寵的孫子這件事，她說她沒辦法就是如此，然後我就要求她試著把此事藏在心裡，不要讓其他兩個孫子知道。當妳有三個孫子，卻獨厚其一，我不認為這是一件好事；她也知道我不認可這樣的事情。（安開始在家中發展出三代間三角關係的某一層面。）

Guerin：妳是否有某種原則，認為祖母應該對三個孫子一視同仁？（治療師挑戰安的立場）

安：你不了解，這是不實際的。

Guerin：妳是因妳的孩子受寵，還是因不受寵而保護他們？

安：因為我在原生家庭比姊姊受寵，而現在我、兩個兒子和蘇珊，也遭遇同樣的問題，我不覺得這是一件好事。（代間的循環出現了。）

Guerin：她要怎樣假裝里奇不是她最寵的呢？（治療師繼續挑戰。）

安：星期六晚上，她當面告訴他了。我感謝她已經把這放在心裡很久了，通常她不會直接說，但是會迂迴的表現出來。星期六晚上，她說她想要在聖誕節時帶里奇去看芭蕾舞，但是卻沒有要帶另外兩個孫子去其他地方，我就問：「為什麼？」我也不會讓她這麼做，因為這樣不公平。她有 8 年的時間都沒有帶其他兩個孫子去任何地方，我知道這會使他們很受傷。所以我就建議她，如果妳帶某個孫子去某處，那妳也要帶另外兩個，不一定是去做同樣的事情，但是應該要帶艾迪和蘇珊到某處去玩。後來，她有帶艾迪去玩，卻完全漏掉了蘇珊。於是，我又很和善地提醒她。我真的認為至少有時候要三個人一起帶，雖然不必隨時都如此。

Guerin：如果她只帶里奇會發生什麼事？孩子們會開始抱怨嗎？（治療師開始將過程具體化。）

安：是的。

Guerin：艾迪和蘇珊會開始抱怨祖母比較偏愛里奇，只帶他出去玩？

安：她是這樣告訴里奇的。

Guerin：如果他們再抱怨，叫他們去找妳媽媽。他們會願意這麼做嗎？（治療師欲將家中的過程顯現出來。）（Guerin & Guerin, 1976, pp.105-106）

治療師評論了存在於家庭三代間的三角關係。之後，治療師鼓勵安去思考她與媽媽及孩子之間關係的影響，而不單是情緒上對媽媽反應。那個「特別寵三個孩子中的一個」的問題也加以討論，治療師並鼓勵這位母親要質疑現存的三角關係，而且要思考將她從外婆與每個孫子的關係中移開。雖然這只是一小段對話的例子，但它說明了三角關係及多代間的議題，而這些在 Bowen 的家庭系統理論是相當重要的。

 # 結構家族治療

結構治療是由 Salvador Minuchin 所發展出來，幫助家庭處理成員之間因互動而產生的問題，特別是家庭成員之間界限的問題。成員是太靠近還是太疏離？家庭內關係的本質是什麼？治療取向強調改變家庭關係的性質與強度，不論是在會談時或是在會談之後。

結構家族治療的概念

Minuchin 的工作焦點是家庭如何以一個系統的方式運作，以及此系統內的結構（Bitter, 2009; Minuchin, 1974; Minuchin, Colapinto, & Minuchin, 2007）。Minuchin 透過關注家庭組織、及家庭成員作決定時使用的規則與原則，就能對此家庭形成一個印象。雖然家庭成員作決定的權力有所差異，但家庭成員一起工作的情形就是家庭結構彈性或僵化程度的指標。Minuchin 使用一些概念如界限、同盟和聯盟，去解釋家庭系統。

家庭結構　對 Minuchin（1974）而言，家庭結構（family structure）代表家中發展多年以決定誰和誰互動的規則。結構也許是暫時的，也許是長久的。例如，兩位哥哥也許形成一個短期或好幾年的聯盟，以對抗妹妹。Minuchin 認為家庭中應該要有一個階層結構，父母的權力應該要比孩子大，而年長的孩子應該比年幼的孩子負起更多責任。父母扮演不同的角色，例如，父母之一負責管教，另一位則提供情感支持。最後，孩子就會學到家中的規則，知道父／母會以何種方式對待哪一個孩子。當新的情況產生，例如，有一個孩子要去上大學了，家庭必須改變以適應這個事件。當治療師選定幫助失功能家庭改變的最佳

方式時，了解家庭的規則和結構有其必要。家庭系統內的次系統也有其運作規則。

家庭次系統 一個家庭要正常運作，家庭成員必須一起合作，以執行家庭功能。最明顯的家庭次系統（family subsystems）是夫妻、親子和手足次系統。夫妻或婚姻次系統的目標，是滿足配偶兩人改變中的需求。父母次系統通常是父母所形成的團隊，但也可以是父母之一和／或另一位親戚，一起撫養小孩。雖然一個人可能同時在婚姻次系統與父母次系統中，他們的角色儘管會重疊，但仍是不同的。在手足次系統中，孩子學會與兄弟姊妹互動，如此就學會如何建立聯盟以滿足需求、如何面對父母。其他的次系統可能會發展出來，例如，當媽媽或爸爸醉酒時，家中最大的孩子學會準備晚餐給家人吃。因此孩子－父母的次系統就發展出來。依據角色、技巧及個別成員的問題，這樣的連結也許會發生。誰和誰做什麼，主要是根據界限的原則，但不見得每次都定義得很清楚。

界限的滲透性 系統與次系統對於參與互動者及參與方式都有規定（Minuchin, 1974）。這些互動的規則或界限，根據其彈性而有差異。界限的滲透性（boundary permeability），是在描述家庭系統或次系統中的成員，彼此之間的接觸程度。一個高滲透性的界限，將會在一個糾結的家庭中發現；而一個不滲透或僵化的界限，將會在疏離的家庭中發現。例如，一個之前在學校都表現良好的七年級小孩，帶回英文不及格的聯絡單，父親也許告訴小孩要改變他的行為，下次不要再讓這種事發生，然後對此事就沒有更進一步的討論了。在這種情形下，界限是僵化（disengaged）的，家庭對這個孩子是疏離的。在一個糾結（enmeshed）的家庭中，父親、母親、哥哥、姊姊可能都會詢問這個孩子的成績。手足也許會嘲笑、父親也許會煩惱，而媽媽可能會在平日經常檢查孩子有沒有寫功課。晚餐時，父母可能會與全家人討論此事，所以全家人分離的機會很少。一般說來，界限代表家庭組織及依循規則的方式；界限不會談到家庭成員如何一起工作／無法一起工作的議題。

同盟與聯盟 由於反應危機或是要處理日常事件，在家庭反應的次系統中也許有些典型的方式。同盟（alignments）是指家庭成員在一個活動中，參與彼此或反

對彼此的方式。聯盟（coalitions）是指家庭成員聯合，一起對抗另一位家庭成員的情形。兩者有時候是彈性的，有時候是固定的。例如，母親和女兒合作，以控制干擾的父親。Minuchin 比 Bowen 更具體的使用三角關係（triangle），描述聯盟為「父母之一要求孩子站在他那邊，以對抗另一半」（Minuchin, 1974, p. 102）。所以，家中按照同盟與聯盟的情形，權力會移轉。

在家庭系統中，權力代表誰作決定和誰執行決定。能夠影響決定，增加了一個人的權力。所以孩子和家中最有權力的父母結盟，會增加他自己的權力。因為有些決策是由父母之一決定，另一些決策則是由另一方決定；權力的移轉，以家庭活動而定。在一個糾結的家庭中，權力不明顯，孩子可能會問父母之一以獲得某件事情的允許，雖然另一方已經說「不行」了。

當家庭規則變得無法運作，家庭就會失功能。當界限太僵化或太模糊，家庭作為一個系統就會很難運作。如果家庭不以一個有階層的單位來運作——父母是主要的決定者、年長孩子比年幼孩子擁有更多的責任——可能會產生困惑與困難。家裡面的同盟也許是失功能的，例如，為錢爭吵的父母都要求長子女贊同他們（三角關係）。Bowen 關注的是跨世代間的家庭功能；Minuchin 比較注意的是家庭現在的結構，特別是他在治療互動中所看到的結構。

結構家族治療的目標

基於對家庭結構及問題性質作了假設，結構家族治療師可以為改變設下目標（Aponte & Van Deusen, 1981）。結構家族治療師與家庭此刻的結構工作，試著改變家中的聯盟或同盟，以為家庭帶來改變。他們也為家庭建立既不僵化，也不會過於彈性的界限。治療師透過支持父母成為家中負責任且作決定的次系統，幫助家庭系統以一種能使其運作良好的方式使用權力。帶來這些改變的技術，是主動且與家庭功能同步的。

結構家族治療的技術

結構家族治療是去參與家庭，並且關注現在與此刻發生的事情。為此，結構治療師可能常常會使用「圖示」的方法，以便將界限與次系統對家庭的影響提供一個快速的描述。為了配合家庭的習慣，治療師可以表現得像家庭成員，以促進

對家庭的理解、和獲得家庭的接納。治療師藉由要求家庭在會談時重演問題，可以體驗次系統內的互動情形。治療師接著就可提出，有關改變權力結構和家庭內界限的建議。帶來治療性改變的方法，包括：增加介入的強度、重新框視問題，描述如下。

家庭圖示 當 Bowen 使用家庭圖來表示代間互動的模式，Minuchin 則利用圖形來描繪家庭內目前互動的方式。例如，界限的概念在結構家族治療中尤其重要。Minuchin 以不同線條代表家中不同種類的界限。－ － － － －表示清晰界限；．．．指橫欄界限；──────表示嚴苛界限；══════指同盟；════════表示過度涉入，這些符號，還有其他 Minuchin（1974）所使用的符號，讓治療師能夠以符號來表示家庭組織，以決定哪一個次系統對於問題最有貢獻（Umbarger, 1983）。家庭互動的圖示（maps），讓治療師可以比較了解家庭中重複且失功能的行為，以便可以採用某個調整策略協助家庭改變。

調適與參與 Minuchin（1974）相信要在家中帶來改變，參加家庭系統並且調整自己以融入案家家庭互動尤其重要。治療師可就由使用同類型的語言、聊聊與家庭相關的有趣故事，嘗試融入案家家庭。參與家庭的方式之一稱為**仿效**（mimesis），就是要模仿家庭溝通的風格與內容。例如，如果一位青少年慵懶地躺在椅子上，治療師可能也要這麼做。同樣的，治療師使用跟循（tracking）去跟隨及使用家庭生活的符號。例如，如果一個糾結的家庭說：「我們的生活就像一本打開的書」，一位結構治療師會注意到，家中成員太過涉入其他人的生活，於是後來就會使用「打開的書」作為幫助家庭釐清界限之隱喻。結構治療師加入一個家庭系統，不只能更深入了解該家庭系統的運作，並且也站在改變它的一個絕佳位置。

重演 治療師透過引導家庭重演（enactment）衝突，可以針對一個呈現在眼前的問題，而不是被談論的問題去工作。這使得治療師可以了解家庭中的聯盟和同盟，然後可以提出改變家庭系統的建議。例如，治療師可能給個具體指示，要求家庭重演沒有做學校功課時的爭執。治療師看到爭執重演之後，就比較了解家庭界限與聯盟，然後就更能準備好有力的介入方式。

強度　給予建議或訊息的方式很重要。透過重複某個訊息、改變某個互動的時間長度或其他的方法，可以促成改變（Minuchin & Fishman, 1981）。例如，如果父母過度保護，治療師可能會建議父母不要嘮叨孩子的作業、不要問那麼多關於學校的問題、也不要管控孩子如何花零用錢。雖然這些訊息是不同的，但它們都強調可以給孩子更多的責任。透過要求家庭畫出他們的互動，或讓它重複出現，重演中可以達到強度（intensity）。當治療師熟悉家庭互動的風格，及它的界限，就可以發展出更多改變的建議。

改變界限　當治療師透過家庭重演或是一般述說，了解到家庭互動，治療師就使用界限標示（boundary marking），以標示出家庭的界限。要改變界限，治療師也許要重新安排家庭成員的座位，以及改變他們之間的距離。他們也可能要使家庭結構不平衡，以使得家庭內次系統的權力改變。例如，在一個糾結的家庭中，當孩子有過多的權力，治療師也許要決定與父母之一站同一陣線，以給予其權力來面對小孩。如果父親是猶豫不決的，治療師可能要增強父親的意見並贊同他。要贊同哪一位成員、與哪一位成員同盟、或將哪一位成員從互動中排除，都是治療師需要作的有意識決定。治療師在面對家庭系統時，也可以詮釋一些事情，以改變家中權力的結構和互動模式。

家庭界限遊戲是談論家中界限議題的一個創意方式（Laninga, Sanders, & Greenwood, 2008）。這是一個紙上的遊戲，在此遊戲中，家庭成員好像棋盤中的棋子。這個遊戲提供家庭成員一個機會，去學習他們在家中的角色、遵循家中的規則，及輪流與其他家庭成員互動。這個遊戲也促進家庭成員的改變，以及他們彼此的關係。

重新框視　看待一個事件或一種情況或去重新框視（reframing）的方式有好幾種。治療師可能要對一件事給予不同的解釋，讓家庭中可以發生建構性的改變。Minuchin、Rosman 和 Baker（1978）在寫到厭食問題時，建議了好幾種方式，以重新框視一個女孩的厭食行為。藉由將一種行為標示為「頑固的」而不是「生病的」，青少年將不再是問題的唯一來源。因為家庭可以用許多方法來處理「頑固」，而「生病」使問題變成青少年本身且無法掌控的問題。父母傾向於將厭食

症視為是孩子的問題，重新框視可使得家族治療師將厭食症呈現為一個家庭問題，而此問題可以透過變更次系統、界限或聯盟加以改變。

結構家族治療的範例：奎斯特家庭

在這個例子中，治療師特別注意家庭結構及家庭次系統。案家成員有6人。媽媽叫作珍，43歲；爸爸名叫保羅，45歲。保羅是個內科醫生，而珍在家照顧四個孩子。艾咪18歲，安16歲。保羅和珍成為寄養父母，接受6歲的傑森和4歲的路克來到家中成為寄養童，這兩個孩子在原生家庭中遭到父親嚴重家暴（Bitter, 2009）。保羅和珍後來決定收養傑森和路克。由於傑森和路克破壞性的行為，保羅和珍來尋求家族治療。這兩個男孩偷家中的食物、衣服和錢；經常互相打架；最近，傑森還試圖使路克身上著火。在這特別的案例中，治療師與父親發展同盟的關係，以便在家中能夠發展一個較強的包含保羅和兩個兒子的次系統。他幫忙保羅在家中變得比較主動。治療師要求保羅在兩個兒子打架時去照顧他們而不是要求珍，並支持保羅的界限之改變。治療師觀察保羅與珍的同盟情形，評論他們的關係。後來，治療師將兩個女兒帶進會談，請他們談論父親在家中的角色，再觀察艾咪、安和保羅三個人的次系統。治療師也要安和艾咪談論傑森與路克，以改變界限。如此，改變兩個男孩行為的有用變異是比較有可能發生的。

艾咪和安一起坐在父親身旁，再來是兩張空椅子，再來才是兩個男孩離珍很近。傑森和路克沒有坐著，且在治療室跑來跑去。治療師在會談一開始，先邀請保羅談話。

> **治療師**：保羅，你知道珍過去習於照顧小女孩，而且她可能很了解相關的事情，但她在照顧小男孩方面，似乎完全沒辦法。
>
> **保羅**：有這兩個男孩，我想我們都要投降了。（治療師點頭）艾咪和安還滿好照顧的。
>
> **治療師**：是的。不過，至少你知道身為一個男孩是什麼感覺，而且你對於一個父親如何撫養男孩有些想法，還是你並沒有？你和父親的關係怎麼樣？
>
> **保羅**：他是一位工作繁重的外科醫生，大多數是媽媽在照顧我。我小時候

很崇拜爸爸，我希望長大像他，但在我去讀醫學院之前，我並不太了解他。

治療師：所以你現在不常在家，就像你的父親一樣。但你知道嗎？我不認為像那樣做，對這兩個男孩是有用的。他們似乎需要大量的照顧，特別是來自於你的直接照顧和投入。

保羅：你是說花更多的時間與他們在一起？

治療師：是的，並且教導他們事情，幫助他們學習如何以新的方式處理生活中的難題。傑森和路克與你們生活之前，他們是什麼樣子？

保羅：兩個男孩都曾經受到非常嚴重的傷害。他們現在對彼此做的，或對其他人和寵物所做的，有些是別人曾經對他們做的。傑森想要管路克，路克有時願意讓他管、有時不願意。傑森很喧鬧，且他通常會努力達成他的願望。路克比較安靜，我常看到他成為傑森的受害者。傑森不喜歡被抱住，即使是睡前一小段講故事或唱歌的時間。這些是我過去常為艾咪和安所做的。同時，傑森雖然常把你推開，但他又不能忍受孤獨。他常需要有人跟他一起玩。

就在治療師要問另一個問題時，兩個小男孩之間有個小爭執。珍很快的站起來，想要讓兩個小男孩乖乖坐下。

治療師：珍，我在想妳要不要讓保羅來處理這件事？我想看看結果會怎樣。（珍慢慢地坐回原處）

保羅詢問艾咪和安是否願意坐在媽媽旁邊。不必說，兩位小姐就移過去了。保羅站起來拉住兩個小男孩的手臂，然後把他們帶往他身旁的椅子坐下。保羅以一種似乎平靜卻堅定的聲音說：「坐好，不要動」。兩個男孩幾乎馬上就安靜下來，而且坐在那兒，看看彼此，然後看著他們的爸爸，然後又看看彼此。

治療師：怎麼樣？進行得如何？

珍：那不會持久的。

治療師：沒有什麼事是會持久的。但是保羅，你感覺如何？（保羅維持安靜）你有沒有注意到，他們似乎聽你的話且按你所要求的做？

保羅：珍是對的，那不會持久。

治療師：也許真的不會持久。但是有些事需要發生，而且你使它發生了。

我想你和珍是否要討論一下，傑森和路克需要學習、應該自己處理哪些事，以及你們哪一位最適合把這些訊息傳達給他們。

保羅和珍確認出一些對男孩的關切點，包括兩個男孩用暴力去解決衝突，這表示他們有需要連結到教育的資源。保羅提到運動、釣魚和露營。珍希望男孩去學音樂——可能是小提琴。保羅建議有時候帶兩個男孩一起去上班。珍則想幫助男孩發展對藝術（博物館、藝廊）的愛好。兩人都認為傑森和路克應該分攤一些家事，但保羅的意思是整理庭院，珍的意思則是打掃他們的房間和浴室。

他們溝通的序列似乎進入一個僵化的模式：保羅提出一些他認為對男孩的發展與成長很重要的建議，或是使男孩更能融入家庭的方式；珍同意他所說的，但很快地就進一步提出自己的意見——幾乎就等於代替了保羅的意見。保羅一開始說話，珍就會提到他們以前是怎麼教導兩位女孩的，並補上一句「那樣做很有用」，然後保羅就沉默好一陣子，接著才又想出其他可能的點子或回應。

治療師：珍，我覺得照這個對話持續下去，似乎能得到幫助傑森和路克的正確方式。但保羅似乎不知道那個正確方式，除非妳來教導他？

珍：我只是希望他能夠更參與男孩的生活。

治療師：如果他想要跟兩個男孩一起做的事情都不被認可與允許，保羅可能無法參與兩個男孩的生活。你為什麼不喜歡他的點子？

珍：有這麼多事情要做，而他所提議的好像只是在玩。

治療師：我不知道那是不是只是在玩。但就如我之前所說的，我認為妳很了解如何撫養安和艾咪。妳把她們教得很好，但是教養男孩是較為困難的。他們需要一些不同的東西，這些東西也許只有保羅可以給他們，比如如何成為一位體貼、照顧、能夠和女性與男性相處的男人。

珍：所以你是說，只要帶他們去打棒球、釣魚或隨爸爸去工作，這樣的教養就夠了？

治療師：也許還不夠，但至少是個開始。（轉向保羅）再告訴我一次你小時候和爸爸相處的情形。你們有一起去打棒球或釣魚嗎？

保羅：並不常。我爸爸很忙。但我總是很想去。每當他說我們可以去打棒球或釣魚，我總是會非常興奮。雖然經常到最後，他會因不能去而取消此

行。我當時很失望，但我會試著體諒。因為他在做重要的工作。

治療師：所以，你的意思是你不希望使傑森或路克失望？

保羅：是的。如果我說我要和他們一起做什麼，我就一定會去做。

治療師：那聽起來對我來說也是很重要的。（轉向珍）妳小時候過得怎麼樣？和爸爸、媽媽相處的情形如何？

珍：我媽媽做所有的事情。我爸爸是個警察。他是位很好、很受人尊敬的警察，但等他下班回到家，他總是非常疲倦。他只想要看報紙或看電視。所以是媽媽確定我們有上音樂才藝課、並接觸藝術，且她參加我們的課後活動。她幫我們報名，且把我們載到場地。

治療師：妳的爸爸和你哥哥相處的情形如何？

珍：他們的關係不怎麼樣。爸爸盡可能的願意幫助喬伊；媽媽最寵喬伊，不讓他做任何事、負任何責任。他真的被慣壞了——即使到現在也一樣。

治療師：所以，妳不確定當一個男人參與兒子的教養時會是什麼樣子。

珍：是的，我想我不知道。

治療師：艾咪，當妳年紀小時，家裡是什麼情形？媽媽有讓妳和安有一點時間和爸爸相處？或者是妳們也必須要製造一些吵鬧，才能讓他花些時間在妳們身上？

艾咪：我想我們是有些時間與爸爸相處的——當然沒有像與媽媽相處的時間那麼多——不過的確有相處一些時間。安總是會幫爸爸準備早餐送到床上，然後他們會坐在一起聊一聊。然後，他晚上總會為我們讀睡前故事。他曾經帶我們去釣魚一次或去打棒球兩次，但我們對那實在沒興趣。

安：我最記得的是我們去度假的時候。有時候我們會去露營；但常常我們會開車到很遠的地方，去看個國家紀念碑或歷史景點。爸爸知道很多景點和歷史。媽媽會帶我們在車裡唱歌或玩車裡的遊戲。

　　治療師問艾咪和安，是否願意和傑森和路克談談她們的童年，以讓兩個男孩了解在這個家庭的生活情形，而他們會快樂地生活在一起。治療師問艾咪和安：「妳們知道怎樣幫助一個6歲和4歲的男孩，找到在這個家的安身之處嗎？」有一小段時間，艾咪和安對傑森說話，路克則在旁邊聽。有時候，珍想要打斷，但是治療師握住她的手，只讓四個孩子對談。艾咪和安講了很多小時候她們曾

做過的具體事情——各自和父／母，或兩人一起和父／母或全家人一起。她們講起從前，聲音聽起來好像很懷念且很興奮。安一直問：「這也是你們想要去做的嗎？」傑森總是很肯定的回應，路克也頻頻點頭。家中一種不同的連結方式已經形成了（Bitter, 2009. pp. 179-181）。

 # 策略家族治療

　　Haley（1923-2007）關注家庭所呈現的症狀，他擔負起處遇中所發生的責任，且設計各種方法以解決家庭問題。策略治療師透過專注於問題，為達到家庭目標設計最好的方法。Jay Haley 在發展策略取向時，深受 Milton Erickson 的影響（Haley, 1973），Milton 以使用催眠與矛盾意向的技巧而聞名。在加州 Palo Alto 的心理研究中心（Mental Research Institute, MRI），Haley 、Don Jackson 及 John Weakland 強調作為治療目標，問題解決應勝於洞察。此外，Haley 曾和 Minuchin 一起工作，對於他發展家庭系統的理論取向也是非常重要的。Haley 的家庭系統理論雖然沒有發展得像 Minuchin 這麼好，但他的處遇取向詳細地描述在其著作中（Haley, 1963, 1971a, 1971b, 1973, 1976, 1979, 1984, 1996; Haley & Richeport-Haley, 2007）。以下說明其重點。

策略家族治療的概念

　　就像 Minuchin 一樣，Haley 觀察家庭成員的互動，特別注意到權力的關係及父母處理權力的方法。Haley（1976）視關係為一種權力的爭奪，他很想了解關係是如何定義的。因此，一個人與另一個人溝通的方式，是一種定義關係的行動（Haley, 1963）。當媽媽對兒子說：「你的房間很髒亂」，她不只是在講房間的情況，並且也在要求兒子清理房間。如果兒子不清理房間，他就進入與母親的權力爭奪中。Haley 與 Minuchi 都強調階層的觀念；在此情況之下，對於作決定及堅守家庭責任方面，父母要比孩子站在較高的位置上。就像 Minuchin 一樣，他也很關切家庭的三角關係，如父母之一與孩子太過親密，另一方則與孩子不夠親密。

　　區分結構家族治療與策略家族治療的是，策略家族治療師關注於家庭症狀。對 Haley 來說，症狀通常是當家庭沒有其他辦法解決問題時，家庭系統內一種

未被承認的溝通方式。對策略家族治療師而言，症狀通常是家庭內一種感受方式、或一種行為方式的隱喻（Madanes, 1981）。包含在一個隱喻訊息之內的，是一個明顯的元素（如「我的胃很痛」）和一個隱藏的元素（「我覺得受到忽視」；Brown & Christensen, 1999）。例如，一個小孩說「我胃痛」，也許是在表達母親與其先生互動時產生的疼痛感覺。策略治療師傾聽一種被描述出來的症狀時，會尋找溝通時作為症狀的隱喻訊息。他們後來了解到，原來症狀可能是一種無效的解決問題方法。

目標

在選擇目標時，很重要的是對系統工作（Keim, 2000）。雖然治療師會問家庭成員為什麼會來、他們想完成什麼，但最終是由治療師決定目標。這個目標或許是中程目標，也可能是終極目標，必須要具體不可模糊。治療師知道哪一個家庭成員以什麼方式、在什麼情況之下，感到焦慮；消除焦慮的目標要以這樣的方式說出。治療師要有足夠的資訊，可以為達到目標而計劃出策略。例如，有個女兒是焦慮的，因為她做完了家事，反而受到父母批評。治療師可能會有一個中程目標，即讓她爸爸提出要求，再提出另一個中程的目標，就是讓她爸爸與媽媽決定出希望女兒所做的家事。對每個目標而言，目標是依治療師所設計的特定方法來完成。最近幾年，策略治療較關注於幫助家庭成員在治療中表現關懷和愛，而較不是關切在家庭關係中的權力（Keim, 2000; Nichols, 2008）。

策略家族治療的技術

因為案家所呈現的問題是策略治療所關注的焦點，是故減緩症狀或問題就是它的治療目標。基於三個理由，讓家庭成員完成任務是重要的（Haley, 1976）。首先，任務改變了人們在治療中反應的方式。其次，因為治療師設計任務，他們的角色是重要的，因此人們有可能聽他們的。第三，不管任務完成與否，可獲得關於家庭的資訊。當策略家族治療師要進行一個任務時，應該選擇一個適合家庭的任務，設計它，並且幫助家庭完成它（Haley, 1976, 1984; Haley & Richeport-Haley, 2007）。一般說來，任務有兩種：開門見山任務，治療師提出指示與建議要求家庭完成；矛盾任務，因為家庭可能會抗拒改變。

開門見山任務　當策略家族治療師判斷案家可能會配合他們的建議時，可能就會

給予一個開門見山任務（straightforward tasks）。透過與家庭會談，還有觀察家庭的次系統與界限，治療師將能夠協助家庭完成他們的目標（Madanes, 1981）。建議有時候只是一些對家庭相當簡單的忠告，但家庭通常會要求各種能夠改變成員彼此互動方式的建議（Papp, 1980）。分派任務後，也不代表家庭成員都會配合。

為獲得家庭成員的配合，Haley（1976）建議了幾個確保家庭會完成任務的方法。在建議某個任務之前，治療師應該探索家庭為解決問題已經做過些什麼，如此才不會又給予家庭已嘗試過且已經失敗的建議。如果問題沒解決，經由檢視發生過什麼事，家庭成員較能接受對於問題該做些什麼的重要性。治療師應給予簡單、明瞭的任務，任務同時要適合孩子的能力等級、與要完成任務的成年人。在策略家族治療中，治療師很明顯的是個專家，他可以使用專家的地位，來教導家庭與其配合。當設計任務時，特別是隱喻的任務，需要經驗與信心。

因為任務是依個別獨特情況所設計，因此要發展一個任務，一般的指引是不夠的。一些開門見山指示的特性，可見 Brown 和 Christensen（1999）提出的例子：

　　一位比較不常參與父職的父親與女兒，應要求去做一件媽媽不太有興趣參與的事情，以減少媽媽干擾的可能。

　　一對有衝突的伴侶應要求回到一個地方，也許是餐廳或公園，那是他們談戀愛時曾有過愉快時光的地方。關注於正向的經驗，可以改變關係中的情感。

　　關心女兒時常出入當地購物商場的父母，應要求拜訪此購物商場，並且親眼看看這商場是什麼樣子。（pp. 93-94）

有時候，治療師給家庭的任務是一種隱喻。治療師相信那是為了消除家庭症狀，家庭成員需要表現的行為。在這種情況下，家庭成員並未覺察任務的目的。有時候，治療師給予的任務似乎是要解決一個簡單問題，該簡單問題是較難與較複雜問題的隱喻。在以下的例子中，Brown 和 Christensen（1999）說明如何幫助女兒不再寫空頭支票，這能夠改善母女關係，同時也是增加女兒獨立性的任務。

　　一位 19 歲的憂鬱個案被帶來治療，因為她什麼也不做，只是在家裡哭泣。治療師了解到女孩在幾年前曾受父親性侵，重新定義女孩的憂鬱為對母

親的憤怒。治療師相信憤怒是存在的，因為媽媽並沒有阻止事情發生。女兒從未表達憤怒，因為它具有爆炸性，她怕會因此破壞與媽媽的關係。母女彼此界限實在太模糊。媽媽承認很需要女兒，不希望女兒離家。女兒很抗拒媽媽的期望，但沒有嘗試改變，因為她害怕任何的反抗到最後會打壞母女關係。雖然沒有人會想跟對方討論這個議題，但媽媽抱怨女兒會以媽媽的帳戶開空頭支票。治療師決定不要直接處理亂倫與離家的問題，空頭支票議題就可以當作更嚴重問題的隱喻，因為在其中也呈現同樣的動力。治療師讓母女爭論支票的問題，作為爭論其他議題的象徵。討論到最後，治療師要女兒去開立另一個帳戶，並要求媽媽不要為女兒的帳單付錢。（Brown & Christensen, 1999, pp. 94-95）

治療師經由給予隱喻的任務，要女兒為自己的帳戶負責，能夠幫助女兒發展自主性；藉由減少媽媽過度涉入女兒的活動，就能減少母女之間的敵意。當此項任務成功完成，未來就比較能夠發展出其他牽涉到母女分離議題的任務。但是開門見山任務，有時候不管是隱喻的或直接的，還是不足以帶來改變。

矛盾任務　基本上，矛盾建議是要求家庭持續他們來求助的行為。在這種情況之下，不管他們是否配合治療師的建議，正向的改變都會發生。就某種意義而言，治療師就是要使家庭決定，不要去做治療師所要求去做的事情。家庭經常為治療師沒有要求他們改變而感到困惑。治療師使用矛盾指示時，需要具有經驗和信心，而且只有當家庭拒絕直接指示時，才使用矛盾指示。

Weeks 和 L'Abate（1982）討論了幾種家庭行為，適合使用矛盾介入。當家庭成員彼此相爭、爭執或彼此反對對方的敘述，如果使用開門見山的任務，可能無法提供他們足夠的支持，或者當父母沒有辦法幫助孩子執行直接任務，都可以使用矛盾介入。當兒童或青少年挑戰或不聽從父母時，父母可能很難使用開門見山建議。

在描述如何使用矛盾任務（paradoxical tasks）時，Papp（1980, 1984）建議三個步驟：重新定義、給予任務、限制。第一步就是重新定義症狀對家庭是有貢獻、有益的。就像 Goldenberg 和 Goldenberg（2008）所提的，憤怒可以被稱為愛、痛苦可以被認為是自我犧牲、保持距離是一種為了要更靠近的方式。治療師

在給症狀開處方時，鼓勵家庭持續去做他們已經在做的，因為他們如果不這麼做，對於家庭的好處就會消失了。所以，一個憤怒的小孩被要求要持續憤怒，並且要大發脾氣。治療師在給予症狀處方時，在邏輯上要很清楚且要很真誠。當家庭表現出改善的情形時，治療師要限制他們的成長或改變，以使矛盾產生作用。例如，一對經常為廚房家事吵架的伴侶，報告爭吵減少了，治療師並沒有稱讚他們的改善，反而警告此對伴侶要小心、不要改變，否則一個人會喪失了比另一個人有力的位置。在這麼做的時候，治療師從來沒有因為改變而居功、或是表現得很諷刺。治療師透過使用矛盾任務的過程，表現對家庭的關心，並且在改變發生時，也許會表現得很驚訝，但還是希望改變可以發生。

因為矛盾任務是由於它們那令人困惑的特點，所以 Brown 和 Christensen（1999）在工作中，用了一些例子作為說明。

> 一位相當獨立的單親母親不願意給兒子更多的自主，治療師要求這位母親要為兒子做得更多，以免她感受到她終將獨自一人的焦慮。
> 一位試著要離開丈夫卻做不到的太太，治療師鼓勵她要留在他身旁，因為他需要有人來照顧他。
> 一對伴侶，唯一的接觸就是發生在他們吵架的時候，他們受鼓勵要增加吵架頻率，因為這會使得他們彼此更親近。（pp. 98-99）

這些例子描述矛盾任務，但並沒有解釋如何在治療過程中使用。以下是一個比較完整的例子，呈現一位治療師如何將矛盾任務融入於治療中。

一個策略家族治療的範例：點火的男孩

在媽媽與 5 位孩子的案家中，Madanes（1981）使用矛盾介入幫助他們。在此案例中，媽媽因 10 歲兒子縱火而煩心。第三段顯示，Madanes 以隱喻的方式看待男孩的行為。透過縱火，他幫助母親生氣而不會沮喪。Madanes 在給予任務處方時，改變了母子之間的關係，所以男孩可以幫助媽媽，因為他是火的專家。

> 一位媽媽因為 10 歲男孩縱火而來諮詢。他是雙胞胎之一，而且是 5 個孩子中的老大。案家還有其他嚴重的問題。爸爸離開他們，搬到了另一個城市。媽媽沒有從先生那兒得到任何金錢援助。她是波多黎各人，不會說英

語，而且不知道如何獲得所需協助。這位母親不願意讓這個男孩獨處，因為怕他會把家裡給燒了。

　　第一次會談時，治療師給男孩一些火柴並要他點燃一支，並要媽媽做任何平常發現男孩點火柴時所做的事情。治療師離開房間，從單面鏡觀察。男孩不情願地點燃了一支火柴，媽媽把它拿走，並且和他一起燒這支火柴。

　　透過提供她一個憤怒的焦點，男孩在幫助母親。他是一個她可以處罰和責罵的人。他讓她覺得憤怒而不是沮喪，在這種情況之下，雖然她有這麼多麻煩，但是可以使自己振作起來。

　　治療師告訴孩子，她要教導他如何恰當地點火柴。於是她做給他看，如何在要點火柴之前把火柴盒先關起來，及當火柴燒起來時，如何小心地把它放在煙灰缸中。接著，治療師要求媽媽在煙灰缸中用一些紙把火點起來，然後媽媽假裝燒到自己。兒子要幫忙媽媽，用治療師為此目的早就帶進辦公室的水將火澆熄。兒子向媽媽展示，他知道如何正確地滅火。過程進行時，治療師允許其他小孩在旁觀看，但是不能參與。當火被撲滅後，治療師告訴男孩他已經知道如何正確地點火及滅火了。治療師對媽媽強調說，媽媽現在可以相信兒子，因為他已經了解火了。治療師於是要求母親，利用一週每天晚上，要和這個男孩在一起，她要點火，然後假裝燒到自己，然後他會幫她撲滅。其他小孩都只能在旁邊觀看。

　　母子的互動已經改變，所以不是提供母親一個憤怒的焦點來幫助她，而是當她假裝燒到自己時，以一種遊戲的方式去幫她。在此之前，男孩以火來威脅媽媽的方式幫助她。現在，男孩能幫忙媽媽，是因為他是火的專家。在治療之前，這個男孩在家中之所以特別，是因為他會縱火；在治療介入之後，他之所以特別，是因為他是火的專家。當男孩無預警的點火時，他比媽媽站在一個更高的位置。當他在指導之下點火時，他則是在她之下的階層。（Madanes, 1981, pp. 84-85）

　　Madanes 追蹤這個家庭時，指出男孩在這次會談之後就不再點火了。在後來的會談中，Madanes 和這個男孩討論不同的滅火方法，告訴他的母親他應該有點火的權利，這是一個其他小孩所沒有的權利。其他的治療師則使用稍微不同的取向，來處理青少年縱火問題（Barreto, Boekamp, Armstrong, & Gillen, 2004）。

　　每個策略家族治療的介入都是不同的，依據治療師對家庭結構的觀察而定。這些介入，不管是直接的，還是矛盾的，均要清楚與小心的思考。當治療師第一

次開始使用這樣的介入時，建議他們要在督導下進行，讓他們可以與人討論，他們對於家庭權力爭奪與聯盟的觀察。

 經驗與人本家族治療

經驗與人本家族治療師，都把失功能行為視作個人成長受到妨礙的結果。要讓家庭成長，家庭成員之間的溝通和個人的自我表達都必須要開放，同時要欣賞家庭成員之間的獨特與差異。在設定治療目標時，治療師和家庭都要負起責任（Goldenberg & Goldenberg, 2008）。本節簡述 Carl Whitaker 的經驗取向和 Virginia Satir 的人本取向。雖然兩位治療師致力於家族治療的發展 40 年以上，但他們的工作較為特別，且其理論取向也沒有像本章其他理論描述地那麼清楚。

Carl Whitaker 的經驗治療

Carl Whitaker（1912-1995）認為理論妨礙臨床工作，較喜歡憑藉直覺，使用治療師本身的資源。他的取向的特性，就是使用反移情（他自己對個案的反應）。在治療中，個案和治療師都得到成長和改變。因為個案和治療師彼此影響，是故兩方在治療的不同時刻，都擔任案主與治療師的角色。這個互動促進家庭成員（以及治療師），達到人際成長的目標。

Whitaker（1976）在直覺性的治療裡，注意傾聽家庭中潛意識行為的衝動與象徵。有時，他對感覺或家庭成員連結的方式，有意識地給予回應；在其他時候，他並沒有覺察為什麼他要以某種方式回應。以象徵的方式連結，他常建議當事人幻想經驗。這也許就能夠對某情況的不合理有所了解。Whitaker 強調以選擇和經驗的方式來看待情況，而不是以疾病或病理的方式。

Whitaker 對於家庭歷程的概念，能夠從他對一位 16 歲女孩的談話中看到，她剛與父親結束一段憤怒與流淚的互動。父親試著對她的行為設定一些限制，例如，何時算晚歸。在這種情況之下，Whitaker（Napier & Whitaker, 1978）很自然地提到女孩沒注意到的一些主題。

Carl：「我認為讓妳比較受不了的是，妳父親讓人討厭的說教。妳也在嘲弄他，記得嗎？」Claudia 輕輕點頭。「而且，我想妳這麼做是為了避免哭泣，或是為了要讓妳老爸不再隱藏他的感覺，並以某種方式對妳有所反應。」Carl 稍稍調整了坐向，往前傾。他那未點燃的煙斗很小心而平衡的握在手中，而他的手擺放在膝蓋上。「不過，妳的父親卻只有對妳說教，說他是妳的父親，而妳應該要服從家規。他有很多非常真實的感覺，但他都藏在心裡。我想那就是讓妳不高興的地方，他不願意承認他的感受，他一直在講道理，一直試著要作父親，而不是作個人。」Carl 停下來，Claudia 等他把話說完。最後，Carl：「那是父親毀壞其感受的過程，他自己的人性，那是讓妳生氣的部分。妳為此生氣是恰當的，我認為那是一個嚴重的問題。」（pp. 69-70）

Whitaker 對 Claudia 的反應，反映了他對整個家庭的觀察，還有父親與女兒對彼此的影響。他看他們關係的方式，是 Claudia 所沒有看到的。Whitaker 的方式雖然是很自發的，卻也是有結構的。

Whitaker 和 Keith（1981）敘述了治療的前、中、後階段。在開始的階段，對於誰要在發展結構領頭有一番爭鬥，例如，決定誰要出席會談。在中間的階段，Whitaker 對於家庭議題很積極，在適當時機帶進延伸家庭。Whitaker 為了要帶來改變，使用面質、誇大和反諷。當他在一個病人身上看到非理性，他就持續將它加油添醋，直到病人辨認出它並可以改變其方式。治療的結束階段，處理家庭（及治療師）的分離焦慮，並逐漸的從彼此的生活中脫勾。在整個治療過程，Whitaker 的風格以活力的、參與的和創造性等顯出其特色。Connell、Mitten 及 Bumberry（1999）詳細描述了 Whitaker 的方式。

Virginia Satir 的人本取向

Virginia Satir（1916-1988）因創造力與溫暖而聞名，她注意到家庭成員的感覺，而且和他們一起為日常生活的運作，與他們自己在家庭中的情緒經驗而工作。她和個人或家庭工作時，專注於發展一種優勢和自我價值的感覺，而且將彈性帶入家庭以引發改變（McLendon, 2000; Nichols, 2008）。Satir 以溝通技巧聞名，她也幫助家庭成員發展溝通技巧。以下所列出的，就是她所謂家庭中有效的溝通（Satir, 1972）：使用第一人稱表達你所感受到的；使用「我」的敘述以示負

責，例如，「我覺得生氣」；家庭成員地位必須相等；還有個人的表情、姿勢和聲音，應該要相互符合。

Satir 對家庭溝通的貢獻之一，就是辨識出家庭中五種連結的方式（Satir, 1972）。討好者（placater）：軟弱和溫柔，總是同意別人。指責者（blamer）：找別人的錯。超理智型（superreasonable）：疏離、冷靜，沒有情感涉入。打岔者（irrelevant）：沒有與家庭的過程連結，使他人分心。一致溝通者（congruent communicator）：真誠的表達，真實且開放。Satir 強調溝通風格，影響了她對治療介入的選擇。

Satir 在工作的一開始，總是跟全家人見面，幫助他們對自己及彼此有較好的感覺。有一個方法是家庭生命史（family life chronology），將家庭發展的歷史記錄下來。這個家庭生命史包括：配偶如何認識、他們與手足的關係如何、他們對教養小孩的期望。孩子也含括在內，他們對家庭史的貢獻，就是敘說他們如何看待父母與家庭活動。Satir 藉由這些資訊，加上她所觀察到家庭系統中的不平衡，幫助她可以注意到系統中的阻礙，然後以可能促進家庭成員成長的方式介入其中。家庭重塑（family reconstruction）可以達到此目的，它是一種經驗取向，包括：幻想引導、催眠、心理劇和角色扮演。Satir 還使用家庭雕塑（family sculpting），讓家庭成員都將身體模塑成特殊的姿勢，以代表對家庭關係的觀感。Satir 使用這個方法，讓家庭重演家庭生活中的事件。

Satir 對於家庭成員的關切與關心，可以從以下她與 Coby 的互動中看出。Coby 在五個孩子中排行老三，而且是唯一的男孩。與 Coby 一段簡短的對話之後，就是 Satir 說明她自己的經驗，敘述了她對於家庭內感受的憐憫與注意。

> Satir：讓我看看我是否聽清楚你的意思。如果你的父親——如果我聽得正確——他有時以某種形式說出他的想法……你覺得他會變得太生氣，或像那樣？
>
> Coby：是的，女士。
>
> Satir：某種形式——你說如果他能找到不同的處理方式——這是你所期望的？
>
> Coby：是的，女士。但是你知道的，他太容易發脾氣。

Satir：我了解。

Coby：如果他能忍住不發脾氣，並與我們討論，而不是對每件事情都吼叫和喊叫。

Satir：我了解了。因此有時候，你認為父親以為你做了某件事情，但事實上你沒做，你不知道要如何告訴他，或是他根本不聽你所說的。這是否就是你要說的意思？（Satir & Baldwin, 1983, pp. 34-36）

Satir 描述了她對 Coby 的反應的觀察。她對他的口語與非口語訊息都有反應。她對男孩及他與父親關係的同理，她對家庭敏銳的典型反應。

> 在這裡，我覺察到這孩子對父親的愛。那告訴我，如果一個父親可以激勵那種愛，在那底下一定有很多的溫柔，而他必須放下那不屑一顧的感受之防衛。我在這小小的互動中都看到了。傾聽 Coby，我也知道如果當場沒有自由評論的規則存在，他不願意冒險以那樣的方式說話。而且他也告訴我，父親並非總是在生氣，而且他的憤怒會很有變化。這對我是個增強；父親正在爭奪權力，而他常常沒有覺察自己在做什麼。他想要成為一家之主，但他不是且感到很軟弱。（Satir, & Baldwin, 1983, p. 35）

由 Satir 所訓練的治療師，經常深深受其強調個人成長與自我價值的人本取向所感動。雖然，Satir 在 1988 年過世，但她的工作持續對許多家族治療師有深遠的影響。

家庭系統治療的整合取向

從家族治療當前的實務工作中，可反映出家族治療師的創造性取向，他們整合代間、結構、策略、經驗和許多其他的家族治療。就像 McDaniel、Lusterman 和 Philpot（2001）所顯示的，大多數的家族治療師不只使用單一理論。本章雖然介紹家族治療的四種取向，但還有其他的治療方式，例如，稍後將介紹的短期家族治療。同時，本書所描述的每種理論（Jung 心理治療除外）都可以使用到家庭中，接下來將特闢一節解說。

　　由於許多治療師在受訓為個別治療師之後才來進行家族治療，他們因此可能會將其過去的訓練與家庭系統治療作結合。通常，他們所使用的取向與他們的個性、他們所服務的當事人特質、他們之前所受的訓練有關。例如，社工師常要做危機處理，就傾向使用短期技術如策略治療，而比較不會使用精神分析或代間取向。治療師常常發現，他們沒法總是與家庭系統甚至次系統工作。他們有時候需要單獨與病人工作，這是受許多家族治療理論認可的看法（Nichols, 2008）。

　　在家族治療中，整合取向越來越常見，一些治療師也描述他們整合不同取向的方式。這種整合的趨勢會發展，是有一些原因的（Lebow, 1997）。個別諮商與家族治療間的分別已經沒那麼清楚了。治療師可能會在治療中混合個人、伴侶與家庭的會談。最近較關注於使用概念而非理論。所以許多取向的治療師，可能會使用「分化」（Bowen）、「重演」（Minuchin）及家庭圖。同時，就如同整合取向的出現，沒有一種取向是可以支配整個領域的。就如稍後研究該節所要顯示的，研究並沒有支持某種取向勝過其他取向。基本上，整合取向在理論上站得住腳。

 ## 個別治療理論應用於家族治療

　　在這個文本中所涵蓋之理論的元素，已經將它的取向應用於伴侶與家庭。唯一的例外是 Jung 學派治療師，他們有時會作伴侶諮商，但很少將他們的工作應用於家庭，可能因為他們傾向於關注個人，所以也變得越來越注意個體。本節會提供一個摘要，介紹各理論取向人格與治療性改變如何幫助家庭。本節不會介紹新的概念，而是介紹各理論如何與家庭工作。

精神分析

　　Nathan Ackerman 的工作（稍早已討論過），持續地對於精神分析的家族治療有影響。他的理論取向，是將驅力和自我（ego）理論與對家庭主動及面質的取向結合。目前，客體關係的觀點，對於使用精神分析於家庭有很大的影響。客體關係家族治療師，觀察家庭成員提供給彼此的照顧與關懷。這提供了一個安全的環境，所以家庭成員可以處理一些傷害性的議題。客體關係治療師通常會注意，與父母相關的依附與分離的憂慮。詮釋過去的行為與治療中的抗拒，經常是精神

分析家族治療師治療過程中的一部分。

Adler 學派治療

　　Adler 學派總是很重視家族治療。事實上，Alfred Adler 在到美國之前，曾經在維也納開辦 32 間兒童輔導中心。Adler 學派通常採取一種教育的觀點，教導父母在家中如何處理教養的困難。有時候，一兩次的會談中就能完成。例如，他們也許會建議父母給孩子一些訊息，觀察孩子的反應，然後讓孩子接受行為的後果。對於家庭中的衝突，他們教導家庭成員要發展相互尊重去解決衝突、指出議題，並對於如何處理問題達到共識。這種務實的方式，是 Adler 學派家族治療的典型方式。

存在主義治療

　　在存在主義家族治療中，治療師關注個體之間的關係，也關切個體對於自己及其在世界之存在的覺察。存在治療師在與伴侶工作時，可能會要求伴侶輪流在會談中當觀察員，讓他們更能覺察自己及伴侶的內在世界。治療師也會要求每位伴侶在療程中書寫祕密日記，以便進入伴侶成員內心的私密世界。同樣的方式，也可以在家族治療中使用在較大的孩子身上。

個人中心治療

　　就像個別治療，同理心是個人中心家族治療的中心要素。治療師嘗試了解家庭成員之間的衝突，直到最深的可能程度。家族治療師不只會注重家中的個別成員，也會注意目前關係的議題。當參加家族治療時若有家庭成員缺席，治療師也可以同理缺席的家庭成員。例如說：「我了解你對於瑪莎沒有聽你的話感到失望，不過我在想她如果今天出席了，她可能會覺得她在這邊也沒什麼機會回應。」

完形治療

　　就像個別諮商，完形家族治療也是非常積極的。他們觀察個人在家中如何造成彼此界限的干擾。焦點大都放在現在，使用在第 6 章所描述的技術。完形家族治療師幫助家庭中的個人，對他們的互動有所覺察。家庭成員通常沒有覺察到他們的需要，以及其他家庭成員的需要。完形家族治療師經常評論家庭中的關係、及治療師與家庭的關係。他們常將焦點放在感官、傾聽、觀看或碰觸，以達到對

界限的覺察，幫助家庭達到適當的分離與整合。

行為治療

一個普及又受歡迎的行為治療方式，是父母行為訓練。在這個方法中，父母應用行為與實驗方法，去改變某個特定個案的行為。他們首先會為希望改變的孩子的行為建立一個基礎線，以決定其性質與頻率。觀察和測量該行為後，父母可嘗試治療師教導過的行為治療技術。例如，給予不斷尖叫的孩子一個特權，如果他的尖叫行為減少，就可讓他看電視看到超過平常上床的時間。這份契約的內容可以商量，它的進展是可以記錄下來的。一般說來，父母會學習對問題作一個謹慎而詳細的評估，然後使用具體的策略，以調整給予孩子或孩子們增強的頻率。

理性情緒行為治療

對於家庭，REBT 的目標是去幫助成員，讓他們看到自己的非理性信念干擾了自己。透過了解並放棄他們的非理性信念，家庭成員發現他們還是可以有他們的希望、偏好和渴望。治療師教導家庭成員類似個別諮商的技巧。這些技巧依照 A-B-C-D-E 的治療方式：A（促發事件，activating event）、B（信念，beliefs）、C（後果，consequences）、D（爭論，disputing）、E（效果，effect）。治療師使用爭論及其他各種認知行為技巧，幫助家庭處理他們的危機，及現在或未來可能發生的情況。Ellis 相信每位家庭成員對於自己的行動有責任，而且應該承擔責任。REBT 的治療師採用教導的觀點，強調無干擾的原則，及可將自我協助應用到家庭中。REBT 的治療師通常要比使用其他理論的治療師，更常使用應該（shoulds）和必須（musts）的爭論。

認知治療

教導是認知家族治療很重要的一部分。認知家族治療通常會評估一個人認知扭曲的情形。他們會注意自動化思考和個體的認知基模，以便他們可以作治療介入。他們會建議改變扭曲的想法，如將「我的丈夫無法對孩子做一件正確的事情」，改變為不同的版本如「我的丈夫回家時都不跟孩子說話」。在這種情況之下，想法從責怪或傷人的，改變為一個描述的性質。治療師在能夠進行這樣的介入之前，通常必須先處理家庭成員的憤怒或是其他破壞性的情緒。家庭裡一個常

見的扭曲就是讀心術，家庭成員常評論家人如「你遲到是因為你知道那樣會讓我生氣」。治療師可透過指出可造成遲到的原因有很多種，以挑戰讀心術。這樣的介入是在治療中產生，至於會談時間外要做什麼以帶來家庭改變，治療師可給各個家庭成員一些建議或家庭作業。

現實治療

William Glasser 近幾年來，特別關注婚姻諮商與家族治療。現實治療師經常觀察各個家庭成員的選擇系統，以及他們彼此如何互動與連結。治療師不只注意到家庭成員共同的感受，也注意到每位家庭成員的需要和價值。治療師在評估需要和想要之後，就給予專注於一起做事情以促進家庭和諧的建議。但是，現實治療師也注意到家庭成員間分開以發展自己生活的需要。現實治療師會詢問小孩，他喜歡什麼樣的活動及做了多少那個活動。現實治療師可以此評估家庭關係符合孩子需要的程度。他也許就給予進行活動以帶來互動的建議。例如，父親和女兒散步到公園，是比一起看電視要好的活動。注意力是放在家庭作為一個團體、一個小群體或個別成員所進行的活動，因此這些活動將會分別地或一起地滿足家庭成員的需求。

女性主義治療

Journal of Feminist Family Therapy 已指出，家族治療對女性主義治療師是重要且需探討的領域。這個取向，不是在於如何幫助一位受「壞」男人虐待的不幸婦女。女性主義治療師反而注意政治與社會的因素，這對於家庭成員如何彼此反應提供了洞察。他們的焦點不是在於責怪或拯救人們，而是在於性別與權力的議題如何影響個案。女性主義家族治療師根據性別角色期待和刻板印象，覺察到自己的性別對他們與不同家庭成員工作所帶來的影響。性別角色、語言使用、和其他相關活動的訊息也許會適時給予。女性主義治療師也會注意到文化和種族認同的議題。他們也許會將性別角色和權力的介入，與其他的理論取向整合。

家族治療取向常常彼此不盡相同。精神分析的家族治療可能在工作中強調孩子和父母的早年關係。Adler 學派可能關注手足與家庭成員之間的關係，以及教育的需要。相反的，存在主義治療師關注於了解自己和要能夠自我覺察。個人中心治療師同理個案；完形治療師會注意發生在治療時的事件，使用重演的技術。

行為治療較有結構；理性情緒行為治療和認知學派的治療師的評估、對家庭行為與想法的介入，可能會很有系統。現實治療師雖然像行為治療師一樣的強調正在做的，但他們聚焦於滿足個人的需要與期望，以及家庭成員所作的不同選擇。女性主義家族治療師與以上的取向不同，他們關切社會對家庭的影響，以及性別和權力角色的內化。以上這些取向都未像 Bowen、Minuchin、Haley、Whitaker 和 Sati 那樣，將家庭視為一個系統。這些治療師將家庭視為一個系統，而不只是一群人住在一起。短期家族治療師也視家庭為一個系統，但他們比其他家族治療師執行較少次數的會談，而且他們的介入可能會很不尋常、或是非常強而有力。

 # 短期家庭系統治療

短期家庭系統治療研發者嘗試在短時間內進行介入，發展出實際的取向、清楚的方法，而且和目前問題相關。然而，他們想要的不只是家庭產生暫時性改變，以解決壓力性的問題，即所謂第一序改變（first-order change）。他們想要家庭產生較持久性的改變，即所謂第二序改變（second-order change）。由於這些取向都使用強而有力的介入，他們常使用治療團隊，有些人會在單面鏡之後觀察，有時會進到治療室中，或在會談中的休息時段與治療師討論。以下要描述兩種短期取向：在 Palo Alto 的心理研究中心（MRI）所提出的短期治療方案（Brief Therapy Project），MRI 從 1967 年以來，就涉入訓練、理論的發展和研究。長間隔短期治療取向則來自於義大利米蘭。

心理研究中心的短期家族治療模式

根據 Gregory Bateson、Don Jackson、Jay Haley 和 Milton Erickson 的工作，MRI 短期治療取向，強調解決問題和減輕症狀（Nardone & Watzlawick, 2005）。《系統治療期刊》（*Journal of Systemic Therapies,* Volume 23, Issue 4, December 2004）一個特別的單元，描述當前研究與訓練方案。MRI 短期治療的會談少於 10 次，是一個有結構而解決問題的取向，與 Haley 的策略系統雷同。但是，它並沒有像 Haley 那樣，使用 Minuchin 的家庭結構中有關權力與階級的概念。

溝通模式對 MRI 短期家族治療師尤為重要，例如，對稱或互補的互動。在

互補的關係（complementary relationships）中，一個人較高高在上，另一個人則較為弱勢或順從。在對稱的關係（symmetrical relationships）中，兩個伙伴是平等的。但是，一個對稱的訊息可能會被擴大或升高；當其中一人說了一段令人生氣的話，另一人則說一段更令人生氣的話，然後又遭遇到一段更令人生氣的話，因此爭吵會持續，直到其中一人願意讓步。這些爭吵持續的方式要看每個人所下的標注點（punctuation）而定，這是因每位伙伴都相信，他所說的話都是「另一位伙伴所引起」。就像兩個小孩在爭論是誰先引起爭吵的對話：「是你先開始的」，「不，是你先開始的」，在這種循環性的互動中，沒有必要去找誰先開始的那一點，反而應將注意力放在家庭溝通中所存在的雙重束縛（Weakland, 1976）。

MRI 短期治療師在治療中，使用許多於 Haley 策略家族治療取向所描述的技術：重新框視、重新標籤和矛盾介入。他們和家庭工作時，會嘗試獲得對問題的清晰觀點，然後設計一個方式，以改變系統中使問題持續的部分（Segal, 1987）。在尋找如何改變時，他們尋找一些小的改變，鼓勵病人緩慢的前進。當治療有進展時，家庭看自己問題的方式、家庭的溝通方式，都逐漸地重新建構了。當和家庭工作時，治療師要避免爭執或意見不合。每一種類的問題都需要不同的方法。

以下的例子，是依據和 10 個家庭工作的經驗，丈夫都有心臟病，但都不願運動或改變其飲食。Segal（1982）和太太們工作，從無效的解決方法改變為有建設性的解決方式。治療師將會談次數維持在 5 次之內，嘗試改變系統，使得丈夫的行為會是適應性的。當治療師觀察到太太嘮叨說要改變丈夫的行為，便給予太太一個指示。其中，一位太太就告訴她的先生，不管生命是多麼短暫，可以任何他想要的方式去生活。治療師同時教導太太要控管、經營自己的生活，還要與先生討論壽險與不動產的規劃。更進一步，她應要求要打電話給壽險業者，而且要他們在她不在家但是先生在家時回電。太太以這樣的方式與先生互動兩個星期之後，先生就參加了復健運動並開始注意飲食。

米蘭團隊的長間隔短期治療

一個取向根據 MRI 理論學者的工作、Haley 的策略模式而發展出來，該取向注意到家庭成員的行為、關係和對事情觀點的差異。這個取向隨著時間不斷改

變，且義大利米蘭團隊的成員也發展出不同的觀點，因此難以描述。這個取向持續在發展中，採用了焦點解決與敘事治療的技術（Rhodes, 2008）。他們原本的工作被描述為「長間隔短期治療」，因為他們的會談次數不多，大約 10 次，和家庭每個月見面一次幾小時，而不是每週見面（Tomm, 1984）。米蘭團隊的不同成員發展出兩個創造性的家庭介入方法。一個介入方法是由 Boscolo 和 Cecchin 所發展出來的，稱為循環問話（circular questioning），藉由詢問家庭成員相同的問題，帶出家庭成員看待事情和關係的差異（Athanasiades, 2008）。例如，他們可能會問各個家庭成員（Boscolo, Cecchin, Hoffman, & Penn, 1987）：這星期爭論有多嚴重？誰跟別人最親密？對於 Andy 不吃飯，誰最生氣？這樣的問題，幫助家庭成員擴大他們對某個議題的視野，然後找到新的方式去看待他們的問題，也找到新的解決方法。

Selvini-Palazzoli 等人（1989）則設計出另外一個創新的技術，幫忙親子以一種失功能的方式面對家中情況。Salvini-Palazzoli 使用不變的處方（invariant prescription），給父母一個書面的處方，讓家庭在會談之後依循。這個處方，是為了要在親子間建立清楚的界限（Selvini-Palazzoli, Cirillo, Selvini, & Sorrentino, 1989）。不變的處方是依據矛盾介入原理，由 Giuliana Prata 和 Mara Selvini-Palazzoli 的研究所發展出來。不變的處方類似焦點解決治療中所使用的「訊息」，它使用於個別諮商，主要關注問題的解決而不是界限。

米蘭團隊的創造性治療方式，已經超越所描述的技術了。一般說來，他們的工作可說是從 Haley 的策略取向分出來的，兩者相似的地方是都強調要在家庭系統內處遇。他們使用間隔一個月會談一次的方式，強調給予家庭任務的重要性，並且也給家庭時間去改變。

 目前家族治療的趨勢

家族治療，包括家庭系統治療，正快速的成長著，成為相當不同的領域。本書大部分討論的理論學派，將家族治療整合成為心理治療的實務工作之一。本節所討論的趨勢，包括採用教育取向對家族治療的影響。當家族治療已經成長為一個專業，有組織的團體與訓練中心就會發展出來，而家族治療師也會更涉入法律

系統。同時，醫藥的進步也對家族治療有影響。

心理教育取向

　　家族治療發展之初，治療師就關注於幫助有精神分裂症孩子的家庭。雖然其他的家族治療師，常視這樣的家庭為妨礙家庭發揮正常功能的原因。但Anderson、Reiss 和 Hogarty（1986）所提出的心理教育取向，使用看來傳統的方式，去支持與增能家庭，協助他們面對精神分裂症病人。他們使用一日「生存技巧工作坊」，教導家庭成員關於精神分裂症的種種，包括預後、心理生理和處遇方式等。他們藉由向教導家庭精神分裂症的相關訊息，幫助家庭學習如何有助於那位被認定的病人。再者，他們排定規律的家庭會談的時間，通常持續超過一年，幫助家庭與精神分裂症孩童相處。有越來越多不同文化背景的病人之家庭，努力去設計心理教育的課程，例如，西班牙／拉丁美洲的家庭（Weisman, 2005）及鄉村的中國家庭（Ran et al., 2003）。其他的心理教育課程，是關注於減少精神分裂症患者家人情緒的表達（Lefley, 2009）。經由減少對精神分裂症患者情緒的表達，家庭成員可以協助他們維持穩定及面對他們失序的想法（Nichols, 2008）。這些心理教育課程常是很密集的，因為它們是專為幫助家有嚴重情況成員所設計的方案。

　　教導家庭適應與溝通技巧的各種方案，陸續發展出來（Nichols, 2008）。技巧和溝通訓練有三個目標：教導家庭如何面對那位被認定的病人；教導整個家庭如何更有效地溝通、解決問題或協商衝突；或增強已經適當運作的功能。這些方案也可設計來處理各種家庭議題，例如，婚前諮商、婚姻關係、父母－青少年的關、父母離婚的小孩、有藥癮的家庭。這些方案的理論取向很多元，因為它們可能是精神分析、Adler 學派、個人中心、完形、認知、行為、理性情緒行為、現實和女性主義治療師所提供的理論取向。雖然有些取向教導家庭如何運作地更有功能，其教育性大於心理教育方案，但他們仍是許多提供給家庭的處遇選擇之一。

專業的訓練與組織

　　隨著家族治療領域的成長，就有為訓練與實務工作設立標準的需要。從1942 年開始，美國婚姻與家族治療協會（the American Association for Marriage and Family Therapy, AAMFT）就是家族治療領域，資格審查、授與證照的主

要機構，它設定加入會員的標準，還與州及聯邦政府合作，發展出頒發證照的法律。AAMFT 有超過 24,000 位會員，透過研討會和 *Journal of Marital and Family Therapy*，繼續教育和訓練會員。美國家族治療協會（the American Family Therapy Association, AFTA）則設立於 1977 年，讓研究者、臨床工作者和訓練者針對家族治療交換想法。越來越多的諮商、社會工作和心理系研究所，提供家族治療的課程與督導。並且，AAMFT 對於一些專精於婚姻與家族治療的碩士與博士學程授與證書，表示他們提供的課程是合格的。有些並不附屬於大學的訓練中心，則提供家族治療的進階訓練。

家庭法

家族治療師有必要了解家庭相關之法律系統（Goldenberg & Goldenberg, 2008）。保密、兒童虐待法、和面對危險個案等這些議題，都使家族治療師容易陷入處遇失當的訴訟。法庭有時候會傳喚家族治療師，要他們對監護權、未成年犯罪者的裁決、要住院還是監禁等等議題，給予專家的證詞。為牽涉監護權或是離婚的案家進行評估或寫報告越來越常見，因為帶入法庭系統的孩童監護與探視爭議越來越多。要完成這些工作，治療師要了解法律，而且要願意與律師密切合作。

藥物

由於藥理學和生物精神醫學的進步，現在對於病人與家屬的趨勢，就是將問題的根源視為是「化學物質不平衡」。一些家族治療師質疑這種將社會偏離加以醫療化的趨勢（Prosky & Keith, 2003）。當家裡面有了問題，如孩子變得有攻擊性，一個相對簡單的方法就是讓這孩子吃藥。這麼做之後，問題的答案就變得很清楚，家庭似乎不需要改變任何行為或態度。醫學的進步對於處理孩子的心理問題是很明顯的。但是家族治療師相信，在面對孩子的問題時，心理與生理的方法都應該要考量。

就如同家族治療在成長，需要關切的議題也在成長中。隨著成長，專業組織、訓練中心和刊物也在發展，而準備去面對法律情況的需要也在發展中。對於家庭不同治療取向的成長，不管是透過心理教育，或是應用各種治療的介入，已經使得治療師有多種選擇，且將家族治療與其他持續在發展中的取向加以整合。

相關研究

家族治療的研究是一個寬廣與活躍的研究領域，使用各樣的研究方法，詳見 *Research Methods in Family Therapy*（Sprenkle & Piercy, 2005）。家族治療的研究使用各種測量工具，以評量家族治療的結果（Sanderson et al., 2009）。一些對於家族治療研究的回顧發現，家族治療有助於許多問題，而且至少與其他種類的治療一樣有效（Friedlander & Tuason, 2000; Nichols, 2008; Stratton, 2007）。最近，研究聚焦於評估家族治療，是否有能力達到以研究支持治療（RST）的標準（Lefley, 2009; Lefley, 2009; Northey, 2009）。有些 RST 家族治療是認知的、行為的、或認知 - 行為取向的。雖然大部分家族治療的研究，並沒有將家族治療定義得很完全，而且不會測量特定家族治療取向，但一些研究支持 Bowen、行為的、MRI 短期治療、結構、米蘭團隊和心理教育等取向的效果。以下將討論這些治療效果的研究，及其主要概念。

Bowen 的跨世代取向家族治療，持續引起實務工作者與研究者的興趣。Bowen 的理論中，強調分化的概念。文獻探討顯示，分化和焦慮症、婚姻滿意度及心理困擾都有密切關係（Miller, Anderson, & Keala, 2004）。有相同分化程度的個體會成為配偶的這個概念，從研究得到的支持並不多。最近的研究支持 Bowen 的觀點；對自己的父母減少情緒的反應（增加分化），有助於減少心理困擾（Bartle-Haring & Probst, 2004）。另一個研究也支持 Bowen 的觀點；分化，影響一個人如何看待生命中的壓力（Murdock & Gore, 2004）。情緒截斷也是 Bowen 理論中另一個重要的概念。McKnight（2003）指出，如果媽媽從原生家庭中情緒截斷，她們在自己的家庭中可能也不會發揮很好的功能。母親對原生家庭的情緒截斷，與其青少年子女的情緒截斷並沒有關係。研究分化和情緒截斷等概念，可更進一步協助澄清 Bowen 的跨世代家族治療之正確性。

一份關於各種家庭與婚姻治療的回顧文章，報導許多的研究焦點放在行為治療上（Northey, Wells, Silverman, & Bailey, 2003）。許多行為家族治療的研究，聚焦於是否能訓練父母而在小孩身上產生改變的效果（Spiegler & Guevremont, 2010）。這個取向稱為行為的父母效能訓練、行為的孩童管理、或父母管理訓練。行為的研究比較能夠符合許多研究者，對有效性所要求的嚴格標準。一種行為取向結合

了傳統的行為治療與促進情緒接納兩者，成為整合的行為伴侶治療。兩年的追蹤研究顯示，整合的行為伴侶治療是有效的，而且在某些變數上，甚至比某些傳統的伴侶治療更有效（Baucom, Atkins, Simpson, & Christensen, 2009; Christensen, Atkins, Yi, Baucom, & George, 2006）。伴侶治療經常處理外遇的問題。Baucom、Gordon、Snyder、Atkins 和 Christensen（2006）已經發展出一個模式，以幫助這一類的案主。整合的行為伴侶治療持續成為一個很活躍的研究對象。

有許多研究將 Haley 的策略方法或 MRI 模式，與結構或其他取向加以結合，使得單純確認策略治療的有效性變得困難。在一個早期的研究中，Watzlawick、Weakland 和 Fisch（1974）追蹤 97 個處遇後家庭三個月。在平均 7 次會談之後，40% 的人報告說他們已完全解除症狀、32% 說症狀已相當解除、28% 說沒變化。MRI 模式的優勢就是它是短期的。在一個研究中，將 40 對伴侶分為治療組和候補名單組，發現婚姻適應改善了，且抱怨在三次伴侶諮商會談之後就減少了（Davidson & Horvath, 1997）。使用治療手冊，加上其他技術，使用重新框視以幫助伴侶，視他們的衝突為一種調節其親密的方法。當短期的策略家族治療與一個社區參照團體作比較時，和 104 個家庭作比較，發現策略治療的方法有較高的參與度和保留度（Coatsworth, Santisteban, McBride, & Szapocznik, 2001）。策略的方法大約會談 7 到 12 次，而且有些類似 Haley 和 MRI 的方法。它強調參與家庭還有將無效的互動方式重新建構。社區參照團體則專注於改善溝通和教養的技巧。一般說來，策略治療師投注較多的時間在呈現個案資料上，甚於進行研究。

評估米蘭模式有其不易，因為模式一直在改變，而且現在有不同的米蘭模式。在回顧米蘭系統家族治療時，Carr（1991）發現在 10 個研究中，米蘭取向促成 66% 到 75% 的案例的症狀改變。在一個大型研究（沒有包含在 Carr 的回顧中）中，有 118 位參與者，他們隨機分配到米蘭取向或是其他取向，在處遇後的六個月進行追蹤，發現兩種治療在症狀上都可達到類似的改變（Simpson, 1990）。然而，米蘭取向比較短期，被認定病人的家庭，比那些得到其他治療取向的家庭，認為有更正向的改變。這些正向改變與 Coleman（1987）及 Machal、Feldman 和 Sigal（1989）那些負向的發現相反。他們指出治療師或治療師團隊有較低的成功率，案家對治療師與治療團隊有負向的反應。這些混雜的發現並不令

人訝異；因為米蘭治療取向是由不同的人、在不同的時間、以不同的方式，在進行實務工作。

　　能夠證明 Minuchin 結構家族治療效果的最佳證據，或許就是他與糖尿病、厭食症孩童的工作了（Minuchin et al., 1978）。Minuchin 等人使用血液中自由脂酸的濃度作為壓力程度的測量指標，能夠以結構家族治療減少糖尿病孩童與其家庭的壓力程度。針對一個由 43 位受厭食症困擾的孩童所組成的團體，Minuchin 等人報告，在治療之後有 90% 的改善程度。數年後追蹤，發現這個正向的改善仍然持續。重演技術是結構家族治療很重要的一個層面，有個會談10 次的研究，發現在會談的結尾有個成功的重演，可以帶來改變（Fellenberg, 2004）。加強父母的能力，是結構家族治療另一個重要部分。當治療師專注於增強父母的能力，要比沒有專注於增強父母的能力時，測量出較正向的家庭控制之結果（Walsh, 2004）。有些家族治療師相信，結構家族治療太強勢，對案家的互動型態太介入。在一個 24 次會談錄影帶的研究中，Hammond 和 Nichols（2008）報導，結構家族治療師與案家建立了合作的治療關係之後，對家庭成員是同理的。

　　對於家有精神分裂症或嚴重心理疾患成員的家庭實施心理教育，這種取向持續在成長中。這這是因為住院或其他密集照護的花費很高，以及嚴重心理疾患的破壞力。Fadden（1998）回顧超過 50 份研究，包括使用各種取向到使用心理教育的介入。她總結說心理教育介入明顯地減少復發與再住院的比率。這些結果是可以持續一段時間的，並且可以用在不同文化的人身上。有效的做法是教育性的，專注於適應的技巧和如何處理日常問題，而不是談心理動力的議題。教育加上教導適應的技巧，在預防復發上要比只是教育更有效。Reinares 等人（2004）檢視對有躁鬱症個體的家庭實施心理教育的效果，發現家庭的照顧者不只對躁鬱症有了更多的知識，而且也對照顧病人的負擔感覺較不那麼重。在一個對韓裔美國人所做的研究中，當面對家有嚴重心理疾患的成員，心理教育團體有助減少心理疾患的汙名化，並且也幫助家庭成員有更多的適應技巧，讓他們在面對病人的危機狀況時，有更多的力量去處理（Shin, 2004）。Sota 等人（2008）對精神分裂症病人的家屬實施心理教育方案，發現家屬，特別是母親，降低了家庭表達情緒的分數，而病人的復發頻率也減少了。另一個心理教育方案的研究顯示，當病

人與家屬發展出正向的連結關係，家屬比較不會拒絕病人，也感覺負擔較不會那麼重（Smerud & Rosenfarb, 2008）。當家屬表示他們已經與病人發展出正向的連結關係，病人比較不會有復發的徵兆、或較不需要再住院。但是，對家庭執行心理教育方案要成功，需要實務工作者對此方案有正向的看法、有適當的財務與其他的資源，並且注意現存的治療方式與心理教育方式的差異。McFarlane、McNary、Dixon、Hornby 和 Cimett（2001）指出，在緬因州的機構，大部分這些情況都滿足了，有 93% 的機構實行家庭心理教育；而在伊利諾州，這些情況都沒有符合，只有 10% 的機構實行心理教育方案。隨著心理教育取向使用越來越頻繁，可能會產生更多的研究。

 ## 性別議題

如同在第 11 章顯示的，在社會中及在家庭中、在美國及在其他文化中，男性與女性的角色是相當不同的。女性被期待要做家事及照顧孩童，且擔負起較多的責任。她們也被期待要為與朋友及與原生家庭的關係，負起較多的責任（Goldenberg & Goldenberg, 2008）。另一方面，男性通常要負責提供財物支援、及為家中作重要決定。當孩子長大離開家庭，女性為自己規劃的生命優先順序，可能與男性大不相同；這也許會造成婚姻衝突或是離婚（McGoldrick & Hardy, 2008）。當女性年紀漸長，可能會對她們必須要負責照顧孩子，後來還要照顧年老的父母這件事很反感。在 1980 年代以前，治療師未曾質疑這些男性與女性之間一般的差異、及男女在家庭中連結的方式，而將之視為理所當然。

女性主義家族治療師對於家族治療師如何面對性別議題，有很顯著的影響（Nichols, 2008）。他們讓家族治療師覺察自己的性別價值——關於男性與女性的角色，以及他們的刻板印象。這個主題在 *Feminist Family Therapy: Empowerment in Social Context*（Silverstein & Goodrich, 2003）已深度探索過。就像女性主義治療師所觀察到的，治療師的角色絕不會是性別中立的。家庭成員由於他們自己的性別角色刻板印象，很可能會期望治療師該如何反應。他們也可能根據他們的性別，體驗到家族治療的不同。這些期望加上治療師對於家庭應如何運作的價值觀，可能限制家庭產生正向改變的能力。

　　傳統對家庭的印象就是有個疏離並掌控的父親，以及對孩子行為太過涉入的母親。關於家庭的定義，*Interventions with Families of Gay, Lesbian, Bisexual, and Transgender People: From the Inside Out*（Bigner & Gottlieb, 2006）曾重新檢視。注意到，男同志與女同志伴侶及其子女的議題，是家族治療師所提出來的（Green, 2008; Nealy, 2008）。女性主義治療師曾經向家族治療師警告家庭的刻板印象，因為那會將孩子的問題歸咎於母親（Nichols, 2008）。有些女性主義治療師曾建議，家族治療師需要檢視並且挑戰家庭的性別角色信念（Miller & Bermúdez, 2004），而另一些人則較關注於關係的平等（Knudson-Martin & Laughlin, 2005）。對許多家族治療師而言，孩童與配偶虐待是一個很重要且必須要注意的議題（Ball & Hiebert, 2008）。詢問教養孩子、工作角色、財務決定、及家事分配的決定方式，能夠產生一種改變的氣氛，而且能夠幫助伴侶彼此有不同的連結。對性別角色假設的質疑，對於女性主義治療師如何看待家庭系統理論、及所造成的治療介入，有直接的影響。

　　在討論各種取向時，女性主義治療師警告那些可能帶來的改變並可能付出強化性別角色代價的技術。例如，一個矛盾介入的任務，可能要求一位婦女一再清掃廚房，這是在強化婦女是屬於廚房的這個角色。相反的，治療師受鼓勵去使用能夠幫助每位伴侶成員感覺更增能、更能夠彼此分享、在關係中更平等的技術。如此之後，他們可以彼此支持，以解決與孩子有關的問題。分擔責任可以在治療初期就開始。例如，太太通常會將家庭帶來治療，雖然先生不太情願參加。女性主義治療師鼓勵先生為家庭分擔責任，並且同時對先生與太太詢問關於家庭的問題。

多元文化議題

　　就像性別議題在 1980 年代變得重要，文化對於家庭關係的影響也受到強調。一些出版的書籍（Greene, Kropf, & Frankel, 2009; Hays, 2008; Ho, Rasheed, and Rasheed, 2004; McGoldrick, Giordano, & Garcia-Preto, 2005; McGoldrick & Hardy, 2008）都描述各種族團體的價值觀和特性。Boyd-Franklin（2008）、Boyd-Franklin 和 Lockwood（2009）及 Pinderhughes（2008），解釋對非裔案家進行家族治療時的議題與取向。Akinyela（2008）描述對非裔伴侶進行誓言治療的

情形。Garcia-Preto（2008）討論與拉丁裔家庭工作的原則。Smith 和 Montilla（2009）討論對西班牙裔個案進行諮商的議題。Lim 和 Nakamoto（2008）、Sim（2007）、Sim 和 Wong（2008）描述，如何將家族治療應用於亞裔或南亞裔的家庭。McGoldrick 和 Hardy（2008）討論種族與性別的交互作用，因為它會在不同的文化和不同的家族治療議題中，影響家族治療超過 38 個項目。越來越多關切文化議題對家族治療影響的論文發表出來。關於文化與家族治療交互作用的論文，可以提供治療師有用的洞察，讓他們了解當事人的文化背景。

Goldenberg 和 Goldenberg（2008）提供了一個簡短的摘要，內容與不同文化背景之家庭的一些重要議題有關。他們討論到，由於不同的文化背景，案主對家庭的定義是不同的，不同文化的家庭生命週期是不同的，且不同文化對如何撫養小孩也有不同的見解。

不同團體對「家庭」的定義不一樣。主流的白種央格魯薩克遜新教徒（Anglo Saxon Protestant, WASP）專注於完整的核心家庭，擴展到之前幾代。黑人擴大對家庭的定義，包括親族與社區的廣闊非正式網絡。義大利人所想的是三、四代的家人緊密結合，常常包括教父與老朋友；所有的人可能均涉入家庭決策，也許彼此會住得很近，也許會一起分享生命週期的轉換。中國人甚至更進一步，把祖先與後代都包括在家人的範圍內（McGoldrick, 1988）。

各種族對家庭生命週期的時間表有不同的考量。與主流的美國模式相比，墨西哥裔傾向於有比較長的求愛時期和延長的童年時期，但是青春期比較短，並有一個加快的成年期。同樣的，不同的團體對於生命週期的轉換點，賦予不同的重要性。愛爾蘭守夜是個儀式，展現出死亡是最重要的生命轉換點的觀點，這讓人自由，因此人死後可以去過更快樂的生活。波蘭的家庭強調婚禮，婚禮中的延長慶祝儀式，反映出家庭延續到下一代的重要性。對猶太家庭來說，成年禮（the Bar Mitzvah）表示一種進入成年期的轉換，反映出對持續知性發展的重視（McGoldrick, 1988）。

撫養小孩的方式可能也大不相同。在美國，大多是媽媽負主要的責任，黑人則常倚賴祖父母或延伸家庭的成員來照顧小孩，特別是媽媽需外出工作時。希臘人和波多黎各人常會溺愛小嬰兒，但後來對兒童變得比較嚴格，特別是女孩。美國的義大利家庭青少女，常會與父母或祖父母發生代間衝突，當她們抗拒傳統的女性角色——服侍父親、兄弟、先生和兒子時（Goldenberg & Goldenberg, 2008）。

　　雖然以上 Goldenberg 和 Goldenberg（2008）所呈現的資訊，代表一種常見提供給家庭工作者的資訊的例子，但是他們與許多其他的作者都警告，要小心別只根據一些觀察，就落入對案主刻板印象的危險。就像 Ho、Rasheed 和 Rasheed（2004）所解釋的，有許多層面會影響文化對家庭的影響，例如，家庭在新文化生活多久、跨國婚姻、鄰里的多樣性、和社會階層的議題。家庭的功能是受文化傳統、社會期望的性別角色、和家庭互動模式所影響的。

　　對文化議題的了解，會影響家族治療師與伴侶或家庭工作的方式。Richeport-Haley（1998）描述 Haley 的策略取向，將它與以文化為焦點的治療作比較。Richeport-Haley 呈現一種不同的方式，以處理與主流文化不同的信念系統。這些包括使用其他系統的層面，如轉介或和當地文化的治療者合作去完成治療目標。在以下的例子中，她描述以策略和以文化為焦點的治療方式，治療一位年輕南美男性的情形。

　　問題：一位大約 20 歲出頭的年輕男性，被法院要求前來治療，因為他一再的持有並使用大麻。他如果再犯，就會被關進監獄。他的媽媽只會說西班牙語，而她的大兒子幫她翻譯，所以也來到治療室。治療目標就是讓這名年輕男子不要再吸大麻。介入方法就是如果這個男孩再犯，讓家庭去想可能出現的嚴肅後果。當家庭知道他們其實可以做些什麼，他們就想如果這男孩復發，他們接下來要做什麼。他們討論了很久，決定是將兒子從家裡放逐出去三個月，如果他再吸食大麻，就與他斷絕關係。之後，這個男子沒有再去吸毒。治療師不需要知道拉丁裔家庭中的強烈連結，他們很難會放逐家庭成員。治療的目標，不管是哪一個種族，是讓家庭掌握他們的成員，而且決定嚴肅的後果，而不是讓社區去決定。

　　以文化為焦點的取向。與以上的直接取向不同，以文化為焦點的治療，會探討家庭親密連結的重要性與正向功能。它會根據宗教慈悲的倫理而強調原諒的價值。為維持這種種族群體的溝通方式，治療師可能會比較威權，會告訴家庭該怎麼做，而不是讓他們自己決定。（Richeport-Haley, 1998, p. 86）

　　許多其他家族治療文獻中的案例，不只是教導文化中不同的價值系統，並且提醒治療師，重要的是要了解自己的文化與案家價值系統互動下可能產生的結果。

家庭系統治療用於個人

　　治療師對個體進行心理治療時，可以採用本章所討論過的任何家庭系統理論之概念。Bowen 的跨世代取向，指出了解個案數代家庭背景的重要性。跨世代取向治療師確實有時與一位個案工作，然後幫助那位個案在家中進行適當的改變（McGoldrick & Carter, 2001）。當 Minuchin 的結構取向用在個別諮商中，治療師可以傾聽，以了解家庭成員如何連結，涉入彼此的生活中，最後形成一個聯盟。根據家庭次系統之概念而形成的假設，能夠形成一個介入策略，協助個體能夠較佳地面對家庭的問題。治療師採用策略家庭系統治療的概念，不管與家庭議題有無關聯，透過使用直接或矛盾任務，可以幫助病人為生活帶來改變。當經驗家庭系統治療用在個體身上時，面對個案產生的潛意識反應和感受，都可以使用像 Whitaker 和 Satir 與家庭工作時一樣的溝通方式。當有越來越多的治療師與家庭和個案工作，家庭系統治療便能夠整合到其他治療取向當中來使用。

 # 伴侶諮商

　　美國婚姻諮商師協會在 1970 年代更名為美國婚姻與家庭諮商師協會，這表示婚姻與家族治療有許多重複或共通的地方。因為婚姻是一個小的系統，家庭系統理論可以應用於此。從 Bowen 的跨世代取向觀點看來，覺察到治療師 - 夥伴 - 夥伴的三角關係，以及每位伙伴自己的內在能夠分化感覺與理性，可以直接應用到婚姻治療，就好像知道原生家庭對個案之影響的概念一樣。關於 Minuchin 的結構家族治療，注意到伴侶作決定的平衡度，以及他們彼此疏離或涉入的程度，可以用來了解伴侶互動的歷程。同樣的，有關 Haley 的策略治療，治療師可以關注於伴侶的權力分配，並且建議直接或間接介入，這將會為伴侶帶來平衡與溝通。表達性的家族治療師會在伴侶與家族治療中，如 Whitaker 和 Satir 的方式，示範溝通方式與技術的應用。

 摘要

　　根據早期與精神分裂症病患的家庭之工作，家族治療不只是關注於病人，並且也包括整個家庭的功能。Bowen 的跨世代理論不只處理兩位家庭成員及們如何引進第三人的關係，也處理溯及一代或多代以前的關係。Minuchin 比較不在乎過去的關係，他的結構取向提到家庭內界限的彈性，以及家庭成員如何變得太親密或是太疏離，而阻礙了家庭功能。Jay Haley 的策略治療，整合了家庭界限的概念，專注於以直接或間接的方法解除家庭內的症狀。Satir 和 Whitaker 的經驗取向，根據治療師對家庭的直覺採取治療介入，以引導出較健康的家庭功能。隨著家族治療領域的成長，家族治療師不只使用各種家庭系統治療理論，也會將其他理論的概念整合到他們的工作中。基於此，稍早已經介紹如何將本書所見的各個主要理論，應用於家族治療。

　　雖然有許多家族治療師與個案會談的次數少於 20 至 30 次，但近來強調較短期的治療和創新的方式，以改變案家的動力。一些女性主義治療師與其他學者質疑性別角色與文化差異，所產生之對家庭內角色的假設。近來，家族治療的發展受到兩個不同趨勢的影響：整合各種理論或概念，以及發展各種新的取向，來處理家庭的問題。

其他心理治療

譯者：馬長齡

本章的立意乃是針對了五種彼此完全無關的心理治療模式。這五種與前述章節全然不同的創新模式，尚未像其他理論般受到廣泛使用、相關研究很少、所能治療的問題也有限，因此不以專章加以介紹。這些理論在治療的研究上，既獨特又具創造性，與其他章節有所不同。本書為何會納入它們呢？亞洲治療（Asian therapy）與其他理論相比，呈現出了非常不同的文化觀。身體治療（body therapy）利用其他治療所沒有的撫觸（touch）。Klerman 經由設計憂鬱症的治療手冊，而發展出人際治療（interpersonal therapy）。心理劇（psychodrama）在大團體中進行戲劇化的演出。創造性藝術治療（creative arts therapies）讓個案進行藝術性的表達。

本段簡述亞洲治療、身體治療、人際心理治療、心理劇及創造性藝術治療。亞洲各派治療的特點為強調靜坐（meditation）或靜默反思（quiet reflection）；在某些情況下，它們強調個人對他人的責任。身體心理治療重視心靈與身體，評估是藉由動作與體格判斷個人人格特質。治療技術包括對動作與身體各部位的操控，所帶來的心理改變之建議。人際治療是治療憂鬱症時所發展出來的。技術是依據研究與理論的回顧而衍生，並在治療手冊中說明。心理劇是一種行動系統，個案在其中演出問題，導演心理劇的治療師、及可能扮演個案所關切角色之團體成員或觀眾提供協助。創造性藝術治療包括藝術、舞蹈動作、戲劇治療與音樂。它們通常會配合心理治療使用，有些治療師將它們與傳統談話治療結合，協助個案帶來更多的情緒覺察及增進和他人的社交互動。

因為本章將說明五種非常不同的治療模式，是故章節架構與前述各章不盡相同。除了創造性藝術治療外，在此會說明每種理論的背景、概述相關之人格理論及心理治療的立論。關於各派創造性藝術治療，本章亦會說明它們的共通性，且概略介紹藝術、舞蹈動作、戲劇治療及音樂治療。除此之外，本章也會舉例說明所有治療模式的應用。

 # 亞洲各派心理治療

印度教、佛教與儒家對亞洲哲學的教導長達數千年，對數百萬人的心理發展有舉足輕重的影響力。東方的治療較大多數的西方治療，更著重在給予人們練習自我覺察的指引。靜坐即使已在東方施行數千年，仍常被視為現代的治療，引導

放鬆與減低壓力。Morita（森田）與 Naikan（內觀）為起源於佛法教導的兩種日本式治療，它們也將西方治療融入其中。

發展背景

植基於亞洲哲學的心理學概念，可追溯到三千年前。西元前 750 年的古印度吠陀梵語（Vedic）文獻中，就出現與人格理論相關的概念，其中包含一些印度教（Hinduism）的教義。生於西元前 563 年的釋迦牟尼佛（Gautama Buddha），充實並豐富了印度教文獻，對亞洲哲學及心理學的影響深遠。佛教與印度教之教義逐漸的向東擴展到中國與日本（Bankart, 2003）。

印度心理學的治療技術有四種重要基本概念，來自印度教與佛教哲學：法、業、惑與神我。法（dharma）是指描述良善與適當的行為規則。業（karma）意指過去輪迴而影響到現世與未來的行動。惑（maya）是指對現實與經驗之扭曲知覺，只有經過我們直接專注在心一定性的靜坐之覺察過程，才能加以辨識。神我（atman）為一個整體的概念；自我在此不是個人，而是整個宇宙的部分。因此，個人是部分的上帝、部分的宇宙及部分的他人、過去與未來。這些概念均來自豐富的印度宗教文獻之教義。

當代心理治療特別關注與印度教之教義有關聯的瑜伽（yoga），特別是與處理生理規範有關，且需要將自我從思考歷程抽離之哈達瑜伽（hatha yoga，又稱日月瑜伽）。哈達瑜伽結合靜坐與體位法之鍛鍊，其他瑜伽則主要著重在靜坐的能力之練習。研究顯示，瑜伽練習可改變肌肉張力、血壓、心跳率及腦波（Khalsa, 2007）。例如，瑜伽經證明可降低廣泛性焦慮症（general anxiety disorder）的症狀（Dermyer, 2009）。現代靜坐的模式來自瑜伽及其他系統，稍後將會更詳細說明。

從佛教教義發展而來的概念包括四聖諦（four noble truths）（譯註：四諦為苦、集、滅、道；「諦」則有真實不虛誑之義。其中集是因，苦是果，乃迷界的因果；道是因，滅是果，是悟界的因果）及八正道（eightfold path）。四諦中「苦」是生活中主觀經歷的苦難（世間有情悉皆是苦）、「集」是想要生存造成重複的存在（造成苦的原因）、「滅」是放棄慾望可以脫離苦難（又名涅槃，明集諦理，斷盡煩惱業，則得解脫），「道」是經由遵從八正道而達成（隨順趣向涅槃

之道）。以此，正道意指個人應該有正確的信念（正見）、想法（正思維）、話語（正語）、行動（正業）、生活方式（正命）、努力（正精進）、心性（正念）與遠離誘惑的專注力（正定）（Olendzki, 2005）。這些教義與道德價值觀，影響了印度、中國與日本的思想很多世紀。

　　大約兩千年前，佛教由印度傳入中國，其正統教義衝擊了中國社會系統。佛教教義與孔子（551-479 B.C.）儒家思想（551-479 B.C.），協助建構出中國人的價值與道德觀。其中包括依據個人所處社區規範，去評斷個人道德觀的自省；順從長者（家長或族長）的權威；在社交場合的謹言慎行。儒家著作說明止於至善的方法。在中西方病人文化差異的心理治療著作中，心理學家決定適當的治療步驟時，常指出這些價值觀。儒家與佛教著作，在西元六世紀時傳入日本。本節談到晚近森田（Morita）與內觀（Naikan）心理治療時，將說明它們的影響。

亞洲的人格理論

Kathleen Olsen

BUDDHA

　　在此以一些基本理念去闡述最常見的亞洲哲學，而非描述一種亞洲的人格理論。所以，現僅以簡短的篇幅去介紹宏偉的印度教、佛教，融合儒家及佛學的文獻，還有其他的著作。一般來說，亞洲的人格觀點強調經驗而非邏輯，著重在主觀的看法。關注於內在狀態與檢視自我，例如，某人可能注視其手指流血且感覺疼痛，卻不屈服於疼痛的感覺。亞洲哲學與存在主義哲學家思維有些類似，但又與多數西方哲學有所不同。

　　亞洲哲學中最重要的概念之一，是自我與天地萬物的融合。根據亞洲哲學，因為宇宙萬物與人的關係息息相關，是故個人必須對天地間其他觀點有所了解。探索個人生命的終結與其他天地萬物的興起，可以帶來一種認同感及對自我的了解。在社交關係上，強調不重視個人及看重人類整體，即與這個概念相連結。假設人們處在這樣的脈絡下，終其一生就會重視家庭（通常包括大家庭）。獨立、成長與離開家庭是西方的概念，亞洲價值觀則強調對家庭的責任。在許多亞洲文化中相互依賴的概念下，眾姑姨與表親如同父母般，會承擔養育兒童的責任（Bankart, 1997）。這種相互依賴的強調不只在家庭，也用在對祖先和後代。輪

迴的概念與整個宇宙、過去、現在及未來的緊密關係一致。

佛教經典提供心理治療及問題人格發展的應用。許多西方心理治療師只聚焦在意識狀態上；亞洲哲學家說明了一些，並且相信幻想、夢境與知覺常是扭曲的（惑，maya），但是可以經由靜坐及其他覺察過程，免除並勘破幻覺。達到其他境界的知覺能力，可以開悟（菩提）或免除心理痛苦。透過靜坐的過程觀照個人的妄想與思考，可視為一種去催眠化（dehypnosis）（Tart, 1986）。有鑑於催眠是個人意識狀態覺察之缺乏，靜坐提供了對它的直接觀察。然而像催眠這樣的意識高階狀態，可透過靜坐達成；進而可以改變腦波、呼吸速率與體溫，感受到放鬆及其他的生理改變（Shapiro & Walsh, 2003）。

從亞洲人的觀點來看，心理健康即為開悟或免除難以抗拒的衝動、恐懼與焦慮。食物、藥物、工作或許多其他事物的成癮者相信：「我必須抽根菸、喝杯酒、得到對方的愛、得到人們的重視」等等。嫌惡則正好相反：「我必須遠離蛇、食物與批評」等等。從亞洲人的觀點來看，不受恐懼、依賴與感覺所控制，極為重要。藉由超脫自我而達到其他的意識狀態，便不會助長嫌惡及成癮。Reynolds（1980）列舉兩位飢餓的禪師走過一間糕餅店的例子：

> 　　街道上瀰漫著烤麵包的香氣。「好香的味道」年輕禪師表示：「真的很香。」經過幾條街後，年輕禪師再度強調：「糕餅店傳出來的香氣讓我想吃點麵包。」「什麼糕餅店？」年長禪師回答。（pp. 93-94）

你可以想像年長禪師能夠很快的轉念，從一種意識狀態轉換到另一種，可以很快的不受麵包香氣的撩撥。這種觀察自己的恐懼、慾望及焦慮之能力，是接下要討論之治療策略中很重要的一項指標。

亞洲心理治療理論

以下將說明三種均著重在處理個人過程的治療模式。Reynolds（1980）將亞洲各派治療認定為「靜默」治療，因為人們在獨處時，花時間面對自己的想法及在各種狀態下的覺察。晚近各種理論背景之治療師，開始使用止觀禪修（mindfulness meditation）。止觀禪修協助人們以一種放鬆、警醒且接納的方式，去覺察當下的經驗。內觀治療（Naikan therapy）讓病人聚焦在過去的各種關係、

與面對其他人時的過錯上，以帶來和別人相處更好的關係及對社會更有貢獻。森田治療（Morita therapy）是專為密集住院病人所設計的療法，以協助焦慮的病人將緊張從他們身上轉移；這種模式也修正應用在門診病患治療上。在此將逐一討論，並探討這些派別在不同心理疾患之應用。

止觀禪修　靜坐的方式有多種（Kristeller, 2007）。它們的不同之處，在於其目的性。在討論止觀禪修前，先概略說明靜坐。雖然西方很少人練習靜坐，但東方卻有數百萬計的人使用（Walsh, 2001）。通常來說，東方人藉由靜坐尋求自我發展之心理或宗教層次的提升，西方則用以作壓力管理、放鬆及處理心理問題。靜坐的隱含之處在於，通常的意識狀態不是理想狀態；因為它易於扭曲（maya，惑），且超過個人所能控制。Walsh（2001）說明更高的意識狀態如下：

> 　超越有我／無我（the me／not me）的二分法，而個人因而接受其經驗之空無一物與萬物萬有。就如人們經驗到全然的覺察（空無）與整個宇宙（萬有）。當個人經驗到自己空無時，再沒有東西是要去防衛時，防衛逐漸減少。這種無條件或純然的覺察，顯然是一種極樂經驗。對沒有這些狀態經驗之人來說，上述這些聽起來不是怪異就是矛盾的。然而，那些施行過極限練習者之描述，在各文化與世代都極為類似。（p. 370）

　　止觀禪修用於處理心理問題。以下將先說明什麼是止觀禪修，其次以案例說明在心理治療上的使用，接著檢驗一些將之融入治療過程的治療法。靜坐的研究很密集，稍後將簡略加以回顧。

　　正念（mindfulness）是一種在當下體驗自我的方法。我們日常生活中的正念 [每日正念（everyday mindfulness）]，與承諾（agreeableness）及盡責（conscientious）有關（Thompson & Waltz, 2007）。每日正念與靜坐過程的正念不同（Thompson & Waltz, 2007）。進行止觀禪修時，個人是在放鬆、開放又警醒的狀態（Germer, 2005）。止觀禪修著重在呼吸與呼吸時的覺察。藉由專注於吸氣與吐氣，覺知更靈敏而妄念止息（Fulton & Siegel, 2005）。人們常常試圖中止對不愉快的想像，以及持續耽溺於愉快的事件上。靜坐者透過練習，學會忍受且不再害怕不愉快的事件。個人會傾向接受自己的想法，而不會受悔恨或過去事件所困擾。

摘要說明典型的簡短正念練習之指導方式，可以協助勾勒出其樣貌（Germer, 2005）。首先，可以躺下或端坐，脊椎要保持平直而舒服的姿勢。眼睛可以閉上，關注在腹部。經此可感覺到腹部於吸氣時升起、吐氣時下降。此時，集中注意力在呼吸上，專注在完全的吸氣與吐氣。如 Kabat-Zinn（1990, p. 58）所述：「彷彿騎坐在自己呼吸的潮浪上。」當心神游移時，會警覺到注意力飄散到哪裡去了，接著收攝心神，將之再帶回到呼吸上。每天進行這種練習 15 分鐘以上。當個人在練習時，可以在一天的各個時間專注於呼吸。他們變得覺察自己的想法及感覺而不加評斷，亦會覺察到看待與感覺事情的方式有所改變（Kabat-Zinn, 1990）。僻靜的地方提供了專注與支持的氛圍，讓人們去練習靜坐。到靜心道場，可以協助個人有更多的練習，且可以更有技巧的進行如止觀禪修等的靜坐。止觀禪修與四諦及八正道一樣，都常在靜心道場被討論（Marlatt et al., 2004）。靜坐提供了一個讓人練習價值觀與四諦及八正道一致的機會。

Fulton 和 Siegel（2005）說明了理察的案例，有助於說明以止觀禪修作為部分心理治療內容的樣貌。23 歲的理察深愛著潔西卡；但她結束了與理察的關係，而與前男友復合。理察對潔西卡及其男友有很多憤怒的念頭，且不能遏止的持續想到他們。失去潔西卡讓他很沮喪。他想要嘗試止觀禪修，這對他剛開始練習時是很困難的。

> 當靜坐時，暴力的影像及難過和害怕不斷向理察襲來，包括想要砍殺潔西卡及其男友。有時經驗到的情緒，引發喉部肌肉緊繃到全身緊張，而帶來強烈疼痛。這些影像有時也會被打斷，但暴力的畫面像電影般的在他眼前播放了幾個小時。（Fulton & Siegel, 2005, p. 45）

然而，透過靜坐，理察的思緒與感覺開始改變。

> 理察密集的練習，因此其散漫的思緒變得較為穩定。他對一些小事件感到讚嘆，像是向陽綻放的一朵花及一塊石牆上複雜的裂紋。伴隨這些經驗而來的是，深度平靜的感覺——感受到大自然的一部分。個人的恐懼及慾望消失了，難過與暴力的忌妒影響消弭無蹤，他感受到對潔西卡片刻的愛與熱情。理察正經驗到「無我」（no-self）的片刻，這產生了如我們期待，在其心理治療中所培養的「健康自我」（healthy self）之效果。（p. 42）

　　經由治療與增加靜坐練習的次數後，理察經驗到他對潔西卡離開他的憤怒改善了。

　　　經過一段時間後，事情開始改變。首先，理察暴露這些經驗後，對這些經驗的厭惡感變得較不明顯了。理察過去通常會試圖分散注意或服用藥物，因此在止觀禪修中心時，他練習當任何知覺升起時留在當下。接著，理察在禪修中心果敢的暴露於這些影像及感覺，因此對潔西卡的決定似乎更為悲慟。這好像激發了一種宣洩的經驗，即使是在靜默中發生。兩週後，理察感覺更平靜了。（p. 45）

　　止觀禪修的價值，在治療工作上相當重要。女性主義關係治療師 Surrey（2005）表示，她相信的心靈素養是透過專注於止觀禪修而傳達。她說明了念住（brahma viharas）練習的四個原則。這些包括慈愛或友好互助；對他人的憐憫或慈善；同理的喜悅或欣慰他人生活上的好事；泰然處之，或不因成敗影響個人對自己的看法。雖然這不是一個正念練習，但這些價值不可諱言的與止觀禪修隱含的心理學一致。

　　止觀禪修為許多治療理論中的治療重要步驟。第 7 章說明的接納與承諾治療（acceptance and commitment therapy），以正念（mindfulness）作為其模式之核心概念。Linehan（Linehan & Dexter-Mazza, 2008）發展的辯證行為治療（dialectical behavior therapy，在第 7 章也有所說明），也大量使用正念的概念。辯證行為治療是一種以證據為依歸的治療，專為治療自殺病人與邊緣性人格疾患患者所設計。第 9 章說明正念認知治療（mindfulness based cognitive therapy）如何統整運用於認知治療中（Teasdale, Segal, & Williams, 2003）。正念的價值，也融入了行為治療（Wilson & Murrell, 2004）與認知治療中（Ong, Shapiro, & Manber, 2008）。Rubin（2004）說明了如何將佛教的原理融入精神分析。

　　許多研究檢視靜坐的成效，結果顯示生理及心理均有改變（Shapiro & Walsh, 2003）。一項根據 20 個研究的後設分析顯示，止觀禪修（mindfulness-based meditation）可有效降低病人壓力，並帶來其他健康的益處（Grossman, Niemann, Schmidt, & Walach, 2004）。然而，Toneatto 與 Nguyen（2007）在檢視 15 個實驗控制的研究後，認為止觀禪修（mindfulness-based meditation）在降

低憂鬱及焦慮尚無一致性效果（Jimenez, 2009）。止觀禪修（mindfulness-based meditation）能增進長期後背痛老人（Morone, Lynch, Greco, Tindle, & Weiner, 2008）、及參與一週包括止觀禪修（mindfulness meditation）在內之自我進行練習課程的成人（Fernros, Furhoff, & Wändell, 2008）之生活品質。然而，Shapiro（1992）警告，一些西方人練習靜坐可能會有焦慮、錯亂、及殘缺與社交退縮感，這可能是過度專注在自我和離群索居所造成。Shapiro 研究的大部分參與者自陳，正面效果大於負面效果。

內觀心理治療　1950 年代早期，Ishin Yoshimoto 依據與 Mishirabe 靜坐（一種佛教僧侶支派的儀式）相關的原理，創立了內觀治療。治療被設計應用在多種問題上，如許多病人都需要克服的自我中心（self-centeredness）（van Waning, 2009）。經過治療後，人們應該更能接納其他人，以及感激家人和朋友的關懷（Tanaka-Matsumi, 2004; Tatsumi, 2003）。對他人表達感恩，是內觀治療的核心看法（Bono, Emmons, & McCullough, 2004）。內觀治療協助人們更健康且滿意的，去看待他們與別人的關係。Reynolds（1980, 1981, 1993）說明了內觀治療在日本高度結構化的施行，以及在美國所作的調整。

　　在日本，內觀治療的第一週在醫院或類似機構度過，個人被安排入住一間小房間。從早上 5 點到晚上 9 點用來作自我觀察，進食與舒展身體的時間則很短暫。大約每一或兩小時，稱為先生（sensei）的治療師或老師會進入房間指導病人，並要求其專注在對過去關係的自我觀察上，尤其是與父母的關係。先生引導病人詢問下面三個問題：

　　1. 我從這個人接受到什麼？
　　2. 我對這個人的回應是什麼？
　　3. 我造成這個人的困擾與擔心是什麼？（Reynolds, 1993, p. 124）

　　先生成為聽從告解的人，傾聽病人對過去關係的報告。對重要他人的悔恨與憤怒得到理解，但是因為這些人造成病人生活的陰影，而病人逐漸的更融入與接受其他人的看法。

　　經過第一週的密集自我觀察後，病人回家自行練習，通常一天幾個小時。以他們在住院一週期間密集學習到的技術，進行自我觀察。Reynolds（1981）列舉中年女性 O 太太於密集住院該週，Yoshimoto 在治療第三、四天時與其面談的例子。

Y：八月這個月份讓妳想到些什麼？

O：我丈夫每年八月會邀集全家人去家族旅遊。所有的孩子與孫子都會來。我們一起去某個地方。去旅遊實在沒有什麼特別美好的，我總是一臉很委屈的樣子。「嗯，既然每一個人都在這裡，我想我也會去。」我會這樣說，也會跟他們去。

Y：從妳丈夫那裡得到什麼，妳又是如何回應他，妳造成他什麼樣的困擾？

O：我得到的是他帶我去旅行。

Y：而妳又是如何回應他？

O：喔，家人要求我幫每個人做飯糰，即使我不想，卻沒有任何辦法不去做飯糰。不過我做的飯糰太鹹了。

Y：妳造成丈夫什麼困擾？（Reynolds, 1981, p. 550）

　　雖然這次面談的風格可能看起來很嚴肅，但是這與強調行為責任、需要了解及感激他人的作為一致。Reynolds（1993）藉由將自省、引導我們體會別人對我們的付出，以及我們造成其他人的困擾之時間縮短，去調整在美國進行之內觀治療。例如，病人可能會應要求在一天中以十種不同方式進行十次反省，從心裡想像那個人並對他說「謝謝」。病人也可能應要求對為他人服務、貢獻社區的重要他人，寫致謝函或道歉信。除此之外，個人必須寫日誌或記錄與此三個問題有關之過去經驗。Reynolds 相信，內觀治療可以協助人們發展出更平衡、更不自我中心，並對生活有更實際的期待。其他研究者檢視內觀治療（Naikan therapy）對母子關係的影響（Ozawa-de Silva, 2007），以及內觀治療是否能符合精神分析的價值觀（van Waning, 2009）。

森田治療　森田正馬（Morita Masatake）大約於 1915 年創設了森田治療。該治療原專為罹患強迫症、恐慌症與恐懼症等焦慮性森田精神官能症（shinkeishitsu neuroses）的住院病人所設計。基本上，這是一個完全隔離、不與外界接觸的治療計畫，教導病人去接受與重新解釋他們的症狀（Ishiyama, 2003; Noda, 2009）。病人的專注焦點，從症狀轉移到生活上賦予個人的任務。治療鼓勵病人積極參與生活，而不用等待症狀的消除（Chen, 2005）。

　　在日本施行之傳統的森田治療，病人要住院 4 到 5 週，並實施四階段的治療。在第一階段施行 4 到 7 天，病人除了吃飯或上廁所、洗澡外，完全不活動。

治療師要病人去體驗、擔憂及接受他們的經驗。這有助於病人體會自己的症狀及生活模式改變的需求。同樣，病人學習到孤立是不愉快及不舒服的，因此會較以前更想要有社交互動與體能活動。接下來的三個階段，賦予病人進行之任務越來越難；進行生活瑣事與容易疲累而增加社會互動的工作任務，期間每日記錄並由治療師寫下評論意見。治療師的評語及森田治療的基礎教導之定期團體討論，是治療中很重要的一環。在此過程中，病人學會實際且具體的思考需求，而不是理想化或完美的；這樣就能不用顧慮症狀，而採取行動。

Reynolds 修正森田治療，將之應用在美國。改變之一是不侷限於森田精神官能症，而將之應用在更廣泛的疾病上。基本上，病人需要有足夠的智能發展，以了解森田治療隱含的教導。森田所嚴格要求之完全隔離臥床，幾乎沒有在美國實施，取而代之的是個案可能（如果合適）的話，待在一個安靜的場所。同樣的，Reynolds 及其同事使用的工作任務，不像森田使用的重複性工作，而是生活上更常出現的簡單差事。除此之外，他們將禪（Zen）的教導融入其中，協助人們學習基本生活原則，進而去導正他們的生活。

為一位對考試焦慮的 40 歲離婚女性 V 進行森田治療的門診例子，可以說明森田治療之模式。個案石山（Ishiyama V）（Reynolds, 1989）描述了生理及心理症狀，她擔心於所就讀的大學考試。Reynolds 的模式可由其前半小時面談，與對個案進行指導的摘要觀察得知。

我認為她的焦慮出自於渴望完全生活：「只要有期望，就會有無法達成的焦慮感。妳焦慮的程度顯示出，妳對有意義的學業成就期望之強度。妳會選擇耗盡精力去克服焦慮，還是不管它，盡力完成妳的課業學習？」她同意寧願選擇後者。

在我們結束 30 分鐘的面談時，我給予 V 下面的指示：

1. 當恐懼及其他感覺來時接受它們，繼續唸書並放棄任何想要改變它們的企圖。

2. 當焦慮來時承認它的存在，當經驗焦慮時繼續讀書。

3. 注意焦慮的細節部分。當她沒有辦法消除心中的焦慮時，讓她像研究其他自然物的方式研究它。（p. 51）

　　森田治療的關鍵之一是仔細觀察、以日記方式寫下細節,並由治療師提出評論。在一次追蹤面談時,V 發現主動接受有助於消除自我責備。將關注焦點從自我評量,轉向客觀的自我觀察。

小結

　　止觀禪修、森田與內觀治療都源於佛教禪宗,它們都受到起源於印度的印度教之影響。印度教與佛教哲學教導了一種脫離自我評斷、事件與責備的方法。止觀禪修(Mindfulness meditation)協助人們去體驗當下,而不會陷於不愉快的想法與感覺中。因此,體會到壓力下降。內觀治療(Naikan therapy)強調,獨處為一種體會及發展社會責任的方法。森田治療(Morita therapy)著重在發展出對現實的實際與具體方法,而非追求理想或完美。以上這些,都強調自我覺察及社會責任。

身體心理治療

　　身體心理治療的特徵,是它們融合了口語及身體的程序。治療師檢視病人的姿勢、體態、呼吸、肌群與其他生理特徵,來推論情緒相關議題或有關生理表現,並提出建議。或是經由這種觀察所引導,可能會撫觸病人,以帶來身體或心理的改變。1921 到 1934 年間,精神分析師 Wilhelm Reich 參與維也納精神分析學會(Vienna Psychoanalytic Society),期間創立了身體治療。Reich 仔細的觀察病人,著重在個人的呼吸及生理的改變,特別是當其談論到情緒相關議題時。他的治療工作由其學生 Alexander Lowen 發揚光大。Alexander 創設了生物能量分析,將精神分析的概念融入身體的治療程序。Lowen 及其同事與學生如 John Pierrakos 等,發展出了許多種融合生理及口語的治療程序。本節將說明 Reich 與 Lowen 的人格發展及心理治療觀點,並闡述 Smith 引用了完形治療與從身體心理治療師而來的統合模式。

WILHELM REICH

發展背景

　　Wilhelm Reich（1897-1957）被 Freud（Jones, 1957）視為出眾的分析師，但後來他則以心理治療的革新概念聞名，其中的一些理念是很怪異的。他的心理治療創新理念，統整了身體與心理（Heller, 2007; Young, 2008b）。他的奇異概念認為，嚴重的疾病如癌症或精神分裂症，可以經由躺在一個四周用木頭圍起來的金屬箱子（一種能量箱，orgone box）中來處理。Reich 相信這個箱子可以將宇宙的 orgone 能量，傳遞到病人身上，以維持病人的生命。後來，Reich 因販售 orgone 能量收集器（orgone accumulators），違反聯邦政府禁令而受審並身陷囹圄。這個事件與他晚年的一些理念，造成他遠離了其對身體心理治療原創且有影響力之貢獻（Corrington, 2003; Reich & Higgins, 1999）。

　　Reich（1951, 1972）的重要貢獻之一是肌肉盔甲。肌肉盔甲（muscular armor）發展於幼年，當嬰兒的直覺需求與父母及週遭其他人的要求相衝突時，其為一種保護機轉，以面對直覺需求（如當眾小便）下之行動的處罰。身體盔甲或肌肉僵硬的發展，是一種神經質性格的表現，反映出限制直覺衝動之社會需求（Smith, 1985）。

　　Reich 觀察與操縱病人的身體，去處理已發展出的身體盔甲，使情緒性的能量得以釋放，且生活的壓力可以自由的從身體解放出來。這個模式稱為 vegetotherapy，反映出 Reich 的觀點，他認為所有生物都擁有生命的能量，這些能量應該流動無礙。Reich 將此概念應用在病人身上，他讓病人寬衣躺在床上，以觀察與感受病人身上阻滯之處或肌肉盔甲之所在。Reich（1972）處理肌肉糾結的硬塊與按壓特定區域，讓能量在病人身體流動，並舒緩伴隨肌肉硬塊受阻滯的情緒。他的處理流程由頭頂開始，一直處理到骨盆部位。例如，在處理頸部區域時，他可能發現病人會表達讓他很痛苦的兄弟之怒。當 Reich 順著病人身體逐漸往下處理時，也會協助病人更順暢的呼吸。這個治療過程讓病人能解除一些身體盔甲，且更自如的進行治療。因此，生理與心理的改變將會一起發生。

　　Freud 認定原慾（libido）為代表能量或人格驅力之抽象概念，Reich 視能量為一種可測量的物理力量。他最初稱這種能量為生物電能（bioelectrical energy），後來稱之為 orgone（Corrington, 2003; Reich & Higgins, 1999）。當 Reich

降低了肌肉緊繃後，orgone 因而可以流動，人們可能經驗到焦慮、憤怒或性興奮。肌肉緊繃的阻滯硬塊減少後，也可以降低神經質行為與鼓舞有效的能量流動。對 Reich 來說，神經質人格中不可能有完全的狂歡潛能。伴隨完全的情緒表達，減少的肌肉僵滯硬塊會帶出狂歡潛能，且讓能量能夠流動順暢。

生物能量分析　Reich 的病人兼學生 Alexander Lowen（1910-2008）（Cinotti, 2009），與 John Pierrakos（1921-2001），在多方面擴展了 Reich 的治療工作，包括使用更多種的方法進行治療。接觸地面（grounding）是 Lowen（1975, 1997）添加的一項重要技術。這種方法強調，個人必須完全且充分的以雙腿與雙腳接觸地面，同時也象徵著站立在真實世界裡。人們沒有完全的接觸地面，可能會遭遇各種精神官能症（將在之後說明），且爭論時可能無法表達個人意見、容易被別人說服，並實際上或象徵性的害怕衰退（如在班上是吊車尾者）。Lowen（1975, 1980）的接觸地面所隱含之概念，是病人在治療中有各種的姿勢，如站立或彎腰，而不是躺在床上。同樣的，Lowen 發展出各種練習，讓病人可以在辦公室或家中進行，而不會過於依賴治療師。

　　Reich 與 Lowen 另一項重要的不同之處在於，Lowen（1975）融入精神分析的概念。Lowen（1989）在生物能量分析（bioenergetic analysis）中，使用移情及反移情的分析式概念，以及夢境、說溜嘴及處理戀母情結議題等。Lowen 也視享樂原則為人們的一項重要價值觀，且比 Reich 更廣泛的去看待它；他並著重在性的滿足，認定其為重要治療目標。大致來說，Lowen 處理身體的模式，較 Reich 的模式更有彈性。因為他通常會先處理與接觸地面相關的概念，接著移往身體的其他部分，而不是如 Reich 般從頭處理到骨盆。除此之外，Lowen 的身體心理治療，也經由他的著作而廣受歡迎（1958, 1975, 1977, 1980, 1997）。他透過訓練工作坊訓練治療師，且在紐約市成立國際生物能量分析協會（the International Institute for Bioenergetic Analysis）。

　　以下著重在 Lowen 對 Reich 之神經質性格型態之看法，以及與它們有關之生理特徵。除此之外，以下整理了 Smith（1985）的評估與治療技術之模式，其中包括帶來心理改變之溫和與強烈生理介入之方式。

人格理論與身體

　　Reich 與 Lowen 的治療及心理健康模式，視人類器官為最重要的一種整體運作。問題會影響身體的某一部分，干擾生理及心理的運作。當個人罹患皮膚癌時，它不只影響部分的身體，連帶也讓個人生病。當個人變得憂鬱時，其生理功能在許多方面都會受到波及。這也發生在強迫症、焦慮及所有其他的心理疾患上。同樣的，假如個人從事一項靜態工作，很少用到下半身，下半身沒有完全發展，這個人將不能成為一個完整的人（Lowen, 1975）。

　　著重於整體可由身體脈搏看出，如心跳或呼吸。在呼吸過程中，是整個身體參與而不只有肺部活動。當一個人吸氣時，骨盆開始有股律動並上移到口腔，在此反轉為呼氣（Lowen, 1989）。因此，它遵從身體心理治療師的觀點，即當人們罹患心理疾患時，他們的呼吸也改變了。例如，Lowen（1975）記載他試圖去協助憂鬱的人，藉由讓他們更完全的呼吸，增加他們的攝氧量。他觀察到當病人的呼吸更活躍時，病人的能量水準似乎也增高。改變呼吸並不能治癒憂鬱狀況，改變只是暫時的。然而，分析其他與憂鬱有關之生理及心理因素，卻可以永久改變憂鬱程度，呼吸也能變得更輕鬆且深沉。

　　生理與心理疾患不只互相干擾，它們也可能受到過去事件所羈絆。早年創傷經驗可能會對兒童如何呼吸、站立、步行或跑步造成影響。這些生理發展的改變，也可能關涉到自我影像、生理表現及與他人互動之信心。兒童長期受母親虐待或忽視等重大創傷（trauma），可能影響如喉嚨與口腔等身體部位，當他們嘗試接近並親吻失職的母親時，這些部位可能會緊縮。兒童害怕被拋棄所引發之過度換氣，也可能影響呼吸型態改變。

　　Lowen（1975）使用 Reich 的類型學作為開端，說明了因早年重大創傷產生的五種性格結構：精神分裂的（schizoid）、口腔的（oral）、自戀的（narcissistic）、被虐的（masochistic）與嚴苛的（rigid）。Lowen 相信早年的創傷經驗，會引發疾患，越嚴重越惡化。

精神分裂型性格　由子宮內或出生後幾個月內的創傷所致。精神分裂型人格的特徵為，避免親密及和他人的情感關係。這種人思考傾向解離（dissociated），且通常沉浸於自己幻想的世界。Lowen（1975）觀察到這種人可能出現無神與空洞的

雙眼、僵硬的身體，且手腳不協調。當進行檢查時，這個人的上半身與下半身似乎無法一致行動；也常會發現頭偏向一邊，臉部、手腳無力——與有活力的人格（vibrant personality）反其道而行。

口腔型性格　口腔型性格是在生命的前兩年，由於缺乏照顧而形成，特徵是憂鬱及依賴。這種人很容易覺得疲倦、缺乏精力，可能對自己或別人感覺放棄或失望。下半身（特別是腿與腳）會比較細小且發育不全、肩膀及腿部緊繃，這些都顯示出此人被疏於照顧或遺棄。

自戀型性格　其發展與感覺被父（母）誘惑（通常發生於 4 歲之前）的事件有關，或是與有一個獨特的父（母）有關。自戀型性格發展出一種勝過他人的優越感，以及浮誇的感覺。這種優越感可以從其相對瘦弱的下半身，與過度發展的上半身看出。自戀型人格者站立時，在體態上傾向繃緊腿部及後背（Lowen, 1984）。

被虐型性格　因為需要遵從專橫的母親或嚴格的教養所發展出，這種性格會讓個人很難自在與自發（2 歲以後）。被虐型人格通常表現出的特質為訴苦、抱怨，以及壓抑憤怒的情緒。一般來說，這種人傾向隱忍感覺，結果導致緊張。這可由繃緊的手臂及腿部肌肉看出。通常雙眼看來飽受磨難，且個人會發出哀怨的聲調。

嚴苛型性格　大約在 5 歲時發展出來的。嚴苛型性格男女有別，由兩性的戀母情結產生。創傷事件通常與男孩及女孩都感覺受父親排拒有關。Lowen（1975）說明嚴苛的男性需要去證明自己，而傾向表現出傲慢、競爭與缺乏彈性。女性嚴苛性格被描述為戲劇化的、膚淺與多愁善感，且與男性發展出情慾關係。對男性及女性來說，其姿勢都是僵直的，有著緊繃的背部肌肉與僵硬的頸部。Lowen 認為，這種嚴苛來自異性父母在戀母情結期的羞辱。

　　Lowen（1975）指出自己在面對他人時，不以其特徵型態分類，並指出個人通常綜合表現出這些形態特徵。這些特徵形態被驗證可信。兩名生物能量學專家（bioenergetic experts）驗證代表這些特徵形態者的照片時，都大致同意這些特徵形態的存在（Glazer & Friedman, 2009）。Lowen 進而針對每一種型態，發展出較此處說明之類別更完整的各種心理與生理影響因素（Lowen, 1975）。他對個人進行治療時，結合身體訊息與心理創傷訊息，並以一種漸進的態度進行。他將此過

程比喻為拼圖（jigsaw puzzle），將各個片段拼湊在一起（Lowen, 1989）。Lowen 的五種性格結構雖然常被認同生物能量原理的治療師引用，但其他身體心理治療師可能會採用別種的系統。

心理治療模式

在此將說明 Smith（1985, 2001）的身體心理治療模式。這個模式納入很多 Lowen 用於生物能量分析的方法。以下將特別說明對整個人的評估，以及影響身體的溫和或強迫治療技術（指的是 Smith 的溫和與強硬的技術）。除此之外，並以一個例子闡述溫和技術在身體心理治療的應用，最後簡短說明重要的倫理議題。

身體評估技術 Smith 在身體心理治療中使用評估時，描述兩種不同的方法：身體檢視（body reading）、身體覺察（body awareness）。在身體檢視中，治療師使用系統性的觀察，嘗試去了解病人身體上能量阻滯與緊繃的部位。在身體覺察中，病人更主動且發展出對其身體的覺察。

檢視身體時，Smith 向病人解釋其理論基礎，兩人一致同意檢視身體時的穿著。Smith（1985, p. 71）接著協助病人放鬆，且要他們觀察自己的身體。在某些案例下，Smith 接下來可能以手指，順著個案的皮膚去檢視溫度的差異。他接著寫下觀察紀錄。身體心理治療師常使用如 Lowen 所假設之個人人格的系統性分類。然而，身體心理治療師如 Smith，也會用身體檢視而不作分類。過程中，Smith 會檢查身體內的緊繃與疼痛所顯示出的防禦、抗拒、或者是麻木或「死沉」（dead）的區域。

此外，Smith 試圖找出身體的振動，這顯示出在身體內活化與能量的流動和可能的阻滯點。治療師撫觸個案身體時所感受到的溫暖熱點（hot spots），顯示出個案未被身體處理的能量淤積。觀察也可以在病人呈現出不同的身體姿勢時進行，譬如站立、躺臥或讓身體往下倒。雖然正式的身體評估可以在治療之初進行，但身體心理治療師會試圖在整個治療流程中改變身體，且可能會在治療中的任何時刻進行對身體的介入行動。

溫和技術 身體心理治療師所用的溫和或輕柔技術，不像激進或強硬技術那樣立即帶來強烈的情緒或身體覺察。然而，它們不像強硬技術那樣，帶來病人尚未準備好要去處理的情緒議題。一種溫和技術是要求病人去設定一種特定的姿勢，這

樣他就能夠去經驗阻滯的感覺。Smith 有時會觀察病人在一種不尋常的方式下握住身體某個部位，如一隻手臂。他可能接著要求病人，以不同姿勢移動手臂，並談論在兩種不同姿勢下的感覺。

撫觸（touching）是溫和介入中一項很重要的技術。一個擁抱或一隻手搭在背上，可以顯現出鼓勵與關懷。撫觸病人感覺受抑制的部位如熱點，可以點出特別感覺之覺察。

另一項溫和身體治療的重要論點是呼吸。Smith 同意 Lowen 的看法，每一種情緒問題都影響病人的呼吸。Smith（1985, p. 120）觀察到，一般人平均每分鐘呼吸 14 到 18 次，或是一天 25,000 次。一種介入方式是去注意病人不呼吸的時候，即病人在治療中討論某一議題時是否屏住呼吸。另一項介入技術是讓病人躺在地板上，再教導他呼吸。接著他（或是治療師）將一隻手放在他的腹部，去教導並鼓勵他做完全的呼吸。藉由教導呼吸，治療師之後可以去注意，病人在治療的那個小時中，呼吸發生的改變；病人也可以增加對呼吸及情緒議題的覺察，以及呼吸的改變。

多種創造性的方法可以用來協助病人，增加對其身體與相關情緒困擾之覺察。一種技術是讓病人去伸展身體的每一個部分，如手臂與頸部；或者是以某個方向或再換另一個方向，去轉動身體。拉緊身體緊繃的部位，可以引發對焦慮或其他情緒的覺察。病人可以使用一面鏡子，處理對自己身體及身體各部分是不好的或醜陋的評斷。所有這些技術——移動、撫觸與呼吸——是專為協助病人發展對自己及壓抑的情緒之覺察所設計。

有時，當個案更清楚地覺察，但在接觸其情緒時發生困難，溫和技術可以更輕柔的方式增進其接近。一個時機合宜且精確安排的撫觸，可以傳達治療師的親密陪伴與支持，且可以協助個案專注在身體經驗到（如果那個經驗被允許）情緒之部位。以下是 Edward Smith（個人對話，April 22, 1998）所進行的案例，當中說明了身體姿勢與撫觸兩種溫和技術。

個　案：她怎麼可以那麼殘忍呢？我不了解她怎麼可以那樣對我說話……說她想要分手……實在不知道她是否真的愛我……。

治療師：你在告訴我時有什麼感覺？

個　　案：我覺得她很殘忍。

治療師：我知道。那是你正在想的部分。但是，你感受到的情緒是什麼呢？

個　　案：我不知道。可能是憤怒……或者可能是難過吧！

治療師：我相信假如你能去接觸你內心深處的任何情緒，將會對你有所幫助。

個　　案：是啊，以前是有幫助。現在要讓它從我腦袋中出來有些困難。

治療師：我有一個建議。你是否願意趴下來讓我坐在你的身旁？

個　　案：我願意試試看。（他趴下來；治療師坐在他的身旁。）

治療師：喬，這樣很好。只要專注在呼吸上，看看你是否可以讓它自然流動。（1分鐘過去。）繼續專注在呼吸上。（又過了1分鐘。）你現在有何感覺？

個　　案：我開始感到有些難過。

治療師：你身體的哪個部分感受到你的悲傷？

個　　案：這裡……還有這裡（指著他的喉嚨與胸部）。

治療師：喬，我是否可以將我的右手順著胸骨放在你的胸部，就像這樣？（治療師自行示範。）

個　　案：好的……開始吧。

治療師：（將他的右手輕柔的放在喬的胸骨上）只要管你的呼吸。去感覺我的碰觸，讓任何事情就自然的發生、發生吧！（經過2到3分鐘。）（喬的兩個眼角都泛著淚光。）很好，喬。就讓它自然發生吧。（又過了1分鐘。）你現在體會到什麼？

個　　案：我感到很悲傷（開始啜泣）。

治療師：很好，喬。停留在你的悲傷中。我就在你的身旁。（治療師輕輕的用他的手來回的撫觸喬的胸部。）

個　　案：（深深的啜泣2或3分鐘。啜泣停息了。）

治療師：你現在有何感覺？

個　　案：唷！釋放出來的感覺（嘆氣）。

治療師：（慢慢的移開他的手。）你現在想要如何？

個　　案：我想要告訴瑪麗，她對我多重要，還有她傷我有多深。

治療師：你可以這樣做。讓我們以想像的方式，將瑪麗帶到這裡來。當你覺得準備好時就坐直起來，並開始想像瑪麗就坐在這裡。（喬坐起來。）儘你可能的想像瑪麗就坐在這裡，當你準備好時直接對她說。

在面談的這個時間點上，藉由身體姿勢與撫觸，去接近與經驗他受傷與悲傷之處。喬準備好經由完形治療的空椅技術與瑪麗對話，去澄清他的立場（見第 6 章）。

強硬技術　治療師使用強硬技術時，必須有好的判斷，因為這些技術可能會造成不舒服或痛苦，也可能會帶來強烈的情緒反應。不舒服的姿勢如弓著身子、以單腳站立、或是躺著，腳朝天可以帶來振動或其他身體的反應，這樣病人可能會有某種情緒起伏與波動。這些姿勢與碰觸地面（grounding）的概念相關（前面已經說明過了），如此可以協助個人與現實有更好的互動。Smith 也討論了對下顎、頸部與胸部做深度按摩，可以帶來「能量流」（energy streaming）與強烈的情緒反應。強硬技術也可以應用在呼吸上，例如，藉由用力按壓胸部的不同部位。有些特定技術最適用在團體中。例如，病人可能經驗到被其他成員「包容」（contained）的安全感，當病人試圖揮動手臂或雙腿時，其他團體成員可以給予他們和諧的壓制。因此，病人可以經驗憤怒，而不會造成任何傷害或破壞。

除了直接的溫和與強硬身體心理治療技術外，Smith 也使用完形治療的表達技術。其中的一些技術在第 6 章已描述，在此則說明一些特別強調身體覺察的技術。例如，一個氣憤妻子的病人提及妻子時，可能以手臂用力敲打椅子。治療師也許會要求病人用力擊打一個抱枕，想像這個抱枕就是妻子，以表達憤怒的情緒。治療師必須向病人強調，這是一種了解情緒能量的方法，而不是一種預演或允許對某人做這件事情。另一種表達技術在第 6 章已經討論過，包括誇大或重複一種行動，如用拳頭重擊，因此而擴展了個人的覺察或增強了情緒的表達。完形治療的空椅法的椅子，可以用一個大抱枕來替代（Kepner, 2001），且可以讓病人去踢、拍打、重擊或抱著抱枕。表達性、溫和與強硬的身體心理治療技術，可以讓病人對身體與情緒的歷程變得更加覺察，並且去經驗一種更安全的情緒表達。

身體心理治療持續引發關注。在美國，許多治療師因為對身體治療感興趣，而成為美國身體心理治療協會（United States Association for Body Psychotherapy）的一員。歐洲也有為數不少的身體心理治療協會（Young, 2008a）。Hartley（2009）蒐集了 Chiron 能量協會（Chiron Association）成員的著作，整理成《當代身體心理治療：Chiron 能量學派》（*Contemporary Body Psychotherapy:*

The Chiron Approach）。Chiron 能量學派的身體心理治療，借用了完形學派技術（Reynolds, 2009）、精神分析學派概念等。自我調整（self-regulation）是能量學派的一個基本概念，意指人們在生活中藉由自我調整，達到平衡、自我表達與改善健康（Carroll, 2009）。研究證實，身體心理治療在改善廣泛性焦慮症之症狀上，較例行對精神科病人施行之心理治療團體有效（Levy Berg, Sandell, & Sandahl, 2009）。身體心理治療也應用於一些如憂鬱症（Steckler & Young, 2009）、精神分裂症（Röhricht, Papadopoulos, Suzuki, & Priebe, 2009）及性侵害（Clark, 2009）等心理疾患的治療。然而，基於專業倫理議題的考量，許多治療師對使用身體心理治療一直裹足不前。

專業倫理　因為施行身體心理治療時，治療師與病人會有親密的接觸，因此倫理的考量就不能等閒視之。Smith（1985）強調，治療師在協助病人成長，而不是顯示出治療師多麼聰明或多有能耐。在專業倫理指引下的心理治療，治療師沒有性的意圖、或以一種不是在病人最大利益下的方式去治療病人，尤其重要。專業倫理守則禁止治療師在治療中有性行為。在身體心理治療中，撫觸的角色（泛指一般治療）是一個複雜的議題，近來頗受關切（Asheri, 2009; Kepner, 2001; Smith, Clance, & Imes, 1997）。在身體導向心理治療師帶領的工作坊中，要注意的是許多參與者也接受其他治療師的治療，必須尊重此治療關係。另一個倫理議題關注治療師對病人能力與病理學的正確診斷，這樣強硬技術才不會貿然使用，而讓病人無法因應強烈的情緒反應。Kepner（2001）表示，治療師必須尊重病人，且只有在知會過病人經其同意後，才施行身體導向的技術。

小結

　　身體心理治療師將個人視為整體，相信身體與心理歷程是合而為一且同樣的。Lowen 的生物能量學是身體心理治療的一派，依據 Reich 早期治療工作。在生物能量學與其他身體心理治療法中，藉由站立的姿勢、肌肉群狀態與其他體格型態進行評估。心理治療的介入技術可能包括：處理呼吸、姿態、肌肉糾結處與身體的操縱狀態等。觀察被融入到心理治療的程序中，如精神分析（Lowen）與完形治療（Smith）。身體心理治療持續在歐洲與美國受到關注。因為技術的力量與親密接觸，倫理議題就異常的重要了。

人際心理治療（憂鬱症）

Gerald Klerman（1929-1992）在妻子 Myrna Weissman 及其同事的協助下，創立了人際心理治療。人際心理治療與本書列出之其他理論，在多處均有所不同。首先，它是以一個可以應用在研究的短期系統（12 到 16 次）設計。精神科醫師 Klerman 相信，所有治療精神疾患的方法，在提供給大眾使用前都應該經過廣泛測試。因此，假如像是百憂解（Prozac）等藥物，應該經測試後才能使用，心理治療也該如法炮製。為了要發展出一種可以被研究的方法，Klerman 認為要先確定一種疾病，並進而對此疾病發展出一套治療手冊，尤其重要。他的方法是為治療憂鬱症所開展出來。這種治療的應用受到謹慎的規劃，且所治療的疾患相較於像認知治療等其他理論少很多。

人際心理治療（interpersonal therapy）一詞為數個治療模式使用，因而有時讓人混淆。Kiesler（1996）提供一個專注在人際間互動而非常不同的方法；而 Klerman（Stuart, 2004; Swartz & Markowitz, 2009; Weissman, Markowitz, & Klerman, 2000, 2007）的模式找出重要人際情境，並對個案作出個別化情境之建議。Harry Stack Sullivan（1953）也發展出一套系統，稱之為人際心理治療，這個理論對 Kiesler 與 Klerman 的模式均有所影響。

發展背景

Klerman（Klerman & Weissman, 1993; Klerman, Weissman, Rounsaville, & Chevron, 1984; Markowitz, 2003; Weissman et al., 2000, 2007）在建構人際心理治療的過程中，受到過去的理論家及憂鬱症研究之雙重影響。Adolf Meyer（1957）的著作，強調心理及生物力量兩者的重要性。依據 Meyer 的看法，精神疾患是人們試圖適應環境所造成。從家庭及各種社會團體而來的早年經驗，影響了人們對環境的適應。同樣的，Harry Stack Sullivan（1953）指出童年與青少年同儕關係會影響成年後的人際關係，強調該關係的重要性。另一項理論發展來源是 John Bowlby（1969），當中論及早年依附關係及與母親間的連結。這三個理論學家都關注在童年關係與經驗上，他們都被視為非主流精神分析理論作者。

Klerman 在發展憂鬱症的短期治療模式時，為確認憂鬱症的成因，研讀了憂

鬱症的心理學研究。某些研究的重要結論協助 Klerman（Klerman et al., 1984），確認憂鬱症治療的看法，在此稍作說明。顯而易見的，特定生活事件造成壓力而引發憂鬱症；失去社交關係也導致憂鬱症發作。當女性感覺憂鬱時，她們的社交互動更差（如猶豫不決）。同樣的，社會與人際壓力，特別是在婚姻上，對憂鬱症的形成產生影響。配偶間的爭執與憂鬱症的發生有關。Klerman 檢視這些研究，找出四種人際治療必須要討論與治療的主要問題領域：哀傷（grief）、人際爭論（interpersonal disputes）、角色轉換（role transitions）與人際缺失（interpersonal deficits）。本書中所列出的理論家，幾乎都依據其臨床經驗發展出其治療的理論模式；Klerman 則用了大量現有的心理數據去發展其理論。

對人際心理治療的發展來說，研究十分重要，持續驗證人際治療的有效性也不容輕忽。科學實驗之研究（特別是在憂鬱症之研究）持續積極進行中，也有一些後設分析比較人際心理治療及認知治療之差異。Weissman（2007）說明認知治療及人際心理治療在過去三十年中，是最廣受檢測的心理治療理論。在一項比較認知行為治療及人際治療之 13 篇研究成果的後設分析，作者總結認為人際治療較認知行為治療更為有效（de Mello, de Jesus Mari, Bacaltchuk, Verdeli, & Neugebauer, 2005）。Cuijpers、van Straten、Andersson 和 van Oppen（2008）總結七篇進行共 53 個研究之後設分析結果，認為認知治療與人際治療之成效無明顯有效性差異，但認知治療較人際治療之中途退出率高。在一項針對 19 個評估降低憂鬱之預防性方法的研究結果之後設分析顯示，人際心理治療較認知行為治療在預防憂鬱上更有效（Cuijpers, van Straten, Smit, Mihalopoulos, & Beekman, 2008）。

研究（主要是憂鬱症及相關疾患）持續對人際心理治療發展有重要影響。人際治療（interpersonal therapy）經徹底研究，而被認為是有研究支持之憂鬱症心理治療模式。例如，一份專為治療憂鬱青少年所設計的結構化治療手冊。在依手冊治療這些青少年後，一年以上追蹤顯示，較尚未接受治療的青少年症狀減輕且社交功能較好（Mufson, Dorta, Moreau, & Weissman, 2005）。再評估各種對青少年憂鬱症及情緒疾患的治療後，Curry 和 Becker（2008）及 Brunstein-Klomek、Zalsman 和 Mufson（2007）總結認為，人際心理治療對青少年罹患憂鬱症及情緒疾患之治療，是一種有研究支持的心理治療。

人際心理治療對孕婦在降低憂鬱症狀與即將為人母之心理準備上，證實有所

助益（Spinelli, 2008）。在一項比較接受婦產科診所診治，但未尋求心理治療服務之 53 個懷孕病人的研究發現，接受短期人際心理治療者較未接受者之憂鬱症狀較少，且較少發生產後憂鬱（Grote et al., 2009）。一項對產後憂鬱症（postpartum depression）女性的治療研究顯示，人際治療比還在等候治療組改善效果好（O'Hara, Stuart, Gorman, & Wenzel, 2000）。同樣的，人際治療在治療憂鬱孕婦上，較父母教育方案有效（Spinelli & Endicott, 2003）。

　　近期關注的焦點轉移到罹患憂鬱症且接受人際心理治療的 65 到 70 歲病人（Hinrichsen, 2008a, 2008b）。Miller 等人（2007）為老年肢障礙者發展出一套人際心理治療模式，以及一套特別版本的治療手冊式人際心理治療（Miller, 2009）。病人接受過人際心理治療後，可能繼續一個月去見治療師一次；這個步驟稱為維持治療。在一項 363 位 70 歲以上老人的研究中，持續接受藥物治療者在維持進步上較服用安慰劑者好，但仍不及人際心理治療（Dombrovski et al., 2007）。然而，在另一項針對持續進行兩年人際心理治療者之比較發現，一個月一次的人際心理治療對低認知功能者之成效，大於高認知功能者（Carreira et al., 2008）。上述這些，是對憂鬱症患者進行人際治療之諸多研究中的一些例子。

人格理論

　　Klerman（Klerman et al., 1984）關注憂鬱症成因，更加重視於協助人們處理影響他們生活的各種議題。如前所示，Klerman 相信憂鬱症是各種人際議題所造成的結果。這其中有許多的可能，是由早年家庭內依附關係的問題所造成。然而，在一個短期治療的模式中，協助人們探討其現有憂鬱症狀的最有效方式，似乎不在處理這些問題。毋寧說他相信有哀傷、人際爭論、角色轉換與人際缺失四種人際問題，假如它們能被減輕的話，就可以協助個人去處理憂鬱症。

哀傷　哀傷雖然被視為一種正常的情緒而非精神疾患，但它也會造成人們在哀悼過程的一些問題，特別是當反應很劇烈且持續了一段時間後。當個人經驗到失去一個以上親近的人時，可能呈現的哀傷問題特別棘手。甚至，有些人會在失去摯友或家人時，較其他人更容易出現憂鬱，這種反應常以複雜的悲慟（complicated bereavement）呈現。

人際爭論　通常與他人有爭執、辯論或不同意見時，特別是在持續的情形下，可

能會引發憂鬱症。有時候是與家人、配偶、孩子、父母，或其他親人爭吵。其他
狀況也許是在工作上──老闆、屬下或同事的爭論。爭論的對象有時是朋友或玩
伴、甚至如教會團體等社區組織中的成員。當個人憂鬱時，可能會與這些團體成
員發生口角。

角色轉換 這一類的範圍極廣，其中包括許多不同類型的生活變化。有些是規劃
中的，有些則否。發展階段中改變的例子有讀大學、訂婚或結婚、分居或離婚、
處理有問題的孩子，或是孩子搬去外面住。角色轉換有時與工作有關，如找工
作、面對升遷或降級、被開除或資遣。其他的角色轉換可能是意外發生，或無法
預測的狀況。個人可能罹患重病、可能因公或其他意外受傷、或者是要面對因失
火或洪水所造成的房子毀損。當人們面對上述情況時，那些可能會得憂鬱症的
人，更會視其狀況為無望或無法控制的。

人際缺失 有些人也許社交孤立，或較無社交技巧。朋友稀少者（獨行俠）
可能在建立或維持關係上困難重重。這些或許是無法歸於其他種類的一群
（Markowitz, 1998）。當個人沒有提及因為最近的事件造成其憂鬱症時，就常會歸
於此類。這一類的人較其他類的人容易有人格疾患。因為人際缺失暗指缺乏社交
技巧且持續存在著人際問題，這類人會較其他三類更難治療（Markowitz, 1998）。

　　就如這四種問題類型所述，人際治療的焦點在處理現在關係上的問題。治
療師評估病人問題時，找出病人問題符合四類中的哪一種。這對治療師採取的
治療方法，有直接影響。除此之外，治療師可能使用如 Hamilton 憂鬱程度量表
（Hamilton Rating Scale for Depression; Hamilton, 1960）或 Beck 憂鬱量表（Beck
Depression Inventory），去評估問題的嚴重性。這種短期模式與評估有直接關聯。

目標

　　人際治療的目標，與治療師所確認的特定問題有直接關係。表 13.1 摘要說
明目標與四種問題類型的治療。

1. 哀傷（grief）：個人在哀悼的過程，被協助並處理他們的悲傷。個人被協
   助去重建與他人關係的興趣，且能夠與別人建立關係並參與活動。
2. 人際爭論（interpersonal disputes）：協助個案去了解與其憂鬱症有關之辯
   論與爭執。個人被協助去發展解決爭端的策略，或在僵局中作改變。個

人有時候可能會改變對其問題及與他人關係的期望。

3. 角色轉換（role transitions）：當個人轉換角色時，常需要對失去舊有的角色哀傷。更正向看待新角色會是一項目標。另一項是產生對新角色的控制感，並進而產生自尊。

4. 人際缺失（interpersonal deficits）：這類問題的改變，可以藉由減少與他人的孤立達成。目標是去發展出新的關係，或改善不夠深的關係。

　　問題類型決定治療目標，這些目標也決定了將使用的策略。在表 13.1 中，列出了治療師使用於達成每一種目標的具體策略。接下來將說明使用於人際治療三階段的幾種技術。

▼ 表 13.1　人際心理治療大綱

I. 面談初期

  A. 處理憂鬱症

    1. 檢視憂鬱症狀

    2. 症狀命名

    3. 說明憂鬱症為一種醫學上的疾病並解釋治療方式

    4. 賦與病人「病人的角色」

    5. 評估所需的醫療

  B. 憂鬱症與人際內涵的關聯

    1. 檢視與目前憂鬱症狀有關的過去人際關係。與病人確認下列項目：

      a. 與重要他人的真實互動狀況

      b. 病人與重要他人彼此間的期待及其是否滿足

      c. 對關係的滿意及不滿意部分

      d. 改變病人在關係中的需求

  C. 辨識主要問題領域

    1. 確認與目前憂鬱症相關的問題部分

    2. 確認哪種關係或關係中那些部分與憂鬱症有關及其中哪些需要改變

  D. 解釋 IPT（人際關係治療）的概念與合約

    1. 列出你對問題的了解

    2. 對治療目標的贊同及確認將要著重在哪個問題部分

    3. 說明 IPT 的進行步驟：著重在「此時此地」、病人對討論重要關切部分的需求；檢視目前的人際關係；討論治療的實質面——治療期限、頻率、每次進行時間、費用、約診未到的處理原則

II. 面談中：問題類型與範圍

  A. 哀傷

    1. 目標

（接下頁）

▼表 13.1 人際心理治療大綱（續）

    a. 催化哀傷過程

    b. 協助病人重建興趣及失去關係的替代

  2. 策略

    a. 檢視憂鬱症狀

    b. 重要他人死亡後發生的相關症狀

    c. 重建病人與亡者的關係

    d. 描述死亡發生前、過程中及死後事件的順序與結果

    e. 探討相關的感覺（正向與負向）

    f. 思考與其他即將接觸的人之可能互動方式

B. 人際爭論

  1. 目標

    a. 辨識爭端

    b. 選擇行動計畫

    c. 修正期待或錯誤的溝通之滿意解決的方法

  2. 策略

    a. 檢視憂鬱症狀

    b. 造成病人與目前有關的重要他人間之明顯及潛藏之爭端的相關症狀

    c. 確認爭端階段：

      i. 再協商（安撫參與者以催化解決方法）

      ii. 僵局（增加不和諧以重啟協商）

      iii. 融冰（協助哀傷過程）

    d. 了解不對等的角色期待造成之爭端

      i. 爭吵的議題為何？

      ii. 期待與價值的差異為何？

      iii. 有哪些選擇？

      iv. 找到替代方案的可能性？

      v. 帶來關係改變的可用資源為何？

    e. 有其他類似的關係嗎？

      i. 病人可以得到些什麼？

      ii. 隱藏在病人行為後沒有明說的臆測為何？

    f. 持續存在的爭端狀況如何？

C. 角色轉換

  1. 目標

    a. 對失去過去角色的哀悼與接受

    b. 協助病人更正向的看待新角色

    c. 藉由發展出能面對新角色要求的感覺重建自尊

  2. 策略

    a. 檢視憂鬱症狀

    b. 因應最近生活改變之困難所產生之相關憂鬱症狀

（接下頁）

▼表 13.1　人際心理治療大綱（續）

　　　　c. 檢視新舊角色之正向與負向看法
　　　　d. 探討失落的感覺
　　　　e. 探討對改變本身的感覺
　　　　f. 探討新角色的可能機會
　　　　g. 對失落實際的評估
　　　　h. 鼓勵情感的恰當釋放
　　　　i. 鼓勵社交支持系統及與新角色有關的新技巧之發展
　D. 人際缺失
　　1. 目標
　　　　a. 降低病人的社交孤立
　　　　b. 鼓勵建立新關係
　　2. 策略
　　　　a. 檢視憂鬱症狀
　　　　b. 社交孤立或社交關係不良問題之相關憂鬱症狀
　　　　c. 檢視過去重要關係，包括其中正向及負向的部分
　　　　d. 探討關係中的重複型態
　　　　e. 討論病人對治療師與尋求其他類似關係的正向與負向感覺

III. 終止期
　A. 終止治療的明確討論
　B. 體認終止治療是一種哀傷的時刻
　C. 迎向獨立自主的體認

IV. 具體技巧
　A. 探索
　B. 鼓舞情感
　C. 澄清
　D. 溝通分析
　E. 治療關係的運用
　F. 行為改變技巧
　G. 附屬技巧

V. 治療角色
　A. 鼓動病人而非中立
　B. 主動而非被動
　C. 治療關係不被解釋為轉移
　D. 治療關係不是朋友關係

資料來源：*Comprehensive Guide to Interpersonal Psychotherapy* by M. M. Weissman, J. C. Markowitz, & G. L. Klerman, pp. 22-25. Copyright © 2000 Basic Books, a Member of Perseus Books Group. Reprinted by permission of Basic Books, a member of Perseus Books, L.L.C.

人際治療的技術

人際治療的獨特性可由表 13.1 詳細列出的大綱看出，完整的步驟詳見 Klerman 等人（1984）的治療手冊。因為本模式很清楚的列出，看起來很機械化（Markowitz, 1998）。然而，實務上卻很不同。治療師是病人的擁護者，通常對病人很溫暖且很能體會病人的困境。個案受鼓勵去表達感覺，治療師與個案溝通其感覺。治療師在進行人際治療時，分三階段執行。開始階段最多進行三次面談，治療師在此階段作評估並設定治療架構；中間階段則針對四種問題類型執行；結束階段包括終止治療與體認自我能力之討論。

開始階段 治療師在此階段，會選擇適宜時間，進行憂鬱症評估，並與個案分享其看法。此階段可能會使用評估量表。除此之外，治療師評估病人目前在此四種類型中的人際問題，此步驟可協助病人與治療師，在治療中將重心放在個人問題上。他們很少會同時聚焦在兩種以上問題（Markowitz, 1998）。治療師接著將會給予個案一份人際診斷書，說明受評者事實上是罹患心理疾患，而非人格缺失。在此階段，治療師決定要使用藥物治療、人際治療或兼用兩者。病人在治療中接受生病的角色，並被告知憂鬱或生病不是他們的錯。藉由接受病人的角色，病人受鼓勵接受治療且努力克服疾病。因為人際治療遵從醫療模式，開始階段適合教導病人有關憂鬱的本質。

本階段的重點之一，是支持個案並讓他看到治療有望。治療師鼓勵並確保與病人建立一種同盟的治療關係。治療師可藉由告知病人，憂鬱症可以治癒且正向的改變將會發生（但不是保證），以提供病人初期的舒緩。藉由提出一個進行治療的具體方法，進入治療中期。

中間階段 人際治療師針對四種不同類型進行不同策略治療（見表 13.1），有些技術則通用於這四類。本書所述之技術都很雷同。不過，Weissman 等人（2000, 2007）中有更仔細的說明。這些技術處理各種人際關係議題，有些技術則較其他的直接。因為治療師扮演支持與陪伴病人的角色，所以治療關係並不會受到特別討論。然而，它可能會被用作人際素材的資源。治療關係的目的，是去促進治療外的關係。與他人在治療外的關係可能延續很久，但 12 到 16 次面談模式的關係卻短暫即逝。常用的人際治療技術說明如下。

- **開始面談** Klerman 主張以「自從我們上次談完後，日子過得如何？」這個問句，開始每次的面談（Klerman et al., 1984）。使用這個問題，可以讓病人談論最近發生的事情，而不是提及很久以前的事情。治療師因此可討論這些事件及其伴隨的情緒或感覺。藉由要求病人詳細說明這個事件，治療師可以處理顯著的人際素材。這樣的問題可以讓治療師進入到，病人與治療師同意去處理的一或兩個問題中。

- **鼓舞情緒** 治療師鼓勵表達痛苦及其他的情緒。這可以提供一種表達對病人了解的方式，且提供了協助找出解決方法的機會。例如，治療師可以說：「失去妻子對你來說，是很糟糕的」，然後接著說：「我們一起努力，幫助你更好過些。」接著將可以這樣引發去問：「什麼可以讓你較不沮喪？」治療師想要找出病人期望去探討的方式，以達成病人的目標。

- **澄清** 治療師協助病人澄清他剛才討論過的人際關係。治療師有時候會指出，病人對其所處情境之看法與其實際表現的差異。例如，治療師可能會對病人說：「妳說對女兒很失望，但我不是很清楚妳剛才告訴我說，她放學後很晚才回到家的這種情境下妳有多失望？」以此方式，病人能更了解自己剛才述說之人際事件。

- **溝通分析** 去分析一種人際情境；治療師要求病人去說明他所說的，以及另外那個人說了些什麼的確實情形。在此描述中，可能包括每個人所發出聲音的語調及其他詳細狀況。治療師對狀況了解得越清楚，則越能有效的找出對不同情境下的新替代方法。

人際治療師也使用上述以外的其他技術。例如，角色扮演常被用於溝通分析。治療師可以扮演另外一個人，這樣讓病人發展出面對那個人的新方法。治療師可以對病人使用的語句、語調或面部表情提出回饋。練習在人際關係中使用新行為，可以在各種情境下有所幫助。總之，治療師所使用的技術，可以協助個人增進他們在四類中之一或更多狀況下的人際互動。

結束階段 結束階段通常發生在最後的兩到三次面談。此階段會有很明確的討論治療結束。一種正向的終止方式，是藉由聚焦於同意不再需要治療並更加獨立時。然而，結束階段也會是悲傷的時刻，因為治療師不再給予支持；此時體認並討論這種難過與哀傷會非常有用。因為結束階段強調病人所得到的及增加的能

力，所以此階段是讚揚病人成就的時刻。不過，在此討論未來再發生憂鬱症的可能性，也會有所幫助。假如治療不是特別的成功，治療師不會想要怪罪個案，而可能歸咎於人際治療本身。在此時刻，可以討論要選擇其他治療方法，如認知治療，或繼續進行人際治療。

就如上述人際治療的三階段，治療過程中持續聚焦在四種基本問題中的一種（哀傷、人際爭論、角色轉換或人際缺失）。三個階段都清楚的與接續之步驟相關聯。治療步驟（Weissman et al., 2000，2007）協助治療師，達成治療的目標。

人際治療的範例

接下來是治療一位 53 歲女性，狀況類似憂鬱症的低落性情感疾患（dysthymia，輕鬱症）之簡短例子。低落性情感疾患是一種情緒疾患，患者可能會有很多擔心的想法，較典型的憂鬱症要悲觀與低自尊。然而，治療模式十分類似。接下來，Markowitz（1998）說明了他對 J 女士開始的治療工作，他給了她關於其問題之人際處方。Markowitz 接著繼續展示處理人際爭論的模式（他將之稱為角色爭辯）。

J 女士已婚，是畫廊的業務人員，自訴長期罹患輕鬱症。「我一無是處」，她說：「只想要快快死掉」。她在一個情感冷淡的家庭中長大，因為想要脫離原生家庭，所以在不到 20 歲時就嫁人了。她與丈夫的關係疏離、沒有性生活且劍拔弩張。但是她覺得即使只是考慮的念頭，她也無法離開他。她覺得沒有能力與人社交及工作。她完全想不出過去曾感覺快樂或有能力。J 女士曾經長時間接受心理動力學派的心理治療。那段治療給她帶來了一些短暫的頓悟，但是卻沒有解除問題。J 女士即使服用高劑量的抗憂鬱藥，也只能產生一點點的反應。她懷疑人際治療對低落性情感疾患（IPT for dysthymic disorder, IPT-D）的定義，認為她的問題是一種醫學上的情緒疾患，不過她也承認這至少帶來對事情不同的看法。她初次進行 24 題版的 Hamilton 憂鬱程度量表（Ham-D; Hamilton, 1960）時，分數為 24（顯著憂鬱）。她有自殺意念，但是未曾詳細計畫或有企圖（「我只會將事情越弄越糟！」）。

治療師提出了一個常用的 IPT-D 處方的版本：

我不認為妳沒有用，妳只是罹患「輕鬱症」，是這種病讓妳有這樣的感覺。妳已病了這麼久，當然讓妳會覺得像是部分的妳，但是不一定要這樣的。我願意在接下來的 16 週，與妳一起進行一種角色轉換，讓妳可以從接受

憂鬱症是部分的妳，轉換成區分出憂鬱症與健康的妳之不同。假如妳能這樣做，妳就能夠跳脫出來，變得感覺更好且更有能力。

　　因此，治療著重在了解她「真正的」人格，相對於輕鬱症症狀的角色轉換；並擴展她與其他人之人際關係的人際劇目（interpersonal repertoire）。她體認了對先生的憤怒（一種角色反抗）、感覺沒有辦法解決兩人之間長期的角色爭論，並檢視不需要太多信念而脫離這種爭執的可能性。同時，她和治療師一起處理她與同事的互動。她對一個粗魯、好勝的同事特別感冒，這個同事常在她服務顧客時干擾她。

Ｊ女士：蘿絲非常粗魯無禮，在我面對顧客時打斷我。我一點都不喜歡她。

治療師：聽起來可以理解妳為何不喜歡她。妳可以怎麼做呢？

Ｊ女士：我沒辦法做好任何事情……我覺得沒有什麼效率……有沒有可以讓我更有效率的書可以閱讀？

治療師：我們可以將它寫下來。妳是否覺得被激怒是恰當的？我的意思是，妳覺得蘿絲是否真的惹人厭？

Ｊ女士：我完全不知道只有我或是其他人也會，但是我想其他人也對她很感冒，即使她通常很討人喜愛。

治療師：所以假如感覺生氣是很合理的話，妳可以對蘿絲怎麼說？

Ｊ女士：「對不起，我等下再和妳談？」

治療師：這是妳想要說的？妳有什麼感覺？妳這麼說時，有什麼感覺？

Ｊ女士：我覺得像是告訴她，要她懂點禮貌！

治療師：這樣很好！聽來不錯，我覺得有道理；但是有些不夠明快。是否有其他方式去說呢？是否有更直接的方式告訴她，為何妳希望她學些規矩？

Ｊ女士：我想要告訴她這樣打斷我有些無禮，假如她可以等待的話，我等下會回應她，但是她不該插嘴。

治療師：很好！現在假裝我是蘿絲，來對我說……

　　注意，這種互換乃試圖將生氣正常化為：病人在有害的人際情境中的一種適當反應（Markowitz, 1998, pp. 120, 121）。在接下來的治療中，Markowitz 說明在對蘿絲的情境作了轉換後，以一種人際爭論的看法去處理蘿絲的婚姻。他接著以一種人際治療的觀點去摘要說明案例。

> 雖然 J 女士堅持她是一個「學習緩慢的人」，且在她的生活中不可能做任何事情。在人際治療 16 週療程的剩下面談中，她鞏固了在工作上不穩定的社交自信感，且開始與先生再度協商相關的事宜。同時，她想要嘗試自己過幾個月生活，看自己是否能過著沒有先生的日子，因而開始為自己找一間公寓。雖然她覺得「53 歲才開始生活太老了些」，但她已經開始這樣做了；且她的 Ham-D 憂鬱量表分數，降到實質上已經是穩定的 7 分。經過數月持續與穩定的面談，她自訴沒有與丈夫分手，也沒有改善其婚姻。但是她對自己在婚姻的角色，有了更清楚的看法；對先生的缺點有了新的評價；且對自己的抱怨也減少了。她開始為新工作準備履歷表，但同時也對同事有了新的看法，並對工作更有自信。

這個案例證明了一個多麼樂觀的、「可以達成」的人際治療，可以讓一個病人行動。治療師支持讓病人感覺無能之生氣的感覺，且協助病人更有效率的去表達它。對社交技巧不佳的病人來說，角色扮演是人際技巧中一種很重要的演練，它可以在辦公室外的任何地點使用（Markowitz, 1998, p. 123）。

人際治療的其他應用

由於人際治療經一些研究驗證，Klerman 及其同事對此模式更具信心，進而發展了對於與憂鬱症類似的疾患，應用於人際治療的治療手冊及研究程序。例如，Klerman 和 Weissman（Weissman et al., 2000，2007）所發展出之治療手冊，乃治療導因於婚姻爭吵的憂鬱病人、陷於悲痛但還不算是臨床上憂鬱症的病人、及需要較長期治療之再發性憂鬱症患者，治療手冊與原來發展出來的類似（Klerman et al., 1984）。他們晚近則關注於憂鬱症狀的青少年（Brunstein-Klomek et al., 2007; Curry & Becker, 2008; Gunlicks & Mufson, 2009; Young & Mufson, 2008, 2009）。其他族群包括確診 HIV 陽性反應而憂鬱的人（Ransom et al., 2008），以及被診斷為憂鬱症的老人（Hinrichsen, 2008a, 2008b; Miller, 2009; Miller et al., 2007）。如前面所討論過的，大部分治療之應用與單極性憂鬱症（unipolar depression）的狀況類似。不過，人際治療也應用於治療暴食症（bulimia）（Arcelus et al., 2009; Constantino, Arnow, Blasey, & Agras, 2005）及藥物濫用者。人際治療使用於治療藥物濫用的病人上，沒有像用在憂鬱症病人上那麼成功（Rounsaville & Carroll, 1993）。針對邊緣性人格疾患（Markowitz, Bleiberg, Pessin, & Skodol,

2007）、恐慌症狀（Cyranowski et al., 2005）與創傷後壓力症候群（Krupnick et al., 2008; Robertson, Rushton, Batrim, Moore, & Morris, 2007）病人，也發展出了人際治療使用手冊。人際治療除了個別治療外，也用於團體治療，且研究證實對治療憂鬱的青少年（Mufson, Gallagher, Dorta, & Young, 2004）與非洲烏干達郊區憂鬱的人們有效（Bolton et al., 2003; Verdeli et al., 2008）。當人際治療應用在新的疾患上時，就會發展出新的治療手冊、或是修正以前的治療手冊，接著（在大部分的情況下）再以研究去驗證其應用成效。

小結

　　人際治療的理論基礎與其他心理治療的理論相當不同。首先，它是以醫療模式發展出來，且同時設定研究計畫，對其有效性進行測試。人際治療創造來處理憂鬱症，而非其他疾患。人際治療之理論及研究同時被制訂出來，進而發展出治療手冊讓治療師有所遵循。這種短期治療被設計為 12 到 16 次面談來完成治療。在面談初期，治療師評估病人的問題並教育病人（如果合適的病人）有關憂鬱症的認識。在面談中期，治療師著重在帶領探討哀傷、人際爭論、角色轉換與人際缺失四種主要問題之改變。治療手冊清楚界定治療師對每一種問題領域的治療策略，針對可能使用在所有問題領域之特定技術清楚說明。第三（最後）階段為結束期，期間治療師討論如何結束治療，以及確認自我的能力與自在不受控制。人際治療也應用在其他的疾患上，但是大多數還是用在與憂鬱症類似的疾患上。

 ## 心理劇

　　由 Jacob L. Moreno 所創的心理劇，是一種由病人演出其問題的方法，團體成員或觀眾通常可以參與其中，成為問題中的人物。治療師擔任自發戲劇的導演，治療大部分發生在觀眾眼前。關注在病人生活中與重要他人間關係的角色上。各種技術協助病人從不同的觀點，去檢視他們的角色。藉由演出角色而非談論它們，讓病人經驗到過去未曾體認的感覺及態度，進而使行為產生改變。

發展背景

　　Jacob Moreno（1889-1974）生於羅馬尼亞的 Bucharest，是家中六個孩子的

長子，5 歲時舉家遷往維也納（Blatner, 2000）。大約 20 歲時，仍在維也納大學哲學系就讀的 Moreno，開始對在維也納公園的兒童遊戲產生興趣。他觀察他們遊戲，也鼓勵他們扮演不同的角色。之後，Moreno 進入維也納大學醫學院時，開始關注於協助如娼妓等被剝奪權利的弱勢社會團體。

Moreno 結合了他的社會興趣與對戲劇的熱愛，於 1921 年成立了「自發劇場」（Theatre of Spontaneity）。他覺得戲劇太枯燥且有些做作，所以偏愛臨場的即席創作戲劇。1925 年，Moreno 離開維也納到紐約，將他的理念應用在醫院的醫療領域中。他成為第一個團體心理治療師，並著墨於比個別治療中更寬廣的社會關注。他於 1936 年在紐約的 Beacon 成立了一間療養院，並在院中為心理劇建造了一座劇場。除了進行心理劇實務工作及訓練治療師之外，Moreno（1934）在監獄、學校及醫院都完成了團體關係的研究。1940 年，他與 Zerka Toeman 共同進行心理劇治療工作。Zerka 不僅是 Moreno 的工作夥伴，後來成為他的妻子，並大力支持心理劇，且在 Jacob Moreno 辭世後繼續他的工作（Blatner, 2000, 2005）。

1930 年代，心理劇開始發展，它代表著隔離治療個人之方向的重大改變。它是包括完形與會心團體等眾多團體治療的前驅。Moreno（1947）原創了多種用於個別及團體治療中的技術，如角色扮演等。Moreno 著重在他們與他人所扮演的角色上，從他的治療模式中去了解人們的人格，並增強個人檢視及改變這些角色的能力（Blatner, 2007）。

人格理論

Moreno 對人們交互扮演角色的觀點，代表著他對個人人格的主要理念。Moreno 的同事形容他為一個積極、富創造力、充滿活力但又沒有條理的人。他到世界各地演講且著作豐富（詳見 Fox, 1987）；他可以在一大群人前只稍片刻，就開始導演一齣心理劇。這些特質可由 Moreno 對人際互動的觀點看出，且反映在他對心理劇的發展上。

角色與社會計量　角色理論檢驗人們與他人的關係，如一個女人與丈夫、母親、顧客、孩子或老師。特別的是，Moreno 對人與人關係的改變及鼓勵新改變的方法很感興趣。Moreno（Dayton, 2005）研究角色時，發展出社會計量的測驗，測量在一個特別團體中，人與人關係的本質。藉由訪談團體成員，發展出了一種社會關係分析圖（sociogram）。此分析圖可以推斷個人如何看待他人，

如作為一個朋友，某人可否被信賴，或是某人在一個特定領域有獨特技巧。1937年，Moreno 發行了《社會關係計量學：個人內在關係期刊》（*Sociometry: A Journal of Inter-Personal Relations*），後來更名為《社會心理學季刊》（*Social Psychology Quarterly*），刊物內容包括心理劇、小團體行為、權力、社會階級及性別（Borgatta, 2007; Fields, 2007; Marineau, 2007）。Moreno 不僅對人們在與別人之關係中所扮演的角色有興趣，也對角色區隔存有興趣。藉由對某一事件漸增的客觀性，人們能夠去檢驗自己的角色，而角色區隔因此而增加。在心理劇中，當人們扮演不同角色時，人們的角色區隔可以增加，也讓他們能以一個新的觀點去看他們與他人的關係。

當下的活動　Moreno 雖然使用精神分析的概念來了解人們的行為，但他大部分還是關注於「當下」的經驗。當個案演出他們的問題時，經由精神分析與心理劇間的互動，持續提供個案對早年關係的洞察（Feasey, 2001）。精神分析協助個人了解自己的過去，社會計量提供了一種在當下觀察個人與他人之關係的方法。在心理劇中，個人常常與扮演其生活中重要他人角色的團體成員互動。這個重要他人偶爾會呈現出來，替他們演出。對 Moreno 來說，心理劇能夠將過去、可能的未來、或是目前的衝突或危機帶到當下。意義將被賦予人們或事件，不是在他們所發生的過去，而是當個人將它們在心理劇中演出時的當下。

會心　Moreno 關注個人在特定關係下，與他人交會時的互動。心理劇能讓人們在很短的時間內，去經驗許多有意義的相會。Moreno 將個人間發生的人際互動能量，稱作傳心（tele）（Blatner, 2005; Landy, 2008）。Moreno 也使用「傳心」一詞，指稱心理劇團體中發展出來的關懷感。當人們逐漸彼此熟悉與互相關懷時，傳心增加了，團體的凝聚開始發展。傳心包括其他理論家所稱之同理心、移情或人際關係。

自發與創造力　Moreno 以他自己的自發性與創造力聞名，他視在他人中的這些特質為生活健康與完善的標誌（Schacht, 2007）。當一個自發的人面對困難的情境時，應該會主動及冒險。個人利用思考與感覺，理應能以一種建設性的態度去演出外在的危機，與被動演出不同的是，這可能引發負面的後果（Blatner, 2005; Dayton, 2005）。

　　Moreno 非常重視創造力，他觀察到維也納公園的兒童，較成人更能進入一種想像情境下的創造性角色扮演。Moreno 帶領團體治療時，常進行自發性訓練。在訓練中，Moreno 鼓勵個人，對領導者呈現之沒有期待或有壓力的問題做出反應。例如，團體成員可能被呈現於如面對一個生氣的老闆、一場颶風或是一個持槍的陌生人之情境。這種對個人人格自發性與創造性觀點的強調，在人本與存在理論家的著作中可以看到，也清楚且顯著的呈現在 Moreno 的著作及他的心理劇模式中（Schacht, 2007）。

心理治療理論

　　心理劇的根本是角色扮演，扮演成某人、某件事情或是自己在不同情境下之過程。如同前面所提及，個人在其生活中與不同的人扮演許多不同的角色。覺察他們在這些角色下如何面對其他人，可以給予個人改變自己行為的自由。心理劇讓個人能扮演許多不同的角色，鼓勵個人進行實驗，並學習對自己的不同看法。在心理劇的療程中，角色扮演可以發揮三種功能：協助領導者評估成員的想法與感覺、去指導人們處理問題的新方法，以及訓練人們新技巧的練習（Corsini, 1966）。事實上，角色扮演也主動的協助人們，感覺更能控制且更不被動。抽象的議題如面對父親時的挫折，在演出時會更具體。因為當病人必須對父親說話時，會擺出適當的姿勢、改變聲調與音量，與另一個扮演的人在身體上產生關聯。角色扮演的具體性與活動，對參與者會有些助益。

　　心理劇給人們一個檢驗現實的機會，去發展出對問題的洞察及表達他們的感覺（宣洩，catharsis）。現實驗證可以藉由與真實的人們在重要情境下扮演達成，參與者可以藉由自己扮演不同角色及從團體成員得來的訊息，學習到他們先前所持的臆測不再正確。在一種角色中表達自己的演劇，讓個人有機會體驗到思考或談論這些狀況所不能提供的各種強烈感覺，如生氣、怨恨、悲傷、喜悅或愛等。藉由檢驗現實、經驗宣洩與洞察，人們能夠學習並嘗試過去從未考慮到且深受感動之行為。

　　以下將更進一步說明心理劇的細節。因為心理劇的評估與其他理論非常的不同，所以它需要特別的考量。在一齣心理劇中，人們常有不同的角色，基本的角色將被說明。同樣的，**心理劇**（psychodrama）不僅指扮演角色，也是去協助個

人進入他們的角色，並從中學習。為協助個人從心理劇經驗中，有效及有所領悟的學習，許多技術陸續發展出來。

評估　不像其他治療，當心理劇揭開序幕後，心理劇領導者或導演必須對團體行為進行許多評估。心理劇雖然常用於有一組核心團員的醫院或其他安置性機構中，但也用於示範或一種臨時組成而不會再見的團體（Blatner, 2003; Duffy, 2008）。導演必須評估哪些問題適合在心理劇中呈現，其他團體成員在此經驗中能否有所成長，且情緒不會太過悲傷，以及其他團體成員能否建設性的扮演其角色。除此之外，領導者必須評估將新成員自團體帶入劇中的時機，還有要加入哪些角色。導演的評估及其他功能十分複雜（Z. T. Moreno, 1987），個人在執行導演角色前，大約需要兩年心理劇的訓練。

心理劇中的角色　在心理劇中有四種基本角色：導演（director），引發與領導互動；主角（protagonist），呈現出問題的人；助角（auxiliaries），描繪出主角生活中不同的人們；觀眾（audience），可能以助角身分參與演出，或是提出看法或問題（Landy, 2008）。在可能的場地下，主角、助角及導演在一個足夠大到可以自由移動的舞台上演出心理劇。有時候可以利用房間的一半空間進行演出，而另外一半讓觀眾坐著旁觀。場地許可的話，參與者可以使用小道具。

導演除了評估活動及參與行動外，也會擔任若干角色（Corey, 2008）。導演應該在團體中建立一種容忍與接納的氣氛，同時也對主角提供支持與演出的方向。在每次心理劇進行中，導演可以說明要探討的關係、建立要表演的場景或其他實驗。假如團體成員攻擊其他成員、或是有不適當的建議時，導演必須介入以維持團體中助人的及有生產力的情境。通常導演可能會中斷演出去作評論，從觀眾中邀請成員評論，或是確認角色的演出合宜。導演要利用創造力與能力，讓一個大團體的人們和諧演出（Blatner, 2005）。

主角則是呈現出將要探討的問題或事件之人。這個人通常是志願的，但也可能是被團體或導演挑選出來的。雖然主角先開始說明將要探討的問題，但導演鼓勵主角將之演出來。為此，主角會挑選將扮演其他角色（助角）的團體成員，並指導他們扮演在主角生活中的重要他人，以及在扮演不正確時提出建議。導演通常建議主角扮演各種角色，或當其他人扮演主角之角色時進行觀察。

助角描繪出主角生活中的重要他人，如其姐妹。開始時，他們的角色是演出重要他人的知覺，去協助主角（Blatner, 2005）。當他們投入更多的情緒能量於該角色中時，主角越覺得該角色真實。除此之外，助角扮演這些角色時，通常對發生於自己生活中與心理劇相同之議題，會有所洞察。觀眾不是被動的參與心理劇；他們可能應要求去當主角或助角、分享經驗，或對所觀察到的提出評論。當觀眾目睹與自己生活相關的演出時，通常也會對自己與他人的關係上產生新的洞察。但是心理劇中的主角，會是獲益最多的人（Kim, 2003）。

心理劇程序　心理劇有三個基本階段：暖身期、演出期，以及演出後的討論與分享。暖身期協助參與者準備好，進入心理劇的演出期。暖身期的基本目標，是發展出信任與溫暖的情境，以及願意去演出並嘗試新的行為（Blatner, 2005）。對於非參與持續進行中之心理劇團體的人來說，需要特別的暖身步驟。說明心理劇之目的及回答將會發生的狀況，有助於確保新參與者能夠融入。有時候兩兩成對、分成小組或是整個團體，有助於他們分享可以作為心理劇素材的衝突經歷。當這個討論繼續進行時，領導者會評估在心理劇中可以聚焦的適當議題、和可以成為主角的個人。當主角挑選出來後，領導者會仔細聆聽其所描述的心理劇場景，以便揀選出各種角色及選出助角。

演出期始於個人開始演出，並處理主角的情境。導演會在舞台上走動，與主角討論可能發生的事情（Landy, 2008）。雖然主角應該被鼓勵儘快演出情境與事件，但創傷性的重大事件應該保留到較後期，而非在一開始的演劇中（Corey, 2008）。導演承擔移動家具與找出適當道具，並協助主角安排心理劇場景的責任。在心理劇中一項創造性的模式，是使用模擬物（Casson, 2007）。當演劇往下進行時，導演可能會徵求觀眾去扮演新角色，或是讓主角與其他團體成員交換角色。

演出期結束後，接著是分享與討論期。首先，包括助角之團體成員，分享他們對主角的觀察。導演的部分責任，是協助主角分享其生活中無助的部分，並確保回饋對主角是有幫助，而非責備或批判的。對一次性的心理劇來說，必須很專注於有效的結束，而導演可以讓團體中情緒的強度下降。

心理劇技術　心理劇的精要就是演出與他人的關係。假如參與者身處某一情境下，會被鼓勵去將其所處的情境表演出來，而非用口語敘說。偶爾，他們可能會自我對

話——稱為獨白劇（monodrama）——藉由使用空椅子去扮演兩種角色；但是大部分時間，他們與助角對話。在心理劇演出期，一些常用的技術包括角色互換、替身技術、鏡像技術、完成演出與未來投射（Landy, 2008）。

　　角色互換（role reversal）有助於病人了解其他人的觀點，且更能同理他們。基本上，主角與一個助角變換角色，以得到不同的觀點。例如，一個男性與扮演他母親的助角吵架，可能會被要求交換角色，由助角或是另一個團體成員，接著扮演這個男人的角色。Moreno（Fox, 1987）舉了一個角色互換的例子：一個青少年男孩告訴精神科醫師與其他人，他擔心變成或被變成一個女孩。

> 　　從對他治療的策略性觀點來看，他被放在一名聽到他自己告白的精神科醫師角色。精神科醫師演出這個男孩的角色，而來到這個男孩面前——現在男孩是精神科醫師的角色——對他的恐懼尋求診察建議。此方式驅使病人演出具有諮詢能力，去面對另一個展現出像他一樣困擾於不正常念頭的人。他因此有機會去自我測試，他在療程中所達成的責任與穩定程度；我們也因此有機會，去了解他達到的成熟度。藉由互換的技術，他似乎同時扮演了自己與精神科醫師的角色，但他被迫以一個精神科醫師的觀點，客觀的檢視自己及所困擾之事。（Fox, 1987, p. 75）

　　在替身技術（double technique）中，助角則扮演主角，並表達他所接受到的主角內在想法與感覺。替身通常與主角站得很近，且可能替他發言。除此之外，他們可能演出非口語行為，如姿勢或臉部表情。有時候會使用多重替身，去表現個人不同的面向。雖然替身的角色主要為搭配演出，但他也幫助主角發展出對自己的感覺或態度，來作更深入的洞察。接下來的例子，Yablonsky（1976）呈現了替身在心理劇中所經驗到的，如何能向一位自認為性解放且對生活中的男性有所批評之女性提供重要洞察。

> 　　在一次互動的中心，她的替身，沒有特別理由，依據主角所說但是以她替身的角色得到一種感覺，她大喊著說：「我的問題是我從來都沒有過高潮。」主角繞著替身打轉，流下眼淚且很驚訝的說：「你怎麼知道？」因此替身將主角推向一個更誠實的容貌，且打破了過去這個人想要投射出的錯誤影像。她開始揭露出隱藏在她性自誇下的部分。她是個受驚嚇，真正害怕男人

與性的小女孩。通常，替身在一個有所洞察，而對團體中包括導演的任何人都不明顯的角色，這將開啟主角更深、更真實的感覺。（Yablonsky, 1976, pp. 120-121）

在鏡像技術（mirror technique）中，助角藉由鏡像姿勢、表達和語言勾勒主角的角色，同時藉由別人的反應，觀察到主角的行為。鏡像主要是一種回饋過程，病人在其中看到其他人如何看待他。藉由在「鏡」中觀看自我，我們可以面質自己，從另一面去看自己，進而在生活中改變（Kellermann, 2007）。這種技術必須很小心的使用，這樣主角才不會覺得被其他人嘲笑（Blatner, 2000）。

心理劇使用真實及非真實情境去協助個人。使用幻想常稱為**超越真實**（surplus reality），如主角與代表夢中怪物的助角對話。超越真實的另一個例子在**完成演出**（act fulfillment）中。在此，個人可能有一個矯正的經驗，以替代過去的受傷經驗。例如，一個年輕女性成員假如記得被國中一年級時的導師嘲笑，她可以讓一個助角扮演導師的角色，面質導師，並與他對話。

未來投射（future projection）是超越真實加入心理劇的另一個例子，它設計來協助人們澄清對未來所關切的事物。在未來投射中，會將情境呈現出來，或許是四年後的現在，人們在那裡參加研究所的口試。主角可以演出他表現了最好的能力去面試，或是可以故意在面試表現笨拙，並接著去體驗發生的那種感覺。在兩種情形下，觀眾與／或助角可以給他回饋。

心理劇可以是一種非常強而有力的技術，部分是因為個人向其他人暴露出自己及其最深層的恐懼與感覺。它的精要是導演同理與保護團體成員。這裡僅討論一部分的創造性技巧，只有具創造性且能控制心理劇的導演使用這些技巧，情緒的崩潰才不會發生。能夠辨認出參與者的心理病理亦十分重要，以預防對其他人產生傷害。例如，一個操縱的或極端反社會的人，可能樂於提供個人意見，但會以一種傷害性的方式指出主角缺點。雖然自發性與創造性是心理劇很重要的產物，但它們必須對洞察、成長與了解人們等正向覺察有所幫助（Blatner, 2000）。

自從 Moreno 開創了心理劇，心理劇至今依然在持續成長與發展。全美有超過 400 位合格的實務工作者，全球也有超過 15,000 人受過心理劇技巧的訓練。將心理劇融入其他理論使用的實踐者越來越多（Adam Blatner, personal communication,

January 3, 2010）。美國團體心理治療及心理劇學會（The American Society for Group Psychotherapy and Psychodrama, ASGPP）提供心理劇訓練，並設定心理劇進行之標準流程，且又出版了《團體心理治療、心理劇及社會計量學期刊》（*Journal of Group Psychotherapy, Psychodrama, and Sociometry*）。有些實務工作者擴展了Moreno 的治療工作，且將之應用在兒童的個別治療中，鼓勵兒童去演出想像的概念。例如，Hoey（1997）描述一個 13 歲的女孩，在 6 歲喪母後曾經住過幾個寄養家庭，但一直沒有被收養。為了要鼓勵她表達，Hoey 說：「我們是否可以編造出一個像妳一樣的女孩之故事？一個住過很多地方的女孩，現在終於發現一個讓她快樂的地方？」（p. 109）有些人會創造性的使用，有一些已經將其與藝術治療和舞蹈治療相結合，同時也有些人還是在心理劇的架構下使用之（Garfield, 2003）。

小結

Jacob Moreno 在 1930 年代創造心理劇，使用創造力與自發性去協助人們測試現實、發展洞察與表達感覺。在心理劇中，治療師擔任導演的角色，選擇主角（心理劇的重點），並使用助角擔任主角的重要他人，去演出主角所關注的部分。助角是從觀眾中找出來的志願擔任者。心理劇混合使用遊戲式及嚴肅的，還有如角色互換及鏡像等技術，提供了協助人們成長與從不同方式看自己的方法。治療師藉由觀察參與者在角色中有所助益，確保參與心理劇是一個有效的正向經驗。

 創造性藝術治療

創造性藝術治療包括藝術、戲劇、舞蹈律動及音樂治療等，都使用創造性的表達帶來治療性的改變。有些人經由這些媒介，以非語言的方式表達自己而獲益，這些引發自尊的增加、更有創造性的自我表達，還有／或改善與其他人的社會互動。

創造性藝術治療，強調個案使用藝術性的媒介，而不是觀察藝術性的創作。然而，音樂治療常使用錄音，去處理個案的感受與情緒。病人創作的價值，遠不如病人與治療師在治療過程得到的意義及最後對病人的幫助。在這樣的看法下，治療師很少參與對個案之藝術性表達，以免對藝術性較治療師差的個案有所限制。

　　雖然創造性藝術治療師單獨進行治療工作的情況，可能如心理治療般日益增多，但在大多數的案例下，他們是心理治療團隊的一員。這些人向來在醫院與啟智教養院進行治療工作，特別是對口語能力受限的族群。他們除了要具備所鑽研之藝術領域（包括技巧及藝術創作形式的知識）的知識與才能外，也必須接受過對病人問題進行心理治療之教育訓練。某些特定的心理治療理論強調演出，如完形治療，就與創造性藝術治療很搭配。創造性藝術治療師有各種背景，他們可能將其創造性的專長，與任一或更多在本書中討論過的治療相結合。美國創造性藝術治療聯合會（The National Coalition of Creative Art Therapies）內有六個創造性藝術治療協會，會員超過 15,000 名。因為精神分析在 1930 到 1950 年代間具有相當程度的影響力，使得一些受過精神分析教育的創造性藝術治療師，特別是藝術治療師（Vick, 2003），會將精神分析的模式融入治療工作中。

　　創造性藝術治療起源於過去的四五十年間，發展得非常快速。每一種治療形態都至少有一個學會，包括美國藝術治療學會（American Art Therapy Association）、英國舞蹈與律動心理治療協會（Association for Dance and Movement Psychotherapy United Kingdom）、國家戲劇治療學會（National Association for Drama Therapy）、美國音樂治療協會（American Music Therapy Association）。除此之外，這些學會也發行了學術專業期刊，如：*Art Therapy: Journal of the American Art Therapy Association*、*The Arts in Psychotherapy: An International Journal*、*American Journal of Dance Therapy* 與 *The Journal of Music Therapy*。在遍布全世界的創造性藝術治療機構中，有一些提供數種領域的碩士學位學程。創造性藝術治療師可以使用的各種模式，不僅可從他們的學術期刊得知，也見於教科書和音樂、藝術、戲劇與舞蹈治療的專書。因為這些治療非常獨特，且經常與其他心理治療聯合使用，故在此僅略述其梗概。

藝術治療

　　藝術治療的廣義目的是去協助病人處理情緒衝突，讓他們更易覺察自己的感覺，並同時處理內在與外在問題。為此，藝術治療師（在適當時機）提供使用各種藝術素材的指導。典型的素材挑選，要符合個案的需求及所談的議題。例如，當病人要作自由聯想或用藝術來表達感覺時，可能會用到粉蠟筆、蠟筆或彩色筆。另一些時候則端賴情境而定，黏土、畫紙、畫布、水彩或手繪顏料也可能會

利用到（Malchiodi, 2003, 2005; Rubin, 2010; Vick, 2003）。在人們還沒有學會以口語去表達自己的需求前，這些材料可作為人們內心想像的表達之輔助。

當病人無法以口語傳達時，藝術表達提供其敘述想像的機會，去表現空間關係（如病人與父母）及表達自己，而不用擔心他正在說些什麼。藝術表達與口語表達不同，它更像是很有創造性的去給予一種感覺；並讓個人在以身體創作一件實質產品的同時，提供其增加個人能量程度的機會。除此之外，藝術創造性產品在完成後的幾天或幾週仍能參閱，不像口語表達那樣快速消失（Malchiodi, 2005; Rubin, 2010）。藝術表達可以來自病人、治療師或兩者。治療師可能建議病人作些練習，如讓病人畫下自己的想像畫，接著討論這個想像與病人如何看自己的關聯。其他的練習可能包括畫出自己想要成為的樣子、畫出自己的家人或畫出特別的家庭關係。在藝術治療師的教育及訓練中，他們學習許多種藝術素材的應用、及協助個案表達自己的技術。

當藝術治療發展後，治療師要處理各種表達方式及對象。隨著科技的發展，他們也開始使用錄影、拍立得攝影設備、電腦圖片及其他方法，作為協助創造性表達的輔助工具（Rubin, 2010）。藝術治療師處理的問題型態與對象也開始擴展，包括失去親人的兒童、受暴婦女、亂倫倖存者、團體治療的病人及阿茲海默（Alzheimer）症患者（Malchiodi, 2005）。

藉由 Wadeson（2001）治療確診為妄想型精神分裂症（paranoid schizophrenia）年輕住院男性患者克瑞格的簡短例子，我們可得知如何使用藝術治療。對工作人員產生威脅與危險的克瑞格，可以透過他熱愛的繪畫去表達祕密的慾望而有所進展；並透過他的藝術表達，以及和藝術治療師的討論，降低他的孤單感。克瑞格說明一幅以鉛筆及藍墨水畫在筆記本上的素描，代表他自己。

Wadeson 在討論克瑞格藝術作品的實質作用時（Payne, 2006），認為他的藝術表達為他在從害怕人們會將他的祕密帶走，到與他人互動之間，提供了一個建造一座橋樑的機會。透過 Wadeson 對克瑞格想像的興趣，他可以建立信任，並向他覺得了解他的人說明他奇異的內心世界。治療師可能對病人使用各種不同的方式，以協助病人探索他們的內在世界、增加與他人的溝通、及對各種問題更有效的因應；這個小例子說明了當中的一種方式。

舞蹈律動治療

舞蹈律動治療的目的，是透過律動或舞蹈，協助人們成長及心理與生理相連結的過程。人們經由律動或舞蹈去表達自我，甚至去了解自己與他人的感覺、想像與記憶。雖然舞蹈律動治療發源於結構性的舞蹈，而應用在個人的表達。但舞蹈律動治療師很少教導舞蹈，反倒常使用音樂再透過律動練習鼓勵表達。

舞蹈律動治療師會注意個案的情緒與身體姿勢，這種取向具創造性及自發性。在舞蹈治療師的治療工作中，隱含了他們對表現在身體緊繃、體態形象（body image）及日常活動上，身體與心靈彼此影響的一種理解（Loman, 2005; Payne, 2006）。舞蹈律動治療讓個案同時經驗情緒及生理的感覺，引導個案對自我有更多的了解。在團體舞蹈治療中，向另一個人接近、伸展去碰觸對方、互握著手或與團體成員齊握著手，有助於人際關係，同時也有助於覺察別人身體律動所傳遞之感覺。

舞蹈律動治療的技術有很多種，端賴治療師所面對的個人或團體之特質而定。其中一種技術是誇張手法（exaggeration），這種技術鼓勵個案誇大其動作，如聳肩。治療師會接著要求個案，以口語溝通此感覺或繼續做動作。治療師有時候可能會發現，照樣複製一個團體成員的動作，有助於同理了解該團體成員在生理及情緒上正經驗到的部分。然而，這必須是不以模仿或取笑個案的方式完成。另一種方法是將個案的議題，轉換為一個動作。例如，個案想要脫離母親，可以面對治療師然後漸漸後退，向房間的另一端移動，且在他做完此動作後，分享此經驗。對個案文化背景的理解，會影響舞蹈治療師所使用的方法（Hanna, 2004）。有非常多種的方法可以用在個案身上，範圍從專業的舞者到自閉症兒童，再到那些罹患神經性疾病者。對團體舞蹈律動治療，有很多方式可以進行（Nicholas, 2003）。例如，一項將舞蹈律動治療應用在一個治療性社區（therapeutic community）的團體治療計畫中，可用創造性律動的方法，協助抗拒且罹患嚴重心理疾患的男性成人。

戲劇治療

最後發展出來的創造性藝術治療，是以很多種形式表現的戲劇治療（Jones, 2007; Landy, 2005, 2008）。Jennings（1992）將戲劇治療定義為：「是一種透過戲劇藝術的直接經驗，帶來人們改變的方法」（p. 5）。對某些戲劇治療師來說，心

理劇是戲劇治療的一種形式。戲劇治療的模式範疇，從莎士比亞到使用木偶與玩具都是。Jennings（1992）舉了一個戲劇治療師使用莎士比亞的《李爾王》（*King Lear*）的例子，該治療師聚焦在以李爾王與女兒關係之短詩，來探討中年婦女和年邁父親的關係。對於重病兒童，戲劇治療可以讓兒童藉由扮演童話故事中的角色，去表達他們的情緒（Bouzoukis, 2001）。戲劇治療也可以用於協助呈現問題性行為之兒童，去處理他們潛藏之複雜情緒與心理歷程（LeVay, 2005）。

　　戲劇治療有許多不同的應用方式。James（1996）舉了一個智能不高之二十出頭男性的例子，這個男子總覺得「我無法成為贏家」（pp. 30, 31）。Jennings 在治療中成為「贏家」，這個年輕人則用力推他。一會兒後，這個年輕人說這個練習增加了他對自己能力的信心。有時只有治療師一個觀眾，也可以有所助益；雖然這很少見。例如，當一群接受抗精神病藥物的病人演出 Dickens 的「一首耶誕頌歌（聖詩）」（A Christmas Carol）時（Andersen-Warren, 1996）。戲劇治療的應用，反映了對劇場表演的知識與專長，以及對心理治療理論的知識（Landy, 2005, 2007, 2008）。

　　在戲劇治療的實務上，戲劇治療師及個案可以演出一個戲劇角色，或是傳統上的個案 - 治療師之角色。在戲劇治療的應用上，治療師可以指導治療、觀察它、引導一個團體去進行想像練習；也可以和整個團體經驗一種如假想的旅程之創造性練習（Johnson, 1992; Jones, 2007）。戲劇治療師可以用木偶或一個沙箱（sand tray，裡面有不同的玩具人偶、玩具建築物、樹木等等），即席創作演戲。因為他們可以與個案扮演很多種不同的角色（包括扮演心理治療師），且有可能碰觸個案，移情與反移情的議題會較其他形式的治療更快速產生（Johnson, 1992）。雖然這在團體中會是真的，但與個案個別進行時更會如此。

　　Landy（1992）建議在進行個別戲劇治療時，戲劇治療師必須注意個案與治療師間的界限，即個案是否與戲劇治療師距離得太遠或太近。假如個案距離很近，治療師需要與個案保持某種程度之距離；假如個案與治療師距離遙遠，治療師需要在此鴻溝上建立橋樑。

音樂治療

　　如同其他創造性藝術治療，音樂治療可以用多種方式進行。音樂治療師同時使用音樂作為基本的刺激物及治療的應用（Crowe, 2004）。就如同零售店使用背

景音樂，讓顧客的心情更有助於購買。音樂治療師可以使用富有節奏的音樂去刺激病人；或舒緩的音樂讓病人平靜下來（Frohne-Hagemann, 2007）。音樂的治療性功能是透過如獨唱、與音樂治療師同唱及打擊樂等的多種活動。音樂治療師可以使用音樂去鼓舞非暴力的行為、增加口語行為及減低壓力（Crowe, 2004）。雖然音樂治療用於各種問題的個人，如藥物濫用，但更常用於罹患嚴重疾病如學習障礙、精神分裂症、自閉症、說話及語言障礙、視覺障礙及阿茲海默症的患者。例如，Rio（2009）說明如何利用音樂，讓照顧者去協助老年失智症患者。

音樂治療的理論模式有很大的差異，從強調行為評估與改變（Crowe, 2004），到 Odell-Miller's（2003）使用音樂作為強化精神分析治療的方法，特別是對移情及反移情的議題。Rogers（1993）對性虐待個案的例子，顯示出一個音樂治療師的創造力。不同的樂器（特別是打擊樂器），可以用於代表童年生活中不同人們。

> 不同的樂器可以對人的不同角色進行分派，以下是一個清楚的例子。兒童 B 重複的使用一個大型康加鼓（conga drum，又稱墨西哥鼓）象徵父親，一個小的木琴代表母親，及一個較小的手鐘（handchime）代表自己。這些樂器接著所擺放的位置，顯示出家庭成員間的關係。除此之外，個案演奏樂器的方式，有一個清楚的象徵性意義。B 將大康加鼓與父親連結，且知覺父親是非常支配的階層；B 接著很輕柔的演奏著康加鼓。康加鼓在視覺與聽覺的知覺上，有很清楚的區隔（樂器的大小及演奏的方式正好相反）。這種差異可以接著探討。（Rogers, 1993, p. 211）

然而，治療師可能常即興創作，並鼓勵個案用各種樂器以主動的方式，自發的表達自己，以揭露其情緒或感覺。這種練習有時可以由個案去引發，其他時候則由音樂治療師開始。

在討論音樂治療時，Crowe（2004）說明音樂治療的生理性及靈性、與其他藝術治療的併用，以及對不同人口群的廣泛應用。音樂治療幫助了因 911 恐怖份子攻擊事件，受到創傷而住院的兒童（Loewy & Stewart, 2004）。後設分析顯示，音樂治療可提升失智症者社交參與，以及增加其情緒與認知技巧（Koger, Chapin, & Brotons, 1999）。對這些人來說，幫助他們追憶生活中早年時光的音樂，會有所助益（Ashida, 2000）。嘻哈音樂（hip-hop music）對安置治療機構的一群青少

年會有幫助；因為當音樂的旋律演奏時，青少年能夠對饒舌歌手（rappers）的生活掙扎產生關聯（Ciardiello, 2003）。音樂治療師藉由對個人生理及心理歷程的知識、及音樂的美學和物理特性的知識，來幫助大家。

小結

　　包括藝術、舞蹈律動、戲劇及音樂等創造性藝術治療，使用創新的治療技術去鼓舞個案的表達性特質。創造性藝術治療雖然常用於嚴重困擾的病人，但它也可以用個別與團體的兩種形式於所有人口群。在治療工作中結合如藝術與戲劇治療等多種形式的創造性藝術治療師，有增加的趨勢。有些創造性藝術治療師主要作為心理治療師的附屬角色；也有些會將心理治療與他們的創造性方法加以結合。

 ## 摘要

　　本章討論的五種治療模式，對如何產生治療性改變，都有著根本不同的觀點。亞洲各種治療強調反省與深思，其中有些模式較其他模式更著重在暗示責任與義務的重要。身體心理治療強調注意姿勢、動作及體型，去評估個案的心理問題，接著可能去作身體或心理的介入。人際治療是一種以研究為基礎去治療憂鬱症的方式，使用治療手冊去確認每一步驟。心理劇是一種主動而公認的模式，使用在團體中，且通常在一群觀眾面前。它的特色是演出個人的問題。創造性藝術治療使用音樂、藝術創作、律動及戲劇性表現，來協助個案表達感覺，並促使其對社會互動有更多的覺察。雖然每種模式都各有不同，但對在心理治療的應用上，都提供了獨特的貢獻。

第14章

統合治療

譯者：馬長齡

心理治療的統合模式琳瑯滿目，本章將討論三種統合理論。首先是Wachtel的循環性心理動力理論（cyclical psychodynamics），它結合人格理論概念、及主要來自精神分析與行為治療等諸多理論的心理治療技術。其次是Prochaska的跨理論模式，它檢驗多種理論，並挑選有效心理治療模式的共通概念、技巧與其他因素。循環心理動力論與跨理論模式，都使用一個稱為理論統合的模式。理論統合（theoretical integration）結合人格理論及兩種以上理論的技術。同化整合論（assimilative integrative approach）與這個模式類似，它以人格理論與某個理論的心理治療技術為主，再以另外一個或更多個理論的技術作為補充。最後則是多元模式治療（multimodal therapy），其以社會學習之人格論為主要焦點（Stricker & Gold, 2005）。這個從許多理論的觀點而來的人格理論，影響了許多治療技術之使用。多元模式治療使用的模式稱為技術折衷。在技術折衷（technical eclecticism）裡，選定一種人格理論後，伴隨使用的技術可能來自任何理論，但所使用的技術都會跟設定之人格理論方向一致。統合治療提供了一種系統性結合本書稍早介紹之許多理論的方式。在說明這三種統合理論〔循環心理動力論（cyclical psychodynamics）、跨理論模式（transtheoretical）與多元模式（multimodal）〕後，接著闡明一種與上述三種模式類似，而可以讓你整合出自己的理論架構之方法。

治療師可以集結一些理論的元素，從多種理論中擷取所長來使用。就如Prochaska和Norcross（2010）所表示的，統合理論可以是範圍很廣泛的結合。例如，精神分析-行為學派的統合，在1970年代非常受歡迎；認知治療與行為、人本或精神分析理論的結合，在1980年代更是風起雲湧。學者詢問並註記統合心理治療師的自家風格，結論如表14.1所示（Garfield & Kurtz, 1977; Norcross & Prochaska, 1988）。從2003年的數據資料顯示，行為與認知理論受歡迎的程度與日俱增（Norcross, Karpiak, & Lister, 2005）。然而，數據資料也顯示出，其偏好範圍極廣。這個研究只檢驗了與理論配對的統合治療師；有些治療師在治療工作中，似乎結合了三種以上的治療模式。從表14.1可知，治療師對行為與精神分析理論的興致歷久不衰。自1950年代起，治療師使用了很多種方式去結合理論。當不同的治療模式開始發展後，開業治療師試著去統整與混合不同的技術，並將之和同事分享。統合模式治療師說明了作為一個合格的統合模式治療師，所必須有的技巧、及使用統合治療該有的訓練與督導方法（Boswell, Nelson, Nordberg, McAleavey, & Castonguay, 2010）。《統合心理治療期刊》（*The Journal of Psychotherapy Integration*）涵括了統合模式用於治療的重要發展議題。

▼ 表 14.1　最常出現的理論導向組合

組合	1976 年 *		1986 年		2003 年	
	%	次第	%	次第	%	次第
行為與認知	5	4	12	1	16	1
認知與人本			11	2	7	2
認知與精神分析			10	3	7	2
認知與人際			4	12	6	4
認知與系統			<4	14	6	4
人本與人際	3	6	8	4	5	6
人際與系統			5	7	4	7
精神分析與系統			4	9	3	8
人際與精神分析			<4	15	3	8
行為與人際			<4	13	2	10
行為與系統			5	7	2	11
人本與精神分析			<4	12	2	11
行為與人本	11	3	8	4	1	13
行為與精神分析	25	1	4	9	<1	14

* 1976 年研究並無包括所有組合的百分比與次第（Garfield & Kurtz, 1977）。有些是從 Norcross 和 Prochaska（1988）及 Norcross、Karpiak 和 Lister（2005）的研究而來。

 ## Wachtel 的循環性心理動力理論

　　Wachtel 及 其 同 事（Gold & Wachtel, 2006; Wachtel, 2008; Wachtel, Kruk, & McKinney, 2005）發展出一種結合行為與精神分析概念及技巧之模式，其中也伴隨了一些其他理論的概念與方法。初始，看到統合行為與精神分析理論，會認為結合這兩種南轅北轍的理論很不倫不類。然而，這種配對已有很長的一段歷史了；Dollard 和 Miller（1950）就結合了精神分析的洞察與冷硬的科學行為治療，發展了一種聯合理論。從這樣的傳統出發，Wachtel（Gold & Wachtel, 2006; Wachtel, 1977, 1991, 1993, 1997; Wachtel et al., 2005）以精神分析為背景，而發展出一種將精神分析與行為治療緊密結合的理論。其他人受到循環性心理動力的吸引，則是因為它強調個案的能力與關係、及家庭議題（Ornstein & Ganzer, 2000）。

　　Wachtel 以這些方法治療疾病，理解到焦慮十分常見，遂發展出循環性心理

動力（cyclical psychodynamics）一詞；這名詞全然來自於他認為個人心理衝突會產生行為問題，而行為問題也會產生個人內在問題。例如，個人可能感覺不受父母疼愛，且對自己的作為不夠有自信，而會一直感覺對父母憤恨不平。藉由表現出不夠自信，個人會覺得受忽視且感覺強烈憤怒。因此，內在衝突產生了行為問題，而行為問題也衍生進一步的個人內在問題。

　　Wachtel 在治療個案的過程中，協助個案在了解其行為與改變行為間仆俯前進。行為學派治療包括放鬆練習、減敏感與暴露於焦慮情境中。心理動力治療包括協助病人了解過去與現在潛意識的衝突，以及它們彼此如何相互影響。Wachtel 不只處理過去的議題，也追蹤潛意識歷程如何成為焦慮的產物。因此，潛意識衝突可能造成問題或是問題的結果。在了解個案與治療個案之策略，同時來自行為與心理洞察的觀點。Wachtel 調查個案的潛意識與行為問題。他可能要個案經歷行為歷程，及詮釋與面質其潛意識歷程，讓個案暴露於焦慮中。不過，這種暴露是漸進的完成且逐步地改變，而非急遽的介入。

　　Wachtel 十分關注純粹精神分析所持，個人早期經驗並不因後來生活經驗而改變的觀點。同時，他受行為學派所強調之近期事件對個人未來行為帶來影響的觀點所吸引。Wachtel 也關切洞察及知悉個人議題或問題，不足以帶來改變。對 Dollard 和 Miller（1950）的論點之熟悉，讓他能夠統合行為治療到精神分析中。

　　有趣的是，Wachtel 並不熱衷於將認知治療統合到精神分析中。對於精神分析強調要思考個人關切之議題、及將潛意識事件帶入意識覺察中，他認為是一種認知造成。他想要協助個人更能覺察其情緒，進而改變其行為。近期，他也受到結構模式的認知治療所影響，著重在個案的思考方式與處理他們的問題，而非說服的模式，如用於理性情緒行為治療（REBT，見第 8 章）中，著重在說服人們去改變其非理性行為的爭論（disputing）。

　　當治療步驟往下進行時，Wachtel 協助個案在澄清及詮釋他們的思考、幻想與行為中，發展出洞察。Wachtel 也如精神分析與認知治療，受到結構學派模式的影響。因此，他對個案使用的語言、看待世界及治療關係的方式，有更敏銳的觀點。他在體認到許多問題發生在家庭內後，遂將家族治療的觀念融入其中（Wachtel et al., 2005）。

Wachtel 咸信要消除恐懼行為，只找出及了解個人的恐懼是不夠的，而是必須重複的暴露於恐懼中。精神分析的詮釋提供了暴露於恐懼及消除行為的方法，因為它也是一種協助病人去處理先前逃避的思考之方法。他建議重複這種詮釋，會有助於消除恐懼。移情可以視為檢視過去經歷本身，更與個案現在的生活經驗有關。

Wachtel 如同許多當代精神分析師，強調個案 - 治療師之間的關係。Mitchell（1993）的關係精神分析著作和其他人的著作，對循環性心理動力影響甚鉅。Wachtel（Wachtel et al., 2005）深信治療師與個案應共同合作去使用詮釋，也不因詮釋而不悅。在如此的過程中，治療師不只與個案討論過去事件，也對現在發生於個案與治療師之間的事情加以反應與互動。治療中的改變有部分原因是治療關係的有效性。

Wachtel 的循環性心理動力理論案例：朱蒂

44 歲因慢性憂鬱症及嚴重身體症狀而抱怨的個案朱蒂之例子，說明了治療師如何使用循環性心理動力模式去了解個案（Gold & Wachtel, 1993）。在治療初期，朱蒂與治療師檢視內在衝突 - 行為 - 內在衝突 - 行為循環（心理問題如何引發行為問題，反之亦然），以及朱蒂的焦慮與動機。朱蒂逐漸的看到自己受人利用，而對此剝削很憤怒，並對問題發展出一種無助的感覺。心理動力對困擾議題之探索如親子依附，協助朱蒂連結過去與現在的行為。在此關頭，治療師採用結合了行為與精神分析的介入，去打破心理動力 - 行為循環。

在開始階段，針對打破朱蒂抱怨、自我剝奪及憤怒的錯誤循環，這種詮釋工作成為更積極介入方法的基礎。第一個練習融合了動力性的洞察及系統減敏感法。治療師要求朱蒂能否想像一種景象：她很愉快的以一種讓丈夫及朋友生氣或易怒的方式分享她的想法。她漸漸的脫離怯懦與卑微的表達方式，而去想像一種粗暴且有力表達憤怒的景象。當朱蒂對這些理念與想法變得更自在時，她自發的增加了對憤怒的焦慮、及增強抱怨行為之某些潛意識因素的洞察。朱蒂表示，想像自己嚇唬其他人且恐懼出現時，她能享受到那種力量的樂趣。她也學到照顧人的行為，給了她對力量的明顯知覺；並引發其潛意識自認較其意識上勉強同意的人，更好、更有能力的幻想。（Gold & Wachtel, 1993, pp. 69-70）

Wachtel 的循環性心理動力理論案例：約翰

　　以下案例更具體的顯示出行為與精神分析理論的統合（Wachtel et al., 2005），它描述了一個行為方法與精神分析詮釋緊密連結的「無縫的」模式。

　　約翰在其專業領域執照考試接連受挫五次，因而來尋求治療（這個案例實際狀況未具體說明）。他在其領域中表現優異，是故對通過考試一事倍感壓力。他出身於波士頓地區的顯赫家族，家裡十分重視社經背景及事業成就。約翰在治療面談中，表達了自己對社經背景及成就的關切。以循環性心理動力治療來說，不尋常的是只進行了 8 次面談，就成功的幫助了約翰通過考試。如此一個具體的目標，不是典型的循環性心理動力治療工作。這份案例的文字稿，說明行為學派技巧與精神分析概念間緊密的連結。

　　最有趣的發展發生在約翰想像他在當天考試前，他進入考場時的景象。這一組想像練習的目標，是讓他適應考場，從而體驗到壓力減輕。他應要求仔細地環視整個房間、碰觸如書桌及牆壁等各種表面，以及去體驗考場的光線等等。

　　當他開始想像時，一系列相關的情景及新影像來到眼前。剛開始時，他自發的想像房間似乎像是停屍間，接著成排的書桌似乎像是無數覆蓋著戰場的墳墓。然後，他覺得有克服了無能的感覺。我問他是否可以想像，自己堅定又強悍的準備上場去打仗。他照著做了（我並未明確說出是否他應該具體地建立，或想像自己堅韌不拔且準備一戰）。他說他覺得更好、更強壯，接著自發的產生一個舉著巨劍準備要屠龍的畫面。他將這個想像連結到治療的各種討論，視考試為一個可敬的對手，對它很慎重但又能操控它。他對此想像感到很滿意，而我建議他在下次面談之前，在家練習這種想像活動，他非常熱衷並同意此建議。

　　在下一次的面談，我要他再次想像他要應考的前一天去造訪的考場。一會兒後，當他檢視過考場中的各種東西後，他覺得十分平靜與自信。但是，他突然間感覺一股焦慮襲來，似乎有樣東西在他身後。我要求他轉過身去看那是什麼。他報告說看到一隻大貓——一頭豹子。在此我做了一種詮釋；我說明豹子代表他自己的力量與侵略，只要他將其排除在外或不去面對，對他就會是個威脅。我詢問他是否可以將豹子充當為部分的他，成為自己的力量，去對付他自己所纏繞的強烈威脅感。

　　他想像將豹子吸收進自己體內後，焦慮漸減。緊接著，我詳盡說明——確定是十分冒險地，以我們曾一起達成其面對考試之困難的動力方式——為何他需要特別選了豹子來充當部分的他。我強調豹子強健且有決心的，並小心翼翼且無比尊重牠們的獵物。（Wachtel et al., 2005, pp. 182-183）

　　這兩個例子描述了循環性心理動力模式，顯示出如何將行為與心理動力的概念統整成一種積極的理論模式。Wachtel 漸次發展出此模式，加入一個嶄新的概念，縮短了心理動力及行為與認知治療間的距離。如先前案例之說明，他致力於發展更無縫式的介入。治療師以此方式，無縫的從一種模式移到另一種，使得行為與心理動力之技巧的區別更順暢而不至於太突兀。Wachtel 也關注種族等社會議題，及其對人們及治療關係的影響（Wachtel, 1999, 2007）。關係精神分析的另一貢獻，是協助帶來與精神分析概念非直接相連結的關係因素。Wachtel 藉此豐富了循環性心理動力治療，使它不只是行為治療與精神分析的混合體。

使用 Wachtel 的循環性心理動力理論建構你的統合理論

　　Wachtel 的理論使用了一個稱為理論統合（theoretical integration）的理論模式。他同時截取了人格理論與另外兩種以上的治療理論。以循環性心理動力來說，他使用了人格理論及精神分析治療理論、行為治療、建構治療（constructivists therapies）與家族治療。他的治療常在理論間穿梭，他所使用的技術都植基於他對這些理論的了解。

　　你也可以使用他的模式，建構出自己的統合理論。為此，你可以檢視表14.2，從中挑選兩種或更多你想結合使用的理論（理論派別越少，就越容易組成一種統合治療）。即使你剛開始研習心理治療與諮商理論，你也可能想要試著建構自己的理論模式。你在成為一個心理治療師或諮商師前，有可能會改變你的統合理論數次。你可以使用表 14.2，去挑選出你想要的理論。其次，你可從各種人格理論中，去檢視你將採用的人格理論之基本概念。接著，你再從挑選出的理論裡，找出可能會用的治療技術。然後，你可能希望再驗證該理論所屬章節的討論內容。以此，你將會依循理論統合模式去建構你可能期待使用的統合理論。

　　Stricker 與 Gold（2005）提出了另一種類似於理論統合的統合理論模式。依

據同化模式（assimilative model），你將挑選一種主要的理論為依據，再從其他一種以上的次要理論截取所需。你可從表 14.2 中，找出你所要使用的人格理論與治療理論的技術。例如，你可以選擇認知治療當作你的主要理論，而以行為與女性主義治療當作你的次要理論。

▼ 表 14.2　依據章節所列出可用於發展心理治療統合理論的人格理論及治療理論

章節名稱	人格理論（評估）	治療理論（技術）
1. 精神分析 （psychoanalysis）	Freud 驅力理論（Freud's drive theory） 自我心理學（ego psychology） 客體關係（object relations） Kohut 自體心理學（Kohut's self psychology） 關係精神分析（relational psychoanalysis）	精神分析技術（psychoanalytic techniques）
2. Jung 分析與治療 （Jungian analysis and therapy）	Jung 人格理論（Jungian personality theory）	Jung 學派技術（Jungian techniques）
3. Adler 學派治療 （Adlerian therapy）	Adler 人格理論（Adlerian personality theory）	Adler 學派技術（Adlerian techniques）
4. 存在主義治療（existential therapy）	存在主義學派人格理論（existential personality theory）	引自其他理論學派之技術
5. 個人中心治療（person-centered therapy）	個人中心學派技術（person-centered techniques）	反映技術（reflecting techniques）
6. 完形治療（gestalt therapy）	完形人格理論（gestalt personality theory）	完形體驗式技術（gestalt experiential techniques）
7. 行為治療（behavior therapy）	學習理論，包括古典與操作制約、社會學習理論 [learning（classical and operant conditioning, social learning theory）]	行為學派技術（behavioral techniques） 接納與承諾（acceptance and commitment） 眼動去敏感法（eye-movement desensitization） 辯證行為治療（dialectical behavior therapy）
8. 理性情緒行為治療 （rational emotive behavior therapy）	理性情緒行為治療人格理論（REBT personality theory） 促發事件（activating event） 信念（belief） 後果（consequence）	理性情緒行為治療技術（REBT techniques） 爭論（disputing） 認知、情緒與行為技術（cognitive, emotive, and behavioral techniques）

（接下頁）

▼ 表 14.2　依據章節所列出可用於發展心理治療統合理論的人格理論及治療理論（續）

章節名稱	人格理論（評估）	治療理論（技術）
9. 認知治療（cognitive therapy）	認知學派人格理論（cognitive personality theory） 認知基模（cognitive schemas） 認知扭曲（cognitive distortions）	認知學派治療技術（cognitive therapy techniques） 挑戰（challenging）、標籤化（labeling）
10. 現實治療（reality therapy）	現實治療人格理論（reality therapy personality theory）	現實治療過程與技術（process of reality therapy and the techniques）
11. 女性主義治療：多元文化取向（feminist therapy: a multicultural approach）	女性主義人格理論（feminist personality theory）	女性主義技術結合如精神分析、行為、認知、完形與敘事治療技術（feminist techniques combined with many other theories, such as psychoanalysis, behavioral and cognitive, gestalt narrative）
12. 家族治療（family therapy）	Bowen 跨世代理論（Bowen's intergenerational theory） 結構學派家庭理論（structural family theory） 策略學派理論（strategic theory） 體驗與人本學派理論（experiential and humanistic theories） MRI 理論（mental research institute theory） 米蘭學派長間隔短期治療（long brief therapy, Milan）	Bowen 跨世代技術（Bowen's intergenerational techniques） 結構學派家庭技術（structural family techniques） 策略學派技術（strategic techniques） 體驗與人本學派技術（experiential and humanistic techniques） MRI 治療技術（mental research institute techniques） 米蘭學派長間隔短期治療技術（long brief therapy techniques, Milan）
13. 其他心理治療	亞洲學派人格理論（Asian personality theory） 身體心理治療人格理論（body psychotherapy personality theory） 人際心理治療人格理論（interpersonal psychotherapy personality theory） 心理劇（psychodrama） 創造性治療（creative therapies）	亞洲學派心理治療技術（Asian psychotherapy techniques） 身體心理治療技術（body psychotherapy techniques） 人際心理治療技術（interpersonal psychotherapy techniques） 心理劇技術（psychodrama techniques） 創造性治療技術（creative therapies techniques）

 # Prochaska 及其同事的跨理論模式

　　Prochaska 和同事（Prochaska & DiClemente, 2005; Prochaska, Johnson, & Lee, 2009; Prochaska & Norcross, 2010）所提出的跨理論模式，相較於其他跨理論模式而言，作為更多研究計畫的研究對象，因此提供了本書更完整的統合理論之討

論。Prochaska 等人希望超越特定的理論架構，並鼓舞治療師擷取其他理論中最有效的部分來創造出革新的技術。因此，這些治療師從各門派的立論與觀點中，嚴選出一些理論架構與治療技術，並依此建構出自己的理論。他們使用一種與 Wachtel 大相徑庭的統合理論模式；他們從多種理論中挑選出概念架構，而非完全使用某一理論，進而統整成他們自己的新理論。

　　Prochaska 的模式是一種依據個案改變的準備程度、需要改變的問題型態，及帶來改變的技術之歷程的改變模式。Rogers（第 5 章）曾約略提及個案改變的準備程度，但非本書的理論中談最多的一個。Prochaska 及其同事徹底地談論了「改變」，為其他理論所不及。他們說明了改變的 5 階段，並將之應用為心理問題的五個層次。他們自不同心理治療擷取技術，提出了改變的 10 個步驟，以協助在準備改變的各階段及不同層次心理問題之個案。所使用的不同技術，需仰賴個案改變的準備度及個案所呈現的問題而定。

改變的階段

　　Prochaska 和 Norcross（2010）描述改變準備度的五個階段：深思前期（precontemplation）、深思期（contemplation）、準備期（preparation）、行動期（action）與維持期（maintenance）。深思前期之個案，可能有改變的念頭，但是尚未有意願去執行。個案在深思期很認真的考慮改變，但是還未下定決心。在準備期的個案，意圖改變，且顯示出一些行為的改變。在行動期，個案已顯現出持續改變了一段時間，可見改變的承諾是很清楚的。最後的階段是維持期，個案持續進行改變並預防復發。這些改變的階段不是獨立存在的，個案可能在任何時間會經歷到所面臨的問題處於幾種階段中。這五個階段似乎特別適合說明戒菸的承諾程度，Prochaska 及其同事常將跨理論模式應用於此。

心理問題的層次

　　改變的五個階段可以應用在五種複雜程度不一的症狀（symptoms）、不良適應思考（maladaptive thoughts）及人際、家庭與個人內在衝突等問題上。症狀問題包括有對蛇的恐懼症。不良適應思考為負面信念如「我是個可怕的人」。人際衝突包括在生活上無法與人相處，如同事。家庭衝突通常更複雜，因為他們的關係更親密。個人內在衝突為猶豫、無法作決定及自己內在不一致，其中可能包括極

度憤怒或自戀。跨理論治療師通常偏好以處理症狀或不良適應思考開始，接著再處理人際、家庭與個人內在衝突。大致來說，行為治療針對症狀改變；認知治療處理不良適應思考；家庭系統治療面對家庭問題；完形、精神分析及存在主義治療處理人際或個人內在衝突（Prochaska et al., 2009; Prochaska & Norcross, 2010）。

改變的歷程

Prochaska 和 Norcross 在說明改變歷程上，擷取了在本書中也說明了的所有主要理論。在此將詳細說明十種改變歷程（提升自覺、戲劇性的釋放或宣洩、對環境的再評估、自我再評估、自我解放、社會解放、權變管理、反制約、刺激控制與助人關係），它們幾乎涵蓋了各種治療理論所有可能改變的看法（Prochaska & Norcross, 2010; Prochaska & DiClemente, 1984, 2005）。

提升自覺　這是指一種介入技術，協助個案更加覺察其行動的原因與結果，並感覺更好的方法。典型的介入是治療師觀察個案、詮釋個案的陳述，以及溫和的面質他們之前可能沒有覺察到的議題，如他們可能會有的困擾之特定防衛機轉。精神分析、Jung 學派、Adler 學派、存在主義、完形與女性主義治療，可以協助個案提升他們對問題的意識。

戲劇性的釋放或宣洩　這些經驗為情緒性或感情的。對治療師表達問題，可以引發釋放。在完形治療中以空椅法演出問題，是一個協助個案表達出對一些人或事件之感覺的例子。通常表達情緒後，會經驗到釋放的感受。完形治療非常直接地造成情緒的釋放，不過建構學派治療與心理劇也可以帶來戲劇性的釋放效果。

環境的再評估　藉由從更寬廣的角度去看問題，個人會產生不同的觀點。依此方式，個人可以看到問題如何影響其他人或是受他們所影響。例如，一個受虐兒可以看到問題錯不在他；或是一位男性因其喝酒的行為影響到子女而決定戒酒。許多種治療都會協助進行環境因素的評估。

自我再評估　在自我再評估的過程中，個人會去評估如何才能克服首要問題。這牽涉到情感、認知與行為的改變。個人檢視改變的利害。個人評估為了要改變，他必須做的或是要放棄的。例如，個人為了處理飲酒所衍生的問題，是否可以放棄飲酒帶來的樂趣？ Adler 學派治療、認知治療與理性情緒行為治療等理論，都強調自我再評估（self-reevaluation）。

自我解放　個案選擇處理他們的問題而作改變。個案在處理他們的問題時，也可以作新選擇。他們會為了成功而去檢視其生活上可能需要改變的部分，以及伴隨改變而來的責任。個案有時會因為要作決定而產生焦慮，如墮胎與否的抉擇。許多的理論都強調自我解放。

社會解放　有時候問題需要作微幅或更大的社會改變。例如，假設一位女性在其工作場域受老闆性騷擾，治療師可以協助她擬定處理工作上問題的策略和計畫。計畫可以包括獲得法律或社會支持，以及如何面對老闆。女性主義治療強調這種改變的歷程，更勝於其他的理論。家庭結構治療與 Adler 學派治療也強調社會解放。

權變管理　如第 7 章所述的行為增強，是權變管理中很恰當的例子。教導個案去形塑他們的行為，有助於處理各種問題。管理行為的其他方法有系統與實境減敏感法。進行這個程序通常也包括進行行為功能分析。

反制約　個案改變個人對問題或刺激的反應方式，可以在他們的生活中有正向的改變。學習新的反應方式可由各種行為示範技術、或如何處理某種情境之計畫練習，如 Meichenbaum 的自我指導訓練而產生。

刺激控制　藉由控制環境，個人可以管控其處理困難情境的方式。Meichenbaum 的壓力免疫法（stress inoculation method），是一種因應較輕微壓力以面對更強大壓力情境之方法。演練個人如何去改變一種困難情境，為控制刺激的例子。

助人關係　幾乎所有理論都重視良好的治療關係。跨理論治療堅信這是發生改變的必要條件。Rogers 的個人中心治療及存在主義治療之治療性關愛，均為心理治療中利用關係去協助個案的例子。

改變階段、心理問題層次與改變歷程的結合

可用於改變的不同程序（技術），有賴個案準備改變的程度。從深思前期進入到深思期，例如，在提升自覺的技巧方面，可以協助個案去提升對於問題的覺察。演出技巧（戲劇性的釋放）也可協助個案對問題的覺察及作改變的期望。除此之外，再檢視生活事件（環境的再評估）可以協助個案，決定此時是該改變的時刻。這些技術讓個案踏上在生活中準備改變的旅程。

從深思期進入到準備期，個案必須進行自我的再評估。他們為此而決定哪些

議題及關切的部分，需要暫時性或永久性的改變或擱置。設定治療的目標是自我再評估的部分歷程。要進行改變及進入行動階段，他們還得經過自我解放過程。個人在此更仔細的檢視必須作改變的部分，他們也可檢視改變將會如何發生。

當個案進入行動階段時，已經準備好使用行動導向的程序。以行為當基礎的權變管理、反制約及刺激控制等步驟在此十分適用。依問題的本質進行社會解放可能也適用。這些步驟持續進入到維持期。治療師的追蹤輔導會談，可以協助行動導向的程序並提供支持。

助人關係程序在整個治療過程是持續的。Prochaska 和 DiClemente（2005）強調，在治療的所有階段都維持良好治療關係的重要性。個案與治療師間若沒有良好關係，將無法逐步進入所有達成改變的各個階段。

只是有些特定的心理治療理論，適合特定型態的改變歷程；某些特定理論最常用在問題的不同層次上。同樣的，有些理論較傾向用在深思期，而其他理論更常用在行動與維持期。例如，精神分析治療較會用在人際衝突的深思前期，而行為治療較常用在症狀或情境性問題的行動與維持期。以下列出由 Norcross 和 Prochaska 所描繪出的心理問題之五個層次，以及在本書中所提到之最貼近的治療模式：

- 症狀／情境：行為治療、焦點解決治療。
- 不良認知：Adler 學派治療、理性情緒行為治療、認知治療。
- 人際衝突：家族治療（所有的）、人際治療、現實治療、心理劇。
- 家庭系統／衝突：Bowen、結構、策略、體驗與人本等家庭系統治療。
- 個人內在衝突：精神分析治療、Jung 學派治療、存在主義治療、完形治療、敘事治療、創造性藝術治療。

上面是一個概略性的清單。某些理論有時會用在問題的不同層次、及改變的不同階段。女性主義治療也許適用於各種層次與階段，端視問題的本質；個人中心治療則適合用在每一個不同的層次上。

在應用跨理論治療時，治療師可能會使用不同的策略。他們考慮如何協助個案（十個治療歷程）、什麼時候使用特定的步驟（五個改變階段），以及哪些需要改變（問題的五個層次）。他們有時候會以問題的層次先開始處理症狀，接著去

處理不良認知等等。當他們以此方向進行時，處理問題的層次會逐步加深，直到進入個人內在衝突的層次。另一些時候，如處理對老鼠的恐懼症時，在問題的本質上可能只需要處理一到兩個層次。對於更困難與複雜的問題，治療師可能需要處置問題的所有層次。在以下 C 太太的案例中，說明了治療師需要處理許多的改變過程與不同的層次。

Prochaska 與同事的跨理論模式之案例：C 太太

因為 Prochaska 和 Norcross 的跨理論模式含括很多概念，是故要舉例說明並不容易。以下將摘要說明 Prochaska 治療 C 太太（Prochaska & Norcross, 2010）之狀況。C 太太的問題史牽涉極廣，包括有強迫症的症狀與最近企圖自殺之威脅。相較其他大部分治療師，Prochaska 更注意 C 太太從準備期進入行動期的改變動機。Prochaska 在治療 C 太太的歷程中，指出她強迫性的洗手（症狀）、她對骯髒的念頭（不良適應思考）、她與孩子的關係（人際）、她母親對清潔的規範（家庭）與過度控制她的各種問題之感覺（內在）。Prochaska 有系統的呈現出問題之類型與步驟，提供了很少理論會像這樣執行的結構。這個結構也提供了一個方法，以確認所要進行之治療介入。

Prochaska 接著從十種改變歷程中加以挑選。當談論到 C 太太住院及強迫症時，在 Prochaska 的關懷關係下與處理家庭議題後，C 太太經驗到（自我解放與宣洩，見 Prochaska 與 Norcross（2010, p. 513）所述。

藉由一週兩次的個人中心支持面談，增進了助人關係。在這些面談中，C 太太可分享住院與治療中所引發的許多想法及感覺。這些面談也讓 C 太太在治療中覺察到，治療師對她的是關懷而非強制討論。C 太太越能對心理治療有所覺識，就更能自我釋放，也更能承諾要去克服自己長期的強迫行為。

藉由兩週一次與 C 太太的家人一起會談，去討論人際相關問題。C 太太的家人需要藉由面談，表達他們這些年來對 C 太太累積之憤怒與憎恨。過程中，因為四個孩子堅定的表達了不希望 C 太太回家的想法，C 太太一時看來不會回家去了。然而，當怒氣消失後，因為 C 先生與老大分享了 C 太太出現強迫行為前的共處回憶，他們一起協助其他孩子重新評量母親。與 C 先生個別會談的時間，也幫助 C 先生憶起了深埋在挫折與憎恨下的溫暖感覺。

　　除此之外，醫院護理人員藉由玩紙牌與看電視進行反制約，協助 C 太太因應強迫性洗手的焦慮。Prochaska 也會應用其他十種改變歷程中的若干。此種結構可以協助治療師去評估問題可能的治療性改變。

　　總之，Prochaska 與 Norcross（2010）討論改變之不同歷程的應用，要視病人改變準備的階段及問題的層次而定。例如，提升自覺與戲劇性的釋放，適用於深思前期及深思期的個案；反制約與刺激控制則適合處於行動或維持期的個案。Prochaska 與 Norcross 使用這種跨理論模式，期盼統整許多理論的優點，並將之應用在個案問題上而有別於過往之描述。

使用 Prochaska 與同事的跨理論模式作為你的統合理論之參考架構

　　Prochaska 及其同事發展了一套可被視為理論統合的模式（Prochaska & Norcross, 2010），這套模式引用了本書所提的大部分理論。然而，跨理論模式採用的統合理論模式，與 Wachtel 循環性心理動力模式所採用的大有不同。Wachtel 完整的（或幾乎）借用各理論；Prochaska 及其同事則使用其他理論的技巧，發展出自己獨特的理論，再將這些技術整合成他們的改變十個歷程，並發展出改變的五階段及問題的五種層次。他們的理論有許多新概念，而 Wachtel 的模式則無。這兩種都是有效的統合治療之理論統合模式的例子。

　　對學生或初入行的治療師來說，要統整理論並發展出像 Prochaska 及其同事那樣的模式並不容易。自本書介紹的理論發展出自己的改變歷程可是非常大的挑戰。不過，這樣做會有助於了解本書所介紹的改變技巧。或許採用跨理論模式（transtheoretical model）並試著修改成你對理論所持觀點的模式會容易些。譬如，你會用權變管理（contingency management）、反制約（counterconditioning）與刺激控制（stimulus control）以外的其他專有名詞嗎？行為治療一章並沒有使用這些專有名詞，但是該章所討論的概念與這些專有名詞相類似。你會將認知治療列入你所使用的統合理論中嗎？認知治療與 Prochaska 及其同事所描述的改變十歷程，僅僅間接地有些關聯。假如你想進入心理健康領域，考量上述這些問題及其他類似的問題，對你或許有所幫助。

多元模式治療

ARNOLD LAZARUS

本節將說明 Lazarus（1989, 1997, 2001, 2005a, 2005b, 2008）依據社會與認知學習人格理論發展的多元模式，此模式強調治療的目標、評估與治療技術。

Arnold Lazarus 在南非出生與就學。1960 年，他取得約翰尼斯堡 Witwatersrand 大學博士學位。在心理治療的受訓期間，他受教於聞名於世的行為學派治療師 Joseph Wolpe。1950 年代，當 Lazarus 還是學生時，南非當時的主流心理治療理論是精神分析與個人中心治療。然而，他也透過 Joseph Wolpe 及其他行為學派理論家的演說，接觸行為治療。Lazarus 對行為治療的科學基礎及病人所產生的改變印象深刻，是故採用了許多行為學派技術。不過，當 Lazarus（1971, 1989）檢驗追蹤調查時，了解到僅僅用行為學派方法對於持續的改變明顯不足。他也想知道哪些技術對哪類人及哪類問題最適合。當他調查這些問題時，他以社會學習理論為方法，以了解其個案之行為。

多元模式人格理論

對 Lazarus 了解與治療人類行為最重要的概念，詳見第 7 章的人格理論。其中包括古典與操作制約的原理，及 Bandura 的觀察或社會學習理論。Bandura 的治療工作結合了人格的認知信念，深深影響 Lazarus 的理論，詳見第 9 章。他認為人們透過觀察並經驗與他人互動所產生的正向及負向後果，以學習該怎麼做。然而，他的社會 - 認知模式的概念，超越了特別針對於行為、認知與理性情緒行為的治療師。

Lazarus 認為（Lazarus, 2005a, 2005b, 2008）個人使用七種主要的模組去經驗自己與所處的世界，他將之定名為 BASIC I.D.。以下就解釋每一個字母與模組（Lazarus, 1989, 1997, 2005a, 2005b, 2008; Lazarus & Lazarus, 1991）：

1. 行為（behavior）：包括可觀察與測量的習慣、感受與反應。這些涵蓋進食、飲酒、抽菸、哭鬧及自我控制等問題。也概括了不太有作用、或作用過大及太具侵略性、或不夠自信等問題。

2. 情感（affect）：各種的情緒與心情，包括如憂鬱、生氣、焦慮、快樂、無助、緊張與孤獨。重要的是這些感覺是個人的主要問題，且可能讓個案覺得無法控制。恐懼的感覺及引發恐懼感的事件也符合本項。

3. 知覺（sensation）：基本的知覺包括視覺、聽覺、觸覺、味覺與嗅覺。對負向知覺的強調包括頭痛、暈眩、麻木、胃部不適、幻想或性困擾。

4. 想像（imagery）：幻想、心理圖像、想像與夢境都符合這個單項。這些想像包括來自聽覺及其他知覺機轉。身體影像與自我影像會尤其受到關注。

5. 認知（cognition）：包含想法、理念、價值觀與意見。對自己的負面想法，如覺得愚蠢、瘋狂、沒有吸引力或沒有價值，以及對自己的正面想法，如很聰明與誠實，均相當重要。

6. 人際關係（interpersonal relationships）：個人如何與家人、朋友、同事、老師或其他人互動，都是本項的範疇。例子包括與他人關係的困擾，如婚姻與性問題。

7. 藥物／生物（drugs／biology）：舉凡健康和醫療問題的領域都涵蓋在本項中。在了解個人的人格時，生理功能與藥物（處方箋或非處方藥物）都在考慮範圍（須澄清的是，字母 D 是用來替代字母 B，因為首字母縮略詞 BASIC I.D. 意指——基本的辨識（basic identification）——而 BASIC I.B. 就無法陳述此概念）。本項因為極為廣泛，故更正確的認定它為生物學與藥物而非只是藥物。本項目的重要性不言自明，乃因所有其他的項目都存在於生理的範疇。

　　Lazarus（1997, 2005a, 2005b, 2008）關注人們如何使用這些系統、及個人最重視哪些。他使用擊發順序（firing order）一詞，去描述一個人面對某事件時會發生的模組順序。以下是擊發順序的例子：

　　一個衝動的人在宴會上大放厥詞，眾人一陣沉默。當他了解到周遭瀰漫著一股反對的氣氛時，他的臉開始泛紅冒汗，並想像著人們會在他背後如何議論他。他站起來，走出房間。（Lazarus, 1989, p. 16）

　　這個情境下的擊發順序是行為-人際-認知-知覺-想像-行為。人們在相

同情境下（不同擊發順序）反應不同，而每個人在不同情境下（有不同擊發順序）反應也不同。簡言之，人們的行為、情感、知覺、想像、認知與人際關係風格，是透過古典與操作制約及觀察的常模而習得。對人類行為的觀點，直接影響多元模式治療師對病人問題之目標、評估及治療的概念化方式。

治療目標

個案的治療目標會看到各種 BASIC I.D. 模組的組合。例如，個人可能尋求協助戒菸（B）、尋求協助去處理無法停止的恐懼（A）、擔心抽菸沒有愉悅的知覺（S）、沒有辦法想像自己能夠超過一小時不抽菸（I）、想要改變沒有決心戒菸的信念（C）、害怕戒菸會讓個人容易被人激怒（I）、擔心抽菸導致罹患肺癌（D）。並不是所有的模組都會表達出全部的目標，且每一種模組的強度各有不同，端視其目標而定。重要的是，要注意情感只能透過與其他模組一起來處理；個人無法直接改變情緒，但可以改變影響情緒的行為、知覺、想像、認知、人際關係及生物性的歷程。因此，一個憂鬱的女人，當她在做有生產性的事情、有更正向的知覺與想像、思考更合理、更自在的與人互動及生理上感覺更好時，她就會有愉悅的感覺。Lazarus（2005a, 2005b）體認到治療初期個案的希望與期待，對治療成效的重要。個案的希望與期待能幫助個案在很短時間內，感受到能達成其目標的希望（少於 40 次面談）。

評估

多元模式治療的精華，就在於對 BASIC I.D. 有準確而系統性的評估。評估以三種不同的方式完成：與個案訪談、讓個案填寫自己的模組資料表、評估工具如多元生活量表（Multimodal Life Inventory）等（Lazarus & Lazarus, 1991）。雖然主要的評估工作會在第一次的面談進行，但在整個療程中亦會持續進行。多元模式治療師傾聽問題如何影響其模組。

「當史密斯先生頭痛時，因為他有慮病症而開始擔心。」一段多元模式精細的陳述進行如下：當史密斯先生開始頭痛時，他變得比較安靜而退縮（行為）、開始焦慮（情感）、經驗到如「腦袋裡有把槌子將一根熾熱的長釘敲進頭顱裡」的一股疼痛（知覺）；且想像他自己因為罹患腦部腫瘤而瀕死（想像）、並深信醫師對他可能做了嚴重且錯誤的診斷（認知）。發生這些情

節的同時，他的太太惹得他很煩躁（人際），他依靠吃阿斯匹靈與止痛藥來解決（生物性）。多元模式對任何問題的精細陳述，不只點出可能持續目前困難的人或事，也藉由從個人內在去檢視並確認其問題，找出合乎邏輯的治療模式。（Lazarus, 1989, p. 14）

除此之外，治療師也可能會畫出一張評分表，以十分量表對重要的模組或每一模組評分。這也可以直接詢問個案，他（她）對每一模組的評分，或是間接的依據治療師之觀察進行。

通常治療師在對個案說明這些 BASIC I.D. 的模組後，會讓個案自己完成七種模組的檔案資料表。這份資料讓治療師能深入了解，有關個案對自己的問題如何符合每一模組的看法，並讓個案對七種模組更熟悉。下面這個例子，是一位22 歲的男護士自訴面對女性會害羞、與母親爭執、且感覺挫折與憂鬱等問題之檔案資料表（Lazarus, 1989）。

- B（行為）：戒菸、開始運動、開始約會、對迷人的女性不再覺得害羞。
- A（情感）：憂鬱、憤怒、害怕。
- S（知覺）：緊張、害羞臉紅。
- I（想像）：我想像女人都在背後竊笑、許多孤單的景象。我常想像我媽說：「妳以為妳是誰啊？」
- C（認知）：我不夠好、迷人的女人都認為我又醜又笨、我是個失敗者。
- I（人際關係）：我的母親認為我只有 10 歲大、面對迷人的女性表現笨拙又害羞、朋友不多。
- D（藥物與生物）：每天抽一包半到三包的菸。（Lazarus, 1989, pp. 78-79）

這項資訊也可以從多元模式生活史量表（Multimodal Life History Inventory）中得知（Lazarus & Lazarus, 1991）。這份量表更仔細的詢問個人及社交史、對治療的期待、詢問對目前問題的描述、及對七種模組中每一種都列出開放問題與檢核表。包括簡略醫療史及對七種模組中每一種進行全面性的評分。治療師依據個案模組檔案資料表及多元模式生活史量表，還有從每一模組蒐集來的資訊，建立一種有組織且能具體引發個案改變的方法。

有時，也可能需要從多元模式評估及一份「次級」BASIC I.D.（意指取出模

組檔案中任何一個項目，並從七種模組中每一種去仔細檢測）去蒐集更多資訊。例如，從上例護理人員的模組檔案中，可以行為項目如「開始約會」、情感項目如「憂鬱」、或知覺項目如「緊張」，作為次級評估的對象。因此，個人可能進行「開始約會」的行為與注意其他相關行為、情感相關的如恐懼、知覺如興奮、想像如約會遭拒、認知如「瓊安不想和我約會」、人際關係議題如「我不知道約會中該說些什麼」、及藥物／生物問題如「約會前我全身冒汗」。以此方式，可以將次級評估應用在那位年輕男性或其他人的模組資料檔案表。多元模式治療裡使用這種仔細分類的模式，而非使用 DSM-IV-TR 分類，使治療師準備實施各種治療程序。

治療模式

　　藉由評估所有七種模組，Lazarus 可以應用非常多種的技術，希冀帶來治療的改變。治療介入可能會從第一次面談就開始。多元模式治療師不需要等到全部的評估完成後，才開始工作。Lazarus 將多元模式治療，應用在很多種的門診病人及問題上（Lazarus, 1987, 1988, 1997, 2000b, 2005a, 2005b, 2008）。在治療關係的發展及治療方法學的應用上，Lazarus（1993）描述自己就像是「一隻純種的變色龍」。他在了解個案及帶來治療改變上，都會為符合個案而改變自己的風格。Lazarus（2007）同意 Carl Rogers 的個人中心學派治療的貢獻，但卻不認為其足以產生治療性地改變。

　　Lazarus（1989）使用找尋線索及銜接，去了解個案並有效地介入。**找尋線索**（tracking）意指檢驗不同病人的各種模組之擊發順序。例如，有些病人可能對一件不利的事件之反應為臉紅的知覺（S），接著是扭曲的想法如「我必定是做錯了什麼事情」（C），以及咆哮的想像（I）。這可能肇因於不夠自信的行為（B）。個案無法持續穩定的表現出同樣的擊發順序，而找尋線索則必須繼續下去。治療性的療法也許會遵從找尋線索的順序，如想像若先被強調，則使用愉悅意象的正向想像；或者，行為若是主要的，則使用放鬆的策略。**銜接**（bridging）則與找尋線索有些類似，意指在移入另一項可能對改變更有生產力的模組前，參與個案目前的模組。因此，如果個人使用一種認知模組去表達自己時，治療師將保持在此模組中，直到似乎適合銜接到另一個如感覺（A）之模

組。治療師以此方式追蹤模組,並在恰當的時機,接著將移往(或銜接)到另一個模組。治療師如此進行,可預防個案誤會治療師對其不了解。假如個案表達出一種模組(如認知),而治療師只反映感覺(A)時,將會發生此狀況。多元模式治療非常有彈性,治療師以此方式改變模式,去作更有效的治療性介入。

目前,學者發表了四百種以上的治療法(Corsini & Wedding, 2008),且治療師可使用極多的治療技術。是以,多元模式治療師擁有更多元的選擇。雖然其他使用 Adler 學派、理性情緒行為治療、認知或行為治療的治療師擷取了大範圍的情感、行為與認知技術,但多元模式治療師的選取範圍則更大,其中也包括從他們全部技能中針對知覺、想像與藥物/生物的改變方法。Lazarus 在《多元模式治療實務》(*The Practice of Multimodal Therapy*, 1989)一書中,列出了 39 種多元模式治療中常用的技術。其中半數為行為學派、四分之一為認知學派治療,而其餘來自其他理論導向。在採用其他理論的技術部分,Lazarus 只使用技術,而不採取該種技術的概念或理由。為了進一步了解 Lazarus 的選擇性折衷主義之範疇,以下將試著說明他如何借用本書中所描述的每一種主要理論。

Lazarus 如同精神分析師一樣,可能會使用自由聯想,不是因為其呈現於潛意識過程的價值,而是它呈現出個案的知覺與想像。同樣類似的是,多元模式治療師可能關注自己與個案間的關係(移情),但不是從病人轉移到治療師的感覺之觀點,而是去確認治療師是否正確的了解個案模組的說明。當此時此刻適應性功能受阻時,多元模式治療也借用一些短期精神分析的技術,如詢問、再陳述與面質。但是短期精神分析目標在理解兒童期動力;而多元模式治療使用這些技術,進一步理解與找出與這七種模組有關之議題。

因為 Jung 學派分析的理念基礎,與多元模式治療有很大的不同,所以他們能共用的技術不多。當 Jung 學派探索代表著集體潛意識的夢境素材時,多元模式治療試圖去找出是否對夢境有些新的聯想、改變進路或結束夢境。Jung 學派分析與多元模式治療都對探討想像及知覺(雖然觀點有很大的差異)興致盎然;多元模式治療師會像 Jung 學派治療師般,使用沙箱以小型玩偶及物件擺放出想像情景。

Adler 學派心理治療使用許多技術,如「表現出彷彿」(acting as if)、吐口水

在個案的湯中（spitting in the client's soup）與抓住自己（catching oneself）等認知模式，多元模式治療師都可能用以協助個案改變想法與行為。這些技術是行動導向的，與多元模式治療改變的觀點十分吻合。

存在主義心理治療的哲學觀，主要著重在重要主題議題點而非技術。多元模式治療師處理存在議題如面對瀕死、被父母之一拋棄、或從大學休學而自食其力者，不過這些都是從 BASIC I.D. 的觀點來做。存在主義心理治療與本模式差別太大，所以能提供給專注於七種基本模組之多元模式治療師的，便十分有限。在可能的情況下，Frankl 對態度調整及去除反思的概念，可應用於改變個案的認知。

個人中心學派治療強調真誠、接納與同理。這些概念對多元模式治療師來說都彌足珍貴，且均含括在情感模組中。然而，對多元模式治療師來說，Rogers 改變的六個條件既不充分也非必要，他們使用更多的介入方法（Lazarus, 2007）。

完形治療提供了多元模式治療師多種去處理情感、知覺與想像模組的創造性概念。空椅技術的使用、演出問題及覺察練習，易於發展出情感、知覺與想像。

在本書所描述的治療法中，行為治療的若干概念與多元模式治療最為類似。因此，多元模式治療師在行為治療上著墨良多，就不致令人訝異了，其中使用了第 7 章所描述的大部分技術。

多元模式治療師使用為數可觀的認知治療與理性情緒行為治療策略，改變個案的認知與想像。在第 8 章及第 9 章理性情緒行為治療與認知治療，所說明的技術與多元模式方法也很一致。

因為現實治療與一種明確程序緊密連結，是以多元模式治療經由此理論擷取的不多。雖然如詢問、保持正向、使用幽默與面質，在這兩個理論中隨處可見，但現實治療中一再強調的選擇與責任，可能無法契合於特定模組。

女性主義治療強調文化、性別、權力分析與介入。多元模式治療師雖然了解性別與文化議題的重要性，但他們沒有將之併入七種模組中。然而，性別角色與權力介入都有認知與行為的部分，多元模式治療師可能會將之用於正面臨社會與政治歧視的個案上。

多元模式治療師同時處理配偶及其家庭。家庭系統治療常著重在人際議題

上，Minuchin 結構模式的方法，對多元模式治療師在評估互動上有所助益。然而，他們較可能會以七種模組，檢視配偶中每一方或家人間彼此之互動，而不是使用系統理論觀點。

Lazarus 並沒有借用解決焦點模式或敘事治療。然而解決焦點模式實際上很符合他對行為改變的強調；且他的想像及認知模組，與敘事治療將重點放在故事與價值上頗為一致。

除了從這些理論而來的技術以外，Lazarus 也發展出如時光之旅及荒島幻想等技術，去進一步發展個案的想像模組。時光之旅（time tripping）意指，讓個案想像他們回到從前或是到了未來，一個強調特定事件或議題的時刻。荒島幻想（deserted island fantasy）指的是，詢問個案假如與治療師單獨留在一個荒島上，治療師將學到些什麼。這種幻想經驗協助治療師，學到更多關於個案認知、情感與想像的部分。多元模式臨床工作者也會使用從其他理論而來的理論概念，例如，藝術、戲劇、舞蹈律動或音樂治療及如催眠等技術。欲使用多元模式治療，需要同理個案、理解社會學習理論，並具有評估個案之 BASIC I.D. 的能力、及採用有效改變模組的種種策略。

Lazarus 的多元模式治療之案例：W 太太

一位 28 歲女性自訴，當獨自出門而先生未陪伴在側，就會焦慮；本案例勾勒出多元模式治療的脈絡（Lazarus, 1995）。W 太太所呈現的問題是空曠恐懼症（agoraphobia），Lazarus 通常會用實境減敏感法（vivo desensitization）治療這種疾病。他使用這種方法時，教導個案放鬆與深呼吸，並與個案一起散步，逐漸的增加治療師與個案之間的距離。相較於行為學派治療師可能在此時刻就會打住，Lazarus 握有個案的多元模式生活史量表的資料，當中顯示出婚姻不和諧、憎恨父母及與低自尊相關的問題。Lazarus 用轉換模組來達到個案的需求，處理狀況說明如下：

一開始時，讓 W 太太將她對父親潛藏已久的某種怨恨，用一種角色扮演的方式去面質父親。當她暗示我沒有正確的捕捉到或傳遞出她父親的聲調及舉動之精髓時，我們將角色扮演轉換成雙椅或空椅技巧。現在，她面對空椅說話，想像父親就坐在那裡，而接著移坐到空椅上，變成她父親，然後為

他說話；W 太太得到了更真實的感覺。這個過程有很強烈的情緒反映——她聽到自己的說法「宣洩性的釋放」（cathartic release）（Lazarus, 1995, p. 30）。

　　Lazarus 雖然使用完形學派技術，但他以社會學習論的架構去處理情感、知覺及想像模組。他在進一步治療這名個案的過程，透過使用很多種治療技術，繼續去處理其他模組。雖然這種模式的優點是較有彈性，並可以選擇適合的技術去達成個案的各種目標。但它的缺點是需要有能力去辨識個案的 BASIC I.D. 模組，以及要對各種技術有很廣博的知識。

借用 Lazarus 的多元模式理論作為你的統合理論模式

　　多元模式理論似乎用了類似 Wachtel 的循環性心理動力（cyclical psychodynamic）模式、Prochaska 及其同事發展出的跨理論模式（transtheoretical approach）之理論統合模式。然而，多元模式理論有一個與其他模式大不相同的重要概念。多元模式理論用一個很獨特的方式去評估或了解個案，引用了 Bandura 的社會學習理論（social learning theory）或是一些包括社會學習理論（social learning theory）、古典制約（classical conditioning）及操作制約（operant conditioning）等更廣義的行為人格理論（behavioral personality theory）。Lazarus 從許多理論中，選用了在行為學習理論上一致的技術。是以，他的治療模式稱為技術折衷（technical eclecticism），而非理論統合（theoretical integration）。例如，Lazarus 會用完形治療的空椅技巧去協助個案表達情感、知覺或想像的樣態；Prochaska 及其同事會依據完形治療原來使用此技術的概念，用空椅技術來引發個案的覺察。同樣的，Lazarus 可能會用精神分析的自由聯想，去協助個案表達情感或想像的樣態；Wachtel 可能會本於 Freud 原創，去協助個案將潛意識的內在訊息帶入意識中。

　　對於將借用技術折衷發展統合模式的你來說，可以從表 14.2 第二欄的人格理論中，挑選出你會採用的理論，接著再檢視你要的治療技術。假如你想要發展出一種使用技術折衷統合模式之體驗性統合理論（experiential integrative theory），你可以選擇完形人格治療（gestalt personality therapy），進而找出及使用能協助個案體驗覺察的治療技術。這些技術可能來自完形理論（你最好選用引導你的理論之人格理論的相關技巧），你也可以選用一些來自行為學派、個人中心學派與敘事治療的技術。你或許不該使用一種以上的人格理論，除非這些理論之

間有一致性的理論，如認知及行為人格理論。

　　治療理論學家已經發展出許多統合模式。最受歡迎與有名的已經介紹如上。有些治療師或諮商師可能只會選用一種理論；有些可能會用一種統合模式，如 Wachtel 的循環性心理動力模式、Prochaska 及其同事的跨理論模式、或 Lazarus 的多元理論模式；更有些可能會發展出他們自己的模式。本段略述治療師與諮商師可以發展出自己的統合治療模式之方式。

目前治療趨勢

　　統合理論的模式持續受到歡迎，包括本章討論到的——Prochaska 的跨理論、循環性心理動力及多元模式。因為使用數種理論可以讓治療師融合多種方式，去對個案問題的概念化及治療性改變之方法彼此作互補，因此理論的結合似乎會盛行不墜。而且醫療衛生組織對心理治療給付有限，治療師有相當程度的壓力，須聚焦於有用、有效且快速的方法。除此之外，理論結合的新觀點依舊成為討論話題。使用統合治療進行研究與治療者，在試著同意就此使用某些論點及理論，或繼續發展新的模式上，陷入兩難（Eubanks-Carter, Burckell, & Goldfried, 2005）。現在來看，似乎兩種均可行。當更多的理論開始發展及受到驗證時，學者將會有更多的想法，統合這些理論到自己的觀點中。

　　現在不只有許多發展臻於完善的理論，發展完備的統合理論也不少。Norcross 和 Goldfried（2005）編纂了《統合心理治療手冊》（*Handbook of Psychotherapy Integration*），當中說明了 15 種統合理論模式；本章只討論了其中 3 種。有些模式可以廣泛使用，另一些是專為如憂鬱症及焦慮症等特別病症所設計。某些理論統合的模式著重在理論共同因素（common factors），並從現有理論中採行其共同性，而非純粹使用這些理論。這個模式常用作研究支持的心理治療方法之對照，而很少用作統合模式。

　　上面談過的三個統合理論中，以跨理論模式最受注目。跨理論模式在抽菸、肥胖、糖尿病與愛滋病之健康相關議題的治療上很受歡迎（Prochaska et al., 2009）。除此之外，跨理論模式也用於藥物濫用、酗酒及其他社會議題上。跨理論模式在這些議題上受歡迎的原因之一，在於此模式著重改變的歷程。例如，

一些研究驗證評估戒菸成效的改變歷程（Atak, 2007; Guo, Aveyard, Fielding, & Sutton, 2009; Kleinjan et al., 2008）。跨理論模式也用在肥胖病人的減重上（Johnson et al., 2008）。對於愛滋病患，跨理論模式也用來協助飲食及運動的順從性與改變危險的性行為（Basta, Reece, & Wilson, 2008; Gazabon, Morokoff, Harlow, Ward, & Quina, 2007）。飲食介入對糖尿病控制很重要，跨理論模式也用來協助這些糖尿病患（Salmela, Poskiparta, Kasila, Vähäsarja, & Vanhala, 2009）。跨理論模式更用於藥物成癮及酗酒的治療（Callaghan, Taylor, & Cunningham, 2007; Heather, Hönekopp, Smailes, & UKATT Research Team, 2009; Kennedy & Gregoire, 2009）。除了健康議題，跨理論模式也曾應用於校園霸凌防制（Evers, Prochaska, Van Marter, Johnson, & Prochaska, 2007）與家庭暴力（Brodeur, Rondeau, Brochu, Lindsay, & Phelps, 2009）上。許多治療師使用跨理論模式治療心理疾患，不過近期卻少有此類研究成果之發表。

 相關研究

統合理論的相關研究有限。進行這類研究的困難之一是，在典型研究中，對照組接受很不同的治療方法，治療組中的人都要接受相同的治療技術。在統合治療的模式中，治療組的人可能會接受許多不同的技術，造成分析治療成效的困難（Schottenbauer, Glass, & Arnkoff, 2005）。有一些統合模式則是針對特定對象並剛發展出來，在這些統合模式間作比較並不容易。對特定統合模式進行的研究有很大差異。Wachtel 的循環性心理動力模式的研究數量極稀少；儘管 Lazarus 的多元模式治療相當有名，但研究也少得可憐。相反的，關於 Prochaska 的跨理論模式之研究，數量則相當多；這其中很多是針對改變階段及跨理論模式，在協助健康相關議題者之有效性的研究。

回顧近期對 Prochaska 的跨理論模式之研究，發現研究結果支持此理論。Schottenbauer、Glass 和 Arnkoff（2005）及 Prochaska 等人（2009）回顧很多研究，研究均支持其改變階段及對健康相關議題的有效性。這些議題包括抽菸（主要著重在相關研究）、其他成癮行為如酒精與藥物、肥胖與飲食改變、針對青少年的家庭規劃、中風病人的行為改變等。一份回顧 37 份針對跨理論模式與七種

不同健康相關議題的研究結果顯示，根據改變階段使用的方法，其成效的證據有限（Bridle et al., 2005）。

對跨理論模式進行的研究，很多是針對吸菸行為（Atak, 2007）。Norman、Belicer、Fava 和 Prochaska（2000）在深思前期、深思期及準備期都找出了次類型。在深思期之中找出的次類型包括典型的思考者（classic contemplators）、漸進的思考者（progressing contemplators）、未雨綢繆的思考者（early contemplators）與疏離的思考者（disengaged contemplators）（Anatchkova, Velicer, & Prochaska, 2005）。Schumann 等人（2005）研究 688 位吸菸者後發現，研究結果支持跨理論模式的深思前期及深思期的存在。改變歷程階段間移動的關係也受到研究。Prochaska 及其同事預測提升自覺、戲劇性的釋放、環境的再評估及自我再評估與從深思前期進入到深思期有關，權變管理、助人關係、反制約及刺激控制較會使用在維持期。在荷蘭針對 721 位戒菸青少年進行的一項研究顯示，跨理論模式的改變歷程並無法解釋其戒菸的過渡階段（Kleinjan et al., 2008）。在英國，一項以 1,160 位 13 到 14 歲的孩子之改變歷程研究，也未見階段轉換的清楚關聯（Guo et al., 2009）。這些以跨理論模式作終止吸菸行為之預測的研究，未能證實跨理論模式是有效方法。

在一項跨理論模式檢視中，West（2005）批評改變的階段論，他認為沒有什麼證據顯示人們越接近行動就會產生持續的改變。Wilson 和 Schlam（2004）批評跨理論模式對飲食障礙的適用性。儘管有這樣的批判，許多研究一如一個具有多元樣本的藥物濫用住院青少年的研究顯示，相較深思期或準備/行動期的人，深思前期的人中途退出治療的比率明顯較高（Callaghan et al., 2005）。一項研究顯示，在戒酒治療上，人們從前一階段移入下一階段上無一致性（Callaghan et al., 2007）。然而，另一項研究呈現出個案在控制飲酒數量上，能夠朝向改變階段前進（Heather et al., 2009）。檢視內在動機可看出，相較深思前期，深思期與行動期與高動機程度有關（Kennedy & Gregoire, 2009）。聚焦在 Prochaska 跨理論模式的改變階段或準備度之獨特立論是很有趣的觀點，值得進行更多的研究。

多元模式的研究非常分散。Lazarus（2005a）說明他對病人所做過的研究。在追蹤病人超過二十年的期間，他指出病人的治療目標達到 75% 以上。在一項針對 20 個棘手案例進行三年追蹤的研究中，他指出 14 名病患成功的達成他們

的目標，而不需要再接受進一步的治療；其他人中，2 名隔一段時間就需要藥物治療，3 名沒有維持治療的進步。在一項對強迫症與恐懼症病人的早年研究中，Kwee（1984）發現 64% 強迫症患者有明顯進步，而 55% 的恐懼症患者有所改善。在此研究中，70% 的病人有此困擾超過 4 年，90% 的病人曾接受過治療。Randal、Simpson 和 Laidlaw（2003）比較 9 名穩定治療的精神分裂症病人及 12 名沒有接受治療的對照組，發現接受多元模式治療者的症狀有明顯下降。對於多元模式治療的有效性，尚待其他的研究者加以調查。

性別議題

在使用統合治療時，不論跨理論、循環性心理動力或多元模式，都對他們所借用的特別理論之批判很敏感。例如，Prochaska 的跨理論模式檢驗症狀（行為治療）、不良適應思考（認知治療、家族治療）與個人內在衝突（精神分析、完形及其他理論）。性別議題則需視個案的問題型態，所適用的理論自然會有所不同。對於 Wachtel 的循環性心理動力理論來說，與精神分析、行為治療及家庭系統治療（以及其他的理論）相關的性別議題之批判，都可以應用在循環性心理動力理論上。類似的，對於多來自認知與行為治療的多元模式治療，使用在認知與行為治療的性別議題也可以應用到多元模式治療。由於 Lazarus 從其他理論擷取很多種的治療技術，是故關注這些技術於女性議題上的應用也許會呈現出來。

多元文化議題

Prochaska 的跨理論模式、循環性心理動力與多元模式治療，針對多元文化議題，其模式中使用不同理論。假如統合理論納入部分的女性主義治療，因為有女性主義治療的特色，是故他們在面對個案時所採用的模式也許包含了一個多元文化成份（Wachtel, 2007）。從循環性心理動力論創始人 Wachtel 的著作《美國心靈中的種族：打破白人與黑人間的惡性循環》（*Race in the Mind of America: Breaking the Vicious Circle between Blacks and Whites*, 1999）中可知，他關切影響族群關係的文化。所以，他將精神分析與認知及行為治療的觀點，都納入循環性

心理動力模式中。跨理論模式中，對不同文化背景之個案進行諮商時，提升自覺與自我解放等兩種改變歷程會很重要。Prochaska 的跨理論治療，特別討論社會對個人影響之議題。Lazarus 的多元模式治療使用七種不同治療模組，其中一些會因文化背景而帶出不同的議題。文化可能會影響治療師所使用及個案所知覺的影像，也會對牽動人際關係模組中影響個案的家人與朋友。

研究統合治療的學者，曾經檢驗文化議題如何影響治療方式的使用。女性主義治療師 Brown（2009）描述一個藉由檢視文化能力（cultural competence）之方法，作為心理治療統合的有效模式。Wachtel（2008）討論了當應用統合治療於操持不同文化價值觀的個案時，關注文化價值的重要性。其他在阿根廷（Muller, 2008）、智利（Opazo & Bagladi, 2008）、德國及瑞士（Caspar, 2008）、日本（Iwakabe, 2008）及葡萄牙（Vasco, 2008）的學者，也討論了統合心理治療如何應在他們自己的文化上。一些學者也論述了將統合治療應用在美國不同文化族群上的方法。Avants 和 Margolin（2004）在對貧民窟藥物濫用的人口群工作上，提出一種稱為靈性自我基模治療（spiritual self-schema therapy）的統合治療，該治療使用佛教八正道（eightfold path），協助個案使用靈性的信念去面對成癮問題。源於非洲的 Ubuntu 治療〔譯者註：Ubuntu 來自祖魯（amaZulu）族和科薩（Xhosa）族的語言〕對非洲個案進行諮商時，就會將非洲的價值觀納入心理治療中（Van Dyk & Nefale, 2005）。Ubuntu 意指群居、合作與分享。因此，有許多方法去檢視統合治療如何應用在不同文化價值的人身上。

 ## 摘要

本章說明了心理治療之統合理論的三種主要模式。現有的統合理論則超過15 種。本書中所介紹的統合理論，均結合了一種以上的理論，以幫助個案。統合理論不僅從不同理論擷取所需，使用理論的方式也有所不同。本章說明了理論統合、同化或技術折衷等理論統合型態，接著說明讀者可以如何將之應用在發展自己的理論上。本章介紹的理論摘要說明如下：

在循環性心理動力模式下，Wachtel 以精神分析開始，接著將這種發展性模式與行為治療結合。這兩種人格理論用來評估問題，接著以兩種方法帶領個案對

他們的問題進行改變（技術）。Wachtel 的循環性心理動力模式，也將精神分析結合了建構與家庭系統模式治療、及行為治療。

　　Prochaska 及其同事使用了跨理論模式。在他們的模式中，他們評估個案準備改變的程度，從深思前期（還沒改變意願）到行動期（已經承諾改變），再到維持期（保持繼續改變）。他們將問題視為五個層次：症狀、不良適應思考、人際衝突、家庭衝突與個人內在衝突。Prochaska 及其同事接著發展出十種帶來改變的技術，其中包括提升自覺、環境再評估及自我解放。這些技術讓跨理論治療師有機會使用許多方法，協助個案改變。

　　多元模式治療由 Arnold Lazarus 所創設，是一種以社會學習理論去了解人格及個案議題的模式。他從 BASIC I.D. 的模組〔行為（behavior）、情感（affect）、知覺（sensation）、想像（imagery）、認知（cognition）、人際關係（interpersonal relationships）及藥物／生物（drugs／biology）〕概念，去看個案的問題。Lazarus 評估個案的這七種模組，並接著使用各種可以帶來治療性改變的技術。這些技術均援引自許多不同的理論。

　　本章提供了稍早章節介紹之理論的比較與評論，以協助你思考將用在諮商或心理治療中的理論。假如你想統合一個以上的理論於實務工作使用，本章試圖提供你一個理論的基礎，希望能對你有所助益。